HISTORIA DE GOA

(POLITICA E ARQUEOLOGICA)

HISTORIA DE GOA

(POLITICA E ARQUEOLOGICA)

PADRE M. J. GABRIEL DE SALDANHA

COM UMA CARTA-PREFACIO
FOR
J. A. ISMAEL GRACIAS

DIVIDIDA EM DOIS VOLUMES
SEGUNDA EDICAO

VOLUME-I

HISTORIA POLITICA

GYAN

Published by

GYAN

Gyan Publishing House
5, Ansari Road
Daryaganj, New Delhi-110002
Phone: 011-47034999, 9811692060
E-mail: books@gyanbooks.com

Distribution Network
gyanbooks.com
India, USA, Canada, UK, Australia, France

ISBN : 978-81-212-3488-7 (Set)
ISBN : 978-81-212-4991-1 (HB)
First Published, 1898

2nd Impression 2020

Printed at: Gyan Press, Delhi.

HISTORIA DE GOA

(POLITICA E ARQUEOLOGICA)

PADRE M. J. GABRIEL DE SALDANHA

COM UMA CARTA-PREFACIO
FOR
J. A. ISMAEL GRACIAS

DIVIDIDA EM DOIS VOLUMES
SEGUNDA EDICAO

VOLUME-I

HISTORIA POLITICA

GYAN

Published by

Gyan Publishing House
5, Ansari Road
Daryaganj, New Delhi-110002
Phone: 011-47034999, 9811692060
E-mail: books@gyanbooks.com

Distribution Network
gyanbooks.com
India, USA, Canada, UK, Australia, France

ISBN : 978-81-212-3488-7 (Set)
ISBN : 978-81-212-4991-1 (HB)
First Published, 1898

2nd Impression 2020

Printed at: Gyan Press, Delhi.

HISTÓRIA DE GOA

(Política e arqueológica)

por

Padre M. J. Gabriel de Saldanha

Professor aposentado do Liceu Central de Nova-Goa,
Sócio do *Instituto de Coimbra*,
Antigo Vogal da Comissão Permanente de Arqueologia da India Portuguesa

COM UMA CARTA-PREFÁCIO

por

J. A. Ismael Gracias

Da Academia das Sciências de Lisboa

Segunda Edição

Volume I—História Política

CASA EDITORA
Livraria Coelho
Nova-Goa

Bastorá—Tipografia Rangel—412-24

Palavras necessárias

Tendo-se esgotado, ha muitos anos, a 1.ª edição do meu **Resumo da História de Goa**, publicada em 1898, resolvi fazer esta segunda edição totalmente refundida, ampliada e dividida em dois volumes, compreendendo o primeiro a história política e o segundo a história arqueológica de Goa.

Este trabalho, como já o disse na edição anterior, não aspira à originalidade; é antes uma coordenação metódica do que encontrei disperso em várias fontes autorizadas, que vão indicadas em logar competente e numa relação final, devendo mencionar particularmente o importante livro de José Nicolau da Fonsêca.

Na coordenação esforcei-me por apurar com o possível rigor a verdade histórica através da divergência dos autores. O mesmo cuidado, porém, não pude empregar na revisão das provas da imprensa, por não mo permitirem a vista embaciada e os outros achaques da minha avançada idade de 72 anos; o que deu margem a algumas incorrecções, das quais as mais notáveis vão emendadas na lista das erratas.

Com a publicação dêste opúsculo julgo ter prestado um serviço, embora insignificante, ao meu país, cuja história se ressente da falta de um livro adequado aos que queiram ler sumàriamente a história de Goa, com informações precisas sôbre o vasto império português no Oriente.

Pe. M. J. Gabriel de Saldanha

CARTA-PREFÁCIO

Meu caro padre Gabriel de Saldanha

Nos curtíssimos ócios que as obrigações me concedem, percorri, em agradável e rápida leitura, o seu MS. do *Resumo da História de Goa*, que,—se a minha desvaliosa palavra pode ser incentivo,—julgo deve publicar sem hesitação.

Vazado em bons moldes, revelador de reflectido estudo e de acurada elaboração, o seu compêndio preencherá uma lacuna muito sensível na bibliografia local, que, apresentando muitos e apreciáveis números sôbre vários capítulos da nossa história, acusa, contudo, a falta dum livro que, em sintético esbôço, compreenda os factos notáveis desde a mais remota antiguidade até aos nossos dias.

Pois, a dizer a verdade, não temos ainda a história

completa, embora abreviada, de Goa, ou antes, do império português na Índia, que aqui teve o seu consagrado núcleo,—história como pode e deve fazer-se hoje: com observação, classificação e generalização; com factos, método e leis; com investigação, critério e eclectismo; com a parte *estática* e a parte *dinâmica*; —história, que está ainda por escrever, formando as longas e interrompidas crónicas, as colecções de documentos e várias monografias, uma congerie inextricável de elementos, a que só uma inteligência culta, servida pelo trabalho assíduo, como o meu amigo, podia dar ordem, unidade e consistência, para os concretizar e reduzir a um sumário, como êste, de caráter didáctico [1] e de fácil assimilação.

E bem se vê, no decurso da leitura, quanto capital de aplicação e energia despendeu o autor, recorrendo a fontes de informação, de origem e procedência diversa, para apurar, com prudente escolha, os materiais no abundante cabedal, que mãos experimentadas têm sucessivamente acumulado.

Realmente, muito se tem escrito sôbre o assunto, e, por isso, muito ha que aproveitar, já nos velhos cronistas, já em livros modernos, publicados no reino e na província, já nas relações dos viajantes europeus e, finalmente, nas obras de investigação arqueológica, que exornam a literatura anglo-indiana.

Dentre os primeiros—os escritores antigos das cousas indianas—avultam Gaspar Correia, João de

---

[1] Refere-se à primeira edição dêste livro, que havia sido destinada a servir de texto na Escola Normal.

Barros e Diogo do Couto, que lançaram os primeiros fundamentos para a história de Portugal no Oriente, e merecem preferência pelo sentimento de justiça e de verdade, que evidentemente os domina.

Gaspar Correia é o Políbio português. Quando o seu MS., que, por longos três séculos, esteve esquecido no pó dos arquivos, foi impresso, trouxe a público revelações importantes, dando um novo aspecto a muitos factos de que havia conhecimento por outros historiadores. As *Lendas* são a crónica mais importante desde a arrojada expedição de Vasco da Gama até ao ano de 1550; escritas em uma linguagem rude e quasi bárbara sim, mas natural e sincera, o que não quere dizer que haja sempre escrúpulo e exactidão, cheia de pitorêscos relêvos, que atraem e encantam, manifestam um engenho notável, embora inculto. O seu grande mérito, como ponderei algures, é condensar em um traço, em poucas palavras de adorável singeleza, duma ingénua candura --*candor ingenuus*— uma época ou uma individualidade para o seu julgamento moral; tem por vezes ditos sàbiamente conceituosos, agudos, esmagadores, duma simplicidade penetrante e flageladora. Com Gaspar Correia à vista, escritores nacionais e estrangeiros têm gizado brilhantes esbocêtos, e ressurreições históricas; contudo a mina ainda se não esgotou.

Se, tomando por ponto de partida o descobrimento do caminho marítimo da Índia, Gaspar Correia é o mais antigo cronista, pois começou a escrever no govêrno de Afonso d'Albuquerque, o livro que Duarte Barbosa, comtemporáneo do viajante milanês, Luís

Varthema, escreveu por 1510, sob o título *Relação do que viu e ouviu no Oriente*, geralmente se considera a mais antiga descrição da Índia. Esta opinião passaria como facto incontroverso, se uma moderna publicação alemã, de que nos chegaram tardios ecos pelas revistas inglêsas, não viesse tirar ao escrivão da feitoria de Cananôr a prioridade, por longo tempo incontestada. D.r Kunstman fêz, ha poucos anos, imprimir pela primeira vez, em Augsburgo, uma interessante narrativa a respeito da Índia na primeira década do século XVI, a qual se diz escrita por um Conrad Rem, e que põe em evidência factos graves pela novidade, graves pelo alcance, nada mais, nada menos que uma reivindicação honrosa para Portugal, como se vai vêr.

Passa por averiguado que os portugueses, depois de abrirem o caminho marítimo e de se assenhorearem das chaves do comércio oriental, eram tão ciosos, que consideravam e defendiam êsse comércio como um monopólio, muito seu, não consentindo que estrangeiros quaisquer tivessem relações mercantis na Índia, tratando como entrelópos os que a isso porventura se atrevessem. Que êsse exclusivismo, tendo origem na antiga doutrina do *mare clausum*, explica a falta de concorrência, durante a primeira época, das outras nacionalidades, concorrência que mais tarde se iniciou por parte dos holandeses, ingleses e franceses, transformando-se numa encarniçada luta de interêsses e ambições.

A publicação alemã, a que aludimos, vem, contudo, patentear o exagêro desta apreciação; e que, se os portugueses empolgaram e centralizaram nas suas mãos o tráfico indiano, não exerciam com tal rigor, de modo a totalmente excluir os estrangeiros; apenas exigiam, como direito de supremacia, que fossem nacionais os barcos e os tripulantes empregados no transporte. Assim é que alguns ricos negociantes da florescente cidade de Augsburgo, tiveram permissão, em 1504, para armar três naus, tripuladas e comandadas por portugueses; naus que vieram à Índia com a expedição do primeiro vice-rei D. Francisco de Almeida e ainda depois, por duas vezes. Os alemães que fizeram essas viagens, tomaram nota do que viram, e o MS. de Conrad Rem, ou quem quer seja, editado pelo d.r Kunstman, é visivelmente a descrição da Índia anterior à de Duarte Barbosa.

João de Barros, que segue a Gaspar Correia, vai mais além. Não só tem o merecimento que lhe grangeou o cognome de Lívio português, mas revela-se na sua obra um político e economista esclarecido, num tempo em que a economia política ainda estava no seu crepúsculo matutino, quási desconhecida em Portugal, onde, mesmo depois de elevada à dignidade de sciência, tarde e muito tarde fêz resplandecer as suas luzes. Pois—se no século XVIII, Adam Smith, do canto da sua chaminé, impôs ao mundo maiores reformas do que as de um primeiro ministro (palavras textuais de Herbert Spencer)—João de Barros, já muito antes, tinha manifestado nas *Décadas* alguns conhecimentos e idéas sôbre a economia pública e o futuro do comércio asiático. Feitor da casa da Índia, zeloso pelo engrandecimento da pátria, previu a importância da expansão portuguesa no oriente, onde, aliás, nunca esteve, e o proveito que dela redundaria para a riqueza nacional. E' assim que, emquanto descreve pormenor e em correcta dicção, os sucessos que se propôs referir: navegações e conquistas, o vêmos discorrer nitidamente sôbre o que se denomina hoje fomento,—sôbre a justiça e ordem natural das cousas, sôbre a paz e a concórdia, a liberdade civil, o direito de propriedade, o trabalho, a invenção das máquinas para o abreviar e aperfeiçoar, a agricultura, o comércio, a indústria, a política, o preço, os monopólios, a função da moeda, o interêsse privado, a distribuição com que a Providência reparte seus dons, para facilitar o comércio, a fé pública e particular, a defeza do Estado e vários outros assuntos conexos.

Se João de Barros é um historiador economista, Diogo do Couto é historiador filósofo, que aprecia os factos livremente, com a independência compatível com as circunstâncias do tempo, *não receando mal pelo que dissesse, nem esperando bem pelo que louvasse.* Esteve em Goa assistindo à franca declinação da estrêla portuguesa, e os seus últimos escritos são repassados do mesmo pesar e indignação dos profetas bíblicos sôbre as desgraças de Israel.

A par destas autoridades, triúmviros da nossa história, outras ha, dignas de menção, como Castanheda, António de Castilho, Faria e Sousa, António Bocarro, Jacinto Freire e mais alguns, que figuram em plano inferior.

Nota-se depois uma longa reticência no século XVIII e na primeira metade do presente século.

VII

Após a consolidação do regime constitucional na India, desponta uma nova aurora, começa um movimento civilizador, que sucessivamente alcança mais tensão, até iluminar a periferia e principiam as conquistas intelectuais. A imprensa toma assento definitivo, a instrução começa a difundir-se, e os últimos cincoenta anos oferecem um extenso inventário bibliográfico, considerável com relação à história e à administração local, salientando-se os trabalhos de dois homens inteligentes e sabedores, um europeu, que, por longos 22 anos, serviu na India, onde imprimiu indelevelmente o cunho da sua individualidade e fêz época, e o outro, indígena, ocupando um emprêgo, a que o chamaram as tradições de sua família, exercitando corajosamente as próprias forças, consoante o meio em que se criou e vivia, ambos beneméritos do país. Refiro-me a Cunha Rivara e Filipe Néri Xavier.

De Cunha Rivara não se pode escrever sem acatamento: é o mais douto europeu dentre os que têm aqui estado no século XIX. Antiquário erudito, que passava a maior parte do dia enclausurado nas bibliotecas e arquivos, humanista e paleógrafo, deixou uma grande cópia de contribuições para a história luso-oriental, assim como guiou com mão firme e benévola os juvenis espíritos que desabrocharam sob sua paternal direcção no ensino, exercendo uma eficaz e salutar influência na evolução mental e literária de Goa. Era um trabalhador perseverante e infatigável. Percorreu uma grande parte do Hindostão, desde Diu até ao cabo de Comorim, desde a costa de Malabar até a de Coromandel, o que lhe permitiu ver os logares, onde em outras eras flutuou vitorioso o pendão das quinas, e coligir bastantes e curiosos subsídios. Com igual facilidade escrevia em português, latim, francês e inglês. Tentou com muita diligência ressuscitar o concani, tendo sido o primeiro que compôs um ensaio histórico e fêz imprimir alguns trabalhos didácticos antigos dessa lingua.

A sua dicção portuguesa era correctíssima, impecável. Tendo feito as suas primeiras armas ao lado de Garret, Herculano, Castilho, Mendes Leal e outros próceres das letras pátrias, apaixonado pelas antigualhas, familiarizado com os clássicos, Rivara era zeloso, até ao fanatismo, da pureza da linguagem. Para êle todo o neologismo era um desacato imperdoável, toda a irrupção de formas ou vocábulos peregrinos uma afronta criminosa a Camões e Ferreira, a Bernardes e Vieira, a Barros e fr. Luís de Souza. Não admitia outros mestres da arte de escrever, e repugnavam-lhe as inovações modernamente importadas do estrangeiro. Ainda hoje não faltam em Portugal exemplares dêsse género, poucos, raros, como em França ha tão escrupulosos servidores da lingua, que sòmente reconhecem a autoridade dos literatos do grande período de Fenelon e Bossuet. Que diria hoje, se lêsse a erudita dissertação que o eminente filólogo, M. Michel Bréal publicou, o ano passado, no *Journal des Savants*, combatendo energicamente essa intransigente escola?

Ouçamos por um momento o sábio émulo francês dos Max-Muller e dos Nordau. É bastante instrutivo o seu arrazoado, do qual não será ocioso recortar algumas considerações.

Discorrendo à cêrca da adopção de vocábulos novos, que geralmente costuma acompanhar a importação de uma sciência, arte, moda, ou simples jogos oriundos do estrangeiro, diz Bréal:

"Os amadores intransigentes do purismo deveriam ponderar que a mesma cousa se efectuou em todos os tempos e, visto invocarem a tradição clássica, pode-se-lhes dizer que, em tal capítulo, os antigos fizeram exactamente o mesmo. Os romanos receberam dos gregos a sua escrita, tudo que diz respeito à arte de escrever é grego, a começar por *scribere* e *litterae*. E não sòmente quer se trate de escrita, de direito, de ritual, quer da arte militar, de navegação, de pesos e medidas, de construções, de objectos de arte, em tudo se encontram em latim vestígios da Grécia e dos nomes gregos.

"Os empréstimos são de todas as épocas,—acrescenta Bréal—são tão antigos como a civilização, porque os objectos úteis à vida, a tecnologia das sciências e das artes, assim como as concepções abstractas, que elevam a dignidade do homem, não se inventam duas vezes, mas propagam-se de povo, a povo para se tornarem património comum da humanidade. Não será, pois, legítimo conservar-lhes o nome?

"Os homens não pertencem apenas a um grupo étnico ou nacional, fazem parte igualmente,—segundo os seus estudos, a sua profissão, o seu género de vida, o seu grau de cultura,—de comunidades sociais, que são ao mesmo tempo mais gerais e mais limitadas. O matemático permuta ideas com os matemáticos dos outros países. O geólogo francês tem de corresponder-se com os seus colegas da América ou da Austrália. O negociante quere saber o que se passa nos mercados do mundo inteiro. Seria carecido de fundamento pôr obstáculos, em nome de uma idea de purismo, ao emprêgo de termos que são a propriedade comum dos homens votados aos mesmos interêsses e aos mesmos estudos.

"......... A adopção de palavras estrangeiras, para designar idéas ou objectos importados do estrangeiro e dando logar a uma troca internacional de relações, não é, portanto, cousa censurável em si e pode perfeitamente justificar-se. Em semelhante caso, é apenas para desejar que o empréstimo seja feito com inteligência, e que, na passagem de uma lingua para a outra, não haja substituição de nenhuma espécie."

M. Michel Bréal, que exemplifica largamente o seu discurso, entende mais que não é da mistura de termos estrangeiros que a pureza de uma lingua tem a recear, mas do emprêgo impróprio de termos scientíficos, e do fabrico de vocábulos supérfluos e pretenciosos, de que tanto têm abusado os simbolistas e decadentes, substantivando verbos e vice-versa, de um modo desastrado e pedante. Condenar em princípio, e de um modo absoluto, os neologismos, julga a mais estéril das proibições; pois, uma lingua é um organismo vivo, que se desenvolve sempre, e em cujo desenvolvimento todos nós colaboramos inconsciente e insensivelmente.

E' convincente e decisiva a argumentação do abalizado filólogo. E a pequena digressão, que acabo de fazer, não significa de modo algum o meu desrespeito ou descarinho pela forma clássica. Mas, a severidade da velha escola tem de moderar-se perante a exigência do progresso, sem contudo aprovar a excessiva liberdade dos que, por gôsto, aspiração à singularidade ou sciência, sóem usar uma terminologia convencional e campanuda, querendo a seu modo fazer uma *festa de estilo*, quando sai de tudo um *pagode estonteador*, brigando com a gramática, com a lógica e até com o senso comum; caindo em indesculpáveis e repetidas faltas, que, muitas vezes, a rotina legitima, com manifesto prejuízo para o génio e tradições da lingua nacional. Entre os dois extremos, facilmente se impõe o meio termo a seguir.

Tornemos a Cunha Rivara.

Os seus reconhecidos préstimos e os estudos que encetou logo ao chegar à Índia, valeram-lhe a nomeação régia para continuar os trabalhos de Barros e de Couto. No desempênho desta comissão, não se subordinou, porém, ao plano de arcáicas crónicas; inspirou-se na sistematização moderna e foi um *essayst* de superior critério. Entre as suas obras sobressaem o *Archivo Portuguez-Oriental*, repositório enorme e precioso de documentos habilmente coordenados,—a volumosa colecção relativa aos direitos do Real Padroado Português no oriente, de que foi estrénuo e vigilante defensor, o que lhe acarretaria o desgôsto de não ser arcebispo de Goa, se fôra eclesiástico, como Pio IX o supunha,—o periódico *Chronista de Tissuary* e tantos outros, que opulentam a sua herança literária.

Aqui vem a talho de fouce uma recordação. Todos os homens de letras têm os seus quartos de hora do feitio do de Rabelais, e Rivara não foi excepção dessa regra. Quando, exumando do pó dos arquivos, com a mais paciente solicitude, os documentos antigos, isolados ou acompanhados de ilustrativas informações, os publicava no *Boletim do Governo*, onde saíram primeiro em grande parte (no que não só fazia um louvável serviço, mas cumpria as avizadas instruções dadas pelo Conselho Ultramarino para a redacção dos Boletins dos governos dalém-mar, (instruções que o modernismo, ingrato para com um passado glorioso, tem esquecido).—dois jornalistas do país, aliás homens ilustrados (esqueço outros de baixo coturno, escribas sem sciência nem consciência, que de vez em quando lhe atiravam pedradas de garôto)—dois jornalistas, repito, no calor com que agrediam o secretário do govêrno, não raro absorvido em batalhas eleitorais, nos momentos em que se fazia rebelde à natural quietação, serviam-se ainda dessa publicação, como arma contra o douto homem de letras. Um classificou de *soporéticos* (sic) os *fascículos* ; e o outro não duvidou dizer que o *Boletim* só servia para embrulhar *tabaco e assucar* ! E Cunha Rivara não soube desanimar ; prosseguiu com imperturbável serenidade e persistência ; tranquilo e impassível, antevendo a justiça da imparcial posteridade, a cada arrochada dêste jaez, respondia com homéricas gargalhadas, tão suas, que retiniam como bronze aos ouvidos dos circunstantes. Hoje os seus volumes têm uma procura forte, não só no país, mas ainda no estrangeiro, pagando-se avultado preço pelos que se acham esgotados. E a ambos êsses jornalistas ouvi eu, com os meus bons ouvidos, falarem dele com reverênte consideração e aludirem com subido aprêço às suas luzes, experiência e escritos, que de muito préstimo lhes foram em certas ocasiões. E' caso para se repetirem as próprias palavras do sábio português, sentenças, que a propósito dimanavam da sua longa prática dos negócios: *as paixões políticas fazem virar as cabeças ainda as mais bem organizadas*,—ou, melhor, estas de Chateaubriand com que se escudou uma vez: "*Quando seiscentos ou setecentos homens* (nas câmaras parlamentares) *têm o direito de falar e um povo inteiro o de escrever, é mister resignar-nos a ouvir e a ler muita tolice. Quem se amofinar com isso, dará mostra de ser fraca cabeça, ou parecerá criança*".

Ao regressar à metrópole, em 1877, levou valiosos MSs., uns acabados e outros por acabar, que, após o seu falecimento em 20 de fevereiro de 1879, sua ex.ma viuva ofereceu à Biblioteca Pública de Évora, de que Rivara, antes de vir à Índia, fôra solícito director. Ainda não chegaram a imprimir-se, excepto a colecção das inscrições lapidares da Índia Portuguêsa, que saiu em 1894 no *Boletim* da Sociedade de Geografia, de Lisboa, e depois em volume especial, infelizmente com gráves defeitos de edição, que prejudicam o valor dessa preciosidade epigráfica.

Resumindo, Cunha Rivara é hoje a maior autoridade nos assuntos sôbre que escreveu. O seu nome, que êle gravou, com mão diurna e nocturna, em monumentos imperecíveis, tem um crédito abalizado, e é o seu melhor elogio.

Filipe Néri Xavier foi um investigador assíduo e incansável. E' vasta e meritória a sua obra, podendo dizer se hoje, feito o nosso balanço bibliográfico, que é o mais fecundo escritor indígena. Funcionário distinto, duma actividade sempre juvenil, vigorosa e enérgica, aproveitou-se da sua posição oficial e das variadas comissões, de que o incumbiam, para fazer demorados estudos do organismo administrativo local em todas as suas engrenagens, constituindo-se assim uma espécie de dicionário vivo das especialidades goenses.

Deixou valiosos trabalhos, não só de simples interêsse histórico, mas, principalmente, sôbre quási todos os ramos da governação da província. Em um dêstes, o mais importante na economia interna—a administração das comunidades agrícolas—cuja indecisa história e anómala legislação foi o primeiro a coordenar, lia de cadeira, tendo durante a sua vida, logrado a reputação de oráculo. Acérrimo e fervoroso defensor dessas utilíssimas instituições, numa ocasião em que apareceu quem lembrasse a conveniência da dissolução das gãocarias, saiu de lança em riste com vigorosa defeza num livro, que o douto padre mestre Miguel Filipe de Quadros queria que servisse de cartilha maternal nas famílias gancariais: como a pretérita geração, esmaltada de nomes ilustres, se apaixonava por essa secular e grandiosa herança, que abona o elevado engenho hindu !...

Com igual desvêlo escreveu sôbre as confrarias, administração das Novas Conquistas, dessaiados, usos e costumes dos habitantes não cristãos, senados e câmaras, nobiliarquia, numismática, etc.

Pelos seus muitos e prestantes serviços, adquiriu indiscutível jus à gratidão do país, que ainda se não desendividou para com êsse seu preclaro filho, fazendo-lhe pelo menos uma modesta consagração pública, (1) embora o seu mais duradouro padrão—*œre perennius*—êle mesmo o tenha erguido nos seus trabalhos, *que honram a sua memória*, como disse uma autorizada voz na câmara dos pares em 1888,—embora a sua

(1) Depois da primeira publicação desta carta foi feita esta consagração, lembrada pelo saudoso Ismael Gracias, por meio duma festa pública, promovida por seu irmão, o sr. Amâncio Gracias, para comemorar o centenário do nascimento de Filipe Neri Xavier.

Por essa ocasião, além de ser reeditado, por subscrição pública, o seu livro *O Bosquejo Histórico das Comunidades de Goa*, foi colocada, sendo descerrada pelo governador geral, uma lápide de mármore na fachada principal do prédio em que residiu, no bairro Fontainhas, da capital, na rua que leva o seu nome. A lápide traz esta inscrição:

NESTA CASA VIVEU E MORREU
FILLIPPE NERY XAVIER
NASCIDO AOS 17 DE MARÇO 1801
FALLECIDO AOS 16 DE MAIO 1875
HOMENAGEM DOS SEUS CONCIDADÃOS
NO SEU PRIMEIRO CENTENÁRIO
1901

mais viva comemoração seja a que todos os dias se repete entre os homens e nos estabelecimentos públicos, recorrendo à sua autoridade e invocando-a no estudo e resolução de importantes questões locais.

Preparado com a escassa instrução da sua época, e repartindo o seu tempo por entre imensos e acabrunhantes afazeres, não teve elementos suficientes, nem vagar para aperfeiçoar os seus escritos, dai algumas incorrecções que não deslustram contudo o se» mérito intrinseco. Diz o sr. Frederico de Ayala que Filipe Neri, a quem dá justo logar como o mais notavel escritor índio, foi o melhor discípulo de Cunha Rivara. Ha nisto um equívoco. Quando Rivara chegou a Goa, Filipe Neri era já publicista considerado, e nos seus livros posteriores não ha a característica literária em que o primeiro o excedia. Filipe Neri era um espirito independente e brilhou sempre com luz própria. Foi obra de si mesmo. Além de que é tradição que ambos nunca se entenderam bem, ligando-os apenas a proximidade da hierarquia oficial. Um Boswel comum poderia neste ponto acumular citações oportunas.

Seguiu-lhe a esteira Miguel Vicente de Abreu, também funcionário público, que empregou útilmente as suas horas feriadas. E', porém, de menor importância o seu espólio. Começou a escrever sob os directos auspícios de Cunha Rivara que sempre o encaminhou, e isto lhe deu bastante incentivo e conhecidas vantagens. Dentre as suas publicações, as mais apreciáveis são as versões do *Bosquejo historico de Goa* pelo abade Cottineau, e da *Narração da Inquisição*, pelo médico francês Dellon, ambas prefaciadas por Cunha Rivara, a *Relação* das alterações políticas de 1821-22 e a memória sôbre o govêrno do Conde do Rio Pardo, estas últimas amplamente documentadas, no que porventura consiste o seu único merecimento. A memória sôbre os filhos distintos de Goa, louvável como homenagem patriótica, é um punhado de apontamentos, sem nexo, mas de utilidade; e a que trata da áula de química tem interêsse limitado.

Ao lado de Filipe Néri e de Miguel Vicente d'Abreu, surgiu um *novo*, habilitando-se com suficiente educação literária para delinear uma obra histórico-crítica, segundo os modernos processos. Reduziu os principais assuntos a breves quadros, trabalhados com esmêro e com o desassômbro próprio da sua juventude e posição social. Não teve aspirações partidárias, de que injustamente o argúi o sr. Frederico d'Aiala, pois nunca se mostrou filiado em partido algum, nem entrou em questões políticas, nem mesmo os seus escritos jornalísticos, na máxima parte, de literatura histórica, denunciam qualquer laivo de vírus partidário ou castista. E' certo que a sua obra não é muito reflectida, só dominada pela lógica. Fa-la-ia, se, assim como se familiarizou com a literatura francêsa em voga no seu tempo, tivesse conhecido Macaulay, Gibbon, ou Hume. E, à parte alguns pequenos senões, que se perdem no conjunto da obra, os *Quadros históricos de Goa* podem considerar-se uma esplêndida e inconfundível manifestação literária, e ser manuseados com proveito por quem não pode entregar-se à fastidiosa leitura de pesados volumes. Mais, tem a vantagem de abranger os sucessos políticos da terra até uma época menos afastada. Creio que os leitores sabem de quem falo. Barreto Miranda muito daria às letras, em que ilustrou seu nome, se circunstâncias particulares o não tivessem desviado para uma prosaica e laboriosa função pública, e se a morte o não tivesse colhido ante-sazão.

Sôbre os trabalhos dos escritores, últimamente mencionados, e com outros a que recorreu, o sr. Frederico Diniz d'Aiala, que mais duma vez citei, escreveu a sua *Goa antiga e moderna*, um trabalho de análise e de crítica, como êle próprio o classifica, um livro de combate, direi eu. Jovem de claro entendimento, residindo desde muito tempo em Portugal, estava em circunstâncias de produzir um livro melhor; mas, dominando-se pelo seu temperamento ardente e nervoso, aliou uma oração *pro domo sua* a um irritante libelo acusatório. E' este o seu defeito culminante. Lê-se o volume dum folego, e afinal é uma surpresa vêr um intelectual esperançoso, arrastar-se por sentimentos a que devia ser superior, perder a serenidade—como bem lhe reflectiu um articulista da *Provincia*, do Porto, que revistou esse livro—e descair em apreciações apaixonadas e inexactas, tendo em vista exaltar incondicionalmente uma determinada classe, e num *parti-pris* de amesquinhar por todas as formas uma outra, a que atribúe intentos sinistros, tendências nacionalistas (ou nativistas, na frase minaz dos *patriotas* de 1895) alvejando francamente—e parece ser êste o seu fito principal—um homem respeitavel pela sua capacidade e serviços, aquêle a quem o talentoso Moniz Barreto, quando escrevia no *Reporter* a respeito da mesma obra, acertadamente chamou o *último dos chefes da aristocracia bramânica*. No entanto, *Goa antiga e moderna* revela-se uma obra de arte. A par de estilo embaraçado, que tanto prejudica os escritos do autor, (o que ainda lhe notou o precitado articulista), tem páginas de grande felicidade nas descrições, de belo vigor de traço, assim as que retratam as simpáticas figuras de Afonso d'Albuquerque e Francisco Xavier, o *heroe terríbil* e o *padre santo*, dois vultos venerandos do ciclo glorioso do Portugal conquistador, e as que esboçam as formosas paisagens indianas.

O tomo III da *Descrição geral e histórica das moedas*, por Teixeira de Aragão—mal se perceberá que um volume dêste título encerra muita informação útil além da numismática—as sucintas narrativas que, sôb a epígrafe *Os Portuguezes no Oriente*, publicou o sr. Eduardo de Balsemão—e *A India Portugueza* de António Lopes Mendes, são dignas de lêr-se. Teixeira de Aragão acompanhou em 1871 o infante D. Augusto à India e do seu magnífico livro se deduz que estudou muito, tanto aqui, durante os poucos meses da sua permanência, como em Lisboa nos arquivos públicos. E. de Balsemão, que, por muitos anos, foi secretário do govêrno, inteligente, activo e ilustrado, fêz um substâncioso extrato dos cronistas e deu a lume não poucos documentos inéditos do arquivo do govêrno. A obra de Lopes Mendes, principalmente apreciável pelas estampas de conventos, igrejas, pagodes e outros edificios, muitos dos quais foram completamente destruidos, substituindo-os hoje densos palmeirais, acusa contudo uma falta de ordem e método, que atenúa sobremaneira o seu merecimento.

O último livro, digno de nota, é firmado pelo sr. Bruto da Costa, redactor do *Ultramar*, jornal mais antigo da India Portuguêsa. Intitula-se *Goa sob a dominação portugueza*, e aí encontra o leitor um bem coordenado bosquejo histórico desde 1510 a 1897. Recomenda-se pela grande cópia de factos e informações, pela exactidão com que o autor os apura, citando logo a autoridade de que se serviu e, finalmente, pela simplicidade da linguagem que o torna acessível às mais comezinhas inteligências.

Chegado, meu amigo, a êste ponto, seria injustiça esquecer a literatura relativa às conquistas espirituais no Oriente, onde a espada e a cruz resplandeceram sempre unidas, em combinado esfôrço ; sendo a propagação da fé nestas partes o maior título de glória e benemerência, a que Portugal tem legítimo direito perante a história e a civilização,—a única grandeza que lhe resta dentre tantas da sua áurea idade, e que ainda lhe guarda vivo e respeitado o nome nas imensas regiões por que se estendeu outrora o seu senhorio religioso. A história política da India Portuguesa não pode desprender-se da sua história eclesiástica, que apresenta uma legião de escritores, pela maior parte clérigos regulares, que se distinguiram nas letras e deixaram preciosos livros, ocupando-se não sómente do estabelecimento e serviços das suas ordens, missões e missionários, mas igualmente dos feitos dos portugueses, dando miudas notícias das diferentes terras asiáticas e das instituições, usos e costumes dos seus habitantes; o que lhes aumenta o valor. Seria longo enumerar essas obras, desde as crónicas monâsticas impregnadas do maravilhoso e cheias de mística poesia, em que a imaginação domina freqùentes vezes o critério, interessantes contudo em variado género, até aos escritos de seculares. Registarei apenas a *Noticia historica e legislação da instrução publica*, do nosso lamentado colega, p.ª Filipe Neri de Souza, as *Instituições portuguezas de educação e instrucção no Oriente*, do malogrado p.ª Caetano Francisco de Souza—duas publicações de incontestável valia—e, sobretudo, uma outra de recente data, que é, a bem dizer, o compêndio de toda a nossa história e direito eclesiástico: as *Mitras lusitanas no Oriente* pelo sr. p.ª Casimiro Cristovam de Nazaré, que acaba de publicar em Lisboa a segunda edição. Ha muito aplicado a similhantes estudos, vive esse digno sacerdote na penumbra em que se recolheu, professando a humildade cristã e empregando, como um beneditino, o seu tempo em lucubrações frutuosas. Mas, esse seu magnífico livro basta para o levantar nos escudos da fama, e impõe-se à leitura. Devem possui-lo todos os que estudam as cousas pátrias e especialmente os eclesiásticos. Não estou a fazer reclame. Quer-me parecer que o nosso clero está bem compenetrado do que, ha muitos anos, lhe disse um sábio prelado: que o sacerdote deve ser eminente assim na sciência como na virtude, e que esta sem aquela o torna servo inútil na casa do Senhor, comparável àquêle de quem o Divino Mestre fala em S. Mateus. E não padece dúvida que na actualidade é apenas um facto histórico a ordem dada pelo Marquês de Pombal, para cada páraco de Goa comprar um catecismo, pondo a sua assinatura na primeira página do livrinho!

A par das obras nacionais, ha outras estrangeiras, devidas principalmente aos viajantes europeus que vieram à India em diferentes épocas para variados fins, como o holandês Linschotten, o marítimo Hawkins, sobrinho do grande Hawkins, companheiro de Drake, que esteve na côrte do célebre imperador mogol Jehangir, de quem foi íntimo e obteve grande protecção, da qual tirou extraordinárias vantagens, ao invez da imprudente perseguição que em Surrate lhe moveram os portuguêses,—Sir Thomas Roe, Newberry e Ralph Fitch,—Manucci, Carreri, Bernier e Fryer, médicos,—Tavernier e Thevenot, joalheiros—Terry e Ovington, eclesiásticos,—Herbert outro marítimo,—Mandelso e Pietro della Valle, nobres,—Pyrard, e tantos cujas relações de viagem estão hoje ao alcance de todos, graças a emprêsas vulgarizadoras, como a conhecida *Hakluyt Society*, de Londres, e outras. São extremamente curiosas essas relações, muitas demostrando larga observação e boa compreensão das cousas,—e porisso, ao passo que lançam muita luz sôbre as épocas a que respeitam, servem para corrigir as crónicas indígenas, que, estando traduzidas em línguas europeias, sobretudo a inglêsa, têm de lêr-se *cum grano salis*, já pela propositada omissão de sucessos dignos de memória, que desonrariam certos soberanos,—já pelas amplificações que nelas pululam; nem outra cousa se podia esperar desde que—falo dos grandes reinados—alguns imperadores, como Babar e Jehangir, deixaram as suas auto-biografias,—outros, como Humayun e Akbar, fizeram escrever seus feitos por secretários particulares ou sujeitos estipendiados, que tinham de submeter os seus escritos a real complacência.

E a proposito de Jehangir, cujo nome caiu dos bicos da minha pena por mais duma vez, sejam-me permitidas mais algumas linhas.

E' sabido que diligentes missionários portugueses foram nos fins do século XVI, sucessivamente, à côrte de Akbar, o mais sábio e poderoso de todos os *rulers* da India, que o solicitou, não pelo desejo de se converter, ou de introduzir nos seus domínios o cristianismo, mas pelo prazer de conhecer e tratar com a nova gente europeia, que andava pelo Oriente, espalhando fama de grandes feitos. Depois, no reinado de Selim, que sucedeu no trôno a seu pai, assumindo o pomposo título de *conquistador do mundo*, que outra cousa não significa a palavra *Jehangir*, os nossos missionários conseguiram ainda baptizar quatro sobrinhos do monarca e vêr gravadas nas portas do encantador palácio da magnificente Lahore as efígies de Jesus Cristo e da Virgem Maria. Mas, porque o filho de Akbar, cuja ferocidade era tal que os sentenciados por crime de roubo eram mandados lançar aos cães, e as mulheres que tivessem ofendido o decóro eram enterradas vivas até aos braços, queria o cristianismo? como o compreendia? E' o que os nossos missionários nunca souberam ou fingiram não saber; mas contam-no informadores de boa nota.

Jehangir era dado à intemperança. Entretinha-se em banquetes luxuosos e dissipava as noites em orgias babilónicas. Num jantar, a que assistiu o mandatário inglês (a Inglaterra mandava embaixadores ao Grão-Mogol, para firmar contratos comerciais extraordinariamente lucrativos, enquanto Portugal se limitava apenas à dilatação da fé), jantar que custou—diz Ed. Holden—150 mil libras, Jehangir, impaciente com a proibição dos seus médicos, relativamente a carnes impuras, preguntou aos doutores da côrte, se havia alguma religião que lhe permitisse comer toda a espécie de carnes. Só a cristã—responderam—. Pois façamo-nos todos cristãos, bradou êle contente!

De resto, para os príncipes mogois a religião era uma cousa indiferente, consideravam-na como um assunto de especulações filosóficas, e, neste particular não estabeleciam diferença alguma entre os seus vassalos. Estavam ainda longe, infelizmente bem longe dêste pensamento político de largo alcance, os nossos herois e missionários, dominados pela intolerância religiosa, sem reflectirem nos efeitos prováveis da violenta campanha de extermínio empenhada contra as religiões orientais—, sem pensarem que a propaganda católica desta arte se desviava da verdadeira concepção do cristiniasmo, do alto valor filosófico e moral das doutrinas do amorável e divino Jesus. Os resultados regista-os a história.

Nenhum dos escritores que citei e outros que por brevidade omito, tratou, porém, da história anterior à dominação portuguesa, e alguns, intentando faze-la, cairam, à míngua de fontes autorizadas, em deploráveis erros, firmando-se em tradições vagas, envolvendo-se numa atmosfera do maravilhoso, numa rêde de fábulas extravagantes que se esvaem como subtil fumo ao mais ligeiro sôpro da crítica. Esta grandiosa tarefa estava destinada a um poder vigoroso, que igualmente dispusesse de inteligências, de vontades e de recursos pecuniários. Foi o que encetou e levou a bom termo a Inglaterra. Os dominantes da vasta península indostânica, após longos trabalhos agrupados e unificados, não dispersivos e isolados, sempre primorosamente remunerados, têm recolhido tesouros de saber acêrca da India.

Deslindando e perquirindo, como um paciente anatomista, o imenso mosaico de povos e raças, de religiões e línguas que se estendem por todo o Hindostão,—fazendo, em toda a parte, profundas escavações arqueológicas, desenterrando cidades e civilizações mortas, de cujas cinzas emergem raios luminosos—, têm conseguido reconstituir, página por página, a história da India, em todas as suas manifestações, e em todos os períodos, desde os tempos primitivos, tão ricos de lendas e de mitos, até o *struggle* europeu, história que se acha divulgada em obras monumentais, como o *Indian Antiquary*, os *Sacred Books of the East*, os tratados históricos *ex-professo*, os relatórios do *Great archeological survey*, a *Numismata Orientalia*, o *Imperial Gazetteer*, a série dos *Rulers of India*, a coleção dos documentos do arquivo da Companhia das Indias........E' êste um relevantíssimo serviço da éra vitoriana, devido à *Pax Britannica*—

primeiro e maior factor da ressurreição do génio indiano, —e prestado por gloriosos lidadores, como Briggs, Elliot, Dawson, McCrindle, general Elphinstone, Grant-Duff, Elphinstone, Cunningham, Max-Muller, Malleson, Strachey, Hunter, Birdwood, Danvers, e tantos outros, que formam a conspícua pléiade dos indianistas británicos; não sendo menos fulgente a dos literatos indígenas, que apresenta nomes de reputação europeia, como Keshub Chunder Sen, Toru Dutt, Sumbhoo Chunder Mookerjee, Trimbak Telang, Ragendralala Mitra, Romesh Chunder Dutt, Bunkim Chunder Chatterjee, Rajaram Mohun Roy e Ishvar Chundra Vidyasagar.

Todos esses trabalhadores, duma sólida instrução e rara tenacidade, têm apurado e deslindado o que ha sôbre a India antiga e medieval, uns explorando as multíplices fontes de investigação, outros reconstruindo e galvanizando sôbre os dados por aqueles colhidos a verdadeira história; e não são de somenos interêsse para nós as suas magistrais publicações.

Quem saberia aliás que Goa, a famosa e dilecta porção do Parasurama Kshetra, fôra assinalada em prístinas épocas?—que Visnú, depois de derrotar o imperador Saharsarjuna, a designára para estância dos dez *munis* que trouxéra do norte?—que nos puranas fôra celebrada, ora como recesso escolhido por Siva, depois de abandonar a esposa nos inaccessíveis píncaros dos Himalaias,—ora como purgatório dos sete *rishis* durante sete milhõees de anos,—ora, finalmente, como teatro da sanguinolenta batalha travada entre Krisna e Jarasandha? Quem poderia reconstruir a linha das dinastias que reinaram na bela Gowapur e as respectivas crónicas? Quem, a não ser os tradutores das antigas obras indianas, nos daria a descrição de Sindhabur ou Sundapur, da famosa Goa hindu e maometana?

Com não menor desvêlo têm os indianistas ingleses procurado estudar as particularidades da supremacia portuguesa, a mais antiga entre as nações europeias, nos mares e terras da India. Dão disto irrefragável testimunho as versões das nossas obras antigas, feitas pela já citada *Hakluyt Society*, de Londres, o importante esbôço histórico de Goa. escrito pelo nosso erudito compatriota José Nicolau da Fonsêca, por honrosa incumbência do govêrno indo-británico, livro que foi uma contribuição para o *Imperial Gazetteer*, e que bem merece traduzir-se,—o do padre D'Orsey, sobre as descobertas e missões portuguesas na Asia,— a missão especial que foi cometida ao sr. Danvers, superintendente dos arquivos da *India Office* em Londres, para examinar os arquivos de Lisboa e Evora, onde o laborioso investigador encontrou opima colheita, de que deu uma súmula no seu relatório já impresso, acrescentando novos subsídios,—a notavel obra do mesmo funcionário, intitulada *The Portuguese in India* etc.

Não me alongo neste vasto assunto, que era o capítulo obrigado dos meus relatórios oficiais ao govêrno provincial, todos do domínio público, quando dirigi a nossa biblioteca nacional, onde, ao sair, deixei uma rasoável livraria indiana, de que tenho visto, com satisfação, auferirem proveito os estudiosos.

XXVIII

Olhando agora para trás, reconheço que tenho escrito demais para uma despretenciosa carta como esta. Tão ampla é a matéria que será necessário um volume para a só menção das obras àcêrca da história da India Portuguêsa. O seu MS., apenas o acabava de ler, impressionou-me vivamente, a ponto que se me foi deslizando a pena sem interrupção, à vontade, traduzindo fielmente, naturalmente, as minhas idéas. Assim poderei dizer, aplicando-me as palavras do inimitável autor das *Guêpes* :—" estas linhas destinam-se a fazer conhecer a expressão sincera e inexorável do meu pensamento sôbre os homens ou sôbre as cousas, absolutamente fóra de qualquer idéa de ambição e de qualquer influência de partido ". Quanto ao meu amigo, não lhe quero demorar a expressão do meu caloroso aplauso pelo seu excelente trabalho. E visto ser um espírito firme e justo, se lhe faltar quem lhe aprecie o mérito e o anime, deve contentar-se em sentir dentro de si a independência e a tranquilidade que dá a consciência num valor afirmado ante os próprios olhos.

Pangim, 29 de Agosto de 1898.

J. A. Ismael Gracias

HISTORIA DE GOA

PARTE I

Goa pre-portuguesa

CAPÍTULO I

Goa, sua situação geográfica, população e classes.

Situação de Goa

O território de Goa, encravado no Concão meridional, está compreendido entre 14° 53′ e 15° 48′ de latitude N., e entre 73° 45′ e 74° 24′ de longitude E. de Greenwich.

O seu maior comprimento é de 105 quilómetros, desde Patardeu ao N. até Polem ao S., e a sua maior largura, de 60 quilómetros, entre Mormugão ao O. e o cume dos Gates de Tiném a E., abrangendo a superfície de 3.370 quilómetros quadrados.

Confina ao N. com o rio de Áraundem ou de Tiracol, e alguns contrafortes dos Gates ; ao O. com o mar da Arábia ; ao S. e a E. com a cordilheira dos Gates.

Origem do seu nome

O seu nome indiano é *Govém* ou *Govâ*, derivado do sânscrito *Govâ-puri*, (isto é "povoação pastoril"), com que antigamente se designava toda a ilha de *Tissuari* e, especialmente, a sua primitiva cidade, (hoje a Goa-Velha). Posteriormente o nome Govém ou Goém estendeu-se a todo o território que constitue a província de Goa. Na literatura indiana é também dado a êste país o nome de *Gomanta* ou *Gomantaka*, e é ainda possível que se lhe aplicasse a palavra *Gova-rastra* ou *Gopa-rastra*, designação duma das antigas sete divisões do Concão (*Saptakonkana*).

População e sua divisão

A população do país, segundo o censo de 1910, é de 456.551 habitantes, além dos que, aos milhares, se acham emigrados especialmente para a India británica e a Africa Oriental. Sob o ponto de vista da sua religião, divide-se em três grupos: os cristãos, os hindus e os mussulmanos, que são em número muito limitado.

E quanto à procedência e naturalidade, compreende, além dos nativos, os europeus, os descendentes dêstes, estabelecidos no país, e poucos estrangeiros.

Com a religião hindu, importada pelos primitivos habitantes, veio também a sua constituição social, baseada no regime das castas. [1]

Os hindus de Goa admitem numerosas castas,

[1] *Casta* é um termo que os portugueses introduziram e foi depois geralmente adoptado para designar as diferentes divisões de familias na India. Eram primitivamente quatro: a *brámane* ou sacerdotal, a *kxatriya* ou militar, a *váixya* ou agrícolo-comercial e a *sudra* ou servil. Segundo o censo inglês de 1901, ha ao presente na India 2,378 castas principais, além de numerosas sub-castas.

HISTORIA DE GOA

PARTE I

Goa pre-portuguesa

CAPÍTULO I

Goa, sua situação geográfica, população e classes.

Situação de Goa

O território de Goa, encravado no Concão meridional, está compreendido entre 14° 53′ e 15° 48′ de latitude N., e entre 73° 45′ e 74° 24′ de longitude E. de Greenwich.

O seu maior comprimento é de 105 quilómetros, desde Patardeu ao N. até Polem ao S., e a sua maior largura, de 60 quilómetros, entre Mormugão ao O. e o cume dos Gates de Tiném a E., abrangendo a superfície de 3.370 quilómetros quadrados.

Confina ao N. com o rio de Áraundem ou de Tiracol, e alguns contrafortes dos Gates; ao O. com o mar da Arábia; ao S. e a E. com a cordilheira dos Gates.

O seu nome indiano é *Govém* ou *Govà*, derivado do sânscrito *Govà-puri*, (isto é "povoação pastoril"), com que antigamente se designava toda a ilha de *Tissuari* e, especialmente, a sua primitiva cidade, (hoje a Goa-Velha). Posteriormente o nome Govém ou Goém estendeu-se a todo o território que constitue a província de Goa. Na literatura indiana é também dado a êste país o nome de *Gomanta* ou *Gomantaka*, e é ainda possível que se lhe aplicasse a palavra *Gova-rastra* ou *Gopa-rastra*, designação duma das antigas sete divisões do Concão (*Saptakonkana*).

Origem do seu nome

A população do país, segundo o censo de 1910, é de 450.651 habitantes, além dos que, aos milhares, se acham emigrados especialmente para a India británica e a Africa Oriental. Sob o ponto de vista da sua religião, divide-se em três grupos: os cristãos, os hindus e os mussulmanos, que são em número muito limitado.

População e sua divisão

E quanto à procedência e naturalidade, compreende, além dos nativos, os europeus, os descendentes dêstes, estabelecidos no país, e poucos estrangeiros.

Com a religião hindu, importada pelos primitivos habitantes, veio também a sua constituição social, baseada no regime das castas. (1)

Os hindus de Goa admitem numerosas castas,

(1) *Casta* é um termo que os portugueses introduziram e foi depois geralmente adoptado para designar as diferentes divisões de familias na India. Eram primitivamente quatro: a *brámane* ou sacerdotal, a *kxatriya* ou militar, a *váixya* ou agrícolo-comercial e a *sudra* ou servil. Segundo o censo inglês de 1901, ha ao presente na India 2,378 castas principais, além de numerosas sub-castas.

que, segundo a sua suposta hierarquia, podem ser distribuidas em três grupos gerais: *a*) casta superior—os brámanes; *b*) castas médias—os vanis, ourives, carpinteiros, ferreiros, lavandeiros etc; *c*) castas inferiores—alparqueiros, farazes etc.

Os brámanes dividem-se em: os *sarasvatas*, procedentes, segundo a tradição, de Panjab e de Bengala; os *chitparans* e os *karadás*, aqueles oriundos de Chiplun (Ratnaguiri) e estes de Karád, nos Gates.

Os sarasvatas ainda se subdividem em Sasticares, Bardescares, Pednecares etc, que entre si não se relacionam pelo casamento, nem se associam nas refeições.

Os cristãos, a-pesar-de séculos da sua conversão, ainda não se desprenderam de todo das castas dos seus antepassados.

Linguas

A lingua vernácula é o concani. Os hindus cultivam tambem o marata e os maometanos o urdu ou hindustani. A língua oficial é a portuguesa, que é falada pelas classes ilustradas. Actualmente é tambem muito cultivado o inglês, devido às necessidades da emigração.

CAPÍTULO II

Breve notícia dos antigos Estados vizinhos de Goa.

Os Kadambas

Antes de entrarmos na história de Goa convém, para a sua melhor inteligência, dar uma noção sumária dos estados vizinhos que de alguma forma tiveram relações com o nosso país. E assim temos, em primeiro logar, o reino dos *Kadambas* (cêrca de 200 A. C. a 600 E. V.). Êste reino muito antigo, ocupava, no sul do Decão, o território correspondente à parte ocidental de Maissor (Mysore) e, na base dos Gates, toda a costa do Canará. A sua capital era Banavasi ou Vaijayanti, que ficava ao norte do Maissor, nas margens do Tunga-bhadra. Ignora-se a data da fundação dêste reino; mas, o nome da sua capital encontra-se mencionado nas inscrições de Axoka, que datam do século III A. C. A dinastia reinante, provávelmente de origem ariana, cognominava-se *Kadamba*, porque, segundo a mitologia hindu, o seu fundador, que foi um Trinetra ou Trilochana Kadamba, nasceu duma gota de suor caída da testa de Siva na raiz da árvore *Kadamba*, espécie de palmeira (*Nauclea Kadamba*), que eles, talvês porisso, tinham em veneração e plantavam ao pé de suas casas.

Os Kadambas reinaram como independentes até os fins do século VI, em que foram subjugados pelos Chalúkyas. O seu escudo de armas representava um leão e a bandeira um macaco. No seu vasto território eram faladas algumas linguas, sendo a principal a canaresa.

Da dinastia de Banavasi nasceu um ramo, que é conhecido como o dos *Kadambas de Goa*, dos quais trataremos no capítulo seguinte.

Os Kadambas andaram em freqüentes hostilidades com os Pallavas, Cholas e outros soberanos vizinhos, e devem ter sido monarcas poderosos, a julgar pelo facto de terem celebrado 18 sacrifícios de *asvamedha*. [1]

[1] *Axvamedha* era um sacrifício de cavalo, que no período épico tinha alta significação politica. Um rei que quizesse adquirir o direito de suserania sôbre os outros, exigia-lhes a vassalagem mandando um cavalo, prèviamente consagrado e acompanhado de poderoso exercito, percorrer sucessivamente as terras dêsses monar-

Com a decadência dos Kadambas adquiriram a importância os Chalúkyas, tríbu lunar ou *Soma-vãxa* de rajputras, estabelecida no Decão já no século II E. V. Esta dinastia deu três ramos: *a*) os Chalúkyas do ocidente, cuja capital era Vatapi, hoje Badami, no distrito de Bijapur; *b*) os do oriente, com a sua capital em Vengui e depois em Rajamandri, na costa oriental; e *c*) os de Kalyani, que tinham por capital a cidade dêste nome, hoje nos domínios do Nizam.

Os Chalúkyas

Os reis mais notáveis da dinastia de Badami foram Kirti-varman 1.°, que venceu os Kadambas de Banavasi e fêz deles seus tributários, e Pulakexin 2.°, que subjugou a revolta dos referidos Kadambas, coligados com os Máuryas do Concão.

Pulakexin conquistou os Pallavas de Vengui em 615 e nomeou vice-rei de Vengui seu irmão Vixnu-Vardhana, que em 632 declarou a sua independência, fundando a dinastia dos Chalúkyas orientais.

O rei de Kanouj, Harxa, que era um poderoso imperador no norte da India, tendo atacado Pulakexin,

cas. Se aceitassem a submissão por vontade, ou fossem vencidos no combate, o rei, feito suserano, celebrava o seu triunfo com a assistência dos vassalos, terminando-o por uma solene festividade, em que se sacrificava o próprio cavalo, ou sua efígie, e o príncipe vitorioso era proclamado imperador ou rei dos reis. No caso de ser derrotado, perdia muito do seu prestígio, mas não seria vassalo do vencedor.

Se chegasse a celebrar 100 sacrifícios desta ordem, o rei teria o direito de destronar o próprio Indra e fazer-se soberano do universo e de todos os deuses. Era portanto êste sacrifício sinal de independência e poder.

Conforme o *Brahmana* do *Yajur Veda*, abatiam-se, na ocasião da ceremónia do Axvamedha, nada menos de 180 animais domésticos, cavalos, touros, vacas, cabras etc, distribuindo-se as partes das reses por diversas entidades.

foi por êste derrotado e obrigado a desistir da pretenção de extender o seu domínio até o Decão.

A fama do rei Chalúkya chegou até Pérsia, cujo rei, Khusru 2.°, lhe mandou um embaixador com cartas e presentes (em 625), honra que foi retribuída pelo monarca indiano.

Em 754, estes Chalúkyas foram desbaratados pelos Rastrakutas ou Rattas, que lhes mataram o rei Kirtivarman 2.°. e extinguiram o reino de Badami.

Decorridos pouco mais de dois séculos, o valoroso Chalúkya Taila ou Tailapa destronou em 973 o rei dos Rastrakutas e reconstituiu o império, fixando a sua séde em Kalyani, cujos príncipes ficaram sendo, daí em diante, suseranos dos Kadambas. Estes são os Chalúkyas de Kalyani, que reinaram até 1185.

O monarca mais poderoso desta dinastia foi Vikramaka ou Vikramadítya (1076–1126), que se fêz « Senhor do Decão », impondo a sua suserania aos Rattas, Kadambas, Yadavas e outros.

O brazão dos Chalúkyas representava um javali.

Contemporâneos dos Chalúkyas eram os Rastrakutas, ou Rattas, que ocupavam uma grande parte do território mais tarde chamado Maharastra. A sua capital, que, ao princípio, ficava no distrito de Nasik, foi depois transferida para a cidade de Malkhed, no país do Nizam.

Os Rattas

O príncipe dos Rattas que mais nos interessa conhecer é Danti-durga. Aproveitando a ausência do rei Chalúkya Kirti-varman 2.°, que se achava no sul, em guerra com os Pallavas, Danti-durga conquistou a sua capital Badami (754), tornando os Chalúkyas, e portanto os Kadambas, seus feudatários. Mas, como já vimos, o Chalúkya Tailapa, de Kalyani, dois séculos depois, venceu os Rattas e trouxe os Kadambas sob a sua suserania.

Entretanto, formou-se em Deuguiri uma nova côrte hindu: a dos Yadavas, ou descendentes de Yadu, tríbu que figurou na antiga guerra do Mahabharata. Um dos seus ramos veio do norte para o Decão, e estabeleceu-se no país do alto Godaveri, donde Bhillana, seu primeiro rei, conseguiu conquistar algumas terras aos Chalúkyas.—Seu neto, Singhana, que foi o rei mais notavel desta dinastia, conquistou todo o império dos Chalúkyas, de Kalyaní, e portanto Goa, e estabeleceu a sua capital em Deuguiri, (1210–1247).

Os Yadavas

Nestas alturas aparecem na história do Decão dois novos Estados: o hindu de Vijayanagar e o maometano dos *Bamanidas.*

O Sultão de Delhi, Jalaluddin, da dinastia Khiljida, que trazia sob o seu scetro todo o norte da India, ambicionava conquistar o Decão. Esta difícil emprêsa foi levada ao cabo pelo seu sobrinho Alauddin, que, em 1294, marchou para o sul e tomou de surpreza Deuguiri, capital dos Yadavas. Nos princípios do sec. XIV, no sultanato do mesmo Alauddin, o seu general Malik-Kafur tornou a invadir o Decão, impondo o tributo a vários soberanos hindus.

Para fazer face às constantes invasões dos maometanos, dois irmãos hindus, Harihara e Bukka, constituiram um novo reino, fundando, na margem direita do Tunga-bhadra, uma cidade, a que chamaram Vijayanagar [1] ou Bisnagar (1336). Um dos seus sucessores foi Narasinga, de cujo nome os antigos portugueses chamaram a este Estado o *reino de Narsinga.* Um dos maiores reis de Bisnagar foi

Reino de Vijayanagar

[1] Nome derivado de *Vijaya*=triunfo e *nagara*=cidade, ou, segundo outros, de *vidyá*=sciência e *nagara*.

Krixna Deva-Ráiya. Este Estado teve de lutar, durante todo o tempo da sua existência, com os maometanos vizinhos, mas manteve sempre as melhores relações com o govêrno português de Goa, e estendeu-se rapidamente por todo o sul da India, até que foi destruído, em 1565, na batalha de Talikota, por uma coligação dos principados maometanos do Decão.

Os Bamanidas.

Doutro lado, um oficial maometano do sultão de Delhi, de nome Hassan Gangu Baman, [1] tendo-se apoderado de Daulatabad, que a êsse tempo pertencia a êste sultão, proclamou a independência, assumindo o título de Alauddin 1.º e estabelecendo a sua capital em Kulbarga, hoje nos domínios do Nizam (1347). Foi o primeiro reino maometano que se fundou no Decão, sendo conhecido na história como o *sultanato dos Bamanidas.*

Este sultanato fragmentou-se, mais tarde, em cinco reinos, dos quais os principais foram: o de Ahmadnagar, sob a dinastia de Nizam Sháh ; o de Golconda ; e o de Bijapur, cujo soberano levava o título de Adil-Sháh, Adil-khan ou Idal-Khan (o Idalcão dos nossos

(1) Tomou o nome de Bahman, porque pretendia descender dum primitivo rei da Pérsia, assim chamado e melhor conhecido por Artaxerxes Longimano. Outros, porém, dizem que Báhman é corrupção da palavra *Bráhman*, porque este sultão estivera, na infância, ao serviço de um brámane, de nome Gangú, astrólogo de profissão; e, tendo restituido honradamente ao seu amo um tesouro que encontrara nos seus trabalhos de lavoura, o amo, tirando-lhe o horóscopo, lhe profetizara que êle viria a ser rei, pedindo-lhe que, se assim acontecesse, êle, Hassan, tomasse o seu nome *Gangú Brahman*, e o fizesse seu ministro. Esta última variante é hoje rejeitada como incrível e falsa, e não tem apoio nas moedas nem nas inscrições. (a)

(a) V. Smith *The Oxford History of India*; pag. 275 e *An Hist. of the Maratha People* by C. A. Kincaid, pag. 59.

cronistas). E' êste último reino, fundado, em 1489, por Yussuf Adil-Khan, que possuia Goa quando da sua conquista pelos portuguêses.

CAPÍTULO III

Goa sob a dominação hindu ; domínio dos Kadambas, Chalùkyas, Rastrakutas, Yadavas e de Vijayanagar.

Origem dos primeiros habitantes de Goa

Não está ainda históricamente definida a procedência do povo que primitivamente habitou este país. Segundo uma tradição local, poetizada pelo *Sahyadri-khanda* do *Skanda-Purana*, os habitantes de casta brámane teriam vindo, em remotas eras, das margens do rio Sarasvati (Punjab) e da cidade de Trihotra, hoje Tirhut, em Gauda (Bengala). Daqui a designação de *Gauda-sàrasvatas* tomada por êsses brámanes. Conforme essa lenda, êles seriam, pois, de origem ariana. João de Barros, entretanto, consigna uma outra tradição, talvez posterior, segundo a qual Goa teria sido primitivamente habitada por uma população pobre e industriosa, procedente do Canará, que, repartindo entre si a terra maninha e desaproveitada, a teria trazido à cultura, semeando-a de arroz e plantando os seus arecáis e coqueiros.

E' certo que o território de Goa esteve, como logo veremos, sôb a dominação de dinastias canaresas, como a dos Kadambas ; mas foi isso numa época em que êste país já possuia um certo grau de civilização árica, como se reconhece pelas referências elogiosas que lhe fazem os Puranas (1) e pela pouca influência exercida pela lingua canaresa, de origem dravídica, sôbre o idioma do país, que é puramente sânscrítico.

Estendendo-se a população, que, cada dia, fôra crescendo, e multiplicados os benefícios da agricultura, que devia ter tomado um certo desenvolvimento, sentiu-se provavelmente a necessidade de retalhar as terras em aldeias, e por essa ocasião se fundaram as associações agrícolas chamadas comunidades, cujos membros assumiram o título de *gãocares*, isto é. "senhores, bemfeitores e governadores das aldeias", como diz o primeiro Foral.

Comunidades agrícolas

A origem destas instituiçõès, tão profícuas aos associados e à economia social, como vantajosas para os interêsses do Estado, é ainda objecto de opiniões e conjecturas, nenhuma das quais tem adquirido até hoje valor histórico.

Supõe-se também que o govêrno teocrático, a princípio estabelecido, tomou depois a forma comunal, decidindo os *gãocares* em câmara geral os negócios da colectividade, económicos, civis e criminais: um princípio activo e sólido de govêrno municipal.

Ignora-se por completo a história primitiva de Goa

(1) "Ao norte de Gokarna fica um *kxetra* (logar sagrado) de sete *yojanas* de circunferência, e no qual está situada Govà-puri, que destroe todos os pecados. Pela simples vista de Govà-puri fica destruido qualquer pecado cometido na existência anterior, como a escuridão que desaparece ao nascer do sol. Até o voto de tomar um banho em Govà-puri é bastante para se adquirir uma situação elevada (noutra vida). Não ha certamente outro kxetra que se possa comparar a Govà-puri, *onde se encontram muitos brámanes profundamente versados nos Vedas e Vedangas*, e onde todos os brámanes se dedicam aos seis *karmas* e trazem subjugadas as paixões por meio de *mantras*, hervas, penitências e *yoga*."—*Suta-Sãhita*, cap. 16.

anterior ao seculo XI da era vulgar. E' provavel que no sec. III A. C. o seu território tenha feito parte do império de Axoka, neto de Chandragupta Máurya, que, tendo subido ao trono em 273, estendeu os seus domínios desde Afganistão até Bengala e desde o Himalaya até ao rio Kalyanpuri, ao sul de Goa; ao menos por toda esta imensa área se encontram, em rochas e pilares monolíticos, os numerosos edictos, sôbre a moral pública e privada, que ele mandou inscrever. Com a fragmentação dêste império, após a morte de Axoka (232), reinou ainda no Concão uma dinastia Máurya, que talvèz continuasse a possuir Goa.

O que ha de positivo é que, um dia, passou Goa para o domínio dos Kadambas de Banavasi, que abrangia, além duma grande parte do Decão, o Canará e o Concão meridional (pg. 4). Destes Kadambas veio, mais tarde, estabelecer-se em Goa, um ramo, formando aqui o reino dos *Kadambas de Goa*, alguns dos quais reconheceram a suserania dos Chalúkyas de Kalyani (pg. 5).

Kadambas de Goa

O primeiro príncipe Kadamba de Goa cujo nome revelam as inscrições ultimamente decifradas é *Guhalla-deva*, que parece ter reinado nos últimos anos do século X, ou no começo do século XI da era cristã. Foi cognominado *Vagmari* por ter sido um insigne caçador de tigres.

O filho e sucessor de Guhalla-deva foi *Xasta-Deva*, que reinava cêrca do ano 1007 ([1]). Diz-se ter conquistado, além de alguns reinos próximos, a ilha de Ceilão, aprisionando os seus príncipes.

Jayakexi 1.º, que sucedera a seu pai Xasta-Deva,

([1]) *Barnett, Antiquities of India*, pag. 75.

elevou a cidade de Goa à capital do seu império, tendo reinado nela em 1052 ([1]). Pretendia ter conquistado os Alupas, Cholas e outros povos. A êsse tempo, em Abril de 1054, foi fundada em Goa uma *Casa Misericordiosa* ou asilo de mendicidade, e dotada com uma contribuição lançada sôbre o comércio e sôbre as heranças dos que viessem a falecer sem testamento. O documento relativo a essa casa é um formão do rei Jayakexi, cuja tradução foi publicada por Filipe Neri Xavier ([2]).

Prosperidade de Goa

A êsse tempo, por obra duma lenta evolução, Goa já se achava transformada numa província populosa, e importante pelas várias fontes do seu progresso. A sua capital era situada na extremidade meridional da Ilha, sôbre a margem direita do rio Zuarí, sendo designada nas inscrições canaresas como *Gove*, e em sânscrito sob os nomes de *Gopakapuri*, *Gopaka-pattana* e *Gová-puri*. Entre os gregos era provavelmente conhecida, segundo uns, pelo nome de *Nelkinda*, segundo outros, por *Tyndis* ou *Tricadiba Insula*; e entre os árabes e persas era denominada *Kawe* e *Sindabur*.

Elevada à capital do vasto império dos Ka-

([1]) Idem, pag. 80.

([2]) *Gabinete Literário das Fontainhas*, vol. 1.º, pag. 16. Esta tradução, *visivelmente incorrecta*, como diz Ismael Gracias, foi, junto com o original, que eram umas láminas de cobre, remetida, por cópia, para Lisboa pelo vice-rei João de Saldanha da Gama, ao Secretário do Estado, Diogo de Mendonça Côrte Real, em 1727, para *poder servir ao estudo académico*. L. das *monções*, n.º 93, fl. 1892. A mesma tradução foi publicada também, há pouco, no jornal *A Epoca* de Lisboa, pelo nosso patrício, Mons. Gustavo Couto. Vid. *Heraldo*, de 25 de Abril 1924. De resto, deve-se notar que, nessa época remota, já havia na India alguns estabelecimentos humanitários entre os hindus.

dambas, esta cidade era notável pela sua opulência e comércio, que prosperavam com o concurso de vários povos orientais, pelos seus magestosos edifícios e pelos seus estabelecimentos de instrução, educação e caridade. Ha uma inscrição que alude aos seus numerosos letrados, *panditas*, os quais percorriam as ruas em palanquins, ostentando as valiosas dádivas, recebidas da munificência real, emquanto que outra inscrição, na sua linguagem hiperbólica, compara os encantos da cidade às belezas do paraíso de Indra. Alguns dos seus grandiosos edifícios ainda estavam de pé quando os portugueses entraram em Goa, mas hoje nem se encontram sequer vestígios. O local é conhecido entre os indígenas pelo nome de *Vhoddlém Goém* e entre os portugueses pelo de Goa-Velha, hoje modesta aldeia.

A Jayakexi sucedeu seu filho *Vijyadítya* 1.°, que era muito instruido e amigo de excursões e viagens marítimas; a êste seguiu-se seu filho *Jayakexi* 2.°, que exerceu a autoridade sôbre o Concão, Kavaduipa, Haive e Palasige, e casou com a filha do grande imperador Chalúkya, Vikramadítya 6.°, que empunhou o scetro desde 1076 a 1127 (pg. 5).

Jayakexi, no intuito de sacudir a suserania dos Chalúkyas, e tornar-se independente, levantou, de acôrdo com todo o Concão meridional, o estandarte de revolta contra o imperador ; mas foi derrotado pelo enérgico general Sindavansa Achugideva.

Nesta ocasião a cidade de Goa foi reduzida a cinzas, segundo se deprcende da inscrição que se vê numa lápida descoberta em Patadakal, no distrito de Kaladgi ([1]).

([1]) Cit. *Antiq. of Ind.* p. 88 seg ; Fonseca *Hist. Sketch*, p. -122.

Jayakexi morreu em 1147. Há quem diga que passou os últimos anos de vida recolhido no templo de Sapta-kotesvar, de Naroá.

A cidade de Goa ressurgiu em poucos anos e atingiu a sua antiga prosperidade no reinado dos filhos e sucessores de Jayakexi 2.°, *Siva-chita Permadi* (Paramardin), que reinou até 1171 e Visnu-chita ou *Vijyaditya* 2.°, a quem sucedeu seu filho *Jayakexi* 3.°, que governou até 1201.

Depois da morte de *Xasta-deva* 2.°, último rei da dinastia dos Kadambas, passou o trôno, talvez por falta de sucessão masculina, para seu cunhado *Kamadeva*, com quem se extinguiu esta dinastia, que exercera o poder pouco mais ou menos até aos meados do século XIII. Pois, Singhana, o mais notável dos reis Yadavas de Deuguiri, hoje Daulatabad, conquistou todo o império dos Chalúkyas, e portanto os feudatários dêstes, os Kadambas de Goa.

Dominação dos Yadavas

Mas esta dominação hindu durou pouco, pois em 1294 Alauddin Khilji, vice-rei maometano de Bengala, e sobrinho do imperador de Delhi, Jalaluddin, da dinastia Khiljida, infestou o território do Decão, sitiou e saqueou Deuguiri, ainda até ali capital do príncipe hindu Ramadeva, e retirou-se com enormes riquezas apanhadas nessa ocasião, deixando o soberano de Deuguiri, senhor do seu país, mas sujeito a forte tributo. De volta da sua expedição a Deuguiri, Alauddin, querendo apossar-se de todo o império, mandou assassinar o tio, que viera de Delhi para o felicitar pela sua vitória; e, feito assim imperador, tentou a conquista da India meridional por meio de freqùentes expedições, comandadas pelo seu insigne general Malik-Kafur.

Goa, investida pela última destas expedições, caíu

nas mãos dos maometanos, que, tendo confiado o govêrno dêste país a Malik-Tubliga, se retiraram com valiosos despojos.

Invasão maometana

Os habitantes de Goa, desgostosos com os novos dominadores, cujas feições caraterísticas eram o despotismo e o extermínio do progresso, não os deixaram por muito tempo na posse pacífica da ilha; pois, com repetidas hostilidades se esforçaram por sacudi-los, opondo, ao mesmo tempo, viva resistência aos ataques que lhes dirigia Jamaluddin, chefe ou rei maometano de Onor.

Em uma das suas emprezas, e após renhida luta, Jamaluddin conseguiu subjugar dum assalto a ilha de *Sindabur* ou Goa, segundo escreve o célebre viajante Ibn Batuta, que esteve na India nos meados do século XIV e tomou parte nesta expedição.

Mas os hindus não descançaram sob êste jugo: reuniram os seus esforços e sitiaram a cidade, como refere o mesmo viajante, afim de a libertarem das garras do rei de Onor e alcançarem a independência, o que era provávelmente a sua idea predominante A fortuna, contudo, não lhes foi propícia; pois, ao que parece, ou não conseguiram o seu propósito, ou, apenas conseguido, tornaram a caír sob o domínio maometano; pois consta que êste domínio pesou sôbre êles por mais alguns anos.

Nesta época surgiu na India um novo poder, que veio suplantar os maometanos. Harihara, poderoso rajá de Vijayanagar ou Bisnagar, reino florescente e recentemente fundado ao sul do rio Tunga-bhadra, (pg. 7) concebeu o desígnio de expulsar de Goa os seus dominantes, e encarregou desta missão o seu general e primeiro ministro Vidyaranya Màdhava, que então governava Jayantipur ou Bana-

Conquista pelo rei de Vijayanagar

vasi. O general, chegou à cidade de Goa, e venceu os maometanos numa batalha renhida ; e êstes, totalmente desbaratados, foram compelidos a sair da cidade em 1367.

O resultado desta vitória não foi para Goa a sua apetecida emancipação, mas apenas a mudança de um jugo para outro menos intolerável.

Màdhava encorporou a cidade nos domínios do seu soberano, governou-a durante o tempo em que nela viveu (1367–1391), e restabeleceu o antigo templo de Saptanatha ou Sapta-Kotésvar, que havia sido destruido pelos mussulmanos. [1]

Segundo alguns historiadores, Goa permaneceu sob

[1] O templo de Saptanatha ou de Sapta-Kotesvar, nome que se deu a Siva, era situado na aldeia de Naroá, da ilha de Divar, fundado em tempos imemoriais pelos *Sapta-Rishis* ou sete sábios.

Conta-se que, emquanto os Sapta-Rishis se ocupavam nas suas devoções, numa região subterránea (Rasatala), uma grande serpente veio interromper-lh'as, compelindo-os a ir para as margens do *Pancha-Ganga* ou a alluência de cinco rios, em Naroá, para glorificar a *Mahesvara*. Foi isto no mês de Srávana (agosto-setembro). Aqui, êles fabricaram um *linga* de sete metais, a saber: ouro, prata, estanho, chumbo, cobre, ferro e bronze, e conservando-o em Naroá, o veneraram por 7 crores de anos, quando Siva, altamente lisonjeado pela sua persistente devoção, lhes apareceu em pessoa, e lhes perguntou o que desejavam. Os sábios pediram-lhe que permanecesse com êles sempre, e, todas as vezes que, no infortúnio, recorressem à sua protecção, tivesse a condescendência de lhes aparecer. E Siva retirou-se para o templo de Naroá e desapareceu. Desde então êles deram-lhe o nome de *Sapta-kotesvara* ou *Saptanatha*, isto é, senhor dos sete sábios.

Este templo foi vítima da intolerância religiosa dos maometanos, que o destruiram no govêrno de Malic-Tubliga (1312); sendo, poucos anos depois, restabelecido por Madhava (1367-1391).

Depois que os portugueses tomaram Goa, e] pelo zêlo de cristianizar o país, começaram a destruir os templos, o templo de Saptanatha foi demolido pela segunda vez, tendo sido os seus guardas obrigados a fugir com o *linga* para a aldeia vizinha na terra

o domínio dos sucessores de Madhava por espaço de quasi 100 anos, até a sua definitiva conquista pelo sultão da dinastia Bamanida.

Independência de Goa

Os cronistas portugueses dignos de crédito referem, porém, que, antes dêste acontecimento, o país sacudira o jugo do rei de Bisnagar e se tornára independente em 1440, tendo sido, nessa ocasião, transferida a capital para a nova cidade, fundada na aldeia Elá, quasi duas milhas ao norte da antiga e na margem esquerda do rio Mandovi; é hoje conhecida com o nome de *Velha cidade* de Goa ou *Velha-Goa*.

Não está ainda assente a data da construção desta cidade, hoje em ruínas e quasi deserta. Uns a fazem remontar ao primeiro govêrno dos maometanos, com o fundamento de que o referido viajante Ibn Batuta, que devia ter visitado esta terra entre 1343 a 1349, diz ter visto, em Sindabur ou Goa, duas cidades, uma hindu e outra maometana. Outros fixam o referido ano de 1440, em que Goa adquiriu a independência, e houve,

firme, onde se estabeleceram no logar chamado *Novo Naroá*. Foi depois construido aqui um novo templo com a mesma invocação, o qual ainda hoje existe nas margens do *Pancha-Ganga*. E' tradição popular que êste templo foi alargado e embelezado, ás suas expensas, por Sivaji, o fundador do império marata.

Do velho templo não resta vestígio algum; mas o local é conhecido com o nome de velho Naroá.

Ao presente, o novo Naroá é um dos principais logares da devoção popular hindu (*tirtha*). Uma grande feira se realiza anualmente pela festa de *Gokul-Astami*, em honra de Krisna, no 8.° dia da lua cheia do mês Sravana, em que tomam parte hindús de várias e distantes partes do país para se banharem nas sagradas aguas de *Pancha-Ganga*, que supõem, neste dia, purificá-los dos pecados.

Os hindus de Goa crêem que neste dia o *Bilva* ou *Bel* (*Ægle marmelos*), planta consagrada a Siva, surge, repentinamente, opulenta do fundo do rio á superfície das aguas, misturada com arroz e muitas substâncias odoríferas. (*Indian Antiquary*, vol 8.°).

na opinião dêstes, a necessidade de remover a capital da margem do Zuari, que se tornára menos profundo e incapaz de acolher os grandes navios mercantes que, nessa época, freqüentavam o pôrto. Finalmente, ha quem a refira ao ano de 1479, em que alguns maometanos, escapando duma conjuração, vieram de Onor, comandados por Malik-Hussen, buscar abrigo em Goa, 19 anos antes da chegada de Vasco da Gama á Índia ou 40 anos antes da conquista portuguesa.

O certo é que esta cidade floresceu rapidamente e adquiriu importância, principalmente pelo seu comércio dos cavalos importados de Ormuz, os quais eram muito procurados pelos habitantes de Bisnagar e doutros reinos vizinhos. A cidade possuía, além disso, conforme resam os *Comentários* de Afonso d'Albuquerque, numerosas fôrças compostas de cavalaria e infantaria, com valentes e hábeis frecheiros, que prestavam relevantes serviços ao Estado, particularmente na crise das invasões. Tão próspero, na realidade, era o Estado de Goa, que dizem ter sido, a sua capital, a única cidade na costa, que, nessa época, tinha de renda 200.000 pardaus ou 10,000 libras esterlinas.

CAPÍTULO IV

Dominação maometana

Conquista pelos reis Bamanidas

A cidade de Goa, tão famosa pela sua riqueza e comércio, e tão importante pela sua vantajosa situação, era o pomo ardentemente cubiçado, desde certa data, pelos príncipes maometanos do Decão, que, tendo rompido a sua aliança com o imperador de Delhi, haviam fundado um reino independente (pg. 8). Repelidos nas suas várias tentativas, não abandonaram o seu projecto de conquistar Goa e reivindicar o direito da sua antiga soberania neste país, donde tinham sido expulsos em 1367.

Em 1469 Muhammad Shah 3.º, 13.º rei da dinastia *Bamanida*, do Decão, expediu para o sul uma poderosa fôrça, sob o comando do seu general Muhammad Gawan afim de sufocar as tentativas revolucionárias de alguns soberanos obstinados.

Os habitantes de Goa, receando o perigo que os ameaçava, fizeram causa comum com os vizinhos para repelir o ataque e apressaram-se a guarnecer as passagens montanhosas, que defendiam o país aberto. Mas, foram infrutíferos os seus esforços. Gawan atravessou os Gates, sitiou e tomou a fortaleza de Kelna, reputada inexpugnável, e, com o exército vitorioso, marchou em seguida sôbre Goa.

Uma frota de 120 navios apareceu na foz do Mandovi e, colaborando com a fôrça, que atacava por terra, reduziu a cidade a extremos apêrtos.

Goa, a-pesar-dos baluartes e tôrres com que era fortificada, especialmente pelo lado mais exposto ao inimigo, não podendo continuar a defesa por muito tempo, foi obrigada, emfim, a render-se e a abrir as portas aos invasores, que tomaram posse dela e dos seus arrabaldes (1473).

Festas em Bedar

Esta vitória, sabida com extrema satisfação na côrte de Bedar ou de Muhammad Shah, foi celebrada com as mais estrondosas festas populares. O rei ordenou o *nobat* (celebração do triunfo por 7 dias), recebeu entre as mais ruidosas demonstrações e subidas honras o seu ministro, que, tendo deixado uma guarnição em Goa, regressava cheio de glória e de despojos, agraciou-o generosamente com os mais elevados títulos em recompensa de tão eminentes serviços, e, a seu pedido, nomeou, para o govêrno da nova conquista, Kush Kadam, fidalgo de considerável mérito, tendo-o préviamente honrado com a mercê de Kishvarkan.

Mas os habitantes ainda nutriam a esperança de recobrar o domínio hindu. Em 1472 Vikrama, rajá de Belgão, instigado pelo rei de Bisnagar e, com o auxílio do rajá de Bankapur, resolveu arrancar a cidade das mãos dos maometanos; Muhammad Shah, porém, sabedor da resolução, marchou pessoalmente à testa dum grande exército, e atacou a fortalêza de Belgão por todos os lados. O rajá, surpreendido com esta inesperada invasão, foi obrigado a ir acudir ao seu domínio assaltado, e oferecendo a paz depois duma resistência inútil, teve de abandonar para sempre o projecto da conquista de Goa.

O reino Bamanida completava agora o ciclo da sua maior extensão. Com a mira de ser melhor administrado foi, em 1478, dividido em 8 *tarafs* (torofos ou provincias), tendo cada uma delas um governador e oficiais subalternos, todos nomeados directamente pelo rei; e nesta divisão Goa foi agregada à província de Juner e o seu govêrno confiado a Najmud-din Gilláni.

Em 1481 Siva-Rajá, rei de Bisnagar, com um poderoso exército tentou tomar Goa; mas Muhammad Shah, que prezava muito a sua nova aquisição, desenvolveu tão enérgica defesa, que lhe inutilizou os esforços.

No ano imediato a esta vitória Muhammad Shah 3.º morreu, deixando por sucessor um filho muito novo e, por isso, sem prestígio bastante para conservar reunidas sob a autoridade de único imperante tão dilatadas conquistas. Esta circunstância proporcionou ensêjo para os governadores de diferentes províncias se declararem independentes da autoridade central ; e a desorganisação não se fêz esperar.

A primeira revolta rebentou em Goa. Depois da morte do governador Najmuddin, um dos seus oficiais, por nome Bahadur Khan Gillani, arvorou-se em soberano absoluto, estabelecendo a sua séde num território vizinho, e, não satisfeito com estes exorbitantes cometimentos, expediu uma armada com a especial missão de piratear no mar alto, abuso que, em breve, lhe custou a perda da própria vida ; pois, tendo-se queixado dêle à côrte de Bedar o governador de Guzerate, cujos navios mercantes haviam sido assaltados e roubados nesta louca emprêsa, veio despachado daí um formidável exército, que abafou a revolta e restaurou o sossêgo, sendo morto o oficial rebelde em 1493. O govêrno de Goa foi então entregue a Maliken-ul Mulk Gillani.

Govêrno de Bijapur

A insubordinação dos governadores das províncias, que, sucessivamente, se declararam independentes, e a falta de poder real, que os mantivesse obedientes e ligados à dinastia Bamanida, embora ostensivamente, como o eram nos últimos dias, foram as causas do desmembramento do reino maometano, que foi dividido em cinco principados distintos. O mais poderoso dêstes foi o reino de Bijapur, fundado por Abdul Muzaffar Yusuf Adil Sháh, filho de Agá Murad ou Amurath, sultão de Turquia.

Idalcão

Yusuf Adil Sháh cognominava-se também *Savái*, ou *Sabaio* conforme os cronistas portugueses, da cidade de Sava na Persia, para onde fôra mandado pela mãe passar seus primeiros anos para se livrar da morte maquinada pelo irmão, que sucedêra ao pai no trono em 1451. Êste príncipe, transportando-se para India, fôra adoptado por Gawan, primeiro ministro do imperador Bamanida. e, investido com o título de *Khan*, passara a chamar-se Adil Khan, nome que os portugueses corromperam em Idalcão.

Nomeado governador de Bijapur, Yusuf acordou com os governadores de Berar e de Ahmadnagar proclamarem-se reis independentes, dividindo entre si o território Bamanida (1489) e nesta divisão coube a cidade de Goa e os logares vizinhos a Yusuf, que impôs aliança e submissão a Maliken-ul-Mulk Gilláni, então governador desta cidade. Êste aceitou-a de boa vontade e reconheceu a autoridade daquele soberano.

Refere-se que o rei de Bijapur, encantado com a situação da cidade de Goa, e apreciando as vantagens do seu pôrto, residia aqui freqüentemente e que a escolhêra, de preferência, para fazer nela um dia a séde do seu govêrno.

Estado de Goa nos princípios do século XVI

Goa realmente tinha atingido neste período um alto gráu de prosperidade material e moral.

Era um dos principais empórios do comércio oriental, para onde afluia gente de várias raças e crenças de diferentes partes da Asia pelo grande número de navios, que concorriam de Meca, Aden, Ormuz, Cambaia e Malabar; e no seu pôrto vinham embarcar para Meca os peregrinos maometanos. A sua opulência e comércio florescentes obrigavam muitos príncipes orientais a procurarem a sua aliança e manterem relações de amizade com o seu govêrno.

A cidade, bem construída e fortificada, possuía vistosos e alinhados edifícios, separados por excelentes ruas e praças adornadas de jardins. As suas dimensões eram $\frac{3}{4}$ de milha no comprimento e quasi $\frac{1}{4}$ na largura.

A muralha que cercava a cidade não era muito alta, mas circundada dum fôsso sempre cheio de água e estendia-se pelo Norte, desde o *mandvi* ou Alfândega—um edifício espaçoso e contíguo ao actual convento de S. Caetano.—até o Arsenal, que ficava noutra extremidade. Pelo Oriente, chegava até à raiz do oiteiro depois chamado de N. Senhora do Monte; pelo Ocidente, até o referido Arsenal e pelo Sul, ao sítio da egreja de N. Sra. da Serra, que serve actualmente de cemitério da catedral; ficando fóra do recinto murado o monte que se denominou depois o Monte de N. Sra. do Rosario e o local onde existe a egreja do Bom Jesus.

Além das portas da Alfândega e do Arsenal, tinha esta muralha, no sítio da egreja da N. Sra. da Serra, uma porta dupla ou duas portas juntas, que se chamavam as portas dos *bacaes*, (1) por onde se saía da cidadela para os subúrbios, e um portão no lugar onde, posteriormente, foi levantado o *Arco dos Vice-reis*, o qual dava entrada para o suntuoso palácio de Adil Shah, com um jardim cheio de plantas aromáticas.

Não eram só estas as fortificações que protegiam a cidade, existiam também fortalezas e torres exteriores, outrora levantadas em alguns *passos* principais da ilha, as quais impediam a passagem do esteiro aos inimigos da terra firme.

Entre os edifícios que embelezavam a cidade, os mais notáveis eram a mesquita principal e o magestoso palácio do Sabaio (Adil Shah), que tinha esplêndidos salões e espaçosos alpendres com colunas de madeira lavrada. Abria-se defronte do palácio

(1) *Bacais*, termo hindostano-árabe, que significa negociantes de cereais, tendeiros. (Mons. Dalgado, *Gloss. Luso-Asiat.*).

Esta palavra tem dado margem à várias corrupções, como *baçaes*, *baçães* e até *bachareis* que se lê na planta oficial da velha cidade de Goa, ultimamente levantada.

uma vasta praça, conhecida, ainda depois da conquista portuguesa, como o *Terreiro do Sabaio* ; e nas proximidades desta havia um tanque lavrado de cantaria, provavelmente construído para o recreio dos reis de Bijapur.

Os edifícios particulares eram espaçosos e cómodos; mas, pela maior parte, de um só andar. Não faltavam casas de recreio e estabelecimentos de indústria, distinguindo-se entre êstes as ourivesarias, com a reputação das melhores da India.

Conforme Barros, só a cidade de Goa rendia a Adil Shah 5.000 libras, além das 20.000 que aquele monarca recebia dos distritos vizinhos que formavam o território de Goa. Esta receita, pela maior parte, provinha dos direitos aduaneiros, principalmente do impôsto que pagavam os cavalos importados de Ormuz à razão de 2 libras por cabeça.

Chegada dos portugueses à India.

Tal era o estado de Goa, quando Vasco da Gama descobriu o caminho marítimo da India em 1498 e, na viagem de regresso, recebeu em Angediva a visita dum judeu polaco, capitão-mór da frota de Adil-Shah, o qual, tendo sido descoberto como espião, que procurava destruir a armada portuguesa, foi prêso e conduzido para Portugal, onde foi batisado com o nome de Gaspar da Gama.

SUMÁRIO CRONOLÓGICO

Hist. de Portugal—		—Hist. da India
Antes da era vulgar		
	c. 278—232—	reinado de Axoka
Era vulgar		
	550—	Estabelecimento dos Chalúkyas oc. em Badami
	566—	Kirti-varma 1.° subjuga os Kadambas.
	606—647—	Reinado de Harxa, de Kanonj.
	610—	Pulakexi 2.° derrota os Máuryas do Concão. Fundação da dinastia dos chaluk. orientais ou de Vengui.
	620—	Derrota de Harxa por Pulakexi 2°.
	650—	Dantidurga funda a dinastia dos Rattas.
	753—	Os Rattas subjugam os chaluk. ocid.
	953—	Tailapa vence os Rattas e funda a dinastia dos Chalukyas, de Kalyani.
	980—	Guhalla-deva funda a dinastia dos Kadambas de Goa.
	1007—	O Kadamba Xasta-deva
	1052—	Jayakexi 1.° de Goa—Os Cholas vencidos pelos Chaluk.
Fundação do condado Portucalense	-1084	

	1076—1126	—Vikramaditya Chalk.
	1122	—Goa incendiada por Achugideva.
D. Afonso Henriques	—1145	
D. Sancho 1.°	—1185	
D. Afonso 2.°	—1212	
D. Sancho 3.°	—1223	
D. Afonso 3.°	—1248	
D. Diniz	—1279	
	1294	—Tomada de Deuguiri por Alauddin.
	1302—1311	—Invasão do Decão por Malik-Kafur.
	1318	—Nova invasão de Deuguiri.
D. Afonso 4.°	—1325	
	1336	—Fundação do reino de Vijayanagar.
	1346	—O reino de Vijayanagar no seu apogeu.
	1347	—Fundação do sultanato dos Bamanidas no Decão.
D. Pedro 1.°	—1357	
D. João 1.°	—1385	
D. Duarte	—1433	
D. Afonso 5.°	—1438	
D. João 2.°	—1481	Independ. de Bijapur.
	1490	—Começo do desmembramento do Sultanato do Decão.
(Descobrimento da América)	—1492	
Bula da partilha	—1493	
D. Manoel	—1495	
	1498	—Chegada de Vasco da Gama a Calicut.
	1510	—Tomada de Goa por Albuquerque.

HISTÓRIA DE GOA

PARTE II

GOA PORTUGUESA

CAPÍTULO I

1505-1509.—Portugueses na India antes da conquista de Goa—D. Francisco de Almeida, 1.º vice-rei

Vasco da Gama em Calicut

Quando Vasco da Gama chegou pela primeira vez a Calicut a 20 de maio de 1498, o soberano desta cidade era um hindu com o título de Samorim ou Samudri-rajá (1), tendo por súbditos mais importantes e mais ricos os fanáticos *moplas*, muçulmanos naturais da terra ou procedentes dêstes, além dos arabes, persas, guzarates e outros estrangeiros estabelecidos alí e chamados Pardetis ou Pardexis.

Êstes mouros, que haviam contribuído para dilatar o império do Samorim, eram senhores do comércio

---

(1) Êste pomposo título de *Samudri-rajá*, em sanscrito rei *do mar*, (em concani *Somdirachó razá*), em malayalam *Samuri*, depois significando rei da terra e do mar, correspondia à sua situação política.

do Malabar com Aden e com o Mar Vermelho, constituindo o seu principal empório em Alexandria, donde se exportavam as mercadorias orientais para a Europa. A prosperidade de Calicut e sua hegemonia comercial era por isso devida à sua população muçulmana, principalmente à classe dos Pardetis.

Daquí resultou que, a-pesar-do Samorim ter recebido o argonauta português com a maior cortesia, os mouros tenazmente se opuseram à idea de um tráfico directo com a Europa, obstando também a que Vasco da Gama deixasse, como queria, um estabelecimento comercial em Calicut; porque viam na execução dêsse projecto, sôbretudo dum estabelecimento permanente, a próxima ruína do seu comércio ([1]).

Mas, acentuando mais a oposição, conseguiram, por intrigas do catual (autoridade local), deter por alguns dias em terra Vasco da Gama e seus doze companheiros com fingida hospitalidade, retardando o seu embarque, e prender os dois feitores do projectado estabelecimento português, os quais só foram postos em liberdade depois das represálias feitas pelo almirante com surprêsa dos muçulmanos.

Os vexames sofridos por Vasco da Gama foram terrivelmente punidos por êste na sua segunda viagem.

Concluída a empresa do descobrimento do caminho marítimo da Índia e acolhido Vasco da Gama em Lisboa com o maior entusiasmo, el-rei D. Manoel, querendo tirar vantagens dêste caminho começou, des-

([1]) Os venezianos e os genoveses, que, antes dos portugueses, comerciavam no mar das Indias, não haviam conseguido fundar feitoria nenhuma. Barros, dec. 1 liv. 4, cap. 6; *Lendas da India* tomo 1 pag. 63—*Roteiro da viagem* de Vasco da Gama—Stephens, *Hist. de Port.* pag. 16—David Lopes, *Hist. dos Port. no Malabar*, pg. XLVI.

de logo, despachar cada ano novas armadas bem aparelhadas, com destino ao oriente, para comerciar, ([1]) estabelecendo na costa do Malabar feitorias, que pudessem reunir os mais valiosos produtos da Índia e mandá-los anualmente para Portugal em navios reais ; estas armadas levavam, ao mesmo tempo, alguns religiosos para propagarem o cristianismo no oriente ([2]).

Armadas portuguesas no Oriente

O tráfico era monopólio régio protegido pelas armadas, sendo as feitorias servidas por tropas e missionários. ([3]).

Pedro Álvares Cabral, que comandou a primeira destas esquadras, depois de ter, propositada ou casualmente, descoberto o Brazil, surgiu em Calicut e com permissão do Samorim fundou nesta cidade uma feitoria numa casa vasta, que tinha sido feitoria dos chineses, chamada *Chinacota*; mas os mouros a destruiram logo, assassinando barbaramente o feitor Aires Correia e seus 49 companheiros. Pedro A'lvares, que não tinha podido acudir aos seus, vingou-se bombardeando Calicut por um dia inteiro, (16 de Dezembro de 1500), e passou para Cochim, onde, favorecido pelo rajá, fundou outra feitoria. Aqui estabeleceram-se alguns dos oito religiosos francisca-

Primeiras feitorias

([1]) As náus que desde 1497 a 1612 foram construidas para o comércio e conquista do oriente, foram 806 e custaram mais de 100 milhões de cruzados ; e destas regressaram a salvamento ao pôrto de Lisbôa apenas 425.

([2]) Stephens, pag. 168 ; e *Ensaios sôbre a estatística* por F. Maria Bordalo, 2.ª série, livro 5.º, pag 2.

([3]) Aos navios não portugueses só era permitido navegar quando munidos de *cartazes* ou passaportes, que emitiam os capitães dos portos ; o que dava considerável rendimento ao tesouro.

nos, que, tendo por superior fr. Henrique de Coimbra, se haviam transportado na armada, para implantar nestas paragens a doutrina de Cristo, sendo massacrados tres dêles em Calicut ([1]). Cabral, tendo feito, aqui e em Cananor, grandes carregamentos de pimenta, canela, gengibre, cravo, cardamomo e outras especiarias indianas, regressou ao reino.

O acolhimento dispensado aos portugueses pelo rajá de Cochim irritou o de Calicut, que reservou a vingança para mais tarde.

João da Nova, almirante da segunda armada, fundou em boa paz a feitoria de Cananor e descobriu as ilhas de Ascenção e de S. Helena.

Em 1502 Vasco da Gama chegou pela 2.ª vez a Calicut, e, em desforra dos antigos agravos, intimou o Samorim a que lançasse fóra do seu reino todos os mouros de Meca e de Cairo, que eram para cima de 4 mil ([2]). Como a resposta do Samorim fôsse negativa, bombardeou novamente Calicut e lhe destruiu todos os navios do pôrto, enchendo de terror aqueles mares. Entendeu que só assim podia assentar nestas regiões a preponderância de Portugal e esmagar o orgulho dos mouros.

Em 1503 vieram para a Índia três armadas comandadas pelos capitães Francisco de Albuquerque, Afonso de Albuquerque, o futuro herói da Índia, e António de Saldanha; cada armada era composta de três náus.

O capitão Saldanha levou por missão especial cruzar na embocadura do Mar Roxo e apresar as náus da Índia, que fizessem o comércio concurrente ao dos

([1]) M. Stephens. pag. 182; e *História Seráfica da Ordem de S. Francisco*, por fr. Fernando da Soledade, vol. 3 de 1448-1500.

([2]) Barros, *Dec.* 1, liv. 6.º, cap. 5.º.

portugueses.

Afonso de Albuquerque estabeleceu uma feitoria em Coulão (hoje Quilou), que foi a terceira no oriente, não contando com a de Calicut, que durou um só dia.

Francisco de Albuquerque socorreu o rajá de Cochim, que havia sido ferozmente atacado pelo Samorim por causa da sua amizade aos portugueses, sendo mortos, nesta guerra, dois príncipes herdeiros daquele rajá ; (1) e, tendo desbaratado o Samorim, conseguiu construir em Cochim uma grande fortaleza, que foi provida de artilharia e duma guarnição de 900 homens sob o comando de Duarte Pacheco. Foi a primeira fortaleza que Portugal possuiu nestas paragens (2).

Primeira fortaleza

Depois da partida de Francisco e Afonso de Albuquerque a guerra acendeu-se de novo O Samorim enviou contra o rajá de Cochim um exército de 50 mil homens ; mas, Duarte Pacheco o derrotou completamente no passo de Cambalam. Esta estrondosa vitória imortalizou Duarte Pacheco e, firmando a reputação das armas portuguesas, trouxe para as feitorias a vantagem de poderem adquirir sem dificuldade as mercadorias que quisessem, *inspirando a El-Rei D. Manoel*, segundo escrevem alguns historiadores, *a idea de que poderia não só absorver o comércio indiano, mas até conquistar a própria India* (3).

De facto, o comércio, a conquista e a propagação da religião cristã constituiram o grandioso plano que Portugal pôs em execução no oriente.

O comércio foi prosperando e atraindo ao Tejo os

(1) *Lendas*, T. 1.°, pag. 349-365.
(2) Barros, *Dec.* 1, liv. 7, cap. 2 ; *Lendas*, t. 1.°, pag. 349.
(3) M. Stephens, pag. 170.

Comércio florescente

mercadores de todas as nacionalidades para obterem, por permutação, as apetecidas riquezas do oriente, que seguiam por via marítima o caminho de Portugal.

Lisboa, transformada durante um século, num grande império comercial, distribuia, a bom preço, pelos paises europeus, o ouro e a prata das minas de Mocaranga e Cuama, os rubis e as safiras de Ceilão e Pegú, os diamantes de Golconda, as esmeraldas de Babilónia, as perolas e os aljôfares de Manaar, as sêdas e tapeçarias da Pérsia, as musselinas de Bengala, os cavalos da Arábia, que Ormuz exportava, as porcelanas da China e do Japão, o marfim e o ébano de Moçambique, o benjoim de Sumatra, o ambar das ilhas Maldivas, a cánfora de Borneu e, sobretudo, as faladas especiarias da India, como a pimenta e o gengibre do Canará, o cravo, a canela, o cardamomo e a noz moscada das Molucas e vários produtos, incluindo os perfumes, oriundos das novas terras descobertas. Os mercadores europeus estavam livres dos vexames que sofriam dos moçulmanos no Egipto e na Síria e do monopólio dos venezianos.

O tráfico deixava fabulosos lucros ao tesouro público; pois, só o estanco régio da pimenta da India dava uma receita anual de 600 mil cruzados, e mais cêrca de 300 mil de direitos de entrada, o que correspondia a pouco menos de $\frac{1}{4}$ da receita global do reino.

O monopólio mercantil conservou-se nas mãos dos portugueses até 1595, [1] emquanto não houve competidores europeus.

O império luso-indiano, fundado sobre inumeraveis

[1] Cf. a *Carta-Prefácio* pags. IV-V.

conquistas, não durou muito além de um século, como veremos adiante. O cristianismo, porém, implantado pelos missionários, floresce até hoje pela Índia, mantendo o amor ás tradições gloriosas de Portugal.

O programa do comércio obrigava a criação de numerosas feitorias pela costa, que tinham de ser protegidas por outras tantas fortalezas sob a jurisdição dos respectivos capitães ou governadores ; e, para que entre êstes e os comandantes das esquadras, que cruzavam nos mares, houvesse uma harmonia de planos, era indispensável uma autoridade superior.

Primeiro vice-rei da India 1505-1509

E' o que ponderou el-rei D. Manoel, e, em 1505, determinou estabelecer na Índia um seu representante, que governasse de perto todos os portugueses, combatentes ou não combatentes, que andassem por estas longes terras; e para êsse elevado cargo nomeou **D. Francisco de Almeida**, filho segundo do 1.º conde de Abrantes, conferindo-lhe o título de vice-rei da India.

Êste primeiro vice-rei saíu de Belém em 25 de março do referido ano, capitaneando uma lúzida esquadra de 22 vélas e 1500 homens de armas, entre os quais havia numerosos fidalgos ; e, depois de conquistar Quiloa e Mombaça, na A'frica oriental, surgiu, a 22 de setembro, no pôrto de Angediva (1), onde começou a levantar uma fortaleza, conforme as ordens que trazia. Como, entretanto, tivesse recebido embaixadores do rei de Onor e propostas de amizade de outros

(1) A ilha de Angediva fica situada ao sul de Goa, na latit. N. de 14°,58′ e long. L. de Greenwich 74°,49′. Figura no roteiro da primeira viagem de Vasco da Gama á India. Superficie. 1,kq5;—população—50.

mouros vizinhos, D. Francisco entregou o govêrno desta ilha a Manoel Peçanha e, deixando com êle uns 80 homens, partiu com a frota para demandar o pôrto de Onor; mas, não tendo encontrado aqui senão má fé e evasivas da parte dos mouros, castigou-os destruindo-lhes os navios ancorados no pôrto. Daqui navegou para Cananor, onde, obtida a permissão do soberano, construiu uma fortaleza e, a 22 de outubro, assumiu o título de vice-rei, na conformidade das suas provisões.

Fortaleza em Angediva

No emtanto os muçulmanos de Dabul, aproveitando a ausência do vice-rei, cercaram e bateram a fortaleza de Angediva, cujos defensores lutaram heroicamente por muitos dias. O vice-rei, informado da ocorrência, enviou seu filho D. Lourenço d'Almeida com um pequeno refôrço, e bastou só a sua presença para os sitiantes se porem em debandada.

Séde do govêrno português em Cochim

D. Francisco estabeleceu a séde do seu govêrno em Cochim e, tendo sabido nesta cidade que os mouros haviam assassinado os portugueses residentes na feitoria de Coulão, expediu logo uma flotilha, sob o comando de D. Lourenço, para punir o atentado. Êste jovem capitão cumpriu fielmente as ordens, queimando as naus que encontrou no pôrto de Coulão e, com elas, muitos mouros e hindus tripulantes.

Em 18 de março de 1506 o Samorim de Calicut aprestou uma armada de 400 velas com o auxílio dos maometanos de toda a costa do Malabar, que se julgavam prejudicados no seu comércio, e veiu atacar a esquadra do vice-rei próximo a Cananor; D. Francisco, porém que era um insigne almirante, ordenou tão hábeis e audaciosas manobras, que surpreendeu essa grossa coluna de navios no meio do seu movimento e varejou-a com a artilharia. Esta estrondosa vitória, ganha por D. Francisco, ou, segundo outros, isoladamente por D. Lourenço, espalhou terror por todo o Hindostão e adquiriu para os portugueses a fama de invencíveis.

Descoberta de Ceilão

Em 1507 D. Lourenço saíu de Cochim a descobrir e reconhecer as ilhas Maldivas, mas, por um feliz acaso, aportou à ilha de Ceilão, pátria da canela e das pérolas, a qual se reconheceu tributária da corôa de Portugal. E, pouco depois de voltar desta arriscada emprêsa, foi morto na barra de Chaúl, combatendo contra a formidável esquadra de Mir Hussein, enviada pelo Sultão do Egito e auxiliada pela de Melik-yaz, senhor de Diu, os quais, devorados pelo ciúme comercial, haviam jurado expulsar da India os portugueses.

A êste tempo Afonso d'Albuquerque, que devia suceder ao vice-rei, foi encontrá-lo a Cananor, para tomar a posse do govêrno; mas, D. Francisco recusou entregar-lhe o poder, em quanto não vingasse a morte de seu filho, *pois quem o frangão comeu*, dizia êle, referindo-se à morte de D. Lourenço, *hade comer o galo ou pagá-lo*; e, partindo com toda a armada do Estado para cumprir êste desejo, reduziu a opulenta e populosa cidade de Dabul a um montão de ruínas e cinzas, e destroçou totalmente as armadas combinadas de Mir-Hussein, de Melik-yaz e do Samorim de Calicut, que encontrou no pôrto de Diu (2 de Fevereiro de 1509). Mas, ainda depois desta vitória, com que esmagou os seus inimigos, insistiu em conservar o govêrno da India, que, aliás, lhe era pesado, e até mandou o seu sucessor preso para a fortaleza de Cananor!

Foi preciso que, em outubro do referido ano, chegasse de Lisboa a Cochim D. Fernando Coutinho, marechal do reino e sobrinho de Albuquerque, com instruções precisas e uma armada de 15 navios, para, só então, o vice-rei, sem a mais leve observação, largar o govêrno, como se cedesse à fôrça o que não cedia ao direito.

Esta luta, mesquinha e deplorável, em que andaram envolvidos aqueles dois egrégios heróis, foi visivelmente creada e alimentada pelas intrigas dos partidários de cada um dêles.

Dum lado, três capitães, que, com seus navios, haviam fugido de Afonso de Albuquerque na campanha de Ormuz, receosos do seu génio severo, instigavam o vice-rei, imerso na dôr pela perda do filho querido, a que lhe não entregasse o govêrno; e doutro lado, os apaniguados de Albuquerque insistiam com êste para que o reclamasse. E, de tal modo irritaram os ânimos e azedaram a disputa, que daí resultaram os factos escandalosos e indignos do caráter de D. Francisco, vulto, aliás, cavalheiroso e simpático, que sempre dera provas da nobreza dos seus sentimentos e da elevação do seu espirito.

Politica comercial

D. Francisco governou quatro anos com fina táctica e sem outro pensamento político que o de adquirir e sustentar o exclusivo do comércio marítimo, para onde dirigiu todo o seu esfôrço. Persuadido como estava de que era bastante dominar o mar para ter sujeita a terra, limitou a sua ambição a edificar feitorias no litoral para a comodidade das carregações e não quis conquistas nem praças fortes na India, a ponto de mandar um dia desfazer por inútil a fortaleza de Angediva.

De regresso ao reino morreu no Cabo de Boa Esperança, vítima de azagaias dos negros, a 1 de março de 1510, tendo de idade 60 anos.

CAPÍTULO II

1510-1515—Afonso de Albuquerque e a sua política.—Tomada de Goa, Malaca e Ormuz.

Afonso de Albuquerque (1509–15) foi o maior de todos os heróis portugueses que militaram na India e deve a sua fama principalmente aos seus numerosos feitos de armas, e à sabedoria e justiça da sua administração. Sucedeu, como está dito, a D. Francisco de Almeida nos fins de outubro de 1509, mas com o simples título de *governador*.

Apartando-se da linha da política seguida pelo seu antecessor, Afonso de Albuquerque concebeu, na sua ardente imaginação, o vasto plano de destruir o poder dos mouros e fundar um império oriental, cuja cabeça seria Goa e cujos poderosos braços deviam ser Ormuz e Malaca.

Política imperial

Infelizmente, inaugurou o seu govêrno com uma expedição, que não logrou o êxito desejado. A instantes pedidos do marechal D. Fernando Coutinho, foi tomar Calicut, e, a 4 de janeiro de 1510, derrotados os *naires* (nobreza militar) que lhe tinham saído ao encontro, conseguiu incendiar o palácio do Samorim e arruinar uma boa porção da cidade; mas, crescendo a resistência dos habitantes, teve de retirar magoado com a perda de 80 portugueses mortos na luta, entrando neste número 10 ou 12 fidalgos e o próprio marechal D. Fernando, que, confiado na sua bravura, pouco caso fizera dos prudentes avisos de Albuquerque.

Êste deplorável prognóstico foi desmentido pelos

posteriores acontecimentos, que vieram abrilhantar o govêrno e entre os quais o mais interessante para nós é a tomada de Goa.

Primeira Conquista de Goa

Afonso de Albuquerque, tendo saído de Cochim com uma esquadra de 23 vélas, tripuladas por 1200 soldados, ia caminho de Ormuz para a conquistar, quando, chegado à barra de Onor, recebeu a visita dum hindu, por nome Timoja, soberano dêste território, inimigo dos mouros e amigo dedicado dos portugueses. Êste índio, que, pelos seus valiosos serviços. a êle prestados, merecêra a Albuquerque aceitação e certa confiança, aconselhou-o a mudar de rumo e dirigir a expedição sôbre Goa, informando-o, entre outras cousas, de se acharem neste país alguns rumes (turcos) fugitivos do desbarato de Diu—referido no capítulo anterior—e os quais, auxiliados pelo senhor da terra, projectavam voltar contra os portugueses.

Albuquerque, que procurava na costa do Malabar um ponto central para a capital do império planeado, e já tinha lançado suas vistas para a cidade de Goa, induzido pelos conselhos de Timoja, que se comprometia a ajudá-lo na empresa com suas tropas, fàcilmente resolveu tomar esta cidade.

O estado interior do país era de si favorável ao projecto do herói português. O govêrno maometano, opressivo e tiránico como era, tinha-se feito odioso aos habitantes: nem êstes eram capazes duma acção unida contra qualquer invasor pelo motivo da diversidade de crenças e raças. Além disto, o rei de Bijapur, a quem pertencia Goa, andava em guerra com o rei de Vijaynagar, no intuito de consolidar os seus domínios ultimamente adquiridos; e tinha encarregado o govêrno da cidade a Yusuf Gurgi, que, com 200 turcos às suas ordens, maltratava horrivelmente o povo.

Nesta conjunção de circunstâncias favoráveis, e pelo meado de Fevereiro de 1510, apareceu inesperadamente, Albuquerque com a sua frota no pôrto de Goa; e D. António de Noronha, seu sobrinho, tendo desembarcado com alguma gente, atacou e tomou o castelo de Pangim (hoje palácio do govêrno), desbaratando os defensores, que lhe opuseram fraca resistência.

Êste único sucesso abriu aos portugueses a entrada para a cidade, e os cidadãos, descorçoados pelas profecias dum mendigo asceta (*jogui*), que aludiam à sua conquista por um povo estrangeiro de terra distante, se renderam imediatamente. A 17 de Fevereiro, oito mouros principais do logar ofereceram, de joelhos, a Albuquerque as chaves da fortaleza, junto com uma grande bandeira, que se costumava desfraldar nas ocasiões das festas públicas; e Albuquerque, montado em um cavalo soberbo e ricamente ajaezado, entrou na cidade em procissão triunfal, ao clangor das trombetas e rufo de tambores, com a bandeira portuguesa conduzida pela flôr da nobreza lisbonense e com uma cruz dourada, que levavam à testa os clérigos dominicanos; e dirigiu-se para o palácio de Adil-Shah entre as aclamações da imensa multidão, que cobria o novo dominante de flôres filigranadas de ouro e prata.

Albuquerque, feito, quasi pacificamente, senhor da sua ambicionada capital, tratou os habitantes com a máxima moderação e clemência, e, por meio dum pregão, lançado em língua vernácula, garantiu-lhes a completa segurança pessoal e da propriedade, dos seus direitos e privilégios, prometendo justiça e protecção igual para todos os que, dai para o diante, fossem súbditos de rei de Portugal.

As províncias de Salsete e Bardês entregaram-se, também pacificamente, a Albuquerque, que as arrendou a Timoja, obrigando-se êste a pagar por elas 60 mil pardáus em ouro, livres de todas as despesas.

Emquanto Albuquerque estava, por êstes meios, conciliando o povo e firmando a sua autoridade em Goa, Adil-Sháh reuniu uma esmagadora fôrça de 60,000 homens e, ajudado secretamente pelos muçulmanos da localidade, que, arrependidos da sua precipitada entrega, suspiravam pela antiga dominação, veiu cercar a cidade, três meses depois de tomada pelos portugueses.

Após uma curta e improfícua resistência, Albuquerque viu-se obrigado a abandonar a sua preciosa acquisição e recolher-se à frota com os seus conterrâneos, não tanto pela superioridade das fôrças inimigas, quanto pelas discórdias que lavravam entre os próprios capitães portugueses.

Êste acontecimento teve logar a 23 de Maio de 1510, quando começou a estação invernosa. Como o tempo proceloso não consentia à frota largar o pôrto, resolveu Albuquerque permanecer ancorado, durante o inverno, defronte da fortaleza de Pangim, onde os portugueses tiveram de sofrer terríveis privações e extrema miséria por falta de provisões, chegando a comer ratos e couro, como os antigos romanos encerrados no Capitólio.

Segunda conquista de Goa

Contudo, Albuquerque não perdeu a coragem e, a 15 de Agosto, logo que se diminuiu a fôrça da estação, partiu para a ilha de Angediva. Na sua viagem recebeu um inesperado refôrço, vindo de Portugal em 10 navios, e a agradável notícia, que Timoja lhe deu, de ter-se ausentado de Goa o príncipe maometano. Em conseqüência disto, partiu para Cananor e, feitos os preparativos necessários, com uma grande armada de 28 navios, tripulada por 1.700 homens, além das tropas de Timoja e do rajá de Garsopa, [1] voltou para Angediva, onde reuniu em conselho os seus capitães e fidalgos, e, por meio de um frisante e patético discurso, persuadiu-os da necessidade de retomar a cidade de Goa.

Recebido o seu projecto com grande aplauso e entusiasmo, ainda por aqueles que a princípio lhe eram adversos, Albuquerque deu as instruções precisas para um bem planeado ataque à cidade, e, a 24 de novembro, a frota, entrando no pôrto de Goa com as bandeiras desfraldadas e a toque de trombetas, fundeou imponente defronte do vale de Banguinim.

Era bem escolhido o momento para o assalto.

O rei de Bijapur, Yusuf Adil-khan, falecido nêsse mesmo ano, deixava por herdeiro do trono seu filho menor de idade, por nome Ismail Adil-Shàh, que mal podia calcular a grandeza do perigo que ameaçava os seus domínios na costa. A defeza da cidade havia sido confiada ao seu governador Rasul-Khan, que tinha debaixo de si a fôrça de 4,000 soldados na cidade e mais 4,000 nos arrabaldes.

No dia 25 de novembro (segunda-feira, dia de S.ta Catarina) os portugueses, divididos em três colunas, começaram o ataque na direcção da Ribeira ou Arsenal ; mas, encontraram uma vigorosa resistência da parte adversa. Após um porfiado combate, subiram alguns as muralhas e plantaram sôbre elas a bandeira das quinas, ao tempo que os outros, conseguindo

(1) Garsopa, hoje Guirsapa ou Gerusapé, foi, outrora, uma cidade famosa, capital dum dos estados sujeitos ao rei de Bisnagar, e não distante de Onor. Afonso de Albuquerque assistiu ao casamento duma filha do rajá de Garsopa com Timoja, soberano de Onor. Garsopa produzia abundante pimenta, que os portugueses iam buscar, chamando á rainha, que governava a terra em 1623, a *rainha da pimenta*. I. Gracias. *A India em 1623-1624*

abrir a porta com valentes esforços, penetraram na cidade no meio de vibrantes gritos levantados em honra de S. Catarina.

Dentro da cidade a batalha foi sangrenta. Os muçulmanos investiram com valor e desespêro ; os portugueses guerrearam com redobrado vigor e, à custa de sangue e heroismos, venceram. Estava pois tomada Goa.

Sucumbiram na luta quási 2000 muçulmanos e o resto salvou-se escapando pela porta principal da Alfândega. Os vencedores perderam apenas 40 homens, ficando 150 feridos.

Dentre os habitantes, que, acossados de medo, quiseram fugir pela porta meridional, diz-se terem perecido quási 3 mil, pela maior parte muçulmanos, na sua tentativa de atravessar o rio.

Afonso de Albuquerque, que estava postado com a sua coluna no monte vizinho a dirigir o combate, logo que o fidalgo Antão Nogueira lhe foi dizer : " Senhor, a cidade é entrada dos nossos e ganhada nêste dia, que nêste logar ainda estará a casa de N. S.ra do Rosário ", respondeu : " Casa de N. S.ra do Rosário e do bem-aventurado Santo António", e, descendo, entrou na cidade com a bandeira real desfraldada à frente, e pondo-se de joelhos a render graças a Deus pelo bom sucesso das suas armas, fr. Domingos de Sousa entoou solenemente a *sua oração* (*Te Deum*). Em seguida, Albuquerque abraçou comovido os seus capitães, louvou-os pelo seu valor heróico e lhes conferiu condecorações. (1)

Entrada do conquistador na Cidade

Concluida a conquista, Albuquerque tratou de consolidar o seu domínio, e, dominado por um sentimento de vindicta, que só o seu século podia desculpar,

(1) Lendas, vol. 2 pag. 152.

ordenou passar a fio de espada todos os muçulmanos da ilha, por julgá-los nocivos ao sossêgo dela. Foram mortos mais de 6 mil, sem diferença do sexo nem da idade!

Política Governativa

Ao depois, deu-se ao cuidado de reparar e aumentar as fortificações; embelezou a cidade com a erecção de vários edifícios; levantou uma capela em honra de S. Catarina, que logo foi convertida em igreja da antiga Sé, com um hospital contíguo; e transformou o palácio do *Sabaio* em palácio dos governadores. Organizou o govêrno municipal à guiza do de Lisboa; estabeleceu leis e tribunais de justiça, animou o comércio, conservou o sistema das comunidades agrícolas, que vigorava em Goa, aliviou possivelmente os impostos pesados, mandou cunhar moeda portuguesa numa casa fundada para êsse efeito; tolerou as crenças religiosas, proibiu a prática do *sati*, (1) isto é, que a viuva hindu se incinerasse em vida na pira do marido; favoreceu muito os casamentos de europeus com mulheres indígenas; e finalmente não poupou esfôrço algum para tornar a cidade mais florescente e digna de ser um dia a metrópole do império oriental. (2)

Deixando Goa definitivamente portuguesa, e, confiado o comando da fortaleza ao valente fidalgo Ro-

(1) *Comentários* de Afonso de Albuquerque, parte 2.ª pag. 116-117.

(2) Em memória do feito de 25 de novembro, Albuquerque mandou pôr um padrão, em logar conspícuo, com inscrição comemorativa dos capitães que haviam tomado parte na batalha. Suscitaram-se logo competências e melindres; motivo porque o glorioso herói mandou gravar apenas estas significativas palavras.— *Lapidem quem reprobaverunt ædificantes.*

drigo Rebelo, partiu o herói, com uma grossa armada, para conquistar Malaca, que havia sido descoberta por Diogo Lopes de Sequeira em 1509. No primeiro assalto, em que obrou prodígios de valor, não conseguiu o intento; porque o cansaço, que se apoderára das suas tropas, obrigou Albuquerque a recolher-se à frota, mas, no segundo cometimento, e, depois de alguns ligeiros combates, assenhoreou-se daquela região, em 17 de julho de 1511; e, consolidado alí o poder português por sua política de conciliação e brandura para com os vencidos, voltou a Goa.

Conquista de Malaca

Enquanto, porém, Albuquerque expugnava Malaca, a ilha de Goa se contorcia numa crise assustadora. Historiemos.

Quando pela primeira vez, o grande herói tomou pacificamente posse da cidade e ilha de Gôa, as terras de Salsete, Bardês, Pondá e outras, que estão na terra firme, incluindo Belgão, passaram, também, para o domínio português, por serem tanadarias (distritos administrativos e judiciais), sujeitas a essa cidade, sua capital, pagando os seus habitantes os direitos e as contribuições, que costumavam pagar ao seu antigo possuidor, Adil-Khan ; e foram todas arrendadas a Timoja por 60 mil pardáus de ouro, livres de todas as despesas.

Reconquistada a cidade em 25 de Novembro de 1510, Albuquerque apossou-se também dessas tanadarias e as arrendou, por 52 mil pardáus de ouro, a um outro hindu, por nome Mel-Rau (Madhav-Rau), que as defendia com uma guarnição de 5 mil homens de terra.

Adil-Khan expulso de Banastarim

Em 1511 Adil-Khan, querendo recuperar os seus domínios, mandou, na ausência de Albuquerque, um capitão com um numeroso exército, o qual, tendo desbaratado Mel-Rau, invadiu a ilha de Goa, sustentando-se valorosamente na antiga fortaleza de Banastarim, que restaurou na ocasião ; Albuquerque, porém, voltando de Malaca, cercou-o por mar e terra e, envolvendo-o num círculo de fogo da artelharia, o derrotou e expulsou da fortaleza e da ilha, a 2 de abril de 1512, consolidando assim o estabelecimento português nesta ilha, onde o inimigo nunca mais entrou.

Entre as peças, que guarneciam o forte, encontrou-se o grande pedreiro, de 16½ palmos de comprimento e de 14 polegadas e 3 linhas de calibre, construido de barras de ferro, da espessura de uma polegada, abraçadas por fachas de bronze, chamado *Peça de Benastarim*, que, por memória do brilhante feito, esteve, por muito tempo, guardado no Arsenal e hoje se encontra no Campo de D. Manoel, em Pangim.

Perda das terras firmes

Mas, Albuquerque não pôde, por falta de suficiente fôrça, reaver as tanadarias, que ficaram em poder do inimigo, das quais sómente duas, Salsete e Bardês, passaram definitivamente para o domínio português mais tarde em 1543, como adiante veremos.

A sua expedição para a costa ocidental não foi tão feliz. No intento de segurar a chave do monopólio do comércio oriental, planeou tomar Aden ; e em 1513 atacou a cidade, no domingo da Páscoa, com uma fôrça de mais de 200 soldados; mas a tenaz resistência que sofreu obrigou-o a adiar para outra vez a execução do seu plano. Explorou em seguida o Mar Vermelho em todas as direcções, bombardeou as costas e espalhou tamanho terror, que, à notícia dêstes sucessos, acudiram a Gôa embaixadores de quási todos os Estados orientais, procurando a paz e a aliança; e muitos dêstes se fizeram seus tributários ; e o novo

Samorim, irmão e sucessor de quem fôra nosso velho inimigo, consentiu, em 1512, que os portugueses levantassem nos seus domínios uma fortaleza, com a condição de que os mouros pudessem, obtidos os cartazes dos portugueses, comerciar com a costa da Arábia em quatro navios. Esta fortaleza durou até 1525.

Fortaleza em Calicut

Em fevereiro de 1515, Albuquerque levou a expedição sobre Ormuz, que era então a jóia mais preciosa da coroa da Pérsia, apoderou-se desta cidade, cujo soberano se obrigou a pagar a el-rei de Portugal 15 mil xerafins de ouro por ano; e, sentindo-se gravemente enfêrmo, regressou a Goa, aonde já havia chegado o seu sucessor no govêrno da India Lopo Soares; mas, antes de desembarcar faleceu, apurado de desgostos, a 15 de dezembro de 1515 (1), na idade de 63 anos, *mal com el-rei por amor dos homens e mal com os homens por amor d'el-rei.* A intriga, que trabalhava na côrte, havia consumado a sua obra.

Conquista de Ormuz

Os indígenas, que o não criam morto, por vezes recorriam à sepultura do herói, na igreja de N. S.ra da Serra, edificada por êle em 1514, pedindo-lhe justiça contra os desmandos e vexações dos portugueses; e

(1) E' a verdadeira data do falecimento, segundo se vê da inscrição gravada no sarcófago de Albuquerque, que ha pouco se descobriu na velha cidade de Goa, e que, transportado para Lisboa em Dezembro de 1895, a bordo do couraçado *Vasco da Gama*, pertence hoje à Sociedade de Geografia. Vide: Ismael Gracias, *Relatorio da Bibliotheca Publica*, de 1893-1894, pag. 23-24, e *Vasco da Gama e o descobrimento do caminho maritimo da India*, pag. 52, nota,—Luciano Cordeiro, Relatório publicado no *Boletim* da S. G. L. n.º 4, 15.ª série.

tal era a piedade com que guardavam e veneravam essas preciosas relíquias, que tenazmente se opuseram à sua transladação para Portugal, tendo sido finalmente obrigados a ceder a uma bula pontifícia, que os ameaçou de excomunhão.

CAPÍTULO III

(1515-1523)—Os três primeiros sucessores de Albuquerque

Depois da morte do grande Albuquerque não houve um plano de govêrno fixo nem seguido. A disciplina começou a afrouxar, a corrução foi enervando o braço e o prestígio, as dissenções entre os portugueses tornaram-se vulgares e escandalosas, e, faltando a política com que o primeiro governador havia mantido a paz na Índia, surgiram guerras em todos os pontos. Foram os primeiros sintomas que se manifestaram da nossa decadência.

Contudo, o império indiano não só subsistiu, alimentado pela bravura e homogeneidade, com que os portugueses domavam as revoltas, mas, até cresceu pela heroicidade, que desenvolviam nas guerras de conquista que por algum tempo prosseguiram.

Relações de Portugal com a China

No govêrno de **Lopo Soares de Albergaria,** (1515-18) sucessor de Albuquerque, Fernão Peres de Andrade partiu com uma armada para descobrir a China e, passando pela ilha de Sumatra, construiu uma fortaleza no reino de Pacém, com a permissão do Sultão; e, tendo aportado a Cochinchina e depois a Cantão, estabeleceu pazes com os mandarins e lançou a semente de boas relações entre Portugal e a China; relações que, três anos mais tarde, se transtornaram pelo procedimento impolítico de Simão de Andrade.

Entretanto a armada do Egipto, que fôra derrotada no tempo de D. Francisco de Almeida, e que, com a morte de Albuquerque, ganhára forças e atrevimento, artelhada com mais de 500 canhões, saiu de Suez, sob o comando de Bas-Suleiman, para atacar as possessões portuguesas. Lopo Soares, em fevereiro de 1516, foi em pessoa procurá-la no Mar Vermelho, e, por tal forma a perseguiu e apertou, que, não podendo destruil-a. deixou-a paralizada no pôrto de Jidá: e, para não voltar sem algum triunfo. incendiou a cidade de Zeila, na costa da Etiopia.

Na ausência do governador, porém, deu-se em Goa um episódio vergonhoso. que esteve para ocasionar a perda desta cidade.

Consequência de um episódio romantico

D. Guterres de Monroy, capitão da cidade (1), andava enamorado da mulher dum Fernão Caldeira, que, tanto por êste motivo, como por causa duma rixa com o capitão Henrique de Toro, a quem decepara uma perna. se refugiou em Pondá, sob a protecção do capitão mouro que governava essa terra, pertecente a Adil-Shāh. D. Guterres, não podendo conseguir a entrega do homiziado. que solicitára, enviou um sicário a Pondá e fêz assassinar secretamente Fernão Caldeira. Indignado por esta traição. o capitão mouro prendeu imediatamente o sicário e o mandou enforcar. D. Guterres, para vingar a

(1) Cargo naquela epoca importante e imediato ao do governador ou vice-rei. Correspondia, pelas funções, ao do administrador de concelho na moderna linguagem administrativa.

morte do seu emissário, foi assaltar Pondá; mas, a-pesar-de conservar no maior segrêdo o seu projecto, achou o mouro preparado e sofreu tão brava derrota, que deixou ali 200 homens, entre mortos e prisioneiros. Não foi êste, contudo, o maior descrédito: Adil-Shah, sabendo o caso, veio cercar Goa com numerosas fôrças muçulmanas, espalhou angústia e terror, e ter-se-ia apossado da cidade, se não lhe tivesse acudido, vindo de Ormuz, D. Aleixo de Menezes, que fêz levantar o cêrco e a reputação das armas portuguesas. (1)

Fortaleza em Ceilão

Em 1518, uma esquadra de 17 navios, comandada por Lopo Soares, velejou para Ceilão, construiu, a preço de sangue, uma fortaleza em Colombo, contra a vontade do seu soberano; e abriu comércio com essa rica ilha, que acabava de avassalar, mas que, em breve, viria a ser mais uma causa de constante luta para os portugueses.

Discórdias em Malaca

A êsse tempo, Malaca era o teatro de discórdias entre os capitães, que ambicionavam a sucessão no comando da fortaleza, vago pelo falecimento de Jorje de Brito, e que prendiam uns aos outros, descuidando-se tanto na defesa da cidade, que o rei de Bintam, um dos nossos mais terríveis inimigos, chegou a nutrir esperanças, de se apoderar dela.

Fortaleza em Chaul

Durante o govêrno de **Diogo Lopes de Sequeira** (1518–22), que sucedeu a Lopo Soares em Dezembro de 1518, travaram os portugueses relações amigáveis com a Abissínia e com as Molucas: e, emquanto António Correia, numa viagem ao Golfo

(1) **Barros** *Dec.* 3.ª

Pérsico, tomava a ilha de Bahrein e, voltando da embaixada de Pegú, salvava Malaca do apertado cêrco posto pelo rei de Bintam, Diogo Fernandes de Beja, não conseguindo fundar uma fortaleza em Diu, muito recomendada por el-rei D. Manoel, fundava em compensação uma outra em Chaúl.

Continuavam assim os portugueses a ampliar as raias do seu império, sem calcular os inconvenientes de se espalharem as tropas, para sustentar estabelecimentos tão dispersos. E êsses inconvenientes apareceram logo.

A fortaleza de Coulão foi sitiada pelos indígenas sublevados, e o govêrno de Goa, pedido para socorrer, não pôde enviar-lhe senão um refôrço de 25 homens para coadjuvar os 30, que se achavam em defesa daquela praça!

Assalto ás fortalezas

Caso igual repetiu-se em Ceilão. Vinte mil habitantes da ilha, provocados pelos despotismos e imprudências dos portugueses, cercaram a fortaleza de Colombo, que, depois de gemer cinco meses á falta de fôrças, recebeu de Cochim apenas 50 soldados em auxílio.

Contudo, o que se não deve calar, é que estas pequenas guarnições, empenhando um extremado esfôrço e suprindo o número pelo valor, como era habitual nos portugueses dessa época em semelhantes conjunturas, desanimaram os assaltantes e, salvando-se ambas as fortalezas, ditaram a paz aos respectivos inimigos.

Em 1520, emquanto Diogo Lopes de Sequeira invernava em Ormuz, as tanadarias de Bardês, Salsete, e Pondá passaram dos mouros para o domínio português. Foi o caso. Tendo partido Diogo Lopes com grande armada para Ormuz, Adil-

Tanadarias cedidas

Khan julgou a ocasião propícia para vir atacar a cidade de Goa, que se achava desprevenida. Mas Krisna Ráy, rei de Bisnagar, foi contra êle e lhe tomou as cidades de Rachol, Belgão e todo o território vizinho a Gôa, em 19 de Maio de 1520 e avisou Rui de Melo, capitão de Gôa, que viesse tomar posse das tanadarias de Bardês, Salsete, e Pondá, porque êle havia por bem fazer delas doação a el-rei D. Manoel. Rui de Melo agradeceu-lhe o favor e, entrando na terra firme com alguma cavalaria e peonagem, tomou posse das tanadarias, as quais se perderam depois e tornaram a ganhar-se (1).

O ano de 1521 foi assinalado pela revolta de Ormuz.

Revolta em Ormuz

Sob o pretêxto de que eram roubadas as rendas dêsse Estado tributário, os portugueses, segundo a determinação do rei D. Manoel, meteram seus oficiais na alfândega daquela cidade; mas, o soberano do país, a quem era suspeito tamanho zêlo pelo seu interêsse, insurgiu-se. A revolta rebentou com um aspecto terrível, muitos portugueses foram mortos e os outros, apertadamente cercados na fortaleza, puderam, contudo, salvá-la graças aos socorros prontos que lhes vieram de Mascato e de Calaiate.

O rei de Ormuz, que em tudo se deixava dominar pelo seu imperioso ministro Rais Xarafo, vendo o mau resultado dos seus esforços, retirou-se com êle

(1) Damião de Gois *Chronica* de D. Manoel tomo 2.º pag. 555; Castanheda, *Hist. dos descobrimentos* livro 5.º pag. 237.
Segundo João de Barros, (Dec. 3.ª liv. 4 e 5) Rui de Melo conquistou as terras firmes depois do desbarato de Adil-Khan; e não foram oferecidas.

para a próxima ilha de Queixome. Xarafo era inimigo figadal dos portugueses, porque desejava readquirir e exercer, em nome do rei o poderio que Afonso de Albuquerque lhe havia tirado e os portugueses lhe não consentiam.

A êsse tempo começara a governar a Índia **D. Duarte de Menezes** (1552–24), cuja administração foi uma rampa de vergonha, por onde foi rolando o nosso império.

D. Duarte, avisado da ocorrência de Ormuz, mandou logo seu irmão, D. Luís de Menezes, com uma esquadra; mas, quando êste chegou, estava a revolta domada.

D. Luís quis restabelecer as relações amigáveis com o rei de Ormuz, que no fundo também as desejava; mas Xarafo, obstinadamente se opunha e inutilizava todos os esforços dos portugueses, tendentes à composição.

D. Luís de Menezes, segundo o espírito pouco escrupuloso do século, tratou de estabelecer inteligências secretas com o rei de Ormuz para se desfazer de Xarafo pelo assassínio. Xarafo presentiu a combinação e antecipou-se. Fêz assassinar o rei, substituindo-o por outro mais conveniente a seus projectos.

Retirando-se D. Luís para a Índia, os portugueses que estavam em Ormuz, para se verem livres de Xarafo, que continuava a embaraçar a conclusão das negociações, julgaram indispensável matá-lo, e um homem, chamado Rais Xemesim, se encarregou de pôr em execução êste projecto; Xarafo escondeu-se longe da ilha, até que, sendo descoberto, foi prêso e ficou esperando a determinação do governador, que, breve, chegaria a Ormuz. Apenas se realizou a prisão dêste omnipotente ministro, o novo rei da cidade, que valia um fantasma, apressou-se a fazer as pazes.

Em Fevereiro de 1523, chegou D. Duarte a Ormuz, e entendeu que era melhor trabalhar para si do que para a pátria; pois, com grande espanto de todos, deu soltura a Xarafo, mandou, por intrigas dêste, matar Xemesim, amigo dos portugueses, e assentou um tratado com o rei de Ormuz com muito menos vantagens do que as que Afonso de Albuquerque tinha deixado firmadas. E' que a cobiça de D. Duarte encontrara algum repasto na grande riqueza de Xarafo. D. Luís de Menezes, um dia, lançou em rosto ao irmão êsse seu ignóbil pocedimento, dizendo ser indigno dum representante da pessoa real andar fazendo ofício de pirata. D. Duarte aceitou a repreensão, mas não se corrigiu.

Procedimento ignóbil de D. Duarte

Entretanto, um capitão mandado por Adil-Xá veiu pela parte de Pondá, com mais de 5 mil homens, atacar as tanadarias, que Ruy de Melo administrava e, por dois dias, cercou o tanadar-mór Fernão Anes do Souto-Maior num templo de Mardol (em Verná de Salsete), que tinha a forma duma fortaleza. Fernão Anes, apenas livre do cêrco pela presença do socorro levado por António Correia, travou um ligeiro combate, em que os mouros perderam mais gente do que os nossos, mas levaram as tanadarias; pois, o governador não tratou de recuperá-las, pelo pretexto de não quebrar as pazes que tínhamos com o Adil-Xá.

Perda das tanadarias

No ano de 1522, António de Brito, partindo de Malaca, foi construir uma fortaleza em Ternate (Molucas), a pedido do sultão dessa ilha, que quiz ter os portugueses a seu lado, porque andava em constante guerra com o seu vizinho, o sultão de Tidore. A fortaleza foi edificada em paz, sendo a undécima que tiveram os portugueses na Ásia. Mas, em seguida, António de Brito, descontente com o sultão de Tidore, por êste ter recebido favorávelmente os castelhanos da expedição de Fernão de Magalhães, proibiu-lhe a livre vendagem de cravo e provocou, com esta tiránica exigência uma nova guerra, em que, é verdade, o sultão foi derrotado, mas os portugueses, além de perderem muitas vidas, ganharam nêle um implacável adversário do nosso predomínio nas Molucas.

Construída essa nova fortaleza, chegou a vez de se perder uma das velhas no extremo oriente, a de Pacém, na ilha de Sumatra. O comandante desta fortaleza era D. André Henriques, homem que, por sua cobiça e roubos, excitava o ódio dos indígenas e tremia, depois, diante da sublevação. Seu cunhado Aires Coelho, alcaide-mor da fortaleza, ambicionava-lhe o logar e fazia dele um instrumento do seu plano. Felizmente os soldados valiam mais do que o comandante, e defenderam a fortaleza valentemente não só das agressões dos indígenas, mas, e principalmente, das do sultão de Aquém, inimigo irrequieto do nosso estabelecimento de Pacém. Mas, a final, nasceram tais dissensões entre o comandante e seu cunhado, que os partidários de cada um dêles, não ousando confiar uns dos outros e com o receio de mútuas traições, abandonaram à mercê do inimigo a fortaleza com toda a artilharia, que a guarnecia e constava de 120 bocas de fogo.

Perda da fortaleza de Pacém

No meio dêstes vergonhosos episódios não deixava de fulgir de vez em quando um relámpago de heroicidade.

A cidade de Malaca tinha por acérrimo inimigo o sultão de Bintam, que, no primeiro ano do govêrno de D. Duarte, havia alcançado uma vitória contra os portugueses no rio de Muar. Animados com esta derrota dos nossos, os outros régulos da costa não duvidaram hostilizar-nos, e o sultão de Pam, que, até aí, procurara a nossa aliança, teve a ousadia de mandar assassinar todos os portugueses que iam comerciar ao seu reino.

D. Sancho Henriques, que, para vingar o desastre do rio de Muar, corria a costa com um galeão e dois navios, a fazer prêsas, separado dos navios por uma tempestade, foi parar com o galeão ao pôrto de Pam, onde estavam 30 lancharas do sultão de Bintam. D. Sancho, embora recebido com mostras de amizade, percebeu logo que era traído. Sessenta lancharas vieram atacar o galeão português, e, a-pesar da grande desproporção de fôrças, a luta foi feroz e horrivelmente sanguinolenta. Os inimigos, à custa de graves perdas, conseguiram matar a maior parte dos nossos. Contudo, D. Sancho não pensou, um momento só, em render-se; pelo contrário, reunindo ainda os 13 homens que lhe restavam, continuou o combate com ardor e sem tréguas, até que, caindo êstes valentes portugueses um a um, morreu afinal o próprio D. Sancho, e o galeão, complètamente êrmo, baloiçou sôbre as águas do oceano como um enorme caixão mortuário atulhado de cadáveres!

Um heroismo dos portugueses

Esta vitória custou aos malaios a perda de algumas embarcações e de mais de 500 homens.

Contudo, a cidade de Malaca continuou a ser oprimida. Pois, o sultão de Bintam, confortado com as vitórias, veiu pôr cêrco a essa cidade reduzindo-a ao extremo apêrto. Restabeleceu-se, porém, a fortuna portuguesa, quando chegou o socorro da Índia, comandado por Martim Afonso de Souza, capitão valente, que infligiu um castigo cruel a Bintam, Pam e Panane.

Com D. Duarte fecha a série dos governadores da Índia, nomeados por D. Manoel, que faleceu em 1521.

CAPÍTULO IV

1524-1529.—Vice-reinado de Vasco da Gama; vias de sucessão

Informado el-rei D. João 3.° do desprestígio do predomínio português na India, lembrou-se de enviar o próprio **Vasco da Gama** (1524) como vice-rei, na esperança de que êste carácter inflexível poria côbro às desordens e à corrupção interna das colónias.

E de facto, durante o seu curtíssimo govêrno Vasco da Gama mostrou que a sua avançada idade não tinha afrouxado o vigor do seu espírito, nem adoçado a severidade do seu carácter.

Caracter de Gama

Quando a armada que o conduzia chegou às costas do Malabar, uma convulsão submarina agitou o mar e, imprimindo um terrível balanço aos navios, espalhou terror na tripulação. "Não hajais mêdo; tremem de nós os mares", disse Vasco da Gama, erguendo-se impávido no meio dos marinheiros aterrados [1]. E essa frase hiperbólica bastou naquele momento para dissipar os sustos dos tripulantes.

Chegado a Chaúl, entregou a capitania da fortaleza, a Cristóvão de Sousa, que nela vinha provido da metrópole, ordenando-lhe que não reconhecesse como governador a D. Duarte de Menezes, se aparecesse ali de volta de Ormuz, onde então se achava.

Em Goa deu posse da capitania a D. Henrique de Menezes, que também vinha nomeado para ela e,

[1] Camões refere-se a êste facto nos *Lusiadas*, c. II. est. 47.

atendendo aos queixosos, obrigou o antigo capitão Francisco Pereira Pestana a pagar os prejuízos àqueles a quem os havia causado por suas exacções : e Pestana teve de obedecer.

Ainda em Goa Vasco da Gama mandou açoutar tres mulheres que tinham vindo de Portugal escondidas na sua frota contra as suas ordens ; e, não obstante os empenhos respeitáveis que se interpuseram para obter o perdão, a sentença foi executada ; porque Gama entendia que, vindo êle para coíbir os abusos, não podia começar por perdoar. Mais tarde, porém, reconheceu talvez que a sua severidade fôra demasiada e à hora da morte legou 100 mil réis a cada uma das açoutadas.

Em Cochim ordenou que D. Duarte de Menezes, mandado regressar de Ormuz, recolhesse preso ao reino às ordens de el-rei. Substituiu o governador de Ceilão e intimou-o para vir a Cochim dar contas da concussão de que era acusado. Fêz restituir aos armazens reais a nossa artilharia, que havia chegado ao mercado para ser vendida aos mouros. E, enquanto fazia preparativos para uma guerra geral contra os corsários do Malabar, quando o rigor da sua administração prenunciava a volta dos saudosos tempos de Albuquerque, salteado duma doença faleceu em Cochim com pouco mais de 3 meses de govêrno, a 25 de Dezembro de 1524, ano em que, segundo a opinião mais próvavel, nasceu em Lisboa Luís de Camões para cantar nos seus *Lusíadas* os sublimes feitos dêsse herói, que, 27 anos antes, descobrira o caminho marítimo para a India. (1)

(1) Vide Teixeira de Aragão, *Vasco da Gama e a vila da Vidigueira*, 2.ª ed. "Os verdadeiros restos mortais do grande almirante, cuja glória Portugal comemorou êste ano em solene jubileu centenário, associando-se-lhe as principais nações, foram

Foi com Vasco da Gama que o govêrno da metrópole, como que por um pressentimento da próxima morte dêste vice-rei, inaugurou o sistema das sucessões, que consistia em trazer cada governador três cartas cerradas, chamadas *vias de sucessão*, nomeando três dos capitães das fortalesas da India, que lhe deviam suceder. Dessas cartas, que vinham numeradas ordinalmente, seria aberta só a 1.ª no caso da morte do governador que as trazia ; não existindo o sucessor nela indicado, abrir-se-ia a 2.ª; e repetindo-se o caso, a 3.ª. Êste processo tinha por fim prevenir as desordens que podiam nascer ao tempo da transmissão do govêrno. (1)

Vias de sucessão

Por morte de Vasco da Gama a primeira via de sucessão indicou para governador **D. Henrique de Mene-**

trasladados da igreja da Vidigueira para a dos Jerónimos, de Belém, a 9 de maio último, corrigindo-se assim o lamentavel engano havido em egual trasladação feita no ano de 1880. No escrupuloso exame a que se procedeu, notou-se no jazigo a falta de algumas peças do esqueleto, sendo a mais importante um femur. O dr. Serrano, professor da escola médico-cirúrgica de Lisboa, mediu com um compasso de espessura o cráneo que se acha muito bem conservado e mostra ter de diâmetro longitudinal máximo 21 centimetros,—de diâmetro transversal máximo 15 centimetros—circunferência 56½, o que corresponde a index cefálico de 71 centimetros." (*O Seculo*, de Lisboa, n.º 8862 de 9 de maio de 1895).

(1) As *vias de sucessão* guardavam-se no convento de S. Francisco de Assis, dentro de um cofre de ferro fechado por 3 chaves. Em caso de morte do vice-rei ou governador o cofre era conduzido solenemente pelas principais autoridades à Catedral, onde se abriam as cartas sucessivamente até que o nomeado para suceder fôsse o que estivesse na India.

Na falta das *vias de sucessão* procedia-se de diferentes modos : umas vezes nomeou-se o primeiro conselheiro do Estado ; outras, fôram convocados os três Estados (clero, nobreza e povo) para fazer a eleição, etc.—Vide Cunha Rivara, *Archivo Portuguez-Oriental*, fasc. 6.º, doc. 114.

zes, (1525–26), que era capitão de Gôa.

Educado na escola da severidade, D. Henrique, a-pesar de contar apenas 29 anos, colocou-se à altura do velho Gama, como era necessário para não deixar reagir com maior fôrça a hidra das paixões, que, durante a curta administração anterior, havia sido enérgicamente comprimida. Querendo arredar-se do procedimento culpado dos seus predecessores caía por vezes no excesso contrário. "Eu não sou como os outros governadores", repetia êle a cada passo.

Efectivamente foi um homem intrépido e desinteressado. Rejeitando um rico presente que Melik-Yaz, senhor de Diu, enviava para resgatar os males porventura causados pelos seus corsários ao comércio português, D. Henrique respondeu que o não podia aceitar por serem *armas que* os portugueses não tomavam *dos mouros senão nas guerras que têm com êles.*

Mas o facto mais importante do seu govêrno foi o cêrco de Calicut, onde D. Henrique empregou toda a sua atenção e energia.

Cêrco da fortaleza de Calicut

Calicut era o ponto principal donde saíam os corsários a prear os nossos navios comerciantes na costa do Malabar. No intúito de reprimir essa turba de piratas, D. Henrique declarou guerra ao Samorim e destruiu-lhe Panane e Coulete. (¹) O Samorim resolveu travar uma luta de morte e veio com 40 mil homens cercar a fortaleza de Calicut, comandada por D. João de Lima e a reduziu a extremos apuros.

Havia no exército inimigo um renegado siciliano, mestre na arte dos assédios, que inventava diversos

(¹) Barros *Dec.* 3., liv. 9, cap. 4.

engenhos, com que fazia grande dano à fortaleza. Mas o condestável da artilharia, Fernão Peres, homem perito na sua arte, desfazia com tiros de canhões uma grande parte dessas máquinas.

Entretanto aos sitiados faleciam provisões; e os auxílios que, não obstante o rigor do inverno, iam de Cochim mandados por D. Henrique, e de Cananor trazidos pelo capitão Heitor da Silveira, não conseguiam introduzir-se na fortaleza senão em pequena porção e à custa de mũito sangue derramado. Nestas circunstâncias valiosos serviços prestaram à defeza uns dois espiões que viviam fóra dos muros; Duarte Fernandes, que, andando entre os índios disfarçado em *fakir* (penitente respeitável), informava D. João de Lima das emboscadas e dos planos secretos dos inimigos por um meio de comunicação que havia convencionado; e um grumete por nome Bastião, que cantava em torno da muralha denunciando os segredos do assédio e até as minas que os mouros começassem a abrir. De maneira que os portugueses, repelindo os assaltos, destruindo os engenhos do assédio, crivando de balas as emboscadas e inutilizando as minas pelas contraminas, opunham uma resistência de desesperar os sitiadores, até que, no fim da estação invernosa, chegou de Cochim a Calicut D. Henrique de Menezes à testa duma esquádra de 25 navios e, juntando os socorros que se achavam no pôrto, vindos de Cananor, Goa e Cochim, apresentou em linha um formidável exército de mais de 8 mil homens, mas, quando o Samorim veio pedir a paz, os portugueses minaram a fortaleza e a abandonaram por ser de difícil conservação num reino inimigo. Os mouros que nela penetraram morreram na explosão (1).

(1) *Lend.* T. 2.° pag. 810 e seguintes; Barros, *Dec.* 3.ª, l. 9.°, Cap. 7.

Depois do abandono da fortaleza de Calicut as hostilidades com o Samorim continuaram ; mas era destino que fôsse curto também êste govêrno: D. Henrique faleceu em Cananor a 2 de Fevereiro de 1526, e a India teve de presenciar scenas tristíssimas àcerca da sucessão no govêrno, entre Pero Mascarenhas e Lopo Vás de Sampaio.

Abandono da fortaleza de Calicut

Após a morte de D. Henrique de Menezes a 2.ª via de sucessão, aberta com todas as formalidades, indicou **Pero Mascarenhas** (1526), para governador da India ; mas, como êste estava em Malaca, donde chegaria daí a alguns meses, levantando-se grandes discussões em Cochim sôbre o govêrno provisório, Afonso Mexia, vedor da Fazenda e inimigo de Pero Mascarenhas, conseguiu por sua influência que se abrisse a 3.ª via, e **Lopo Vás de Sampaio**, (1526–29) indicado nesta, assumiu o govêrno, jurando entregá-lo a Pero Mascarenhas logo que chegasse.

Mas, enquanto Mascarenhas, prosseguindo na guerra que tinha principiado com o sultão de Bintam, terminava a campanha com uma brilhante vitória, tomando-lhe a própria capital, e livrava Malaca das suas perseguições, Lopo Vás de Sampaio, pondo as fortalezas da India nas mãos de seus parentes e partidários, e creados os elementos em Cochim para uma obra de iniquidade, vinha para Goa com a maior parte dos fidalgos cavilosamente arrastados e preparava o terreno para conservar definitivamente o govêrno.

Vindo de Malaca coroado de recentes louros e reconhecido como governador pelo capitão de Coulão, Pero Mascarenhas chegou a Cochim e foi recebido às lançadas e ferido por Afonso Mexia, que repicando o sino da fortaleza, de que era capitão, alvorotou contra êle o povo.

Luta sobre a sucessão

A-pesar de maltratado e ferido, Mascarenhas, confiado na justiça da sua causa, veio a Goa esperando aqui melhor recepção; mas Lopo Vás vedou-lhe o desembarque, mandou pôr-lhe ferros e conduzí-lo preso para Cananor: espectáculo que indignou a India toda e infamou a nação perante os nossos inimigos.

O capitão de Cananor D. Simão de Menezes pôs em liberdade Pero Mascarenhas e reconheceu-o solènemente como governador, porque Lopo Vás não lhe apresentava o alvará que dizia ter vindo de Portugal nomeando-o governador em prejuízo de Mascarenhas.

O capitão de Chaúl, que também reconhecia o direito de Mascarenhas ao govêrno e que, com a sua adesão ao partido dêste, esperava arrastar a de todos os fidalgos, o aconselhava a que partisse, nêsse momento, de Cananor para Goa e prendesse Lopo Vás no palácio onde residia. E de facto, se Pero Mascarenhas tivesse recorrido à violência ou pelo menos tivesse reclamado a autoridade com energia e firmeza, teria conseguido o apoio de um grande número de fidalgos hesitantes e teria vencido; mas o herói de Bintam receou provocar uma guerra civil e prejudicou à sua própria causa. O que valia mais ao usurpador era a sua audácia.

Em Goa tal era a exaltação de ânimos contra Lopo Vás, que rebentou uma conspiração, que êste conseguiu domar por meio de ameaças e violências. Lopo Vás, finalmente, abalado com as insistências do povo e da câmara de Goa, com os repetidos requerimentos de Pero Mascarenhas e com os conselhos dos seus próprios partidários, concordou em que a questão fosse decidida por árbitros eleitos entre os fidalgos da India, tomando provisòriamente o govêrno António de Miranda.

Reuniram-se em Cochim os doze juízes nomeados

e, a-pesar da justiça incontroversa da causa de Pero Mascarenhas, houve divergência; votaram seis a favor dêste e os outros seis a favor de Lopo Vás.

Segundo estava previsto, foi chamado um décimo terceiro, Baltazar da Silva, um dos capitães das náus do reino; e êste, provavelmente por insinuações de Afonso Mexia, desempatou a favor de Lopo Vás. Estava consumada a iniquidade.

Mascarenhas, vencido, partiu pára a metrópole e a relação de Lisboa anulou imediatamente a sentença do tribunal de Cochim, condenando Lopo Vás a pagar a Mascarenhas os ordenados de governador e dez mil cruzados de indenisação. Mas, D. João 3.º contentando-se com essa satisfação à justiça, não recompensou Pero Mascarenhas mais que com a capitania de Azamor em Africa!

Lopo Vás de Sampaio foi mais feliz; pois, a-pesar de ter ido preso para Portugal e de novo condenado à perda dos seus honorários e a alguns anos de degrêdo para Africa, soube captar a protecção do monarca, que lhe perdoou todas as penas e até o favoreceu com o seu valimento.

Lopo Vás foi um governador activo e enérgico. Prosseguiu a guerra com os rajás de Calicut e de Cambaia, e queimou-lhes os paráos onde quer que os encontrasse. Em 1529, último ano do seu govêrno, tomou e incendiou a cidade de Porká, situada a 12 léguas de Cochim. Reparou e ampliou as fortalezas e, activando as construções navais, deixou aos sucessores uma boa esquadra, a par do tristíssimo exemplo que lhes legara no seu procedimento com Pero Mascarenhas.

CAPÍTULO V

1529-1537—Aquisição de Diu e de Baçaim.

Nuno da Cunha (1529–37) empunhou as rédeas do govêrno em 1529 em condições difíceis. A pretensão dos govêrnos anteriores ao monopólio do comércio e as suas exorbitantes exigências tinham sublevado contra os portugueses alguns monarcas poderosos do oriente. O sultão de Cambaia e o rajá de Calicut estavam em guerra aberta conosco desde o tempo de D. Duarte de Menezes.

Nuno da Cunha vinha com o projecto de levantar uma fortaleza em Diu, fortaleza cuja fundação, desde os tempos de Afonso de Albuquerque, havia sido incessantemente recomendada pelo govêrno a todos os governadores da India.

No intuito, pois, de castigar o sultão de Cambaia, a quem Diu pertencia, e, ao mesmo tempo, satisfazer ao desejo do govêrno da metrópole, resolveu Nuno da Cunha conquistar a fortaleza de Diu. Preparou uma esquadra mais poderosa de todas que até aí os portugueses haviam apresentado e extraordinariamente luxuosa : era de 400 velas, transportando além de onze mil combatentes ricamente vestidos, numerosas mulheres, 8 mil escravos, alguns negociantes, que levavam vinho e outras mercadorias, para as venderem aos tripulantes, e muitas famílias. que iam para se estabelecer em Diu, logo que esta fosse tomada. Chegando a Damão, cuja fortaleza foi logo abandonada pela guarnição do rei de Cambaia, o governador mandou apregoar prémios de 1000, 500 e

Expedição para Diu

300 pardaus aos primeiros que sucessivamente subissem a hastear nas muralhas de Diu a bandeira portuguesa.

O luxo e os prémios exprimem bem a transformação que o tempo havia operado no carácter e nos costumes dos portugueses. Parecia uma expedição mercenária composta de mouros.

Em seguida, demandou a ilha de Beth e, vencendo uma resistência heróica que encontrou, destruiu por meios horríveis a povoação dessa ilha, que, por alastrada de cadáveres, tomou o sinistro nome de *ilha dos mortos*.

No dia 22 de Fevereiro de 1531 surgiu Nuno da Cunha em frente de Diu; esperava que a vista da sua formidável esquádra moveria o governador da cidade a render-se; mas ficou desapontado, quando viu a cidade em uma respeitável atitude de defeza.

Seu resultado desfavoravel

Depois de quatro dias de espera por algum parlamentário, rompeu o bombardeio, e, continuando-o por um dia inteiro, meteu mêdo aos habitantes da praça; mas afinal, vendo que não podia destruir os muros da cidade, que, por serem de pouca espessura, se deixavam atravessar pelas balas sem se aluirem e que pelo contrário a artilharia inimiga, vomitando fogo e ferro, destroçava os nossos navios que dela se aproximassem, desistiu do projecto e regressou a Goa com a esquadra, já se vê, avariada, justificando o seu procedimento com umas ordens de el-rei, que não apresentou a ninguem. Foi ridículo o resultado desta expedição em vista da enormidade dos preparativos; e o sultão de Cambaia, Bahadur-Xá, com júbilo e orgulho cantou o triunfo, conferindo ao seu general Mustafá, que enviara para dirigir a defesa, o honorífico título de Khan. Este título, junto a designação da sua nacionalidade, substituiu o nome próprio de Mustafa, e Rumi-Khan foi transformado pelos nossos cronistas em Rumecão.

Nuno da Cunha porém vingou-se. A' testa duma pequena expedição partiu para Baçaim, pertencente ao sultão de Cambaia e com tal ímpeto investiu as trincheiras avançadas, que os guzerates, cedendo ao terror, abandonaram a fortaleza e a cidade, que o governador arrasou completamente, levantando com esta rápida vitória o nome dos portugueses, que Bahadur julgava ter desfeito.

Tomada de Baçaim

Quatro anos depois da expedição de Diu, Bahadur, perseguido pelos mogois de Delhi, que lhe invadiam o reino de Cambaia, viu-se na necessidade de pedir auxílio aos portugueses e ofereceu-lhes por esta ocasião a propriedade plena e inteira de Baçaim e das ilhas de Salsete, Bombaim, Caranjá, Elefanta e Trombay, e o logar que êles escolhessem em Diu para construir a desejada fortaleza. Nuno da Cunha, aceitando de boa vontade o oferecimento mandou Martim Afonso de Souza tomar posse de Baçaim e foi em pessoa levantar a fortaleza em Diu, que, com o auxílio do próprio Bahadur, agora amigo dos portugueses, em pouco tempo pôde ser construida. Diogo Botelho Pereira celebrizou-se então pela sua inaudita temeridade de partir, em uma pequena fusta, da India para Portugal levando esta boa nova a el-rei em 1535.

Construção da fortaleza de Diu

Durante êste tempo a ambição dos portugueses havia rompido hostilidades com os mouros de Bijapur. Tendo falecido em 1534 Ismail Adil-Khan, levantaram-se questões de sucessão entre os seus dois filhos : (1) Ibraim, que era o mais velho, mas bastardo,

(1) *Lendas*, vol. 3.º pag. 639. Alguns autores dizem que

e Meale (Mallú) mais novo e legítimo. O primeiro apossou-se do trono e o segundo, pelo receio de ser morto, desterrou-se para Cambaia.

Assad-Khan, (Acedecão) um dignitário da côrte de Bijapur correspondente ao nosso condestável, senhor de Belgão e de muitas terras ricas, favorecia o príncipe Meale e o secundava nas suas pretenções ao trono; pelo que, sendo perseguido como chefe do partido revoltoso, veiu acolher-se à sombra dos portugueses e, para obter a sua proteção, ofereceu-lhes as terras de Salsete e Bardês, que lhe pertenciam por doação do rei falecido. Aceitou logo a oferta o capitão de Goa D. João Pereira e, para firmar a sua posse, mandou construir uma tranqueira forte em torno do templo de Mardol em Salsete ([2]), e cuja capitania deu a Cristóvão de Figueiredo, tanadar-mór de Goa.

Terminadas as discórdias entre os príncipes índios, Assad-Khan foi obrigado pelo seu soberano a reaver as terras cedidas aos portugueses, mas o capitão de Goa insistiu em conserval-as. Daqui veio uma série de escaramuças.

Guerra por causa das terras de Salsete e Bardês

Uma importante fôrça expedida por Assad-Khan, sob o comando de Suleimão Agá, assenhoreou-se das aldeias de Cuncolim, Assolnã e Margão. Cristóvão de Figueiredo, informado da invasão, enviou de Mardol seu genro Miguel Froes, com poucos

---

Meale era filho e Ibraim neto de Adil-khan e outros narram a historia das questões um pouco diversamente. O certo é que dois principes de Bijapur disputavam o trono.

([2]) Este templo foi, na conversão, transferido pelos seus *mazanes* para o bairro Mardol, da aldeia Priol, de Pondá, onde continua com a invocação de Mhlasá. E' nesse templo que os hindus brâmanes do país prestam o juramento decisório. Vide Filipe Neri Xavier, *Coll. de Bandos*, 1.º vol. pag. 96, e Decr. de 16 de Dezembro de 1880, art. 27.º § nn.

cavaleiros e peões para espiar o inimigo; mas, apenas chegados a Vernã, a meia légua da tranqueira de Mardol, os portugueses chocaram-se com os mouros e vieram dirigindo-se, de envolta com êles, para a proximidade da tranqueira. Acudiu com socorro Cristóvão de Figueiredo e, após uma luta muito arriscada, porque andavam baralhados ambos os contendores, conseguiu desprender os portugueses e recolhê-los na tranqueira, que os mouros pouco depois cercaram.

Avisado D. João Pereira, marchou com 1,500 homens para libertar o reduto; mas a esta notícia, o inimigo já tinha levantado o cêrco e fôra estabelecer seus arraiais no campo de Vernã. Deu-se pois um combate nêsse campo em 7 de Fevereiro de 1536, em que os mouros foram derrotados e Suleimão saiu ferido. Para completar a vitória, um tanadar mouro, que pelejára valentemente pela nossa parte, acêso em furor guerreiro foi com alguns escravos e peões no encalço dos inimigos e, colhendo-os a tres léguas de distância, junto ao rio de Cuncolim, matou-lhes muitos, além dum grande número que se afogou ao atravessar o rio.

A êsse tempo Nuno da Cunha, regressando de Diu, tratou de prover de fôrça e munições a fortaleza de Rachol, porque receava que o inimigo voltasse.

Ataque a Rachol

Efectivamente uma poderosa fôrça de 15,000 homens enviada de Pondá por Assad-Khan, assaltou a fortaleza de Rachol repetidas vezes; mas, os portugueses, a quem Nuno da Cunha, postado em Agaçaim, mandava reforços e depois êle próprio fôra auxiliar, opuseram uma defesa enérgica e repeliram os assaltos.

Vendo então os mouros que era de necessidade tolher a entrada aos socorros que vinham de Agaçaim, mandaram uma parte das suas tropas para levantar uma tranqueira sôbre um penedo que se via no rio de Borim e vedar com a artelharia a passagem; mas, isto não lhes deu o resultado que esperavam, porque os bateis portugueses escapavam de noite ao fogo da artelharia. Atravessaram então o rio com cadeias de ferro presas em grossas traves. Os portugueses, porém, baldaram-lhes ainda êstes esforços abrindo um canal pela banda de Loutolim.

Afinal Nuno da Cunha enviou o capitão de Goa D. Gonçalo Coutinho para expulsar o inimigo de Borim; mas, vítima de traição, D. Gonçalo foi completamente derrotado, e duma ferida, que recebeu no braço, veiu a morrer em Agaçaim.

Nuno da Cunha desejava vingar êste desastre; mas as lutas mais sérias que lhe chamavam a atenção em outra parte, o compeliram a satisfazer as exigências de Assad-Khan.

Uma das guerras mais importantes que preocupavam o governador, era a que fervia entre o Samorim de Calicut e o nosso aliado, o rajá de Cochim.

Guerra com o Samorim

O rajá de Calicut queria ir coroar-se à ilha de Repelim sôbre uma pedra sagrada que ali existia: e, como por esta cerimónia religiosa êle adquiriria uma grande influência entre os rajás do Malabar, o de Cochim queria impedir-lho. Nascendo a guerra entre ambos, os portugueses foram obrigados a auxiliar o de Cochim e, com a sua bravura, conseguiram vedar a passagem ao rajá de Calicut, o qual, sabendo que os seus inimigos iam ser reforçados por Martim Afonso de Souza, homem de grande reputação militar, retirou-se para reunir um exército poderoso e voltar contra os portugueses.

Nuno da Cunha achava não dever continuar esta guerra para não distrair uma parte das suas tropas, que lhe eram mais necessárias em Diu, onde a atmosfera começara a turvar-se. Mas, Martim Afonso, que estava ancioso por terminar a luta, lembrou-se de simplificar o problema. A' testa de 800 homens valentes marchou directamente sôbre a ilha de Repelim, atacou com ímpeto irresistível as tranqueiras defendidas por 15 mil naires, que, tomados dum verdadeiro pánico, desapareceram; arrasou a cidade deserta e transportou a célebre pedra sagrada para Cochim. Não podia haver solução melhor, nem mais rápida.

O rajá de Calicut, vendo o seu projecto frustrado, quis ir vingar-se do rajá de Cranganor, que entrara na amizade dos portugueses; Martim Afonso porém com 90 soldados, infligindo-lhe uma derrota na passagem, obrigou-o a retroceder e calar-se.

Outra luta de maior importância que absorvia a atenção do governador é a que nasceu em Diu entre os portugueses e o sultão de Cambaia.

Guerra com o sultão de Cambaia

Bahadur, que era um homem versátil e caprichoso de índole, a ponto de nunca ter um pensamento fixo, logo que se viu livre dos mogois e pôde respirar, arrependeu-se das concessões feitas aos portugueses, e, pelo pretêxto de que êstes praticavam freqùentes desordens em Diu, convidou todos os soberanos do Malabar a expulsá-los da India, ousando, em um momento de embriaguês, revelar, entre ameaças sinistras, êste seu plano de extermínio ao próprio capitão da fortaleza de Diu, Manoel de Souza.

Houve quem afirmasse que o sultão projectava oferecer um banquete a Nuno da Cunha e aos principais fidalgos portugueses na quinta do Melique perto de Diu e nesta ocasião prendê-los a todos, e mandar o governador para o Cairo, de presente ao Grão-Turco, metido em uma jaula de ferro, sendo distribuidos os fidalgos como escravos pelos cabos da guerra muçulmanos. [1]

Nuno da Cunha, informado do que se tramava, partiu para Diu e fingiu-se doente na frota com o fim de chamar Bahadur a uma entrevista *e o mandar prender tanto que saisse do galeão e metê-lo na fortaleza* [2].

Morte de Bahadur-xá

Bahadur, que a êste tempo andava à caça, sabendo da chegada do governador, obsequiou-o com os despojos da caçada, que consistiam em veados e gazelas, uns sem cabeças, outros sem pés, todos mutilados—o que era considerado entre os mouros um desafio—e pouco depois foi com a sua comitiva e contra a opinião dos seus amigos visitá-lo ao galeão.

Esta visita tinha por fim, segundo diz um escritor maometano, *desvanecer as suspeitas dos europeus e induzi-los a aceitar o convite para o banquete projectado.*

Os fidalgos, indignados com as perfídias do sultão, esperavam com impaciência vê-lo prêso. Terminada rapidamente a entrevista, que foi quási muda, Bahadur, suspeitando talvez que os seus planos secretos fossem já conhecidos do governador, e receando ser atacado, apressou-se a retirar saltando para a sua fusta.

Nuno da Cunha, que ainda tinha escrúpulo de o mandar prender por ter vindo em hábito de paz, deu ordens aos seus para o acompanharem, concordando finalmente, segundo se escreve, em que o conduzissem prêso para a fortaleza. Os portugueses, lançando-se com toda a pressa nos seus bateis, foram alcançar a fusta, *que remava de voga picada para o pôrto*; e, travado um furioso combate entre as barcas (em que morreram alguns de parte a parte, entrando no número

[1] Barros, *Dec.* 4, part. 2, 333.
[2] *Lend.* 3. 778.—*Hist. do cêrco de Diu*, pag. 76.

dèstes Manoel de Souza), Bahadur ou, vendo-se perdido, atirou-se ao mar ou caiu à água virando-se o barco, mas o certo é que, estando a nadar perto de um dos bateis portugueses, foi ferido por um marujo com uma chuça pelo rosto e em seguida algumas chuçadas o acabaram.

Eis o resumo do que se passou em Diu a 14 de Fevereiro de 1537, quanto o permitem as 8 versões que há sôbre êste facto, quatro portuguesas e quatro maometanas, todas diferentes em detalhes. O coronel W. Watson, que foi agente político no Kathiavar, e escreveu o período maometano no *Bombay Gazetteer*, depois de ter examinado essas versões conforme as regras da crítica, chega à conclusão de que na morte de Bahadur houve culpa de parte a parte; e que o sultão foi morto nas águas de Diu pelos marujos à chuçada.

Este facto foi o formidável elemento de apoio para os mouros prepararem mais depressa a execução do seu plano já traçado da expulsão dos portugueses da India. O verdadeiro e temível inimigo dêstes, Khoja Safar, em cujas mãos o pobre sultão havia sido mero instrumento, ainda estava vivo para atear contra êles um incêndio de conspirações, vinganças e guerras intermináveis.

CAPÍTULO VI

Primeiro cêrco de Diu;—Diocese de Goa

O assassínio de Bahadur produziu conseqùencias funestas, como era de esperar. Uma terrível tempestade começou a rugir por toda a India, e António da Silveira, capitão da fortaleza de Diu, percebeu que a guerra era inevitável. Infelizmente os portugueses não podiam concentrar todas as fôrças na defesa de Diu; porque Martim Afonso de Souza, com uma armada, andava empenhado na guerra contra uma poderosa esquadra que o Samorim expedira para vingar a afronta sofrida em Repelim e Cranganor.

Primeiro cêrco de Diu

O astuto Khoja-Safar, que dissimulava com os portugueses, até que chegasse o auxílio dos rumes do Egipto que esperava, logo que teve a notícia de que estava pronta em Suez uma formidável esquadra dos turcos, partiu de súbito a Ahmedabad a conferenciar com o novo sultão de Cambaia e voltou para Diu à testa de 4 mil homens e em 26 de Junho de 1538 assaltou o baluarte avançado, que Nuno da Cunha tinha construído próximo dum sítio chamado a vila dos rumes ; mas Francisco Pacheco, capitão do baluarte, conseguiu repelir o assalto. Em Agosto vieram juntar-se ao inimigo mais 12 mil homens comandados por Lurkan, governador de Diu ; e António da Silveira, vendo que as fôrças espalhadas pela cidade pouca resistência podiam oferecer, concentrou-as todas na fortaleza abandonando a cidade, e, depois de avisar Nuno da Cunha do perigo em que se achava, dividiu as estâncias e ordenou o serviço da fortaleza, preparando-se para resistir a um longo assédio.

Em 8 de Setembro chegou a armada turca comandada por Suleyman Paxá, governador que fôra do Egipto, e assestou a sua colossal artelharia e monstruosas máquinas para atacar o baluarte da vila dos rumes, que por estar afastado da fortaleza não podia ser socorrido.

A êste tempo (14 de Setembro de 1538) chegou de Lisboa **D. Garcia de Noronha**, com o título de vice-rei, para substituir Nuno da Cunha, que governara excepcionalmente 10 anos. Êste, de regresso ao reino, morreu próximo dos Açores, com a frase de Scipião na boca (*Ingrata pátria, não possuirás os meus ossos*). A morte livrou-o de ser prêso e agrilhoado pelo delegado del-rei, que o esperava na ilha Terceira. (¹)

D. Garcia de Noronha (1538-40) avisou António da Silveira de que, em breve, seria socorrido e começou a preparar uma esquadra.

Entretanto os turcos começaram a bombardear o baluarte da vila dos rumes e derribaram um pano do muro, por cujas ruínas, que lhes serviam de escadas, subiram 700 homens ao assalto. Mas, imediatamente, apareceram no alto do baluarte dois portugueses intrépidos, que, atirando panelas de pólvora inflamadas, rolando penedos e com toda a espécie de armas, que lhes passavam os seus poucos companheiros, quási todos feridos, que sobreviviam ao bombardeio, sustaram o ímpeto dos inimigos. Não podendo, porém, continuar com uma defesa tão extraordinária, Francisco Pacheco, obtida a licença de António da Silveira, capitulou com a condição de que teriam todos a vida salva, mas os turcos não respeitaram a capitulação e degolaram todos sem piedade.

Ufanos com esta vitória intimaram António da Silveira a que se rendesse ; mas tiveram uma repulsa dignamente audaciosa.

(¹) Dedo de Deus! Lopo Vás de Sampaio prendeu o seu rival Pero Mascarenhas. Nuno da Cunha remeteu prêso para Lisboa a Lopo Vás, na pior das náus e tendo cámara na estância dos grumetes ; mas também êle teria igual sorte se a morte o não poupasse a tão humilhante infortúnio. No acto da prisão, Lopo Vás dirigiu-se ao ouvidor geral nestas palavras :—« dizei ao governador, que eu o prendi, êle me prende, lá virá quem o prenda a êle. »—Dedo de Deus, repetimos.

Romperam o fogo contra o baluarte de Gaspar de Souza e, aluída a muralha, viram com espanto um novo muro interior, que António da Silveira havia mandado construir. Assaltaram e repetiram os assaltos em dias sucessivos; mas. o brioso capitão com um punhado de valentes opôs uma resistência verdadeiramente heróica, repelindo as ondas do inimigo, que vinha crescendo.

Entretanto a fortaleza ia perdendo defensores, que não podiam ser substituídos; o socorro prometido pelo vice-rei não chegava; os assaltos continuavam e, para o remate de tantos infortúnios, o escorbuto, gerado pela má alimentação e péssima água da cisterna, dizimava a nossa guarnição. O desânimo, que a invadia, teria perdido tudo, se não acudissem as mulheres a compartir com os homens as fadigas. Ana Fernandes e Isabel da Veiga fôram duas heroinas, que, inspirando aos combatentes o amor da glória, pensando e curando os feridos, ora assistindo aos moribundos, ora rendendo as sentinelas fatigadas e fazendo transportar os materiais das casas, que se destruiam, para reparar os muros, levantaram os espíritos do profundo abatimento em que jaziam.

Em 30 de Outubro quiseram os turcos fazer um esfôrço decisivo e fingiram a retirada com certo aparato; mas António da Silveira, que, receoso de alguma traição, mandara redobrar a vigilância, surpreendeu-os ao escalarem alta noite o baluarte e conseguiu derrubá-los. Em seguida, tentaram entrar pelas ruínas da muralha e arvorar a sua bandeira. Deu-se, então, um combate furioso, em que os portugueses, pelejando como leões, ofereceram uma resistência sôbre-humana. [1] António da Silveira foi uma mon-

---

[1] « Ha uma frase de Diogo do Couto, que em quaesquer outras circunstâncias teria o sabor picaresco de hipérbole andalu-

tanha de energia e obrou prodígios. A guarnição da fortaleza, porém, ficou reduzida só a quarenta homens válidos; ninguem pensou contudo em render-se. Os turcos, que ignoravam o estado dos adversários, avaliando-o pela energia da resistência, julgaram que o número dêles era igual ou superior ao seu, e, desanimados com o mau resultado do combate, embarcaram definitivamente em 1 de Novembro e retiraram-se.

Vitória gloriosa

Esta brilhante vitória, a mais famosa de todas, alcançada sôbre os turcos, que nêsse tempo eram o terror da Europa, conquistou para os portugueses imenso prestígio e consolidou o seu poder na India. Um dos rajás de Ceilão solicitou a nossa aliança e o Samorim de Calicut, nosso implacável inimigo, pediu a paz, que lhe foi concedida, assinando-se o tratado em Janeiro de 1540.

Dois meses depois da vitória chegou a Diu a armada de D. Garcia de Noronha, que navegara com todo o vagar; porque o vice-rei, que era um fidalgo pobre e que não vinha à India senão para *levar dinheiro*, como êle próprio dizia, fôra cuidando, pelo caminho, mais dos seus interêsses particulares do que das urgências do Estado.

Em Diu D. Garcia de Noronha reparou a fortaleza desmantelada e concluiu com o sultão de Cambaia uma paz vergonhosa, cedendo-lhe a pêso de ouro a alfândega da vila dos rumes e o levantamento dum muro entre a cidade e a fortaleza, além de lhe fazer muitas concessões que êle a ferro e fogo não tinha podido obter.

za, mas que é grandiosa em lances tais: *Aquêles homens*, diz êle, *pelejavam com as tripas n'uma das mãos e a espada na outra.* Só assim se pode compreender o que fizeram!» Bulhão Pato, *Portuguêses na India*, pag. 209.

Durante êste vice-reinado erigiu-se em Goa uma diocese sufragánea à da Madeira, compreendendo todos os estabelecimentos portugueses desde o cabo de Boa Esperança até os confins do oriente, e que teve pela primeira vez bispo e cabido.

Diocese de Goa e seu 1.º bispo

O primeiro bispo que governou esta diocese, foi D. fr. João de Albuquerque, que chegou a Goa em 1538. (1)

Falecendo D. Garcia de Noronha em 3 de Abril de 1540 (2), foi reconhecido por governador **D. Estevão da Gama,** (1540–42) indicado na 2.ª via de sucessão, por estar ausente em Portugal Martim Afonso de Souza, nomeado na 1.ª. Foi um governador algum tanto honesto.

No princípio do ano 1541 partiu D. Estevão com uma expedição ao Mar Vermelho no intuito de destruir a nova esquadra, que o Paxá do Egipto estava preparando em Suez ; mas, vendo o estado da defesa em que ela se achava, regressou a

Expedição ao Mar Vermelho

(1) Para mais desenvolvida notícia vide P.e C. C. de Nazareth, *Mitras Lusitanas*, ed. de 1897, onde os leitores encontrarão grande cópia de valiosas informações sôbre a história da Igreja lusitana do Oriente.

(2) E' o primeiro governador que faleceu na cidade de Goa. Jaz no centro da capela-mór da sé catedral com epitáfio. De passagem diremos que a história da Índia, entre outros importantes serviços, deve ao infatigável Cunha Rivara o conhecimento das inscrições e epitáfios existentes em várias partes da India. A colecção dos que encontrou e trasladou desde Velha Goa até ao convento do Cabo e que deixara ainda M.S., foi publicada em volume especial no *Boletim da Sociedade de Geografia de Lisboa*, n.º 8, 18.ª série, com o título *Inscrições lapidares da India Portuguesa*, sob a direcção e com o prefácio de Gabriel Pereira. Notam se, contudo, graves defeitos nessa publicação, como num artigo inserto no *Boletim Oficial*, n.º 100 de 1897, pag. 775, observa Ismael Gracias, dando ao mesmo tempo uma resenha completa de todas as inscrições e epitáfios publicados por Cunha Rivara.

Massuah, donde enviou seu irmão Cristóvão da Gama com 400 portugueses em socorro do *Negus* de Abissínia (ou Preste-João) contra o Xeique da Zeila, que, tendo levantado uma guerra cruel, estava a ponto de substituir em toda a Abissínia a religião cristã pelo islamismo. Cristóvão da Gama foi derrotado e morto pelo Xeique ; mas os 130 portugueses, que escaparam à derrota, reorganisando um exército com os soldados do *Negus*, salvaram a dinastia abissínia e o predomínio do cristianismo naquelas regiões.

Foi no mesmo ano que se fundou em Goa o Seminário chamado de *Santa Fé*, convertido, mais tarde, em o Colégio da Companhia de Jesus.

A D. Estevão da Gama sucedeu **Martim Afonso de Souza**, que chegou a Goa em 6 de Maio de 1542 trazendo em sua companhia o padre mestre Francisco Xavier, que foi o Apóstolo benemérito e é o santo dilecto da India.

Martim Afonso de Souza, (1542–45) que, poucos anos antes, em capitão-mór do mar da India praticara façanhas heróicas, investido no govêrno dêste Estado, tornou-se escandalosamente avarento. Contudo, intrépido e activo como era, houve no seu tempo muitos feitos gloriosos ; descobriu-se o Japão e sujeitou-se o reino das Molucas.

Anexação de Salsete e Bardês e a questão de Meale

O facto porém mais importante para nós é o de se anexarem ao Estado as provnícias de Salsete e Bardês.

As dissenções entre os príncipes de Bijapur, que haviam dado e tirado aos portugueses (1536) as duas províncias, renasceram com aspecto novo. Meale-Khan, já proscrito, foi novamente perseguido, mas Assad-Khan, que o ajudava, acareou-lhe a pêso de oiro a protecção dos portugueses e mandou ao governador 40 mil pardaus de oiro, prometendo ainda doar a el-rei de Portugal as terras tiradas ; e Meale-Khan, na esperança de entrar na posse do trono que disputava, veio de Cambaia acolher-se à cidade de Goa.

Ibraim Adil-Khan, logo que soube do acolhimento dado ao seu competidor, mandou embaixadores a Martim Afonso, pedindo-lhe a entrega do príncipe com o protesto de o não matar, e, como não conseguisse o seu desejo, receando que lhe fosse movida a guerra em favor de Meale, fêz doação pérpetua das províncias de Salsete e Bardês à corôa de Portugal, com a condição de guardar o seu rival em segurança.

Foi assim que em 1543 estas peninsulas passaram pela quarta vez, (¹) para o domínio português, onde, a-pesar-de repetidamente invadidas por Adil-Khan, como logo veremos, permaneceram, ficando mais tarde incorporadas no Estado pelo tratado de paz de 1571.

O governador, ouvido o seu conselho geral, assentou não romper a paz com Ibraim Adil-Khan, deixando ficar Meale em liberdade, como estava.

Assad-Khan, depois de receber esta notícia, faleceu de desgôsto por lhe terem falhado as esperanças de meter o Meale na posse do trono.

Ibraim, ainda que satisfeito com a confirmação da sua amisade com os portugueses, todavia, desgostoso com a situação de Meale, cuja sombra lhe fazia mêdo, mandava valiosos presentes ao governador, rogando-lhe encarecidamente que o removesse para Malaca ou outro sítio afastado, donde não houvesse receio de

(¹) Estas terras foram temporariamente portuguesas duas vezes pela conquista de Albuquerque em 1510, e pela terceira vez por doação de Krisna Ray, rajá de Bisnagar em 1520.

A parte do território goês, permanentemente ocupada pelos portugueses desde a conquista, compreendia sómente a Ilha de Goa e as três ilhas vizinhas : Divar, Chorão e Jua.

rebelião.

Além disto, fez mercê ao rei de Portugal do tesouro de Assad-Khan, que se achava em Cananor guardado por um tesoureiro mouro, e do qual Martim Afonso tomou para si uma parte, conforme a conta que êle próprio deu a el-rei por carta, cujos trechos vão abaixo transcritos. (1)

(1) Carta notavel de Martim Afonso de Souza, Governador da India, à Sua Magestade.

«Depois de ter escrito a Vossa Senhoria me fez Deos cá tantas mercês, que vos afirmo que me faz estar tremendo, porque sei mui bem que lhe não mereço nenhuma delas; mas êle faz como quem he..

Cá estão dous Senhores em grandes diferenças: Hidalcão e Acedacão levantado que queria que fosse Hidalção o Mealo senhor do Balagat, que estave em Goa; ambos tinhão grande necessidade de my..

Determinei-me pelo Hidalcão, que parecia ter mais justiça, e mais firme; ainda que vos certifico que da outra avia tantas razões e contrarios, que me foi necessario socorrer-me a missas e devações. Mas a fim assente com o Hidalção, o qual me de opera El-rei nosso senhor as terras firmes daqui, que rendem 45 mil pardaos de juro e erdade, com grandes prometimentos e doações e solenidades, e além disso me mandou 70 mil pardaos pera ajuda das armadas del Rey nosso senhor, e 20 mil pera my, a saber: 10 mil pera huma joia de minha molher, e 10 mil pera um banquete: e isto feito ficava-nos o outro por contrário. Vem Deos e mata-o dahi a seis dias, e fica o Hidalção por senhor pacífico de tudo. E não contente com isto veo-se a my um mouro, que era muyto privado do Acedacão, e meu amigo da outra vez que cá andey, e desta que tem recebido de my muyto boas obras: disse-me que pois seu senhor era morto, que não queria outro senhor senão a my, e que me queria entregar 500 mil pardaos que tinha de seu senhor, dos quays mando 800 mil a El-Rey nosso senhor para ajuda do casamento da senhora Ifante. Porém destes tomey 30 mil para my, que é o dízimo que lá mando a minha molher; porque em razão está que tenha alguma parte disso, pois o podera ter todo; que eu podera ter tomado este dinheiro sem o ninguem saber, e que o souberão, tiverão mui pouca justiça contra my..........................

E outros 200 mil pardaos que ficão hão-se de repartir com o

O governador prometendo sempre satisfazer às instâncias de Ibraim, deixava viver o Meale ora em Goa ora em Cananor e com as honras de príncipe.

Finalmente Ibraim concertou com o governador a entrega do Meale em troca de 50 mil pardaus de ouro; mas êste concêrto não chegou ao efeito. (1)

Esta vergonhosa exploração terminou felizmente com a chegada do novo governador.

Em 1544 foi creada a Relação da India; até aí as causas crimes eram julgadas militarmente pelo auditor, que acompanhava sempre o governador.

CAPÍTULO VII

D. João de Castro; 2.º cêrco de Diu

A India ia apodrecendo na devassidão; o cinismo dos governadores, o peculato dos comandantes, as revoltas e as deserções dos soldados, os roubos e as violências, que praticavam todos êles, e que os tornavam um verdadeiro objecto de horror para os indígenas, haviam pôsto o império em uma situação deplorável.

mouro 70 mil, porque com este concerto ficamos: Ficão 130 mil; destes determinam pagar todas as dividas de El-rei nosso senhor a orfãos, e outros emprestimos a gente mui pobre e necessitada, que os Governadores e Veadores de sua fazenda cá tomarão..............

Beijo as mãos a Vossa Senhoria: de Gôa a 23 de Dezembro de 1544.—III L. 2.º» (a)

(a) *Annaes de D. João 3º*: por fr. Luis de Sousa pag. 413.

(1) *Lendas* vol. 4.º parte 1.ª pag. 331 e seguinte.

Para travar esta roda de misérias foi enviado de Portugal **D. João de Castro**, (1545-48) que mais tarde recebeu o título de vice-rei da India.

Derrota de Adil-Khan em Pondá

D. João de Castro significou positivamente a Ibraim Adil-Khan que lhe não entregaria Meale, como Martim Afonso de Souza esteve a ponto de o fazer, atraiçoando a confiança com que Meale recorrera à protecção da bandeira portuguesa. Adil-Khan, indignado, declarou guerra ao governador e expediu uma grossa fôrça contra as terras de Salsete, a qual, depois de várias saltadas, apresentou-se em som de batalha ao pé da fortaleza de Pondá; mas, aos primeiros golpes das armas portuguesas, debandou-se para os sertões abandonando a fortaleza.

Pouco tempo depois, em 1547, emquanto D. João de Castro se achava em Diu, Ibraim Adil-Khan, para vingar a derrota de Pondá, enviou um exército de 20 mil homens, sob o comando de um dos seus aguerridos generais, por nome Salabat-Khan, que se apoderou de Salsete.

O capitão da cidade D. Diogo de Almeida, querendo marchar contra os mouros, teve de recuar diante da oposição do senado, que achava insuficiente a sua fôrça contra o poder dos adversários e receava que uma derrota dos nossos viesse comprometer a segurança da cidade. Limitou-se por isso o capitão a fortificar a praça de Rachol e aparelhar alguns navios e máquinas, dando parte de tudo ao governador em Diu. D. João de Castro apressou-se a voltar para Goa e, sabendo que o inimigo se achava acampado em Margão, foi buscá-lo a este sítio, mas não encontrou senão os arraiaes desertos com as tendas armadas, camas e mesas e os caldeirões com a ceia ao lume; pois, momentos antes, Salabat-Khan, informado da vinda do governador, precipitara a fuga para Cuncolim, sítio que julgava de acesso dificil aos portugueses e mais vantajoso para o caso da luta.

Derrota de Adil-Khan em Cuncolim

Marchou o governador para essa aldeia e, transposto o rio, não sem sofrer na sua passagem viva resistência, empenhou, no dia 21 de Dezembro, uma rija batalha e derrotou o inimigo. Salabat-Khan, com 800 dos seus, morreram no combate e mais dois mil durante a fuga.

D. João de Castro foi recebido na cidade entre ovações e foi ordenada uma solene procissão de todas as confrarias das Ilhas, do cabido da Sé e de todos os Religiosos de Goa, em louvor do apóstolo S. Tomé, a cuja intercessão o governador atribuía a vitória alcançada.

O governador, não satisfeito de expulsar de Salsete o rei muçulmano, enviou seu filho, D. Alvaro de Castro, correr a costa com seis navios. D. Alvaro tomou e arrasou a cidade de Cambre, obrigando assim Adil-Khan a pedir a paz, que lhe foi concedida.

Segundo cêrco de Diu

Em 1546 rebentou a guerra em Diu. Khoja-Safar, julgando ter chegado ocasião oportuna de se vingar da derrota que havia sofrido, e, não conseguindo apossar-se da praça por meio duma traição, nem envenenar a água da cisterna donde bebiam os portugueses, pôz cêrco à nossa fortaleza, com um exército de 8 mil soldados e 60 peças de artelharia. Entre êsses contavam-se mil turcos. Recebeu mais tarde um refôrço de 2 mil homens comandados por dois chefes mogóis. Reuniram-se, portanto, a favor dos inimigos os povos mais guerreiros do oriente. E' êste o célebre segundo cêrco de Diu.

O capitão da fortaleza, D. João Mascarenhas, tinha apenas 250 homens: a maior parte da guarnição tinha desertado, cansada de servir sem sôldo, que o govêrno lhe não pagava por querer assim remediar o espantoso *deficit*, que onerava o orçamento.

D. João de Castro, respondendo ao aviso que recebera de Mascarenhas antes de começar o cêrco, havia-lhe mandado 200 soldados de refôrço. A situação era complicada, porque, ao mesmo tempo os castelhanos renovavam as suas pretenções nas Molucas e D. João de Castro tinha de manter ali o nosso predomínio, como fêz.

Khoja-Safar rompeu o fogo contra a fortaleza e enviou uma nau com 200 turcos para abordar o baluarte do mar; mas, D. João Mascarenhas, que tudo providenciava, expediu de noite o capitão Jacome Leite com poucos soldados, que, arremessando panelas de pólvora, queimaram a nau e uma grande parte da tripulação.

Khoja-Safar, irritado com estas perdas, mandou construir defronte da fortaleza um muro com baluartes e bombardeiras, em que assentou basiliscos, leões e outras peças grossas, e, jurando arrasar a fortaleza, começou batê-la com contínuas surriadas de balas, que produziam enormes estragos. Os portugueses, animados pelo seu intrépido capitão, não cessavam de responder com o fogo da artelharia e arcabuzaria, que derribava muitos dos inimigos.

Já sentiam os nossos a falta de pólvora, quando chegou o socôrro de Goa, comandado por D. Fernando de Castro, moço de 19 anos e filho mais novo do governador. Poucos dias depois o inimigo recebeu, também, um refôrço importante.

Recrudesceram, então os combates e uma bala dos nossos matou Khoja-Safar; mas, nem por isso, o assédio afrouxou, porque seu filho Rume-Khan tomou o comando do exército inimigo e repetiu com fúria os assaltos que, embora repelidos com grande mortandade do inimigo, causaram aos nossos consideráveis perdas.

Nêsses conflitos era notável o auxílio que prestavam as mulheres de Diu, principalmente D. Isabel Fernandes, conhecida pelo cognome de *Velha de Diu*, acudindo aos nossos combatentes com mantimentos, lanças e panelas de pólvora e acarretando pedras para reparar os muros. Um dia, sôbretudo, foi à diligência dessas damas que se deveu, em grande parte, a salvação da fortaleza; pois, emquanto os portugueses combatiam em pôsto de maior perigo, alguns turcos, escalando uma porção da cortina desguarnecida, entraram a fortaleza; as mulheres correram com gritos a avisar D. João Mascarenhas, que formando uma escolta dos poucos soldados que se achavam fora das estâncias, investiu o inimigo, já fortificado na igreja de S. Tiago, e desalojou-o antes que a maior parte da guarnição tivesse a notícia do perigo.

Vendo Rume-Khan que o sistema dos assaltos não lhe aproveitava, mandou levantar umas tôrres mais altas que a fortaleza; mas estas os portugueses conseguiram destruí-las em sortidas, embora voltassem daí muitos feridos.

Entretanto recebeu o inimigo um socorro de 13 mil homens, sob o comando de Jezzar-Khan e, depois de terem experimentado mais uma derrota em um assalto geral, recorreram ao sistema das minas.

O baluatre de S. João foi o primeiro que minaram sem que os nossos o pressentissem. O rebentar da mina destruíu o baluarte, morrendo 60 portugueses e entre êles D. Fernando de Castro, (1) que, obedecendo ao aviso recebido de D. João Mascarenhas, se teria

(1) No terreiro adjacente ao castelo de Diu ha, sem letreiro, uma cruz, que se diz estar no logar da sepultura de D. Fernando de Castro—Cunha Rivara, *Inscripções de Diu*. pag. 37.

salvado, retirando-se com todos os seus, se um louco temerário não apelidara de covarde quem desamparasse o pôsto.

Após o estrondo da explosão, entraram 500 turcos pelas ruínas do baluarte ; mas, em vêz do muro esboroado, encontraram uma barreira de 5 valorosos portugueses, que, opondo-lhes uma resistência mais que humana, apararam o embate da corrente, até que acudindo os soldados, que pelejavam nas outras estâncias, travaram uma renhida batalha e obrigaram o inimigo a desistir da emprêsa.

Mas, os assaltos continuaram reduzindo, cada vez mais, a nossa guarnição. Felizmente, chegou a esquadra de D. Alvaro de Castro com um poderoso refôrço, que, embora, não elevasse o número dos combatentes senão a seiscentos, encheu, contudo, de tamanha confiança os portugueses, que, ajuntando-se um dia mais de 400 armados, quiseram, contra a vontade dos seus chefes, ir afrontar o inimigo no campo e constrangeram D. João Mascarenhas a comandá-los e D. Alvaro a seguí-los. Mas, a sortida saíu-lhes infeliz, porque, além de morrerem 35 dos nossos no combate, ficaram feridos mais de cem, incluindo D. Alvaro.

Aproveitando a vitória tentaram os inimigos tomar num ímpeto a fortaleza, mas foram repelidos. Contudo crearam tamanha audácia, que chegaram a construir uma nova cidade em frente da fortaleza, como o tinham feito os reis católicos no cêrco de Granada.

A notícia desta derrota dos nossos foi assustar D. João de Castro em Goa ; o qual imediatamente enviou a Diu uma armada de 22 caravelas sob o comando de Vasco da Cunha e, em seguida, empregou toda a sua actividade e todos os recursos do Estado em preparar o socorro decisivo que êle próprio devia comandar.

Segundo Jacinto Freire, as damas de Chaúl deram, nesta ocasião, um testemunho do seu patriotismo enviando ao governador todas as suas jóias, para que delas dispusesse em proveito da guerra, facto que é contestado e refutado por Cunha Rivara (1).

(1) Numa memória, proferida na sessão solene do « Instituto Vasco da Gama», em 30 de Janeirc de 1875, demonstrou Cunha Rivara, com a sua superior crítica, a seguinte proposição, pela qual começou : *As donas e donzelas de Chaúl não enviaram de presente a D. João de Castro as suas joias para o apresto da armada, em que determinara passar a Diu.*

Confrontando uns documentos que leu, mostrou o erudito orador que, quando D. João de Castro pediu aos cidadãos de Chaúl o acompanhassem, e ajudassem na emprêsa de Cambaia, êsses cidadãos se fizeram prestes em suas pessoas e em toda a sua fazenda e haveres; acrescentando que, se para isso não suprissem as fazendas, suas mulheres lhes ofereciam a êles as jóias, para despenderem na guerra: que, chegada à Goa a nova desta patriótica oferta, uma dama de Chaúl, que, acaso, se achava aqui em casa de uma filha casada, movida de uma nobre emulação, e, não tendo, ao que parece, marido a que fosse mister valer-se das suas joias, quis avantajar-se as suas compatriotas, não se limitando a oferecer, vocalmente, as que possuía, mas enviando-as ao governador por mão de outra sua filha, de quem fala como donzela.

As primeiras palavras da carta de D. Catarina de Souza=«*Eu soube como as mulheres de Chaúl tinhão oferecido a V. S. as suas joias para a guerra*»=são, na verdade, equívocas, acrescenta Rivara. Mas, o equívoco fica desfeito pelo resto da mesma carta, que, por si só, era bastante para desenganar a Jacinto Freire do seu êrro, e o é para nos confirmar na opinião de que as joias de Chaúl não saíram das mãos das suas donas. Se D. Catarina escrevia ao governador depois de êle ser entregue do presente, e se o presente consistia em todas as joias de Chaúl, como tudo se antolhou a Jacintho Freire, seria indesculpavel impertinência, e grosseiro disparate dizer aquela dama=«*Não julgue, em quão poucas são, as que pode haver em Chaúl, porque lhe certifico que eu sou a que menos tenho*»=«*E creia V. S. que só das joias de Chaúl pode fazer a guerra dez anos sem se acabarem de gastar*»—Se D. Catarina assim se expressava, claro está que não era conhecida do governador a quantidade das joias de Chaúl, nem as tinha em seu poder. Acresce a carta dos cidadãos, que explica não ser esse

A 17 de Outubro de 1546, partiu de Goa D. João de Castro com uma poderosa esquadra e, tendo sido recebido na fortaleza, em 6 de Novembro, com grande alvorôço e estrondosas salvas de artelharia, fixou o dia 11 para fazer uma sortida geral e travar a batalha decisiva.

Derrota de Rume-Khan

O exército português, que, incluindo a guarnição, não passava de 3 mil e quatrocentos homens, não duvidou ir pelejar em campo raso com os 4 mil soldados de Rume-Khan. D. João de Castro presidiu então a uma ressurreição dos velhos brios portugueses; pois, fizeram os nossos tais proezas que se não podem particularizar, e, a-pesar da inferioridade numérica, obrigaram o inimigo a levantar o cêrco, morrendo na batalha Rume-Khan e sendo prisioneiro Jezzar-Khan com 600 soldados.

Todas as riquezas da cidade improvisada foram apreendidas pelos portugueses e, entre elas, quarenta peças de artelharia grossa, uma das quais é a célebre

oferecimento feito directamente ao governador, mas a êles próprios; o que se ajusta perfeitamente com o pensamento de D. Catarina.

Além disto, Cunha Rivara diz ter descoberto, aqui em Goa, outro documento, que corrobora as suas conclusões. A 22 de Fevereiro de 1642 foi jurado na cidade de Chaúl, por herdeiro da corôa de Portugal, o príncipe D. Teodósio, filho do novo rei D. João 4.º. Na relação que nos arquivos ficou dessa solenidade, está encorporada a *fala*, que, por essa ocasião, fêz o conhecido jesuita, p.e Diogo de Areda, o qual, referindo-se ao patriotismo e beneméritos serviços dos moradores de Chaúl ao govêrno português, não diz uma só palavra da acção tão encarecida por Jacinto Freire; o que indica não haver dela memória nessa cidade; pois a havê-la, impossível seria que escapasse ao eloqüente panegirista da cidade, em tão miúda relação.

(*Instituto Vasco da Gama*, 3.º vol., pgs. 29 e 55).

peça de Diu, que se guarda no edifício do Arsenal do exército em Lisboa e ainda conserva a memória dêsses dias heróicos.

Depois de levantar o assédio, D. João de Castro escreveu aos vereadores de Goa uma tocante carta pedindo-lhes um empréstimo de 20 mil pardaus para reedificar a fortaleza, e enviou, em penhor, alguns cabelos da sua barba, além da provisão que mandava para que o tesoureiro lhes fosse pagando a quantia pelos rendimentos dos cavalos.

E' verdade que a garantia duma provisão escusava o penhor da barba ; mas, esta amplificação, que hoje seria ridícula, produziu então magnífico efeito. O Senado, enternecido, devolveu as barbas e a provisão, e enviou o dinheiro, que depois lhe foi pago integralmente, e as damas de Goa ofereceram suas jóias, que D. João de Castro não aceitou.

Em Abril de 1547, regressou D. João de Castro a Goa, onde foi recebido como um vencedor romano com as maiores pompas de triunfo. Eis como se fêz a solenidade da recepção.

Triunfo de D. João de Castro

O governador, vindo de Pangim, e entrando pela ria, coalhada de embarcações, alegremente enramadas, desembarcou num cais de madeira, que a cidade construira e atapetara com custosas sêdas, para esta ocasião, no bazar de S. Catarina ; e ordenou-se o cortejo triunfal ao som das salvas e toques de trombetas, atabales e pandeiros. Caminhava à frente o Custódio dos Religiosos Franciscanos, fr. António do Casal, com o crucifixo que levara na batalha, com um braço desencravado e pendente. Seguia a bandeira das quinas arvorada, e logo os 7 estandartes e um guião verde do rei de Cambaia, arrastados à vista de Jezzar-Khan, que ia maniatado e de olhos baixos, diante dos outros capitães cativos, e entre o secretário Cosme Anes e o ouvidor geral António Martins. Viam-se, depois, dois trabucos e algumas peças de artelharia, 600 prisioneiros arrastando cadeias e muitas carretas, conduzindo os despojos da guerra, ladeadas pelos soldados vitoriosos.

O governador trazia uma roupa francesa, de setim carmesim, toda guarnecida de ouro. A' porta da cidade, que, por ser pequena, fôra rasgada toda até ao alto muro, e rematada por um arco, um vereador recitou um eloqüente discurso em latim, em louvor da vitória alcançada, que foi apoiado pela música e pelos tiros de algumas peças, que, apontadas para o ar, espalharam sôbre o povo uma porção de curiosos doces, de que haviam sido carregadas em logar de balas. O governador, depondo o gôrro da cabeça, tomou uma coroa triunfal e na mão um formoso ramo de palmeira e, caminhando debaixo de um rico pálio, entrou na cidade pela *Rua do Hospital* e dirigiu-se para o terreiro do Paço, onde estava construída uma fortaleza de madeira figurando a de Diu, a qual disparou a sua artelharia e bombas de fogo, arremedando a batalha e cantando-se no fim louvores ao vencedor. Atravessando a *Rua Direita*, que se achava festivamente juncada e enramada, foi o triunfador perfumado de águas aromáticas que espalhavam as damas das janelas juntamente com várias flores. Entrou na igreja de N. Sra. da Serra e lançou a água benta sôbre o túmulo de Afonso de Albuquerque, e daí, pela *Rua do Crucifixo*, foi visitar a igreja de S. Francisco, onde encontrou a comunidade entoando na rua o *Benedictus qui venit*, e seguiu para a catedral, sendo aqui recebido pelo bispo e o clero ao canto do hino *Te Deum laudamus*.

Concluídas as cerimónias, recolheu-se o governador ao Paço, e ordenou que, na parte do muro que se rompera, se erigisse uma capela a S. Martinho, em cujo dia se alcançara a famosa vitória e em todos os anos se fizesse nesse dia uma festa com solene procissão ; o que se observou até ao ano de 1830. [1]

Contudo, não podia D. João de Castro adormecer sôbre os louros conquistados. Teve de combater com Adil-Khan afim de assegurar a tranqüilidade de Salsete e Bardês ; e partiu de novo para Diu com uma esquadra importante, por lhe constar que o sultão de Cambaia pensava em reconquistar aquela praça ; mas, o sultão, vendo que os nossos estavam prevenidos, desistiu da emprêsa e D. João de Castro limitou-se a bombardear a costa.

Adil-Khan novamente derrotado

Voltando para Goa, teve que repelir nova guerra de Adil-Khan e desta vez para castigar a sua constante inquietação, destruiu-lhe todos os portos e empregou os meios necessários para o reduzir a uma tranqüilidade definitiva.

Em 1547 o rajá de Bisnagar por um tratado solene e formal colocou nas mãos dos portugueses o monopólio do comércio do seu país obtendo em compensação o exclusivo fornecimento dos cavalos.

«Depois destas vitórias D. João de Castro voltou a sua atenção para os negócios internos, seguindo uma política que lembra a de lord Cornwallis em Bengala na história posterior da India; fixou os salários dos oficiais civis forcejando por pôr termo ao sistema de corrupção e peculato com que defraudavam, ao mesmo tempo, o tesouro real e os indígenas. Via também com especial desgôsto a vida licenciosa e imoral levada pelos portugueses em Goa, e reprimiu

(1) A gloriosa defesa da praça de Diu foi celebrada em dois poemas epicos, o *Primeiro Cerco de Diu* por Francisco de Andrade; e o *Segundo Cerco de Diu* por Jeronimo Côrte-Real.

enèrgicamente o luxo, que, como dizia, só podia ser sustentado pela defraudação dos direitos reais.» [1]

El-rei D. João 3.º, informado dessas vitórias do governador da India, recompensou-o dando-lhe o título de vice-rei, com uma ajuda de custo de 10 mil cruzados, e prorogando o seu govêrno por mais três anos. Seu filho D. Alvaro foi agraciado com o pôsto de capitão-mór do mar das Indias. Mas, D. João de Castro não teve a fortuna de gozar destas mercês, cujas notícias recebera; porque morreu em 6 de Junho de 1548, nos braços do Apóstolo S. Francisco Xavier, confessando com orgulho *não ter tido em casa uma galinha para comer na sua enfermidade.*

Morte de D. João de Castro

De tudo isto se vê que D. João de Castro era um vulto nobre, simpático e austero; e se a sua grandeza moral parece às vezes misturada com uma pontinha de ostentação, era talvez porque o grande herói e santo entendia que, numa época em que o vício reinava desenfreado, tinha a virtude de ser aparatosa e deslumbrante. A feição romana do seu carácter havia sido amoldada pelos desenhos de Plutarco, de quem se apaixonara. Triunfou como pagão e morreu como cristão, diz algures um escritor.

Com a morte de D. João de Castro foi reconhecido como governador **Garcia de Sá**, (1548-49) na conformidade da 3.ª via de sucessão, por haverem regressado ao reino D. João Mascarenhas e Jorge Tello, designados nas primeiras duas patentes.

D. Garcia de Sá concluiu a paz com Adil-Khan, obtendo a confirmação da doação das terras de Salsete

[1] Stephens, pag. 185.

e Bardês, com a condição de ser guardado, para sempre, Meale-Khan em Goa, e zelou muito pela pontualidade no pagamento dos soldados e pelo despacho mais rápido das pretenções. Morreu logo depois de um ano de govêrno, e jaz sepultado na igreja do antigo priorado da N. S.ra do Rosário em Goa.

Paz com Adil-Khan

Durante a administração de **Jorge Cabral**, (1549–51) que se lhe seguíu pela 4.a via de sucessão (eram cinco as vias que desta vez se acharam em Goa), recomeçaram os portugueses os actos de pirataria ; e Francisco da Silva, capitão de Cochim, foi saquear um templo hindu, onde não encontrou os tesouros que ia buscar, mas lutanto com os hindus perdeu alguns soldados.

Pouco tempo depois, o rajá de Calicut, o de Tannor e mais alguns reis do Malabar coligaram-se contra os portugueses, e, em um combate que se deu na ilha de Bardela, Francisco da Silva foi morto. Mas, Manoel de Souza de Sepúlveda, o herói do celebrado poema de Côrte-Real, obrigou o rajá de Tannor a uma paz onerosa. Jorge Cabral foi, em pessoa, assolar a costa de Calicut e arrasou Torah, Coulete e Panane, e teria reduzido o Samorim a últimos apuros, se não tivesse de entregar o govêrno ao sucessor.

CAPÍTULO VIII

1551—1558. D. Afonso de Noronha, D. Pedro Mascarenhas e Francisco Barreto.

A ambição dos portugueses, o seu despotismo cada dia crescente e a perseguição religiosa que moviam

aos índios, destruíndo os seus templos e ofendendo as suas crenças, segundo recomendava el-rei D. João 3.º, de acôrdo com as ideias do tempo, haviam gerado nos indígenas um ódio figadal contra êles, e sublevado os espíritos no oriente. Daqui vieram as multiplicadas guerras, que ocuparam todo o govêrno de **D. Afonso de Noronha**, (1551–54) 5.º vice-rei da Índia.

D. Afonso tinha energia suficiente para afrontar êsses perigos ; mas, com o exemplo das extorsões e rapinas que deu, mostrou-se impróprio para operar as reformas, de que vinha incumbido.

Logo nos princípios do seu govêrno (1551) teve a felicidade de conquistar e fortificar Aden, que Afonso de Albuquerque não pudera tomar ; mas apenas conservou esta chave do comércio do Mar Vermelho durante um ano, depois do que foi retomada pelos turcos.

Sucessos no Golfo Pérsico

O vice-rei não largou mão das armas ; pois, informado de que no Egipto se preparava uma esquadra contra a Índia, mandou o capitão Luís Figueira com cinco fustas ao Mar Roxo trazer notícias mais positivas. Encontraram-se as fustas com cinco galeotas turcas, de que era comandante Safar, valente general do paxá do Egipto, e, depois de um aspérrimo combate em que os portugueses pelejaram com a costumada audácia, Luís Figueira foi morto e aprisionada a sua fusta.

Os turcos, a êsse tempo muito poderosos, cobiçavam a ilha de Ormuz, e, avançando cada vez mais para o oriente, haviam chegado à embocadura do Eufrates e tomado posse das cidades de Bassorá, situada na foz dêsse rio, e de Katif, nas margens do Gôlfo Pérsico.

O vice-rei, querendo obstar a estas invasões, enviou, em Março de 1552, para Ormuz uma esquadra tripulada por 1200 homens, sob o comando de seu sobrinho D. Antão de Noronha, que, auxiliado com 3 mil soldados pelo rei de Ormuz, e com algumas tropas pelo capitão desta fortaleza, partiu para Katif, bateu a cidade com a sua artelharia e, à hora em que ia dar um assalto, percebeu que a guarnição fugira secretamente. Tomou, portanto, posse da fortaleza sem ter sofrido quási nenhuma perda; quando, porém, tratava de demolir o castelo para evitar novos conflitos com os turcos, uma súbita explosão de minas matou-lhe mais de 40 portugueses.

D. Antão de Noronha teria, também, expulsado os turcos de Bassorá, que eram uma constante ameaça para Ormuz: mas, por umas suspeitas de que os naturaes daquela cidade, nossos aliados, o haviam traído, absteve-se de ir acometê-los.

Logo em Maio de 1552, o paxá do Egipto expediu uma esquadra de 25 galés sob o comando de Epir-bey, o qual, depois de se apoderar da nossa fortaleza de Mascate, cuja guarnição se rendeu fàcilmente, veiu ufano sitiar Ormuz. Felizmente, D. A'lvaro de Noronha, comandante desta fortaleza, tinha uma forte tropa de 900 homens, graças a uma nau portuguesa, que arribara a Ormuz. Tendo, portanto, recolhido na fortaleza o aterrado rei da cidade e seus principais vassalos, D. A'lvaro ofereceu uma resistência tão enérgica, que Epir-bey, vendo que da nossa artelharia recebia maior dano do que o causado à fortaleza pelo seu bombardeamento, resolveu levantar o cêrco.

Antes de partir, propôs Epir-bey a D. A'lvaro o resgate dos prisioneiros que fizera em Mascate, mas, èste respondeu que não resgatava portugueses covardes, que preferiram *entregar-se a serem espedaçados.* Desapontado com esta resposta, Epir-bey saqueou Ormuz e a ilha de Kismis e retirou-se.

Entretanto o vice-rei, que partira de Goa com uma armada de 80 navios em socorro de Ormuz, encontrando em Diu a notícia de que o cêrco jà estava levantado, mandou, uma esquadra para cruzar no Gôlfo Pérsico e regressou para se ocupar dos negócios do Malabar.

O grande Solimão, que, nessa época, reinava na Turquia e que passava por invencível na Europa e na A'sia, irritado por Epir-bey não ter tomado Ormuz, mandou decapitá-lo. Tal era o castigo com que, nêsse país, se punia tanto a infelicidade como a imperícia dos generais.

Contudo, em Agosto de 1553, apareceu outro general, Murad-bey, à testa de 15 galés nas águas do Gôlfo Pérsico. A esquadra portuguesa foi-lhe ao encôntro e, emquanto os navios de alto bordo se achavam inutilizados por uma terrível calmaria, o galeão de Gonçalo Pereira Marramaque, casualmente destacado do resto da esquadra, arrostou sòsinho os ataques da inteira frota inimiga e, combatendo heròicamente por um dia inteiro, obrigou Murad-bey a fugir.

D. Afonso de Noronha, querendo, então, tomar maiores precauções para o lado de Ormuz, mandou seu filho D. Fernando de Menezes com uma poderosa esquadra ao Mar Roxo.

Em Agosto de 1554, veiu jogar nova partida mais um capitão turco, por nome Ali-Xebuly, que projectava unir-se a Murad-bey em Bassorá; mas, antes disso, perseguido pelas caravelas de D. Fernando, foi desbaratado e teve de ir esconder a vergonha em Cambaia.

Em Malaca

Em Malaca o antigo sultão de Bintam, hoje Viantana, coligado com o sultão de Java e vários outros, vieram todos, numa formidável esquadra, sitiar a cidade em Junho de 1551. A' reclamação de D. Pedro da Silva, comandante da fortaleza, apareceram, de

Singapura e outros portos vizinhos, alguns navios portugueses em socorro. A fortaleza era sitiada de um lado pelos malaios e doutro pelos jaus e já se achava reduzida a grandes apêrtos de fome. Em 12 de Agosto, os inimigos deram um assalto geral. D. Pedro da Silva, que felizmente estava prevenido e tinha disposto sôbre os muros uns mastros enormes, que havia tirado aos navios inservíveis, vendo os malaios escalarem de madrugada as muralhas, esmagou-os atirando sôbre êles essas pesadas traves e por cima sucessivas panelas de pólvora.

Ao mesmo tempo, os jaus assaltaram a fortaleza doutro lado ; mas não saíram impunes. D. Pedro, avisado a tempo por uma mulher como em Diu, conseguiu também desbaratá-los com graves perdas.

Vendo os sultões o dano que tinham recebido neste assalto, assentaram reduzir Malaca pela fome, que efectivamente foi crescendo, a ponto de faltarem absolutamente os mantimentos. D. Pedro da Silva, não tendo outro recurso, lançou mão de um estratagema, que por uma fortuna salvou a fortaleza. Pois, enviou alguns navios com ordem de devastar as terras dos reis sitiadores. Os malaios, em vez de assaltarem neste momento a fortaleza, que, quási completamente desguarnecida por essa diversão, teria caído nas suas mãos, desistiram do cêrco para acudirem a seus reinos. Ficaram em tôrno de Malaca só os jaus que obstinadamente não quiseram afastar-se. Mas Gil Fernandes de Carvalho, com permissão do comandante, fêz uma sortida, à testa de 200 homens, e foi tão feliz, que dispersou os inimigos obrigando-os a embarcarem. Assim, ficou Malaca livre do assédio mais terrível que até aqui sofrêra.

Em 1553 com a morte de Mahmud, sultão de Cambaia, insurgiram-se os mouros de Diu e principiaram negar aos portugueses os rendimentos da alfândega.

Mas, a sublevação foi reprimida, sendo derrotados e expulsos os moiros por D. Diogo de Almeida, governador da fortaleza, e seu sucessor D. Diogo de Noronha. Emquanto estas e outras vitórias de um lado abrilhantavam o vice-reinado de D. Afonso de Noronha, os outros pontos do nosso domínio eram testemunhas do despotismo dos portugueses e das mais vergonhosas depredações praticadas pelo próprio vice-rei.

Guerra nas Molucas

Nas Molucas Bernardim de Sousa, comandante da fortaleza, homem violento e obstinado, não queria que os reis dessas ilhas tivessem fortalezas nos seus reinos, porque isso importava, dizia ele, uma prova de desconfiança contra os portugueses. Por um pretexto desta ordem declarou guerra ao sultão de Geilolo e cercou-lhe a fortaleza. O sultão, reconhecendo a sua fraqueza, capitulou com a condição de abdicar o título real, pagar um tributo pesado, mas conservar o reino. Os portugueses rasgaram a capitulação e, além de saquearem a cidade, mataram barbaramente os habitantes. O pobre sultão, não podendo suportar a dôr, fugiu para os matos, donde nunca mais saíu, protestando assim contra a perfídia e crueldade dos portugueses.

Depois da morte do sultão, Bernardim de Souza restituiu o reino a um dos filhos, que aquele deixára, mas confirmou-o apenas com o título de *Sangaye* (governador).

Exacções em Ceilão

Na ilha de Ceilão, Madune, rajá de Ceitavaca, estava em guerra aberta com o de Cota, nosso aliado. Êste soberano, auxiliado pelos portugueses no govêrno de Jorge Cabral, havia alcançado, contra o seu adversário, uma brilhante vitória; mas, antes de concluir a guerra, morreu dum desastre.

Durante a menoridade do seu herdeiro, assumiu a regência seu parente Tribuly-Pandar, que prosseguiu a campanha. Entretanto já governava a India D. Afonso de Noronha, que, informado dos factos, julgou ocasião oportuna para cevar a sua cobiça. Partiu com uma esquadra a Ceilão e o primeiro passo que deu, foi meter a tormento os creados da casa do rajá falecido para que lhe descobrissem onde era o tesouro dos antigos reis. Não podendo conseguir a declaração desejada (provavelmente porque êsse tesouro não existia), saqueou o palácio e não quiz ir auxiliar Tribuly-Pandar contra Madune, sem que lhe prometesse pagar, como para as despesas da jornada, 200 mil pardaus de ouro em duas prestações. Recebidos logo 80 mil, que foi o que o regente pôde apurar vendendo joias e outros objectos, entrou na guerra e tomou Ceitavaca; mas a presa que fêz, incluindo a riqueza de um templo, guardou-a toda para si, não obstante ter estipulado com o seu aliado dar-lhe metade; e, a-pesar-de tudo isso, abandonou-o no resto da campanha, por êste lhe não poder apresentar os 20 mil pardaus, que devia à conta da primeira prestação!!

Pouco depois tratou o vice- rei de prender Tribuly, para o obrigar a pagar a quantia devida; mas, sabendo que êste fugira, prendeu o camareiro-mór do rei, que só obteve a liberdade mandando a D. Afonso uns 5 mil pardaus a bom custo reunidos, obrigando-se por um escrito a pagar-lhe o resto por todo aquele ano.

Não satisfeito com estas exacções, D. Afonso, ao sair de Ceilão, recomendou ao capitão de Colombo que prendesse Tribuly, logo que o pudesse e o mandasse para Goa. E efectivamente, passado algum tempo, Tribuly foi preso, mas fugindo da prisão moveu uma furiosa guerra aos portugueses, que, afinal, terminou por uma reconciliação. [1]

Este tôrpe exemplo, que o vice-rei deixava, imitaram-no os capitães de Colombo e, entre êstes, mais escandalosamente D. Duarte de Eça e o seu imediato sucessor. Pois tratando o rei de Cota de continuar a guerra contra Madune, D. Duarte prometeu, e jurou sôbre um missal, ir auxiliá-lo com 50 portugueses e, por pagamento, recebeu logo mil cruzados. No momento da marcha exgiu maior paga e sacou mais 500 cruzados, e, em troca, mandou-lhe apenas 20 soldados. E, depois de tudo isso, D. Duarte não teve o escrúpulo de cartear intimamente com o inimigo e aceitar-lhe dinheiro; o que tendo sabido o rajá de Cota, e receando alguma traição dos 20 portugueses, desistiu da emprêsa, mandando à pressa recolher as suas tropas!!!

O sucessor de D. Duarte procedeu ainda pior, porque recebeu dinheiro e nunca mandou o auxílio que prometeu. O rajá de Cota, então, enojado desta impudente desmoralisação dos seus aliados, com quem não podia contar para a guerra, preferiu fazer com o seu adversário a paz menos onerosa possível.

O eco destas vergonhas chegou felizmente ao govêrno da metrópole, que ordenou ao vice-rei restituir ao rajá de Cota tudo quanto lhe fôra roubado.

Durante o govêrno de D. Afonso, que findou em 23 de Setembro de 1554, veiu alistar-se no serviço da India o imortal cantor dos *Lusíadas*, Luís de Camões, e faleceu S. Francisco Xavier na ilha de Sanchão (1552). Também foi neste govêrno que os Jesuitas

[1] No arquivo da Torre do Tombo conserva-se o inventário que D. Afonso de Noronha mandou fazer do ouro, joias e dinheiro, que achou em casa do rei de Ceilão, no pagode etc. Tem a data de 10 de Novembro de 1553; *Descripção das moedas* por Teixeira de Aragão, vol. 3.º pag. 143.

introduziram a arte tipográfica em Goa. São três factos importantes para a história indo-portuguesa e que entre si se relacionam, como vamos a vêr.

Luís de Camões veiu em 1553 a bordo da náu *S. Bento*, única da armada do capitão-mór Fernão Álvares Cabral que chegou a Goa.

Camões em Goa

Aqui, a sua vida foi tão tempestuosa como em Portugal. Combateu na expedição contra o rei de Chembé; em 1554 figurou na tomada de Mascate, no Mar Vermelho, sob o comando de D. Fernando de Menezes; sofreu as provações de um longo cruzeiro junto do Monte Feliz. Em 1556, por ter escrito uma sátira, como adiante veremos, foi desterrado pelo governador Francisco Barreto para as Molucas, donde partiu para Macau. Nessa ilha exerceu o cargo judicial de *Provedor-mór dos defunctos e ausentes*, e escreveu, segundo diz a tradição, o sétimo canto dos *Lusíadas*, numa gruta, que ainda é conhecida pelo nome de *Gruta de Camões*. Da ida para Macau naufragou (¹) na costa de Cambodja, salvando a nado o seu poema na foz do rio Mecon. Voltando a Goa em 1560, no vice-reinado de D. Constantino de Bragança, passou pouco tempo sem torturas, graças à protecção do vice-rei. Na governação imediata, porém, foi de novo perseguido pelos inimigos e esteve preso. Quando em 1562, um Miguel Rodrigues Coutinho, por alcunha *Fios Secos*, a quem o poeta devia dinheiro, o mandou embargar na prisão, Luís de Camões deveu a liberdade a um memorial que dirigiu ao vice-rei, conde do Redondo, em quadras satíricas visando o *Fios Secos*. Provavelmente para se eximir a novas perseguições regressou a Lisboa.

(¹) Francisco Evaristo Leoni, *Camões e os Lusiadas*, pag. 136.

O padre mestre Francisco Xavier, não maior pelas inúmeras conversões dos naturais que operou com a doçura da sua palavra e a santidade do seu exemplo, do que pela reformação dos próprios portugueses, morreu pobre e esquecido, mas cheio de celestiais consolações, numa ilha do extremo oriente a 2 de Dezembro de 1552. Incansável missionário português, percorreu desde Paris, onde começou a sua carreira, até Sanchão, onde fechou os olhos, 33 mil léguas, chegando a converter à religião católica, dum a outro extremo, 1.200.000 infieis. E' o vulto mais glorioso que ilumina as páginas da história da India com a luz radiante que emana da sua auréola de santo.

Morte de S. Francisco Xavier

A infatigável e benemérita Companhia de Jesus introduziu a arte tipográfica em Goa. A primeira obra que se editou, foram as teses ou *Conclusões Públicas*, defendidas no colégio de S. Paulo ; depois, foi o catecismo do grande Xavier ; e os primeiros versos de Camões, que viram a luz pública, foram também dados à estampa nessa mesma tipografia. (1)

Arte tipográfica em Goa

D. Pedro Mascarenhas (1554–55), sexto vice-rei da India e sucessor de D. Afonso, foi um administrador honrado, mas o seu govêrno durou apenas nove meses. No seu tempo Anel-Melek, governador do Con-

(1) J. and P. of A. S. B. vol. 9 (1913) pag. 155. e *Evolução do jornalismo* por A. M. da Cunha. Noticiou o *Conimbricense*, n.º 5288, de 19 de Julho de 1898, que no espólio literário do finado bibliógrafo micaelense José do Canto, se encontrou um exemplar da primeira poesia impressa de Camões, inserta no livro do dr. Garcia da Orta, publicado em Goa no ano de 1563. Cf. I. Gracias. *A Imprensa em Goa*.

cão, e alguns capitães poderosos, tendo conjurado contra o seu soberano Ibraim Adil-Khan, enviaram embaixadores a Goa, pedindo que se lhes entregasse Meale para o meterem na posse do trono, oferecendo à coroa de Portugal as terras do Concão com as suas alfândegas e tanadarias. D. Pedro, tanto porque ganhava as terras sem ter de intervir na revolta que ia rebentar contra o soberano, como porque teria em Meale, elevado ao trono, um aliado seguro, aceitou o partido e acompanhou o príncipe, com muitas honras e um cortejo de 3 mil soldados, até à fortaleza de Pondá, que três dias antes fôra tomada pelos portugueses. O vice-rei fêz ali a entrega de Meale a Salabat-Khan, que o vinha receber, e regressando à cidade, já doente, faleceu a 6 de Junho de 1555.

Meale feito rei de Bijapur

Francisco Barreto, (1555-58) que seguiu a Mascarenhas pela 1.ª via de sucessão, confirmou Meale com o título de rei de Bijapur e, tendo dado o govêrno da fortaleza de Pondá a D. Fernando Monroy, enviou D. Antão de Noronha tomar posse das terras do Concão.

Emquanto D. Antão levantava tributos em Kudal, uma fôrça de 7 mil homens veio, por ordem de Ibraim Adil-Khan, opor-lhe resistência. Empenhou-se uma renhida batalha nas margens do rio de Carlim, e os mouros foram derrotados com sensíveis perdas; contudo, a vitória não aproveitou aos portugueses; porque Adil-Khan, apoiado pelo rei de Vijayanagar, desbaratou o partido de Meale e expediu um grosso exército contra os portugueses, à vista do qual o governador, receando algum desastre, mandou abandonar Concão e Pondá e recolher as tropas.

Meale regressou então à cidade de Goa, onde êle e seus filhos foram subsidiados pelo Estado até falecerem, ficando por herdeiro dos seus direitos seu neto, convertido ao cristianismo, D. João de Menezes Xá, que se casou em Portugal e por testamento legou ao soberano português as províncias de Salsete e Bardês. (1)

Assalto a Salsete e Bardês

Mais tarde, Pero Barreto Rolim destruiu e incendiou a cidade de Dabul, pertencente a Adil-Khan. Êste príncipe, querendo vingar a afronta, resolveu lançar mão das terras de Salsete e Bardês e, emquanto o governador fortificava os passos da ilha de Goa, Nazir-Melek, entrando em Salsete, foi dar vista à fortaleza de Rachol, onde estava por capitão D. Pedro de Menezes o Ruivo, que lhe saíu ao encontro e travou algumas escaramuças com resultado favorável; mas foi afinal obrigado a recolher-se à fortaleza deixando as aldeias à mercê do inimigo. O governador, avisado desta ocorrência, marchou com 3 mil soldados e 200 cavaleiros e, tendo encontrado o inimigo em Pondá, atacou-o e pô-lo em debandada (1557).

Ao mesmo tempo as terras de Bardês foram assaltadas repetidas vezes por Murad-Khan; João Peixoto, porém, protegendo as fronteiras, conseguiu repelir essas agressões.

Êste João Peixoto e Alvaro da Silveira foram os que mais honraram o govêrno de Francisco Barreto com actos de bravura militar. O primeiro, partindo de Goa em 1556, apenas com duas galeotas, ao Mar Roxo, entrou de noute na ilha de Suakim, inimiga dos portugueses, matou o soberano e um grande número de cidadãos, e voltou para Goa com alguns cativos e muitas riquezas. O segundo assaltou as

(1) *Archivo Port. Oriental*, Fasc. 5.º doc. 153. *Bosq. Hist. das com.* 1.ª ed., Par. 2.ª, pág. 3.

costas de Calicut, apresou alguns navios e obrigou o Samorim a pedir a paz, e a rainha de Olala a pagar o tributo que recusava.

A-pesar destas vitórias, o nome de Francisco Barreto tornou-se tristemente célebre pela perseguição que moveu a Camões, a quem mandou prender e desterrou, por lhe ter o poeta estigmatisado os vícios da administração numa sátira intitulada —*Os disparates da India*.

Perseguição a Camões

Eis como um dos biógrafos de Camões narra o facto : " Para celebrar, pois, a sucessão do novo governador (Francisco Barreto) executaram-se em Goa estrondosos festejos, jogos e outros divertimentos, em que a devassidão e a crápula se ostentaram pùblicamente ; não sendo alguns dos principais indivíduos da cidade os que menos se distinguiram em tão repugnante espectáculo. Camões, severo repreensor dos vícios, indignado de ver tamanho aviltamento e impudência, escreveu uma sátira, em que flagelava os que se conspurcaram naquela espécie de orgia : sátira que, promovendo as iras dos que a haviam merecido, desafiou a prepotência do famoso governador, que, arbitràriamente, desterrou o poeta para as Molucas.—A medida despótica estava na índole do govêrno daquele tempo e não desdizia do que então se praticava na India : não é nisso que fazemos reparo ; mas em que alguem houve que, para defender Francisco Barreto, pretendeu desculpar a imoralidade da medida ". (1)

Francisco Barreto foi o último dos catorze gover-

(1) F. E. Leoni, *Camões e os Lusiadas*, pag. 131. Cf. Visconde de Juromenha, *Obras de Luis de Camões*, vol. I, pag. 70.

nadores da India nomeados por D. João 3.º, que faleceu em 1557. (¹)

CAPÍTULO IX

D. Constantino de Bragança e seus três primeiros sucessores

D. Constantino de Bragança, (1558-61), vice-rei nomeado pela rainha regente D. Catarina, era um homem intrépido, de probidade severa e fidalgo de alta linhagem. Deu provas do seu grande amor às letras protegendo eficazmente o desgraçado Camões, que neste govêrno voltou de Macau para Goa.

Tomada de Damão

Entrando na India, D. Constantino julgou indispensável tomar Damão para assegurar a defesa das terras de Baçaim, constantemente insultadas pelas depredações dos guzerates, e foi em pessoa a essa expedição com uma esquadra de 50 navios. Logo que os portugueses desembarcaram (2 de Fevereiro de 1559), os 4 mil homens que defendiam a cidade, tendo atirado algumas bombardas, fugiram e foram acampar em Parnel, duas léguas distante de Damão. D. Constantino tomou posse da cidade e da fortaleza com grande aparato ; mas, como

(¹) Neste ano faleceu, também, Ibraim Adil-Khan, sucedendolhe seu filho Ali-Adil-Xá, que cercou Goa m 1570, como veremos, e era casado com a célebre Chand-Bibi princesa de Ahmednagar e depois rainha regente do mesmo estado.

o inimigo vinha do seu reduto todas as noites com cavalaria inquietar os nossos, mandou António Moniz Barreto a desalojá-lo. Marchou Moniz Barreto com 500 homens pelo silêncio duma noute escura e achou-se em frente do inimigo sòmente com 120 soldados, tendo-se perdido pelo caminho o resto da fôrça. Contudo, não recuou; começou o ataque e obteve resultado satisfatório até que, ao romper do sol, reunida a parte da fôrça que se havia extraviado, deu uma rija batalha e destroçou completamente os numerosos inimigos, em cujas fortificações encontraram os nossos 36 peças de artelharia e uma grande porção de moedas de cobre. Ainda hoje a câmara municipal de Damão celebra todos os anos com pompa a festa da Purificação de Nossa Senhora, comemorando a vitória de D. Constantino de Bragança.

Para a segurança da nova praça entendeu D. Constantino ser necessário tomar a ilha de Balsar, situada à pouca distância de Damão, e enviou uma expedição comandada pelo capitão de Baçaim, D. Pedro de Almeida, e seu irmão D. Luís; mas o terror, que tinham espalhado as façanhas praticadas pelos portugueses em Damão, fêz que a guarnição de Balsar, sem ousar esperar o ataque, se rendesse sem nenhuma resistência.

O vice-rei guarneceu a ilha com 150 homens, de que fêz capitão A'lvaro Gonçalves Pinto; deixou em Damão 1200 homens sob o comando de D. Diogo de Noronha e concedeu muitas franquias aos naturais da terra, para que a viessem povoar e grangear.

Emquanto, porém, D. Constantino regressava a Goa coberto de glória, Pedro de Ataíde vinha de Meliapor trazendo a notícia dum lamentável acontecimento que nos cobria de vergonha. Os portugueses, residentes em Meliapor, atacados por um rajá vizinho, a-pesar-de incitados por Pedro de Ataíde a manterem a sua dignidade. preferiram resgatar-se com dinheiro a defender-se com armas. O que nos valia nestes casos era o carácter nobre e heróico de D. Constantino, que sabia impor-se ao respeito dos seus subordinados e da fidalguia corrupta.

Vitória em Cananor

Em Cananor D. Paio de Noronha, capitão recentemente nomeado, provocou, com o seu despotismo e orgulho imbecil, as iras do rajá, que logo lhe declarou guerra e começou incomodar sèriamente os portugueses. O vice-rei mandou-lhes logo um refôrço sob o comando de Rui de Melo e depois outro conduzido por Luís de Melo da Silva. Êste capitão, audaz e sôfrego como era, em vez de esperar em Cananor o inimigo, foi com uma frota correr os mares, arrasou Mangalore e destruiu uma esquadrilha do rajá. Voltando a Goa, D. Constantino prendeu-o no castelo de Pangim a-pesar-das suas vitórias, por ter abandonado o seu pôsto, expondo assim Cananor a sérios embaraços. Mas, depois de cumprir o que a disciplina exigia, o vice-rei foi procurá-lo pessoalmente à prisão e felicitá-lo pelos seus heróicos feitos e, mandando-o soltar, o enviou outra vez em socorro de Cananor. Luís de Melo, captivo dêste procedimento verdadeiramente régio, partiu com 500 homens e bateu tão heròicamente os numerosos inimigos que cercavam a fortaleza, que o rajá de Cananor, aterrorizado, pediu a paz.

e em Bahrein

Em 1559 os turcos puzeram cêrco à fortaleza da ilha de Bahrein, pertencente ao rei de Ormuz. Um persa por nome Ras-Murad, que a defendia, pediu socorro a D. Antão de Noronha, governador da nossa cidadela de Ormuz. D. Álvaro da Silveira, que voltava do Mar Roxo, levou o socorro; mas forçado pelos portugueses indisciplinados a dar batalha ao inimigo muito superior em número, foi derrotado e morto.

Pedro Peixoto, comandando então os restos da tropa, bloqueou a ilha e obrigou os turcos, que haviam escapado à fome, às doenças e ao ferro português, a capitularem resgatando as vidas com 12 mil cruzados e entregando as armas, os cavalos e os 30 prisioneiros que tinham em seu poder.

Zêlo relig. de D. Constantino

D. Constantino não se limitava a defender os interesses da coroa portuguesa; estendia o seu zelo à religião cristã, fazendo uma espécie de guerra santa no oriente; e foi a êsse zêlo que se deveu uma conquista importante e uma acção notável que foi a última do seu vice-reinado, que terminou a 7 de Setembro de 1561.

O rei de Jafnapatam, na ilha de Ceilão, oprimia os seus súbditos convertidos ao cristianismo. D. Constantino resolveu puni-lo com severidade e partiu para essa expedição com uma esquadra de 100 navios, tripulada por 1200 homens. O inimigo, depois de uma resistência infrutífera, abandonou a cidade e, perseguido pelos portugueses, foi obrigado a pedir a paz. Mas, no meio das tréguas os indígenas revoltaram-se de súbito e salteando os portugueses, descuidados, cortaram as comunicações entre a maioria do exército e o castelo já ocupado por Fernão de Souza; D. Constantino, porém, avisado da traição, mandou em socorro aos destacados D. Antão de Noronha: as duas fôrças reunidas derrotaram o inimigo e Ceilão foi saqueada. Para remate da vitória D. Constantino tomou a ilha de Manar, pertencente ao rei de Jafnapatam e construiu nela uma fortaleza, cujo comando entregou a Manoel Rodrigues Coutinho.

Esta guerra gloriosa para os portugueses ocasionou um facto teològicamente importante.

Na tomada de Jafnapatam D. Constantino apoderou-se dum dente, que era venerado como de Budha no respectivo templo.

Segundo a lenda oriental, êsse dente, conhecido pelo nome de *delada*, foi arrancado ao cadáver do grande Gautama Budha pelo rei Koima e enviado a Ceilão. Depois de muitos séculos de veneração, a essa relíquia, transportada para Poelalup, começaram a atribuir-se *prodígios*: lançada no fogo, fulgiu com tão brilhantes raios que iluminavam o universo; queimada depois e pisada pelos pés de elefantes, apareceu, daí a pouco, no interior duma flor de lódão de ouro; atirada a um charco imundo, as águas cobriram-se de formosas flores de lódão, em uma das quais tornou a aparecer a *delada* intacta. Por fim, como os incrédulos rejeitassem a veracidade destas maravilhas, puseram o dente numa bigorna, mas, quando se levantou o martelo para o esmigalhar, o dente sumiu-se para dentro da bigorna e, daí a pouco, brilhou com extraordinária claridade dentro duma taça de oiro nas mãos de Subhadrá. Tais eram as tradições lendárias da célebre *delada*.

Quando se espalhou a notícia de que essa *miraculosa* relíquia caíra em poder dos portugueses, todos os povos budistas do oriente disputaram entre si a posse do famoso dente, e o rei de Pegú chegou a oferecer, pelo resgate dêste, 400 mil cruzados prometendo paz perpétua e a obrigação de prover de mantimentos a fortaleza de Malaca.

Muitos fidalgos, na esperança de que do resgate do dente algum dinheiro iria parar nas suas algibeiras, aconselhavam D. Constantino a que vendesse o dente; mas o vice-rei, temendo, dum lado, concorrer para a idolatria e, do outro, desfalcar a Fazenda duma importante soma de dinheiro, consultou o arcebispo, os prelados e teólogos das ordens religiosas, os quais todos, reunidos em conferência e ponderadas todas as circunstâncias, resolveram *que se não podia entregar aquele dente, porque era dar ocasião a grandes idolatrias,* o que não era lícito fazer, embora se prevísse que os budistas fabricariam outra relíquia em substituição da que se lhes ia recusar.

Assentado isso, o dente foi queimado e pisado em um almofariz pelo arcebispo e deitada a cinza ao rio em presença de D. Constantino e da sua côrte. D. Constantino ficou muito satisfeito com êsse acto, que considerava de suprema abnegação e desinterêsse. (¹)

Cinco anos depois os budistas fabricaram, de facto, outro dente, mas um dente farto, do comprimento de duas polegadas, que é adorado até hoje no templo de Malegawa, em Kandy (Ceilão), e que eles reputam por verdadeiro, supondo, provàvelmente. ter escapado por milagre ao fogo e ao martelo dos padres católicos. (²)

Essa acção de D. Constantino, que os cronistas narram com entusiasmo como a maior proeza obrada por êle na India, os historiadores modernos censuram àcremente como um desacêrto ou êrro político, muito deploravel, chamando ao vice-rei e seus conselheiros, *homens piedosos na verdade, mas destituidos de prudência,* porque com isso, dizem eles, a fé não lucrou nada, a Fazenda perdeu o dinheiro com que se podiam remediar as grandes necessidades do Estado, e foram excitados contra nós os ódios mais acêrbos dos indígenas.

O govêrno de D. Constantino de Bragança, apezar dos defeitos de fanatismo de que é acusado, foi enér-

(¹) Os Jesuítas fizeram sôbre êste facto um emblema : C, C, O, C, C,, que quere dizer: *Constantinus cœli cupiline crcmavit crumenas.* Vid. *Bol. do Gov.* de 1858, pag. 660.

(²) Vide Gerson da Cunha, *Memoir on the History of the Toothrelic of Ceylon,* onde se encontra uma relação circunstanciada do dente de Budha e dos factos correlativos.

Inquisição e Arcebispado em Goa

gico, austero e disciplinador, marcando uma época notável com o estabelecimento do tribunal da Inquisição em Goa e com a elevação da metrópole eclesiástica da India a arcebispado.

D. Constantino voltou para Portugal com as mãos limpas do ouro indiano e confundiu os que o haviam intrigado na côrte, acusando-o de concussionário.

Foi seu sucessor no govêrno **D. Francisco Coutinho**, Conde do Redondo (1561–64), oitavo vice-rei da India. A sua administração, que principiou em Setembro de 1561, foi apenas iluminada por uma pequena vitória, que Garcia Rodrigues de Távora alcançou contra os guzerates, que tentavam assaltar a praça de Damão, e pela paz definitiva com os rajás de Cananor e de Calicut, paz que nada custou aos portugueses, porque o inimigo a pediu, apenas viu a poderosa armada do vice-rei, e que foi coroada por um espectáculo vergonhoso: pois os nossos, que esperavam carnificina e saque, desapontados, travaram entre si tais desordens, que em duelos e brigas morreram mais de cincoenta.

O Conde do Redondo foi homem probo, mas não teve energia suficiente para reprimir os abusos e as discórdias intestinas que lavravam no seu tempo. Morreu em Goa a 19 de Fevereiro de 1564, quando a regência do reino já passara de D. Catarina para as débeis mãos do Cardeal-Infante. Foi durante o seu vice-reinado que se imprimiu em Goa a primeira edição dos famosos *Colóquios dos Simples e Drogas Medicinais*, do dr. Garcia da Orta, que então se achava na India carregado de anos e longa experiência, na frase de Camões. (1)

(1) A última edição dos *Colóquios* é a que fêz, em 1895-96, o ilustre escritor e homem de sciencia, Conde de Ficalho. Referindo-

Aberta a 1.ª via de sucessão, encontrou-se o nome de D. Antão de Noronha, que havia regressado a Portugal; governou por isso **João de Mendonça**, (1654) indicado na segunda patente e o qual não fêz nada de

se ao mesmo livro, o sábio dr. Teófilo Braga, numa carta publicada no *Jornal do Comércio*, do Rio de Janeiro, n.º de 5 de Maio de 1895, escreve «—Importa lembrar as palavras que no Congresso Internacional dos Médicos das Colónias, celebrado em Amsterdão em Setembro de 1883, proferiu o catedrático holandês Stokvis: " saudemos em reconhecimento a Hespanha e Portugal, como os " colonizadores mais antigos, e rendamos sobretudo homenagem a " êsse nobre português Garcia d'Orta, médico do vice-rei da India, " que, em um livro afamado com razão, fêz conhecer primeiro que " ninguem, no meado do século XVI, em 1563, um grande número " de plantas medicinais das Indias orientais, desconhecidas até " então na Europa. Mas convém advertir que êsse livro, uma das " grandes glórias da sciência portuguesa, êsse livro, no qual o " autor, primeiro que todos os médicos europeus, nos dá uma des- " crição tão viva como exacta do *cólera*, não teria, jamais, desper- " tado a admiração da Europa inteira, se não fosse traduzido do " português em latim.

" Foi a Carolus Clusius, um dos primeiros e mais sábios pro- " fessores de botânica, de Leyde, que coube a honra de ter feito " conhecer êste trabalho notável ao mundo scientífico. Mudou-lhe " a fórma, deixando-lhe intacto o fundo; e ajuntou-lhe as suas " próprias investigações, as suas descrições de plantas e de raizes " intertropicais, trazidas á Europa por Francisco Drake e outro, e " foi assim que a Europa pôde aproveitar as descobertas feitas " pelo célebre português ».........Fomos grandes, a-pesar-de materialmente sermos um pequeno povo; e grandes na acção, no sentimento e no pensamento, isto é, nas três fórmas por onde se revela do modo mais completo a individualidade humana. Grandes na acção e basta lembrar o nome dos nossos navegadores, a extensão das nossas descobertas, e as vastíssimas e incomparáveis colonizações; grandes no sentimento, e, senão, o diga a suprema idealização artística da epopeia da civilização moderna, que a Europa adoptou, vertendo-a em todas as linguas vivas, *os Lusiadas*; grandes no pensamento, na sua fórma disciplinada ou scientífica, de que o título mais autêntico, indiscutivel e universalmente consagrado é a obra dos *Colóquios dos Simples e Drogas* de Garcia da Orta».

notável durante os seis meses que esteve no poder. até que em Setembro de 1564 entregou o govêrno a D. Antão, que tornara à India.

Quando **D. Antão de Noronha,** (1564–68) nono vice-rei, tomou posse do govêrno, a guerra de Cananor estava muito acesa e a cidade sitiada. As tropas de mar, que o vice-rei mandou em socorro, encontraram-se com alguns corsários inimigos, que foram vencidos, mas a vitória foi bastante disputada.

Guerra de Cananor

Os indígenas já não viam nos portugueses heróis invencíveis ; o terror e o prestígio das suas armas ia diminuindo à proporção que Portugal exportava para a India especuladores e piratas, ávidos de fazer fortuna, com vergonha para o país e descrédito perante o indígena.

O exército da India era a êste tempo uma mistura de soldados valentes e aventureiros covardes, dois elementos totalmente antinómicos, que bem salientes se tornaram na batalha naval que se deu na baía de Baticalá em 1565.

D. Paulo de Lima Pereira, que ia, com quatro galés em socorro de Cananor, encontrou-se com um temível corsário, chamado Kanatale, junto de Baticalá. Apenas começado o combate, duas das nossas galés fugiram vergonhosamente. As outras duas, porém, resgataram essa vergonha por um rasgo de valentia. A galé comandada por Bento Caldeira de Almeida, incendiada pelo inimigo, deixou-se ir a pique sem querer render-se ; e a de D. Paulo de Lima, sòsinha em campo, atirou-se com tal audácia e intrepidez ao seio da esquadra inimiga, que a obrigou a fugir depois duma encarniçada luta imensamente gloriosa para os portugueses.

Entretanto o capitão D. António de Noronha, que fôra a Cananor com um refôrço de tropas de terra, defendia a cidade heròicamente, até que, chegando ali Gonçalo Pereira Marramaque e Alvaro Pais Souto-Maior, a guerra tornou-se de defensiva em ofensiva e o inimigo foi completamente derrotado.

Ataques em Ceilão

Em Ceilão o rei Madune, provocado pelas prepotências dos nossos, enviou todo o seu exército sob o comando de seu filho Rajú sitiar a fortaleza de Cota. O capitão-mór D. Pedro de Ataíde começou a defesa com os 300 homens que ali existiam. Oito dias depois Rajú levantou repentinamente o cêrco e foi de noute atacar a fortaleza de Colombo, esperando encontrá-la desprevenida; mas foi repelido. Convencido, como estava, de que a tomada duma dessas fortalezas importava a queda da outra, voltou novamente cercar Cota e resolveu reduzí-la pela fome. Efectivamente os sitiados chegaram a tais apuros, que D. Pedro de Ataíde mandou salgar cadáveres para o sustento da guarnição, a-pesar das exortações em contrário de fr. Simão da Nazaré. Felizmente veiu socorro de Colombo e o capitão de Manar, Jorge de Melo, mandando assolar as terras de Madune, concorreu, também, para se levantar o assédio. Contudo Rajú, antes de partir, deu um assalto geral à fortaleza na sua máxima fôrça, mas foi desbaratado e retirou-se tendo perdido mais de 2 mil homens.

e em Malaca

Em 1567 o sultão de Aquém sitiou mais uma vez a cidade de Malaca, que, defendida valentemente por D. Leoniz Pereira, pôde salvar-se. Neste cêrco apareceram alguns frades a querer auxiliar os nossos pelejando nas muralhas; D. Leoniz, porém, vendo a sua imperícia para o exercício das armas, obrigou-os a ir para o templo auxiliá-lo com suas orações.

Em Janeiro de 1568 D. Antão de Noronha foi em

pessoa com uma expedição a Mangalore e, depois de ter expulso da cidade os nativos, que a defendiam, fundou ali uma fortaleza, como se fossem poucas as que Portugal possuía na India ; mas não teve fôrça nos seus soldados, que assombravam a povoação com as suas licenciosas devassidões.

Nas Molucas campeava desenfreada a imoralidade e o despotismo dos portugueses. Em Ternate o capitão Diogo Lopes de Mesquita chamou traiçoeiramente à fortaleza o sultão Aeyro e o mandou matar a punhaladas; em Coron os portugueses, depois de se aliarem com os naturais para destruir um exército inimigo, conciliaram contra si o ódio dos aliados pelo seu infame procedimento com as mulheres dêstes. E nenhum dêstes excessos foi punido pelo vice-rei, que passava o seu tempo em Goa palestrando com os padres da Companhia.

D. Antão, executando as ordens superiores, começou a construir a muralha na margem oriental da ilha de Goa, para a defender de quaisquer agressões, outrora tão freqüentes, do lado do continente. Governou até 10 de Setembro de 1568; e a muralha foi continuada pelos sucessores.

CAPÍTULO X

D. Luís de Ataíde e seus triunfos. Desastres posteriores

Um dos primeiros actos del-rei D. Sebastião, depois de sair da tutela, foi a nomeação de **D. Luís de Ataíde**, para o govêrno da India (1568–1571) ; e foi uma escolha incontestàvelmente salutar para o nosso império indiano, que, prestes a desmoronar-se, deveu a êste vice-rei a sua consolidação ainda por mais alguns anos. O nome de D. Luís de Ataíde resplandece, pois, no ocaso do domínio português, como o de Afonso de Albuquerque no seu alvorecer.

Apenas chegado ao oriente, D. Luís, que em talentos militares não era muito inferior ao grande Afonso de Albuquerque, tratou de estabelecer uma disciplina severa e, organizando com grandes sacrifícios algumas esquadras, enviou-as para proteger o nosso comércio contra os corsários e reprimir as freqüentes sublevações dos indígenas, triunfando brilhantemente de todas as dificuldades, em que andava enredado o domínio português, devido à indolente administração de D. Antão de Noronha e seus dois antecessores.

Afonso Pereira de Lacerda partiu para o norte com seis navios e uma galé; e bastou a sua aparição para sufocar os projectos revoltosos que havia em Baticalá.

D. Jorge de Menezes Baroche foi com um catur e duas galés acometer o temível corsário Kanatale, que, depois de lutar enèrgicamente, e tendo perdido as esperanças de vencer os portugueses, não quis sobreviver à derrota e com um heroismo selvagem degolou um seu filho e, dando em si três punhaladas, atirou-se ao mar.

O Samorim, que nos incomodava com os seus corsários, foi atacado violentamente por uma esquadra comandada por D. Diogo de Menezes, que lhe destruiu a cidade de Mellascharam, onde os corsários se abrigavam.

Martim Afonso de Miranda foi mandado com 20 navios vigiar e defender as costas do Malabar; e Aires Teles de Menezes foi encarregado de reprimir as demasias dos tanadares em Bandá, seis léguas distante de Goa.

Façanhas heróicas

Começam agora os portugueses a repetir as façanhas heróicas dos seus antepassados, assinalando com uma série de gloriosíssimas vitórias o govêrno de D. Luís de Ataíde, cujas brilhantes qualidades militares haviam influído poderosamente nos costumes dos seus capitães e soldados.

Em 1569 Mem Lopes Carrasco, que navegava com uma nau nos mares de Malaca, achou-se de repente no meio duma formidável esquadra do sultão de Aquém, composta de 20 juncos, 20 galés e 160 lancharas. Sequioso de se vingar da derrota que D. Leoniz Pereira lhe infligira em Malaca, o sultão cercou imediatamente a nau portuguesa com o propósito de não poupar nenhum dos tripulantes, se lhe ousassem resistir. Mem Lopes não se assustou: pondo seu filho Martim Lopes à proa da nau, Francisco da Costa à pôpa e seu primo Martim de Eça à frente da artelharia, tomou rapidamente a direcção dêsse combate homérico, preparando-se os portugueses não para vencer o inimigo, mas apenas para vender caras as vidas.

A batalha travou-se renhida e medonha. Ao começar a noute houve tréguas e, postoque a nau portuguesa estivesse desmantelada, e com os mastros quebrados, a esquadra inimiga não levara a melhor; pois, tinha perdido muitos barcos, afundados pela acção dos nossos canhões. Recomeçada a luta ao romper do dia, três galés, debaixo duma chuva de balas, conseguiram abordar a nau. Trataram os portugueses de repelir a abordagem concentrando todos os seus esforços nesse combate corpo a corpo. Mem Lopes Carrasco, no meio do horroroso estrondo da peleja, acudindo a toda a parte, coberto de sangue e de polvora, e sem se abalar pela perda do filho, que caía morto por uma bombarda inimiga, sustentou o combate sôbre-humànamente por três dias, ao cabo dos quais o sultão de Aquém, (Achin) vendo-se com 40 navios perdidos, com os outros destroçados e com muita gente morta, abandonou a luta e retirou-se deixando as honras da vitória aos portugueses, que voltaram triunfantes a Malaca com o seu navio quási totalmente arrasado.

Nesse mesmo ano, a cidade de Damão era inquietada pelos mogois fortificados em Parnel. Nuno Velho Pereira, comandante duma esquadra que cruzava naquela costa, desembarcou, a pedido do governador da cidade com 400 homens e investiu o forte de Parnel, que, além de ter os baluartes assentes em rocha viva, era naturalmente muito defensável : mas foi repelido com perda de sete mortos e cincoenta feridos. Não desanimou contudo ; voltou ao assalto com fôrças dobradas e assentou em pontos bem escolhidos peças de artelharia. A' vista destas disposições, os mogois, apossados de medo, abandonaram a fortaleza, que Nuno Velho mandou logo demolir por ordem que recebeu do governador de Damão.

A cidade de Onor, recentemente fortificada pelos indígenas a 18 léguas ao sul de Goa, era o ponto para onde concorria muito comércio que fugia dos nossos portos, e os seus habitantes haviam tratado com desdém o vice-rei D. Antão de Noronha. D. Luís de Ataíde, querendo restabelecer o nome português, ultrajado na pessoa do seu antecessor, e suprimir, ao mesmo tempo, a concorrência do comércio, apresentou-se em frente de Onor com uma esquadra de 130 navios e, mandando à terra D. Francisco Mascarenhas com 800 homens, intimou a cidade a render-se. Quiseram os habitantes resistir : D. Luís desembarcou então com 1400 soldados e investiu a fortaleza pelo lado do sul, ao mesmo tempo que D. Francisco Mascarenhas a investia pelo norte, e, envolvendo a cidade em um círculo, que, de momento a momento, se apertava à medida que se ia aproximando da fortaleza, obrigou os indígenas a refugiar-se no castelo. Em seguida lançou fogo à cidade e, bombardeando a praça, meteu terror a tal ponto, que os inimigos, antes que êle désse o assalto que projectava em 24 de Novembro, capitularam salvando ùnicamente as vidas e a liberdade.

Conquistada Onor, D. Luís deixou ali uma guarnição comandada por Jorge de Moura e partiu logo a investir a cidade de Barcelor, protegida por um forte quási inexpugnável. Acudiram à praia uns 12 mil índios em defesa; mas era uma turba confusa e indisciplinada. D. Luís desembarcou com um corpo unido de tropas e, avançando imediàtamente para o forte, conseguiu tomá-lo. Os defensores desampararam logo a cidadela, que D. Luís mandou demolir e reconstruir no local onde estava o forte, percebendo, pelo seu tacto militar, que era esta a melhor posição para a defesa da cidade. Os acontecimentos não o desmentiram; pois, daí a tempos, querendo uns rajás vizinhos expulsar de Barcelor os portugueses, foram violentamente repelidos pelos 200 homens que guarneciam o forte.

Estas conquistas honram incontestàvelmente o general; mas, não abonam muito a inteligência política do vice-rei; porque o domínio português, que já se sentia oprimido pelo próprio pêso, não se devia ampliar; foram, contudo, em parte inspiradas por uma necessidade; porque os portos que no Malabar os portugueses não ocupassem, eram o constante abrigo dos corsários, que nos tolhiam o comércio.

Entretanto uma horrível tempestade veiu pairar sôbre a India e tê-la hia subvertido, se não estivesse à testa do govêrno um general insigne, como o era D.

Luís de Ataíde.

Os príncipes do Malabar, percebendo que uma das causas principais das nossas vitórias era a desunião que reinava entre êles, coligaram-se todos para expulsar de vez os portugueses da India. Fizeram aliança para êste fim Ali Adil-Khan, Burhan Nizam-Xá, [1] rei de Amednagar e o Samorim de Calicut. Não entrou na coligação o rajá de Cambaia por estar em guerra com os mogois; contudo, as constantes hostilidades, que os seus guzerates moviam às nossas praças de Damão e Diu, não permitiam a D. Luís de Ataíde desguarnecê-las para acudir às outras, onde houvesse maior perigo.

Coligação contra os portugueses

O plano dos aliados era que Adil-Khan devia marchar contra Goa, Nizam Xá contra Chaúl e o Samorim contra Chale, que era próximo de Calicut. [2] Contando com a vitória, dividiam entre si as possessões portuguesas, como se já as tivessem conquistado. D. Luís, logo que teve a notícia desta poderosa aliança, tomou todas as providências necessárias com um grande golpe de vista do vigilante governador que era. Como o maior pêso da guerra devia caír sôbre Goa e Chaúl, enviou para esta praça um socorro de 4 galés, 5 fustas e 600 soldados sob o comando de D. Francisco Mascarenhas; e em Goa, que era o ponto mais importante, ficou o vice-rei em pessoa e, não obstante estar a cidade sendo dizimada pela peste, preparou a

(1) O rei de Ahmednagar é conhecido entre os cronistas portugueses pelo título de *Nizamuluco*, corrupção de *Nizam-ul-Mulk*.

(2) Em Chale, duas léguas distante de Calicut, Nuno da Cunha concedendo a paz ao Samorim, havia levantado em 1531 uma fortaleza, que servia para impedir o comércio clandestino com o resto da India e Arábia.

defesa : chamou para a guarda interior da cidade 300 frades e o cabido, guarneceu todos os *passos* e reforçou as três fortalezas de Bardês, na barra de Goa ; a de Naroá na ilha de Divar e a de Rachol em Salsete, repartindo por êsses logares 650 soldados bons, de que dispunha, e mais 1500 indígenas que tinha ajuntado ; colocou nos oiteiros 1300 escravos e milicianos com lanças arvoradas e arcabuzes, divididos em quatro bandeiras ; dispôs um corpo de cavalaria de 50 homens, capitaneado por João de Souza, para acudir com rapidês a qualquer ponto ameaçado ; mandou cruzar no rio uma esquadra de 25 navios sob o comando de D. Jorge de Menezes Baroche e fixou a sua residência no *passo sêco* em S. Brás, afim de poder dalí providenciar melhor a tudo o que fosse necessário e espiar o campo dos inimigos.

Cêrco de Goa

A 12 de Dezembro de 1570 chegou diante de Goa, comandado por Nori-Khan, o exército inimigo, que se compunha de 75 mil soldados de infantaria, 35 mil de cavalaria, 2 mil elefantes e 350 peças de artelharia. Distribuiram-se estas tropas pelas margens do rio de Goa e pelos passos de Banastarim, Agaçaim e Sapal, e a primeira cousa de que trataram, foi interceptar a corrente do rio, esperando entrar por êle na ilha. Para êsse fim construíram grandes aparelhos, que, apenas concluídos, D. Luís mandou destruir por suas peças de campanha.

Os inimigos concentraram então a sua actividade e todo o fogo da sua artelharia contra a fortaleza de Banastarim, que lhes era mais acessível. D. Luís, conhecendo o perigo, passou para Banastarim, mandou levantar um muro de madeira terra-plenado, que amortecia as balas e resguardava a fortaleza e os defensores, e começou a incomodar os sitiantes com repetidas sortidas, que lhes causavam grandes estragos.

Entretanto chegaram a Goa duas esquadras, a de Luís de Melo da Silva, que acabava de destroçar em Malaca a frota do sultão de Aquém, e a de D. Diogo de Menezes, que desbaratara a frota coligada dos príncipes do Malabar. Com a chegada dêstes importantes socorros, multiplicou o vice-rei as sortidas a ponto de ordenar cinco por uma só noute; as quais puseram em completa perturbação o acampamento inimigo. Adil Khan resolveu, contudo, tentar um assalto decisivo; mas D. Luís de Ataíde, que tinha por sistema não esperar pelo ataque, mandou ao encontro dos assaltantes D. Fernando Monroy, que, surpreendendo-os na marcha, os desbaratou completamente, antes que se aproximassem das muralhas.

Êste sucesso por si só era bastante para desalentar o inimigo; mas houve simultâneamente mais. D. Paulo de Lima, comandante da fortaleza de Rachol, fizera sortidas também com resultado favorável aos portugueses. D. Jorge de Moura, com o socorro enviado pelo vice-rei, desbaratara um rajá, que, incitado por Adil-Khan, havia sitiado a nossa fortaleza de Onor, e Nizam-Xá, que era o nervo da aliança dos índios, tinha sido obrigado a levantar o cêrco de Chaúl, como diremos. Desanimado, pois, com tantos revezes, Adil-Khan, vendo que nada conseguia com o seu bombardeamento em Goa, resolveu retirar depois de 10 meses de assédio, que foram 10 meses de contínuas derrotas para êle e de vitórias gloriosas para os portugueses.

Cêrco de Chaúl

Sigamos agora as peripécias do cêrco de Chaúl, que tinha começado uns 8 dias mais tarde que o de Goa. Esta praça era governada por Luís Freire de Andrade e tinha uma guarnição retativamente forte. Farad-Khan, comandante do corpo avançado do exército do Nizam, tentou tomar a praça num rápido assalto ; mas, tendo sido vigorosamente repelido depois dum combate de 3 horas, resignou-se a fazer um cêrco regular e assentou o seu campo no dia 21 de Dezembro de 1570.

Não tardou a chegar um exército poderoso, conduzido pelo próprio Nizam, e então os assaltantes, desenvolvendo-se em tôrno da cidade, que fica situada na foz dum rio e forma uma espécie de península, cercaram-na de mar a mar. Ao mesmo tempo dois generais do Nizam corriam as terras de Baçaim com 4 mil cavalos, impedindo a guarnição desta fortaleza de socorrer os sitiados.

Depois da chegada do Nizam os índios deram um assalto em forma, mas foram repelidos com perda de 300 homens. Logo depois, 5 mil homens assaltaram por três pontos diferentes o presídio de S. Francisco, comandado por Nuno Velho Pereira, e perderam mais 800 soldados ; obstinaram-se contudo em derrubar êste presídio, concentrando contra êle a sua artelharia de maior calibre e conseguiram efectivamente arruiná-lo forçando os portugueses a retirarem. Mas, quando os inimigos se julgavam senhores das ruínas, os portugueses os surpreenderam e os obrigaram à fuga.

A glória, porém, dêste sucesso foi compensada por uma catástrofe. Os portugueses tinham resolvido abandonar umas casas por estarem afastadas e mais expostas ; mas quiseram primeiro miná-las. Emquanto estavam neste trabalho, os índios vieram disputar a posse do edifício. No ardor do combate uma panela de pólvora, arrojada por um assaltante, lançou fogo à mina principiada e matou não só muitos inimigos, mas também 40 soldados portugueses, perda que foi sensível para a diminuta guarnição de Chaúl.

Animados com isso, tentaram os inimigos assaltar o baluarte da Cruz, mas foram derrotados como sempre. Entre os bravos que defenderam o baluarte distinguiram-se Henrique de Bettencourt, que pelejava com a mão esquerda, porque perdera a direita num combate anterior, e Domingos de A'lamo, que, por ter os pés queimados na explosão da mina, combatia sentado e com uma lança na mão.

E' difícil citar os nomes gloriosos dêste cêrco de Chaúl, em que cada soldado português foi um herói como em Diu; pois na defesa dumas casas que pertenciam a Nuno Velho Pereira, próximas do convento de S. Dinís, bateram-se vitoriòsamente 40 soldados nossos contra 4 mil inimigos; isto é, um português contra cem!!

Exaltados os portugueses com estas sucessivas vitórias, esqueceram um dia a disciplina, que era a base essencial da enérgica administração militar de D. Luís de Ataíde, e foram sem ordem do comandante procurar o inimigo em campo aberto; a fortuna, porém, favoreceu a audácia; e voltaram vitoriosos, matando-lhe mais de 150 homens.

O sultão Nizam, furioso com a má sorte que o perseguia, tentou um novo assalto redobrando a actividade do bombardeamento e foi repelido. Convidou os rajás vizinhos a ajudarem-no na emprêsa e não conseguiu, devido às antecipadas negociações do nosso governador de Damão, A'lvaro Peres de Távora.

Emquanto êstes sucessos iam desanimando os inimigos, D. Luís de Ataíde, a-pesar-de estar cercado em Goa, por sua inteligente previdência enviou em socorro de Chaúl duas galés comandadas por Manoel de Melo e Rui Gonçalves da Cámara, e mais catorze pequenas embarcações, o que reanimou o esfôrço dos portugueses e desalentou complètamente o Nizam, que, depois de dar um assalto decisivo, em que sofreu graves perdas, resignou-se a levantar o cêrco. (1)

(1) António Castilho, ascendente dos Castilhos de Lisboa, guar-

Tanto o Nizam como o Adil-Khan pediram pazes ao vice-rei, que lhes foram concedidas, assinando-se os respectivos tratados no ano de 1571 e garantindo Ali aos portugueses a posse de Salsete e Bardês. As heroicidades de Chaúl e de Goa foram o epílogo das glórias da India.

Cêrco e perda de Chale

O outro objectivo da coligação dos reis do Malabar era a tomada de Chale, que devia ser sitiada pelo Samorim. Êste, porém, não abriu a campanha senão em Junho de 1571, isto é, muito depois dos seus aliados, mas jùstamente ao tempo em que o inverno vinha cortar a Chale todas as probabilidades de ser socorrida, por mar, de qualquer possessão portuguesa. D. Jorge de Castro, que governava esta praça, vendo que o Samorim não rompêra as hostilidades quando os outros reis já estavam por findal-as, imaginou que êle se desligara da coligação e não se preveniu contra um cêrco.

A êste tempo D. Luís, concluindo o seu esplêndido govêrno, regressou a Lisboa, onde foi recebido por el-rei D. Sebastião com extraordinárias honras, vindo substituí-lo na India o vice-rei **D. António de Noronha**, (1571–73).

O Samorim começou as operações bélicas com notável habilidade. Quando menos se esperava, interceptou a barra de Chale com 20 peças de artelharia e fortificou as praças. D. Jorge, assustado, pediu logo socorro para Cochim, onde estava já o novo vice-rei,

da-mór da Tôrre do Tombo, escreveu o *Comentário do cêrco de Goa e Chaúl no ano de 1570*, que teve a 1.ª edição em 1573 e a 2.ª em 1786. E' obra muito rara e apreciável, embora copiosa em erros tipográficos. Vide Júlio de Castilho, *Memoria sôbre os Castilhos* no livro *Camões*, do V. de Castilho.—e Inocêncio, *Dicionario bibliográfico*, t. 1.º pag. 108.

que partiu imediàtamente para Chale, mas parou diante da barra, indeciso em presença dos obstáculos levantados pelo inimigo e estaria ali sem fazer nada, se o valente português Francisco de Souza Pereira Camelo, que o acompanhava, não conseguisse, por entre um chuveiro de balas, introduzir-se na praça com quatro soldados e alguns mantimentos e munições.

Pouco depois, D. Diogo de Menezes, mandado em socorro, meteu provisões na fortaleza. Entretanto o Samorim, vendo que o inverno se levantava e os socorros começavam a chegar aos poucos, deu um assalto geral, mas foi briosamente repelido. Animado poi êste sucesso, D. Diogo de Menezes, no dia 30 de Setembro de 1571, no meio de um dilúvio de balas, forçou a barra e pôde lançar tropas na fortaleza, perdendo apenas 40 soldados. Feito isto, regressou a Cochim, preparou uma esquadra de 1500 combatentes e voltou com esta para Chale, mas encontrou a fortaleza rendida!

A causa dêste lamentavel desfecho foi o espírito fraco duma mulher, que não mediu as conseqüências.

D. Jorge de Castro, governador de Chale, a-pesar da sua avançada idade de 80 anos, déra bastantes provas do seu valor e brios nesta guerra; mas, era casado com uma mulher nova e formosa, D. Filipa, a quem consagrava um amor submisso. D. Filipa de Castro, que não nascêra para heroína, dava-se mal naquele meio perigoso, em que não soava senão a guerra e a morte, e, trémula de medo, pintando com sombrias côres o quadro do estado a que ficaria reduzida com a continuação do assédio, pedia todos os dias ao espôso que pusesse têrmo àquela situação tão ameaçadora. D. Jorge, com a coragem de militar, soube resistir à voz covarde de sua mulher, emquanto estiveram na barra primeiro o vice-rei e depois D. Diogo de Menezes; mas, apenas êstes se afastaram, o velho, que não podera ser vencido pelas armas dos inimigos, deixou-se vencer pelas lágrimas da mulher e assinou a capitulação entregando Chale às mãos do Samorim. Dias depois de consumada esta vergonha nacional, chegou D. Diogo de Menezes, que, em vingança, bombardeou muitas fortalezas do Samorim e queimou-lhe todos os navios que encontrou nas costas do Malabar.

D. Jorge de Castro, por uma ordem que veio de Portugal para ser julgado, foi condenado à morte e decapitado na praça de Goa, expiando assim amàrgamente um êrro da sua velhice, que aliás já havia resgatado pelas grandes acções anteriores. Mas, o curioso é que, pouco tempo depois da decapitação, chegou de Lisboa nova ordem nomeando D. Jorge para governador duma praça! Tal era a anarquia que reinava nesta época nas repartições coloniais de Portugal e tão pouca atenção se prestava ali aos negócios da India.

Cherchez la femme...dizem os francêses; e efectivamente a mulher entra por vezes como elemento determinante dos desastres portugueses no Oriente. Quarenta anos mais tarde, ambições despropositadas e desatinos duma outra mulher, a célebre D. Luísa de Saldanha, traziam para as armas portuguesas a catástrofe de Avá, de tristíssima memória.

A administração de D. António de Noronha continuou a andar cada dia mais frouxa. Entre os capitães das naus viera de Portugal, em companhia do vice-rei, o novo governador de Malaca, Antonio Moniz Barreto. Tratando êste de partir para o seu govêrno, pediu a D. António que lhe desse tropas e navios. Como o vice-rei não lhe satisfizesse as instâncias, porque os cofres da India estavam pobríssimos, irritou-se, descomediu-se e não quís ir para o seu destino. D. António não teve energia suficiente para o chamar à ordem e Moniz Barreto ficou em Goa, dando a todos o funesto exemplo de insubordinação e intrigando o vice-rei com os ministros por meio de cartas que escrevia para Lisboa. O govêrno central praticou então um monumental disparate; pois, em 1573 mandou uma ordem ao arcebispo para desautorar o vice-rei e entregar o govêrno da India a Moniz Barreto. E assim se fêz: êste subiu ao poder e aquele morreu de desgôsto. Em matéria de disparates e pasmosas contradicções abundava o leviano govêrno del-rei D. Sebastião; pois, ao passo que em D. Jorge de Castro mandava punir uma fraqueza do espírito com todo o rigor da disciplina, em Moniz Barreto glorificava a insubordinação!

Desautoração do vice-rei

Apenas começada a administração de **António Moniz Barreto** (1573–76), repetiu-se a mesma scena que se dera ùltimamente no govêrno anterior. D. Leoniz Pereira, que devia ir substituir Moniz Barreto no govêrno de Malaca, sabendo por experiência quam exposta estava sempre esta cidade aos ataques dos sultões vizinhos, pediu-lhe tropas e navios. António Moniz recusou-lh'os como a êle os tinha recusado D. António de Noronha; mas, como era de têmpera diferente da dêste vice-rei, não consentiu que Leoniz Pereira levantasse a voz contra êle na India. D. Leoniz foi queixar-se à Côrte e nada conseguiu, porque António Moniz era protegido dos ministros.

Entretanto Malaca ficou sem govêrno definitivo e nêste estado foi cercada em 1574 pelo soberano de Japara, um dos reinos da ilha de Java. Tristão Vás da Veiga, que aportara ali por êsse tempo, conseguiu salvá-la, obrigando os jaus a levantar o cêrco no fim de três meses, com suas felizes sortidas hàbilmente dirigidas por João Pereira.

No Malabar em 1575, D. João da Costa fez uma

guerra cruel ao Samorim vingando brilhantemente a perda de Chale. Em compensação, nas Molucas os portugueses, batidos pelo sultão de Ternate, perderam a fortaleza, e, expulsos da ilha, foram refugiar-se na de Tidore, onde fundaram uma nova fortaleza.

Perda duma das Molucas

A António Moniz Barreto, que governou despòticamente até 1576, sucedeu **D. Diogo de Menezes**, (1576-78) por ter morrido no caminho, antes de chegar a Goa, Rui Lourenço de Távora, que vinha substituir Moniz Barreto com o título de vice-rei da India.

Neste govêrno, Rui Peres de Távora foi fazer guerra ao Samorim e queimou lhe alguns navios, que estavam no pôrto de Chale ; mas, tendo pedido a um tanadar a entrega de cinco parãos, que se haviam refugiado num pôrto de Adil-Khan e tendo-lhe sido jùstamente negados, arrasou a povoação, estando Portugal em perfeita paz com Adil-Khan, paz que fôra expressamente firmar a Lisboa um plenipotenciário. O resultado desta imprudência foi que, pouco tempo depois, em Dabul D. Diogo e D. António da Silveira foram traiçoeiramente atacados e derrotados com graves perdas por um general de Adil-Khan, acendendo-se novamente a guerra com êste príncipe.

A êste tempo o sultão de Aquém voltou a ameaçar Malaca, mas foi destroçado em uma batalha naval por Matias de Albuquerque, que lhe matou 1.600 homens e aprisionou três galés. Foi isto em 1577.

Assim a India corria cada vez mais precipitàdamente para a sua completa ruína. Os últimos três governadores, D. António de Noronha afrouxando os laços da disciplina, António Moniz Barreto irritando com suas insolências e despotismos os bons oficiais, e D. Diogo de Menezes, que era uma completa nulidade, consentindo que a imprudência dum seu oficial reacendesse a guerra com Adil-Khan, haviam destruído totalmente a obra reformadora de D. Luís de Ataíde. Tudo isso, junto com o desejo de afastar de Portugal D. Luís de Ataíde, por lhe desaprovar a expedição para Africa, incitou D. Sebastião a nomeá-lo novamente vice-rei da India.

D. Luís de Ataíde (1578–81) chegou à India em Agosto de 1578, e bastou o prestígio do seu nome para se restabelecer a paz com Ali Adil-Khan. Como fiel servidor del-rei, empenhou-se em Goa pelo bom êxito da expedição da Africa, a que fôra adverso em Portugal, querendo ver se recrutava alguns fidalgos valentes para essa campanha, sem saber que a êsse tempo D. Sebastião já tinha sido esmagado pelos corseis africanos na batalha de Alcácer-Kibir. (1) A notícia da perda dessa batalha, que era a perda da nacionalidade portuguesa, amargurou os dias de D. Luís de Ataíde, que desde então se limitou ao expediente e faleceu em Goa a 10 de Março de 1581.

Com o reinado del-rei D. Sebastião cerra o ciclo das glórias da India portuguesa.

(1) E' geralmente conhecido o epitáfio que existe no túmulo que, nos Jerónimos de Belém, encerra os pseudo-restos mortais de D. Sebastião, epitáfio composto pelo marquês de Alegrete. Pois, vimos ha pouco que as palavras *si vera est fama*, usadas naquele epitáfio, foram traduzidas pelas seguintes: *no que não haja dúvida!* E para essa forçada versão recorre o arguto intérprete à frase similar empregada por S. Atanásio, que, falando do que obrou S. Antão, diz que disso se não duvidou, nem se duvida por ser a mesma verdade *et si vera sunt ea, quae de ipso fama dispersit* Vide *O Conimbricense*. n.º 5073, de 9 de Maio de 1896.

CAPÍTULO XI

O império luso-indiano e a cidade de Goa no auge do seu florescimento

Com a conquista das terras de Goa, Malaca e Ormuz, e com a redução dos mais belicosos potentados da África e da Ásia a tributários do seu rei [1] Afonso de Albuquerque deu princípio ao seu sonhado império português no oriente, que, administrado com justiça e política sensata, devia subsistir dos seus próprios recursos, conservando em equilíbrio os extensos domínios.

Extensão do império luso-indiano

Êste império cresceu rápido, e no apogeu da sua glória (1550–1600) compreendia, pela maior parte ao longo das costas, e numa extensão de mais de 4000 léguas, 30 cidades fortificadas e cabeças de províncias, numerosas povoações, importantes portos comerciaes e feitorias desde Sofala até Ormuz e desde Cambaia até a China.

Cento e cincoenta príncipes, entre grandes e pequenos, da Africa oriental e da Asia eram feudatários do rei de Portugal; e os mares da Arábia, Pérsia, India, China e Malaca eram seus; e ninguêm os podia navegar sem passaporte do govêrno português. [2]

A cidade de Goa, capital dêste vasto império, ou a metrópole oriental, era governada pelo vice-rei ou

(1) Khoja Safar dizia *ter Albuquerque feito na India mais reinos tributários do que trazia de soldados. Lendas* vol. II pag. 375 e 376.

(2) *Anais Marit.*, vol. II, pag. 54; *Gabinete Litt.*, vol. I, pag. 7. *Carta-Prefácio* pag. IV.

governador geral tendo sob a sua superintendência cinco governadores : os de Moçambique, Ormuz, Mascate, Malaca e Ceilão, além dos capitães das diversas fortalezas, que exerciam a autoridade civil e militar dentro da respectiva jurisdição. As fortalezas principais excediam o 50, afóra as praças pequenas fortificadas. (1)

Em 1571 esta enorme extensão terrestre e marítima foi dividida por el-rei D. Sebastião em três governos gerais e distintos, tendo por sedes Goa, Moçambique e Malaca : mas a divisão durou pouco, continuando a cidade de Goa a ser a cabêça do império. E' desta que vamos a tratar.

Progresso material da cidade

Sob o impulso que Albuquerque dera ao desenvolvimento da cidade, começaram, depois da morte do herói, a levantar-se edifícios tanto públicos como particulares, os quais se multiplicaram com tamanha rapidez, que, no govêrno de Lopo Soares, sucessor de Albuquerque, dificilmente e, encontrava terreno para novas construções. Sendos pois, a cidade muito pequena para a sua riqueza e população crescente, foi necessário estender-lhe os limites e crear espaço entupindo o largo fôsso que cercava as suas muralhas e destinando-o, contra as ordens superiores, à construção de novos edifícios.

Por êsse tempo a população chegara a 2000 habitantes e as rendas da cidade, produto do monopólio de todos os artigos de consumo, tinham aumentado considerAvelmente. O padre mestre Francisco Xavier, na sua chegada a Goa em 1542, ficou tão bem impressionado com a beleza da cidade, que não deixou de a consignar em termos lisongeiros numa carta

(1) *Instrução do M. de Alorna* parte 3, pag. 60 e 61.

que escreveu para Roma.

No ano imediato, porém, rebentou a epidemia do cólera com incrível violência matando diàriamente um considerável número de habitantes, sem poderem escapar os animais e aves domésticas. O terror que dominava a cidade, compeliu o governador Martim Afonso a proibir o tanger dos sinos pelos defuntos ; e o bispo D. fr. João de Albuquerque, vendo que os clérigos da catedral, a única igreja paroquial nêste tempo, não podiam acudir com os socorros espirituais ao grande número de doentes e moribundos, ordenou que as igrejas de N. S.[ra] do Rosário e da Luz fossem elevadas à categoria de paróquias.

O cólera na cidade

Extinta a epidemia, cuja génese se não pode hoje determinar vista a divergência na narração dos cronistas, a cidade foi crescendo. Erigiram-se por todos os lados novos edifícios, que lhe deram um aspecto digno da capital do império português no oriente. Em 1548 havia na cidade e nos arrabaldes catorze templos católicos (igrejas e capelas) e quási cem clérigos, além dos que não tinham a residência fixa. Em 1557 Goa já era a sede dum arcebispado. O viajante francês Vincent Le Blanc, que por êsse tempo visitou Goa, fala com admiração da magnificência dos edifícios, do luxo dos seus habitantes e dos cómodos da vida acessíveis a todos nesta cidade, que, diz, era a mais opulenta de todas e excedia ainda a própria Lisboa. Goa estava já declarada inalienável da coroa portuguesa e gozava de prerogativas iguais às que haviam sido conferidas à capital de Portugal, como se verá no capítulo seguinte.

Durante o govêrno de D. Antão de Noronha vieram ordens da metrópole mandando fortificar a cidade, por isso que as velhas muralhas não podiam defender a população, que se estendia para fora dos seu recinto.

O vice-rei mandou construir a muralha, que, partindo do ângulo nordeste da ilha, cobria o lado oriental e, voltando para o sul, terminava no extremo ocidental da cidade.

Febre epidémica e suas causas

Em conseqüência do cêrco que Adil-Khan pôs à cidade em 1570, veiu afligí-la uma terrível carestia de provisões, seguindo-se uma febre epidémica de um carácter virulento, que poderosamente contribuiu para a ruína da cidade.

Esta calamidade atribui-se, com razão, não tanto à escassês de mantimentos, quanto à falta da limpeza e das condições higiénicas essenciais para a conservação da saüde pública, às quais pouca ou nenhuma atenção se prestava. Os pântanos e charcos estagnados, que cercavam a cidade e espalhavam exalações nocivas; as margens lodosas do rio, que se achavam sempre cobertas de detritos animais e substâncias vegetais, expostas na vasante à acção do sol tropical; a água impura dos poços de que se servia uma grande parte da população, por não poder obter a água pura de Banguinim; o lixo que se atirava em grande quantidade nas principais travessas e que as tornava imundas; as matérias orgánicas que apodreciam dentro dos canos fechados; finalmente a putrefacção da carcassa de um elefante numa alagoa perto da igreja da S. Trindade, que infeccionava a atmosfera, foram as verdadeiras causas que tornaram a cidade insalubre.

O primeiro assalto da epidemia foi de curta duração. Não ha dúvida que causou considerável estrago, mas não impediu o progresso da cidade em outros respeitos. Pois Goa por êste tempo continuou a florescer e atingiu o zénit da sua prosperidade. Contemplemos um pouco a sua grandeza.

Conforme Linschoten e outros viajantes, que então

visitaram Goa, a posição da cidade tinha muita semelhança com a de Lisboa. Como Lisboa, ou antes, como Roma imperial, era situada em parte sôbre montes e em parte sôbre terra plana.

Extensão da cidade e sua população

Tinha de comprimento uma milha e meia de nascente a poente e de largura três quartos de milha de norte a sul; isto é da margem do rio ao oiteiro. Incluía o Monte Santo a O., o oiteiro de N. S.ra do Monte a L. e estendia pelo sul até ao Monte de Boa-Vista.

Os oiteiros eram coroados de elegantes edifícios e mais abaixo viam-se palácios magníficos e prédios particulares ajardinados, conventos e igrejas, que em número chegavam a mais de 50, sendo algumas destas douradas por dentro, com numerosas ruas calçadas de pedra.

Segundo Barreto de Resende, o número das casas na cidade era de 3500, das quais 800 eram ocupadas por portugueses. Nêste número não se incluíam os conventos e outros edifícios religiosos ([1]). Essas, construídas de pedra e cal e cobertas de tijolos com lindas janelas e sacadas, eram quási todas de dois andares, com agradável aparência e bordando as ruas na melhor simetria. A população, no princípio do século 17, calcula-se que seria de 225.000 habitantes, sendo três quartas partes cristãos, divididos em seis paróquias e a restante parte composta de indivíduos de diferentes crenças. Havia negociantes da Arábia, Arménia, Pérsia, Cambaia, Bengala, Pegu, Sião, Malaca, Java, Molucas, China e vários outros países orientais. Havia, também, italianos, alemães, ingle-

([1]) Dos edifícios religiosos e civis, e de vários estabelecimentos públicos de Goa havemos de tratar no vol. 2.º desta obra.

ses, e outros europeus. Não faltavam judeus, que tinham a sua sinagoga, e muçulmanos, a-pesar-de terem sido banidos nos primeiros anos da dominação portuguesa. Cada classe de mesteirais e mercadores habitava separadamente, por forma que os indivíduos do mesmo ofício se encontravam em um logar.

Não havia hotéis nem estalagens; mas umas pousadas, que eram freqüentadas pela gente plebeia, (às casas alugadas também se dava êsse nome); havia, pelo contrário, esplêndidas casas de jôgo com salões elegantemente decorados, onde se jogava a cartas, dados, gamão, xadrez e bolas. Os jogadores de profissão demoravam ali por alguns dias e eram bem servidos de cama e mesa.

Na estação invernosa algumas das ruas tornavam-se intransitáveis. Não existiam carros: o transporte de pessoas era feito em machilas acarretadas sôbre os hombros de *boiás*.

A cidade era defendida pela comprida muralha, que protegia, principalmente, o lado oriental da ilha, como está dito. (1)

Era proibido aos portugueses passar para a terra firme sem deixar as suas famílias em Goa, pelo receio de que aceitassem serviço de qualquer príncipe indígena.

O aspecto da cidade, pelo que é descrito pelos viajantes, justificava o apelido de *áurea Goa*, que se lhe dava, e o provérbio = quem viu Goa escusa de vêr Lisboa =.

A mais formosa das ruas, denominada *Rua Direita*, era povoada, de ambos os lados, de grande número de lapidários e ourives, e dos mais ricos e melhores mercadores e artífices.

(1) Esta muralha vai descrita no vol 2.º.

Em diversos pontos da cidade havia feira diária de todos os objectos do consumo, e no mercado principal eram vendidos em leilão escravos de ambos os sexos, cujo prêço, em 1592, andava por 75 xerafins. Êstes escravos, depois de comprados, iam pela cidade vender a ágoa da fonte de Banguinim ou os dôces e outros artefactos da sua indústria, e o que ganhavam, ainda por meios ilícitos, constituia uma fonte de receita para seus amos.

Usos e costumes dos habitantes portugueses

Dos habitantes os que se chamavam fidalgos ou nobres, nunca se davam a qualquer indústria ou profissão. Auferiam a maior parte das suas rendas do trabalho manual dos seus escravos. Passavam portanto o seu ócio em exercícios eqüestres, jogos de canas e laranjas, excursões marítimas e outros divertimentos. As mulheres, que não saíam de casa, nem mesmo para se visitarem, senão raras vezes, ocupavam-se todo o dia em iludir a vigilância dos maridos. A desmoralisação reinava franca em Goa principalmente no alta camada da sociedade.

Os fidalgos ricos tinham sempre mesas lautas, a que admitiam generòsamente seus patrícios menos favorecidos da fortuna. Nestes banquetes serviam-se manjares delicadíssimos em baixelas de luxo e bebiam-se vinhos finos em copos de rico cristal ; mas o uso do vinho era mui parco ; pois passava por grande desonra bebê-lo em excesso.

Dentro das casas tanto os homens como as mulheres traziam vestuário simples e leve.

Os ricos nunca andavam a pé, mas em palanquins ou a cavalo, rodeados de um grande número de escravos bem vestidos, dos quais uns seguravam grandes sombreiros e outros levavam armas. Além dêste acompanhamento, alguns escravos seguiam, transportando cadeiras douradas e almofadas, os amos quando fossem à igreja. O que mais atraía nêstes grupos, eram os arreios dos cavalos em que os fidalgos iam montados : o selim era coberto de um pano ricamente bordado e adornado de ouro e prata; as rédeas cravejadas de pedras preciosas e com pequenas campaínhas de prata e o estribo era também prateado.

O exemplo dos ricos não tardou a ser imitado pela gente mediana, que usava de todos os meios possíveis para se emparelhar com êles.

As mulheres ricas e nobres não iam à igreja senão nos dias das festas principais; mas quando fossem, apareciam soberbamente vestidas e ornadas de pérolas, pedras preciosas e joias na cabeça, braços, mãos e cintura, acompanhadas de 15 ou 20 escravas bem trajadas.

A êste tempo o comércio asiático português havia chegado ao seu apogeu, sendo a cidade de Goa o entreposto das mercadorias, que daqui iam directamente para Lisboa. Mais de mil navios comerciantes afluíam durante o ano ao Mandovi, que então era mais largo, trazendo as especiarias e o ouro, a prata, os diamantes e rubis, pérolas e aljôfares e outros produtos dos países do oriente, de que temos falado atrás, (pag. 32).

Um dos comércios mais lucrativos era o de cavalos da Arábia e da Pérsia, que eram muito procurados principalmente pelos rajás de Bijapur e de Bisnagar para as suas lutas, e não podiam ser comprados senão aos portugueses por causa do monopólio, sendo vigiado o contrabando por uma armada permanente no Mar Vermelho.

CAPÍTULO XII

1581–1605.—Decadência do poderio português no oriente

Começa agora o longo período da dominação dos Filipes, que se assenhorearam da coroa de Portugal e trouxeram por sessenta anos oprimido e subjugado o reino lusitano. Mais tarde avaliaremos a influência, que essa dominação exerceu na supremacia portuguesa no oriente.

Em Goa D. Filipe 2.º de Castela foi aclamado a 3 de Setembro de 1581 como rei de Portugal pelo governador, **Fernão Teles de Menezes,** (1581) que sucedeu a D. Luís de Ataíde, e que não imprimiu nenhum sinal de energia na administração pública, entregando quinze dias depois o govêrno ao seu sucessor **D. Francisco Mascarenhas,** (1581–84) primeiro vice-rei nomeado por D. Filipe 1.º, com o título de Conde da Horta.

Durante o govêrno dêste as armas portuguesas continuaram a ser vitoriosas na luta que constantemente fervia na India. Francisco Fernandes incendiou Coulete, abrigo dos piratas que assolavam o Malabar. Os mogois que vieram saltear Damão foram repelidos com perda. O Xeique de Lara, que tentou incomodar os portugueses em Ormuz, foi derrotado em Xamel, e o sultão de Aquém, voltando a sitiar Malaca, foi também repelido.

Mas êste estado de guerra permanente, absorvendo a atenção dos portugueses, impediu-os de malograrem, logo no princípio, as tentativas que os holandeses e os ingleses iam em breve começar.

Nêste govêrno deu-se em Goa uma sublevação,

provocada pela intolerância religiosa da época.

Em Salsete, onde o cristianismo fazia grandes progressos, os habitantes de Cuncolim, Assolná e outras aldeias circunvizinhas, ainda pagãos, desgostosos com os portugueses, que lhes destruíam os templos e os ídolos para os obrigar a entrar na religião do Crucificado, insurgiram-se contra o govêrno constituido e recusaram pagar-lhe as contribuições; chegaram até a maltratar um correio que de Cochim passava por Cuncolim trazendo cartas ao vice-rei.

Insurreição em Salsete

D. Francisco Mascarenhas mandou tropa e arrasou Cuncolim e Assolná. A população, que desaparecera, voltou a reconstruir as suas casas e templos e insistiu no seu propósito de negar submissão ao govêrno.

Marchou nòvamente a tropa, acompanhada de jesuítas e, depois de destruir e arrasar tudo, borrifou com sangue os logares sagrados do paganismo. Os insurgentes, desesperados, humilharam-se e pediram perdão ao vice-rei, que lho concedeu generosamente.

Raiando a tranqüilidade, o ardente missionário pe. Rodolfo Aquaviva foi com alguns companheiros a Cuncolim fundar uma igreja e propagar a fé, esperando cordeal recepção, como os habitantes da localidade lhe haviam prometido. Mas foram vítimas de vingança ; os infiéis caíram-lhes por cima e os mataram, sujeitando-os a horríveis martírios, em 15 de Julho de 1583.

Mártires de Cuncolim

Os autores dêste atentado foram punidos severamente e confiscadas as aldeias de Cuncolim, Verodá, Assolná, Velim e Ambelim ; sendo feita a mercê das primeiras duas, a título de aforamento, a João da Silva, sendo os actuais proprietários os marqueses da Fronteira e Alorna ; e das últimas três a D. Pedro de

Castro, que as trespassou nos padres da Companhia, com a extinção da qual passaram para o Estado.

O pe. Rodolfo Aquaviva e seus companheiros, mártires de Cuncolim, foram beatificados em 1893. ([1])

De 1584 a 1588 governou como vice-rei **D. Duarte de Menezes**, Conde de Tarouca. No seu tempo o capitão D. Paulo de Lima foi quem mais se distinguiu pelos seus brilhantes feitos no extremo oriente. Malaca sofrera algumas fomes ; aproveitaram-se disso os reis vizinhos para atacar a cidade, mas foram destroçados por Diogo de Azambuja. Veiu então o sultão de Ujantana bloquear Malaca. João da Silva, capitão da fortaleza, depois de ter repelido um assalto, pediu socorro para Goa. O vice-rei enviou D. Paulo de Lima, que libertou Malaca do sítio e, tomando a ofensiva, conquistou a cidade de Johor, onde se recolhera o inimigo, e que era defendida por uma numerosíssima guarnição.

Entretando em Ceilão o régulo Rajú havia pôsto cêrco à fortaleza de Colombo. João Correia de Brito defendia briosamente a fortaleza repelindo por vezes os assaltantes até que Rajú avisado da próxima chegada de D. Paulo de Lima, que ia em socorro dos sitiados, levantou apressadamente o cêrco.

Em 1585 foram juradas as, pazes, anteriormente firmadas, na presença do Samorim pelo capitão-mór

([1]) A missão e o martírio do p.e Aquaviva e seus companheiros são descritos no *Oriente Conquistado* do padre Francisco de Souza, Conq. 1.a, div. 2.a, § § 75 a 80. Na capela-mór da igreja de Rachol ainda se conserva a lápida com epitáfio que a princípio cobriu os restos mortais dos mártires de Cuncolim. Vide Ismael Gracias, *Relatório da Biblioteca Pública* 1892-93 pag. 42. O Breve da beatificação é de 2 de abril de 1893, e a sua versão portuguesa encontra-se no folheto *Os santos martyres de Cuncolim* por Philotheio Pereira de Andrade.

do Malabar, D. Jerónimo Mascarenhas, sendo permitido aos portugueses edificar uma fortaleza em Panane, e aos súbditos do Samorim comerciar com Guzerate e em dois navios com a costa da Arábia. A fortaleza foi levantada no fim do ano 1585.

Fortaleza em Panane

A D. Duarte sucedeu em via **D. Manoel de Sousa Coutinho**, (1588-91) que, a não ser a couraça do forte dos Reis Magos, não fêz cousa notável que lhe conservasse a memória da administração. Sucedeu-lhe **Matias de Albuquerque**, (1591-97) homem enérgico e de alto merecimento, que teve também a boa fortuna de ser secundado nas suas emprêsas militares pelo capitão André Furtado de Mendonça, uma das últimas glórias portuguesas na India e cuja façanha notável nêste govêrno foi a derrota do rei de Jafnapatam.

Êste rei mostrava-se adversário decidido dos portugueses : André Furtado, enviado contra êle, destroçou no caminho o pirata Coti Muça, e, aportando a Manar, capital do inimigo, tomou numa batalha a esquadra que guarnecia o pôrto, derrotou o exército que defendia as fortificações da ilha e, tendo morto no combate o régulo indiano, obrigou o herdeiro a pedir humildemente a paz. Ao mesmo tempo D. Álvaro Abrantes assentava pazes com o rajá de Calicut.

Em 1594 foi tomado pelos portugueses o chamado *Morro de Chaúl*, fortificação mourisca de sete baluartes, fronteiras à cidade do mesmo nome, que muito incomodava a nossa fortaleza.

Já por êste tempo começavam os navios holandeses a infestar o mar da India. Dos quatro navios que pela primeira vez apareceram sob o comando de Cornelius Autmann, voltaram só dois à pátria ; dos outros dois um perdeu-se nos baixos, e o outro destruíram-no os portugueses ; mas na ime-

Extinção do monopólio mercantil português

diata viagem lograram os holandeses escapar às pesquizas dêstes e, tendo percorrido as ilhas de Cirne ou Maurícia, Bantanu e Molucas, regressaram à Holanda com opulentíssima carregação.

Desta maneira se extinguiu, em 1595, depois de quási um século, o monopólio mercantil português. Devia necessàriamente assim suceder, porque os indígenas oprimidos, principalmente os das Molucas, acolhiam os holandeses como libertadores; e os portugueses, andando empenhados em guerras, não chegavam a repelir êstes novos rivais.

Durante o govêrno de **D. Francisco da Gama**, Conde da Vidigueira, (1597–1600) realizou-se uma anexação importantíssima. O último rei legítimo de Ceilão, destronado por seu parente Rajú e protegido pelos nossos no govêrno de D. Duarte de Menezes, reconhecido aos portugueses, legou-lhes a ilha; o usurpador faleceu também. D. Jerónimo de Azevedo, capitão de Colombo, tomou portanto posse de todo aquele riquíssimo domínio.

Anexação da ilha de Ceilão

Em Dezembro de 1597 colocaram os vereadores da cámara de Goa na sala das suas sessões o retrato de Vasco da Gama, bisavó dêste vice-rei, e pouco depois, se inaugurou a estátua do imortal descobridor da I'ndia sôbre o arco da porta do rio da cidade, *ad hoc* construído. No vol. 2.º nos referiremos por menor a êste assunto.

Retrato e estátua de Vasco da Gama

Em 1598 construíu-se o forte de Gaspar Dias ao longo do palmar do proprietário dêste nome.

Nêste tempo foi instituída em Goa uma repartição dos arquivos oficiais com o pomposo nome de *Tôrre do Tombo*, sendo nomeado o seu primeiro guarda-mór o cronista Diogo do Couto, que faleceu em Goa, no ano de 1616; e foi creada a alfândega na cidade e praça de Damão.

O govêrno do conde da Vidigueira fechou-se em 1600 com a famosa vitória que André Furtado de Mendonça alcançou contra o pirata Cunhale, vassalo rebelde do Samorim, que foi aprisionado no combate e mais tarde supliciado em Goa.

Emquanto o domínio português se mantinha exteriormente forte, lavrava-lhe no íntimo a corrupção mais profunda. Os desmandos dos portugueses, a venalidade dos empregos, os excessos da inquisição e o cruel tratamento dos índios, preparavam a próxima dissolução dêste vasto império.

Matias de Albuquerque e, principalmente, o conde da Vidigueira tentaram reformar estes espantosos abusos e não o conseguiram, porque os vícios estavam já profundamente radicados, de maneira que o conde regressou ao reino, amargurado nos últimos dias do seu govêrno pelos graves insultos com que os indisciplinados se vingaram das reformas que começara a introduzir nos costumes dos portugueses do oriente. Êle foi enforcado em um boneco de papel, e a estátua do bisavô, o ínclito Vasco da Gama, foi derrubada e mutilada. O retrato dêste, colocado nos paços da cidade, também foi objecto de escandalosa contenda entre os parentes do conde da Vidigueira e os de Afonso de Albuquerque, cujo retrato também tinha sido pôsto pela Câmara na mesma sala, anteriormente ao daquele e certamente em logar conspícuo, donde depois foi mudado. Esta contenda prometia ser mais rija do que as batalhas orientais, se o vice-rei Aires de Saldanha com rara prudência não acabasse com ela invocando ordens de Sua Magestade. (1) E' que todos os génios têm fatàlmente o seu calvário!

(1) Cunha Rivara, *Fragmentos históricos* na *Imprensa* n.os 2, 4

Ao conde da Vidigueira sucedeu **Aires de Saldanha,** (1600–603) que deveu o importante cargo de vice-rei não aos seus merecimentos, mas à amisade do marquês do Castelo Rodrigo ; contudo foi feliz, porque teve heróis que lhe ilustrassem a administração. André Furtado de Mendonça expulsou os holandeses de Amboino, onde procuravam estabelecer-se. O padre Góis empreendeu a célebre viagem através da Ásia central, visitou e explorou a Tartária chinesa, país ingrato, que afugentava os viajantes.

Em 1603 os holandeses bloquearam Goa pela primeira vez, mas, um mês depois, viram-se obrigados a levantar o bloqueio.

CAPÍTULO XIII

1605—1646.—Decadência em progresso.

Em 30 de Abril de 1606, governando a India **Martim Afonso de Castro,** (1605–7) sucessor de Aires de Saldanha, apareceu diante de Malaca uma esquadra holandesa de onze navios comandada pelo almirante Cornélio Metalief que, tendo desembarcado 1500 homens, atacou subitamente a nossa fortaleza. André Furtado de Mendonça, que felizmente esteve à testa da nossa pequena guarnição de 145 portugueses e que já vencera os holandeses em Amboino, animou

Holandeses em Malaca

e 5 transcritos no *Boletim Oficial*, n.os 96, 97 e 98 de 1897 e cit. memória *Têlas e esculturas*.

os seus soldados e ousou fazer sortidas tão felizes, que Metalief preferiu aos assaltos o bloqueio rigoroso; pois esperava dêste modo apossar-se da cidade, confiado nas tropas dos régulos de Johor e Singapura, que o tinham vindo auxiliar. Mas, André Furtado inspirou grande intrepidês nos portugueses, que opuseram uma resistência heróica; e Metalief, depois de três meses de bloqueio, não tendo conseguido resultado favorável e, sabendo que vinha o vive-rei em auxílio da fortaleza, desistiu do empreendimento e retirou-se.

Perda das Molucas

Nas Molucas à falta dêste valente capitão, que em 1603 as defendêra, fomos, dois anos depois, menos felizes. Gaspar de Melo, governador de Amboino, tendo de lutar com os holandeses e ao mesmo tempo com o ódio dos indígenas, perdeu a ilha. Em seguida caíu tudo. Em Ternate a defesa tornou-se impossível pela explosão de um paiol de pólvora, que destruíu as muralhas e fêz voar pelos ares os defensores. Nestas circunstâncias os portugueses pediram socorro ao governador castelhano das ilhas Filipinas, D. Pedro da Cunha, que logo accedeu ao pedido e expulsou os holandeses; mas, invocando razões antigas, que já não subsistiam, anexou as Molucas à coroa castelhana.

Não puderam contudo os castelhanos das Filipinas defender eficazmente a possessão de que se tinham assenhoreado; pois, poucos anos depois passou ela para o domínio dêsses republicanos do norte.

Por morte do vice-rei Castro assumiu o govêrno interinamente o arcebispo de Goa, **D. fr. Aleixo de Menezes.** (1607–9) Vinha já provido no cargo de vice-rei o conde da Feira, que morreu no caminho.

Em 1607, perdemos o reino do Pegú. Historiemos. A Indo-China estava dividida em muitos esta-

Conquista e perda do reino de Pegú

dos entre os quais avultava o de Arakan. Filipe de Brito Nicote, filho de pais franceses, mas nascido em Lisboa, e Salvador Ribeiro de Souza, natural do Minho, aventureiros estabelecidos no Pegú, nos princípios do século XVII, ajudaram com seus homens o rei de Arakan, Salim Xá para derrotar o rei de Tangú, que se apossara do tesouro do antigo rei do Pegú, cunhado de Salim.

Em reconhecimento dêstes serviços, Salim Xá, concedeu a Brito Nicote o título de *Changa*, i. é. homem de bem, e aos portugueses o pôrto de Siriam no Pegú (1600).

Filipe de Brito, que era tão ambicioso, como desinteressado era o seu companheiro, animado com o sucesso, veiu para Goa assoalhar serviços e consultar o vice-rei, Aires de Saldanha sôbre o seu plano de conquistar todo o Pegú. O vice-rei recebeu-o com entusiasmo e, depois de o ter feito cavaleiro da ordem de Cristo e Fidalgo da Casa Real, deu-lhe em casamento sua sobrinha.

Entretanto o rei de Arakan, vendo os portugueses fortificarem-se em Siriam com toda a celeridade, mandou uma poderosa armada com 6 mil homens sob o comando do seu capitão Banadola para os expulsar; mas o bravo Salvador Ribeiro, que estava no comando da fortaleza, repeliu com um punhado de soldados bravos como êle todos os assaltos durante os oito meses de cêrco, e, tendo finalmente recebido socorro de Goa, fêz uma sortida nocturna e destroçou os sitiadores obrigando-os a retirar. Os peguanos, movidos pela espantosa coragem e bravura de Salvador Ribeiro, proclamaram-no *rei do Pegú.*

Logo depois Banadola, que pretendia o trono do Pegú, voltou auxiliado pelo rei de Massinga, e as tropas aliadas atacaram o forte português; mas no combate o rei de Massinga foi morto, e as tropas se debandaram. Banadola refugiou-se para Prom ou Parão. O povo, admirando cada vez mais as heróicas proezas de Salvador Ribeiro, proclamou-o, com o maior entusiasmo, também *rei de Massinga*, celebrando a coroação com grande solenidade. Passado algum tempo, Filipe Nicote voltou de Goa nomeado capitão general das conquistas do Pegú. Salvador Ribeiro, com lealdade exemplar, ofereceu-lhe logo a coroa de Massinga e a fortaleza de Siriam, e, emquanto Nicote se levantava sôbre o sacrifício e a fortuna do seu companheiro, o verdadeiro herói, querido dos povos e dos monarcas seus aliados, regressava a Portugal para morrer em Guimarães, onde nascera, pobre e olvidado por todos. (¹) Mas o reinado de Nicote não durou muito tempo ; faltou-lhe a prudência de Salvador Ribeiro e mais o seu desinterêsse ; pois em 1607, quando crescera muito a sua influência sôbre o rei de Arakan, Filipe de Brito expediu uma frota para tomar posse do pôrto de Dianga, cuja concessão pedira ao rei ; e êste, suspeitando que Brito tivesse formado o plano de o expulsar do seu reino, convidou os expedicionários para a sua côrte e os mandou passar à espada, e em seguida ordenou o massacre geral dos portugueses, sendo mortos 600 a sangue frio, escapando somente dez com seus navios. Filipe de Brito ainda ganhou duas vitórias sôbre o rei de Arakan, e, aliado com os dominantes vizinhos, foi, por sua desmedida ambição de riquezas, atacar o rei de Tangú, e o levou prisioneiro para Siriam junto com o tesouro de que falámos, (mais de um milhão em oiro); mas o rei de Avá,

(¹) Morais Sarmento, autor do *Romanceiro Português*, publicou em verso um lindo romancinho sôbre a volta de Ribeiro a Portugal, intitulado *O Massinga*.

para vingar a afronta feita ao seu vassalo, o rei de Tangú, cercou Siriam, aprisionou Filipe e o matou no meio de crueis tormentos em Avá.

Portugal perdeu esta nova conquista quási tão depressa como a adquirira, devido à política dos nossos governantes e à ambição de Filipe de Brito.

O soberano de Portugal por sua carta de 12 de Setembro de 1608, dirigida ao vice-rei da India, aceitava a corôa dos reinos de Pegú a pedido de Filipe de Brito Nicote.

Em Siriam existem ainda hoje ruínas duma igreja construída pelos portugueses em 1603, conservadas pelo govêrno inglês como monumento arqueológico. Esta igreja contava como fregueses, logo no princípio, 3 mil convertidos (1).

Aberta a sucessão pelo referido falecimento do vice-rei conde da Feira, achou-se o nome de **André Furtado de Mendonça**, (1609). Êste intrépido guerreiro, querido dos soldados, antes de ser governador retemperou a glória da bandeira portuguesa no oriente com os seus brilhantes feitos; pois, conquistou em 1597 o reino de Jafnapatão, arrazou a fortaleza do pirata mouro Cunhale (Cunjé Ali Mercar?), que matava barbaramente os portugueses quando os aprisionasse, e o trouxe preso para Goa,—onde foi executado em 1600—, e, finalmente, defendeu heròicamente em 1606 a fortaleza de Malaca do rigoroso bloqueio dos holandeses. Começando a governar, cuidou de activar os preparativos para combater os inimigos do Estado; mas, antes de os concluir, e após três meses e oito dias de administração, teve de entregar o go-

(1) A. Bocarro Dec. 13. J. A. Campos, *History of the Port. in Bengal* pag. 78-80. *Oriente Port.* vol. 5, pag. 205, Art. de Sr. Cónego F. X. Vas; e vol. 6 pag. 97, Art. do Sr. J. Ferreira Martins. *Hist. de Portugal* de P. Chagas, vol. 5 pag. 204.

vêrno ao vice-rei seu sucessor, que acabava de chegar.

Pirard, referindo-se a André Furtado, escreve: « todos os reis da India folgaram muito de que êle fosse governador e lhe enviaram embaixadores e presentes. Aprestou muitas armadas e fortificou muitas fortalezas ; em soma êste fidalgo era amado de Deus, dos reis e do povo e semelhantemente dos capitães e soldados, mas não da nobreza, porque não era ladrão nem ambicioso, e não era afeiçoado a quem roubava a el-rei .... Em menos de três meses .... fêz mais do que outros em muitos anos. »

Rui Lourenço de Távora, (1609–12). No seu govêrno os ingleses, que já tinham começado a comerciar no oriente, vieram encetar luta conosco. Nuno da Cunha em Surrate pelejou desvantajòsamente com quatro naus inglesas ; foi mais feliz contra os índios D. Francisco Rolim, capitão de Chaúl, que derrotou Abdul Kariman, que lhe inquietava a fortaleza.

A-pesar-das repetidas vitórias que os nossos arrancavam aos indígenas, o prestígio do nome português ia-se apagando de todo. Desde que apareceram as naus de Inglaterra e Holanda, e os seus marinheiros mediam fôrças conosco às vezes com próspera fortuna, os reis do oriente pediam contra nós o auxílio dêsses novos aliados e procuravam abater o nosso império, e, se o não conseguiram desde logo, cavaram-lhe ao menos a ruína, tornando-a inevitável e próxima.

O vice-rei **D. Jerónimo de Azavedo**, que sucedeu a Rui Lourenço de Távora (1612–17) prevendo o resultado dessas alianças com os nossos implacáveis adversários, e da confiança que os naturais depositavam neles, resolveu desassombrar os mares de tão perigosos rivais e com uma poderosa armada foi acometer quatro naus inglesas junto a Surrate ; mas sofreu tão briosa resistência, que teve de retroceder e abandonar a emprêsa.

Ao mesmo tempo Diogo de Mendonça Furtado, depois de dispersar no Aquém uma frota de 500 vasos malaios, era, por seu turno, batido por 8 naus holandesas.

Êstes desastres foram-nos funestos mais pelo seu efeito moral, do que pelos prejuízos materiais que nos causaram. Contudo a cidade de Cogo, no reino de Cambaia, foi tomada e destruída pelos nossos em 1614, e igual sorte teve, também, a cidade de Pôr, 40 léguas distante de Diu, expugnada por Gaspar de Melo e Sampaio.

Cargos públicos postos em almoeda

Filipe II, porém, logo que soube dos desastres, nomeou o conde do Redondo para suceder a D. Jerónimo com a ordem de o mandar preso para Lisboa e assim se cumpriu; e o govêrno de Madrid, que, para acudir às suas finanças, ordenara, por alvará de 2 de Maio de 1614, se pusessem em almoeda no oriente as capitanias das fortalezas e os cargos públicos, sequestrou os bens ao vice-rei, preso no Castelo de S. Jorge.

Convém registar muito a propósito que a venda dos cargos que teve logar durante esta governação até 18 de Novembro de 1617, somou em xerafins 643, 091! [1]

O conde do Redondo, **D. João Coutinho**, que governou de 1617 a 1619, foi mais prudente do que o seu antecessor: em vez de empreender guerras, procurou alcançar vantagens por meios pacíficos e, enviando um embaixador ao mogol, imperador de Delhi, pediu-lhe que fechasse os portos do seu domínio às embarcações holandesas. Não foi atendido o pedido, mas conseguiu-se ao menos que o mogol desistisse do

[1] Vid. *Instrução do M. de Alorna* part. 2.ª pag. 53., nota.

intento, em que estava, de assaltar Diu e Damão, e que desse liberdade aos barcos mercantes portugueses retidos nos portos do seu domínio.

Por falecimento do conde do Redondo sucedeu em via **Fernão de Albuquerque,** (1619–22) homem inteligente e honesto, embora bastante velho e, por isso, mais inclinado aos ócios da paz.

Perda de Ormuz

O facto mais notável e tristemente importante, que se deu a êste tempo, foi a perda de Ormuz em 1622, mas não por culpa do governador.

O govêrno da metrópole, avisado de que os ingleses envidavam todos os esforços para nos desapossar de Ormuz, mandou que Rui Freire de Andrade fosse construir uma fortaleza para a defesa dessa cidade, na ilha de Queixome, território pertencente ao Xá da Pérsia, e vigiasse o estreito para vedar aos ingleses o comércio da sêda. O governador desaprovou o plano, prevendo que os seus resultados nos seriam desastrosos ; todavia, para cumprir as determinações superiores, Rui Freire levantou a fortaleza e começou a perseguir os galeões britânicos que iam aos portos do Xá carregar as sêdas. Êste príncipe, vendo-se com razão lesado nos seus interesses, e injuriado no seu poder, tratou de se desafrontar ; ligou-se com os árabes e os ingleses e reuniu um formidável exército para arrasar a fortaleza de Queixome e conquistar Ormuz. Rui Freire, em defesa, renovou as proezas dos antigos heróis, mas foi debalde ; depois de algumas vitórias, teve de sucumbir, assoberbado pela superioridade numérica das fôrças inimigas, e Ormuz caiu em poder dos ingleses. [1] A perda desta cida-

(1) Vide Luciano Cordeiro, *Como se perdeu Ormuz*—interessante monografia publicada em 1896—e um artigo crítico sôbre a

de influiu poderosamente no desmoronamento do nosso império oriental e arrastou consigo também a de Mascate, com a qual se foram todos os estabelecimentos na costa da Arábia até ao Mar Vermelho.

Durante as administrações de **D. Francisco da Gama**, vice-rei pela segunda vez (1622–27) e seu sucessor **fr. Luís de Brito**, bispo de Meliapor e eleito de Cochim, isto é, desde o Janeiro de 1622 até o Julho de 1628, a não ser a construção da fortaleza de Mormugão, não houve nenhum facto digno de memória. Por falecimento dêsse bispo, aberta a via de sucessão, apareceram nomeados **Nuno Alvares Botelho, D. Lourenço da Cunha e Gonçalo Pinto da Fonseca**, que governaram juntos poucos meses e também nada fizeram.

Estabelecimentos e construções

Em 1629 chegou à India **D. Miguel de Noronha**, (1629–35) conde de Linhares, com o título de vice-rei e aplicou os seus cuidados a levantar construções e fundar estabelecimentos correspondentes às necessidades da época.. Erigiu à sua custa o hospital da Piedade na cidade de Goa, deixou na melhor perfeição a casa da pólvora, levantou a igreja de S. Lourenço na fortaleza da Aguada, fortificou Bardês e a ilha de Goa e lançou a grande ponte que põe em comunicação Pangim com Ribandar. (1)

No primeiro ano do seu govêrno, uma imponente armada do rei de Aquém, com 19 mil homens, veio cercar Malaca, que era governada por Gaspar de Melo e Sampaio. Os portugueses receberam auxílios do rei de Johor, nosso aliado, e, depois de terem defen-

mesma, de Ismael Gracias no *Universal*, de Lisboa, n.º 1807, de 6 de Maio de 1897.

(1) Esta ponte conta 44 arcos para a passagem das águas, sendo 38 do lado de Pangim, 3 no meio e 3 em Ribandar.

dido tenazmente o convento da Madre de Deus, que fôra atacado, abandonaram-no deitando-lhe fogo. Fizeram depois algumas sortidas vantajosas, em que tomaram muitas armas ao inimigo. Na continuação da resistência, chegou Nuno Alvares Botelho, enviado pelo vice-rei com socorro à cidade. Inverteramse então os papeis, passando os sitiados a sitiadores : os navios portugueses, dando bateria ao inimigo de dia e de noite, aniquilaram totalmente a armada invasora e obrigaram o seu general a entregar-se.

Em 1631 apareceu em Coulão uma nau com bandeira até então desconhecida nêstes mares : era o balsão farpado de Dinamarca. Atacada de improviso pelos nossos, essa embarcação opôs longa e vigorosa resistência ; mas teve de ceder ao número e ao valor dos portugueses e foi aprisionada.

O conde de Linhares governou com bastante severidade, creando porisso alguns inimigos poderosos. Na manhã de 12 de Outubro dêsse ano apareceu na praça do Mandovi um boneco enforcado, representando o vice-rei com uma roca na cinta, e trazendo pregado um pasquim injurioso em forma de processo condenatório, acusando-o de injusto, corrupto e cobarde.

Das sindicâncias não se apurou um só culpado ; mas a indignação foi geral, e o povo de Goa, associando-se às autoridades, reprovou a vilania e propôs que se levantasse uma estátua ao vice-rei em reconhecimento dos seus relevantes serviços, honra que êle próprio recusou (1).

Ao conde de Linhares, que deixou o govêrno em 8

(1) Vid. a *Descrição geral das moedas* por Teixeira de Aragão, pag. 216, onde se encontra também transcrito o pasquim ; e *Instr. do M. de Alorna*, nota à pag. 58.

de Dezembro, sucedeu **Pedro da Silva,** (1635–39) e a êste, **António Teles de Menezes** (1639–40); aquele foi vítima da epidemia que assolou a cidade de Goa, e êste viu o Estado muito perseguido pelos holandeses.

Em 1640 veiu governar a India **João da Silva Telo de Menezes** (1640–46), conde de Aveiras, com o título de vice-rei. Em agosto dêsse ano os holandeses sitiaram Malaca com 1.200 homens da sua nação e grande número de indígenas; foi êste o último cêrco daquela nossa importante possessão. O vice-rei, porque tinha que acudir a muitas partes, mandou em socorro apenas uma galeota com alguns soldados sob o comando do capitão Luís da Costa. Os portugueses, encerrados dentro dos muros, resistiram, por cinco meses e meio, aos ataques mais violentos dos inimigos, que eram muitos, ferozes e a cada passo revezados; e, quando de todo lhes faltaram as munições, os alimentos e a esperança de serem socorridos, entregaram Malaca aos sitiantes em 1641.

Perda de Malaca

Em 1640, pouco depois da chegada do Conde de Aveiras, os holandeses animados pela falta de guarnecimento das fortalezas portuguesas do oriente e ligados com os estados inimigos, vieram pela segunda vez, com uma frota de 12 navios, bloquear a barra de Goa, apoiados do lado da terra pelas investidas do exército de Adil-Khan; e os portugueses apenas puderam sustentar-se na defensiva.

2.º bloqueio de Goa pelos holandeses

Em 1643, activando os seus esforços de conquista, os holandeses começaram a bombardear a fortaleza de Mormugão. O vice-rei, não confiando nos poucos recursos que tinha para bater o inimigo, invocou o auxílio divino, fizeram-se preces em todas as igrejas de Goa e foi hasteado na praça um estandarte, bordado em damasco encarnado, pelas freiras de Santa Mónica, tendo de um lado a imagem de Nossa Senhora da Conceição e do outro a do Cristo crucificado. A insígnia alentou o espírito abatido da nossa tropa, que combateu com ardor repelindo o inimigo. (1)

Em Ceilão tentaram os portugueses expulsar os holandeses que ocupavam a fortaleza de Gale ; e num combate, a que se arriscaram com fôrças muito inferiores às do inimigo, sofreram terrível derrota, perdendo mais de 300 homens ; e teriam nesta ocasião perdido também a ilha, se o governador D. Filipe Mascarenhas não tivesse ràpidamente fortificado a cidade de Colombo e não tivesse pedido socorro ao vice-rei, que lh'o mandou com grossas quantias de dinheiro.

Nêste tempo a patriótica revolução do 1.º de Dezembro sacudiu de Portugal o jugo dos Filipes, elevando ao trono o heróico duque de Bragança, D. João 4.º.

O govêrno dos Filipes, como acabámos de ver, foi bastante nocivo ao domínio português no oriente. Verdade seja que, depois de o rei D. Filipe II de Castela assumir a regência de Portugal, os dois govêrnos se conservaram separados e privativos nas respectivas possessões, provendo-se tão sòmente em portugueses os cargos públicos das províncias portuguesas, conforme as promessas feitas por aquele soberano ás côrtes de Tomar. Mas os Filipes não mandaram para a India senão homens que lhes fossem afeiçoados e dêsses não eram muitos os que possuissem a antiga alma portuguesa, o valor, esfôrço, lealdade e carácter lusitano. Por aqui pode avaliar-se, com a simples noção dos factos, quão obnóxios foram para o

(1) O estandarte conserva-se ainda em grande acatamento no extinto convento de Sta. Mónica.

império português oriental os longos sessenta anos do regime castelhano.

CAPÍTULO XIV

1646-1666—Continuação da decadência do império português

Antes de referir os sucessos dêste período, importa lembrar como os ecos da heróica restauração de 1640 chegaram à India.

. Logo que D. João 4.° se empossou do trono de Portugal, escreveu ao vice-rei da India, que era então o conde de Aveiras, e ao tribunal da Relação duas cartas, anunciando êste facto e ordenando que o fizessem *aclamar, jurar e obedecer como Rei natural e verdadeiro que era*. Em março de 1641 saíram de Lisboa as primeiras naus da India, comandadas por Manoel de Liz e Bartolomeu Gonçalves trazendo essas ordens. Nas alturas do Cabo Verde, Manoel de Liz pôde adiantar-se e fazendo a aclamação de D. João 4.° em Moçambique, seguiu logo para a India; mas, receando encontrar esquadras holandesas, que, por êste tempo, infestavam os mares, aproou a Onor, donde enviou para Goa num pequeno barco seu filho André de Liz, creança de 9 anos, inteligente e simpática, com as cartas del-rei, em companhia de Francisco da Silva Souto-Maior. Desembarcaram os dois emissários em Pangim e, emquanto o menino, animado pelo entusiasmo próprio da sua idade, levantava clamorosos vivas a D. João 4.°, que o povo escutava com espanto e júbilo, Francisco da Silva apressou-se a ir por terra comunicar a notícia ao conde de Aveiras em Goa. O intrépido menino foi rio acima ter com o vice-rei, a quem entregou as cartas que trazia, instando-o a reconhecer logo a independência de Portugal e a legitimidade do duque de Bragança. Sorriu-se o vice-rei da gentileza do infantil embaixador, cuja sedutora eloqüência o moveu a convocar sem perda do tempo as autoridades e principais pessoas da cidade e propôr-lhes em substanciosa e patriótica fala o reconhecimento de D. João 4.°, e, efectivamente, a 11 de Setembro de 1641, realizou-se em Goa a aclamação do novo soberano com grandes demonstrações de rigosijo público. A 20 de Outubro já fôra D. João 4.° reconhecido em todas as praças do oriente português.

Aclamação de D. João 4.° em Goa

Em 1642 regressou Manoel de Liz a Lisboa, onde foi muito recompensado, sendo o enlêvo de todos na côrte seu filho André, que andava todo satisfeito e ufano com o hábito de Cristo, que o conde de Aveiras lhe conferira e que el-rei lhe confirmou.

O conde de Aveiras entregou o govêrno a 30 de Dezembro de 1645 a **D. Filipe Mascarenhas**, nomeado por D. João 4.°, com o título de vice-rei (1646–51). D. Filipe fôra governador de Ceilão e prestara importantes serviços à administração desta ilha. A sua índole disciplinadora, porém, não agradou aos fidalgos de Goa, cujos costumes iam cada vez relaxando-se mais.

Numa manhã apareceu enforcado em um poste próximo do palácio vice-real um boneco com as insígnias de vice-rei; e, depois de rigorosa sindicância, foram remetidos presos para Lisboa alguns nobres, como suspeitos de serem os autores do ultraje. D. Brás de Castro, capitão de Daugim, dotado de um caracter inquieto e ambicioso, que se achou comprometido no caso, conseguiu escapar-se refugiando-se para o território vizinho, donde voltou mais tarde.

O naufrágio da armada da India em 1646 e algumas lutas insignificantes com soberanos do Malabar encheram o resto do seu govêrno.

D. Filipe tendo notícia de que falecera na viagem o vice-rei que o vinha render, conde de Aveiras (segunda vez despachado para a India), entregou o govêrno às pessoas designadas na primeira via de sucessão, que mandou abrir.

(1651–52) Os nomeados foram **D. Francisco dos Mártires. Francisco de Melo de Castro** e **Antônio de Souza Coutinho,** que governaram até 6 de Setembro de 1652.

Nêsse dia tomou posse do govêrno da India o vicerei **D. Vasco Mascarenhas,** conde de O'bidos (1652–53)

Acontecimentos deploráveis em Ceilão

Na sua administração houve acontecimentos deploráveis em Ceilão. Os holandeses ambicionavam ardentemente a ilha; Manoel Mascarenhas Homem, que a governava, ou por descuido ou por indisciplina dos subordinados, não tomou devidas precauções contra êsses inimigos e êles conseguiram apoderar-se das terras e pôrto de Calitur ou Kalture, próximo de Colombo, e ao mesmo tempo o rei de Kandi, aliado dos holandeses, começou mover-nos hostilidades. Nêste estado de cousas, em 5 de Novembro de 1652, uma divisão portuguesa insubordinou-se, depôs Manoel Mascarenhas Homem do cargo de capitão geral, acusando-o de estar vendido aos holandeses e elegeu uma junta para governar provisòriamente a ilha.

Durante a revolta os inimigos fizeram progressos na ocupação da ilha; mas, logo que ela se serenou, o capitão-mór do campo, Gaspar Figueira da Serpa, com 400 homens cercou e bateu vitoriosamente os holandeses, tomando-lhes o entrincheiramento, que tinham construido entre Calitur e Colombo, cuja guarnição foi obrigada a capitular, entregando-se prisioneiros cento e dez holandeses, quarenta jaus e trezentos singaleses: e João Botado de Seixas, acometendo com bravura a gente do rei de Kandi, que se ia apoderando das nossas terras, conseguiu pô-la em debandada. Contudo Calitur ficou nas mãos dos holandeses.

A êste tempo a indisciplina, que reinava entre os militares de Goa, havia transformado esta cidade num verdadeiro ninho de piratas. O conde de O'bidos, levado de espírito justiceiro, encetou a mais enérgica reforma; isto foi bastante para os insubordinados fidalgos da cidade se revoltarem contra êle e moverem uma sedição, cujo principal caudilho foi o referido D. Brás de Castro.

Sedição em Goa e deposição do Conde de Óbidos

No dia 22 de Outubro de 1653, às 6 horas da manhã, na ausência do conde de O'bidos, que se achava nos Reis-Magos reuniu-se no terreiro da Sé uma turba de facciosos e descontentes, dos quais uns, subindo a tôrre da catedral, picaram o sino grande, e outros, invadindo as casas do cabido, arrastaram para fora os membros desta corporação. Em seguida, com grande aparato marcial entraram nas casas do senado e da relação e levaram à força os vereadores e os desembargadores, juntamente com o cabido, à sala do palácio dos vice-reis, onde entre entusiásticos vivas a el-rei e à nação pediram a deposição do conde de O'bidos e a abertura das vias de sucessão.

O secretário José das Chaves Souto-Maior, que, para escapar à fúria dos amotinados, estava recolhido em sua casa, foi violèntamente conduzido ao convento de S. Francisco, afim de abrir o cofre das vias de sucessão; e, quebrado o cofre de pau para se tirar o de ferro, que ficava dentro, dirigiram-se com êste ao paço do vice-rei, onde deviam ser lidas as provisões. Arrombado o cofre, as cartas que encontraram, foram as que touxera o conde de Aveiras, que o govêrno mandava inutilizar, substituindo-as por outras que o conde de O'bidos trazia consigo.

Infelizmente ainda estas não podiam ter excecução por haverem falecido todos os que nelas eram indicados, excepto Manoel Mascarenhas Homem, que vinha desapossado do seu cargo de capitão de Ceilão e se achava em Cochim. Os sediciosos, então, exigiram, que na conformidade duma cláusula, que se lia em todas as patentes, fôsse chamado, para provisóriariamente assumir o govêrno, o conselheiro mais antigo. Êste cargo era ocupado por D. Brás de Castro, que então de propósito ficara na sua residência em Daugim, donde foi conduzido pela turba para ser investido na posse do govêrno.

O conde de O'bidos foi preso no forte do Cabo e dali enviado para o reino.

D. Manoel Mascarenhas, parente do vice-rei e capitão general da armada do Norte, oferecia-se para o restabelecer no poder; mas o conde de O'bidos, por sua filantrópica timidez, não querendo ser causa de revolução e do derramamento do sangue, não o aceitou; e assim ficou governador sem contestação D. Brás de Castro, um soldado indisciplinado, da mais completa incapacidade administrativa e sem prestígio, senão o que lhe dava a falsa popularidade, que só podia conservar transigindo com a cobiça dos desordeiros.

D. Brás de Castro, dando conta ao govêrno da metrópole da deposição do conde de O'bidos e da sua exaltação ao poder, em 2 de Janeiro de 1654, tentou justificar-se, alegando que fôra inteiramente extranho a esta comoção e constrangido a aceitar o govêrno sob o risco de ser imediàtamente vítima do furor do povo (1).

No govêrno de D. Brás, que durou quási dois anos, o facto mais notável que houve foi que cinco galeotas portuguesas, que tinham ido em socorro de Ceilão, derrotaram três grandes naus holandesas, que as vieram atacar.

Prisão de D. Brás e outros

Em Agosto de 1655 chegou **D. Rodrigo Lobo da Silveira**, conde de Sarzedas, (1655-56) nomeado vice-rei e tendo tomado por si a posse do govêrno, como se êste estivera vago, prendeu imediàtamente na fortaleza da Aguada, em execução das ordens que trazia da côrte, D. Brás de Castro e mais seis fidalgos, seus cúmplices na deposição do conde de O'bidos; os quais todos, depois de sequestrados os seus bens, foram remetidos para Lisboa; mas, estando na continuação de dar providências para extinguir os resultados da sedição, faleceu em Goa a 3 de Janeiro de 1656, não sem suspeitas de haver sido envenenado pelos facciosos.

Por sua morte, não aparecendo vias de sucessão, juntaram-se os três estados (clero, nobreza e povo) e elegeram para governador **Manoel Mascarenhas Homem**, que, tomando posse a 14 de Janeiro de 1656, passou a capturar os numerosos partidários de D. Brás de Castro, que se achavam espalhados em vários pontos da India desempenhando altos cargos, e os mandou para o reino, onde não acharam o mais leve castigo, como era já tradição do govêrno português.

No govêrno de Manoel Mascarenhas perdemos a

(1) E' interessante esta carta que se tem publicado em varios escritos. Vide *O Pregoeiro da Liberdade*, de Bombaim, n.º 8, vol. 1.º, *Goa sob a Dominação Portuguesa*, por Bruto da Costa, pag. 56 e seg., e T. de Aragão, vol. 3.º, pag. 135.

ilha de Ceilão. Os holandeses, não desistindo do seu propósito de se apossarem dessa riquíssima ilha, puseram um cêrco apertado à cidade de Colombo. António de Sousa Coutinho, comandante da fortaleza, pediu socorro para Goa e a-pesar de ter poucos recursos e setenta anos de idade, opôs uma resistência heróica. Em 12 de Novembro de 1655 deu-se o primeiro e terribilíssimo assalto geral, em que o inimigo foi repelido com consideráveis perdas. Em desforra, os sitiadores redobraram o bombardeamento da cidade, causando-lhe enormes e sucessivos prejuízos, que os sitiados mal podiam reparar. Ultimamente resolveram entrar na cidade pela cava, acometendo-a repetidas vezes. Os portuguezes obraram, então, prodígios de valor, batendo-se debaixo do chão com inexcedível bravura contra o inimigo poderoso e valente.

Perda de Ceilão

Entretanto a sorte dos sitiados tornou-se tristíssima. A fome cresceu horrorosamente, a ponto de os obrigar a comer carne humana, a peste veio dizimar a guarnição, restando apenas noventa homens estropeados, que pareciam esqueletos ambulantes, e o socorro não chegava; porque a armada que saíra de Goa com destino para Colombo, havia retrocedido, visto haver sido batida pelo inimigo e aprisionado o seu comandante Simão de Sousa. Nestas desesperadas circunstâncias António de Sousa Coutinho aceitou a capitulação e o inimigo fêz sua entrada na cidade em 12 de Maio de 1656. Tínhamos perdido Colombo e com êle a ilha de Ceilão para a não tornarmos a haver.

Depois de 22 de Maio de 1657, conjuntamente com Manoel Mascarenhas Homem [1], governaram,

[1] Manoel Mascarenhas Homem tem jazigo na capela-mór da

voltando de Ceilão, **Francisco de Melo e Castro** e **António de Sousa Coutinho**; aos quais seguiu, em Junho de 1661, um novo govêrno provisório, composto de **Luís de Mendonça Furtado** e **D. Pedro de Lencastre**, que terminou em 14 de Dezembro de 1662.

O govêrno de Lisboa, absorto nos cuidados da metrópole, já não pensava na India; o que fêz que aqui êste sistema fatal das juntas, mais das vezes compostas de homens senis e sem grande prestígio, se prolongasse infelizmente o tempo bastante para se perder quási tudo o que nos restava no oriente.

Perda de Cranganor, Cochim e outras praças

Em 1661 os holandeses tomaram-nos Coulão, defendida com certo valor por um oficial chamado Fernando dos Santos. Em 1662 bloquearam e tomaram-nos por assalto Cranganor, depois duma briosa resistência que lhes opôs Urbano Fialho Ferreira.

Nesse mesmo ano puseram um rigoroso cêrco à cidade de Cochim, que, havia quatro anos, hostilizavam. Inácio Sarmento de Carvalho, que defendia esta cidade com bravura, expôs para Goa repetidas vezes o mau estado em que se achava a fortaleza e o risco que corria de ser tomada, não se lhe acudindo a tempo. Os nossos dois governadores, que eram incapazes de servir bem o Estado, e que passavam o tempo em contínuas disputas, não o atenderam. Além disto, Luís de Mendonça Furtado, inimigo pessoal de Inácio Sarmento, aproveitou-se da sua estada no poder para contrariar possìvelmente todos os seus

igreja do convento do Pilar em Goa-Velha, na parede do lado da epístola, ficando vis-à-vis, do lado do evangelho, o jazigo do capitão Lopo Barriga, seu genro. Vide Ismael Gracias, *Inscripções e epitaphios*, pag. 10.

pedidos e requisições; e não teve pêjo de sacrificar os interêsses da pátria a mesquinhas paixões pessoais.

Neste tempo chegava a Bombaim o governador, depois vice-rei, **Antonio de Melo e Castro** (1662–66). Êste, não podendo vir imediàtamente a Goa, ordenou aos governadores provisórios que mandassem para Cochim todo o socorro que podessem, deixando o que se lhes pedíra de Mombaça, que o governador geral tomava à sua conta. Mas Luís de Mendonça, contra as ordens superiores, teimou em mandar para Mombaça 5 navios com socorro, enviando para Cochim apenas duas almadias com 500 balas e poucos barris de pólvora; o que era suficiente para se consumir em duas horas! Luís de Mendonça, que nunca dera na India senão provas de insubordinação, não era capaz de proceder melhor nesta crise. Não lhe confiassem o govêrno da colónia, se não queriam essa pouca vergonha.

António de Melo e Castro, pouco depois de chegar a Goa e tomar posse do govêrno (16 de Dezembro de 1662), a-pesar de encontrar os cofres públicos já completamente esvasiados pelos governadores seus antecessores, arranjou e mandou nos fins do mesmo mês 8 navios com provimentos para Cochim; antes que êstes lá chegassem, os holandeses deram um assalto decisivo à fortaleza e, não obstante a vivíssima resistência, conseguiram entrar na cidade. Ainda assim, Inácio Sarmento postou-se com alguma gente à boca duma rua e combateu vitoriòsamente com o inimigo; mas, vendo que era impossível prolongar por muito tempo uma luta tão desigual, capitulou com a condição de ser transportado a Goa com a guarnição e os moradores que o quisessem seguir. Foi isto em 6 de Janeiro de 1663.

Assim terminou o nosso domínio em Cochim, cujos soberanos, desde o comêço da descoberta, sempre se distinguiram pela sua nunca interrompida amisade e lealdade para com o govêrno português, a despeito da quási permanente guerra, que por êsse motivo lhes fêz o seu vizinho e nosso inimigo figadal, o rajá de Calicut. Duram ainda hoje em Cochim memórias de portugueses ilustres (1).

Após a queda de Cochim caíu a praça de Cananor governada por António Cardoso, que, apenas recebeu intimação do almirante holandês para se render, entregou-se cobardemente. Em seguida os holandeses foram-se apoderando, a uma e uma, das praças que ainda possuíamos na costa do Malabar e que se renderam quási sem resistência.

Cessão da ilha de Bombaim aos ingleses

Outro facto notável que se deu nesta época foi a entrega da ilha de Bombaim aos ingleses. Como se não bastasse a guerra para nos privar das colónias, o govêrno de Portugal, firmando, em 23 de Junho de 1661, o tratado de paz e casamento da infanta D. Catarina com Carlos 2.°, de Grã-Bretanha, deu como dote ao soberano inglês, além da cidade e fortaleza de Tánger na Africa, o pôrto e a ilha de Bombaim na India ; e isto, segundo resa o art. 11.° do tratado, " para que El-rei de Grã-Bretanha estivesse melhor aparelhado para assistir, defender e amparar os vassalos do rei de Portugal naquelas partes, da fôrça e invasão dos holandeses." Por êste tratado cedia Portugal aos ingleses todos os territórios portugueses, então em poder dos holandeses, que êles lhes pudessem conquistar, e concedia-lhes tam-

(1) Vide Cunha Rivara, *Inscripções portuguezas em Damão*, no *Chronista de Tissuary*, 2.° vol., pag. 75, 96 e 112,—e o folheto *Inscripções portuguezas* que se encontram na igreja de S. Francisco de Cochim, trasladadas pelo bispo D. João Gomes Ferreira, e publicadas em Lisboa no ano de 1892.

bém o direito de estabelecer feitorias no meio das nossas colónias da A'sia e América. A Inglaterra prometia defender Portugal e seus domínios como a si própria e restituir-nos todos os territórios que os holandeses nos tomassem depois de assinado o tratado. Para a execução dêste tratado, António de Melo e Castro, vindo de Portugal em 1662 a bordo de uma nau inglesa, trazia a ordem de dar posse de Bombaim ao procurador do rei da Inglaterra.

Chegando, porém, o governador à ilha de Anjoane e, tendo notícia de que os holandeses haviam sitiado Cochim, pediu ao general inglês (Lord Malborough), que lhe fôsse em socorro com as naus do seu comando, como parecia que devia fazer, uma vêz que se acabava de negociar uma boa e sólida amisade entre a coroa de Portugal e a de Inglaterra; o inglês, porém, recusou-se. Chegados a Baçaim, repetiu o governador as suas instâncias ao general Abraham Shipman, que vinha de Surrate para tomar posse e ficar governando Bombaim, mas nada conseguiu. Protestando, então, contra a recusa dos ingleses, que vinha a ser uma prévia infracção do tratado, António de Melo e Castro não quis entregar Bombaim e, dando conta do seu procedimento ao govêrno superior, acrescentou os inconvenientes que traria ao Estado a entrega daquela praça, lembrando-lhe, ao mesmo tempo, a troca desta em dinheiro, que a Fazenda da India e os habitantes se ofereciam a pagar em quantia que se convencionasse.

Perdida assim a esperança de tomar a almejada posse por bem, determinaram os ingleses tomá-la com mão armada e expediram alguns navios de guerra ao pôrto de Bombaim; mas, vendo que os nossos fortes se achavam bem apercebidos com a artelharia, que António de Melo, prevendo o perigo, fizera enviar de Baçaim, recuaram. As naus malogradas foram descansar em Angediva à espera de melhor ensejo, e ali morreu o general Abraham Shipman, substabelecendo a procuração do rei de Inglaterra em Humphrey Cook, a quem os documentos portugueses chamam Inofre Coque.

De Angediva despachou o inglês uma das naus a queixar-se a Portugal; a côrte, sem esperar pela justificação do governador, mandou precipitàdamente ordens terminantes para a entrega de Bombaim e, receando que António de Melo opusesse novas dúvidas à execução delas, enviou poderes suficientes ao Vedor da Fazenda da India, Luís Mendes de Vasconcelos, e ao Chanceler da Relação de Goa, Sebastião Alvares Migos, para dar posse da ilha, avisando o governador, na carta de 16 de Agosto de 1663, de que mandaria proceder contra quem impedisse o cumprimento das suas ordens com a demonstração que o caso pedisse.

Entrega de Bombaim

Ainda assim, António de Melo houve meio de demorar a entrega por mais um ano; porque esperava que o govêrno de Portugal acordasse à sua voz e atendesse ao que êle e o conselho do Estado em Goa lhe haviam representado; mas finalmente, esgotados todos os pretextos, assinou a ordem fatal em 14 de Janeiro de 1665 e a 18 de Fevereiro efectuou-se a entrega. Dois meses depois chegava a resposta de el-rei mandando suspender a entrega de Bombaim e aceitando o alvitre de a comprar, segundo a indicação do governador. Era já tarde [1].

Tomada a posse contra a expressa e manifesta vontade dos habitantes de Bombaim, que mais de uma vez quiseram revoltar-se, seguiram-se as conseqüências que António de Melo receava; pois, os primeiros

[1] Vide a nota final A.

passos dos ingleses foram a invasão dos nossos direitos, dos de seus novos súbditos e do nosso território. " A ilha de Mahim foi-nos tomada sob o pretexto de que na vasante se passava para ela por uma restinga a pé enxuto ; os nossos católicos foram ameaçados na sua fé e principalmente na sua Egreja ; os foreiros e o Estado obrigados a pagar, não os foros estipulados, mas rendas *ad libitum*; os aforamentos firmados com a assinatura do vice-rei não reconhecidos." (Tomaz Ribeiro). Contra todas estas infracções protestou em 26 de Maio de 1665 o capitão da fortaleza do Norte Inácio Sarmento de Carvalho. O protesto nada influíu no ânimo de Inofre Coque ; mas ia produzindo uma sublevação dos norteiros contra os novos dominantes, a que António de Melo obstou, prometendo-lhes o resgate da sua cidade a dinheiro, como se estava contratando.

Em seguida, os ingleses empregaram todos os meios para ampliar o seu comércio e aniquilar a importância política de Portugal no oriente ; e, tendo por certo que a amisade com os hindus lhes franquearia o comércio, forneceram aos maratas em 1739 armas e munições de guerra, com que estes nos expugnaram as importantes praças de Salsete, Baçaim e Chaúl, reduzindo a perda delas à extrema pobreza as principais casas de Goa (1).

Em Outubro de 1666 tomou posse do govêrno o vice-rei **João Nunes da Cunha**, conde de S. Vicente, conhecido pelas famosas cartas que escreveu a el-rei (2).

(1) J. Gerson da Cunha, *Notes on the History and Antiquities of Chaul and Bassein*, 1876.

(2) Para amostra damos a seguinte carta, por vezes citada quando se trata das cousas da India.

" Senhor.—A India se vê de muito longe, e se ouve muito tarde, e assim nada me espanta da forma, com que muitas ordens se

O conde de S. Vicente era instruído (¹) bravo e enérgico. Foi com uma famosa armada ao estreito de Ormuz bater os árabes e tomar Mascate, mas os grandes temporais malograram-lhe a emprêsa. Contudo, trabalhou sempre para restaurar possivelmente a importância de Portugal no oriente.

Em 1668 Sivagi, na continuação de constituir o seu império marata (²), tentou conquistar a cidade de

expedem, e do mal que muitas ordens se guardam ; já um grande ministro disse que a jurisdição dos reis de Portugal se não extendia mais que até Santarém, que dêste termo para diante tudo era dos corregedores das comarcas ; na India se extende, o que o vicerei pode, até Bardez e Salsete, daqui por diante tudo é jurisdição dos capitães das fortalezas, e nos rios ainda ninguem teve jurisdição, e assim tomara saber quem havia de lançar esta oitava parte, se quatro maticaes de fóros se não cobram, e que hade importar esta contribuição *em terras incultas*, nem a oitava parte é nada, nem a *India está como se pinta*, e com dizer a v. magestade que todo este estado tem menos portuguceses que Alhos Vedros, tenho encarecido as suas miserias bastantemente ; os gentios não tem fazendas e *os canarins apenas cultivam o que comem* ; das pedras não se tira mel, nem do seixo durissimo o azeite, estes milagres são para Deus, v. magestade deve mandar á India quem lhe facilite impossiveis ; que eu não sei mais que chorar as miserias, que vejo, e conhecer dificuldades, em tudo o que obro ; se isto nasce de mim, venha outro, *se isto nasce dos povos*, tenha v. magestade piedade deles, porém está tal a India que se hade ter compaixão das pedras, porque não ha homens de que ter lástima, e dêste deserto ha agricultores, que esperam tirar fruto. A Real Pessoa de v. magestade Deus guarde.—Goa, 26 de Junho de 1669.—*Conde de S. Vicente.*"

(¹) Deixou vários manuscritos sôbre matemáticas e genealogias, e algumas poesias ; imprimiram-se em 1666 o *Panegírico* ao sereníssimo rei D. João 4.º, e o *Epitome da vida e acções de D. Pedro, etc.*

(²) Nos meados do século XVI Sivaji, levantando o estandarte de revolta contra a dominação maometana, arrancou ao Grão-mogol e a Bijapur algumas províncias e fortalezas, com que constituiu o reino marata com a capital em Raigad, donde foi mais tarde tansferida para Satará. Tendo sido morto por Aurangzeb o

Goa por estratagema. Introduziu disfarçadamente nos arrabaldes da cidade, em ocasiões diferentes e sob vários pretextos, 400 a 500 soldados em pequenos troços com o projecto de, depois de duplicado o número, tomarem de surpresa, alta noite, um dos *passos* e o receberem dentro da fortaleza antes que o exército português acudisse em defesa. Mas, em Outubro dêsse ano o vice-rei, tendo conhecimento ou suspeita do plano, mandou proceder à uma rigorosa busca nos arredores, prendeu todos os 400 ou 500 maratas e provàvelmente lhes extorquiu a verdade. Em seguida, chamou o embaixador de Sivagi e, dando nêle, com a sua própria mão, duas ou três bofetadas, ordenou pô-lo nas fronteiras junto com todos os prisioneiros.

Sivagi, para vingar o malôgro da tentativa e a vergonha do castigo, reuniu um exército de 10 mil homens de infantaria e mil de cavalaria, e, ameaçando marchar sobre Goa, avançou até Vingurlá; mas, tendo achado os portugueses bem preparados para a resistência, regressou em Dezembro para Rajgad.

Êste facto, que não encontramos nas crónicas portuguesas, vem relatado em uma carta de Mr. Gyfford existente entre os documentos recolhidos da feitoria de Surrate, e donde se infere que o império marata, que mais tarde nos havia de arrancar o Baçaim, logo ao

seu filho e sucessor Sambaji, subiu ao trono Xaú, filho dêste, o qual, fraco e dissoluto como era, relegou todos os cuidados da administração no seu habil ministro (Pexvá) o bráhmane Balaji Vixvanath, que fêz o cargo de ministro hereditário na sua família. Os Pexvás posteriores tornaram-se tão poderosos, que eclipsaram completamente o poder real, e chegaram a estender o domínio marata a quási toda Índia. Tinham a sua côrte em Punem. Os reis maratas usavam o título de *Chatrapati*, i. é., "senhor do sombreiro", e estavam habilitados a pôr em campo 150 a 200 mil homens montados.

nascer movia hostilidades ao govêrno português [1].

No meio dos trabalhos em proveito da India, o conde de S. Vicente adoeceu gràvemente e, contando apenas 39 anos de idade faleceu em Goa a 6 de Novembro de 1668, sendo considerada a sua morte uma perda nacional. Foi sepultado na igreja de Bom Jesus, junto ao altar de S. Francisco Xavier.

Pelo seu falecimento, aberta a via de sucessão, acharam-se designados para o substituir **António de Melo e Castro** (parente do penúltimo vice-rei), **Luís de Miranda Henriques**, capitão de Diu e **Manoel Côrte-Real de Sampaio**, conselheiro do Estado. Na administração dêstes, não houve nada de notável, a não ser a derrota, que uma esquadra portuguesa infligiu a uma armada árabe no estreito de Ormuz em Agosto de 1669.

No govêrno do vice-rei **Luís de Mendonça Furtado de Albuquerque**, conde de Lavradio, (1671–1677) que principiou em 20 de Maio de 1671, permitiu o rei de Canará aos portugueses que levantassem feitorias muradas em Onôr, Barcelor e Mangalore e ainda em 1678, no govêrno do vice-rei **D. Pedro de Almeida**, conde de Assumar, imediato sucessor de Luís de Mendonça, consentiu a construção não só de feitorias, mas também de igrejas católicas em Baticalá, Caliampur e outras partes do seu domínio. Contudo nada disto obstou à torrente da decadência que seguia o seu curso.

Tendo D. Pedro de Almeida embarcado para Moçambique, por ordem da côrte, em 27 de Janeiro de 1678, ficaram governando a India **D. fr. António Brandão**, Arcebispo Primaz, e **Antonio Pais de Sande**; mas, tendo o arcebispo falecido em 6 de Julho dêsse ano, continuou o outro a governar sòsinho, em conseqüência de um assento da junta dos três estados até

(1) Vid. J. Sarkar, *Shivagi and his times*, pag. 280–281.

12 de Setembro de 1681. Nesse dia tomou conta do govêrno **Francisco de Távora,** (1681–86) conde de Alvor, que não foi muito feliz.

Invasão do marata Sambaji

Em 24 de Novembro de 1683 o marata Sambaji, filho e sucessor de Sivaji, acometeu a ilha de S. Estêvão com uma fôrça de 20 mil homens e, aproveitando a incúria das sentinelas, tomou de surpresa o forte passando à espada a guarnição. A notícia da invasão levou terror para a cidade e o conde de Alvor, reunindo à toda a pressa 400 soldados, apresentou-se no dia imediato ao inimigo. Começado o conflito, caíram, ao primeiro fogo do marata, quási 40 soldados nossos, uns mortos, outros feridos ; e muitos dos restantes, querendo fugir da cavalaria inimiga, que lhes vinha ao encontro, abandonaram o campo para se acoutarem dentro da cidade, mas em tal confusão, que alguns, ao atravessar o rio, foram arrastados pela corrente. O vice-rei ousou, contudo, com alguns soldados opôr viva resistência, mas vendo que o inimigo ia ganhando as posições, recolheu-se à cidade. Na noite expediu uma flotilha em defesa ; Sambaji porém, havia já abandonado a ilha e, com ela, todas as provisões de guerra, para ir acudir às fronteiras dos seus estados, que haviam sido invadidos por um numeroso exército dos mogois. Se não fôra esta coincidência, Goa talvez caísse em poder dos maratas, que já haviam cercado as praças de Rachol, Tivim e Chaporá e assaltado Margão. Incontestàvelmente o poder português na India havia chegado à máxima declinação [1].

Nesta ocorrência é digno de menção especial o

[1] Vid. *A Invasão de Goa pelo Marata em 1683*, por I. Gracias. *Or. Port.* vol. 8.º pag. 59 e seguintes.

devoto procedimento do vice-rei, que, reconhecendo a insuficiência dos seus meios de resistência, antes de marchar ao encontro do inimigo recorreu ao auxílio de S. Francisco Xavier, e, abrindo-lhe o túmulo, lhe entregou nas mãos o seu bastão, a sua patente e um papel escrito por seu próprio punho, em que, em nome de el-rei de Portugal, lhe pedia que salvasse o Estado e o tomasse sob a sua salvaguarda, como patrono e defensor dos portugueses no oriente. O inesperado aparecimento do mogol nestas críticas circunstâncias e a retirada de Sambaji foram geralmente atribuídos à miraculosa intervenção de S. Francisco Xavier. Era o A'tila parando às portas de Roma, na conceituosa frase dum ilustre prelado.

Fortificações em diversos pontos

O conde de Alvor, receando que o Sambaji se apoderasse da ilha de Angediva, para servir de ponto de reunião às suas embarcações, com que assolasse a nossa costa, fortificou a ilha e fêz aí muitas obras de utilidade pública; reformou a fortaleza de Rachol, depois de se defender do cêrco pôsto pelos maratas, e mandou levantar como barreiras contra as incursões dêsses inimigos um forte em Colvale e dois em Tivim respectivamente chamados *Forte de Assumção* e *Forte do meio* como auxiliares ao *Forte novo de Tivim*, construído em 1635 pelo conde de Linhares, e ligou estes entre si e com o de Colvale por meio de uma rija muralha protegida por um profundo fôsso primitivamente cavado para unir o rio Mandovi com o de Chaporá.

O conde de Alvor, por causa da insalubridade da cidade de Goa e sobretudo para evitar nova invasão dos maratas, ouvida a Junta dos três estados, resolveu transferir a capital para Mormugão (1); o que

(1) Cunha Rivara, *Tentativa da Mudança da Cidade de Goa*

concorreu para apressar a queda da cidade, como atraz está dito.

O seu sucessor **D. Rodrigo da Costa**, (1686–90) governou até 1690 passando depois o govêrno a **D. Miguel de Almeida.** Por seu falecimento a 9 de Janeiro de 1691 entraram na governança, por via de sucessão, (1691–93) **D. Fernando Martins Mascarenhas de Lencastre e Luís Gonçalves Cota**; o segundo, porém, morreu logo em Junho do mesmo ano e foi substituido pelo arcebispo **D. fr. Agostinho da Anunciação** em virtude de uma carta declaratória do govêrno da metrópole.

Em 28 de Maio de 1693 tomou posse do govêrno da India o vice-rei **D. Pedro Antônio de Noronha**, (1693–98) conde Vila Verde, e restabeleceu no ano imediato o prestígio das armas portuguesas (que haviam sido quási sempre infelizes nas lutas com os maratas), derrotando em Rajapur a esquadra de Sambaji e trouxe para Goa como trofeus 32 canhões inimigos, que pode aproveitar ([1]).

Não foi menos feliz diplomàticamente. Pelo tratado que fêz com o Xá de Pérsia conseguiu não só a construção duma nova feitoria e o pagamento da metade dos direitos da alfândega, mas também a promessa de nos auxiliar o Xá na reconquista de Mascate.

Durante êste govêrno os portugueses exerceram também influência em Bassorá; pois não só tiveram ali feitoria com os empregados pagos pelos habitantes, mas também a cidade pagava por ano um tributo de 5 mil e 500 patacas.

Ao conde de Vila Verde sucedeu **Antonio Luís Coutinho**, (1698–1701), que governou três anos, e com

para Mormugão, no *Cronista de Tissuary*, 1.° e 2.° vols.

([1]) *Bombay Gazeteer, Savantvady*, pag. 195 nota 7.

autorisação superior abrindo as vias de sucessão entregou o govêrno ao arcebispo **D. fr. Agostinho da Annunciação**, e **D. Vasco Luis Coutinho.**

CAPÍTULO XV

Sinopse do desmoronamento do império luso-indiano, e a decadência da cidade de Goa.

O soberbo império luso-indiano, fundado e engrandecido pelos heróis, que assombraram o mundo com os seus feitos épicos, após um século apenas de duração desmoronou-se tão ràpidamente como fôra conquistado. E' verdade que os germens da ruína já se manifestavam cada dia mais visíveis ainda no período da sua maior grandeza, mas a política da Espanha contribuiu poderosamente para lhe abreviar a decadência, precipitando os acontecimentos.

Filipe 2.° da Espanha e 1.° de Portugal mandou fechar em 1594 o pôrto de Lisboa aos comerciantes dos Estados europeus inimigos da Espanha, que vinham buscar os géneros orientais ; e os principais inimigos do Leão Castelhano, que, abusando da sua fôrça, zombava das nações visinhas, eram a Inglaterra e a Holanda.

As companhias inglesa e holandesa

A disforra, que estas tiraram, foi a nossa completa ruína ; pois, fundaram duas companhias poderosas para comerciar no mar das Indias orientais : a Companhia Inglesa instituida em 1600 pela célebre rainha Isabel, e a Companhia Holandesa, que se organisou em 1602; cada uma com o fundo de muitos milhões de cruzados, e ambas armadas de grande poder militar e político.

Mas, em quanto a companhia inglesa tratava de se organizar e obter uns privilégios, a holandesa adiantou-se e veio arrancar-nos o comércio e também os nossos territórios, que considerava, para todos os efeitos, como espanhois, principiando logo, desde 1595, a invasão dos mercadores holandeses a arruinar o monopólio mercantil português. No decurso desta guerra luso-holandesa ainda alguns reis indianos, discontentes ou resentidos, apoderaram-se de algumas das nossas feitorias e fortalezas.

A fôrça portuguesa, embora fizesse prodígios de valôr, não podia lutar com êsses príncipes formidáveis em poder e opulência, menos ainda resistir em diversos pontos aos ataques, cada dia mais freqüêntes, das poderosas armadas holandesas, que encontravam muitas vezes o terreno já preparado, infelizmente, pelos êrros e desacertos de alguns governantes portugueses obcecados pela sórdida cubiça, e sobretudo pelas injustiças, violências e barbaridades praticadas por alguns capitães das fortalezas, que haviam atraído profunda aversão dos asiáticos ao domínio português ([1]).

Daí uma série de desastres, a-pesar de lutas e defesas homéricas, sendo acolhidos pelos indígenas com braços abertos os novos chegados, fossem o que fossem.

Em 1607 os holandeses conquistaram os nossos estabelecimentos das Molucas e de Sumatra, e em 1618 fundaram a cidade de Batávia em Java, que se tornou o centro do comércio das *Ilhas das especiarias*, rivalizando em pouco tempo com Malaca.

([1]) *Instrucção do M. de Alorna*, part. 3.ª pag. 53.

No mesmo ano de 1607 perdemos no Pegu a fortaleza de Siriam e o reino de Massinga. Em 1622 o Xá da Pérsia, ajudado pelos ingleses, tomou-nos a opulenta cidade de Ormuz, da qual se dizia = Se o mundo fôra um anel, Ormuz seria a sua pedra preciosa = ; e a esta perda se seguiram as outras como a de Mascate e de todos os estabelecimentos da costa da Arábia até ao Mar Vermelho. Em 1632 o Grão Mogol Xá-Jahan, resentido por os portugueses lhe terem recusado o socorro pedido ao tempo em que, como príncipe rebelde, andava fugitivo na província de Bengala, e indignado com as piratarias cometidas por alguns dêles no pôrto de Chitagong ou Catigão, destruiu-nos a feitoria de Hugli, no pôrto de Bandel, que Nuno da Cunha havia fundado, entabolando relações comerciais com essa riquíssima província, chamada então o *paraíso da Índia* ; e matou mil portugueses, levando prisioneiros para Agra quatro mil, incluindo mulheres e crianças, que, só depois de um ano, conseguiram regressar, ficando, porém, o comércio quási aniquilado ([1]).

Em 1635 os holandeses, atacando o tráfico da China, ocuparam a ilha Formosa e destruiram os nossos estabelecimentos ; em 1639 conquistaram-nos Baticalá, e depois Trincomale e Gale ; em 1640 tomaram-nos Malaca depois de vinte e cinco meses de cêrco ; em 1656–58 arrancaram-nos Manaar, Jafna e toda ilha de Ceilão, quando já não restavam dentro das rôtas muralhas de Colombo se não noventa e quatro soldados estropiados e famintos ; e no meio desta tempestade que nos ia varrendo de tantos portos e fortalezas, bloquearam-nos duas vezes a cidade de

([1]) M. Stephens, *Hist. de Port.* pag. 264 ; e *History of the Portuguese in Bengal by* J. Campos pag. 44.

Goa em 1603 e 1640, bombardeando pela segunda vêz a fortaleza de Mormugão, donde foram felizmente repelidos.

Em 1661 a ilha de Bombaim foi cedida à coroa inglesa. Entre os anos de 1661–63 caíram sucessivamente em poder dos holandeses as nossas fortalezas de Barcelor, Mangalore, Onor, Coulão, Cranganor, Cananore, Cochim e outras da costa do Malabar ; e os estabelecimentos de Negapatão e S. Tomé de Meliapor na costa do Coromandel. Em 1699 os mouros tomaram-nos Mombassa depois de três anos de cêrco e morte do capitão.

Território restante no princípio do século XVIII

Assim dilacerado e repartido o nosso império, os restos que nos ficaram no oriente, ao principiar do século XVIII, foram a província de Goa, compreendendo o arquipélago das Ilhas, as penínsulas de Salcete e Bardês e a ilha de Angediva ; a província do Norte, a província de Moçambique, a feitoria de Surrate, a cidade de Macau (¹) e o arquipélago de Timor e Solôr. Olhemos agora para o estado a que se reduziu a capital do império.

A luta dos holandeses conosco, que durou quasi 70 anos e nos tirou a maior parte das possessões, influiu poderosamente nos destinos da cidade de Goa ; pois os holandeses absorveram todo o nosso comércio do extremo oriente, e os ingleses, desde 1615, o da Pérsia e da India do noroeste, sendo repetidas vezes aprezados no mar, pelos corsários holandeses, os navios portugueses que se encontrassem carregados. Estas

(¹) A cidade de Macau foi fundada em 1557 no território cedido aos portugueses pelo imperador Kia-Tsing, sendo-lhes permetido comerciar com China e Japão ; mas como êsse comércio ao tempo não tinha atingido proporções muito importantes, os holandeses deixaram os portugueses tranqüilos em Macau.

calamidades contribuíram, mais que tudo, para a decadência e pobresa da *áurea* Goa, onde a corrupção dos costumes, que reinava desenfreada, já era de si bastante para minar a sua prosperidade.

Ao mesmo tempo a febre epidémica, que afligira a cidade 50 anos atrás, tornou a desenvolver-se em 1635 com incrível violência, espalhando terror e desolação por toda a parte. O govêrno não podia, em vista do tesouro esgotado pelas despesas da guerra, tomar medidas para atalhar os progressos da moléstia, que foi, portanto, reduzindo e empobrecendo a população.

No meio disto, os holandeses, que haviam bloqueado a barra de Goa em 1603, tornaram a aparecer em 1640 e bloquearam a cidade, retirando-se, contudo, em 1643 sem causar grave dano.

Mas nem a epidemia, nem a decadência do domínio português poderam abater de vez a grandeza e magnificência externa da cidade. Pois, a despeito da miséria por que passou a capital da India portuguesa no fim do primeiro quartel do século XVII, esplêndidos edifícios, na cidade e nos subúrbios, atraíam a atenção dos estrangeiros, assim como se admirava a ostentação e o luxo dos seus habitantes, aliás já reduzidos à pobreza e indigência. Tavernier, que esteve em Goa em 1648, admira o esplendor da cidade, mas diz que muitos dos habitantes europeus que na ocasião da sua primeira visita em 1642 eram ricos e tinham de renda anual 2.000 coroas (500 libras), haviam chegado agora ao estado de mendigarem secretamente; e, contudo, não deixavam a sua vaidade, que era notável principalmente nas mulheres, as quais iam de palanquins para solicitar o auxílio da caridade, acompanhadas de escravos para transmitir suas mensagens às pessoas cujo socorro imploravam.

No terceiro quartel do mesmo século havia ainda

na cidade, segundo os viajantes Filipe Baldeus, Dellon e dr. John Fryer, que a visitaram, um grande número de europeus, muçulmanos e pagãos de diferentes paises; algumas lojas, ao longo da rua principal, cheias de sêdas, porcelana e outros artigos; os escravos eram vendidos, como dantes, em leilão; a cidade apresentava uma aparência nobre, mas já tinha muitos edifícios em estado ruinoso, e os habitantes tentavam ostentar-se a despeito da sua crescente miséria.

Depois de 1675, Goa decaíu ràpidamente e em 1683 escapou de caír em poder do marata Sambaji, que a investira com uma fôrça enorme, começando a obra de saque e pilhagem, e que fôra obrigado a retirar-se para acudir aos seus estados repentinamente atacados pelos mogois, como dissemos. Pouco tempo depois a cidade sofreu a escassês de provisões, que, conjugada com a epidemia e a decadência do comércio, a reduziu à miséria e ruína. As famílias mais opulentas retiraram-se para os subúrbios e aldeias visinhas de Guadalupe (Batim), S. Lourenço, Naroá, Chorão e outras; e muitos dos edifícios particulares, que adornavam a cidade, arruinaram-se por falta de necessários reparos.

Transferência da capital para Mormugão

Nestas circunstâncias, tanto por causa da insalubridade, como pelo receio de nova invasão dos maratas, o vice-rei conde de Alvor, conformando-se com o parecer da maioria da Junta dos três estados, congregados, em 12 de Janeiro de 1684, na fortaleza de S. Tiago de Banastarim, resolveu abandonar a cidade e transferir a sede do govêrno para a península de Mormugão. Aprovada esta resolução pelo govêrno da metrópole, começaram em 1685 as obras da nova cidade sob a direcção do jesuíta padre Teotónio Rebelo, a quem sucedeu o padre Manoel de Carvalho, também da Companhia de Jesus.

Entretanto, o conde de Alvor, concluído o período do seu govêrno, regressou a Portugal, e o seu sucessor D. Rodrigo da Costa, seguindo o voto unánime de todos os seus conselheiros, mandou suspender a construção da nova cidade. Mas esta suspensão não foi aprovada pelo govêrno da metrópole, que estava persuadido, segundo lhe informara o conde de Alvor, de que, se não se transferisse a capital da India para Mormugão, Goa cairia em poder dos maratas; porque a cidade não estava suficientemente fortificada e as fortificações da ilha eram tão extensas, que requeriam numerosa fôrça para as defender no caso do ataque inimigo. D. Rodrigo recebeu portanto ordens terminantes para recomeçar e prosseguir a obra, aplicando-lhe as rendas provenientes do imposto do tabaco. Estas ordens foram executadas pelo governador, embora com grande repugnância, e foram sucessivamente levantando-se alguns edifícios. Em 1693 chegou o vice-rei conde da Vila Verde com instruções não só para apressar os trabalhos da cidade, mas para se mudar, com todas as autoridades eclesiásticas e civis, para a nova capital. O vice-rei, porém, achando difíceis de executar essas ordens, fixou a sua residência em Panelim, arrabalde da cidade. Seguiu-lhe o exemplo o arcebispo e a maior parte da nobreza.

Durante 15 anos subseqüentes, vieram ordens de Portugal, repetidas vezes, para demolir os edifícios públicos da cidade e aplicar os seus materiais à construção dos novos em Mormugão, assim como para os vice-reis transferirem a sua residência para êsse logar. Estas ordens, geralmente, não foram executadas sob diversos pretextos. As insistências da côrte partiam principalmente do conde de Alvor, nomeado em 1692 presidente do conselho ultramarino, posição que muito lhe facilitava levar avante a construção da nova cidade começada sob os seus auspícios.

Durante o vice-reinado de Caetano de Melo e Castro deu-se impulso à obra, e, por alvará de 17 de Dezembro de 1703, construíram-se vários edifícios, entre os quais podem ser mencionados o palácio, o hospital, o convento de freiras, a alfândega, a casa de pólvora e a de moeda e um edifício para a Relação. Caetano de Melo transferiu para essa península a sua residência em 1703; mas pouco tempo ali permaneceu. Passados alguns anos, quando o conde de Alvor deixou de ser o presidente do conselho ultramarino e conseguintemente cessou de influír no govêrno da metrópole, as obras da cidade de Mormugão ficaram suspensas em 1712 por determinação régia. Assim acabou essa frenética tentativa de erigir uma nova capital, que custou ao Estado nada menos de 160.000 xerafins e que serviu simplesmente para apressar a queda da cidade de Goa.

Os habitantes da cidade concorreram, também da sua parte, para a ruína dela ; pois, logo que ouviram que o conde de Alvor propusera a mudança da capital, deixaram arruinar as suas casas, uns porque dificilmente podiam acudir às despesas de reparação, outros de propósito para venderem os materiais e obterem os meios de subsistência. Em sua conseqüência, a maior parte dos edifícios da cidade começaram a cair. O senado no intuito de conservá-los nomeou um oficial para os inspecionar duas vezes ao mês e obrigar os proprietários a cuidar deles, não se permitindo a ninguém destruir seu prédio, inteiro ou em parte, sem motivo plausível. Estas medidas salutares foram aprovadas pelo vice-rei D. Rodrigo da Costa, mas não só não foram confirmadas pelo govêrno de Lisboa, pelo contrário, vieram ordens para demolir os edifícios da cidade e com os seus materiais construir novos em Mormugão. O povo tirou vantagens destas ordens; pois, segundo informava para Portugal o vice-rei António Luís da Cámara Coutinho, em 20 de Dezembro de 1699, os habitantes alegando que iam construir casas em Mormugão, obtinham licença para demolir as da cidade; mas destruídas estas, não faziam mais que vender os materiais em seu proveito. Em conclusão, o vice-rei observava que, emquanto a cidade estava já arruinada, Mormugão permanecia no mesmo estado como dantes. Em resposta el-rei ordenava que não permitisse a ninguém demolir seu prédio na cidade, sem que fosse obrigado a construir novo em Mormugão. Então os proprietarios recorreram ao estratagema de deixar as casas em parte destelhadas durante o inverno, para que o tempo e o clima consumassem a destruição independentemente da licença ou despesas.

Segundo escreve Gemelli Carreri, que visitou Goa em 1695, a capital da India estava reduzida a um estado miserável. Não havia na cidade mais que 20 mil habitantes. Os portugueses europeus eram poucos, mas os seus descendentes numerosos; e os mulatos constituíam um quarto da população. Muitos dos naturais eram sacerdotes, advogados e solicitadores. A maior parte dos mercadores eram hindus e muçulmanos que viviam apartados dos cristãos. Os europeus, embora decaídos da sua primitiva grandeza, tinham ainda a vaidade de andar de palanquins com escravos atrás pegando sombreiros por cima deles. Êstes escravos compravam-se na cidade por 15 ou 20 coroas por cabeça.

Poucos anos depois, não se via na cidade senão desolação e ruína em todos os pontos, estradas desertas, edifícios desmoronados e três quartos da população gemendo sob o pêso da indigência. Somente os conventos e igrejas com poucos edifícios públicos estavam em pé para atestar a passada grandesa. O vice-rei conde da Ericeira, por seu alvará de 22 de

Agosto de 1719, intentou conservar as poucas casas que ainda existiam na proximidade dos edifícios religiosos e desobstruir as ruas cobertas de ruínas; mas foi inutil. A destruição da cidade completou-se. Foram construidos, porém, magníficos prédios nos arredores e principalmente na margem do rio.

Em 1739 o território de Goa foi de novo atacado pelos maratas e a cidade esteve no risco de cair nas suas mãos. Os frades, as freiras e a parte desvalida da população refugiaram-se em Mormugão. Nesta conjuntura chegou o novo vice-rei e conseguiu repelir os invasores. Mas estes continuaram a mover-nos hostilidades, até que se concluiu a paz em 1759 e se cantou um *Te Deum* solene na catedral. Durante o período das perturbações e desastres, o vice-rei Conde de Sandomil pretendeu transferir a capital para Mormugão, mas, reconhecendo os embaraços e os inconvenientes, escreveu a el-rei que o melhor meio de providenciar contra as invasões dos maratas era construir uma nova cidade entre Pangim e Cabo.

No último quartel do século 18.° segundo referem os viajantes Anquetil du Perron, Edward Ives e o holandês Jacob Canter Visscher, a cidade era um montão de ruínas e quási abandonada, ao passo que nos arrabaldes e na margem do rio havia belas casas construidas com os materiais das que outrora adornaram a capital, com os respectivos pomares e jardins, que davam subsistência aos proprietários. Os europeus não tinham actividade para o comércio, mas eram muito amigos de títulos pomposos. Goa era já um fardo pesado para o govêrno, custando nada menos de 300,000 piastras cada ano e exigindo a fôrça de 2 mil soldados europeus para a defesa. Estes soldados eram miseràvelmente pagos, e os capitães recebiam o sôldo de doze xerafins por mês e viviam somente de arroz e peixe. A frota que se achava fundeada no mar da India, estava reduzida a poucos navios de guerra. Mas cada navio tinha um capitão de mar e guerra, um grande número de capitães, tenentes e porta-bandeiras, todos com sôldo insignificante. Contudo, a ostentação reinava como no estado florescente. Os fidalgos, além dum séquito de negros, armados de compridas espadas, levavam ao lado dos seus palanquins, em vez de um, dois ou três sombreiros, ornados de franjas pendentes e botões de prata, cujos portadores eram também negros, vestidos de fato vermelho.

Em 1 de Dezembro de 1759, o governador mudou a sua residência de Panelim para Pangim, acompanhando-o várias pessoas importantes. Desde êste momento os subúrbios foram gradualmente abandonados. Neste mesmo ano os jesuítas foram expulsos de Goa. Os seus magníficos edifícios foram declarados propriedade do Estado, que os votou ao desprêso e abandôno. O comércio, que era limitadíssimo, ficou aniquilado e a população, em poucos anos, se reduziu a uns 1600 habitantes.

Tentativa da reedificação da cidade

Foi neste estado da cidade que o marquês de Pombal concebeu o projecto de a reedificar, como se vê das famosas *Instruções* que deu ao governador D. José Pedro da Câmara. Começou a obra da reconstrução em 1777, e empregou-se todo o esfôrço para levar avante a tentativa. Na escassês de meios o govêrno lançou mão de impostos, e as comunidades agrícolas foram obrigadas a contribuir com determinada quantia de dinheiro e com certo número de operários para a erecção de casas na cidade. Assim as comunidades das Ilhas pagaram 100 mil xerafins, as de Bardês 140 mil e as de Salsete 156 mil. Chegaram a restaurar-se as ruas que ficavam na margem do rio. Como os operários recusassem ir à cidade por mêdo da epidemia, que continuava a grassar com violência, eram arrastados pelos soldados e obrigados a trabalhar sob a inspecção da fôrça armada, comandada pelo brigadeiro Henrique Carlos Henriques. Dos 1625 operários importados de Salsete 665 adoeceram e 58 morreram em menos de 5 meses. Contudo o govêrno da metrópole, surdo às reclamações do povo, não só insistia no prosseguimento da obra, mas tratava de fazer povoar a cidade. Todos os fidalgos e funcionários públicos tiveram ordens para fixar a sua residência na capital sob pena de perderem as suas regalias e vencimentos. Poucos, porém, as executaram e chegaram a reparar as suas casas.

Finalmente o govêrno, convencido da impossibilidade de reedificar a cidade, abandonou a emprêsa, depois de ter despendido inùtilmente 396 mil xerafins, que tirou ao povo, além do dinheiro que saíu do tesouro público!

Mais tarde o vice-rei D. Frederico Guilherme de Sousa encontrou a cidade em estado complètamente ruinoso, como se lê num ofício por êle dirigido ao ministro em 4 de Fevereiro de 1780.

"Achei a cidade de Goa, diz o vice-rei, em deplorável estado; ruas inteiras sem casas, e os seus terrenos reduzidos a palmares; outras em que se não vê mais que ruínas. As casas antigas, que existem, estão ameaçando a maior ruína, e com dificuldade se repararão pela pobreza e miséria dos senhorios delas, não existindo na sua magnificencia mais que a Sé, os conventos das religiões, e as novas moradas de casas, ainda que incompletas, de que em outra carta refiro a V. Ex.ª, demonstrando-se pelos seus vestígios a grandeza da mesma cidade nos antigos tempos, e a suma decadência dela no tempo presente.

"Goa tem oitenta e sete casas velhas e pequenas,

algumas de sobrado, e outras térreas, além das novas moradas de casa incompletas. O mais distrito é de palmares; aonde se acham espalhadas sem ordem trezentas e cincoenta casinhas ou choupanas térreas, cobertas de folhas de palmeiras, em que moram os rendeiros dos palmares, taverneiros, cafres, mulatos, e outra gente pobre" ([1]). Hoje encontram-se em pé na velha cidade dez edifícios religiosos, um palácio patriarcal e umas 4 ou 5 casinhas particulares.

CAPÍTULO XVI

Vitórias e Calamidades

Caetano de Melo e Castro, (1702–1707) vice-rei, não obstante a sua prolongada enfermidade, tentou erguer a India do seu progressivo abatimento, sendo solícito em castigar a audácia do Bounsuló, inimigo permanente e insidioso do Estado.

A fortaleza de Amoná, fronteira à ilha de S. Estevão, ocupada pelas tropas de Kemá Saunto Bounsuló 2.°, impedia a navegação do rio visinho, pelo qual se transportavam certas provisões para a nossa ribeira das naus ([2]). Caetano de Melo resolveu-se a ir em

([1]) T. de Aragão—Descrição geral das moedas, vol. 3.°, pag. 383.

([2]) Kemá Saunto Bounsuló, 1.° chefe do distrito de Vari, depois Saunto-Vari, e feudatário de Bijapur, lançou mão de algumas terras e proclamou-se independente em 1627, elevando o seu território a Dessaiado. Quando cresceu o poder de Sivagi, fundador do império marata, Lakam Saunto fêz, em 1658, aliança com êste e foi confirmado como Sar-Dessai da Praganá de Kudal.

pessoa sôbre essa fortaleza e, em 4 de Julho de 1705, investiu-a tão valorosamente, que a levou à escala sem morte de nenhum dos seus e acabou todas as defensões dentro da mesma fortificação, a qual, depois de ganhada, mandou demolir e arrasar para não deixar em pé um receptáculo em que o Saunto pudesse outra vez introduzir sua gente. Poucos meses depois, Caetano de Melo marchou para Bicholim, sitiou duas fortalezas dominadas pelo Kemá e, com a persistência da artelharia, obrigou o inimigo a fugir, mandando em seguida demolir as fortalezas tomadas.

Em ambas essas acções distinguiu-se uma *mulher-soldado*. Era D. Maria Ursula de Abreu de Alencastre, natural do Rio de Janeiro, filha de João de Abreu de Oliveira; a qual veio do reino na monção de 1700, tendo de idade 18 anos, com o nome suposto de Baltazar do Couto Cardoso, com o qual se matriculou na Casa da India. Esta heroína casou em Goa com Afonso Teixeira Arrais de Melo, natural de Vila Real, que também veio na referida monção com a patente de capitão do forte de S. João Batista, nas Ilhas de Goa, e em cuja companhia ela tinha militado como praça de soldado na fortaleza de Chaúl. O govêrno português, em reconhecimento dos serviços que essa dama prestou em Amoná, Bicholim, Tivim e Chaúl, concedeu-lhe em aforamento durante a sua vida dois pedaços de palmares, sitos na cidade de Chaúl. (1)

(1) Cunha Rivara, *Heroina brazileira* no *Boletim do Govêrno*, n.º 59 de 1861,—e Ismael Gracias no *Boletim Oficial* n.º 99 de 1890 e no artigo *Brazileiros notaveis em Goa* no *Almanac Popular brazileiro* para 1898, pag. 139.

Em Maio de 1706 Caetano de Melo tomou as ilhas de Corjuém e Ponelém ao mesmo Kemá Saunto e fortificou-as.

Conquista de Corjuém e Ponelém

Além dêstes factos o govêrno de Caetano de Melo foi também ilustrado por uma vitória naval. O general Francisco Pereira da Silva tinha-se recolhido a Goa da expedição ao estreito da Pérsia com algumas perdas. Os árabes, animados com isto, vinham hostilizar-nos a costa da India em fôrça de nove fragatas com 3 mil homens de desembarque. Caetano de Melo expediu uma armada de sete fragatas sob o comando de Jorge de Sousa e Meneses. O inimigo foi atacado nas águas de Surrate e, a-pesar-da resistência que apresentou, foi obrigado a fugir vergonhosamente deixando duas das suas embarcações em poder dos nossos e perdeu neste conflito mais de setecentos homens, entrando neste número o próprio general.

No govèrno de Caetano de Melo construiram-se em Mormugão vários edifícios, nos termos do alvará de 17 de Dezembro de 1703, como atrás está dito, e no mesmo ano o vice-rei transferiu para èsse logar a sua residência, mas pouco tempo ali permaneceu, ficando as obras da nova cidade suspensas em 1712 por determinação régia.

Durante o vice-reinado de **D. Rodrigo da Costa,** (1707-1712) tiveram os portugueses lutas insignificantes com piratas e com alguns régulos da costa indiana, que despresavam cada vez mais o nosso poder, desde que as outras nações europeias influiam na India mais do que nós e, principalmente, desde que os próprios maratas haviam afrontado com sucesso as nossas armas.

A D. Rodrigo sucedeu **Vasco Fernandes Cesar de Meneses,** (1712-17) 1.° conde de Sabugosa, que, decidido a manter a nossa influência e o respeito das nossas armas, deu ao rajá do Canará, em 1713, uma lição severa. Efectivamente o rajá do Canará, que pelos tratados era obrigado a dar-nos arroz para Goa por um certo preço, intentou libertar-se dessa obrigação e, pretextando que os navios portugueses lhe haviam feito umas ofensas, decidiu-se a fazer-nos guerra. Vasco Fernandes Cesar, sem se assustar com as poucas fôrças de que dispunha e com o poder que lhe diziam ter o soberano inimigo, expediu uma esquadra de onze navios com 350 homens sob o comando de um bom oficial prático, José Pereira de Brito, da ilustre casa de *Covinha* (Paredes de Coura). Esta esquadrilha, chegando a Cumptá, queimou onze navios do inimigo e na altura de Onor tomou três navios, que vinham da Pérsia carregados de cavalos. Em seguida as tropas portuguesas desembarcaram em Barcelor, queimaram algumas aldeias e tomaram à escala viva a própria cidade. Daí passou Pereira de Brito a Caliampur, cidade defendida por sete baluartes bem artelhados, tomou de assalto a fortaleza e apoderou-se de toda a artelharia. De Caliampur passou para uma outra cidade chamada Molequim, onde, não conseguindo tomar o forte, lançou fogo à povoação. Finalmente bombardeou Mangalore e tendo arrasado pagodes e muitas povoações na costa do Canará regressou a Goa.

Este enérgico procedimento de Vasco Fernandes obrigou o soberano do Canará a pedir a paz, que lhe foi ditada com onerosas condições. O terror, que espalharam essas vitórias, fêz também entrar na obediência os outros rajás vizinhos de Goa, pagando o tributo que nos deviam.

Vasco Fernandes teve também de lutar com os piratas, que nos inquietavam desde 1707, acometendo as embarcações e causando graves prejuisos ao comércio. Dêstes pira-

Pirata Angriá

tas o mais temível era Kanoji Angriá *Serquel*, que de pequeno cabo do marata se fizera, por meio de corso e saques, um grande poder independente no Concão, tendo por capital Vijayadrug ou Guiriém, com o acampamento principal, bem fortificado, em Alibag no Kolabo, próximo da nossa fortaleza de Chaúl. O vice-rei mandou, para reforçar a guarnição desta fortaleza, alguma tropa sob o comando de António Cardim Froes, que sustentou um combate naval com os poucos navios da armada do pirata metendo um deles a pique.

Em 1713 Kanoji aliou-se com o rajá marata, inimigo dos portugueses, e tornou-se mais insolente. O vice-rei enviou uma esquadrilha, que, não conseguindo desalojá-lo do Kolabo lhe bloqueou a barra causando-lhe grande dano e abatendo um tanto a sua importância marítima.

Vasco Fernandes mandou construir um forte em Quítula, bairro de Aldoná, fronteiras de Bardês e regressou ao reino entregando o govêrno ao arcebispo primaz **D. Sebastião de Andrade Pessanha**, (1717) indicado na via de sucessão.

Em 16 de Outubro de 1717 começou o auspicioso govêrno do valoroso e justiceiro conde da Ericeira, **D. Luís de Meneses**, (1717–20).

No seu vice-reinado, D. Lopo José de Almeida ganhou uma vitória notável, reduzindo a cinzas a cidade de Porpatane, que se recusava, havia 19 anos, a pagar tributo ao govêrno português. Em 1718 socorreram as nossas armas com êxito um sultão malaio, que implorara o nosso auxílio ; e finalmente em 1719 o almirante António de Figueiredo Utra destroçou uns poucos de navios árabes à vista de Bandar-Congo.

O conde da Ericeira recebeu embaixadas da Pérsia

e do Grão-Mogol ([1]) ; começou a construção da fortaleza superior de Chaporá, animou a agricultura e a indústria e administrou pronta justiça.—Depois da sua retirada para Portugal foi queimado o *bambual*, que tinha mandado plantar para servir de barreira à província de Salsete, à custa das aldeias, fintadas para êsse fim em 20 mil xerafins.

Ao conde da Ericeira sucedeu o vice-rei **Francisco José de Sampaio e Castro**, (1720–23).

O corsário Kanoji Angriá mostrava-se novamente arrogante e insolente acometendo embarcações portuguesas e británicas, até que um dia apresou um navio inglês, que vinha de Madrasta trazendo um milhão de rupias.

Para vingar este insulto o governador de Bombaim, John Child, confederou-se com o vice-rei Sampaio em Novembro de 1720, para, de mão comum, destruirem o corsário ; o que deu logar a um grande recrutamento em Goa ([2]) e à derrama de uma finta sôbre as aldeias.

As tropas combinadas atacaram a fortaleza de Vi-

([1]) Grão-Mogol é o título porque é conhecido entre os portugueses o imperador mogol de Delhi. Êste império foi fundado pelo tártaro Babar, descendente de Taimur-Lang (Tamerlão) e chegou ao seu maior apogeu no tempo de Akbar o grande, abrangendo quási toda a India e estendendo-se pelo noroeste até Afganistão. Akbar manteve relações amistosas com o nosso govêrno e recebeu na côrte uma missão religiosa que, a seu pedido, lhe foi mandada de Goa sob a direcção do padre Rodolfo Aquaviva. Este imperador era casado com uma dama portuguesa de nome Juliana.

([2]) A propósito deste recrutamento, refere F. N. Xavier que, tendo uma viuva, residente no palmar Jambo de Panelim, requerido ao vice-rei que dispensasse de ir para o Kolabo seu filho, por ser único, tivera o seguinte jocoso despacho=Francisco José de Sampaio, único filho de seu pai, também para Kolabo vai= *Instr. do M. de Alorna*, pag. 24 nota 42.

jayadrug, e, não conseguindo tomá-la, queimaram 15 navios do pirata, que estavam no pôrto. Dois anos depois foram sitiar a fortaleza de Alibag e, logo ao primeiro assalto, o vice-rei recebeu embaixadores do *Psxvá* Bagi Rau propondo a paz, ou que êle socorreria o Angriá. Como a fôrça coligada era muito menor que a do inimigo, e a proposta da capitulação era para nós vantajosa, o vice-rei assinou o tratado de paz no dia 9 de Janeiro de 1722 ; o qual, porém, não foi ratificado pelos ingleses por não conseguirem as suas pretenções. (1)

O vice-rei faleceu em Goa a 13 de Julho de 1723 ; e poucos anos depois, faleceu também Kanoji; mas os seus filhos, Sambaji, Tulaji, Ma'naji e outros, estabelecidos uns em Guiriem, e outros no Kolabo, continuaram as piratarias, como veremos.

De 1723 a 1725 não houve nada de importante. Governou poucos dias **D. Cristóvão de Melo** só, e, depois, juntamente com o arcebispo **D. Inácio de Santa Tereza** e o Chanceler **Cristóvão Luís de Andrade.**

João de Saldanha da Gama (1725–32), que principiou a governar em Outubro de 1725, viu o seu vice-reinado ilustrado por mais de uma vitória.

Fondú Saunto Bounsuló, cujos estados ficavam próximos de Goa, confiado na protecção dos maratas, começou a mover-nos hostilidades ; mas o vice-rei escarmentou-o ; pois a fragata portuguesa *Palma* e outros navios pequenos queimaram-lhe algumas embarcações, e as tropas em terra incendiaram-lhe umas aldeias. No meio desta guerra, um filho do Bounsuló, por nome Nagobá, rebelou-se contra o pai,

(1) *Diciondrio Hist.*, anexo à *Viagem de duas mil Léguas* ; e Rev. Nairne, *Hist. of the Konkan* pag. 81-96.

e o vice-rei, auxiliando a rebelião, tomou a fortaleza de Bicholim, que entregou a Nagobá, dando-lhe por auxiliares alguns artelheiros portugueses, a-pesar da atitude ameaçadora dos maratas.

Outro facto que iluminou o govêrno de João de Saldanha da Gama foi a restauração de Mombassa.

Em Dezembro de 1727 saíu de Goa uma expedição comandada por Luís de Melo de Sampaio, que, depois de receber a vassalagem do sultão de Pate, desembarcou perto de Mombassa e começou a bombardear a cidade com tal êxito, que o governador da fortaleza capitulou com a guarnição árabe entregando tudo, armas e riquesa, fortaleza e cidade ao comandante português ([1]). Estas praças, porém, logo no ano de 1730 caíram de novo nas mãos dos árabes, tentando socorrê-las de novo o mesmo Luís de Melo de Sampaio por ordem do vice-rei.

João de Saldanha retirou para Portugal em Janeiro de 1732, entregando o govêrno à junta composta do arcebispo primaz, **D. Inácio de Santa Tereza, D. Cristóvão de Melo e Tomé Gomes Moreira**, (1732), que governaram alguns meses e fizeram pazes com os maratas, que invadiam as províncias do norte de Goa ; mas essa paz durou pouco.

Em 7 de Outubro de 1732 principiou o calamitoso govêrno do conde de Sandomil, **D. Pedro Mascarenhas**, 1732, que durou quási nove anos.

Neste infeliz govêrno os maratas, provavelmente instigados pelos ingleses, atacaram de novo nossas possessões e nos tomaram a província do Norte.

Esta província compreendia, no princípio do século XVII, a grande ilha de Salsete, com algumas praças

([1]) Vide Cunha Rivara, *Restauração de Mombaça*, no *Cronista de Tissuary*, 3.° vol., pag. 11, 32, 57, e 81.

Província do Norte

e povoações fortificadas, sendo mais notáveis a de Bandorá a oeste, onde se erguia a casa-forte dos jesuítas; e na costa oriental, a de Thaná, capital da ilha e pôrto muito importante pelo seu comércio; compreendia também as ilhas de Bombaim, Caranjá, Elefanta e outras, formadas pelo rio de Thaná; e na terra firme Chaúl, Bassaim, Surrate, Damão, Diu e numerosas aldeias, fortificações e serras ao norte da India.

A formosa cidade de Bassaim, que era a capital da província, fundada pelo governador Nuno da Cunha na margem de um rio e cercada de forte muralha com onze baluartes, possuia igrejas, mosteiros, hospitais, Misericórdia, ruas direitas e praças grandes com grosso comércio e numerosos solares de mui prosperados fidalgos, alguns dos quais, senhores de muitas aldeias, recebiam avultadas rendas em ouro ([1]). Pela sua importância política e comercial era esta cidade denominada *a Côrte do Norte*.

Desde 1534 a província foi governada por uma autoridade intitulada o *General do Norte*, que tinha um palácio magestoso em Bassaim e dilatada jurisdição administrativa, fiscal e militar, mas dependente do vice-rei ou governador geral da India. Embora a cessão da ilha de Bombaim ao soberano inglês Carlos 2.°, em 1661, tivesse tirado à província uma parte da sua extensão, não lhe havia diminuido absolutamente a sua importância; pois, Bombaim era ao tempo um pôrto tão insignificante, que Carlos 2.° o arrendou à Companhia Inglesa das Indias Orientais por 10 libras ao ano.

([1]) Diz a tradição que havia fidalgos que recebiam de rendas um arrátel de ouro por dia.

No maior auge, pois, da prosperidade da província do Norte o poderoso Bajirau, *Pexvá* ou ministro soberano do marata, alegando o pretexto de terem sido recebidos com palavras injuriosas os seus embaixadores pelo general do Norte D. Luís Botelho, mandou em Fevereiro de 1739, um exército formidável, comandado pelo seu irmão Chimnaji Apá, o qual tendo-se apossado, por surpresa, da fortaleza de Thaná, ainda incompleta, sitiou Bassaim com o mais apertado cêrco. Os sitiados opuseram, por três meses, uma resistência verdadeiramente heróica; mas, quando viram o seu número reduzido apenas a sessenta, e sem nenhum género de munições, capitularam, saindo da cidade com todas as honras de guerra.

Perda de Bassaim e da provincia do Norte

O último general da província foi Caetano de Souza Pereira, havendo sido mortos, durante esta guerra, os seus dois predecessores.

Bassaim caíu em poder do marata em 16 de Maio de 1739 e, com a queda da capital, perdemos todas as nossas possessões do norte, menos Damão, Diu e a feitoria do Surrate, (capitulação de 17 de Maio de 1739). Bassaim foi encorporado afinal nos domínios da Grã-Bretanha, e conserva ainda vários edifícios e monumentos da sua antiga grandeza.

No mesmo ano de 1739 e, quási ao mesmo tempo em que foi invadido o norte, um outro general marata, Venkata Rau, cunhado do referido Pexvá Bagirau, vindo por Sanguém à testa de um exército numeroso, entrou, a 23 de Janeiro, na província de Salsete, e, tomado o forte do monte de Margão [1] e o de Cuncolim, foi destruindo e saque-

Invasão do marata em Salsete e Bardês

[1] O forte de Margão, construido para a defêsa da aldeia à

ando aldeias e povoações, e finalmente sitiou a fortaleza de Rachol. E logo, em 5 de Março, os Sardessais de Kudal, aliados do marata, Ramchandra Saunto Bounsuló e seu tio Jayrama Saunto Bounsuló, (regente na menoridade do sobrinho), invadiram a província de Bardês, passando a fio de espada em Aldoná, 4 companhias de granadeiros, inclusivè o seu comandante, João Malhão de Brito, e, tendo-se retirado, depois de um ano, em virtude do ajuste de paz feito pelo Estado em Março de 1740, voltaram em 21 de Fevereiro de 1741 com tropas mais numerosas. Desta vez os Ranes de Satari, que tinham a obrigação de defender as fronteiras, facilitaram-lhes [1] a passagem pelas aldeias *extra muros*, [2] e não por Aldoná, que, a êste tempo, já tinha o seu cais protegido por uma guarnição com a respectiva tercena fortificada. Os Bounsulós ocuparam todas as fortalezas de Bardês, menos a de Aguada e dos Reis-Magos; saquearam as igrejas, e queimaram as casas roubando e assolando tudo o que queriam.

Como o conde de Sandomil não tivesse fôrça suficiente para expulsar o inimigo, as duas províncias sofreram e gemeram, por espaço de quási dois anos, sob o domínio violento e brutalmente opressivo dos invasores, denominados em Goa *Pundas* (bandidos), não obstante os sacrifícios que as Câmaras gerais faziam, de lhes pagar valiosas somas em dinheiro para obterem a pacificação; pois Venkata Rau, depois de ter recebido, como pagamento da primeira prestação do ajuste público de paz feito em 27 de Abril de 1739,

custa da cámara geral em 1738, foi destruido pelo marata em 1739. *Bosq. Hist. das Com.* P. 2.ª, pag. 34.

(1) *Bol. do Governo* de 1852, pag. 100.

(2) As aldeias *extra muros* eram Nadorá, Revorá, Pirna, Sirçaim e Assonorá.

a importância de dois laques de rupias e mais um laque por ajuste particular em utilidade dos cabos, não evacuou Salsete, como devia nos termos da capitulação, mas levantou apenas o cêrco de Rachol, conservando em seu poder as fortalezas de Margão e Cuncolim e a aldeia de Assolnã, nem obrigou o Bounsuló a deixar Bardês, conforme se ajustara na mesma capitulação ; porque exigia imperiosamente o pagamento das restantes duas prestações, 5 mil rupias. (1)

Nesta situação humilhante e aflitiva estava o povo de Salsete e Bardês, quando lhe sorriu a fortuna com a chegada do novo governador.

Entretanto, em 1739, um sucesso brilhante iluminou por momentos o quadro sombrio desta tristíssima administração. A nau *Vitória*, que fôra mandada, sob o comando de António de Brito Freire, aos portos do sul para trazer mantimentos para o abastecimento de Goa, foi atacada por uma armada do pirata Angriá composta de 7 palas e 10 galvetas. O combate durou dia e meio ; mas António de Brito portou-se com tal firmeza e valor, que o inimigo foi repelido com grandes perdas e o navio voltou triunfante para Goa (2). Pouco tempo, porém, durou a glória dêste sucesso ; pois em 1740 o pirata Sambaji Angriá pôs fêcho a esta desgraçada época destruindo a frota portuguesa e apoderando-se do seu material.

Do govêrno do conde de Sandomil ficou na administração pública um documento memorável : o regi-

(1) *Oriente Port.*, vol. 4.°, pag. 124.
(2) O vice-rei deu conta desta acção à côrte em carta de 8 de Fevereiro de 1740, que é interessante e se acha publicada à pag. 2 do *Catálogo dos Livros do Assentamento da Gente de Guerra*, por Ismael Gracias.

mento das comunidades, de 15 de Junho de 1735, o segundo diploma fundamental e orgánico daquelas antigas e utilíssimas associações, .sendo o primeiro o Foral de 1526, dado pelo vedor Afonso Mexia, e cujo original foi, ha pouco, descoberto pelo sr. Danvers na Tôrre do Tombo, de Lisboa. (1)

CAPÍTULO XVII

1741-1750—Campanha contra o marata e sucessos felizes

-Os negócios da India andavam mal. Os maratas iam invadindo as nossas províncias e apoderando-se dos nossos territórios. Próxima se antolhava a nossa total ruína. Nestas circunstâncias el-rei D. João 5.°, para ver se restabelecia na India o prestígio do nome português, nomeou de novo para vice-rei o **Conde da Ericeira**, (1741-42) que grangeara no oriente merecida reputação, e que recebeu com a nomeação de vice-rei o título de marquês de Louriçal.

Efectivamente o marquês veiu à India com 6 naus de guerra, trazendo 4 batalhões e 16 peças de artelharia, dando cada uma 20 tiros por minuto, da invenção do oficial dinamarquês Frederico Weinholtz (2),

(1) Cit. obra *Report on the Portuguese Records.*

(2) Sôbre estas peças leiam-se os artigos de Cunha Rivara na *Imprensa*, de Ribandar, n.os 29 a 33, 34 e 37 a 40, sendo também interessante a nota de Texeira de Aragão à pag. 297 do seu livro atrás citado.

e tomou posse do govêrno em 18 de Maio de 1741; mas não pôde encetar logo, como desejava, a campanha contra os inimigos, que se tinham apoderado das províncias de Salsete e Bardês, tanto pela vizinhança do inverno, como por causa dos doentes e convalescentes da guarnição das naus.

No dia 12 de Junho, em que cessou de chover, é que se pôs em movimento o nosso exército. Juntaram-se em Chorão, no cais de Carepa, 4 batalhões de infantaria, comandada pelo general de Bardês Manoel Soares Velho e uma companhia de granadeiros com um corpo de sipais e, antes de amanhecer o dia 13, passaram à ilha de Corjuém sem oposição. Nesta estreita passagem de Carepa a Corjuém viraram-se infelizmente duas embarcações e afogaram-se 56 granadeiros, não só por inércia sua, mas também pela confusão com que as outras embarcações os procuravam socorrer.

Restauração de Bardês e Salsete

Desembarcando o general, tomou de assalto a fortaleza de Corjuém e, deixando-lhe uma guarnição, marchou imediàtamente ao forte de Colvale, que achou circunvalado de uma trincheira com muita artelharia; acometeu-o sem hesitação e, depois de sofrer uma vigorosa resistência, conseguiu assaltá-lo e rendê-lo. Em um e outro forte haviam os inimigos aberto uma porta falsa sôbre o rio, pela qual se salvaram alguns em grande desordem, perecendo outros, afogados no rio. Marchou logo o tenente-coronel D. Luís de Pierrepont, que viéra de Lisboa com o vice-rei, a atacar o forte de Chaporá, que achou abandonado; pois, após a derrota de Colvale, o inimigo havia evacuado não só êste, mas todos os restantes fortes de Bardês. Em seguida o vice-rei assinou pazes honrosas com o Bounsuló, propostas por êste, obrigando-o a todas as despesas da guerra e fazendo-o tributário do Estado, (11 de Outubro de 1741).

Restaurada a província de Bardês, o vice-rei pôs cêrco à fortaleza de Pondá, pertencente ao marata, e que era constante ameaça às nossas terras, e conseguiu tomá-la. Logo depois tomou-lhe também as fortalezas de Sanguém e Supém, obrigando-o com estas derrotas a evacuar Salsete, e tudo isto no curto espaço de um ano, que tanto durou o seu govêrno, terminado pela sua prematura morte (1742). O marata, a-pesar-de derrotado e expulso de Salsete, não cessou de nos hostilizar, senão depois de ter sido concluida com êle a paz definitiva, que foi em 1759, sendo cantado na Catedral um solene *Te Deum*. O Bounsuló, porém, infiel ao tratado que tinha assinado, inquietou-nos sempre até 1819, em que o seu território foi encorporado nas possessões inglesas. No govêrno do marquês de Louriçal foram adjudicadas a Salsete as aldeias de Mulém, Parodá e Talavordá, cedidas ao Estado pelo rei de Sunda em 1742, com a cláusula de lhes serem conservados os seus antigos usos e privilégios.

Seguiu-se-lhe o govêrno provisório composto de **D. Francisco de Vasconcelos**, bispo de Cochim, **D. Lourenço de Noronha** e **D. Luís Caetano de Almeida**, que nada fizeram.

Só no princípio de 1748 providenciou el-rei D. João 5.º ao govêrno do Estado da India, nomeando vice-rei **D. Pedro Miguel de Almeida e Portugal** (1744–1750), que se distinguira nas batalhas de Saragoça e de Vila Viçosa e trouxera a salvamento a Portugal através da Espanha, o corpo do exército que operara, na Catalunha.

D. Pedro de Almeida recebeu sucessivamente os títulos de conde de Assumar e de marquês de Castelo Novo, e vindo à India logrou restabelecer a glória das nossas armas.

O Bounsuló, pela facilidade com que tinha podido apossar-se da província de Bardês em 1739, passando a fio de espada em Aldonã 4 companhias nossas de granadeiros, pela errada disposição do respectivo comandante, tinha-se ensoberbecido de tal modo, que, esquecendo-se tão depressa do castigo infligido pelo marquês de Louriçal em Colvale, não cuidou senão em quebrantar a paz, infestando as nossas costas com as suas costumadas piratarias, represando as nossas embarcações que saissem do porto, e saqueando por duas vezes a província de Pondá, que, segundo o tratado, eramos obrigados a defender ao rei de Sunda.

O marquês de Castelo Novo, que, ao chegar à Índia, encontrara perdida a fortaleza de Pondá, resolveu tomar uma outra praça que garantisse a terra firme de Goa contra as repetidas invasões do Bounsuló ou de outros régulos aliados dos maratas.

Tomada de Alorna e outras praças

Dirigiu-se, portanto, contra Alorna, uma das praças mais fortes que tinha o inimigo, e investiu-a na madrugada de 5 de Maio de 1746. O ataque foi violento e ensanguentado, tendo por fim conseguido os nossos entrar impetuosamente através do constante fogo dos adversários que foram obrigados a desamparar êste recinto e recolher-se ao castelo que ficava dominante. Nessa entrada cairam mortos muitos dos nossos, ficando gràvemente ferido, o intrépido coronel Pierrepont, encarregado de dirigir a campanha, a quem uma bala de pedreiro levou a barriga da perna e que transportando-se contudo em um palanquim, continuou a dar ánimo à acção. O marquês de Castelo Novo mandou escrever ao governador da praça, Gomá Saunto, primo do Bounsuló, que se rendesse, se queria salvar a vida sua e de toda a guarnição. O governador, porém, respondeu com arrogância que esperava pelos portugueses para os tratar da mesma sorte como em Aldonã. O vice-rei ordenou então dar assalto ao castelo. Na escalada houve larga e perigosa disputa. Quási todos os oficiais das quatro companhias dos granadeiros, que tentaram subir, foram mortos, uns pelo fogo que os inimigos faziam intenso a seu salvo das seteiras, outros precipitados das escadas, que derribavam por meio de compridos paus. Contudo os nossos bravos soldados, não recuando diante do máximo perigo, conseguiram com grande arrôjo entrar no castelo e passaram à espada toda a guarnição incluindo o Gomá Saunto.

Esta emprêsa foi altamente favorável ao prestígio das nossas armas e o marquês aproveitou o efeito produzido para tomar, quási sem resistência, mais algumas praças. Pois, tomou a de Bicholim, que o inimigo abandonou percebendo que o vice-rei ia atacá-la ; a de Avaró, no Dessaiado de Manerim, a de Tiracol e finalmente a de Rarim ou Reddi.

A notícia destas vitórias produziu em Portugal um verdadeiro entusiasmo, como era de esperar ; pois se não fossem essas conquistas não tardaria muito que os portugueses bloqueados em Goa pelos maratas, sem comunicações com a terra firme, sem esquadras poderosas que a sustentassem, tivessem que abandonar para sempre o oriente. D. João 5.º, querendo, portanto, reconhecer os importantíssimos serviços do general vitorioso, concedeu-lhe, por um decreto extrèmamente honroso, o título de marquês de Alorna para êle e seus descendentes.

Pouco depois, em 3 de Dezembro de 1748, o marquês de Alorna foi, com uma armada, atacar a fortaleza de Neutim, situada em um monte altíssimo na borda do mar e que era a última que o Bounsuló possuia na costa de Saunt-Vari.

Aproximando-se as nossas embarcações da terra e,

disparados alguns tiros de artelharia em troca dos que o inimigo nos enviava, a bucha duma das nossas peças ateou fogo na palha do monte de tal sorte, que um cabo, de nome Ismal Khan, sem esperar por ordem, saltou com alguma gente em terra e investiu a praça. O inimigo, atónito, sem poder vêr com o fumo o que lhe sucedia, supôs ter desembarcado toda a gente da armada e, receando o mesmo estrago que em Alorna, cego de medo, abriu as portas e se pôs em precipitada fuga. Arvorou-se em um instante a bandeira portuguesa na praça e Ismal Khan foi desculpado do castigo, que o seu irregular procedimento merecia, em atenção ao bom resultado que deu.

Em seguida, o marquês de Alorna mandou ainda atacar a trincheira que tinha o Bounsuló em Carlim e conseguiu tomá-la.

O Bounsuló, vendo que já não tinha logar na costa onde recolher as suas embarcações, e receando que os portugueses passassem, o que era facil, de Carlim a Vaddi onde costumava residir, entrou numa espécie de desesperação. Mandou publicar por todas as aldeias que toda a gente se retirasse para os Gates e, logo que esta começou a abalar, bàrbaramente a roubou, dizendo que, se os portugueses o haviam de fazer, melhor era que êle se aproveitasse. Desta desesperação passou a fazer o último esfôrço e veio uma noute com uma fôrça de 1500 homens surpreender as duas praças de Alorna e Rarim ; mas foi repelido.

Ao marquês de Alorna, portanto, se deve verdadeiramente a conservação dos restos do nosso poder na India, que teríamos de abandonar por não podermos viver apertados entre os maratas e holandeses, se não fossem conquistadas essas praças, que nos permitiram respirar com mais desafogo. O marquês de Alorna desejava ainda restabelecer o nosso antigo domínio em Meliapor quási extinto; mas a falta de recursos e outras circunstâncias lho não permitiram. (¹)

(¹) E' interessante a história da cidade de Meliapor, que foi três vezes portuguesa.

Em 1522 depois de terem sido descobertas na povoação de Meliapor as relíquias do Apóstolo S. Tomé, os portugueses, que já eram senhores do logar, fundaram alí e fortificaram uma cidade com a denominação de *S. Tomé*, sendo cunhadas em comemoração dêsse descobrimento, moedas de ouro com a efígie do mesmo apóstolo, vulgarmente conhecidas pelo nome de *Santomés*, velhos e novos.

Esta cidade, que tinha um pôrto muito vantajoso para o comércio da India, foi tomada pelos holandêses em 1662, ao tempo em que era capitão da praça Lourenço Ferreira de Brito. Mas, nos princípios do século XVIII, voltou à posse do Estado, e havendo sido extinto o logar de capitão da fortaleza em 1706, a provisão de 8 de Maio de 1708 incumbiu do govêrno o senado da mesma cidade.

Depois de 1742 o Grão-Mogol assenhoreou-se dela provavelmente sem encontrar oposição; pois a êste tempo o domínio português era alí quási nominal; mas, decorridos poucos anos, Meliapor tornou a hastear a bandeira portuguesa pela terceira vês e contudo é hoje possessão inglesa. Vejamos como.

D. António José de Noronha ou fr. António da Purificação, natural de Goa-Velha e descendente, por bastardia, do Conde dos Arcos, franciscano observante e vigário de N. Senhora da Luz, em Meliapor, tendo travado relações de amisade com Dupleix, governador geral de Pondicheri, de quem se dizia parente próximo por afinidade, conseguiu, pela poderosa influência dêste governador, ser nomeado Comissário Visitador das missões do distrito de S. Tomé e praticou nesta situação os maiores abusos e até violências.

Suspenso de visitador e, segundo se diz, expulso da Ordem, D. António deixou a vida clerical e foi auxiliar o governador francês nas suas emprêsas militares contra os ingleses, prestando-lhe bons serviços pelo seu valor e índole belicosa.

Nestas alturas o nababo de Arcot reconhecido a Dupleix pelo importante auxílio, que êste lhe dera para derrotar um seu inimigo, doou, na qualidade de vice-rei do Grão-Mogol, a cidade de S. Tomé e suas 30 aldeias e junções à companhia francêsa, sendo dado o govêrno dêsse território e suas alfândegas a D. António, que tomou posse do lugar e arvorou no baluarte de Meliapor a bandeira portuguesa, participando imediàtamente o facto ao vice-

Concluído o seu brilhante govêrno em 27 de Setembro de 1750, o marquês de Alorna regressou ao reino. São famosas as instruções que sôbre o govêrno político, social e económico da India deixou ao seu sucessor, e até a implantação do regime republicano se observava no acto da posse dos governadores o cerimonial ou programa, que para êsse fim promulgou. (1)

-rei por carta de 18 de Agosto de 1749. O vice-rei, congratulando-se com D. António pela notícia recebida, e no intuito de levantar S. Tomé do abatimento em que se achava, deu por assentado que o govêrno dessa cidade pertencia ao rei de Portugal; e não podendo por várias dificuldades mandar de Goa para ali um governador, e achando inconveniente constituir como governador D. António, que não passava de um simples religioso franciscano, nomeou-o *Procurador da nação portuguesa na costa do Coromandel* para cuidar dos reais interesses.

Mas, antes que a patente chegasse às mãos do nomeado, os ingleses, na noite de 14 de Outubro de 1749, atacaram com numerosa tropa a cidade de Melispor.

D. António defendeu-a vigorosamente com 20 homens e 4 peças de artelharia por espaço de 8 horas, causando algumas perdas aos assaltantes, que finalmente se apoderaram da cidade e conduziram D. António prisioneiro para Londres.

O vice-rei protestou contra a invasão e deu parte ao govêrno superior, que nunca resolveu a questão de S. Tomé.

Não serão inoportunas aqui mais duas palavras sôbre o aventureiro. D. António, conseguida a liberdade passou a París, onde foi recebido com muita consideração por Luís XV, que o nomeou bispo de Halicarnasso. Voltando de París com êste título para Pondicheri, prestou ainda importantes serviços militares aos francêses, maratas e mouros, sendo condecorado pelo Grão-Mogol com o título de nababo *Xamadur Bahadur Dilavarjenga.* (a)

Em 1762 regressou a Goa e tomou parte na conquista de Pondá, como veremos.

(a) Quer dizer, *espada invencivel de coração guerreiro.* Vid. Ismael Gracias, *O Bispo de Halicarnasso.*

(1) As instruções foram publicadas em Goa no ano de 1836 por Frederico Leão Cabreira (edição rara) e reimpressas com interessantes notas e o cerimonial a que nos referimos, por F. N. Xavier em 1856.

CAPÍTULO XVIII

1750-1772—Conquistas e desastres; várias providências e reformas

Em Setembro de 1750 veiu governar a India **Francisco de Assis de Távora** (1750–54), 3.º marquês de Távora, com o título de vice-rei. Continuando a gloriosa época do seu antecessor, o marquês de Távora combateu o Bounsuló e os maratas, obrigando-os a levantar o sítio que aquele por terra e êstes por mar haviam pôsto à fortalesa de Neutim. Mandou uma expedição contra o pirata Manaji estabelecido no Colabo, que infestava os mares da vizinhança de Diu; arrazou-lhe a fortaleza de Neubadel e queimou as embarcações que se achavam no pôrto.

Pouco tempo depois, teve de guerrear também com o rei de Sundém ou Sunda, nosso antigo aliado. (1) Pois êste rei, contravindo ao que estava disposto no tratado de paz ajustada conosco em 1742, concedeu licença aos ingleses para estabelecerem uma feitoria em Karvar. O marquês de Távora, reclamando contra a infracção do tratado, representou ao Sunda, por intermédio do pe. Diogo do Amaral, da Companhia de Jesus, missionário em Sivansar, que o estabelecimento dos ingleses na nossa vizinhança havia de prejudicar os interesses do Estado, constituindo-se chamariz e valhacouto dos nossos desertores, como era nesse tempo a ilha de Bombaim, além de aniquilar o nosso pequeno comércio de côco e sal que se exporta-

(1) Vide a nota final B.

vam pelas boiadas para os Gates. O rei de Sundém prometeu formalmente não admitir os ingleses no seu território; mas não cumpriu a promessa, e, continuando esta negociação por tempo de quási dois anos, foi cometendo novos insultos, que parecia indecoroso sofrer.

Guerra ao rei de Sundém

Desejando pois reprimir o orgulho dêsse rei e de seus ministros, o marquês de Távora declarou-lhe guerra em 17 de Maio de 1752 e, não podendo durante o inverno, que já principiara, ir atacar a fortaleza de Karvar, como projectava, juntou as tropas em Rachol e mandou invadir-lhe as províncias de Pondá e Zambaulim. Não tardou a aparecer um embaixador do Sunda, que, entrando em conferências, prolongou-as de propósito por tempo de vinte dias, no fim dos quais constou ao marquês que algumas embarcações inglesas tinham vindo de Bombaim à enseada das galés com socorro de gente, armas e munições para as fortalezas de Piro e Ximpém (Karvar).

O marquês mandou então retirar da cidade o embaixador em 24 horas, guarneceu as fronteiras da província de Salsete, que era mais exposta, e no dia 30 de Outubro com uma armada tripulada por 880 portugueses partiu para a enseada das galés.

Tomada das fortalezas do Sunda

Em 3 de Novembro atacou a praça de Piro, que era bem fortificada e que, se julgava, seria uma conquista importante como anteparo aos ingleses. A defesa não foi fraca, porque, além do fogo vivíssimo que a praça fazia, vinham de revés constantes tiros dum patacho e duas manchúas, que estavam no rio de Karvar, causando grande estrago às nossas companhias de granadeiros. Contudo conseguiram as nossas tropas escalar as muralhas, passando a fio de espada alguns dos defensores, que não tinham podido fugir.

Guarnecida a praça de Piro, foi o marquês de Távora acometer a de Ximpém. Esta respondeu ao nosso fogo com poucos tiros e levantou logo a bandeira branca. O marquês aceitou a capitulação, permitindo que a guarnição se retirasse desarmada.

No dia imediato atacou e tomou o forte de Conêm, que, por ser inútil, mandou demolir, depois de lhe tirar a artelharia com que estava guarnecido ; e apoderou-se dos navios pertencentes ao rei de Sunda, que encontrou fundeados no rio de Karvar.

Voltando a Goa, o marquês de Távora fêz invadir de novo as províncias de Pondá e Zambaulim até 1754, em que lhe foi pedida a paz, que aceitou impondo onerosas condições.

Concluido o seu brilhante govêrno, o marquês de Távora regressou ao reino, onde, poucos anos depois, êle com sua espôsa e filhos, acusados do crime de lesa-magestade, foram martirizados e executados na praça de Belém a 13 de Janeiro de 1759. Por êste motivo não existe o retrato do vice-rei Francisco de Assis de Távora nas salas do palácio do govêrno em Pangim, pois foi arrancado por uma ordem régia !

Separação de Moçambique do Estado da India

No govêrno do marquês de Távora foi desmembrada do Estado da India a província de Moçambique, por carta régia de 9 de Maio de 1752.

Ao marquês de Távora sucedeu o conde de Alva, **D. Luís Mascarenhas** (1754–56), vice-rei, cujo govêrno principiou em 20 de Setembro de 1754. D. Luís era homem ilustrado, mas tão desconfiado, que se tornava indeciso e vingativo.

O seu primeiro cuidado foi restabelecer relações amigáveis com os dominantes vizinhos do Estado. Em Outubro fêz pazes com o Bounsuló cedendo-lhe, na conformidade das ordens superiores, as praças de Rarim e Neutim, e em Novembro renovou por seis meses o armistício que já havia com o rei de Sunda e que era mal respeitado de parte a parte.

Feita a paz com o Bounsuló, foi o vice-rei tomar posse de Tiracol, que tinha sido conquistado pelo marquês de Alorna, e mandou proceder ao balizamento das nossas fronteiras do norte.

Infelizmente, porém, duraram pouco estas alianças. O Bounsuló, pondo-se atrás dos piratas, começou investir os nossos navios mercantes, e o Sunda, a quem pelo tratado de paz haviamos entregue as terras de Pondá, Sanguém e Zambaulim, recusou entregar-nos em compensação, como devia, o Chandarnate e as três aldeias contíguas: Mulém, Talavardá e Parodá.

O conde de Alva intentava marchar contra o Sunda e tomar à força essas aldeias. Nestas circunstâncias o pirata Tulaji Angriá, atacado a um tempo pelos ingleses e pelo marata, pediu-lhe auxílio contra êles.

Ora os ingleses, poucos meses antes, nos haviam tomado a cidade de S. Tomé de Meliapôr e todos os dias se divertiam em mandar ao vice-rei o rol duma dívida problemática, afecta à consideração das respectivas côrtes, alentando entretanto a audácia dos maratas na nossa fronteira e retendo em Bombaim, por frívolos pretextos, os nossos oficiais da marinha, além de protegerem os nossos desertores que se acoutavam nessa cidade. Já êstes motivos impeliam o vice-rei para tomar a desforra da arrogância inglesa.

Nisto chegaram a Goa dois enviados plenipotenciários de alguns príncipes coligados contra Naná Farnavis, poderoso ministro do pexvá Balagi Baji Rau, chefe dos maratas, solicitando o vice-rei a que entrasse na coligação em que estavam comprometidos o rei Mogol, a princesa marata Tará Bai Rani, o nababo de Savanur, Sambaji Rajá, Tulaji Angriá e outros. Exigia-se ao vice-rei por ora vender armas e provimentos e depois, acesa a guerra, enviar socorro aos coligados.

Segundo o tratado de paz de Puriém, celebrado em 1740, não só não podíamos socorrer o Angriá, pelo contrário tínhamos expressa obrigação de auxiliar o marata com a nossa armada, quando êle contendesse com êsse pirata. Todavia, como o Naná se portara conosco audacioso e fementido, entendeu o vice-rei dever castigá-lo, dando ao mesmo tempo uma lição aos ingleses, sem romper ostensivamente a aliança nem com êstes nem com aquele; entrou, portanto, a seu modo secrètamente, na coligação e, contra a opinião do arcebispo Neiva Brum e outros conselheiros, enviou ao Angriá o auxílio pedido. Em seguida escreveu ao Naná, contra quem expedira aquele socorro, oferecendo-lhe um presente de duas peças de damasco amarelo, quatro arráteis de tabaco *amostrinha* e duas caixas de prata, e noticiou-lhe que andava tratando das pazes com o Angriá.

Esperava o vice-rei que os coligados viessem ajudá-lo e generalizando a guerra, podesse êle um dia reaver para a coroa portuguesa as presas, que os ingleses nos tinham feito. Mas errou no cálculo; os coligados desapareceram e, principiada a guerra nos campos de Carapetan, os ingleses e os maratas viram com assombro os nossos esquadrões, os únicos que se conservaram firmes diante dos aguerridos generais do Naná, passando-nos por desleais.

Apareceram logo reclamações inglesas e o vice-rei, incapaz de sustentar briosamente a sua posição, retirou imediatamente o socorro ao Angriá (socorro que lhe custara 240,000 rupias) sob o pretexto de que êste abusara das nossas tropas, levando-as à batalha de Carapetan, quando haviam sido mandadas sómente para a defesa da praça de Guiriém ou Vigiadrug e deu ao inglês e ao Naná as mais reverentes desculpas e as mais inaceitáveis explicações. Mas, nem os ingleses, nem os maratas se iludiram; pelo contrário o vice-rei perdeu o prestígio da sua palavra e se colocou no desprêso dos adversários e na desconfiança dos amigos.

Triste resultado da desconfiança do vice-rei

Nestas condições a substituição repentina do embaixador do Sunda, que estava ultimando as pazes e com quem o vice-rei se entendia, azedou a questão e excitou os ânimos dos dois govêrnos. Os nossos navios mercantes foram desfeiteados pelas aûtoridades do Sunda em Cabo de Rama e nos mais portos do sul. Em Pondá o subedar (governador do Sunda) extorquiu os rendimentos da nossa alfândega e cometeu outros insultos.

Entretanto o Naná tomou a praça de Guiriém, aprisionou Tulagi Angriá e vencendo os nababos, com quem o vice-rei mantinha, porventura, relações secretas, enviou um exército de 15 mil homens cercar Sundém.

Ao conde de Alva pareceu que a sua fortuna lhe oferecia um ensejo favorável para se resgatar com uma acção de crédito, vingando-se do Sunda e, ao mesmo tempo, congraçando-se com o Naná; e, sem mais declarações, quebrando o tratado de paz, em virtude do qual, (embora mal cumprido), íamos recebendo algum dinheiro em prestações, marchou com a maior parte das tropas contra Pondá, fortaleza e terras do rei de Sunda. Mas, precipitou-se no abismo. Poucos dias antes, o rei de Sunda, atacado pelos maratas, tinha capitulado, entregando-lhes a praça de Pondá, que as tropas de Naná guarneciam justamente na ocasião da marcha do conde de Alva. Logo que os nossos se aproximaram da praça e viram com surprêsa, em vez de poucos soldados tímidos do Sunda, temíveis exércitos maratas, retrocederam e se puseram em debandada, mas com tal mêdo e em tal desordem, que, julgando-se perseguidos de perto pelas lanças inimigas, muitos se precipitaram ao rio e morreram afogados. Foi êste desastre em 1 de Junho de 1756.

Já o conde de Alva, contra o seu desejo e por uma fatalidade, se tinha constituido inimigo declarado dos maratas, provocando-os com a sua presença em Pondá; decidiu-se, portanto, a continuar a guerra e marchou de novo com um numeroso exército para Pondá e no dia 28 de Junho, às 11 horas da manhã, estacionado num oiteiro abriu fogo sôbre a praça de Mordongôro, situada no alto duma montanha. O projecto do vice-rei era tomar a praça, batendo-a em brecha.

Desastre de Pondá e assassinato do vice-rei

Pela meia tarde houve incêndio na fortaleza e viu-se a muralha desguarnecida; uma parte das nossas tropas, que se tinham instalado no bazar, precedentemente tomado, ao pé do monte, sob o comando do tenente-coronel António Mourão de Miranda, julgaram ocasião oportuna para tomar de assalto a fortaleza e por sua audaciosa imprudência começaram a escalada. No momento do ataque uma chuva torrencial apagou o incêndio, reapareceram os maratas e esmigalharam os assaltantes. O vice-rei correu com suas tropas em auxílio e ainda estas foram esmagadas. O tenente-coronel Mourão de Miranda e outros poucos que escaparam a esta catástrofe puseram-se em desordenada fuga.

Para complemento da desventura, o conde de Alva, que descia o monte abaixo, sòsinho e vagaroso, recebeu pelas costas dois tiros e caiu morto, sendo o seu cadáver transportado no dia seguinte à cidade, onde foi sepultado. Aberta a sindicância, não se descobriram os autores dêste covarde assassinato; mas é provável que tenham sido os próprios soldados portugueses, que, tendo tentado assaltar a fortaleza sem ordem do vice-rei, receavam castigo severo como responsáveis pelo mau sucesso da emprêsa.

Durante êste govêrno os dessais de Satari, que se haviam revoltado, foram perdoados (1755), e ratificaram o juramento de fidelidade. O vice-rei concedeu aos habitantes das Novas Conquistas, que já se regiam por leis especiais, a liberdade de construírem pagodes e viverem na sua religião. Esta medida, de grande alcance político e tão útil para o aumento da população e desenvolvimento da agricultura, foi-lhe reprovada pelo govêrno da metrópole, que mandou destruir os pagodes e perseguir a gentilidade.

Depois da desastrosa morte do conde de Alva, governaram, por vias de sucessão, o arcebispo de Goa **D. António da Neiva Brum da Silveira, João de Mesquita Matos Teixeira** e **Filipe de Valadares Souto-Maior** (1756-1758).

No seu tempo o Bounsuló, quebrando mais uma vez as pazes, invadiu as províncias de Perném, Sanquelim e Manerim; o povo de Goa lutou com a fome; os roubos eram freqüentes e a tropa estava em completa insubordinação. Os governadores João de Mesquita e Filipe de Valadares andavam sempre em desinteligência por causa dos interesses próprios, em que só cuidavam, e o arcebispo, fazendo o papel de conciliador, apenas conseguia que os seus dois companheiros não chegassem a vias de facto.

Abusos de autoridade

Deram-se nêste período tantos abusos de autoridade e prevaricações, que a administração pública chegou a um estado lamentável. Em presença dêstes factos, Mesquita e Valadares, no govêrno do seu sucessor, o conde da Ega, foram chamados a Lisboa por ordens terminantes do ministro, o marquês de Pombal ; mas, não só não foram castigados, pelo contrário Filipe de Valadares, em quem recaía a principal responsabilidade e que, por isso, fôra conduzido prêso, soube excitar a benignidade real por tal forma, que, passados poucos anos (1764), voltou a Goa, restituindo-se-lhe as honras tiradas com os bens que haviam sido sequestrados e tornou a governar a India por via da sucessão em 1774. Filipe de Valadares era muito rico e o ouro que levara da India tão fortes rasões alegou em favor da sua causa, que o justificou plènamente ainda aos olhos do marquês de Pombal !

Em 23 de Setembro de 1758 tomou posse do govêrno da India **Manoel de Saldanha de Albuquerque,** conde da Ega, vice-rei (1758–65).

Em obediência à carta régia de 29 de Março de 1758 o conde da Ega proibiu a entrada dos jesuitas no palácio dos vice-reis da India e excluiu-os de todas as incumbências seculares que pertencessem ao real serviço. Cumprindo ainda as ordens recebidas da metrópole pôs em estado de sítio a cidade de Goa, cercando de tropa e juizes, na madrugada de 26 de Setembro de 1759,

Prisão dos Jesuitas

a casa professa do Bom Jesus, S. Paulo novo e S. Paulo velho, S. Rosalia, hospital real e outras casas pertencentes aos jesuitas, sendo á mesma hora todos prêsos e encarcerados incomunicáveis em S. Paulo novo e em Rachol. Os jesuitas presos eram 127, e, sempre vigiados, mudaram por vezes de cárcere até 19 de Dezembro de 1760, em que embarcaram para o reino. Os seus bens foram confiscados [illegible] da Fazenda. (1)

(1) Dos 127 presos, 39 eram profe[illegible] voto, 29 ainda não professos, 36 coadjutores espiritua[illegible] coadjutores temporais

Em 31 de Dezembro de 1759 o vice-rei mudou a sua residência do palácio de Panelim para o de Pangim, que a Câmara de Goa lhe mandara restaurar com grande dispêndio dos cofres do município ; e transferiu para o palácio de Panelim o hospital real, demolindo o antigo edifício, que ficava ao pé do arsenal. A áurea Goa, que se tornara insalubre e caíra em ruinas, foi abandonada aos padres e monges. O conde da Ega construiu o forte de Mandur.

Mudança da sede do govêrno para Pangim

Nêste tempo o marata, despresando o tratado de paz, que poucos dias antes fizera conosco, entrou a infestar as costas de Goa com as suas armadas e aprezar as nossas embarcações. O conde da Ega não tendo obtido a satisfação que pedira, enviou uma grossa fôrça a Pondá sob o comando do coronel (depois brigadeiro) Henrique Carlos Henriques e mandou bloquear a memorável praça de Mordongoro (Mardan Goddo).

Teve parte notável nesta campanha o célebre fr. António da Purificação ou D. António José de Noronha, natural de Goa, frade franciscano, bispo eleito de Halicarnasso, que, tendo seguido a vida militar, como está dito na pag. 207, fôra nomeado pelo conde da Ega comandante do corpo de sipais de Pondá.

Durante o bloqueio de Mordongoro o conde da Ega havia transferido a sua residência para as casas de campo do velho fidalgo D. João José de Melo, vedor

porais. Foram enviados para Lisboa a bordo da nau *N. S.ra da Conceição e S. Vicente Ferreira*. Vide a cit. *Imprensa em Goa*, pags. 80-88. No *Boletim do Governo* n.os 3 a 11 de 1862 foi publicada por Cunha Rivara a relação das fazendas confiscadas aos jesuitas, seus rendimentos e pensões.

da Fazenda e conselheiro do Estado, situadas em Dandim, extremo sul da ilha de Tissuari, afim de mais perto dirigir e vigiar as operações.

Conquista de Pondá

Os defensores do Mordongoro mostraram a princípio certa constância, mas, depois de catorze dias de sítio, levantaram a bandeira branca e entregaram a praça por capitulação em 31 de Maio de 1763, aceitando, entre outras, a condição de sairem de Pondá. Concluida a capitulação, o vice-rei mandou arrasar a fortaleza para evitar as inúteis e consideráveis despezas, que seriam precisas para a sua conservação; assenhoreou-se de toda a província, cujas cámaras lhe vieram render vassalagem oferecendo-lhe frutas do país, e nomeou D. António José de Noronha general da província de Pondá. (1)

Em seguida apoderou-se também de Zambaulim e Canácona, incluíndo a fortaleza do Cabo de Rama. Mas o govêrno de Portugal, não podendo sustentar tantas conquistas novas, que demandavam remessas de dinheiro da metrópole para as defender, ordenou ao conde da Ega que entregasse algumas das praças aos seus antigos possuidores : e assim o conde da Ega foi obrigado a entregar ao rei de Sunda as fortalezas de Piro e Ximpém e ao Bounsuló as de Bicholim e Alorna.

Foram êstes os serviços militares que o conde da Ega prestou na India e que eram assás dignos de consideração ; contudo, por afastar-se por vezes das

(1) Vid. I. Gracias *O Bispo de Halicarnasso* pag. 62. O fr. António ou D. António, quando general da província de Pondá. assumia nos seus *bandos* o título de=Nababo Dilavargenga Xamadur Bahadur=, título, com que fora agraciado pelo Grão Mogol.

instruções do govêrno da metrópole e mostrar-se autoritário, azedou os ánimos por tal forma, que, descrendo pelo desgôsto, foi obrigado a pedir para a metrópole que o substituissem no govêrno da India. Sabendo que o vinha render o conde da Louzã, antes de ter a notícia do seu falecimento em Moçambique, mandou abrir, sem a devida autorisação, as vias de sucessão e, entregando o govêrno (em 19 de Outubro de 1765) aos que nelas eram indicados, regressou ao reino em companhia do secretário do Estado Belchior José Vás de Carvalho. Chegados a Lisboa, foram logo ambos presos e conduzidos à torre do Outão, onde o secretário ficou detido por tempo de um ano e o conde pouco mais de dous anos.

No libelo formado pelo procurador régio em 138 artigos de acusação, baseados na queixas dos governadores que sucederam ao conde da Ega, era êste increpado de abusos de autoridade, com transgressão de leis e ordens régias, dilapidação dos dinheiros públicos, extravios nos bens sequestrados à Companhia de Jesus, etc. O secretário, considerado conivente, foi absolvido pela Relação de Lisboa. Manoel de Saldanha prometia provar a sua inocência e a maldade dos caluniadores, mas não chegou a conseguí-lo em vida, obtendo em 1779, oito anos depois do seu falecimento, a condessa, sua viuva, a decisão favorável do processo e a reabilitação da memória do nobre fidalgo.

Em 19 de Outubro de 1765 começaram a governar (1765–68) provisòriamente **D. António Taveira da Neiva Brum da Silveira**, arcebispo de Goa, **João Batista Vás Pereira**, Chanceler do Estado (¹) e **D. João José de**

(¹) Foi êste desembargador que mais queixas dirigiu a S. M. contra o vice-rei conde da Ega e seu secretário.

Melo, vedor geral da Fazenda. Êste govêrno propôs várias reformas diminuindo a despesa pública, (1765–68).

D. João José de Melo, que fazia parte dêsse govêrno, foi nomeado governador da India por uma carta régia e tomou posse em 12 de Março de 1768.

Extinção do cargo de vice-rei e de vários outros

Em 1771 o govêrno da metrópole, convencido de não poder restaurar na India o nosso antigo império, substituiu, como demasiàdamente pomposo, o título de vice-rei pelo de governador e capitão general dos Estados da India. Sôbre êste ponto e principalmente sôbre a antiga ostentação, que ainda cercava a primeira autoridade portuguesa no oriente, D. João de Melo, quando vedor da Fazenda, havia enviado para a metrópole várias propostas judiciosas e económicas; e parece que foi esta uma das causas que mais influiram para a sua nomeação.

Conforme as ordens vindas do ministério, foram neste govêrno extintas as recebedorias de Salsete e Bardês, a Casa dos Contos de Goa e a companhia de cavalos da guarda do vice-rei. Foram suprimidos vários cargos do palácio e reduzido o antigo ordenado dos vice-reis, que era de 24,466 xerafins, a 20 mil xerafins. Em logar do tribunal dos Contos foi creada a Junta da real fazenda, dando-se-lhe um novo método de escrituração. Foi suprimido, também, o lugar de capitão da cidade e foram adoptadas muitas medidas tendentes a melhorar o estado financeiro do país sem desorganizar os serviços.

Em 1772 uma esquadrilha portuguesa, composta de uma nau, denominada *Sant' Ana*, e outras embarcações, que fôra para o pôrto de Mangalor, afim de transportar o tributo do arrôs das páreas, foi batida e aprisionada pela armada marata na proximidade de Calisampur. D. João José de Melo expediu em socorro uma fragata, que, tendo encontrado a armada inimiga nas alturas de Assolná (Salsete), conseguiu libertar as embarcações prêsas menos a nau *Sant'-Ana*, cujo comandante, Francisco da Costa Ataíde, e a restante guarnição, ficaram prisioneiros por alguns meses no pôrto de Guiriém.

Pelo falecimento de D. João de Melo tomou conta do govêrno, por via de sucessão, **Filipe de Valadares Souto-Maior** (1774), que governou poucos meses. Neste tempo foi expedido em Lisboa o alvará de 15 de Janeiro de 1774, dando nova organização à administração civil, política e ecónomica da India portuguesa.

Em Setembro de 1774 chegou à India **D. José Pedro da Câmara**, o último dos governadores nomeados por el-rei D. José, (1774-79).

Extinção dos tribunais da Relação e da Inquisição em Goa

Em execução das instruções que trazia, foram neste tempo extintos os tribunais da Relação e da Inquisição em Goa. Começou a reedificação da cidade de Goa e foram de facto restauradas algumas ruas que ficavam na margem do rio, sob a direcção do brigadeiro Henrique Carlos Henriques e à custa de ½ por cento que se lançou de contribuição para esta despesa sôbre o rendimento líquido dos afazendados das Ilhas, Salsete e Bardês, imposto que foi estabelecido sòmente por tempo de dez anos e que ainda hoje subsiste, percebendo-o as respectivas câmaras municipais. Em 28 de Setembro de 1776 foi decretada a creação dos celeiros públicos para abastecer de cereais os cultivadores nos anos de escassês. O governador regressou à metrópole em Maio de 1779. Em 24 de Fevereiro de 1777 faleceu el-rei D. José subindo ao trono sua filha primogénita D. Maria 1.ª.

Antes de cerrar êste capítulo cumpre fazer menção

do grande ministro de el-rei D. José I, que, durante o seu longo consulado, atendeu com uma direcção verdadeiramente paternal aos negócios da India. São muitas, complexas, importantes e radicais as reformas promulgadas pelo marquês de Pombal para a restauração do poder português no oriente, além do cuidado e escrúpulo que pôs sempre na escolha dos altos funcionários do Estado. Seria longo enumerar essas reformas, das quais as mais notáveis foram : a lei de 2 de Abril de 1761, pela qual se declararam os indígenas da Asia portuguesa perfeitamente iguais, perante a lei, aos portugueses nascidos no reino, e se estabeleceram penas contra os que conservassem e fomentassem as distinções de castas e outras,—antecedendo assim por mais de meio século o preceito contido na Carta Constitucional portuguesa ; e as famosas *Instruções*, dadas em 1774 ao governador D. José Pedro da Câmara e ao arcebispo primás D. Francisco de Assunção e Brito, que vieram do reino na mesma monção,—instruções que abrangem a administração civil, política, militar, financeira, judicial e eclesiástica, constituindo, a bem dizer, um código indiano, documento da grandeza de vistas e do saber enciclopédico do marquês de Pombal. " Diríeis ao lêr as instruções—escreve o erudito Lagrange, que em 1841 as publicou, acompanhando-as de elucidativas notas,—que o marquês tinha visitado a India e que não só alcançara exacto conhecimento da topografia do país, senão de muitas das necessidades particulares de cada aldeia e dos seus remédios aplicáveis."

Influência da administração do marquês de Pombal

A energia e actividade da administração pombalina teve um generoso reflexo na India, e bastam, para a glorificar, aquelas instruções, com as leis paralelas, que profundamente modificaram o regime da governação pública, e ainda hoje são citadas com respeito. [1]

CAPÍTULO XIX

1779-1807—Reconquista dos territórios do marata ; uma tentativa de conjuração; entrada dos ingleses em Goa.

D. Frederico Guilherme de Souza, (1779–86) nomeado governador e capitão general da India, tomou posse em 26 de Maio de 1779.

Descendente duma casa nobilíssima, D. Frederico era o tipo de verdadeiro fidalgo; vivia em Goa na maior grandeza, e as provisões que sua mãe lhe enviava todos os anos eram para uma vida principesca. No fausto e liberalidades consumiu avultadas quantias, a ponto de lhe não chegarem os seus ordenados e os rendimentos de sua casa, empenhando-se por tal modo, que, por un alvará, lhe foi concedida licença para levantar do cofre dos órfãos dinheiro para pagar as suas dívidas, hipotecando várias propriedades.

Em 8 de Dezembro de 1782 com uma fôrça de mais de dois mil homens reconquistou a província de San-

(1) Vide *Instrucções de El-rei D. José 1.º* etc. anotadas pelo secretário do govêrno Cláudio Lagrange Monteiro Barbuda e publicadas na Imprensa Nacional em 1841. Sua Alteza o senhor infante D. Afonso Henriques, o último vice-rei da India portuguesa, mandou, por sua portaria de 20 de Maio de 1896, fazer na mesma imprensa uma nova edição dêsse famoso livro, comemorativa do centenário do heróico feito de Vasco da Gama.

quelim, e a 25 de Maio de 1783 foi retomada a praça de Alorna por uma divisão de 5712 combatentes de diversas armas.

A D. Frederico Guilherme de Souza sucedeu **Francisco da Cunha e Menezes**, cujo govêrno principiou em 3 de Novembro de 1786.

Francisco da Cunha (1786–94) empregou os seus esforços para melhorar a administração pública, preparando-se, ao mesmo tempo, para bater o Bounsuló, que havia então suspendido as armas com o projecto de se levantar em breve com novas hostilidades.

Por outro lado, o nababo Tipú, Sultão de Maissur crescendo cada dia em poder e soberba, depois de reconquistar as terras do Canará e de Sunda, ameaçava senhorear-se das nossas possessões, para onde se havia refugiado o rei de Sunda, que, também de sua parte, se preparava para recuperar o seu reino, em que entravam as províncias que, depois de entregues por ele ao marata, haviam sido por nós conquistadas.

Tenta da conju[ração] dos P[adres]

Nestas críticas circunstâncias, no dia 5 de Agosto de 1787, António Eugénio Toscano, escrivão da comunidade de Aldoná, veiu denunnciar ao governador que uns clérigos intentavam sublevar os naturais da terra para expulsarem dela os europeus e constituirem-se em govêrno independente. Segundo resam os documentos oficiais, o plano fôra urdido pelos padres Caetano Francisco Couto, natural de Pangim, e José António Gonçalves, natural da Piedade, (1) que, descontentes por o arcebispo Santa

(1) O pe. Caetano Francisco Couto fôra governador do bispado de Cochim, cargo de que havia sido destituido pelo arcebispo Santa Catarina; e o pe. José António Gonçalves fôra pároco da

Catarina lhes não dar os cargos a que aspiravam, tinham ido a Lisboa, no intuito de obterem algum dos bispados sufragâneos, que se achavam vagos, e haviam regressado a Goa sem os terem conseguido. A influência clerical, as promessas e o espírito do patriotismo atraíram um grande número de prosélitos. Esta denúncia, a que o governador não ligara a princípio importância nenhuma, foi confirmada no mesmo dia pelo comandante da legião de Bardês e por um sumário, que em seguida enviou o arcebispo Santa Catarina, contendo as declarações e depoimentos perante êle dados, no dia 31 de Julho, pelo padre Pedro Caetano José Lobo, de Bastorá, vigário de Tivim, e, três dias depois, por mais dois clérigos.

Presume-se que os meios de levar a efeito a conspiração consistiam em corromper as legiões de Pondá e Bardês e a companhia dos auxiliares por intermédio de alguns oficiais, que já haviam abraçado o partido da rebelião. E o fim da conjuração, conforme a sentença, *era formar uma nova república em que os chamados naturais, por um conselho da Câmara geral, governassem e usassem da Soberania.*

O [illegible]vernador tinha às suas ordens em Goa nesse tem[illegible] força de 7140 homens, incluindo 2540 europeu[illegible]idida em seis corpos, de maneira que cada uma das referidas legiões era composta de 1120 praças sendo muitas delas europeias.

Em conseqüência destas denúncias, que davam a conspiração por muito adiantada, a ponto de ser o dia 10 de Agosto o aprasado para o rompimento, o governador expediu imediàtamente ordens para diversos pontos com devido segredo, a fim de serem presos os

igreja de S. Bartolomeu e depois professor de filosofia no seminário de Chorão.

indivíduos indigitados como os principais conspiradores. Foram efectivamente presos quarenta e sete, entrando neste número 17 padres e 7 oficiais; [1] mas não se encontrou nas buscas nenhum papel comprometedor, nem dinheiro, nem armas. O padre José António Gonçalves e mais oito dos conjurados poderam escapar.

Instaurou-se logo o processo e, pela sentença de 9 de Dezembro de 1788, baseada principàlmente nas confissões dos reus, foram condenados à pena última 15 reus seculares, 5 a degredo, 5 à pena de açoutes, sendo absolvido apenas um : João de Sousa, de Onor.

Dos clérigos capturados foram havidos por inocentes e mandados soltar três, António Filipe Vás, vigario de Moirá ; e os dois padres congregados, Sebastião Batista e Pedro Delgado ; e os restantes catorze re-

[1] Os padres presos foram : Manoel da Expectação, vigário de Pondá ; João Álvares de Souza, vig. de Pomburpá ; Miguel Alvares de Souza, vig. de Pilerne ; Vicente Alvares, (êstes três irmãos); Caetano Francisco da Silva, vig. de S. Lourenço de Linhares ; José Manoel de Menezes, da Piedade, vig. de Guirim ; António Filipe Vas, vig. de Moirá ; Sebastião Batista e Pedro Dalgado (ambos da congregação do Oratorio); Caetano Francisco Couto, de Pangim ; Matias Bernardo Fonseca, de Chorão ; Luís António Gonçalves, menorista, da Piedade, irmão do pe. José António Gonçalves, que tendo notícia da prisão dos seus confederados fugiu para além das raias do Estado ; Luís Caetano de Souza, de Moirá ; José António Vas, de Anjuna ; João Batista Pinto e Jorge Dias, de Candolim, e Diogo Benedito Lobo, de Sernlá. Os oficiais foram Pedro Luís Gonzaga, de Nerul, e Manoel Caetano Pinto, de Candolim, tenentes da legião de Pondá ; Inácio Caetano Toscano, de Aldoná e Nicolau Luís da Costa, tenentes da legião de Bardês ; David Francisco Viegas, cirurgião-mór da legião de Pondá ; Francisco Pereira, cirurgião ajudante da mesma legião, e Inácio Caetano Lopes, de Mandur, capitão de auxiliares. Estes oficiais e mais um sargento, 2 cabos e 1 soldado, pertencentes à legião de Pondá, e 4 paisanos foram supliciados na praça do Mandovi em Goa, atrás do convento de S. Caetano.

metidos para Lisboa onde uns faleceram, outros foram perdoados de qualquer pena em que podessem estar incursos; e apenas um, o padre Manoel da Expectação, vigário de Pondá, foi julgado inocente em vista das informações do arcebispo. (1)

Cumpre notar que no plano desta conjuração entravam, também, alguns filhos da India, nêsse tempo residentes em Lisboa, sendo os mais proeminentes os padres Caetano Vitorino de Faria e José Custódio de Faria naturais êste de Candolim e aquele de Colvale, tendo ambos levado uma vida singularmente aventurosa.

Caetano Vitorino de Faria, depois de ter cursado estudos eclesiásticos e recebido ordens menores, casara com Rosa Maria de Souza, filha única de Alexandre de Sousa, por alcunha *Concró*, de Candolim, e vivia em casa do sogro, que era abastado. Sete anos depois do casamento, passados em constantes dissensões domésticas, separaram-se os dois cônjuges e, obtidas as necessárias licenças, Caetano Victorino ordenou-se de presbítero e Rosa de Sousa professou no mosteiro de Santa Mónica, de Goa. (2) Dêste matrimónio nascêra-lhes, a 31 de Maio de 1756, um filho, que foi José Custódio de Faria. O pe. Caetano foi com o filho, já de 15 anos de idade, para Roma, onde o rapaz fêz o seu curso eclesiástico no colégio da Propaganda e se doutorou em Teologia.

(1) Os clérigos perdoados, que regressaram a Goa na monção de 1807, foram Jorge Dias, Caetano Francisco da Silva, Miguel Alvares, Vicente Alvares, Matias B. da Fonseca, Diogo Benedito Lobo, João Batista Pinto e Luís António Gonçalves.

(2) Caetano Victorino foi ordenado pelo arcebispo Neiva Brum em 1767; e Rosa de Sousa entrou no mosteiro em 3 de Janeiro de 1764, tomando o nome monástico de *Rosa de Sta. Maria*; e faleceu em 11 de Novembro de 1795.

Saindo de Roma, pai e filho vieram para Lisboa, onde o pe. Caetano gosou de grande consideração, chegando a ter entrada no paço real e a ser favorecido de el-rei D. José e da rainha D. Maria 1.ª sendo até consultado nas cousas da India, mórmente nas eclesiásticas. Foi afinal prêso, por ocasião da conspiração de Goa, no convento dos Paulistas, onde assistia, e ignora-se por quanto tempo teria estado prêso. O certo é que não chegou a voltar à India.

O abade Faria

Quando em 1788 chegou à Lisboa a notícia da conjuração o pe. José Custódio emigrou para França, onde foi conhecido pelo título de *l'Abbé Faria*. Aqui tomou parte activa na revolução de 1789, marchando contra a Convenção em 10 *vindimaire*, à frente dum trôço de amotinados. Professou a filosofia nos liceus de Marselha e outras cidades. Em Paris adquiriu certa reputação de magnetizador e iluminador. Morreu de apoplexia fulminante (1). Dêste extraordinário tipo de padre, magnetisador, físico, professor e revolucionário, que alcançou em França uma verdadeira celebridade, aproveitou Alexandre Dumas, fazendo-o representar um papel importante no seu famoso romance, *O Conde de Monte-Cristo*, dando-lhe mais antes uma feição imaginativa que histórica.

Ha na India uma corrente de opinião que nega a

(1) Depois do seu falecimento publicou-se uma obra sua, que tem por título *De la cause du sommeil lucide, ou E'tude de nature de l'homme par l'abbé Faria, brahimine, docteur en theologie.* Paris. 1819, 8.º. Em 1906 o Dr. Gelásio Dalgado, nosso patricio, publicou em París o seu precioso livro intitulado *Memoire sur la vie de l'abbé de Faria*, onde, à pag. 56 e seguintes, confronta os episódios da vida do abade Fària real com os do abade Faria romantico, explicando a lenda.

existência desta revolta, dando por caluniosa a acusação, por tirania os castigos e por inocentes e mártires do despotismo os condenados e encarcerados. O seu principal fundamento é que as confissões dos réus, em que se baseou a sentença condenatória, foram efeito dos tormentos, a que todos êles haviam sido submetidos e conseguintemente não podem fazer prova em favor da existência da conspiração. Haveria, conforme esta opinião, quando muito uma combinação política entre os influentes para propugnarem pela execução das ordens vindas do soberano para igualar os filhos da India aos da metrópole (1).

No último quartel do século XVIII esteve em Goa o poeta Bocage, inimitável engenho que, depois do grande Camões, honrou a Musa portuguesa na India.

O poeta Bocage em Goa

Manoel Maria Barbosa Hedois du Bocage, natural de Setubal, da idade de 21 anos, veio à India na monção de 1786 junto com o governador Francisco da Cunha e Menezes, despachado no pôsto de guarda-marinha. No ano de 1787 matriculou-se na antiga aula real da marinha de Goa, mas não fêz exame por causa legítima; repetiu a matrícula no ano imediato e não freqüentou as lições. Em 25 de Fevereiro de 1789 foi nomeado pelo dito governador tenente de infantaria do regimento de Damão, para onde foi em 8 de Março subsequente. Dois dias depois de chegar àquela praça, ausentou-se sem motivo, nem participação ao comandante, sabendo-se muito depois que se dirigira para Macau, donde regressou a Lisboa (2)

(1) Cunha Rivara. *A Conjuração de 1787 em Goa*,—e Bruto da Costa, *Goa sob a Dominação portuguesa*, pags. 77 a 85.

(2) F. N. Xavier, artigos no *Archivo Universal*, n.º 20 de

Na India deu largas à sua veia humorística e são conhecidas as suas produções poéticas, algumas de improviso, feitas à sombra das palmeiras de Goa, enaltecendo as belezas do oriente ou satirizando os costumes da sociedade em que viveu. (1) A' conjuração de 1787 referiu-se o poeta numa epístola ao seu amigo Josino.

No mesmo ano de 1788, o Bounsuló, atacado pelo rei de Colapur, viu-se na necessidade de pedir mais uma vez a aliança dos portugueses e, pelo tratado de 29 de Janeiro de 1788, cedeu-nos a província de Perném, enviando-se-lhe da nossa parte um auxílio de 1200 homens sob o comando do marechal do campo Francisco António da Veiga Cabral. Em 1771 Pondá passou de facto para o domínio português em virtude do tratado de 17 de Janeiro, feito com o rei de Sunda.

Francisco da Cunha, recebida a exoneração, que havia solicitado, entregou o govêrno ao seu sucessor. **Francisco António da Veiga Cabral**, que já era tenente general, nomeado governador, tomou posse a 22 de Maio de 1794. A sua governação (1794–1807) foi assinalada pela entrada dos ingleses em Goa

Tropas inglesas em Goa

O govêrno inglês da India, a título de defender as nossas possessões contra os franceses, queria, a mais tempo, introduzir suas tropas em Goa e não tinha conseguido. Em 1798 apareceu em Goa o almirante inglês Rainier com uma esquadra,

1861, e na *Illustração Goana*, 1.° v[illegible] [illegible]g. 47-49,—cit. *Catalogo dos livros do assentamento da gent*[illegible]*rra*, pag. 33-34,—e Teofilo Braga no *Occidente*, n.° 602 [illegible] 25 de Setembro de 1895.

(1) F. N. Xavier, *A Manteigui*, n[illegible] *Illustração Goana*, 1.° vol.

declarando ao governador que êle tinha a ordem de coadjuvar a defesa de Goa no caso de necessidade. Veiga Cabral rejeitou o socorro com agradecimento e o almirante saíu do pôrto; mas, pouco depois, um comissário do govêrno inglês, veiu, como enviado plenipotenciário, residir na capital da India portuguesa, a pretexto de querer tratar de alguns negócios com o governador. Finalmente no dia 6 de Setembro de 1799, pretextando ter chegado notícia de que saíra de Brest uma poderosa esquadra francesa, vieram de Bombaim, sem requisição nem pedido do govêrno português, e entraram em Goa três batalhões e dois destacamentos incluindo a artelharia, sob o comando do coronel William Clarke.

Veiga Cabral, que era homem de acanhada inteligência e desmedido orgulho, assustou-se a princípio com a invasão; mas, quando William Clarke começou a afagar-lhe a vaidade, pedindo-lhe todos os dias o santo e a senha como seu subordinado e mandando as suas tropas fazerem-lhe continência, o nosso governador, satisfeito com estas honras, não escrevia para Lisboa senão elogiando os regimentos ingleses.

O ...vêrno de Portugal, porém, desgostoso com o facto, ...lenou a Veiga Cabral que empregasse todo o esfôrço para fazer sair quanto antes as tropas inglesas sem quebra da nossa amisade com a Inglaterra. O marquês de Wellesley, que era então governador da India británica, instado por Veiga Cabral, mandou retirar de Goa algumas fôrças, mas, pouco depois, voltaram estas ainda aumentadas. Ao mesmo tempo as praças de Damão e Di... eram ocupadas por soldados ingleses. Veiga Ca... oficiou mais de uma vez ao marquês de Welle... izendo-lhe que, por notícias recebidas d... bia que a India portuguesa não corria o mi... o e que, portanto, fizesse retirar as tropas ingles...s; ...s, o marquês lhe respondia que a India, pelo contrário, estava agora em maior perigo e que por isso tinha maior necessidade do auxílio dessas tropas. Veiga Cabral resignou-se emfim a ser socorrido contra vontade, colocando-se servilmente em posição secundária por tal forma que, para satisfazer as exigências de William Clarke, não teve dúvida de mandar encorporar as tropas portuguesas com as inglesas e nomear o próprio William major-general do exército português; o que, além de ser uma inconveniência, excedia a esfera das suas atribuições.

Preparado assim o terreno, William propôs abèrtamente a Veiga Cabral abdicar o poder e retirar-se à vida particular, mediante 70 mil rupias anuais. Êste, acordando então do seu sonho vaidoso, percebeu o laço em que ia caír e repeliu a proposta com energia. Entretanto chegou a notícia de ter sido assinada a paz de Amiens, que restituiu à Europa a tranqüilidade completa e só então o marquês de Wellesley, cedendo aos instantes ofícios de Veiga Cabral, mandou enfim retirar as suas tropas.

Em Dezembro de 1802 com os mesmos pretextos tornaram a entrar em Goa os regimentos ingleses e acamparam no Cabo, onde até construíram um cemitério que ainda hoje existe; em Novembro de 1804 não obtendo pela astúcia o que desejavam, empregaram baionetas e apossaram-se da praça da Aguada, ficando inteiramente senhores do pôrto. Veiga Cabral, pelo seu carácter irresoluto aceitou impassivelmente todos os factos com manifesta quebra da dignidade nacional e a-pesar-de ter dado exuberantes provas da sua incapacidade para o govêrno da India, foi reconduzido por mais três anos no mesmo logar e agraciado com a gran-cruz da ordem militar de S. Bento de Aviz!

Em 30 de Maio de 1807 é que entregou o poder ao seu sucessor.

CAPÍTULO XX

1807-1837—Implantação do regime constitucional em Goa, revoluções e contra-revoluções

Bernardo José Maria de Lorena, conde de Sarzedas, (1807-16) sobrinho do infeliz marquês de Távora, Francisco de Assis, veio governar a India com o duplicado título de vice-rei e capitão-general. A sua posse, que se realizou na igreja do Bom Jesus em 30 de Maio de 1807, foi muito festejada pelos habitantes da cidade, por verem restabelecido o título de vice-rei, suprimido em 1774 com geral descontentamento da nobreza de Goa.

Restabelecimento do titulo de Vice-rei

Os ingleses ainda ocupavam com mais de três mil homens o Cabo e a praça da Aguada, mas o conde de Sarzedas procedeu com êles sempre com dignidade transigindo apenas no que as circunstâncias o obrigassem. Em Novembro de 1810, em virtude das reclamações que o govêrno de Portugal dirigira ao gabinete de Londres, começaram os nossos aliados a evacuar o território português, mas só a 2 de Abril de 1813 saiu o último regimento inglês da praça da Aguada. (1)

Retirada dos ingleses

Em 1811 o dessai do território de Uspá, Haryá Apá Gaunço, começou a facilitar pelo seu dessaiado a

(1) Vide a nota final C.

passagem aos salteadores bounsulós ou *punddas*, que por ali se internavam nas províncias de Pernêm e Bardês e praticavam muitos roubos e assassínios, arrebatando às vezes alguma pessoa da família dos roubados e exigindo grossas somas para o seu resgate. O conde de Sarzedas dirigiu logo ao dessai uma advertência, que não surtiu efeito ; pois, o dessai em vez de coibir a passagem aos ladrões, impediu a ida das nossas rondas ao seu território para os prender, e, pouco depois, fomentando a rebelião dos ranes e dessais de Satari e Ervalém, deu-lhes favor e abrigo no seu território e finalmente êle próprio capitaneou o roubo duma porção de gado pertencente a comerciantes portugueses, que vinha descendo dos Gates por aquele dessaiado.

Inquietação dos Bounsulós e dos ranes

O conde de Sarzedas não podendo suportar tantas afrontas, mandou fazer represálias contra o dessai, embaraçar a estrada de Ramagat e Betxi, onde o dessai percebia certa contribuição em dinheiro e cortou as relações amigáveis e comerciais entre Goa e o dessaiado de Uspá. A sar-dessaína Durgá Bai Bounsuló, viuva e administradora da Pragana de Cudale, do Bounsuló, figurando-se protectora do dessai de Uspá, queixou-se das represálias portuguesas ao conde de Sarzedas, que lhe deu em resposta a resenha das malfeitorias do seu protegido, declarando que no futuro procederia com maior rigor, se a sar-dessaína lhe não regulasse a conduta com prudência. O dessai de Uspá, aterrado com a atitude do vice-rei, pediu-lhe perdão dos agravos feitos e o restabelecimento da amisade, que o conde de Sarzedas lhe concedeu com a condição de não tornar a dar passagem pelas suas terras aos bounsulós.

Não passara, porém, um ano que o dessai assinara o acôrdo ; em Novembro de 1815 alguns ranes das aldeias extra-muros de Bardês (Nadorá, Revorá e Pirna) rebelaram-se contra o Estado e não só tiveram bom acolhimento no dessaiado de Uspá, mas com alguma gente dêste dessaiado entraram em Bardês, roubaram numa noute a igreja de Revorá, feriram e mataram muitos e levaram comsigo entre os prisioneiros o próprio pároco da igreja, o padre Aleixo Lobo, natural de Serulá, que foi deixado em Avaró, terra da jurisdição da sar-dessaína Durgá Bai, donde não voltou senão comprando o seu resgate por 5 mil xerafins, pagos ao dessai de Uspá. (1) Sabido isto, o conde de Sarzedas cortou novamente todas as relações com o dessai, mandou marchar tropas contra êle e queimar-lhe algumas aldeias, e autorizou os comandantes de Perném e Bardês a moverem-lhe toda a sorte de hostilidades.

Nêste estado de cousas, o conde de Sarzedas teve de entregar o govêrno da India ao seu sucessor o conde do Rio Pardo.

Extinção do tribunal da Inquisição pela última vez

No govêrno do conde de Sarzedas foram creadas cinco cadeiras de latim, sendo uma nas Ilhas e duas em cada um dos concelhos de Salsete e Bardês (2); foi transferida a alfândega da cidade velha para Pangim (1811); o tribunal da Inquisição, que havia sido restabelecido em 1779, foi pela segunda e ultima vez extinto em 1812 (3); e fa-

---

(1) O padre Lobo foi mais feliz do que os seus companheiros na desgraça; porque fez valer a sentença obtida em 1819 contra os seus agressores no govêrno de D. Manuel de Portugal e Castro e por êste meio recuperar tudo o que havia perdido. *Bol.* 1852. pag. 76.

(2) Vid. cit. *Noticia historica e Legislação da Instrucção publica.*

(3) Dellon, *Narração da Inquisição de Goa*, trad. de M. V. de Abreu.

leceu o arcebispo Santa Catarina, assumindo o govêrno da diocese o bispo de Macau, D. fr. Manoel de S. Galdino, que era seu coadjutor.

Começa agora a benéfica e justa governação do vice-rei **D. Diogo de Sousa**, conde do Rio Pardo, que tomou posse em 29 de Novembro de 1816.

O conde do rio Pardo aliava à prudência e bom senso zêlo e energia. Adoptando uma política conciliadora com os visinhos, nunca transigiu em assuntos que ofendessem a dignidade nacional.

Informado da série de roubos, assassinatos e outras malfeitorias praticadas pelo dessai de Uspá, e, determinadamente, do arrebatamento do padre João Mateus de Ataide, de Sirulá, de Usneá Porobo, de Pomburpá, e de muitos outros, o conde do Rio Pardo intimou ao dessai que sob pena de severo castigo, restituisse em 24 horas e sem mais réplica os vassalos prisioneiros e, no praso de 30 dias, toda a fazenda roubada a êles e ao vigário de Revorá. O dessai não obedeceu, mas deu uma resposta recheada de evasivas e de protestos de amisade, que lhe foi devolvida como indigna de ser aceita pelo govêrno português; e, em seguida, o vice-rei expediu uma fôrça de 2.000 homens às ordens do bravo coronel João Caetano Galego da Fonseca, conhecido em Goa pelo nome concanim de *hat-katró*, maneta, por ter perdido uma mão. Em Janeiro de 1817, a nossa tropa atacou e tomou a casa-forte de Uspá, cuja guarnição, vendo frustrada a sua resistência, fugiu para os matos. O vice-rei mandou arrasar a praça por não poder ser conservada com guarnição suficiente e levantar uma fortificação próxima ao rio de Alorna. O dessai, depois de andar alguns meses embrenhado nos matos, solicitou o perdão, que o vice-rei lhe concedeu, impondo condições onerosas e bem garantidas.

Tomada da casa-forte de Uspá

Pouco tempo depois desta brilhante campanha, levantou-se o dessai de Zambotim e procedendo do mesmo modo como o de Uspá, praticou um roubo atroz em Verém (Bardês), nas casas do negociante Dandó e vedou a passagem, pelo seu distrito, aos portugueses que comerciavam com os Gates. Mas não foi preciso que as nossas tropas o fossem bater. Algumas medidas, que o conde do Rio Pardo adoptou, cortando todas as comunicações com êle, e o castigo exemplar que foi infligido a uns cinco salteadores presos, foram bastantes para que o dessai, aterrado, pedisse perdão, restituindo prontamente um prisioneiro que levara da casa roubada em Verém.

No fim do mesmo ano a sar-dessaína Durgá Bai, ofendida por quererem os portugueses levantar uma fortaleza em Manerim no dessaiado de Uspá, de que ela se julgava soberana, mandou, pelo seu dessai Sambaji Saunto, praticar roubos e atrozes hostilidades na aldeia portuguesa de Tiracol. O conde enviou contra a praça de Rarim uma expedição sob o comando do marechal Manoel Godinho de Mira. O nosso exército sitiou a praça causando-lhe com a artelharia notáveis estragos; mas por falta de gente própria para os ataques e por causa da moléstia que acometeu alguns oficiais, foi obrigado a levantar o assédio.

Actos notaveis da administração

Em 1818 foram transferidos para Pangim o tribunal da Relação, a junta da Fazenda, a Contadoria geral e outras repartições públicas; e em 1820 foram demolidos por estarem muito arruinados o palácio da Inquisição e o antigo palácio dos vice-reis na velha cidade. O conde do Rio Pardo reorganizou e disciplinou o exército, cortando vários abusos que o desvirtuavam, e para lhe facilitar a instrução fundou a *Academia militar de*

Goa [1]; organizou a segurança pública acabando com a pesada ditadura que a nobreza exercia sobre os povos de Goa, e introduziu reformas úteis em todos os ramos da administração, do que resultaram avultadas economias para a Fazenda. Por estas e outras inúmeras medidas, que decretou em benefício do país, principalmente pelos actos da sua severa justiça, e pela protecção que dispensou às classes desvalidas, foi considerado como *as delícias da India Portuguesa* [2].

Contudo, em Setembro de 1821 revoltou-se a tropa e depôs o vice-rei. Foi o caso:

Chegaram a Goa alguns periódicos ingleses e cartas particulares vindas de Bengala e Bombaim, trazendo a notícia de que el-rei D. João 6.º, que se achava no Rio de Janeiro, sancionara uma nova constituição política, proclamada pela revolução patriótica do Pôrto, e que nas côrtes de Lisboa se projectava declarar beneméritos da pátria os que nas províncias ultramarinas a proclamassem. Alguns espíritos exaltados, descontentes com a governação do conde do Rio Pardo, que lhes havia reprimido os abusos e as prepotências, apoiados por outros, que pelo seu sincero patriotismo almejavam uma nova era da regeneração e a liberdade política do país, formaram o projecto de proclamar a mesma constituição em Goa.

O vice-rei, porém, inflexível na observância da lei, não se resolvia a adoptar a nova forma de govêrno sem que recebesse de Lisboa ordens oficiais que esperava; e, entretanto, já havia tomado providências para abafar qualquer movimento que porventura viesse perturbar o sossego do país; mas foram baldados os

(1) Vide cit, *Noticia historica e Legislação da Instrucção publica.*
(2) M. V. de Abreu, *O Governo do Vice-rei Conde do Rio Pardo.*

seus esforços. O tenente-coronel de artelharia, Joaquim Pereira Marinho, o físico-mór António José de Lima Leitão, o médico indiano, Bernardo Peres da Silva, e mais alguns indivíduos, combinados com os desembargadores da Relação e com os dois marechais do exército, Joaquim Manoel Correia da Silva e Gama e Manoel Godinho de Mira, promoveram uma insurreição militar.

Deposto o vice-rei; e proclamada a constituição

No dia 16 de Setembro, às duas horas e meia de madrugada, quando o vice-rei ainda estava a dormir, alguns regimentos cercaram o palácio do govêrno, levantando vivas à constituição, e os dois marechais, os dois desembargadores presentes, e o físico-mór, acompanhados de um trôço de soldados, entraram no palácio arrombando as portas e intimaram ao vice-rei, que encontraram já vestido do seu uniforme de capitão-general, que o povo e a tropa queriam a constituição e que o seu govêrno estava assim findo. O vice-rei limitou-se a responder-lhes que nestas circunstâncias êle nada tinha que dizer.

Sendo prêso, foi mandado escoltado, mas com o maior respeito, para o palácio do Cabo, tomando contas do govêrno uma parte dos principais chefes da revolta. O conde do Rio Pardo ficou recluso no Cabo até 2 de Outubro, em que embarcou para Bombaim.

Se a ambição e os despeitos não andassem adiante do patriotismo, os nossos liberais teriam esperado poucos dias e conseguido o regimen constitucional independentemente da revolução militar e da deposição do vice-rei, que o país nunca pediu e que o deixou engolfado numa completa anarquia.

Em Fevereiro de 1822 o conde do Rio Pardo, que continuava a estar em Bombaim, voltou a Goa sendo recebido com as honras devidas à sua alta dignidade, e jurou a constituição; e em Março partiu para o Rio de Janeiro na charrua *Luconia*, em que viera o seu sucessor.

1.ª Junta Provisional

De 17 de Setembro a 3 de Dezembro de 1821

Deposto o benemérito vice-rei conde do Rio Pardo e proclamada a constituição, instalou-se a *Junta Provisional do Governo*, composta de cinco membros: o conselheiro Manoel José Gomes Loureiro, os marechais Manoel Godinho de Mira e Joaquim Manoel Correia da Silva e Gama e os desembargadores Gonçalo de Magalhães Teixeira Pinto e Manoel Duarte Leitão; ficando excluidos da lista o arcebispo de Cranganor D. fr. Paulo de Aquino, que então residia em Goa [1], e o físico-mór Lima Leitão, os quais deviam, também, fazer parte do govêrno, constituindo-se a junta de sete membros, na forma do que se achava acordado entre os conjurados.

Esta exclusão creou descontentes, que desde logo começaram a conspirar.

Em 1 de Outubro a junta provisional convocou uma assemblea composta das câmaras municipais de Salsete, Bardês e Ilhas, chefes dos corpos militares, eclesiásticos e magistrados, a qual resolveu que, se viesse nomeado o sucessor do conde do Rio Pardo

[1] Foi depois sagrado em 4 de Março de 1825 pelo Arcebispo S. Galdino na igreja do Colégio de S. Tomas de Aquino.

com o simples título de capitão-general ou de vice-rei, ou outra qualquer patente passada na forma do costume, não fôsse reconhecido como governador, mas que lhe fôsse oferecida apenas a presidência da junta provisional; e que fôssem eleitos deputados às côrtes, sendo excluídos do voto "os gentios".

Em 18 de Outubro a junta publicou uma promoção concedendo postos de acesso a alguns oficiais militares, preterindo os outros que se julgavam com igual direito, e no dia imediato declarou beneméritos da pátria não só os que tinham concorrido para se proclamar a constituição, mas todos os militares, pelo fundamento de terem mostrado adesão e fidelidade à causa da regeneração; e dissolveu a *guarda nacional*, que tinha creado logo depois da revolução, conservando os vencimentos em réis fortes sómente às praças europeias. Todas estas medidas aumentaram o número dos descontentes e compremeteram a estabilidade da junta.

Neste estado de cousas, a legião de Bardês, tendo sabido que a junta projectava dar uma nova organização à tropa, dissolvendo alguns regimentos, revoltou-se e saindo dos seus quarteis de Colvale, na noite de 23 de Outubro, sob o comando do tenente-coronel Joaquim José Pinto de Gouveia, dirigiu-se a Verém, outra banda de Pangim, apoderou-se da praça da Aguada e do forte dos Reis-Magos e ameaçou vir atacar a capital.

A junta provisional, depois de fazer alguns preparativos para a defesa da cidade, tratou de indagar positivamente o motivo da revolta e, sabendo que era o receio da dissolução que impelira a legião de Bardês a fazer aquele movimento precipitado, mandou um emissário a Verém, o brigadeiro António de Melo Souto-Maior Teles com a portaria de perdão aos revoltosos e para lhes assegurar da parte do govêrno que os boatos da reorganização não tinham fundamento ; com o que todos se recolheram aos seus quartéis.

No dia 25 de Outubro, foram presos, por ordem da junta, o físico-mór Lima Leitão, o tenente-coronel Marinho e alguns oficiais do exército, e foi nomeado o desembargador António Monteiro da Rocha para proceder a uma devassa em Bardês sôbre os motins ocorridos em algumas das tropas.

Nos fins de Outubro, a junta reorganizou o exército dissolvendo as duas legiões de Pondá e Bardês formando de toda a fôrça 7 batalhões de infantaria e um regimento de artelharia; com o que ficaram diminuidos 1318 combatentes.

Entretanto a devassa de inconfidência fazia numerosas prisões e crescia o descontentamento em todas as classes, mesmo entre os que haviam concorrido para a exaltação da junta.

Nestas circunstâncias chegou a 25 de Novembro **D. Manoel da Câmara**, nomeado, antes de ser proclamada a constituição no reino, governador e capitão-general da India. Os influentes do partido descontente foram logo persuadí-lo a não fazer parte da junta provisional, pretextando incómodos de saúde, até que, por meio duma nova revolução, substituissem essa junta por outra ; o que realmente conseguiram em poucos dias.

Segunda Junta Provisional

De 3 de Dezembro de 1821 a 18 de Outubro de 1822

Oito dias depois da chegada do novo governador efectuou-se a deposição da junta provisional, cuja vida os despeitados minavam ha muito tempo.

O tenente-coronel Marinho e o físico-mór Lima Leitão, a-pesar de estarem prêsos, êste na Aguada e aquele no forte de Naroá, puderam entrar em combinações secretas entre si e, ajudados de vários indivíduos militares e paisanos, fizeram rebentar uma nova revolução, concorrendo para isso ainda o elemento popular.

Na noite de 2 de Dezembro, alguns corpos militares marcharam sôbre a capital sob o comando do brigadeiro António de Melo, pondo-se à testa do regimento da artelharia, de que era comandante, o tenente-coronel Marinho, que na mesma noite se evadira da prisão, e, cercadas as casas dos três principais membros da junta governativa, esperaram até que amanhecesse o dia 3, em que uma deputação juntamente com a câmara municipal de Salsete, que trazia uma representação assinada por um grande número de pessoas principais dêsse concelho, foram pedir a D. Manoel da Câmara que tomasse a direcção para se instalar uma nova junta provisional, segundo o espírito da constituição portuguesa, que todos haviam jurado.

D. Manoel apareceu no palácio, acompanhado de numerosos oficiais militares e de quási todas as notabilidades do país e, reunidos em assemblea o arcebispo primaz e outros altos funcionários e as câmaras municipais das Ilhas, Salsete e Bardês, convidados para a instalação do novo govêrno, declararam extinta a junta eleita em 16 de Setembro e elegeram outra, composta de D. Manoel como presidente, e dos vogais D. fr. Paulo de Aquino, arcebispo de Cranganor; António de Melo, brigadeiro; João Carlos Leal, desembargador; Lima Leitão, físico-mór, que, em conseqüência da ordem de soltura, voltou da Aguada e assinou a acta da eleição.

A nova junta, logo depois da sua instalação, mandou retirar as escoltas que cercavam as casas dos membros da junta transacta e deu por terminada a devassa aberta pelo desembargador Rocha, pondo em liberdade todos os indivíduos que se achavam presos em resultado dela.

Em 8 de Dezembro foi convocada uma assemblea mais ampla, que confirmou a eleição da junta, feita em 3 de Dezembro, combatendo assim a opinião que atacava a sua legitimidade; e deliberou que fosse abolida como anticonstitucional a diferença do soldo entre as praças europeias e indígenas e que fôssem creadas companhias de granadeiros, uma em cada batalhão e a de bombeiros na artelharia ([1]).

A 22 de Dezembro começou a imprimir-se, numa tipografia trazida de Bombaim e montada no andar inferior do palácio do govêrno, uma folha oficial com o título de "Gazeta de Goa," cuja redacção foi incumbida ao dr. físico-mór Lima Leitão ([2]).

Primeiros deputados

Em 14 de Janeiro de 1822 reuniu-se uma assembleia dos eleitores sob a presidência do padre Paulo António Dias da Conceição nos paços do senado da Câmara de Goa e elegeu deputados às côrtes Bernardo Peres da Silva, Constâncio Roque da Costa e o dr. António José de Lima Leitão; os quais chegaram a Lisboa em 1823 justamente quando el-rei D. João 6.º, restaurando o govêrno absoluto, dissolvia

([1]) M. V. de Abreu, *Relação das Alterações politicas de Goa, desde 16 de Setembro de 1821 até 18 de Outubro de 1822.*

([2]) Francisco João Xavier, *Breve Noticia da Imprensa Nacional.* A *Gazeta de Goa* foi o primeiro periódico neste Estado. Desde então o jornalismo tem sido uma árvore frondosa, havendo curiosas publicações para a sua história, de Cunha Rivara, Ismael Gracias e António Maria da Cunha. Em Maio de 1898 Silva Leal publicou em Lisboa, comemorando o centenário da India, um opúsculo intitulado *Jornaes indo-portuguezes*, onde não são infelizmente poucas as inexactidões.

as côrtes. Bernardo Peres protestou contra essa dissolução e Constâncio Roque da Costa dirigiu a el-rei algumas representações em benefício do país (¹).

Para substituir o dr. Lima Leitão na junta provisional foi eleito o capitão de mar e guerra Joaquim Mourão Garcês Palha. Esta eleição, feita por uma assembleia composta de elemento oficial, sufocando os votos do povo e desatendendo as representações da cámara de Bardês e de vários proprietários,—bem assim alguns outros actos da junta contrários à constituição jurada e que redundavam particulàrmente em prejuizo dos interesses dêsse concelho, exacerbaram o espírito público por tal forma, que os influentes de Bardês, incitados pelos membros e partidários da junta deposta, começaram a convocar reuniões em diversas aldêias para se tratar do assunto.

O govêrno, receoso de qualquer movimento, mandou ao desembargador João Maria de Abreu Castelo Branco abrir devassa de inconfidência em Bardês; em resultado da qual foram pronunciados o tenente-coronel José de Assa, comandante das milícias de Bardês (europeu e cunhado do marechal Godinho), o padre Pedro António Ribeiro (natural de Pilerne e professor de filosofia no colégio por êle estabelecido nessa freguezia), o padre João Mariano Cardoso, natural de Candolim e vigário encomendado de Pangim, o advogado Eusébio Mariano Goes, de Calangute, e várias outras pessoas. Além disto o govêrno desarmou o

(¹) A relação de todos os deputados às côrtes, eleitos pelos círculos da India até 1873, encontra-se em M. V. de Abreu, *Noticia de alguns filhos distinctos da India Portugueza*. Vide um artigo publicado a pag. 200 do Almanaque *Annuario recreativo para 1898*, sob a epígrafe: *Os nossos deputados às côrtes desde 1877*. No cit. livro *Goa sob a Dominação portugueza* vem a lista completa até 1897.

regimento das milícias de Bardês composto de oficiais e soldados naturais dêste concelho, colocando em Guirim (ponto central) um forte destacamemto.

A pronúncia e as escoltas para a captura dos pronunciados agravaram extrèmamente o desgôsto dos bardesanos, levando os indiciados quási ao desespêro.

Pois, na noite de 9 de Maio de 1822 uns 500 homens mal armados e divididos em dois grupos, capitaneados um pelo tenente-coronel José de Assa e o outro pelo padre Pedro Ribeiro, marcharam sôbre o quartel de Colvale, esperando tomar de surprêsa, ou talvez, em virtude de alguma combinação precedente, o batalhão ali estacionado e com o seu auxílio derrubar a junta governativa e constituir uma outra. Mas não só não conseguiram o fim, pelo contrário, o tenente-coronel Assa com 112 homens, entrando neste número alguns eclesiásticos, foram ali presos, tendo escapado os outros com o padre Pedro Ribeiro, que se refugiou em Malvane. Os presos foram postos à disposição do juiz da devassa, que terminou pronunciando 40 dêles, quási todos da classe ilustrada de Bardês inclusive 8 padres ([1]).

O facto de se encontrarem entre os amotinados o cunhado do marechal Godinho, membro da junta anterior, e alguns clérigos, fêz persuadir a tropa de que o movimento era inspirado pelo marechal e pelo arcebispo S. Galdino.

Em sua conseqüência, no dia 16 de Maio apresen-

([1]) Ficaram estes políticos presos por um ano e 8 meses tendo passado ultimamente das diferentes prisões para a praça da Aguada, encontrando-se entre êles os mais fogosos entusiastas Eusébio Mariano Goes, José Paulo Lobo, António Filipe Rodrigues e Caetano Xavier Furtado.

O párooo de S. Matias, António José de Sá, que também fôra pronunciado, homiziou-se.

tou-se diante do palácio do govêrno toda a fôrça militar da capital com 6 peças carregadas à metralha, exigindo que a junta expulsasse de Goa em 24 horas os principais motores da insurreição de Bardês, alegando que estas e outras perturbações, desde 3 de Dezembro, cançavam a tropa com marchas e contramarchas e deixavam em grande susto as famílias principais do país.

O govêrno, cedendo a esta exigência, mandou sair do território português os indivíduos indicados pela tropa e que foram o marechal Correia, o tenente-coronel Luís Manoel Correia de Melo, o conselheiro Loureiro e os desembargadores Magalhães, Rocha e Abreu, ficando salvos, por empenho do arcebispo de Cranganor, o marechal Godinho e o arcebispo S. Galdino, que, a-pesar disto, teve de ir, pouco depois, fixar a sua residência em Sunquerim (1).

Depois desta violenta medida, contra a qual protestaram os expulsos, os quatro membros da junta, queixando-se de coacção, ofereceram a sua demissão mais duma vez; mas a tropa não a aceitou. Era já francamente a vontade da tropa que mandava.

Assassinato de Luís Prates

A expulsão dos desembargadores e doutros funcionários do país, longe de pôr termo às desordens, veio a ser uma renhida questão entre o exército e os partidários dos deportados, a qual, principiando por manifestos e protestos, produziu uma grande exaltação dos espíritos, que deu em resultado novas deportações e finalmente a morte do capitão Luís Prates de Almeida e Albuquerque, oficial-maior

(1) Pela desastrosa expulsão de quasi todos os magistrados a junta provisional nomeou os advogados Cipriano Silvério Rodrigues Nunes, Joaquim Mariano Alvares, e André Francisco de Bragança, ouvidores das Ilhas, Salsete e Bardês respectivamente.

da Secretaria Geral e redactor da *Gazeta de Goa*; o qual, por sustentar doutrinas liberais e ter redigido um protesto condenando o movimento de 16 de Maio, caiu no desagrado do exército e foi assassinado bàrbaramente pela companhia dos granadeiros a 15 de Julho, em pleno meio dia, quando aquele bravo oficial se recolhia de Pangim para a sua residência em Ribandar, passando pela frente do quartel dessa companhia a poucos passos do palácio. Do processo instaurado por êste facto não resultou culpa a ninguém! ([1])

Finalmente, em conseqüência dum decreto das côrtes e de provisão régia, dissolveu-se a segunda junta provisional a 18 de Outubro de 1822 e principiou a governar sósinho **D. Manoel da Cámara** (1822–25), que, em Novembro de 1823, tendo recebido a notícia do restabelecimento do regímen absoluto em Portugal, assumiu o govêrno sob a antiga forma, que exerceu tranqüilamente, com o título de vice-rei, até a sua morte, ocorrida no Cabo no dia 16 de Novembro de 1825.

Amnistia aos presos e pronunciados

Durante a gerência dêste govêrno, os desembargadores expulsos que residiam em Malvane partiram para Lisboa, e voltaram os oficiais deportados e o arcebispo S. Galdino; foram também postos em liberdade todos os presos políticos, sendo aplicada aos pronunciados a amnistia concedida por decreto de 5 de Junho de 1824.

D. Manoel prendeu os ranes e os sar-dessais de Querim e Gululém na praça da Aguada, por causa

([1]) Cit. *Relação das Alterações politicas*,—J. C. Barreto Miranda, *Quadros historicos de Goa*, caderneta 3.ª—e várias outras publicações.

das desordens que praticaram, e destruiu-lhes as casas-fortes na província de Satari; instituiu as lotarias da Misericórdia e o monte-pio militar como estabelecimento particular ([1]).

(1825-27)—Depois da morte de D. Manoel da Câmara governaram por via da sucessão o arcebispo **D. Fr. Manoel de S. Galdino**, o chefe de esquadra **Cândido José Mourão Garcês Palha** e o desembargador Ouvidor Geral **António Ribeiro de Carvalho**, até ao dia 9 de Outubro de 1827.

CAPÍTULO XXI

1827-1851—Transformação de Pangim em uma vila; regime de prefeitura, revoltas, desordens e dois governos

D. Manoel de Portugal e Castro, (1827-35), que, dois anos depois da sua posse, teve o título de vice-rei, principiou a governar a India em 9 de Outubro de 1827.

Construções e melhoramentos materiais em Pangim

Empregou todos os seus esforços em melhorar as condições higiénicas e materiais da cidade de Pangim, nivelando o terreno e aterrando os esteiros e as várzeas de arroz, que conservavam águas estagnadas no centro da povoação.

Foram no seu tempo construidas algumas pontes,

([1]) Vide adiante o govêrno do vice-rei D. Manoel de Portugal e Castro.

duas das quais, sôbre o braço do rio na extremidade ocidental da capital, conduzem ao amplo passeio arborizado, chamado o *campo de D. Manoel* e vulgarmente conhecido pelo nome de *Campal*, que foi o último pântano que o vice-rei mandou entulhar e aformosear.

Abriram-se, também, largas praças e ruas marginadas com alguns edifícios particulares e públicos, entre os quais se podem mencionar o vasto quartel militar, a casa da alfândega com o seu cais, a fonte denominada *Cabeça de vaca* e a antiga cadeia pública, de dois andares, sôbre o quartel dos granadeiros, edifício que foi demolido em 1891, levantando-se em seu logar as casas, onde, presentemente funciona o tribunal da 1.ª instância.

Várias providências

D. Manoel creou cinco escolas de instrução primária (1), reorganizou o exército e, melhorando o sôldo dos oficiais, obrigou-os a terem o curso de matemática da Academia militar, para serem promovidos a 1.ª patente. Fundou a biblioteca pública de Nova Goa, sendo o seu fundo constituido com os livros dos extintos conventos (2). Organizou um corpo volante de seis companhias de sipais incluindo a dos mouros, que guarnecia a sala do palácio em ocasiões de cortejos ; e agregou à Fazenda pública o monte-pio militar (3).

(1) Cit. *Noticia e Legislação da Instrucção publica.*

(2) O *Relatorio da Bibliotheca Publica de Nova-Goa*, dado pelo bibliotecário Ismael Gracias em 15 de Setembro de 1892 (suplemento ao *Boletim Oficial*, no.º 123 do mesmo ano), dá desenvolvida notícia da fundação e progresso dêsse utilissimo instituto, único no seu género em todo o ultramar português.

(3) Extinto o monte-pio militar da India por decreto de 30 de Abril de 1874. Em Goa têm-se fundado muitos estabelecimentos de beneficência e mútuo auxílio, sendo o mais antigo o monte-pio

Êste vice-rei, embora tivesse empregado na execução das obras de Pangim a melhor boa vontade e talvez as mais activas diligências, não ficou isento de graves acusações, e uma censura oficial o increpou de haver despendido os dinheiros públicos sem a devida economia e fiscalização, pedindo-lhe restritas contas do seu procedimento. Pode-se dizer, porém, que foi D. Manoel quem creou a antiga vila de Pangim ([1]).

Juramento da carta constitucional em Goa

A 18 de Outubro de 1827 foi jurada na cidade de Goa a carta constitucional de 1826 e aclamado D. Pedro 4.º rei de Portugal. Pouco depois D. Manoel, aceitando, sem nenhuma preocupação política, o regímen que se estabelecera no reino,

geral de Goa, fundado em 1861 pelo nosso eminente compatriota, Bernardo Francisco da Costa.

([1]) D. Manoel de Portugal e Castro, logo no começo do seu govêrno receou que *no futuro ficasse totalmente abandonada e destruida a cidade de Goa*, sem haver outra que a substituisse. Para prevenir tão grande mal escolheu como centro das novas edificações Pangim, pobre logarejo da aldeia de Taleigão, onde ocultava na beira do rio a fortaleza do Idal-Khan, que servia de residência aos governadores. Isto importava a mudança da cidade, e escassos eram os meios de que dispunha D. Manoel para empresa tão gigantesca. Em vez de esmorecer redobrou de energia, e depois de nivelar os outeiros, os esteiros, as várzeas; entulhar os charcos donde emanavam gases mefíticos, principiou a construção de famosos edifícios para as repartições públicas, quartéis, escolas, formando ruas espaçosas, praças, cais, etc., para o que recorreu ao cofre do senado da câmara das Ilhas, ao das comunidades agrícolas e ao da fazenda pública, despendendo nas obras o total de 878.574 xerafins (réis 140:571$840).

....O próprio senado da Camara, na conta que deu para a côrte em 1830, diz que tais obras eram inúteis, caprichosas e até supérfinas, feitas com pouca economia e sem fiscalização. A censura oficial, também, não se fêz esperar, increpando-o de haver exorbitado e pedindo-lhe restritas contas do seu procedimento. Cit. T. de Aragão *Descripção das moedas* — Vol. 3.º, pag. 64 e 65.

aclamou D. Miguel, mas apenas teve conhecimento do ter entrado em Lisboa o exército libertador, fêz a aclamação da rainha constitucional D. Maria 2.ª, a 10 de Janeiro de 1834. D. Manoel reconhecia como soberano legítimo todo o príncipe que subia ao trono.

Em Janeiro de 1835 veio governar a India **Bernardo Peres da Silva**, natural de Neurá, das Ilhas de Goa, homem inteligente, honesto e apreciado pelos seus serviços ao país como médico e como deputado às côrtes ([1]). A sua nomeação foi devida ao seguinte facto:

Bernardo Peres, tendo sido eleito, pela segunda vez, deputado às côrtes pela India em Dezembro de 1827, chegou a Lisboa ao tempo em que D. Miguel, proclamando-se rei absoluto, dissolvia as côrtes.

O deputado protestou, como da primeira vez, contra essa dissolução e, perseguido pelo govêrno, emigrou para Plymouth na Inglaterra. Uma vez ali, sabendo que na reunião dos três Estados, convocada pelo usurpador, um frade irrequieto se apresentara com impudência como procurador dos povos de Goa, publicou um enérgico e substancioso protesto, que, ecoando por todas as côrtes europeias, lhe valeu um renome distinto ([2]). De Plymouth seguiu para o Rio de Janeiro, onde passou a vida dando lições do ensino primário.

([1]) De Bernardo Peres da Silva existem biografias escritas por Júlio Gonçalves na *Ilustração Goana*,—Barreto Miranda no *Archivo Pittoresco*,—M. V. de Abreu na cit. *Noção de alguns filhos distinctos da India Portugueza*,—e por Ismael Gracias no *Directorio Góano* de 1896.

([2]) Este protesto está intercalado pelo autor no seu folhêto publicado no Rio de Janeiro em 1832 sob o titulo *Dialogo entre um doutor em philosophia e um portuguez da India sobre a constituição politica de Portugal.*

Firmado o govêrno de D. Maria 2.ª, o duque de Bragança D. Pedro 4.º, na qualidade de regente, querendo recompensar a inabalável fidelidade e adesão de Bernardo Peres à causa da rainha e da carta, nomeou-o *Prefeito* do Estado da India ([1]), segundo a lei das prefeituras promulgada pela Regência da Terceira, com o ordenado de 20,000 xerafins e com a autorização para nomear ou demitir empregados de nomeação régia e fazer todas as reformas que entendesse.

Mas foi um passo errado : porque a India, dividida em castas e fracções inconciliáveis, debatendo-se ao tempo entre liberais e miguelistas, não podia eficientemente ser governada por um indígena, embora muito competente, e menos ainda aceitar as reformas radicais do govêrno da restauração, que Bernardo Peres vinha incumbido de executar. Era, pois, a administração eriçada de sérias dificuldades ([2]).

O prefeito trouxera em sua companhia para a India, como pessoa de sua confiança, o coronel Fortunato de Melo (europeu), nomeado governador militar por sua proposta; e, logo que tomou posse do govêrno, a 14 de Janeiro de 1835, nomeou para secretário da prefeitura o seu ex-colega na deputação, Constâncio Roque da Costa, e para conselheiros, o marechal Joaquim Manoel Correia da Silva e Gama, o brigadeiro António de Melo e o comendador D. José Maria de Castro e Almeida, todos três representantes da primeira nobreza do país.

([1]) Correspondia ao que se chama *governador civil.*

([2]) O regime das profeituras deu-se mal em todas as colónias, havendo revoltas e desordens em Cabo Verde, Angola, Moçambique e S. Tomé e Príncipe; mas em parte alguma fêz correr tanto sangue como na India.

Vid. *Colonias portuguesas* por P. Chagas, pag. 68.

Em seguida começou a fazer rasgadas reformas em todos os ramos da administração pública e, executando os decretos que trazia, mandou reverter os funcionários providos em nome de D. Miguel, fêz efectiva a extinção das ordens religiosas e do tribunal da Relação, nomeando para compôr o novo tribunal de segunda instância, denominado Junta da justiça, Manoel Maria Souto e Silva, ex-desembargador da Relação, e os advogados indígenas Casimiro António de Menezes e António Caetano Pacheco e os desembargadores da Relação eclesiástica, padres António José de Sá e Berardo Pereira (1).

Reformas

Rebentaram logo os despeitos; e os lesados, unidos aos facciosos, secrètamente auxiliados pelo governador militar Fortunato de Melo, cercaram com tropa a residência do prefeito em Panelim em a noite de 1 de Fevereiro, e, conduzindo-o sob custódia para a corveta *Infanta Regente*, proclamaram governador a **D. Manoel de Portugal**, que ainda se conservava em Goa, quem sabe se à espera dêste sucesso. Para a rápida explosão dos ódios concorreu muito a notícia da morte de D. Pedro 4.°, que um dos motores da revolta soube por jornais ingleses de Bombaim que recebia, notícia totalmente ignorada do prefeito.

Deposição do prefeito

D. Manoel assumiu efectivamente as rédeas do govêrno, mas, dois dias depois, convocando uma assembleia, fêz eleger em seu logar o marechal do campo **Joaquim Manoel Correia da Silva e Gama**, a quem, na quali-

(1) Pe. António de Sá era pároco da egreja de Parrá, chefe do partido popular de Bardês e jurisperito.

dade de primeiro conselheiro da prefeitura, pertencia, segundo a lei, o govêrno do Estado na falta do prefeito. D. Manoel, embora conivente com os sediciosos segundo todas as probabilidades, mas dotado de boas qualidades de espirito e de coração, não quis infringir a lei e ao mesmo tempo livrou o prefeito de maior desacato, fazendo-o partir, dias depois da deposição, para Bombaim.

Não foi mais feliz a administração do marechal Correia. Em 10 de Fevereiro o 1.º regimento de infantaria e o batalhão de artelharia, estacionados na capital e comandados respectivamente pelos majores Francisco António da Silva Pimenta (europeu) e Luís da Costa Campos, descendente duma principal família, fizeram um movimento contra-revolucionário, pedindo a reintegração de Bernardo Peres, que já se achava na cidade visinha.

O marechal Correia reuniu logo as três câmaras municipais e todos os funcionários, e conformando-se com a deliberação tomada em assmbleia, enviou uma deputação a Bombaim para convidar o prefeito a reassumir o govêrno.

Mas a maioria da tropa, que não queria o prefeito, revoltou-se em 3 de Maio e apoiada por Fortunato de Melo, já francamente adverso a Bernardo Peres, surpreendeu o arsenal em Goa, roubou os petrêchos e tendo marchado no dia imediato sôbre a fortaleza de Gaspar Dias, atacou o 1.º regimento ali aquartelado composto de praças na maior parte europeias e descendentes de europeus e o destruiu todo, depois de cometer as maiores atrocidades, sendo nessa ocasião incendiada a praça e deportados os comandantes para os pontos muito afastados da capital. O batalhão de artelharia aquartelado no Cabo escapou à carnificina, vindo apresentar-se de-

Carnificina de Gaspar Dias

sarmado ao governador militar, conforme êste lhe havia ordenado ([1]).

Govêrno Provisional

De 3 de Março de 1835 a 23 de Novembro de 1837

Logo depois do massacre de Gaspar Dias, os principais insurgentes reuniram-se no palácio de Pangim, depuseram o governador Correia e elegeram um govêrno provisional, composto do coronel graduado João Casimiro Pereira da Rocha de Vasconcelos, do físico-mór Manoel José Ribeiro e do frade capucho fr. Constantino de Santa Rita, pai dos cristãos.

Passados alguns meses, o falecimento dêste último deu logar a compor-se o govêrno de cinco membros sendo agregados aos dois existentes o coronel João Cabral de Estifique, o tenente-coronel António Maria de Melo e o desembargador Joaquim António de Morais Carneiro. Pouco tempo depois, deixando de fazer parte do govêrno o desembargador Carneiro e tendo falecido o físico-mór Ribeiro, foram eleitos, para o preenchimento das duas vagas, o secretário do govêrno António Mariano de Azevedo, de origem brazileira, recentemente chegado de Lisboa e José António de Lemos, major engenheiro de Goa, e ambos êstes não se conformando com as deliberações tomadas pelos

([1]) O marechal Correia governou de 3 de Fevereiro a 3 de Março de 1835.

seus colegas, abandonaram o poder, ficando a gerência dos negócios a cargo dos três restantes.

Durante esta calamitosa e despótica governança por espaço de quási três anos, o povo de Goa, como adeso à causa do prefeito, foi vítima da mais vergonhosa perseguição. A tropa cercava e invadia as casas particulares a pretexto de estar oculto nelas algum sedicioso ou algum armamento, roubava as joias e maltratava os habitantes. O terror espalhado e a falta de segurança pessoal obrigavam os principais cidadãos a emigrarem para o estrangeiro ou a viverem escondidos em sítios êrmos. Em suma, o país quási todo gemia sob a opressão e violência.

Nesta situação, o prefeito que contava com o apoio do país e da guarnição da fortaleza de Tiracol, no intuito de vir reassumir a sua autoridade em Goa, saiu de Bombaim à testa de uma expedição preparada nesta cidade e comandada pelo almirante americano Holborn; mas, colhido no trajecto por um ciclone, que lhe dispersou as embarcações, foi outra vez arribar a Bombaim.

Carnificina em Tiracol e Gululem

Entretanto, poucos dias antes do malôgro da expedição, a fortaleza de Tiracol havia sido sitiada pela tropa revolucionária. A guarnição, não podendo lutar com a falta de mantimentos, decidiu-se a abrir as portas aos sitiantes, depois que um dos comandantes dos revolucionários, Francisco Vicente da Cunha, por alcunha o *Mata-tigres*, se comprometeu a salvar as vidas. Mas os revolucionários, desleais ao compromisso, apenas entrada a fortaleza, mataram todos os que nela encontraram, espetando em seguida as cabeças dos degolados defronte das respectivas casas. Mariano da Rocha, de Aldoná, e alguns paisanos notáveis de Bardês, que se tinham acolhido nessa fortaleza para defenderem a causa da legitimidade, foram, também, ali decapitados.

Nessa ocasião, a tropa praticou igual carnificina em Gululém de Satari, numa fôrça que ali existia fiel ao prefeito. Era uma vesânia herodíaca.

Malograda, portanto, a tentativa de voltar para Goa, Bernardo Peres, acompanhado do seu secretário, passou de Bombaim para Damão, tomou posse do govêrno desta praça e da praça de Diu, que se haviam conservado fieis, ficando assim a India portuguesa dividida em dois govêrnos entre si independentes, com o escândalo dos visinhos e grande regosijo dos ingleses, até à chegada do governador geral, o barão de Sabroso.

Prisão do governador militar

O mais notável é que, tendo havido ùltimamente desinteligências entre o govêrno provisional e o governador militar, que, segundo dizem, procurava avocar para si ainda as atribuições do poder civil, foi Fortunato de Melo, prêso por ordem do govêrno provisional, colhido numa cilada em casa de um seu amigo em Bicholim e remetido para Lisboa. Veio-lhe o castigo daqueles mesmos de quem se servira para depor Bernardo Peres, recebendo assim a inexorável pena de talião (1).

(1) Vide cit. *Quadros históricos de Goa* caderneta 3.ª e *Goa sob a Dominação portugueza*. Durante essa calamitosa época de 1835 a 1837, publicaram-se muitos folhêtos e impressos de parte a parte, que será necessário consultar, quando se queira escrever a história completa e imparcial do tão tormentoso período. E' um importante e valioso subsídio a seguinte relação bibliográfica que Ismael Gracias publicou, sob a epígrafe *Luctas caseiras* no Almanaque *Valmiki* de 1887, e que foi transcrita no *Ultramar*, n.º 1529 de 21 de Julho de 1888:—

«I. Proclamação do prefeito Bernardo Peres da Silva, dirigida aos habitantes da India, seus concidadãos, na data de 10 de Janeiro de 1835, em que chegou a Goa a bordo da charrua *Princeza Real*.

Em Novembro de 1832, chegou à India o governador geral **Simão Infante de Lacerda**, (1837–38) barão

Manuscrito. Começa pelo seguinte texto do psalmista: *Lapidem quem reprobaverunt ædificantes, hic factus est in caput anguli. A Domino factum est istud. Et est mirabile in oculis nostris.*

II. Outra proclamação do mesmo prefeito, dirigida a seus compatriotas em 14 de Janeiro de 1835, dia da posse que tomou nos paços do senado de Goa. Manuscrito.

III. Proclamação de D. Manoel de Portugal e Castro (ex-vicerei) aos habitantes do Estado da India, feita às 11½ horas da noite de 1.º de Fevereiro de 1835, em que o prefeito foi deposto e prêso a bordo da corveta *Salamandra* por uma facção militar. Manuscrito.

IV. Proclamação de Joaquim Manoel Corrêa da Silva e Gama, marechal de campo, 1.º conselheiro da prefeitura, chamando os povos à ordem e ao reconhecimento da legitima autoridade. 11 de Fevereiro de 1835. Manuscrito.

Em vista desta proclamação, congregou-se no palácio do govêrno em Pangim em 13 de Fevereiro, uma numerosa assemblea, na qual se deliberou e foi nomeada uma deputação que partiu logo a bordo da dita corveta para convidar o prefeito, que já então se achava em Bombaim, para reassumir as rédeas do govêrno.

V. Carta de um habitante de Goa a uns seus amigos e compatriotas, residentes em país estrangeiro, datada de 15 de Fevereiro de 1835 e assinada pelas iniciais F. R. T. G., referindo os sucessos havidos anteriormente. Começa pelo seguinte verso de Virgilio na Eneida XI:

Maxima res efecta viri: timor omnis abesto.

E conclue com algumas frases do *Contrato Social* de Rousseau. Folhêto pequeno de 12 pags. impresso sem declaração de tipografia.

VI. Circular de Bernardo Peres da Silva, dirigida de Bombaim a 28 de Março de 1835, condenando o procedimento do governador militar Fortunato de Melo, e dos mais que concorreram para a sua deposição. In fólio, impresso sem designação da tipografia.

VII. Carta de um habitante de Goa a uns seus amigos e compatriotas residentes em paises estrangeiros, datada de Goa, 25 de Abril de 1835, e assinada pelas iniciaes F. R. T. G. Começa pelos seguintes versos da Eneida II:

Festinate viri, nam quæ tam sera moratur segnities?......... .....
O' socii, qua prima...fortuna salutis.

de Sabroso, (1837-38) brioso oficial do cavalaria, que se distinguira nas campanhas da liberdade.

O seu govêrno, embora curto e atribulado, porque

Monstrat iter, quaque ostendit se dextra sequamur.

Defende a causa do prefeito. Parece-me que foi impresso; tenho apenas visto uma cópia à mão.

VIII. Proclamação de Bernardo Peres da Silva aos militares, datada de Bombaim a 6 de Maio de 1835. In folio impresso. Exemplares desta proclamação foram circulados em Goa com muito segrêdo, e na vila de Margão apareceu afixado um à porta da egreja em 14 do dito mês e ano, e tendo recaído fundadas suspeitas dêste facto no padre António Lourenço de Miranda, da mesma vila, foi êle prêso e autuado por ordem do juiz de Salsete, Salvador Filipe Alvares, em vista da portaria do govêrno provisional de 27 de Abril de 1835. Não sei os ulteriores do processo que se instaurou; possuo apenas um documento por cópia.

IX. Carta de um português estabelecido em Goa a um seu correspondente. Goa em Pondá, 20 de Junho de 1835. Assinada por L. V. F. Começa pelos versos 368 e 369 da Eneida II:

....*Crudelis ubique*
Luctus, ubique pavor, et plurima mortis imago.

Advoga a causa do prefeito. Impresso de 14 pgs., não se declarando a tipografia.

X. Carta de um português estabelecido em Goa ao redactor da *Chronica* denominada *Constitucional* da mesma cidade, José Aniceto da Silva. Contém alguns documentos e defende a causa do prefeito.

E' assinada por Agostinho Pires Travassos, pseudónimo, segundo se diz, de D. José Maria de Castro e Almeida, e datada de Ribandar a 25 de Julho de 1835. Folheto impresso de 40 pgs. sem declaração da tipografia.

XI. Resumo histórico da rebelião que arrebentou em Goa no dia 1.º de Fevereiro de 1835, contendo uma sucinta e fiel exposição da sua causa e origem, dos sucessos que a precederam, dos crimes mais horrendos que no seu desenvolvimento, execução e progresso se perpetraram, e fielmente uma abreviada menção das pessoas, que nela mais figuraram.

Com 10 documentos, Bombaim, Impresso por José Francisco de Aguiar. Começa pelos seguintes versos do autor do *Triunfo de Natureza*:

Da verdade o trovão que o crime assusta.

o barão teve conflitos desagradáveis com o comandante da fragata *D. Pedro*, Joaquim Pedro Celestino

Lança por terra a máscara do engano.

Tem 48—VII pgs. além da folha do rosto.

XII. Manifesto do govêrno provisional dos estados da India Portuguesa, em nome de sua magestade fidelíssima, a rainha senhora D. Maria 2.ª, em XLIII capitulos, assinado em Pangim aos 21 de Julho de 1835 por João Casimiro Pereira da Rocha de Vasconcelos, presidente, Manuel José Ribeiro e Fr. Constantino de Santa Rita, com 52 documentos, impresso na tipografia do govêrno. O manifesto contém 7 paginas e os documentos 32. Entre estes documentos encontram-se as proclamações atraz mencionadas sob os n.os II e III.

XIII. Refutação analítica do manifesto do govêrno intruso de Goa, intitulado Govêrno Provisional dos Estados da India Portuguesa em nome de sua magestade fidelissima a rainha senhora D. Maria 2.ª, de 21 de Julho de 1835 ; contendo um exame circunstanciado e esmiuçada confutação de todos os fundamentos e razões em que os manifestantes pretendem apoiar a criminosa rebelião, e os subsequentes horriveis atentados por êles perpetrados em Goa ; seguida de documentos justificativos e peças oficiais, extraídos da secretaria da prefeitura e de outras repartições públicas. Por um emigrado de Goa. Bombaim. Na oficina tipográfica de D. Gonçalves, por José Francisco de Aguiar. Consta de 156 paginas, além das do rosto e 3 de erratas e de 165 documentos em CLIX pgs. Entre os documentos encontram-se as citadas proclamações do prefeito Peres, de 10 e 14 de Janeiro de 1835 (n.os XL e XXVIII).

Esta obra que saiu sem nome do autor, foi escrita sob a inspiração do prefeito e de seus partidários mais ilustrados emigrados a Bombaim, por António Simeão Pereira, natural de S. Pedro de Panelim (Ilhas de Goa), redactor do "Pregoeiro da Liberdade", coadjuvado por Luís Caetano de Menezes, natural de Pirna, que ao depois redigiu a " Abelha de Bombaim ". Numa correspondência que publicou no " Boletim do Govêrno " dêste estado, n.º 21 de 12 de Abril do 1839, o juiz de direito das Ilhas José Joaquim Durães, pretendeu êste embalde tirar a António Simeão toda a paternidade da " Refutação ", para a dar a Luiz Caetano de Menezes.

XIV. " Atalaia " contra os aristocratas de Goa, por um português na India, datada de Pangim a 16 de Novembro de 1835.

Soares, e com o juiz, servindo de presidente da Relação, Castro Neto, (os quais ambos se retiraram finalmente de Goa, abandonando os seus logares), ainda

Manuscrito. Começa pelos seguintes versos da " Henriada " de Voltaire :

Descends du haut des cieux, auguste verité ;
Répands sur mes écrits la force et la clarté.

O sr. Diogo Filipe de Andrade, honrado oficial-maior que foi da secretaria do govêrno geral dêste estado, testemunha presencial de vàrios sucessos de 1835, disse-me que se atribuira em tempo êste veemente escrito a José Balbino de Lemos e Sá, que viera deportado para a India por motivos políticos, e em 1838 serviu o lugar de director da Imprensa Nacional ; mas afirma o sr. J. B. Catão da Costa, filho do secretário da prefeitura, que José Balbino era muito estimado da aristocracia que o manuscrito pretende verberar, e, porisso, é duvidosa essa paternidade. Possuo uma cópia da " Atalaia ".

XV. " O Censor e o Investigador Português" em Bombaim, artigo datado de 26 de Maio de 1836, respondendo ao " Investigador " : fol. de 16 paginas, contendo um post-scriptum com data de 4 de Maio do mesmo ano. Traz o seguinte texto de sir E. Brydges :

" The business of just criticism is to expose charlatanism—not to degrade an incury or a rival ".

XVI. Memorial de Bernardo Peres da Silva, deputado às côrtes, aos representantes da nação portuguesa, assinado em Lisboa a 3 de Janeiro de 1839, relatando as ocorrências políticas de Goa, como em aditamento à Refutação Analítica (XIII) com 14 documentos. Impresso em 184) na tipografia de João Antonio da Silva Rodrigues, rua da Condessa n.º 19—22 pgs.

XVII. Correspondência do desembargador Manuel Felicissimo Lousada de Araujo e Azevedo no «Paquete do ultramar», n.º 73 de 28 de Setembro de 1839, defendendo-se das acusações que lhe fez o «Investigador portuguez» de Bombaim.

XVIII. Resposta de B. P. da Silva à correspondência supra; folhêto de 10 pgs., Lisboa 7 de Outubro de 1839, na tipografia de Vieira & Torres, calçada de Santa Ana, n.º 74.

XIX. Memorial de Fortunato de Melo, coronel dos estados da India, aos senhores representantes da nação portuguêsa, defendendo-se das acusações que lhe foram feitas, e pedindo o julgamento de sua conduta. Com 14 documentos. Lisboa 1 de Fevereiro

assim acabou com a anarquia que reinava em Goa e com o escândalo da separação de Damão e Diu. Publicou a amnistia régia aos implicados nas alterações políticas ocorridas em Goa desde o Janeiro de 1835. Os emigrados e homiziados regressaram aos seus lares ([1]). Reorganizou administrativa e judicialmente

de 1840; folhêto de 40 pgs., impresso na tipografia da Academia das Belas-Artes, rua de S. José, n.º 8:

XX. Jornaes:

"Chronica Constitucional de Goa"—oficial—redigido por José Aniceto da Silva, 12 de Junho de 1830 a 3 de Novembro de 1873.

"O Investigador Portuguez em Bombaim", redigido por José Valerio Capela—6 de Agosto de 1835 a 28 de Dezembro de 1837. A respeito de J. V. Capela, encontram-se interessantes notícias no "Conimbricense" n.º 3952, artigo do seu erudito redactor e meu presado amigo o sr. Joaquim Martins de Carvalho, sôbre o qual escrevi uma correspondência que saiu no "Conimbricense" n.º 3978.

"O Echo da Lusitania", redactor o desembargador Manoel Felicissimo Lousada de Araujo, que fôra demetido pelo prefeito Peres. 7 de Janeiro de 1846 a 5 de Março de 1837.

O primeiro e o último eram órgãos do govêrno provisional e dos sediciosos; o segundo defendia a causa do prefeito."

([1]) Eis a relação nominal dos oficiaes militares, empregados e cidadãos de diferentes hierarquias e classes sociaes de Goa, que se achavam fóra em vários pontos, uns deportados, outros emigrados e outros retirados em rasão das alterações políticas de 1835, e que regressaram no govêrno do Barão de Sabroso:—

Em Vingurlá: Joaquim Manoel Correia da Silva e Gama, marechal do campo;—Caetano de Souza e Vasconcelos, coronel de milícias de Moçambique, com sua mulher e 3 filhos;—António Lobo da Gama, capitão-tenente e governador que foi de Damão;—José da Costa Campos, capitão do corpo de engenheiros e lente da Academia Militar, com sua mulher, cunhada e 5 filhos;—José Joaquim Soares de Veiga, capitão de artelharia e lente da dita Academia;—Francisco da Costa Campos, capitão de artelharia e lente da Academia Militar, com sua mulher, cunhada e 5 filhos;—José Joaquim Soares de Veiga, capitão de artelharia e lente da dita Academia, com sua mulher, sogra e 7 filhos;—Francisco Xavier Soares da Veiga, 1.º tenente de artelharia, com sua mulher e 4 fia India e restabeleceu a Relação de Goa na conformidade dos decretos do govêrno da Revolução de Setembro. No seu tempo começou a publicação de um jornal oficial denominado—*Boletim do Govêrno do Estado da India*—, cujo 1.° número saiu em 7 de De-

Restabelecimento da Relação e publicação do Boletim do Govêrno

lhos;—Vitorino António Pereira Garcez e Victor Anastásio Mourão Garces Palha 1.° e 2.° tenentes de artelharia;—Alberto Pereira Garcez. tenente do 1.° regimento da infantaria;—Ricardo de Melo Sampaio, Joaquim Pereira Garcez, Diogo Francisco Mourão Garcèz Palha, todos tres alferes do dito regimento;—José Maria da Rocha, alferes secretario do batalhão de caçadores n.° 3.°;—Custodio da Rocha, alferes do forte de Arabó;—Francisco Pereira Garcez, aspirante a oficial de artelharia;—Bernardo Heitor da Silveira Lorena, penultimo conde de Sarzedas e tesoureiro geral do Estado, com sua mulher, uma prima e 3 filhos;—Jose Maria dos Remédios, natural de Murdá, ex-juiz de direito das Ilhas de Goa;—Camilo de Sá, de Betalbatim, ex-escrivão do dito juiz;—Caetano Francisco Pereira Garcez, escriturário da Contadoria geral e que em Damão serviu de secretário da Prefeitura, com sua mulher e um filho;—José Balbino de Lemos e Sá, europeu;—Vicente Felisberto da Cunha, de Ucassaim, escrivão da Camara agrária de Bardês;—Fortó, um dos mercadores da aldeia Tiracol, com sua mulher e família,

Em Rarim: Caetano Vicente Lousado, tabelião.

Em Bombaim: António José de Melo Souto-Maior Teles, brigadeiro dos reais exércitos, com sua família;—D. José Maria de Castro e Almeida, coronel que foi do 1.° regimento da infantaria, com sua mulher e família;—Francisco Pereira da Silva, tenente-coronel do extinto regimento de milícias, com sua mulher;—Joaquim Manoel da Costa Campos, tenente do 1.° regimento da infantaria;—Cristovão de Melo de Sampaio, alferes do dito regimento;—José António da Costa, 2.° sargento da artelharia.

Em Piro: Camilo Dionisio Álvares, de Margão, médico.

Em Ervalem: Zalba Ranes, sar-dessai de Gululem, com seus 4 filhos, mulheres e mais comitiva em número de 60.

Em Soroddó: Zalba Ranes, sar-dessai de Sanquelim, com seus brámanes e sipais em número de 50.

zembro de 1837 sob a direcção do secretário do govêrno António Mariano de Azevedo.

Dispersos em diferentes pontos do Estado : José António Paulo Gomes, de Aldoná, capitão do extinto regimento de milícias de Bardês e lente da Academia Militar ;—António Manoel Pereira, de Benaulim, ex-procurador régio ;—Custódio Mariano Pinto, ex-juiz pedáneo de Revorá, Joaquim Salvador de Carvalho, de Camorlim, ajudante do professor do ensino primário de Colvale ;—Pascoal João Gomes, da Piedade, advogado ;—Vicente Simão de Souza, paisano ;—Pedro Martinho Alvares, de Aldoná, medico.

Em Damão : Bernardo Peres da Silva, Prefeito, com sua mulher e 6 filhos (*a*) ; Manoel Maria Souto e Silva, desembargador presidente do tribunal de 2.ª instância ;—Francisco Antonio da Silva Pimenta, major do 1.º regimento da infanteria, com uma filha ;—João José Pereira Garcez, 1.º tenente da artelharia;— José Jaques Salinas de Benevides, 2.º tenente da marinha de Portugal, deportado pelo usurpador para a India desde 1830;—Caetano da Cunha, de Arporá, tenente-quartel-mestre do batalhão de caçadores n.º 2;—Joaquim Gabriel da Cunha, de Arporá, tenente do dito batalhão;—Antonio Joaquim da Piedade Pereira, de Benaulim, aferes do batalhão de caçadores n.º 1;—Pedro Paulo Pinto, de Candolim, alferes do 2.º regimento da infantaria;—José d'Almeida Salema, aspirante a oficial, com sua mulher,—Bento Gomes da Silva, *idem* com sua mulher e sogra;—Manoel Antonio da Costa, 1.º sargento, Salvador Antonio Leal e Joaquim Salvador Pereira, todos tres 1.ºs sargentos do 1.º regimento da infanteria; —Joaquim José da Trindade, Filipe Teixeira e Manoel Maria Dores, 2.ºs sargentos do dito regimento;—Francisco de S. Anna, Gaspar dos Remedios e Tomaz d'Almeida Carvalho, furriels do dito regimento;—Mariano José da Cruz, 2.º sargento do 2.º regimento da infanteria;—Manoel Constancio de Souza, 1.º sargento do batalhão de caçadores n.º 3;—Joaquim Pascoal de Souza e José Nicolau de Souza, 2.º sargentos do dito batalhão;—Filipe Caetano de Almeida e Luis Henrique de Souza, furriels do dito batalhão;—Agostinho Xavier da Gama, 2.º sargento do batalhão de caçadores n.º 2.º Alguns dêstes faleceram no exílio.

(Do *Boletim do Governo* n.º 6 de 1 de Fevereiro de 1838).

(a) Peres regressando a Goa fixou a sua residência em Margão e em 1838 foi pela 3.ª vez eleito deputado e partiu para Lisboa, continuando a ser reeleito até a sua morte, ocorrida em 1844.

Em 13 de Junho o barão de Sabroso caiu desastradamente do carro, fracturando um braço, e, tomando a doença o carácter de perigosa, entregou o poder ao conselho do govêrno em 28 de Setembro de 1838, e faleceu a 14 de Outubro do mesmo ano. O cadáver, depositado na casa das confrarias da igreja de Pangim, foi transportado com grande solenidade para o Carneiro do Convento de S. Caetano e depois para Lisboa.

O conselho do govêrno, que assumiu a direcção dos negócios do Estado no impedimento e depois da morte do barão de Sabroso (1838), era composto do arcebisbo eleito **D. António Feliciano de Santa Rita Carvalho**, do coronel **José Antonio Vieira da Fonseca**, do juiz servindo de presidente da Relação **José Câncio Freire de Lima** e do escrivão deputado da junta da fazenda, **Domingos José Mariano Luís**, indígena, natural de Curca. Tendo falecido o arcebispo em 1 de Fevereiro de 1839, os outros três continuaram a governar até que chegou o decreto nomeando governador geral interino um dêles, o coronel **Vieira da Fonseca** (1839), que ficou no poder até 14 de Novembro do mesmo ano.

Assassinato do secretário Azevedo

Durante a gerência do conselho foi assassinado em Pangim o secretário geral do govêrno António Mariano de Azevedo, com dois tiros dados à traição, estando à uma janela das casas do oficial da armada Côrte-Real em a noite de 21 de Novembro de 1838. Ficaram impunes os autores dêste crime, a-pesar do processo que se instaurou ; era fácil aliás apurá-los. O infeliz Azevedo era um homem enérgico e funcionário honestíssimo, que, não se conformando com as deliberações tomadas pelos seu colegas do govêrno provisional, havia abandonado o poder, como atraz está dito, e poucos dias antes tinha obtido licença para regressar ao reino, e a oligarquia dominante, que o odiava profundamente, chegou a temer que o secretário pusesse a nú as cousas de Goa ([1]).

Ao coronel Vieira da Fonseca sucedeu no govêrno da India o barão do Candal, **Manoel José Mendes**, (1839–40) que, auxiliado pelo erudito secretário Claudio Lagrange de Barbuda, planeou notáveis reformas administrativas, mas faleceu logo em 18 de Abril de 1840.

Pelo prematuro falecimento do barão do Candal tornou a assumir a direcção do Estado o conselho do govêrno, presidido pelo coronel **Vieira da Fonseca**, sendo vogais, além dos retro-mencionados **Lima** e **Luís**, o vigário capitular **Antònio João de Ataíde**, e os conselheiros **José da Costa Campos**, e **Caetano de Souza Vasconcelos** ([2])

A êsse tempo, renovaram-se as cubiçosas tentativas do govêrno británico, sempre ávido de possuir Goa.

Tentativas dos ingleses de possuir Goa

O gabinete portuguès em 1839 era presidido pelo visconde, depois marquês, de Sá da Bandeira, que era o ministro dos negócios extrangeiros.

"A 12 de março dêste ano lord Howard, representante da côrte de St. James em Lisboa, apresentou ao visconde de Sá uma nota em que dizia, por ordem do seu govêrno, que as autoridades británicas de Bombaim

([1]) Custódio Manoel Gomes, *Duas Palavras sôbre a India Portuguesa*, pags. 12 a 13;—cit. *Goa sob a Dominação portuguesa*, pag. 102—e cit. *Brazileiros notaveis em Goa*. A casa, onde caiu assassinado o secretário Azevedo, era térrea e situada quási à beira do rio; foi propriedade do general Assa Castel-Branco e agora, sobradada, passou a ser do Banco Nacional Ultramarino.

([2]) Estes dois cidadãos foram os primeiros que representaram o elemento popular no antigo conselho do govêrno depois de organizada a junta geral do distrito na conformidade do Código Administrativo de 31 de Dezembro de 1836 e Lei de 29 de Outubro de 1840.

acusavam os funcionários portugueses de Goa, de haverem favorecido certos rebeldes que, fugindo do território inglês, se haviam retirado para o território indo-português. Acrescentava o embaixador inglês que, tendo o seu govêrno motivos para reclamar do de Portugal importantes somas, estava autorizado a propor como base desta negociação a cedência à Companhia das Indias Orientais, de Goa, Damão e Diu e de todos os mais territórios que a corôa portuguêsa possuia na India. Logo no dia 30 respondeu o visconde de Sá que, em vista da correspondência oficial chegada de Goa, podia afiançar a lord Howard, que as autoridades de Bombaim estavam mal informadas, porque os funcionários portugueses, na suas relações com os indígenas fugidos, não tinham de modo algum infringido os tratados entre Portugal e a Grã-Bretanha, e que, quanto à proposta da cedência do território, tinha sido apresentada à Rainha, e S. M. ficara vivamente magoada, porque nunca podia esperar que uma tal idéa partisse do govêrno britânico, que era o mais antigo aliado do reino lusitano. Dizia mais que S. M. havia ordenado o ministro para declarar em seu nome que o govêrno nunca poderia admittir como base de qualquer negociação, fôsse esta qual fôsse, a cedência de territórios, que são monumentos de glória para a nação portuguesa e de perseverança de vários príncipes predecessores da Rainha, assim como das façanhas e coragem dos antigos navegadores e guerreiros portugueses.

" O barão da Ribeira de Sabrosa, sucessor do visconde de Sá na presidência do conselho e na pasta dos extrangeiros, recebeu igualmente de lord Howard uma nota, dizendo que o seu govêrno reputava a cedência de Goa e suas dependências na quantia de 500.000 libras, e que, se a sua anterior proposta fôsse rejeitada, a Inglaterra se reservava o direito de tomàr as medidas convenientes, se aparecessem casos idênticos aos que davam logar a essa reclamação. Sabrosa respondeu a lord Howard no sentido em que o havia feito o visconde de Sá e declarou mais que a proposta da côrte de Londres não poderia nunca ser admitida por govêrno algum português, que tivesse a consciência de merecer êste nome. O que a Inglaterra não tinha podido obter pela fôrça e pela traição nos princípios dêste século queria em 1839 conseguí-lo com dinheiro " (1)

Em 24 de Setembro de 1840 começou o govêrno interino de **José Joaquim Lopes de Lima,** (1840–42) que se achava em Goa servindo de intendente da marinha e do arsenal.

Lopes de Lima era homem inteligente e activo; reformou o sistema aduaneiro, organizou o conselho de saude pública e o ensino primário e secundário; estabeleceu na capital escolas de inglês, francês, história e do ensino mútuo; mandou leccionar na Escola Matemática e Militar os cursos de engenharia, artelharia, infantaria e pilotagem, suprimindo o de marinha; transferiu o hospital militar de Panelim para Pangim; renovou o antigo farol da Aguada (2); mandou abrir na cidade a rua denominada—4 de Abril—(hoje 31 de Janeiro); construiu o trapiche da alfândega principal (3); organizou o correio interno e fêz

Actos notáveis

(1) Ismael Gracias, *Carta Constitucional annotada*, prefácio, pag. XXVII a XXVII.

(2) O farol de Aguada é coévo da conquista. A princípio acendia-se sómente nas noites escuras do verão. Reformado em 1841, passou, desde Outubro do mesmo ano, a acender-se em tôdas as noites do verão, e desde 16 de Outubro de 1864, em tôdas as noites do ano. Alcança 26 milhas e tem a altura de 85,65 metros.

(3) O trapiche foi alargado no govêrno do general Macedo e

outros melhoramentos de reconhecido interesse público.

Contudo atraiu bastantes animadversões, porque não primava pela justiça ; era acusado de concussão franca, e, além de algumas reformas inúteis que fizera, creara ilegalmente alguns impostos fortes e vexatórios, e um batalhão em Quepém, onde construira quarteis com os materiais do extinto Convento de S. Domingos, de Goa, que mandara demolir para êsse fim. Além disto, para ocorrer às despesas ordinárias da província vendera a artelharia de bronze (fundida no nosso arsenal com as armas portuguesas em alto relevo) que talvez ainda pudesse servir, e contraira um empréstimo de 330 mil xerafins, apresentando contudo o orçamento de 1841 o *deficit* de 1.312,162 xerafins, que era quási o duplo do antecedente. (1)

Finalmente em 1842, Lopes de Lima largou o govêrno cedendo a uma revolta e fugindo covàrdemente do seu posto. Foi o caso.

O govêrno da metrópole mandara para a India, sob o comando do major Francisco Maria Magalhães, um batalhão organizado em Portugal, denominado *batalhão provisório*, com o fim de reprimir a tropa local, que se mostrava cada vez mais insubordinada.

Como Lopes de Lima não gostasse do batalhão, que lhe servia de obstáculo a muitas pretenções, quis retalhá-lo em destacamentos e ordenou que a quarta companhia partisse para Macau e alguns oficiais fôssem em comissão para Timor em companhia do comandante Magalhães, a quem nomeara governador desta nossa possessão, nesse tempo dependente do govêrno da India.

Couto e acrescentou-se-lhe um cais-ponte de madeira, no govêrno do general Vasco Guedes.

(1) *Bosquejo das Poss. Port.* Vol. 1.º pag. 95.

A companhia mostrou má vontade de obedecer; chegou ainda a embarcar depois de algumas transigências do governador; mas na noite de 26 de Abril desembarcou, uniu-se a outras companhias estacionadas no quartel de Pangim e, na madrugada de 27, o batalhão todo, levantando o grito de revolta, cercou o palácio. O governador intimidou-se, convocou os comandantes da tropa local e, percebendo que êstes recusavam dar-lhe o apoio que desejava, entregou o poder ao conselho do govêrno, a-pesar das reflexões em contrário, e partiu para Bombaim, onde procurou o auxílio dos ingleses para recuperar a sua autoridade em Goa; mas não conseguiu.

Revolta do batalhão provisório

Lopes de Lima, homem de talento e ilustração, mas mal intencionado e de instintos sanguinários, que manifestou depois no govêrno de Coimbra, morreu miseràvelmente em 1859 na viagem de Solor para Lisboa a bordo dum navio em que ia preso por ordem régia.

O conselho do govêrno que lhe sucedeu (1842) revogou as ordens do governador interino e apaziguou a revolução. Êste conselho era presidido por **António Ramalho de Sá** presidente da Relação, sendo vogais o brigadeiro **Antònio José de Melo Souto-Maior Teles**, o vigário capitular **António João de Ataide** e os conselheiros electivos **José da Costa Campos** e **Caetano de Souza Vasconcelos.**

Pertencia também ao mesmo conselho, como escrivão da junta da Fazenda, António Maria Bouyrat, que se escusou de tomar parte no govêrno.

A notícia da desordem ocorrida em Goa ocasionou em Portugal a nomeação do novo governador geral; que foi o conde das Antas **Francisco Xavier da Silva Pereira.**

O conde das Antas, chegado a Goa em 16 de Setembro de 1842, encontrou tudo na mais completa ordem. Começando a governar, fêz algumas refor-

Reformas e outros actos notáveis

mas, de que resultaram economias para a fazenda; extinguiu o batalhão creado por Lopes de Lima em Quepém e dois corpos do exército, aumentando duas companhias na infantaria; reduziu o batalhão provisório e as escolas primárias, creou uma escola promíscua e duas primárias em Damão e quatro nas capitais das Novas Conquitas. Extinguiu a casa dos catecúmenos e a da moeda.

Por autorização superior ordenou a venda das propriedades pertencentes às extintas ordens religiosas, exceptuando a casa e cêrca dos conventos do Cabo e de S. Caetano e da casa professa do Bom Jesus.

Elevação de Pangim à categoria de cidade

Por alvará de 22 de Março de 1843 foi a povoação de Pangim elevada à categoria de cidade com a denominação de Nova-Goa, onde o conde das Antas mandou erigir um monumento na *praça das sete janelas* (¹) para ali ser transferida a estátua do grande Afonso de Albuquerque do frontispício do recolhimento da Serra, na velha cidade, edifício que já em 1841 tinha começado a ser demolido pelo seu mau estado (²).

Em 25 de Abril de 1843 mandou o conde das Antas abrir no palácio do govêrno perante a câmara municipal das Ilhas a carta de prego que lhe nomeava sucessor, a quem logo entregou o govêrno e no dia imediato embarcou para Lisboa.

O sucessor designado na carta de prego ao conde

(¹) Assim chamada, porque cada um dos torreões do quartel, que a defrontam, tem sete janelas. Actualmente é esta praça denominada *a praça de Afonso de Albuquerque. Nova Goa* compreende Pangim, Ribandar e a antiga cidade de Goa, sendo Pangim o bairro principal.

(²) Cit. memoria *Telas e Esculpturas*.

das Antas era **Joaquim Mourão Garcez Palha**, (1843) descendente de europeu (1), que governara Diu e fizera parte do govêrno dêste Estado em 1821

Joaquim Mourão creou a escola de marata em Pangim, restabeleceu o curso de marinha, que Lopes de Lima suprimira, dissolveu as duas companhias que restavam do batalhão provisório e tomou algumas providências úteis ao país.

Em 20 de Maio de 1844 começou a paternal, justiceira e económica governação do conselheiro **José Ferreira Pestana**, (1844-51) ministro e secretário de Estado honorário e lente de matemática na universidade de Coimbra. Findo o triénio, foi o conselheiro Pestana reconduzido no govêrno da India por mais três anos, pelo que os povos deram em várias freguezias solenes acções de graças.

Tentativa de revolta militar

Em 1846 Lopes de Lima, que já estava em Portugal e que não havia desistido da sua pretensão de tornar a governar a India, tentou deslocar Pestana, insinuando uma revolta militar em Goa por intermédio de seus amigos que tinha aqui, e de uns quatro oficiais superiores, 2 europeus e 2 descendentes, que, por terem praticado roubo no cofre dos armamentos, quando comandantes de corpos militares, haviam sido condenados por sentença do conselho de guerra, confirmada por acordão do Supremo Conselho de justiça militar de 14 de Fevereiro de 1846, à perda da respectiva patente e a indemnisar a Fazenda nacional, sendo publicado o acordão junto com a sentença no *Bol. do Gov.* de 13 de Março do mesmo ano (2).

(1) Cit. *Catalogo do assentamento da gente da guerra*, pg. 24.

(2) Emquanto o processo instaurado contra os poderosos comandantes seguia os trámites legais no Conselho de guerra, foi

A revolta devia rebentar no dia 29 de Outubro, dia em que todos os batalhões costumavam apresentar-se em parada na capital pelo aniversário natalício de D. Fernando 2.° ; mas descoberta a tempo pelo inteligente secretário geral Custódio Manoel Gomes, foi habilmente sufocada pelo governador sem a mais leve alteração do sossêgo público.

Segundo se deduz dos documentos da época, os principais agentes de Lopes de Lima em Goa para promover a revolta eram o seu primo José Câncio Freire de Lima, juiz servindo de presidente da Relação, e o seu amigo António Maria Bouyrat, que viera despachado em comissão de Escrivão deputado da Junta da Fazenda de Goa, estando ainda em exercício o proprietário, sendo o fim principal da sua missão abrir uma sucursal do Cabralismo, como fêz fundando aqui sob a sua chefia semi-oficial o partido chamado *Chafarica*, denominando-se então *Patuléa* o partido popular, que apoiava o Governador. A nomenclatura vinha do que passava em Portugal.

A revolta abortou, como dissemos, e Pestana continuou impávido nos seus deveres, e foi ainda reconduzido no Governo. [1]

assaltada à mão armada em Salvador do Mundo (Bardês), na noite de 8 de Setembro do mesmo ano (1844) a residência do juiz substituto, Aleixo Casimiro Lobo, que, como auditor, tinha em seu poder e estava estudando os autos originais do referido processo. O auditor, suspeitando que o principal objectivo do assalto fôssem êsses autos, fugiu com êles. Os assaltantes queimaram os papeis que encontraram, mas o processo, que escapou, chegou ao seu têrmo. "Êste atentado, que indicava estarem em movimento os elementos que assassinaram o secretário Azavedo, não acobardou Pestana nem o seu secretário." *Goa sob a Domin. Port.*, pag.178.

(1) Vid. *Duas Palavras sôbre a India* por Custódio Manoel Gomes ; e *Goa sob a Domin. port.* 173-181.

O conselheiro Pestana concluiu o modesto monumento à memória do grande Afonso de Albuquerque, cuja inauguração foi festejada com a maior pompa em 29 de Outubro de 1847, fêz alguns melhoramentos materiais na cidade e tratou bastante da viação pública; aboliu a bárbara usança dos *enganchados* [1]; creou a escola do ensino primário para meninas, a de filosofia e retórica na capital, e a de francês em Margão. Foi nesta época estabelecida no hospital militar a escola médico-cirúrgica, com quatro anos de curso e 2 de farmácia, e em cada um dos corpos militares se abriram aulas regimentais dirigidas pelos respectivos capelães.

Actos notáveis

No meio de seus trabalhos Pestana viu-se na necessidade de lutar com as pretenções do govêrno británico, como se vai vêr: Em 1844 revoltou-se contra

[1] « A festa que os gentios intitulam *Zatrá* ainda se pratica no Deccan e Concão acompanhada de uma espectaculosa penitência chamada dos *enganchados*. Armam em dois mastros uma espécie de sarilho, que uma manivela faz girar; em cada extremidade do tal sarilho estão dois ganchos de ferro que furam uma porção de pele distendida das espaduas dos pacientes, e assim levantados dão no ar um certo número de voltas, batendo as palmas e procurando mostrar nas visagens, não só resignação no martirio, mas até prazer! No territorio da India portuguesa foi absolutamente proibido êste repugnante sacrificio em portaria de 6 de Dezembro de 1844; no govêrno de Pestana, vinte e dois anos depois ainda os gãocares de uma aldêa das Novas Conquistas requereram permissão para fazerem a festa dos *enganchados* alegando que desde a sua supressão haviam sucedido naquela aldêa as maiores calamidades, e para terminarem era indispensavel se lhes concedesse tão *inocente* exercicio!......O requerimento foi-lhes indeferido, mas a pretensão ficou de remissa para ocasião que julguem mais oportuna. » Vid. Cunha Rivara, *Jornada ás partes do sul em 1863*, publicada no *Instituto Vasco da Gama*, n.º 19, 1873, pag. 152.

os ingleses a tribu dos *Fondús* em Saunto-Varim, território ligado ao de Goa pelo norte; e os revoltosos, ao abrigo das florestas, mataram um grande número de oficiais ingleses montados; mas, não podendo continuar a combater com um exército de 12 mil homens que os perseguia, entregaram as armas à tropa portuguesa, que por causa desta insurreição guarnecia as nossas fronteiras.

Contenda com o govêrno inglês e a diplomacia do nosso governador

Pestana mandou recolher os refugiados com suas famílias num aquartelamento próximo da capital, onde eram vigiados, sendo-lhes tirados todos os meios de voltarem para a terra ings.

O governador de Bombaim e o governador geral de Calcutá requisitaram que os Fondus fôssem entregues às autoridades inglesas, ao que Pestana respondeu que, visto estarem sob a protecção da bandeira portuguesa, não podia, segundo o direito das gentes, satisfazer a requisição. Continuaram as instâncias em tom ameaçador, alegando principalmente a mortandade que os rebeldes lhes haviam causado; e finalmente veiu de Calcutá o coronel Outram para fazer embarcar à fôrça os refugiados e transportá-los em um vaso de guerra, que foi fundear à piquena distância do palácio do govêrno em Pangim em atitude hostil.

Pestana, porém, conduziu-se nesta questão tão hàbilmente, que, replicando às ameaças inglesas em frazes delicadas mas enérgicas, e correspondendo à altivez do emissário de Calcutá com maneiras afáveis e obsequiosas, mas insistindo sempre nas razões da sua negativa, conseguiu terminar a contenda mantendo o direito da hospitalidade e ao mesmo tempo a inviolabilidade do território português. O comissário regressou muito reconhecido à cortezia do nosso governador e do secretário geral Custódio Manoel Gomes. O govêrno de Bombaim retirou as tropas que defendiam as fronteiras inglesas, poupando assim maiores despesas.

Em 1847, noventa e dois dos refugiados pediram perdão ao govêrno de Bombaim, e os amnistiados regressaram para Saunto-Varim. Mas Fondú Saunto e filhos, que não foram incluidos na amnistia e estavam em Goa sob vigilância, fizeram distúrbios ao longo das matas de Saunto-Varim e Canará, e roubaram várias casas e alfândegas em Belgão; pelo que foram pela justiça portuguesa degredados para Timor.

Muitos anos depois, tendo pedido perdão ao govêrno inglês, foram, em 1861, perdoados com a condição de pagarem 550 mil rupias por indemnisação da revolta de 1844,—e pagaram.

Em 1877 Saunto-Varim foi incluido nos estados menores da presidência de Bombaim [1].

Aos esforços dêste governador e do secretário geral Custódio M. Gomes foi devido o estabelecimento da companhia comercial de Goa, que contava mais de 400 associados interessados no bem do comércio e no progresso da indústria.

Durante o seu prolongado govêrno de quási 7 anos, Pestana procurou melhorar o estado financeiro do país sem novos impostos, tratou com igualdade todas as classes dos povos sem faltar à justiça, e, banindo as práticas vexatórias, fêz cumprir com exactidão as leis existentes. Foi jústamente cognominado *Tito, delícias da India.*

(1) *Bombay Gazeteer, Savant-Vadi.* vol 10, pag. 446; e *As Colónias portuguesas,* art. de V. Esteves.

CAPÍTULO XXII

1851-1870—Revoltas, desenvolvimento da instrução pública e melhoramentos materiais

Em 15 de Janeiro de 1851 entrou a governar o barão, depois visconde, de Vila Nova de Ourém, **José Joaquim Jannário Lapa**, par do reino e ministro e secretário de Estado honorário (1851–55).

Os primeiros actos da sua governação prometiam fazer entrar a India num caminho de regular prosperidade ; mas veio logo a revolta dos ranes de Satarí, capitaneada por Dipú ou Dipagi Ranes, em 27 de Janeiro de 1852, que lhe consumiu todo o tempo e muito dinheiro da fazenda pública [1].

Durante a administração do visconde de Ourém deu-se também mais um facto notável, que alterou a tranqüilidade pública espalhando terror.

Em 19 de Novembro de 1854 começou a eleição municipal, e na assemblea da Piedade (ilha de Divar) havendo renhida disputa entre os dois partidos políticos, o partido popular ganhou contra o governamental a eleição da mesa definitiva. No dia 20, correndo os trabalhos eleitorais, apareceu no local o capitão Joaquim Pereira Garcês, acompanhado de dois jovens, Tabordas, todos os três filiados no partido do govêrno, mas não recenseados naquela assemblea. Ao sol-pôsto, recolhida a urna e guardada em um cofre fechado a três chaves num compartimento ligado à igreja, o capitão Garcês exigiu que uma das chaves fôsse en-

---

(1) Das revoltas de Satari, falaremos em um capítulo especial.

tregue ao eleitor de sua confiança, porque receava que os mesários adulterassem a urna durante a noite; e, como o presidente lhe respondesse que a lei designava as pessoas em cujo poder deviam ficar as chaves, e portanto não podia satisfazer a sua exigência, Garcês começou a ditar ao regedor da paróquia um ofício requisitando tropa para vigiar o cofre. Os populares, persuadidos de que essa requisição tinha por fim o roubo da urna com o auxílio de fôrça armada, tocaram o sino da igreja a rebate, e unindo-se aos numerosos jornaleiros, que acudiram à voz do sino, agrediram os três forasteiros, espancando bàrbaramente o capitão Garcês, que poucas horas depois faleceu no escaler, em que ia transportado para o hospital militar.

Morte de um capitão

Chegada a notícia do assassinato ao palácio, foi expedida na mesma noite uma numerosa escolta, que fechou todas as passagens da ilha, sendo presos no dia seguinte alguns proprietários e jornaleiros.

Nestas alturas, em que a justiça já começara a tomar contas do crime, a 4 de Dezembro imediato, dois batalhões, o de Mapuçá e o de Pondá, saindo dos seus quartéis sem ordem superior, se postaram, o primeiro na ilha de Divar, para onde marchou simultaneamente uma fôrça de sipais também sem ordem superior, e o segundo na velha cidade de Goa defronte da ilha de Divar, com manifestas demonstrações de que queriam vingar a morte do capitão Garcês, arrasando essa ilha e decapitando os principais influentes do partido popular de Goa.

Revolta militar

O visconde de Ourém, logo que teve conhecimento do facto, dirigiu-se imediàtamente ao sítio onde estava a tropa e fê-la recolher aos seus quartéis. Êste acto de energia cativou os povos.

Como o visconde não tivesse castigado os agentes dessa revolta, e, pelo contrário, os propusesse em poucos dias para os postos superiores, houve quem suspeitasse que êsse motim tivesse sido promovido às ocultas pelo próprio visconde, com o fim de simplesmente aterrar os povos e haver a glória de ter sufocado uma revolta. Ainda não está bem elucidado êste ponto.

Actos notáveis

O visconde de Ourém a-pesar-de lutar com as dificuldades da guerra de Satarí fêz muitos benefícios ao país. Organizou o liceu nacional de Nova-Goa abrangendo as seis aulas existentes do ensino secundário, latim, filosofia, história, inglês, francês e marata ([1]); creou a escola normal para a habilitação do magistério primário, a aula de inglês em Mapuçá, duas de latim em Salsete e Bardés, duas do ensino primário para o sexo feminino nas capitais destas províncias e uma de ensino promíscuo em Diu. Abriu em Pangim a rua denominada "Rua nova de Ourém" que só se concluiu em 1879, e mandou construir a excelente fachada da fonte Fénix no bairro das Fontainhas e a casa para a escola médico-cirúrgica, ligada ao hospital.

Por motivo de doença, e usando da faculdade que lhe havia sido concedida, entregou o poder ao conselho do govêrno a 6 de Maio de 1855 e regressou a Lisboa.

O conselho, que assumiu as rédeas do govêrno depois da retirada do visconde de Ourém, era presidido pelo bispo eleito de Cochim e vigário capitular do

([1]) P.ᵉ Filipe Neri de Sousa, *Annuario do lyceu nacional de Nova Goa*, no qual se acha compendiada toda a historia dêste estabelecimento desde os seus primórdios até 1890.

arcebispado de Goa **D. fr. Joaquim de S. Rita Botelho**, sendo vogais o brigadeiro do exército dêste Estado **Luís da Costa Campos**, o escrivão interino da Junta da Fazenda **Francisco Xavier Peres**, e os conselheiros electivos **Bernardo Heitor da Silveira e Lorena** e **Vitor Anastácio Mourão Garcês Palha**.

Durante a sua gerência suspendeu-se o levantamento de Satarí, como diremos ; foi estabelecida a escola de francês em Mapuçá e começou a funcionar a escola de física, química e história natural (¹).

A 3 de Novembro de 1855 principiou a governar a India **António Cesar de Vasconcelos Correia**, visconde, e depois conde, de Tôrres Novas (1855-64).

Êste ilustre general, coadjuvado pelo seu douto secretário Cunha Rivara, pôs têrmo definitivamente à sublevação de Satarí restituindo aos dessais e aos ranes os seus privilégios que o visconde de Ourem lhes havia tirado. Lutou com as dificuldades que sôbrevieram com a celebração da concordata de 1857 entre a cúria romana e o govêrno português sôbre o real padroado no Oriente, concordata que não teve execução por não poder ser determinada a circunscrição das dioceses sufragâneas (²). Nesta época realizou-se na velha cidade a imponente ceremónia religiosa da exposição do corpo de S. Francisco Xavier (a 3 de Dezembro de 1859), concorrendo milhares de católicos de toda a India (³).

O conde de Tôrres Novas deu impulso à instrução pública, ordenou várias obras sanitárias e de aformo-

(¹) M. V. de Abreu, *Breve noticia da creação e exercicio da aula de principios de phisica, chimica e historia natural.*

(²) Cunha Rivara, cit. artigos *Jornada de partes do sul em 1863* no *Instituto Vasco da Gama*, 2.° vol.

(³) F. N. Xavier, *Resumo historico da vida de S. Francisco Xavier*, 2.ª ed.

seamento na capital, regularizou o bairro das Fontainhas e abriu estradas nas províncias, sendo a mais notável a que vai de Verém a Sunquervale. Em Novembro de 1857, de acôrdo com o govêrno da presidência de Bombaim, estabeleceu a primeira linha de telégrafo elétrico de Belgão a Goa (1).

Vários melhoramentos

Pelos melhoramentos com que dotara o país durante o triénio da sua administração havia sido reconduzido no govêrno por mais seis anos.

Por êsse tempo faleceu em Lisboa el-rei D. Pedro 5.°, de saudosa memória, e subiu ao trono seu digno irmão D. Luís 1.°, cuja aclamação em Goa se realizou a 15 de Maio de 1862.

Ao conde de Torres Novas sucedeu o conselheiro **José Ferreira Pestana,** (1864-70) nomeado pela segunda vez governador geral da India, tendo tomado posse em 24 de Dezembro de 1864.

Depois de cinco anos de govêrno justiceiro, conservador e pacífico, o conselheiro Pestana teve o desgôsto de ver triunfar uma revolta militar em Goa, conhecida pelo nome de revolta de Volvoi. O govêrno da metrópole, querendo reorganizar por decreto de 2 de Dezembro de 1869 o enorme exército da India, que, sem proveito nenhum, absorvia mais de metade do rendimento total dêste Estado, extinguiu algumas companhias em cada um dos batalhões. Em 1 de Fevereiro de 1870 Pestana ordenou a execução dêste decreto. O resultado foi a revolta de quatro batalhões, que, saindo dos seus quartéis de

Revolta de Volvoi

(1) Inaugurada em Pangim na tarde de 13 de Fevereiro de 1859.

Margão, Pondá, Bicholim e Mapuçá, foram acampar em Volvoi ([1]).

([1]) A propósito do exército da India convêm dar aqui uns ligeiros traços sobre a sua organização.

A India portuguesa não teve tropas regulares e permanentes senão desde 1670 em diante. Até então a gente de guerra vinha de Portugal nas monções (3 mil homens), e o que faltasse para as expedições emprendidas, os fidalgos e capitães o tomavam do país.

As tropas que guarneciam as provincias, praças e embarcações, se denominavam *Terços*, seguindo nisto o sistema e a nomenclatura usada em Portugal.

Em 1670 veio para aqui um batalhão de infantaria com o seu *mestre de campo* e quatro capitães, e formaram-se quatro companhias que passaram a servir no arraial de Salsete. *Foi êste o princípio do exército permanente no Estado da India*, diz Cunha Rivara.

Francisco José de Sampaio e Castro (1720) informou a el-rei ter criado, para obviar as grandes faltas de gente, quatro Terços de auxiliares de 600 homens cada um, *com patentes e numbramentos sem soldo e só com alguns privilégios*. O conde de Sandomil elevou o número dos Terços a seis, que mais tarde passaram a ser três.

Em 20 de Agosto de 1733 teve logar na India o primeiro recrutamento para a tropa regular; e dois anos depois organizaram-se as companhias de cavalaria e artelharia, e mais tarde as companhias de sipais.

Por decreto de 17 de Março de 1750 as tropas de guarnição foram organizadas em regimento, e em virtude dêsse decreto, o marquês de Alorna organizou dois regimentos de infantaria cada um de 19 companhias. Em 1773 foi creado mais um regimento de infantaria e um de artelharia.

O marquês de Pombal mandou constituir a legião de Pondá num efectivo de 1,200 homens em dois batalhões de 12 companhias a 50 homens cada uma; e em 1785 foi creada a legião de Bardês alterando-se a de Pondá e subindo, por ordem superior, em 1790, o completo de cada legião a 1,747 praças.

Ao tempo do Conde do Rio Pardo (1816-1821) a força militar de Góa era de dois regimentos de infantaria, duas legiões, cada uma com sua companhia anexa de cavalaria dois batalhões de caçadores e um regimento de artelharia, montando a 6,920 o número de praças de tropas regulares, além de 296 sipais dos par-

O governador comunicou por telégrafo a notícia do movimento ao govêrno da metrópole e, preparando-se para domar os insurgentes, deu providências para a segurança da capital, para o que contava com a guarda municipal e artelharia, que não haviam tomado parte na revolta ; mas, quando percebeu que não podia confiar nêstes corpos, cedeu em tudo aos revoltosos, aceitando as condições que êstes lhe ditaram. Foi isto vergonhoso para a autoridade ; mas Pestana, velho e cançado como estava a êsse tempo, não podia nesta crise restabelecer doutro modo a ordem e tranqüilidade pública, como seria para desejar ([1]).

Em conseqüência desta revolta, Pestana foi exonerado e partiu para Lisboa depois de entregar o govêrno ao seu sucessor.

Durante o seu govêrno entraram em execução os importantes decretos de 1869, obra do peregrino engenho do ministro Rebelo da Silva, sendo o mais notável a reforma das instituições administrativas (1 de

tirdos dos Dessais com o sôldo pago pelo Estado, e obrigados a servir em tempo de guerra.

Mas depois de passar por várias organizações últimamente, em 1851, estava fixado o efectivo do exército da India em 3,135 indivíduos, compreendendo: um oficial general, um corpo de 12 engenheiros, um regimento de artelharia de 653 praças e um corpo de guarda municipal de 161, estacionados na capital com as respectivas filarmónicas: e fóra da capital a infantaria, que contava 2,308 praças, e era dividida em quatro batalhões;—o de caçadores n.º 1 em Margão; o de infantaria n.º 2 em Pondá; o de infantaria n.º 3 em Bicholim; e o de caçadores n.º 4 em Mapuçá, tendo cada batalhão anexa a sua filarmónica.

O decreto de 2 de Dezembro de 1869, que dava uma nova organização ao exército da India, marcando-lhe o efectivo de 2,694 homens, deu logar à revolta militar de Volvoi em 1870, e depois à de Marcela em 1871; e essas revoltas motivaram a extinção do exército.

([1]) Cit. *Goa sob a Dominação portugueza.*

Dezembro), alterando-se o Código Administrativo de 1842, que também entrara aqui em vigor no anterior govêrno de Pestana, em 6 de Agosto de 1847 ([1]).

CAPÍTULO XXIII

1870-1898—Extinção de exército da India; Tratado luso-britânico; e construção da linha férrea de Mormugão

Januário Correia de Almeida, visconde (depois conde) de S. Januário empunhou as rédeas do govêrno a 7 de Maio de 1870.

O visconde de S. Januário, homem inteligente e enérgico, coadjuvado pelo abalizado secretário geral o poeta Tomás Ribeiro, ia melhorando a administração do Estado e aumentando-lhe a receita, sem todavia deixar de favorecer a classe militar, a quem a reorganização do exército havia prejudicado. Nestas circunstâncias os quatro batalhões que se tinham revoltado na governação anterior, vendo que a metrópole demorava a execução das promessas do governador Pestana, decidiram-se a recorrer de novo ao mesmo meio, e a 22, 23 e 24 de Setembro de 1871 sublevando-se sucessivamente, foram postar na velha cidade de Goa e depois em Marcela. O governador, que contava com o apoio da guarda municipal e artelharia,

Revolta de Marcela

([1]) Ismael Gracias, *Carta organica annotada*, 2.ª ed.

armou imediatamente a capital para a defesa construindo barricadas na proximidade do palácio e colocando nas bocas das ruas algumas peças de artelharia e no oiteiro da Conceição dois morteiros, além de estabelecer na ponte de Ribandar uma obra de fortificação, e improvizar no Mandovi duas canhoneiras bem guarnecidas e municionadas; fechou as escolas, chamando os alunos militares para fazerem serviço nêsses corpos, telegrafou para o ministério e dirigiu ao mesmo tempo aos habitantes da India portuguesa uma enérgica proclamação, prometendo empregar todos os meios para manter ileso o princípio da autoridade.

O govêrno da metrópole tratou logo de organizar um batalhão expedicionário e, entretanto, mandou para a India a corveta de guerra, *Estefânia*, e o batalhão de caçadores n.º 1 estacionado em Setubal, pondo-se à testa da expedição um príncipe da família real, o infante D. Augusto. A notícia destas prontas medidas e a atitude enérgica do governador produziram um efeito tão salutar, que os insurgentes, apenas foram intimados a recolher-se dentro de seis horas para os seus quartéis, sob pena de, no caso contrário, ficarem sujeitos ao máximo rigor das leis, todos se retiraram submissos à ordem da autoridade, restabelecendo-se a breve trecho o sossêgo público (30 de Setembro de 1871).

Muito depois de apaziguada a revolta, a 9 de Novembro entrou a barra de Goa a corveta *Estefânia*, comandada pelo capitão de mar e guerra, José Batista de Andrade, e a 10 de Dezembro o vapor *Necra*, trazendo o infante D. Augusto ([1]), o batalhão de ca-

([1]) E' o primeiro príncipe europeu que veio a Goa. Vieram depois : o príncipe de Gales, Alberto Eduardo, que chegou aos 27 de Novembro de 1875, no govêrno do general Tavares de

çadores n.º 1 e o novo governador, o general Joaquim José de Macedo e Couto, em substituição do visconde de S. Januário, que foi transferido para a província de Macau e Timor.

O indulto prometido pelo visconde aos revoltosos não foi concedido pelo govêrno superior.

Dentre os melhoramentos realizados no govêrno do visconde de S. Januário os mais notáveis são:

Melhoramentos notáveis

A reforma postal, introduzindo-se o sêlo para a franquia das correspondências ([1]); a creação dos escrivães vitalícios das confrarias; o estabelecimento do imposto aduaneiro de 3% *ad valorem* sôbre as importações, com destino às obras públicas, que tomaram incremento; a fundação do *Instituto Vasco da Gama*, sociedade literária e scientífica, inaugurada em Pangim no dia 22 de Novembro de 1871, comemorando o 373.º aniversário da passagem do ínclito herói pelo cabo das Tormentas, quando veio descobrir a India ([2]).

(1871–75) **Joaquim José de Macedo e Couto** tomou posse do govêrno da India a 12 de Dezembro de 1871; por-

Almeida;—D. Carlos de Bourbon (ramo de Hespanha), que esteve aqui em 25 e 26 de Fevereiro de 1885, no govêrno do visconde de Paço de Arcos;—D. Miguel de Bragança (pretendente português), incógnito, que esteve em Mormugão no dia 2 de Fevereiro de 1893, com o título de duque de Newa, no govêrno do contra-almirante Teixeira da Silva;—e o infante D. Afonso Henriques, que desembarcou em Pangim no dia 13 de Novembro de 1895. Vide Ismael Gracias, *O infante D. Augusto em Goa*, prólogo.

([1]) Os sêlos postais dêste Estado entraram em circulação em 1 de Outubro de 1871.

([2]) No *Ultramar*, n.º 1924 de Dezembro de 1897 se lê um artigo de Ismael Gracias, fazendo a minuciosa história dêste Instituto e na *Era Nova*, n.º 11 de 12 de Janeiro de 1898 a relação nominal de todos os seus sócios fundadores e correspondentes.

tador e encarregado de dar cumprimento aos decretos de 11 de Novembro antecedente, entre os quais avultava o da extinção do exército da India e o da organização da fôrça armada, executou-os todos sem o mais ligeiro óbice. Foram, pois, dissolvidos os quatro batalhões revoltados, sendo submetidos a julgamento em conselho de guerra os respectivos comandantes, e reduzida a fôrça militar da India a uma bateria de artelharia e algumas companhias de polícia, além de um batalhão expedicionário de Portugal; foi extinta a escola matemática e militar e estabelecido um instituto profissional (1) e um corpo de fiscalização aduaneira.

Extinção do exército da India

A 3 de Março de 1872 chegou à barra de Goa o transporte *India* conduzindo o novo batalhão expedicionário e no dia 24 embarcou no mesmo vapor o infante D. Augusto, com o batalhão de caçadores n.º 1, de regresso a Lisboa, tendo publicado na véspera amnistia aos revoltosos em nome de el-rei D. Luís 1.º.

O govêrno do general Macedo e Couto foi inquietado pelas quadrilhas de salteadores nas Novas Conquistas, que sucessivamente se iam formando, mas que a energia do governador e dos seus delegados concelhios pôde extirpar. Realizaram-se poucos melhoramentos materiais, porque todo o tempo era pouco para as providências contra a salteagem e o banditismo.

Ao general Macedo e Couto sucedeu o general **João Tavares de Almeida** (10 de Maio de 1875), cujo govêrno foi de simples expediente. Tavares de Almeida

(1) Começou a funcionar no ano lectivo de 1872–73 e findou no de 1892–93, por ter sido extinto por decreto de 31 de Outubro de 1892.

era homem liberal e justo, mas ultra-conservador e viera já achacoso de Lisboa. Morreu a 24 de Julho de 1877 no palácio de Pangim.

Assumiu a administração um **conselho governativo** o primeiro que se constituiu nos têrmos do art. 8.° do decreto orgânico de 1 de Dezembro de 1869. Era composto do arcebispo primaz **D. Aires de Ornelas e Vasconcelos**, presidente, e dos vogais—o presidente da Relação, conselheiro **João Ferreira Pinto**, que nos seus impedimentos foi substituido pelo juiz, conselheiro **João Caetano da Silva Campos**, o coronel **Francisco Xavier Soares da Veiga** e o secretário geral **Eduardo Augusto de Sá Nogueira Pinto de Balsemão**. Durou a sua gerência desde 24 de Julho até 12 de Novembro de 1877.

Nesse dia tomou posse o governador **António Sérgio de Souza** (1877–78), visconde de Sérgio de Souza, que apresentou o prospecto duma administração de largos horisontes, mas veio a falecer no palácio do Cabo a 3 de Maio de 1878.

Tornou a governar o conselho, sendo desta vez composto do mesmo arcebispo e do mencionado juiz Silva Campos, e mais tarde do presidente da Relação conselheiro Tomas Nunes da Serra e Moura, do coronel Soares da Veiga, e do secretário geral interino António Sérgio de Souza, substituido depois pelo secretário geral Pinto de Balsemão. Êste conselho teve de conjurar a epidemia da cólera em Goa e fêz os preparativos da solene exposição do corpo de S. Francisco Xavier.

A 2 de Dezembro do 1878 tomou posse de governador o contra-almirante **Caetano Alexandre de Almeida Albuquerque** (1878–82) e no dia seguinte abriu-se a exposição do corpo de S. Francisco que se encerrou a 6 de Janeiro de 1879.

O governador Albuquerque foi incansável em ordenar obras de saneamento em Pangim, a abertura de estradas vicinais em Salsete e Bardês e vários outros melhoramentos de subido alcance. Administrador enérgico, justo e zeloso, o seu triénio é notável pelos seguintes factos:

Melhorametos notaveis

A execução do tratado luso-britânico de 26 de Dezembro de 1878, a que logo nos referiremos.

A iniciação dos trabalhos da linha férrea de Mormugão (contrato de 18 de Abril de 1881).

A navegação fluvial interna nos rios de Goa por lanchas a vapor, que principiou no dia 22 de Março de 1880.

A coordenação das leis peculiares das comunidades em um regimento, o que foi um valioso serviço àquelas seculares e beneméritas associações.

As conseqüências do tratado de 26 de Dezembro de 1878, podemos resumil-as em poucas palavras. Convenções aduaneiras, monetárias, de extradição, de aliança económica, a línha férrea, em fim, vieram estreitar os vínculos entre as duas Indias, irmanadas pelo clima, pela raça e pelas origens históricas [1]. Entretanto, como todas as medidas radicais, o tratado

[1] Durante êste tratado " o comércio esteve libertado das peias aduaneiras; mas faltava sal para o adubo da terra. Tivemos também, como conseqüência dêle, o quebra-mar do pôrto de Mormugão e o respectivo caminho de ferro, que põe êste territorio em comunicação, com o visinho; e desde então já não ha obstáculo para continuarem permutações nos meses de Junho, Julho e Agosto com o estrangeiro, como acontecia dantes. O que porém, é certo é que as despesas feitas neste melhoramento, estão muito em cima das fôrças dêste país, que não pode satisfazer o juro do capital gasto e o governador Caetano de Albuquerque reconhecendo que esta colónia não podia aguentar com as despezas das expropriações, conseguiu que a metrópole as satisfizesse." —*Goa sob a dom. port*, pag. 232.

ocasionou protestos, mesmo uma crise que se pôde conjurar com providências paralelas, avultando a reforma tributária de 1 de Setembro de 1881, obra do eminente ministro Júlio de Vilhena, que remodelou *de fond en comble* todo o sistema de impostos e contribuïções dêste Estado (1).

Em 10 de Abril de 1882 tomou posse o governador **Carlos Eugénio Correia da Silva**, (1882-86), visconde de Paço de Arcos, que funcionou efectivamente até 2 de Abril de 1885 e virtualmente pelo ilustrado e enérgico secretário geral José Maria Teixeira Guimarães, até 4 de Fevereiro de 1886. Durante êste período, executou-se sucessivamente a reforma tributária de 1 de Setembro de 1881 e foram atendidos vários melhoramentos locais, entre outros a organização dos correios com a introdução de bilhetes e vales postais (2). Inagurou-se, também, em 31 de Outubro de 1882 uma primeira parte da linha férrea de Mormugão e o bairro alto da cidade, denominado Guimarães.

Pela exoneração do governador visconde de Paço de Arcos, assumiu (1886) as rédeas do govêrno o conselho presidido pelo arcebispo primaz **D. António Sebastião Valente**, sendo vogais o presidente da Relação, conselheiro **José de Sá Coutinho**, o coronel **José Inácio de Brito**, e o secretário geral **José Maria de Teixeira Guimarães**, que funcionou até 11 de Abril de 1886, em que tomou posse o conselheiro **Francisco Joaquim Ferreira d'Amaral**, (1886). Foi breve a sua gerência que prometia muito, tendo apenas regulado novamente a adminis-

(1) Alterado em algũns pontos pelo comissário régio Neves Ferreira, por sua portaria de 20 de Julho de 1896.

(2) Os bilhetes postais começaram a circular em 14 de Novembro de 1882; e a emissão dos vales principiou no 1.º de Maio de 1884.

tração e economia das comunidades e das mazanias dos pagodes (30 de Outubro de 1886). A 2 de Novembro partiu para Europa, entregando o govêrno no dia antecedente ao conselho governativo composto dos mencionados arcebispo primaz, presidente da Relação e coronel, servindo de secretário geral interino Francisco João Xavier.

Êste conselho durou até 16 de Dezembro, em que tomou posse o governador contra-almirante **Augusto César Cardoso de Carvalho**, (1886-89). A sua administração terminou efectivamente em 28 de Abril de 1889 em que embarcou para o reino, entregando o govêrno ao secretário geral Joaquim Augusto Mousinho de Albuquerque e virtualmente em 24 de Maio seguinte, em que se instalou o conselho governativo, presidido pelo referido arcebispo, a êsse tempo elevado ao título de Patriarca das Indias Orientais, sendo vogais o presidente da Relação **José Joaquim Borges de Azevedo Enes**, o coronel **Brito** e o secretário geral **Mousinho de Albuquerque.**

Durante êste período foi inaugurada e começou a funcionar a linha férrea; executou-se a reforma fazendária de 20 de Dezembro de 1888; reorganizou-se o correio e iniciaram-se várias estradas municipais.

Em 16 de Junho de 1889 tomou posse o governador general **Vasco Guedes de Carvalho e Menezes**, (1889-91). A-pesar da sua administração ter sido turvada por acontecimentos político-eleitorais, foi assinalada pela exposição do corpo de S. Francisco Xavier, que foi solenissima (3 de Dezembro de 1890 a 1 de Janeiro de 1891) (1); e por uma exposição agrícola e industrial, que foi coroada de brilhante resultado

(1) Vide a *Noticia historica* desta exposição, por Viriato de Albuquerque.

(7 de Dezembro de 1890 a 6 de Janeiro de 1891).

A 10 de Março de 1891 tomou posse do govêrno o general **Francisco Maria da Cunha**, (1891–92), que funcionou efectivamente até 11 de Dezembro dêsse ano e virtualmente pelo secretário-geral, conselheiro João Manoel Correia Taborda, até 4 de Março de 1892. Foi quem lançou os primeiros lineamentos da escola de artes e ofícios, ora extinta (1898).

Denunciado em 1891 o tratado luso-britânico de 1878, findou a sua vigência em 14 de Janeiro de 1892, tornando-se ao regimen aduaneiro anterior.

Sucedeu o conselho governativo composto do mencionado patriarca das Indias, do presidente da Relação conselheiro **Luis Fisher Berquó Poças Falcão**, do coronel **Raimundo Maria Correia Mendes** e do secretário geral **Taborda**; o qual funcionou até 28 de Março de 1892.

Nesse dia tomou posse o governador contra-almirante **Francisco Teixeira da Silva**, (1892) que deu execução às novas reformas aduaneiras, do abcári e das obras públicas. Entretido egualmente com as eleições políticas, foi transferido, em 13 de Março de 1893, para o govêrno da província de Moçambique, para onde embarcou a 9 de Abril, entregando o govêrno ao conselho composto do presidente da Relação **Poças Falcão**, do coronel **Luís Carneiro de Souza e Faro**, e do secretário geral **Taborda**, o qual funcionou até 2 de Julho de 1893. Durante o govêrno do contra-almirante Teixeira da Silva, foi promulgada e executada a reforma da instrução secundária e primária, de 31 de Outubro de 1892.

A 2 de Julho de 1893 entrou no govêrno o capitão-tenente da armada **Rafael Jácome de Andrade**, (1893–94) o qual em 30 de Julho de 1894 largou o exércicio nas mãos do secretário geral Taborda, sucedendo-lhe um conselho governativo, composto do mencionado **Patriarca**, do juiz da Relação **Francisco António**

Ochoa, do coronel **Luís Carneiro** e do referido secretário geral **Taborda**. Êste conselho entregou o govêrno em 8 de Novembro de 1894 ao general de divisão, **Elesbão José de Betencourt Lapa**, (1894–95) visconde de Vila Nova de Ourém (filho do antigo governador dêste título).

Revolta dos soldados maratas

O facto mais notável do seu govêrno foi a revolta dos soldados maratas, que, não querendo marchar para a província de Moçambique, como ordenara o ministro da marinha Ferreira de Almeida, saíram do quartel em massa na noite de 13 para 14 de Setembro de 1895 (1) e foram acampar no antigo forte de Nanuz em Satarí, onde se lhes juntaram os ranes e aldeões, de índole irrequieta e que não estavam satisfeitos com a forma por que se estavam distribuindo as terras daquela província. Esta revolta, assim engrossada, causou muitas depredações e levou para toda a parte o terror, até que veio de Lisboa uma expedição para a debelar, comandada por S. A. o infante D. Afonso, que desembarcou em Pangim no dia 13 de Novembro. Foi substituido o governador Ourém pelo seu antecessor **Rafael de Andrade**, que tomou posse a 14 de Novembro (1895–96).

A expedição, depois de ouvir uma missa campal, celebrada no domingo, 24 de Novembro, no campo de D. Manoel pelo patriarca das Indias, e que foi a primeira solenidade dêste género em Goa, marchou

(1) Eis o n.º das praças que se revoltàram:

1.º cabo	1
2.ºs cabos	6
Soldados	289
Corneteiros	2
Total	298

no dia 25 para Satarí, onde se conservou até Dezembro, pondo em retirada os revoltosos.

Durante êste govêrno, o país todo esteve sob o pêso da opressão. O governador visconde de Ourém, pouco depois da revolta dos militares e a sua junção aos ranes, tinha declarado suspensas as garantias constitucionais em todo o território de Goa (note-se que o 1.º visconde de Ourém diante da revolta de Dipú Ranes as tinha suspendido ùnicamente nas províncias de Bicholim, Satarí, Pondá e Embarbacem); à tão violenta providência sucederam outras não menos violentas, mas dispensáveis, do novo governador, espalhando o sobresalto e terror em todas as povoações, em todas as famílias e lares. Mas vamos à origem desta alteração política que amargurou a India.

Nos últimos meses da governação anterior, *O Brado Indiano*, jornal redigido pelo bispo scismático Francisco Xavier A'lvares, natural de Verná e residente em Pangim, temperamento exaltado, publicou alguns artigos em linguagem veemente, agredindo certos funcionários europeus de um modo bastante desabrido, que produziu nêstes irritação surda.

O administrador do concelho das Ilhas, que era um dos agredidos, longe de processar o redactor pelo crime de abuso da liberdade da imprensa, prendeu-o como *sedicioso*, por haver recebido umas anónimas denunciando um projecto de sedição, e, depois de o ter vexado com o encerramento em um calabouço imundo, o remeteu com o respectivo processo ao juiz de direito. Foi isto na primeira dezena de Setembro de 1895.

O juiz, que era europeu, não encontrando elementos do crime de rebelião, pôs em liberdade o prêso; e, dois ou três dias depois, julgou e absolveu o seu advogado Sertório Coelho, que também havia sido detido administrativamente no mesmo calabouço talvez como cúmplice no mesmo crime.

Alguns amigos particulares de cada um dos prêsos receberam-nos, quando restituídos à liberdade, com entusiasmo de momento, o que provavelmente representava um protesto contra as prisões, que êstes julgavam arbitrárias emquanto não estavam suspensas as garantias constitucionais.

Nesta conjuntura ocorreu a referida revolta dos soldados maratas, reforçada depois pela vigésima insurreição dos ranes de Satarí, visándo cada uma a um objectivo bem diferente e definido ; em sua conseqüência tendo sido exonerado o visconde de Ourém, veio governar a India **Rafael de Andrade** [1].

No início mesmo da nova governação, o grupo de funcionários europeus, que havia sido atingido pelo *Brado Indiano*, ligando os ataques da imprensa com os factos, que, por uma fatalidade, se lhes seguiram imediàtamente. viu no seu conjunto, não à luz do critério, mas pelo prisma das aparências, uma *sedição* nativista provocada pelo referido periódico, e envolveu nesta numerosos filhos da India, grandes e pequenos, tanto os supostos colaboradores daquele jornal, como os que nunca o leram e ainda os que sempre o detestaram.

A intriga trabalhou nesta terrível obra incançàvelmente, algumas cubiças e malquerenças se acenderam, e a India, que sempre foi cordialmente portuguesa, passou de repente por *sediciosa*, sem que tivesse havido nela a mínima convulsão nem sombra de movimento popular contra a autoridade estabelecida.

Rafael de Andrade, inspirando-se nas ideas dos que o cercavam, participou ao govêrno central a exis-

(1) Diremos em outro logar o que se passou em Satarí.

tência da sedição, mandou vários funcionários civís e militares nascidos na India, uns para Moçambique e outros para Damão e Diu, e exonerou alguns empregados públicos muito prestantes e encanecidos no serviço ([1]).

Providências violentas

Nomeou um conselho de guerra permanente, que enchia as cadeias de prêsos como implicados na sedição e revolta. Organizou uma ronda volante, que, por não respeitar o direito de propriedade do Dessai de Sunda, provocou o levantamento dêste Dessai com uma nova quadrilha de salteadores aliada dos ranes já sublevados. Proibiu divulgar a

([1]) Não nos é possivel dar a relação nominal dos oficiais militares e empregados públicos de diferentes hierarquias afastados para pontos distantes de Gôa, nem dos que foram prêsos, exonerados ou obrigados a emigrar; mas referir-nos-hemos a uns poucos que chegaram ao nosso conhecimento. Dr. Rafael Pereira, chefe do serviço de saúde, foi transferido para Cabo Verde, coronel João de Melo Sampaio, reitor do Liceu Nacional, e Ismael Gracias, professor do mesmo liceu e oficial da secretaria geral, foram mandados para Damão; Bernardo F. da Costa, antigo deputado da nação e inspector da instrução primária, para Diu; José António Pereira de Azambuja, professor da escola normal, para Moçambique; Caetano Francisco Henriques, administrador do concelho de Bardês exonerado e prêso na Canhoneira *Rio Lima* por alguns meses e seu sogro, o advogado Inácio Caetano de Carvalho, visconde de Bardês, teve de emigrar e conservar-se por muito tempo na India Britânica para fugir da violenta perseguição que se lhe movia, sendo considerado o principal instigador da revolta dos Ranes seus antigos clientes. Não se fala dos que foram detidos por poucos dias.

A história desta sedição e revolta, com os respectivos episódios tristes e alegres, fa-la-há a posteridade, e só então os factos, hoje ainda contemporâneos, hão de aparecer em toda a sua luz.

Entretanto, podem encontrar-se muitas informações no livro *Goa sob a dominação portuguesa* e em vários folhetos contemporâneos.

notícia de tudo o que passava nas repartições públicas sob pena de demissão de quem a divulgasse, ou de todos os empregados da repartição, no caso de não se descobrir o divulgador.

Suspendeu a publicação de todos os jornais, sendo ainda apreendidos os jornais portugueses, que viessem de Bombaim. Dissolveu a junta de saúde composta de três facultativos distintos, filhos da India, constituindo uma nova junta presidida por um facultativo europeu nomeado chefe dos serviços de saúde, embora de graduação militar inferior à daqueles seus colegas, ao qual deu também a superintendência de um *hospital de sangue*, montado no rez-do-chão do palácio do govêrno em Pangim.

Entretanto os ecos da India chegaram a Lisboa: as cartas de oficiais expedicionários e outros europeus de têmpera verdadeiramente portuguesa, informando em suas relações e os jornais de Portugal de que a imprensa indiana não contribuíra por forma nenhuma para a deserção dos soldados nem havia em Goa cousa alguma que indicasse sedição (1); o clamor dos pre-

(1) O capitão de estado maior, Garcia Rozado, escreveu a êste respeito na *Revista do exército e armada* o seguinte ...... " Mas se êsses desertores eram guiados ou inspirados por uma sedição de nativos, não se compreende que, estando na capital, não procurassem assenhorear-se dela, ou ao menos, dos dinheiros públicos e dos odiados funcionários europeus. Além disto, todos viram pelas descrições dos jornais, que os soldados saíram tumultuáriamente do quartel para o largo fronteiro, onde, dentro em pouco, com algumas praças de polícia (indígena) compareceu o administrador do concelho (Gomes da Costa), sabedor do ocorrido primeiro do que ninguem, e que, esgotados outros recursos, procurou dominar os díscolos dirigindo contra êles algumas descargas, limitando-se os desertores, a-pesar-de se terem apossado das suas armas, a seguir na direcção de Ribandar, podendo aquêle funcionario— contudo um dos mais violentamente agredidos na imprensa— acompanhá-los ainda durante grande extensão, com o fim de con-

judicados ; a morte de Bernardo Francisco da Costa, ocorrida na praça de Diu, para onde havia sido oficialmente mandado por espírito de perseguição ; os artigos do *Universal*, jornal do deputado pela India Constâncio Roque da Costa, que se publicava em Lisboa, em defesa dos interesses indianos, e varios outros factores reviraram a opinião pública da metrópole, e Rafael de Andrade foi substituído pelo infante **D. Afonso Henriques** com o título de Viso-rei (1896), conferindo-se-lhe os poderes do executivo, que desempenhou desde o dia 19 de Março até 27 de Maio de 1896, dando aos povos a esperança da paz e dum melhor futuro, promulgando diferentes providências de largo alcance e tendo na despedida concedido em nome de el-rei amnistia aos revoltosos.

Sua Alteza regressou com a expedição no dia 29 de Maio, tendo no dia 27 entregue o govêrno ao conselheiro **João António de Brissac das Neves Ferreira** (1896--97) nomeado comissário régio, também, com os poderes do executivo, por decreto de 22 de Maio de 1896.

O conselheiro Neves Ferreira governou desde 27 de Maio de 1896 até 3 de Março de 1897. No uso das atribuições do executivo reorganizou a instrução secundária e publicou vários e importantes decretos, que uma ordem régia posterior mandou denominar portarias. O que, porém, deslustrou a sua administração foi a portaria de 29 de Maio de 1896, com que a estreou, mandando passar pelas armas os indivíduos que fôssem encontrados em flagrante delito de roubo ou de homicídio, portaria, cujos tristes efeitos foram ainda agravados por ódios locais, causando muitas

vencê-los a recolherem ao quartel, sem ter sido vítima de qualquer violência ". Vid. *Goa sob a Domin. port.* pág. 265-266.

vítimas, e que contrasta frisantemente com a generosidade com que Portugal, adiante de muitas nações, aboliu a pena de morte.

Restabeleceu o exército indiano (que havia sido extinto em 1871 depois da revolta de Marcela) formando quadros exclusivos para europeus, outros para êstes e seus descendentes, e o terceiro para todos. Êste numeroso exército, pelo qual estavam militarizadas até as administrações das matas, dos prédios nacionais e das aldeias, contava 170 oficiais, custando a despesa anual de 287 contos ou 967.500 rupias; e por isso esta organização não foi aprovada pelo govêrno superior.

Com a retirada do comissário régio ficou governando o mencionado secretário geral Taborda (1897), assumindo o poder em 13 de Maio de 1897 um conselho governativo composto do referido **Patriarca**, do juiz da Relação **Ochôa**, depois substituido pelo presidente do mesmo tribunal, **Abel Augusto Correia de Pinho**, do coronel **João de Melo de Sampaio** e do referido secretário geral. Êste conselho governou até 18 de Agosto de 1897.

CAPÍTULO XXIV

(1897—1925) Pacificação de Satarí e varios melhoramentos.

No dia 19 de Agosto tomou posse o governador geral **Joaquim José Machado** (1897-1900), cujos primeiros actos, recebidos com geral aplauso, foram a concessão definitiva da amnistia em portaria de 9 de Setembro de 1897, firmando a pacificação completa do Estado da India, e o levantamento da suspensão imposta ao jornalismo pelo governador R. de Andrade.

Em seguida à pacificação de Satarí o general Machado promulgou a sua reforma administrativa e abriu estradas indispensáveis para o progresso daquela província e para a manutenção da ordem pública; conseguindo ao mesmo tempo que o govêrno britânico, a-pesar-de não existir tratado de extradição, lhe fizesse a entrega de 25 prisioneiros *pathans*,—autores dos importantes roubos praticados em pagodes das Novas Conquistas em 1897 e 1898,—e de alguns assassinos todos refugiados no território inglês.

Continuando a trabalhar criou a escola de tiro *Infante D. Afonso* e o ginásio do batalhão de infantaria.

Construiu e abriu à exploração a linha telegráfica da capital à Ponda, Sanquelim e Valpoi; a qual pouco depois foi prolongada até Mapuçá, e hoje se encontra extendida por quási todos os concelhos de Gôa.

Deu excepcional impulso aos trabalhos de viação, construindo principalmente no concelho de Bardês, uma rêde de estradas, que ao presente facilitam a circulação da vida e o movimento rápido das populações rurais.

Melhorou consideràvelmente a imprensa nacional.

Por motivos de economia extinguiu a *escola de artes e ofícios*, conservando-lhe o que tinha de utilidade prática,—as oficinas de encadernação, serralharia e carpintaria.

Criou a repartição de *agrimensura* para proceder ao levantamento da carta corográfica e agrícola dêste Estado e à organisação do cadastro geral, com o fim de proporcionar ao país o melhor meio de definir os limites da propriedade e evitar as demandas prolongadas sôbre as usurpações dos terrenos.

Criou também a repartição dos *serviços hidráulicos* em benefício da agricultura; e modificou alguns impostos.

Transferido para o govêrno da provincia de Moçambique por decreto de 22 de Março de 1900, fêz entrega do govêrno em 3 de Abril dêsse ano ao conselho governativo, composto do conselheiro presidente da Relação Abel de Pinho, e do coronel João de Melo de Sampaio, estando ausente por motivo justificado o patriarca D. António Sebastião Valente, e com licença na metrópole o secretário geral Taborda.

Eduardo Augusto Rodrigues Galhardo, (1900–905) coronel de infantaria do exército de Portugal, depois general de brigada, transferido por D. de 22 de Março de 1900, do govêrno de Macau para o da India, tomou posse na igreja do Bom Jesus a 13 de Maio dêsse ano.

Depurou com enérgicas providências o Satarí dos elementos de perturbação e desordem, que prejudicavam a tranqüilidade pública, sendo, depois de suspensas as garantias constitucionais em todos os concelhos das Novas Conquistas em 14 de Fevereiro de 1902, prêsos e degredados os desordeiros para Timor.

Melhorou muito o edifício do Liceu Nacional, ampliando-lhe as aulas e os corredores contíguos; e propôs a remodelação da nossa instrução secundária, que foi aprovada provisòriamente por port. ministerial de 31 de Dezembro de 1900.

Prestando atenção às escolas primárias, ordenou a construção de novos edifícios para algumas, distribuindo-lhes mobília indispensável.

Regularizou o serviço do lazareto dos Reis-Magos e tomou várias medidas para evitar a importação da peste bubónica e da cólera em Gôa, sendo construida uma enfermaria-lazareto no planalto de Mormugão; e empregou os seus melhores esforços pelo saneamento da vila de Mapuçá, cruelmente invadida pela referida peste bubónica [1].

Em 30 de Novembro de 1901 foi celebrado o contrato entre o govêrno português e o Banco Nacional Ultramarino para o privilégio de emissão de notas e obrigações prediais no Ultramar, recebendo o banco todos os rendimentos públicos e os depósitos judiciais, e comprometendo-se, como tesoureiro gratuito do Estado, à pagar nas localidades, onde tiver caixas filiais ou agências, as despesas públicas até ao limite dos fundos do mesmo Estado que tenha em caixa ou na agência local.

Realizou-se também em 1902 a entrega da exploração da linha férrea *West India P. Railway* à companhia *Southern Maratha.*

Foram decretadas novas tabelas de portes e taxas de correspondências postais; e regulamentou-se o registo civil dos habitantes não cristãos do Estado da India.

Foi elaborado na secção da estatística da secretaria geral o censo da população dêste Estado referido a 1 de Dezembro de 1900, trabalho que, tendo reunido uma valiosa soma de informações e de mapas estatísticos, foi louvado em port. régia.

Atendendo ao desenvolvimento do pôrto de Mormugão, reduziu os direitos de tonelagem, estádio e acostagem das embarcações, e, conforme as circunstâncias, ainda o imposto de *Wharfage*, visando atrair ao pôrto navios a vapôr, que o ponham em directa comunicação com os portos europeus, e aumentar o tráfego pela linha férrea.

(1) Durante esta governação deu-se em 3 de Dezembro de 1901 um lamentável sinistro marítimo, afundando-se a lancha à vapor *Gôa* na travessia de Verém à Pangim causando cêrca de 80 vítimas.

Reorganizou a *Comissão Arqueológica Permanente da India Portuguesa*, dando vigoroso impulso aos trabalhos de conservação dos monumentos históricos, sendo inserida no orçamento do Estado uma verba para êsse fim e publicando-se logo o 1.º número do *Oriente Português*, revista dessa comissão.

Regressou à metrópole em 11 de Junho de 1905, entregando o govêrno ao secretário geral Dr. Francisco Maria Peixoto Vieira, que depois o passou para as mãos do conselho governativo, composto do patriarca Valente, Alfredo Augusto de Mendonça David, presidente da Relação, general José Emílio Santana da Cunha Castelo Branco e o referido sec. geral.

Arnaldo de Novais Guedes Rebelo (1905-907) coronel de artelharia, nomeado por D. de 5 de Agosto de 1905, tomou posse no Bom Jesus a 8 de Novembro do mesmo ano.

Tendo-se descoberto nas Novas Conquistas, em Fevereiro de 1905, o primeiro jazigo de minerio de manganés e publicado no *Bol. Of.* de 22 de Dezembro dêsse ano o decreto de 29 de Dezembro de 1898, que fixava os direitos e obrigações dos manifestantes de minas, apareceram numerosíssimos manifestos atraídos pelo prêço muito elevado que atingiu o manganés durante os anos de 1906 e 1907. O governador nestas circunstâncias teve de criar uma repartição especial destinada a tratar dos assuntos de minas, ao cargo do director dos serviços de agrimensura.

Depois de 1907 essa *febre do manganés* declinou por causa da grande baixa no prêço dêsse minério. Contudo continuaram a registar-se muitos manifestos de jazigos de carvão, óxido de ferro, manganés e mica.

Autorizado pelo govêrno superior, pôs em execução neste Estado, por port. de 18 de Abril de 1906, o regime vigente da instrução secundária modificado pelo decreto de 29 de Agosto de 1905, com todas as disposições complementares constantes dos decretos porteriormente publicados, sendo, depois da representação do governador, adaptado ao liceu da India por decreto de 23 de Agosto de 1906.

Reduziu os impostos de tonelagem e os emolumentos sanitários dos portos da India.

Retirou-se para a metropole em 10 de Abril de 1907, entregando o govêrno ao conselho governativo composto de António Augusto Barbosa Viana, juiz servindo de presidente da Relação, Cesar Augusto Roncon, coronel, e Francisco Maria Peixoto Vieira secretário geral.

José Maria de Souza Horta e Costa (1907–10), major de engenharia do exército de Portugal, nomeado por decreto de 14 de Fevereiro de 1907, tomou posse na igreja do Bom Jesus em 9 de Maio de mesmo ano.

Durante a sua governação em 1908, foram abertas muitas estradas nas Novas Conquistas e algumas em Bardês, Salcete e Ilhas, entrando neste grupo a Avenida *Aires de Ornelas*, importante melhoramento de Panjim até ao Campal; e como complemento da rêde de viação, Horta e Costa mandou construir as pontes de Quepém, Sanguém, Sanquelim, Bicholim, Banastarim, Borim e Baga. Das poucas que foram concluidas a de Banastarim caiu e ainda não foi reconstruída.

Em 25 de Janeiro de 1908 faleceu no convento do Pilar o 1.º Patriarca das Indias, D. António Sebastião Valente. E em 1 de Feveriro (sábado) foram assassinados no Terreiro do Paço, em Lisboa, el-rei D. Carlos e o príncipe Luís Filipe.

Em 1909 concluiram-se as obras do grande reservatório de captagem das águas de chuva em Chimbel e a canalização de abastecimento em vários pontos da cidade. Utilíssimo melhoramento sem dúvida; mas infelizmente na prática não tem dado os resultados benéficos que se esperavam durante a estação calmosa, em que a cidade se aflige por absoluta escassês das águas.

No pôrto de Mormugão por autorização do govêrno central foram executadas importantes obras, em que se gastaram perto de 11 laques de rupias, sem novo encargo para o Estado da India, com o duplo fim de prolongar o molhe de defesa e de aumentar a extensão de acostagem no cais de embarque e desembarque.

Prestando atenção especial à exploração mineira, Horta e Costa, na hipótese de que a baixa do prêço que tinha experimentado o manganés seria temporária, e o grande número de jazigos que se descobriam, (pois já havia 425 manifestos) poderiam provavelmente produzir uma considerável quantidade dêsse minério em Goa e afluir capitais ao nosso país, organizou definitivamente a secção de minas, de modo a dar o mais rápido andamento aos processos de concessões e à resolução de questões pendentes, requisitando para Lisboa um engenheiro de minas.

Relativamente à agricultura ordenou com autorização superior a execução das obras hidráulicas do canal de Parodá, feitas pelo Estado e do reservatorio de Bondvol, na freguezia de Santa Cruz, custeadas pela respectiva comunidade, iniciando-se os trabalhos de irrigação dos campos, o que prometia melhorar as duas novidades.

Durante esta governação em 5 de Outubro de 1910 foi proclamada a República e por decreto de 10 dêsse mês Horta e Costa foi exonerado.

Como o regime republicano modificou profundamente a administração colonial [1] e para mais, esta-

[1] Em 27 de Julho de 1917 foi decretada a carta orgânica do Estado da India, constituindo êste Estado um organismo administrativo e financeiro autónomo, sob a superintendência e fisca-

mos em plena actualidade, limitamo-nos a recolher apenas os nomes dos nossos governadores, as datas da respectiva posse e a duração do seu govêrno.

O bacharel **Francisco Manoel Conceiro da Costa**, juiz de direito da comarca de Salcete, nomeado governador geral por D. de 10 de Outubro de 1910, tomou posse no palácio do govêrno em Pangim em 12 do mesmo mês e tendo governado quási 7 anos retirou-se para a metropole em 2 de Julho de 1917, fazendo entrega do govêrno ao secretário geral Peixoto Vieira, que o passou em 18 do referido mês para o conselho governativo composto de **Francisco Peixoto de Oliveira e Silva** presidente da Relação, coronel médico **Francisco António Wolfango da Silva**, chefe dos serviços de saude e **Peixoto Vieira** secretário geral.

José de Freitas Ribeiro, capitão de fragata, nomeado governador por decreto de 12 de Junho de 1917, tomou posse no palácio de Pangim em 24 de Novembro do mesmo ano, e governou até 16 de Junho de 1919, em que regressou para a metrópole tendo entregue o govêrno ao capitão-tenente **Augusto de Paiva Bobela da Mota**, nomeado governador geral interino por decreto de 23 de Maio de 1919, o qual governou até 12 de Novembro do mesmo ano.

Jaime Alberto de Castro Morais, capitão-tenente-médico, nomeado governador por decreto de 23 de Maio de 1919, tomou posse no palácio do govêrno em Pangim em 12 Novembro; e governou até 6 de Abril imediato de 1925, em que entregou o govêrno ao secretário geral e presidente do conselho legislativo **Francisco M. Peixoto Vieira** e regressou à metropole.

lização da metrópole, sendo o principal órgão da administração, depois do governador geral, o conselho do govêrno, posteriormente transformado em conselho legislativo e executivo.

Em 8 de Julho de 1925 tomou posse do govêrno o capitão de fragata Mariano Martins nomeado, por D. de 30 de Abril, governador geral da India.

CAPÍTULO XXV

Território português no oriente nos princípios do século XIX

O território que nos restou do vasto império luso-indiano nos princípios do século XIX, compreendia, além de Goa, Damão e Diu, a feitoria de Surrate e as terras de Macau, Timor e Solor, achando-se a área de Goa recentemente ampliada com a definitiva anexação das Novas Conquistas.

Mas o decreto de 20 de Setembro de 1844 creou a província de Macau, Timor e Solor, independente do Estado da India ; e em 1880 foi extinto o privilégio da feitoria de Surrate.

Diremos duas palavras sôbre esta feitoria, fazendo em seguida uma sinopse da aquisição das Novas Conquistas.

Feitoria de Surrate

Surrate passara desde 1573 ao domínio do grande Akbar, tornando-se um importante empório comercial e possuindo ali os portugueses uma feitoria.

Ha quem diga que êste estabelecimento português em Surrate principiara em 1611, por virtude de um tratado celebrado entre o vice-rei Rui Lourenço de Távora e o imperador de Delhi, Jehangir, sendo nomeado feitor António Pais da Rua [1]; mas, parece que não se fêz efectivo êste tratado, pois que o documento mais antigo da concessão da feitoria, publicado por Cunha Rivara, é o *firman* do Grão-Mogol, de 1714.

Dos vários privilégios alcançados dêsse imperador pelo govêrno português, o mais importante era o de não pagarem os mercadores portugueses à alfândega de Surrate (britânica) mais de 2 por cento dos direitos, quer na importação quer na exportação dos artigos do seu comércio, direitos que mais tarde (1719) foram elevados a 2½ por cento. Além disto, a alfândega portuguesa de Surrate recebia 2 por cento para a representação nacional e sustentação da nossa bandeira, que o imperador permitira arvorar na feitoria. Esta prerogativa era vantajosa para as mercadorias portuguesas, que chegavam a vender-se mais baratas, tendo, por isso, mais procura do que as outras, despachadas pela alfândega inglesa conforme as suas pautas muito elevadas (7 a 20 por cento).

Com esta generosa proteção do mogol a nossa feitoria prosperou e chegou a ter alta importância política e comercial no gôlfo de Cambaia, especialmente na época em que afluíam ao seu pôrto navios que transportavam fazendas e riquezas do oriente e do ocidente. Em 1795 foi a feitoria elevada à categoria de consulado geral de Bombaim e Surrate. O seu pessoal era composto de um director da feitoria com atribuições de agente consular, um escrivão e um *marfatia* ou recebedor, sendo o primeiro nomeado pelo govêrno da metrópole e pagos todos pelo Estado da India.

Quando, mais tarde, começou a florescer a cidade de

(1) Dr. M. de Carvalho, *Questões da India*, pag. 447.

Bombaim, atraindo todo o comércio para o seu pôrto, era visível a decadência de Surrate; contudo, esta feitoria produzia um pouco mais de 600 mil rupias ao ano. Daqui se pode ver a sua importância e valia comercial. Em 1800 os inglêses tomaram posse total de Surrate e seus territórios; e o seu govêrno, que a princípio confirmara o nosso privilégio, retirou-o em 1841 por um novo regulamento; mas o nosso patrício António Bernardo Pereira, ao tempo director da feitoria, reclamou e conseguiu recuperá-lo em 1844; o privilégio continuou por alguns anos, até que, em conseqüência do *tratado luso-britânico* de 1878, foi extinto por P. P. de 12 de Janeiro de 1880.

Desta maneira acabou um dos monumentos da nossa maior glória no domínio estrangeiro.

A casa onde funcionou a feitoria por arrendamento perpétuo, é hoje habitada por uma família parse, talvês descendente do primitivo proprietário. Lord Curzon, vice-rei da India inglesa, na sua última visita a Surrate mandou colocar na parede interna do edifício, em memória do nosso estabelecimento, uma lápide de mármore com a inscrição = *Portuguese Factory* =. Da antiga igreja dos capuchinhos, que foi a paróquia da feitoria, hoje completamente demolida, foram transferidas para uma capela de construção moderna, algumas lápidas com inscrições e entre elas aparece a de António Bernardo Pereira, falecido em 1862.

Anexação das Novas Conquistas

A região das Novas Conquistas, que se extende do Cabo de Rama até a fortaleza de Tiracol e se achava dividida em 10 províncias, anexou-se definitivamente ao Estado da India nos fins do século XVIII.

A província de Pondá foi conquistada em 1763 pelo

vice-rei conde da Ega. Mas só passou de facto ao domínio português em virtude do tratado de 17 de Janeiro de 1791, feito com o rei de Sunda, Savai Bassava Linga, seu legítimo senhor e nosso fiel aliado, a quem e aos seus sucessores foi garantido o usufruto das suas propriedades de Canácona e a pensão ánua de 20 mil xerafins paga pelo Estado, a qual foi mais tarde reduzida a 12 mil xerafins. Pelo mesmo tratado o rei de Sunda cedeu à coroa portuguesa todos os direitos que tinha às cinco províncias de Zambaulim, ou Panch-Mahal, Canácona e a aldeia do Cabo de Rama, províncias que em 1763 haviam sido militarmente ocupadas pelo conde da Ega para não caírem em poder do marata.

A província de Bicholim foi pela última vez conquistada em 1781 pelo vice-rei D. Frederico Guilherme de Souza ao Bounsuló que nos cedeu depois a província de Perném pelo tratado de 29 de Janeiro de 1788, mas com uma condição secreta, que motivou por vezes reclamações daquele potentado.

A província de Satarí foi tomada pelo marquês do Castelo Novo em 1746, juntamente com a de Bicholim, quando o Bounsuló, aterrado com a derrota sofrida em Alorna, a abandonara; e foi reconquistada em 8 de Dezembro de 1782 pelo referido vice-rei D. Frederico.

Como o Satari é afamado pelas suas sublevações, não será deslocado falarmos delas neste capítulo.

Satari e as suas principais insurreições.

A província de Satarí (¹) tem cêrca de 20 mil habitantes pela maior parte hindus pobres e semi-

(¹) Satarí quere dizer uma provincia de 70 aldeias, cujo número chega hoje a 85.

selvagens, que, em seu lamentável atraso de civilização, conservam as suas tendências para o roubo e o assassinato [1].

Até esse ano de 1746 o Satari era feudo dos Sardessais Ranes de Sanquelim e Gululém, súbditos do Bounsuló.

Os ranes, família de origem nobre e génio belicoso, tendo-se rebelado, como por vezes o faziam, contra o seu soberano, para se evadirem ao pagamento das contribuições que lhe deviam, declararam-se finalmente súbditos do rei de Portugal sob condições feudais, assinando o auto de vassalagem no tratado de 20 do Outubro do mesmo ano de 1746, e ficando o Estado com o encargo de lhes pagar 80 sipais para a defesa do dessaiado [2].

(1) O padre Francisco de Sousa refere no *Oriente Conquistado* tom. 1.º pag. 286 que alguns dêsses povos das Novas Conquistas chegaram a pedir licença para saírem a roubar as terras vizinhas menos fortes, «pagando esta regalia em relação à importância do roubo».

(2) Para o sustento da gente armada foi concedido aos Sardessais pelos antigos dominantes do Concão uma espécie de soldo, chamado *Accas*, pago pelos foros das aldeias ou em direitos das alfândegas. Êste encargo passou para os cofres do Estado da India, que despendiam nisto, por 27 *dessaiados*, 33162 xerafins e 13½ tangas=5.306$32 escudos, tendo sido, em 1785, elevado o número dos sipais a 296 e mais tarde a 372, formando 6 Partidos. Posteriormente a verba das *Accas* foi reduzida a 4.000$00.

Pela posse das *Accas* os Sardessais são obrigados a prestar o serviço militar. *Collecção de Bandos* apud *Glossário* do Monsenhor Dalgado; e cit. Aragão.

Além dos Partidos dos sipais, havia nas Novas Conquistas o corpo do *Sonodo* de Perném e Satari constituido de 481 praças, que recebiam um pequeníssimo soldo em tempo de paz, garantido por Port. de 26 de Janeiro de 1801 e que se lhes aumentava quando fôssem chamadas ao serviço activo.

O *Sonodo* não era um corpo absolutamente regular. As suas praças não usavam uniformes nem o govêrno lhes fornecia o equipamento.

O govêrno português, segundo todas as informações, favoreceu a rebelião e promoveu o tratado, porque os ranes, desavindos com o Bounsuló, serviam de barreira às incursões dêste régulo nas terras de Salsete [1].

O Bounsuló, nesta situação, acabou por ceder aos portugueses a soberania da província e de povos inquietos que o moiam, pelo tratado de 25 de Outubro de 1754, e os ranes assinaram, em 30 de Maio dêsse ano, em seu nome e no de seus descendentes e súbditos o primeiro têrmo de *obediência, vassalagem e fidelidade perpétua* ao rei de Portugal sob as referidas condições feudais [2].

Mas, como houvesse sido mal definida a cessão feita pelo Bounsuló, que, certamente, não podia ceder senão só os seus direitos e nada mais, o govêrno português, não se contentando com a suzerania, procurou tomar a posse definitiva e completa. Os ranes revoltaram-se pugnando pelo seu direito aos foros ou rendimentos da província que até então percebiam, e à cobrança dos impostos aduaneiros pela raia, de que percebiam também uma parte [3]; mas submeteram-se e, per-

A Fazenda pagava à *gente do Sonodo* 8853 xerafins por ano, ou sejam 18 xerafins por cabeça. Hoje o orçamento consigna a verba de 230$000. A palavra *Sonodo*, (*Sanad*), aplicada à essa exótica milícia, quere dizer alvará ou diploma pelo qual se reconhece direito a certa paga por serviços militares debaixo de certas condições. Vid. *Bosquejo das Poss. port.* por C. Soares, vol. 1.º, pag. 84 e 107 e seguintes; e *Glossário Luso-Asiático* do Mons. Dalgado.

(1) Vid. *Memórias dos estabelecimentos* por Gomes Loureiro; e *Descripção das moedas* por F. de Aragão.

(2) *Gabinete Literário das Fontainhas*, 3.º vol.

(3) Uma parte dos diretos da alfândega pertencia aos ranes e outra parte à Fazenda, e ao govêrno a sober[illegible]ia da província. Cit. *Memórias* por G. Loureiro.

doados, ratificaram o juramento de fidelidade e vassalagem, em 18 de Janeiro de 1755. O govêrno da India comprometeu-se, pelos bandos de 6 de Agosto e 12 de Setembro de 1763, e de 7 de Setembro de 1781, a conservar-lhes as mercês tais como as possuíam, e com as mesmas condições que existiam ao tempo dos antigos dominantes, incluindo a obrigação de servirem ao Estado na ocasião de guerra ([1]).

Depois destas concessões era de esperar que os ranes fôssem sentinelas vigilantes das fronteiras portuguesas e colaborassem, sendo preciso, na defesa do país; mas êles, pelo contrário, rompendo tão depressa os seus compromissos e rebelando-se a pretexto de que a sua pretenção à soberania de Satari não estava ainda definida, agregavam-se ao próprio Bounsuló todas as vezes que êste potentado nos fizesse guerra ou ajudasse nossos inimigos ([2]).

O govêrno, para acabar com os litígios acêrca dessa pretenção, resolveu reconquistar a província; o que se efectuou em 8 de Dezembro de 1782, sob o govêrno do capitão general D. Frederico Guilherme de Souza, tendo marchado para êsse fim 2.400 homens, afora a cavalaria.

Contudo, ainda depois da conquista definitiva, os ranes, insistindo na sua idea de serem senhores di-

([1]) Entre as mercês, a título de *mocassós* e *inamas*, os Sardessais possuíam Gululém e outras aldeias, livres de fôro e de encargos, doadas pelo soberano em recompensa dos serviços militares nas raias da província de Satari, que serviam de chave ao comércio dos Gates, que transitava pela alfândega de Sanquelim;—e *cottubanas* que eram terras com o fôro limitado, perpétuo e inalterável. Vid. *Instruções de El-rei D. José*, 3.ª parte, pag. 37 e 57; A *India Port.*, vol. 2, pag. 2 e cit. *Descripção* por. T. de Aragão, pag. 25, vol. 3.º e *Bosq. hist. das Com. Voc. e Instrução de M. de Alorna*, parte 1.ª, pag. 41.

([2]) Vid. *Instrucções D'Elrei D. José*, pag. 37, *Notas.*

rectos e dominantes de Satarí, e organizando, com a poderosa influência que exercem sôbre o povo e principalmente sôbre os chamados *gãocares* das comunidades outrora extintas ([1]), numerosas e temíveis quadrilhas de salteadores, revoltaram-se, até o ano de 1822, catorze vezes, a princípio em demanda do seu suposto direito aos rendimentos das aldeias e das alfândegas, e ainda depois que lhes foi concedida a percepção das rendas públicas, por pretextos fúteis ([2]); e saquearam, durante cada uma dessas prolongadas desordens, as povoações inofensivas e inermes das províncias vizinhas, ainda das Velhas Conquistas, incutindo terror em todas elas pelas suas correrias, roubos e assassinatos, como se todo o povo da India devesse ser responsável pelo mal que lhes sucedia. Nestas circunstâncias, o govêrno ficava obrigado a

([1]) Desde que os dominantes anteriores aos portugueses, com sucessivas extorsões extinguiram as comunidades de Satari (menos a de Pissurlem), os gãocares, reduzidos à condição de servos de gleba e quási escravos dos poderosos ranes e dessais, antigos senhores donatários desta província, hoje portuguesa, vivem numa extrema miséria; porque cultivando as terras, « quanto produzem é para pagar a renda ao Estado, contribuindo aos ranes, dessais, narcornins, bottos, etc. que muitas vezes, depois da colheita das searas, não lhes deixam o necessário para sua alimentação » Vid. *As Comunidades de Goa* por A. E. de Almeida e Azavedo.

O povo de Satari tem sido explorado por todos, ou na qualidade de colono ou na de *manducar*, ou nas suas relações com os estranhos. *Restauração Social do Estado da India* por José do Nascimento Pinheiro, pag. 14–15.

([2]) Vid. cit. *Instrucções D'Elrei D. José.*, pag. 37 *Notas.*

Os levantamentos de Satari tiveram logar: em 1755; em 17 de Dezembro de 1797; 8 de Julho de 1806; 1 de Setembro de 1807; 19 de Maio de 1809; 1 de Janeiro, 25 de Maio e 14 de Julho de 1813; 2 de Junho e 31 de Outubro de 1814; 24 de Setembro de 1816 e 27 de Agosto, 18 de Outubro e 16 de Novembro de 1822; Julho de 1823; em 1845, 1850, 1852, 1869, 1895, 1901 e 1912.

despender muito dinheiro e actividade para os bater inutilmente nas florestas de Satari, onde se escondem sempre que se insurgem, fazendo dali fogo com pontaria segura e escarnecendo do poder.

Até aqui o govêrno, depois de perseguir os revoltados por algum tempo, punha têrmo à situação transigindo com êles e perdoando-lhes os atentados sob o juramento de fidelidade perpétua, que ratificavam dissimuladamente em todas essas ocasiões e repetiram ainda em 1822. Mas quando, logo depois do restabelecimento do regime absoluto em Portugal, novamente se sublevaram em Julho de 1823, o vicerei D. Manoel da Câmara castigou-lhes severamente a ousadia e a deslealdade; pois deu baixa aos 296 sipais dos Partidos, que se haviam revoltado contra o próprio Estado que os pagava para a defesa do dessaiado; e, feito o inventário, mandou recolher nos cofres da Fazenda todos os rendimentos da província conquistada, que os ranes indevidamente desfrutavam (1).

Responderam a esta providência com nova revolta em Setembro de 1824. D. Manoel da Câmara prendeu os mais inquietos e encarcerou-os na fortaleza da Aguada até 1827, mandando proceder à devassa pelos roubos, assassinatos e incêndios que haviam praticado.

Desde êste ano (1827) e devido a essas enérgicas medidas do govêrno, entrou de facto a província na administração do Estado tendo-lhe sido nomeado um administrador fiscal.

Os ranes propuseram acção judicial contra a Fazenda acêrca dos referidos rendimentos, e prevalecendo a opinião que lhes era favorável, (pois havia opiniões diversas sôbre a justiça que assistia aos ranes neste litígio) o seu direito foi confirmado pelo acórdão

(1) Cit. *Instrucções D'Elrei D. José*, 3.ª parte, pag. 37.

da Relação de 30 de Agosto de 1883 ([1]).

Mas o vice-rei D. Manoel de Portugal e Castro, como regedor das justiças, votou contra o referido acórdão, demostrando que aos ranes erradamente se atribuía êsse direito, pois que a coroa portuguesa era a única senhora da província, dos feudos e senhorios pelo direito da conquista.

Poucos anos depois, a reforma aduaneira de 1841 suprimiu 4 alfândegas das sete estacionadas nas Novas Conquistas, as quais todas andavam arrendadas por 47.655 xerafins e que sendo devidamente administradas e fiscalisadas, deviam render muito mais; e conservou sómente as de Sanguém, Doromarogo e Sanquelim, estabelecendo na alfândega principal da capital um sistema de centralização e unidade, fiscalização e vigilância; e livrando os povos das opressões e arbitrariedades, que faziam os rendeiros hindús na cobrança dos direitos, das prepotências dos Dessais e Mercenários na arrecadação dos seus direitos e das alcavalas que se tinham arrogado nas Novas Conquistas ([2]).

Daí em diante o prejuizo causado pelo cancelamento do acórdão e pela execução da reforma aduaneira serviu por algum tempo aos ranes de melhor pretexto para, ao menor descontentamento, acirrarem contra o govêrno os ánimos dos satarienses naturalmente combativos, e repetirem as sublevações a curtos intervalos, com depredações ensanguentadas ou provocarem desordens entre si com armas na mão, em que a tropa era também obrigada a intervir.

Vamos referir as mais salientes destas revoltas.

([1]) *A India Portuguesa* por Lopes Mendes, pag. 14, vol. 1.º. Vid. Cit. *Instr.* 2.ª parte, pag. 37, *Nota*.

([2]) Vid. Cit. *Instrucções*, pag. 22-24. Notas.

Em 1845 Bapú Rau e seus sócios, tendo sido pronunciados pelo poder judicial como autores de vários roubos e barbaridades praticadas em Satari, Candeapar e outros pontos, rebelaram-se imediàtamente e roubaram com mão armada alguns postos militares e fiscais. O chefe foi apreendido e prêso na cadeia de Pangim, sendo perdoados os consócios. Passados poucos anos, os perdoados roubaram (1850-1851) as egrejas de Carambolim e de Tivim, as casas de Diogo João de Gouveia, de Chorão, do Bôtto Babló, de Volvoi, de Joaquim da Piedade Mascarenhas, de Loutolim, e de Xembú Dondo, de Bicholim, ferindo os moradores, queimando cruelmente dois filhos menores dêste último e incendiando tudo o que não pudessem levar (¹).

Em 30 de Março de 1851, havendo sido apreendidos, pelo comandante militar de Sanquelim, dois dêstes salteadores, com uma parte do roubo, denunciaram nominalmente, como autores dos roubos e devastações, os ranes Apá e Balbi, de Corqui e outros; e em 1852 o superintendente de Sundar Varim (India inglesa) apreendeu em Bandém alguns dêstes salteadores com uma parte dos diversos roubos praticados nêste Estado e o comunicou ao govêrno remetendo alguns efeitos (²).

Emquanto se passavam êstes factos, um novo e estrondoso levantamento veio alarmar o país e o afligiu por muito tempo ; pois em 26 de Janeiro de 1852 rebentou a célebre revolta capitâneada por Dipu ou Dipagi Ranes.

O governador visconde de Ourém, espírito activo e reformador, na persuasão de que procedia com justiça,

(¹) Vid. *Bol. do Gov.* de 1852, pag. 79.
(²) *Bol. do Gov.* de 1852, pag. 76-77,100.

creou alguns impostos e extinguiu os já referidos privilégios e isenções, de que, sob o título de *mocassós*, *inamas* ou *Cotubanas*, gozavam desde a antiguidade os dessais de Bicholim e Satari, acrescentando algumas medidas tendentes a reprimir as velhas práticas seguidas pelos habitantes das Novas Conquistas.

O descontentamento creado pela promulgação destas providências, algumas menos justas, e ainda mais pelos abusos dos que as punham em execução, deu em resultado esta audaciosa revolta de Satarí, que absorveu a melhor parte da governação do visconde e muito dinheiro do tesouro público.

Revolta de Dipu Ranes

Os revoltosos, comandados por Dipu Ranes, apossaram-se engenhosamente do forte de Nanuz [1] e, organizando quadrilhas de salteadores, começaram a assaltar e roubar.

Marchou contra êles uma pequena fôrça de 40 homens inclusivè um alferes, sob o comando de um capitão do exército de Portugal, e que, logo na primeira escaramuça, foi derrotada, ficando feridos o alferes e 4 soldados, e morto um cabo.

Nos princípios de Fevereiro foi expedida outra mais numerosa composta do corpo municipal, do 2.° batalhão de infantaria, de um troço do 4.° batalhão de caçadores e de 550 sipais de Peruém. Os ranes, conhecedores dos caminhos e esconderijos, embrenha-

[1] E' assaz engenhosa a maneira porque Dipu Ranes se assenhoreou do forte de Nanuz. Era comandante dêste o tenente Francisco de Assis Beleza, com quem Dipu mantinha estreitas relações de amizade. Certo dia, convidou-o para uma caçada de javalis num mato distante. Beleza saiu com a sua gente e melhores armas para o sítio designado, emquanto Dipu, por outro lado, entrava no forte com os seus ranes, e vestido do uniforme do comandante vedou-lhe a entrada.

ram-se no mato cerrado e impenetrável, donde não só faziam tiro certeiro contra a tropa, mas um dia ainda se apossaram das armas da guarnição que guardava o pôsto de Quelaundém.

Era impossível continuar a luta com o inimigo, que, sendo tenaz no ataque, era invisível para o castigo. O governador propôs pazes a Dipu Ranes sob a promessa de perdão e de algumas concessões; mas a proposta não foi aceita e os revoltosos, longe da tropa, saquearam Combarjua, levando consigo dois membros da família Quencró, e assaltaram Sanguém e Quepém à vista da tropa, que, sendo em menor número, foi obrigada a fugir.

Em conseqüência dêstes factos, foram suspensas as garantias constitucionais nas províncias de Bicholim, Satari, Pondá e Embarbacém; foi ordenado o empréstimo forçado de 600 mil xerafins para acudir às despesas da guerra; e o próprio visconde de Ourém, com a maior parte do exército (3 mil homens de linha e mil sipais), marchou para Satari em 15 de Setembro de 1852. Depois de percorrer Nanuz e alguns sítios, o visconde foi buscar o inimigo, que desaparecêra, até as montanhas de Caranzol e, vendo que era impossível alcançá-lo, regressou a 4 de Outubro e distribuiu a fôrça por diferentes pontos do país para abrigar as povoações contra os assaltos.

Contudo os ranes, surgindo dos seus esconderijos, continuaram com as excursões, ora atacando de surpresa a fôrça pública, ora arrebatando consigo um ou mais membros de familias ricas para lhes exigirem grossas quantias de dinheiro pelo resgate.

Entretanto José Paulo de Oliveira Pegado, antigo militar que conhecia bem os ranes, foi, com a devida autorização, entender-se com Dipu em Março de 1854 e conseguiu que êste viesse, no dia 4 dêsse mês, ao palácio do Cabo tratar pessoalmente com o governador das condições de submissão, tendo Dipu conservado em Gangém, como refens, três filhos de Pegado, com ordem de serem mortos no caso de não regressar até o dia 11. Mas como o visconde de Ourém lhe tivesse recusado audiência, por não ter vindo acompanhado dos seus subchefes e principais sequazes, Dipu regressou a Gangém e activou as hostilidades pondo em sobresalto todo o país; o que durou até ao fim da administração do visconde.

Logo que êste entregou o poder ao conselho do govêrno, Dipu Ranes solicitou o perdão, que lhe foi concedido, assinando êle e os seus sequazes, em Sonaulim, perante o comandante da província, a 2 de Junho de 1855, o têrmo de submissão ao govêrno português (1).

O visconde de Torres Novas mandou, em conseqüência dêsse têrmo, por port. de 10 de Maio de 1856, restituir-lhes os *mocassós* e outros privilégios, que haviam sido abolidos, e promoveu Dipu Ranes a capitão de sipais, seu sobrinho Apagi a alferes e seu parente Raugi a tenente, estabelecendo-lhes soldos módicos.

Parecia que a província de Satari estava pacificada para sempre, mas não sucedeu assim: pois, como se essas concessões, feitas diante de circunstâncias poderosas, fôssem estímulo para obter outras iguais ou melhores, houve pretextos para novas revoltas; e à primeira destas deu origem o seguinte episódio romântico.

Em 1868 pouco mais ou menos, um bôto, sacerdote hindu, raptou uma ranes viuva e, para se livrar da terrível vingança que o esperava do pai e do irmão da

(1) *Bol. do Gov.* de 1858, pag. 251. Lopes Mendes, *A India portuguesa*, vol. II, pag. 2 e 14.

raptada, denunciou à justiça os dois ranes como autores de um assassinato perpetrado, talvez pelo próprio bôto, num mato vizinho, tendo o cuidado de ensaiar bem três testemunhas, que juraram ter visto os dois ranes cometerem o crime.

A justiça, fundando-se nos depoimentos, condenou os supostos assassinos a trabalhos públicos no arsenal de Gôa, e a sentença passou em julgado. Os dois ranes, inocentemente condenados, como bem dizia a opinião pública, entraram na prisão dissimulando a sua raiva, e, logo que puderam, evadiram-se, levando consigo alguns companheiros da grilheta e, entre êles, o mais valente e terrível salteador de Satari, de nome Custobá; organizaram-se em quadrilha, e um belo dia atacaram o bôto e o despedaçaram; mas, saciados os seus instintos de vingança, não descançaram: seguiram logo caminho de rebelião contra o Estado, e praticaram por muito tempo salteagens, assassinatos e incêndios, inutilizando todos os esforços da nossa tropa; pois, êstes bandidos procuram sempre ligar relações com algum indivíduo da tropa, que os persegue, e recebem aviso dos espias para se pôrem a salvo [1]. Até que o chefe dos bandidos, o famigerado Custobá, foi morto de surpresa ao saír, de noite, de uma casinha, a 13 de Junho de 1871; e a quadrilha, que ainda se dividira em dois bandos, foi finalmente extinta, sendo morto também no mesmo ano Galé Xabá, chefe duma das guerrilhas, estando a dormir em Quepém, com um tiro no ouvido, dado por um outro salteador. Assim se conseguiu salvaguardar por algum tempo a vida e a fazenda dos

Revolta de Custobá

(1) Tais serviços são religiosamente recompensados com quinhão nos roubos. T. de Aragão, Cit. *Descrição*, vol. pag. 18.

cidadãos pacíficos [1].

Êstes sucessivos actos de traição inesperada, procedentes das suas íntimas relações, parece que abateram um pouco o espírito revolucionário dos salteadores, que por uns 20 anos não deram novidade importante.

Em 1895, porém, uma revolta militar dos maratas impulsionou-lhes o instinto e da junção dos dois elementos nasceu de novo o flagelo dos bandidos que atormentou horrivelmente o país.

Antes de entrarmos na história dêste levantamento de Satari vejamos qual era a situação política interna da província.

Segundo o sistema especial da administração financeira, que vigorou em Satari até 1896, o Estado arrendava uma parte das terras—vanganas—em licitação e a contribuição dos altos e dos arecais era fixada por louvados nomeados pelas partes e pelo fisco.

Êste sistema tinha o inconveniente de não interessar o colono pela cultura das vanganas, que andavam em constante giro de uns para outros, nem fixar a população ao logar que habitava, para poder, constituindo uma associação de agricultores em cada aldeia, valorizar a terra e melhorar suas condições económicas.

A produção dos altos ficava à mercê dos peritos, que oprimiam ou favoreciam o produtor conforme os movesse o zêlo da Fazenda ou do interesse próprio. A reclamação dos prejudicados não era atendida, provocando descórdias intestinas.

Os gãocares e os *roitos*, que viviam numa extrema pobresa, discontentes com esta situação sempre precária, pediram (por 1880) em aforamento as respec-

[1] Vide: T. Ribeiro, *Jornadas*, 2.ª parte, pag. 22; e T. de Aragão, *Descrição geral das Moedas*, vol. 3.º, pag. 19.

tivas aldeias, prometendo como fôro a renda actual e mais uma quarta parte.

Mas despertaram-se as ambições de indivíduos estranhos a Satari, ricos e poderosos, entre outros de alguns narcornins ([1]) e comerciantes do bazar de Sanquelim, que requereram em aforamento, em seu nome e no de supostos gãocares, as melhores e mais extensas terras, ainda as que haviam sido desbravadas pelos gãocares e *roitos*.

Daqui nasceu uma pendência que durou 16 anos e em que os narcornins, protegidos pelos funcionários da localidade e pelos altos personagens da capital, levaram sempre a melhor, vexando os habitantes de Satari.

Em Setembro de 1895 estavam ainda pendentes os recursos e protestos dos gãocares, e o administrador já designara repentinamente para os fins dêsse mês a entrega dos aforamentos aos narcornins.

O visconde de Ourém que a êste tempo era o governador da India e conhecera bem o banditismo de Satari no govêrno de seu pai, mandou suspender as entregas; mas esta providência, que era apenas um expediente oportuno, não melhorava a situação dos gãocares nem os interesses dos ranes; andavam portanto uns e outros descontentes ([2]).

Nesta conjuntura, na noite de 13 para 14 do mesmo Setembro fugiram dos quartéis de Pangim 298 soldados maratas com armas e munições, revoltados contra uma ordem ministerial, que os obrigava a marchar para Africa sem saberem para quanto tempo nem

([1]) O narcornim era em Satari o escrivão privativo de comunidade, e depois regedor.

([2]) Vid. *Apontamentos para a Historia da Revolta de 1895*, pelo visconde de Bardês, pag. 23 e seguintes.

com que vantagens, e foram acampar no antigo forte de Nanuz em Satari, onde, depois que lhes foi denegada a amnistia e a dispensa do serviço militar que solicitavam, fizeram levantar os ranes e os aldeões e, juntando-se-lhes sob o comando de Dadá Ranes, começaram a assaltar e roubar.

Revolta de Dadá Ranes

O govêrno enviou contra os revoltosos uma fôrça de 90 praças, que infelizmente se deixou aprisionar por êles e concorreu para engrossar a revolta.

No dia 14 de Outubro, e bem de dia, os revoltosos a toque da *Xinga* invadiram o concelho de Bardês. Seriam 800 a 900 homens armados. De caminho para Mapuçá arrombaram os cofres da igreja de Tivim ; e, entrando na vila, prenderam, sem encontrarem resistência, o destacamento que a guarnecia, o presidente da câmara municipal e o recebedor da Fazenda, e roubaram os cofres do município, da Fazenda e de algumas corporações, guardados no edifício da câmara, e de caminho para Dargalim o cofre da comunidade de Colvale.

A população inerme, surpreendida e aterrorisada, não ousou resistir ao inimigo tão numeroso. Pouco depois os bandidos praticaram muitos roubos ferindo e matando impunemente os que reagissem. Mas é de justiça deixar consignado que quando o govêrno autorizou a organização das vigias aldeãs, os briosos habitantes de Aldonã, já armados, destruíram uma quadrilha de 35 salteadores aliados dos ranes, que veio pela ilha de Corjuém, na noite de 29 de Outubro imediato, roubar a igreja da freguesia, sendo mortos 16 bandidos e presos quatro, pelo que foram oficialmente louvados [1]. Dêste esplêndido resultado se

[1] *Bol. Of.* de 7 de Novembro de 1895. pag. 788.

vê que o assalto à vila de Mapuçá também teria sido repelido, se a êste tempo estivessem organizadas as vigias.

Logo depois das depredações de Mapuçá, o govêrno proclamou a lei marcial em todo o território de Goa e expediu contra os revoltosos uma fôrça regular—450 homens mais ou menos—, que foi obrigada a retroceder com a mais lastimável precipitação, deixando em poder do inimigo duas peças de campanha, que se disse terem-se rachado e inutilizado ao sustentar o fogo no combate havido em Gutném ou Cudném, mas o facto é que, alguns dias depois, foram encontradas ambas em muito bom estado no forte de Nanuz, quando foi abandonado pelo inimigo (1).

Para a defesa da capital foram levantadas barricadas em diversos pontos e armaram-se os funcionários públicos e os proprietários.

A revolta continuou praticando depredações e espalhando terror por todo o país, até que, para a debelar, veio de Lisboa, em 13 de Novembro, uma expedição sob o comando do infante D. Afonso, e foi substituído o visconde de Ourém pelo seu antecessor Rafael de Andrade.

A expedição marchou para Satari no dia 25 de Novembro e ali se conservou quási um mês, e, obedecendo às ordens do governador, arrazou algumas aldeias, pondo em retirada os revoltosos, que foram todavia, em número de quási 300, atacar as povoações dos concelhos de Pondá, Canácona e finalmente Sanguém, donde foram repelidos com valente derrota por uma dúzia de briosos soldados nativos postados ao abrigo de uma trincheira.

(1) *Goa sob a Dominação Portuguesa*, pag. 260 ; e *Apontamentos para a História da Revolta de 1895* pelo Visconde de Bardês, pag. 35.

O infante D. Afonso que sucedeu a R. de Andrade promulgou providências conducentes a paz e, na sua despedida concedeu amnistia aos revoltosos (27 de Maio de 1896). Êstes porém não quiseram aproveitar o perdão concedido e continuaram os assassinatos e roubos.

O comissário régio Neves Ferreira, mandou por port. de 29 de Maio de 1896 passar pelas armas todos os indivíduos que fossem encontrados em flagrante delito de roubo ou de homicídio. Os efeitos desta portaria foram agravados pelos ódios locais, e houve scenas de sangue horrorosas. Os ranes, porém, conservaram-se quietos em espectativa. Mas, quando Raugi Ranes, parente de Dadá, foi prêso pelo administrador de Bardês e, de caminho para Mapuçá, fuzilado pela escolta que o conduzia, renovaram as hostilidades e assaltando a casa dos Braganças (Pangués) em Nadorá, inimigos de Raugi, arrebataram desta família dois membros masculinos, cujo destino nunca mais se soube (1).

A revolta terminou finalmente no govêrno do general Joaquim Machado com a nova concessão da amnistia a 9 de Setembro de 1897, seguindo-se-lhe, providências correlativas para atalhar os seus incovenientes.

Após a pacificação de Satari o general Machado conseguiu, por uma convenção provisória com o govêrno do território británico, prender alguns assassinos e salteadores de Satari, refugiados na India inglesa, os quais foram entregues e julgados em Goa, cortando assim aos ranes a esperança de lá se internarem, como costumavam, quando perseguidos por ocasião das revoltas, e tornarem ao exercício dos seus

(1) Vid. *Goa sob a Dominação Portuguesa*, pag. 281-283.

feitos logo que pudessem. (1)

Além disto, promulgou um conjunto de medidas tendentes a fazer uma distribuição equitativa das terras pertencentes ao Estado pelos povos da província, por meio de um fôro módico, tornando definitiva a enfiteuse decorridos 20 anos, para assim subtrair os concessionários à exploração dos ranes, ainda respeitados pelo povo como senhores da terra.

Para minar mais profundamente a nefasta influência dêstes e assegurar a ordem, foi organizado o comando militar com séde em Valpoi, dividido em 6 circunscrições, sendo confiada cada uma destas a um sargento, *chefe da circunscrição*, com atribuições militares e civís, imediatamente subordinado ao comandante militar, o que fêz desaparecer para sempre as extorsões dos influente locais, que depois da colheita das searas não deixavam ao miserável *gãocar* ou colono o necessário para a sua alimentação e davam logar a descontentamento e desordens.

As circunscrições foram ligadas entre si com a séde do comando e com os concêlhos limítrofes por meio de estradas, cuja falta retardava o movimento rápido da tropa, quando houvesse necessidade de marchar para manter a ordem.

A' sombra destas benéficas providências, adoptadas pelo general Machado, era de esperar que o Satari fôsse progredindo com o andar do tempo, civilizando-se os ranes pelo trabalho honesto e pacífico, e ganhando amor pelo seu solo que é fecundíssimo e regado por copiosos mananciais; mas, entretanto, ja se revoltou mais duas vezes.

Em Novembro de 1901 o tenente Bastos e Silva, secretário do comando militar e comandante da com-

(1) *Restaur. social e econ. do Est. da India* pag. 18.

panhia da 2.ª linha, composta de ranes e chamada a companhia de sipais do senhor Infante, foi traiçoiramente morto a tiro de espingarda pelos mesmos ranes, surdamente revoltados contra o rigor da instrução intensiva militar. Por êste crime, suspensas as garantias constitucionais nas Novas Conquistas, em 14 de Fevereiro de 1902, foram presos Dadá Ranes e outros da companhia e, sendo julgados em conselho de guerra extraordinário, na fortalesa de Agoada, foram degredados para Timor, governando o Estado da India, o general Rodrigues Galhardo, que, com esta enérgica medida, manteve, sem alarme, o prestígio da autoridade e a tranqüilidade geral.

Em 1912 novamente se insurgiram os ranes por o govêrno não ter atendido à sua reclamação contra as alvidrações de terrenos cultivados, que alegavam terem sido muito alteadas nesse ano por ordem do comandante militar de Satari. O governador Couceiro da Costa, empregando o melhor da sua actividade, requisitou uma companhia de *landins*, que veio auxiliar a nossa tropa, e, perseguindo com esta fôrça os bandidos, conseguiu finalmente acabar a insubordinação com a prisão dos seus chefes e principais consócios na canhoneira *Sado*, donde, com todas as formalidades legais, saíram deportados para a ilha do Príncipe. Foi mais uma providência de saneamento, que, levantando mais alto o prestígio da autoridade, garantiu ao país uma situação normal duradoura (1).

São estas as sublevações e desordens mais salientes que tem havido na província de Satari, umas reclaman-

(1) Nesta revolta fazia parte da quadrilha dos ranes um cristão, lavrador de palmeiras, natural de Ozri, de Sanquelim, vulgarmente chamada Custuló (Custodio), que se salientou nas atrocidades e foi morto em Assonorá. Era gãocar da comunidade agrícola de Ucassaim.

do a reivindicação dos supostos direitos à província, outras provocadas pelas extorsões dos poderosos do logar, ou pelas medidas menos justas do govêrno, e outras, finalmente, por pretextos fúteis; mas todas, menos as de 1755 e de 1901, acopanhadas de roubos, incéndios, barbaridades, mutilações e assassinatos praticados pelos sublevados e produzindo sempre forte abalo nos cofres do Estado.

CAPITULO XXVII

Instrução pública

Ao tempo da conquista havia em Goa entre os hindus o ensino da lingua marata, acompanhado de operações fundamentais de aritmética com a táboa de multiplicação de inteiros e fracções. Leccionavam-se também as primeiras noções da lingua canaresa, que era usada na escrituração das actas das comunidades agrícolas e de vários documentos, alguns dos quais ainda existem.

Poucos se dedicavam ao ensino superior dos *xastras*, que, entre as sciências positivas, exigidas pelas necessidades da religião e da vida social, compreendiam a medicina indiana. O dr. Garcia da Orta em 1542 e o holandês Linschotten em 1583 encontraram em Goa médicos hindus peritos em curar várias doenças e muito recorridos ainda pelos portugueses (1).

(1) «Ha em Goa muitos médicos gentios que passeiam muito graves com chapéus de sol, como os portugueses, o que a outros gentios não é permetido, a não ser a embaixadores e alguns ricos mercadores.» Linschotten *Viagem às Indias Orientais*.

Eram vestígios da cultura ariana que se difundira pela India. ([1])

A instrução portuguêsa pública começou em 1541, no seminário da Santa Fé, anexo depois ao colégio de S. Paulo.

Em 1545 o vice-rei D. João de Castro, em obediência às ordens do govêrno central, mandou abrir escolas para se doutrinarem os meninos e aprenderem a *ler*, *escrever*, *contar*, *canto e orgão*, por todas as ilhas de Goa onde houvesse cristãos, extendendo-se mais tarde por Salsete e Bardês.

Estas escolas, chamadas paroquiais, cuja criação, conforme o *Oriente Conquistado*, foi devida aos piedosos esforços de S. Francisco Xavier, e que ainda hoje existem, mantidas, como sempre o foram, pelas comunidades agrícolas, confrarias ou fábricas das igrejas e dirigidas pelo respectivo mestre-capela sob a inspecção do pároco da freguesia, são os primitivos institutos públicos da instrução primária neste Estado ([2]).

O ensino secundário e superior era ministrado nos colégios das ordens religiosas fundados a partir de 1541 ([3]) onde eram admitidos à primeira matrícula

([1]) *Goa sob a Dominação Port.* por A. A. Bruto da Costa, pag. 224; e *A Educação e o Ensino na India Port.* por Menezes Bragança, pag. 2-13.

([2]) «As escolas paroquiais sãs núcleos proveitosos, tanto para a difusão do ensino em geral e para o esplendor do culto, como por que neles recebem a primeira instrução artística os que se dedicam à profissão de músicos, não sòmente satisfazendo as necessidades do país, mas principalmente encontrando vantajosa colocação na India Britânica e até na Africa Oriental." Ismael Gracias, *Censo da População do Estado da India* de 1900, pag. 62.

([3]) Fóra dos colégios das Ordens religiosas e em virtude da Provisão Régia de 8 de Março de 1564, o vicerei D. Antão de Noronha criou na Sé de Goa "um *mestre de grámatica* para ensinar aqueles moços filhos de portugueses, que aprêndem para andarem na dita Sé, e nela se ordenaram de ordens para serviço de Nosso

os que viessem habilitados no programa das referidas escolas. A língua portuguesa aprendia-se juntamente com a latina, que se cursava por 5 ou 6 anos, e dava ingresso nos cursos de filosofia e teologia, que se professavam geralmente em todos os colégios.

Depois da extinção da companhia de Jesus (1759) foram, em obediência às instruções pombalinas, estabelecidos os seminários de Chorão e de Rachol (1761) sendo incumbidos da sua direcção os congregados de S. Filipe Neri. Em 1774 foi suprimido o seminário de Rachol, como veremos, mas restabelecido em 1781; e neste mesmo ano, por uma carta do secretário de Estado Martinho de Melo e Castro, foi criado mais um seminário na casa professa do Bom Jesus, sendo entregues todos os tres seminários aos padres Vicentinhos (¹) italianos, mandados a India para a educação do clero. Os italianos foram expulsos em 1790 por não quererem admitir os regulamentos ordenados pelas autoridades civil e eclesiástica, e substituidos pelos Vicentinhos portugueses de Rilhafoles, dos quais falecendo uns e retirando-se outros foi suprimido o seminário do Bom Jesus, sendo novamente confiada a direcção dos restantes dois aos Oratorianos (²).

Em 1772 o marquês do Pombal, no intuito de promover no país, ao lado do ensino eclesiástico ou con-

Senhor, com 20 mil reis por ano.". *O Cron. de Tiss.*, vol. 3.º, pag. 53.

(¹). Da Congregação de S. Vicente de Paula, chamados também *Lazaristas*, por se terem estabelecido primitivamente em uma casa, pertencente a ordem militar de S. Lázaro.

(²) Para se fechar o seminário da Casa do Bom Jesus concorreram também outras causas ; uma grande parte da casa foi devorada por um incêndio; o sitio tornou-se epidémico, e a Fazenda achou-se em apuros. Vid. *Mitras Lusitanas*, pag. 303.

greganista, ministrado nos seminários e colégios das ordens religiosas, (que subsistiam depois da supressão dos jesuitas), a instrução pública secular, instituiu, por alvará de 6 de Novembro, uma cadeira de português e outra de latim na vila de Pangim e um grupo de 5 escolas de português, latim, grego, retórica e filosofia na cidade de Goa, como havia feito no reino.

Procedendo-se ao concurso por provas, nos termos das instruções recebidas pelo ouvidor geral dêste Estado, foram nomeados (incluindo os que deviam servir em Pangim) para as cadeiras de português Caetano Ventura de Saldanha, clérigo, e José António Martins; para as de latim Domiciano Francisco da Costa, clérigo, e Luís António Gonçalves; para a de retórica o advogado Vitorino Pereira, e para a de filosofia frei António de Assunção, religioso de S. Agostinho. A todos êstes professores foram passadas cartas de provimento por 6 anos. A cadeira do grego não foi provida [1].

A rainha D. Maria I, querendo extender o ensino oficial secular às províncias de Salsete e Bardês, criou em 1778 mais 4 cadeiras, sendo duas de português e latim, colocadas em Margão, e outras duas das mesmas disciplinas em Mapuçá, elevando assim o número das cadeiras a dez.

Todos os dez professores eram pagos pelo cofre do *Subsídio Literário*, importando as despesas em 8 mil xerafins, o que seria um quarto da receita que produzia o imposto do subsídio. Mas o governador Veiga Cabral, achando suficientes os dois seminários, mandou por port. de 4 de Janeiro de 1808 suspen-

[1] *Noticia Hist. e Legisl. da Instr. Púb.* por Filipe, Nery de Sousa, pag 33 e seg.; e *A Educação e o Ensino* por Menezes Bragança.

der os ordenados dos professores, pelo fundamento de que a real Fazenda tinha de acudir a outras despesas mais indispensáveis, ficando conseguintemente fechadas as escolas, que haviam funcionado por 20 anos. Deve-se notar que os seminarios eram pagos pela folha do confisco dos bens dos jesuitas e não pelo subsídio literário.

Os professores reclamaram para o govêrno superior, mas o governador informou-lhe que essas escolas, além de serem dispendiosas, não eram freqüentadas, e que, aos professores, que não fossem ocupados em algum emprêgo civil ou eclesiástico, se devia pagar a quarta parte do ordenado que percebiam antes da sua suspensão; e em sua conseqüência foi confirmada a supressão de todas as escolas. Contudo, pouco depois, o govêrno central fêz saber à Junta da Fazenda que não se devia distrair do seu destino a dotação escolar, mas que primeiro tinham de ser pagos os professores e só depois as sobras podiam ter outra aplicação [1].

Em seguida, um alvará régio de 9 de Setembro de 1799 recomendava ao govêrno dêste Estado e ao prelado diocesano estabelecer escolas do ensino primário, latim, grego e outras disciplinas, mas não foi executado. Ainda subsistia o pretêxto das dificuldades do tesouro.

Decorridos longos 8 anos, o vice-rei conde de Sarzedas, fundando-se nesse alvará, criou em 1808 cinco cadeiras de latim, instalando-se uma destas na velha cidade de Goa; duas em Salsete, nas freguesias de Majordá e Chinchinim, e duas em Bardês, nas freguesias de Mapuçá e Candolim. Os professores providos

[1] Cit. *A Educ.* por Menezes Bragança, pag. 76.

foram: o pe. Diogo António Colaço, na cadeira da velha cidade; o pe. Bernardo António Xavier Gomes, na de Majordá. Deodato Francisco Alemão, na de Chinchinim; Pedro Paulo de Gouveia, na de Mapuçá, e o p.º Custodio Francisco Xavier Pereira, na de Candolim. Até esta época era no curso de latim que se ministravam os elementos da língua e gramática portuguesa; e era preciso conhecer bem a língua latina, em que se escreviam os livros de texto de todas as disciplinas até nos cursos superiores. Dêste modo o resultado foi cultivar-se mais o latim do que o português, que ficava sendo apenas uma língua de comunicação.

Em 1831 D. Manoel de Portugal e Castro, vendo por experiência própria que era raríssimo o papel, dentre os muitos que diàriamente se lhe apresentavam, que fôsse escrito conforme as mais triviais regras da gramática e ortografia portuguesa, reorganizou o ensino, dando-lhe uma orientação relativamente melhor; pois, suprimindo duas dessas cadeiras, que estavam vagas por falecimento dos respectivos professores, colocou as restantes três em Pangim, Margão e Mapuçá, sob a inspecção dos respectivos ouvidores e creou 6 escolas primárias com seus professores e ajudantes em Ribandar, Pangim, Margão, Pondá, Bicholim e Colvale, subordinando-as à fiscalização dos comandantes dos aquartelamentos. As nomeações dos professores foram feitas mediante concurso, preferindo-se na igualdade de circunstâncias alguns europeus deportados para aqui pela usurpação.

A êsse tempo já se sentia na Índia o impulso dado à instrução pública na metrópole pela revolução de Setembro (1836), de que saíra a reforma da universidade, a organização das escolas médico-cirúrgicas, a criação dos liceus e de vários institutos e a reforma e a liberdade do ensino primário [1].

Dêste salutar impulso dimanaram sucessivas providências oficiais, que difundiram crescentemente e melhoraram a instrução pública nêste Estado.

Em 1840 o governador interino Lopes de Lima, iniciando a aplicação da reforma de 1836, estabeleceu na capital uma escola normal de ensino mútuo pelo método de Lancaster, chamada por isso *Lancastriana* [2], três aulas de ensino secundário: francês, inglês e história universal e geografia, como veremos; e no ano seguinte criou em diversas freguezias das Velhas Conquistas 49 escolas do ensino primário, pagas pelas comunidades agrícolas, encargo que pouco depois foi transferido para o Estado pelo conde das Antas.

O mesmo conde, sucessor de Lopes de Lima, reduziu o número das escolas primárias, conservando 6 nas Ilhas, 9 em Bardês e 10 em Salsete; e em 1842 instituiu 6 do mesmo programa, mas com a exclusão do

(1) *Hist. da Instr. popular em Portugal* por D. António da Costa, cap. 6.°, pag. 141, e cap. 7.°.

(2) O pedagogista Joseph Lancaster, natural de Londres, organizou numa escola primaria desta cidade, nos princípios do século 19.°, o ensino mútuo, já praticado pelo escocês Andrew Bell, director duma escola de órfãos em Madrasta, que tivera a idea de fazer ensinar os discipulos mais atrazados pelos mais adeantados segundo um método usado nas escolas indianas.

Lancaster conseguiu óptimos resultados na instrução primária; mas, querendo aplicar o seu sistema ao ensino secundário, falhou.

Segundo êste método, chamado de Lancaster, "os principiantes "
" escrevem as letras com o dedo sôbre arêa; os mais com o lapis "
" sôbre ardósia, o que habitua o aluno à firmesa da mão; só a "
" 8.ª classe escreve três vezes na sèmana sôbre papel. O dis- "
" cípulo está sempre atento à lição com o fim de emendar o seu "
" companheiro, e tomar o seu lugar........ .... "

Vide. *Dic.* Larousse *Verb.* Lancaster; e *Almanac de Goa para o Ano de 1840*, pelo cónego Caetano João Peres, pag. 220, onde se encontra um extracto duma memória impressa em Lisboa em 1837.

ensino religioso, nas capitais das províncias das Novas Conquistas: Pernêm, Bicholim, Satari, Pondá, Zambaulim e Canácona; e no ano imediato mais algumas na província de Bicholim. Criou também uma escola do ensino promíscuo (primário e secundário) e duas do ensino primário em Damão. Aos seus sucessores se deve muito o progresso da instrução na India.

Em 1845 o governador José Ferreira Pestana criou na capital uma escola de meninas, que foi a primeira dêste género, e em 1846, reconhecendo a grande vantagem de difundir o ensino das línguas vernáculas, já introduzido no liceu pelo seu antecessor Joaquim Mourão Garcês Palha, impôs, aos intérpretes oficiais das Novas Conquistas, de Damão, Diu e Angediva, a obrigação de regerem uma escola de marata, industani ou guzerate na localidade onde estivessem servindo, com o vencimento mensal de 20 xerafins.

O visconde de Ourém estabeleceu em Pangim, em 1854 uma *escola normal* que era de absoluta necessidade, para a habilitação do magistério primário (curso dividido em 2 anos); e 5 escolas de ensino primario complementar pelas Velhas Conquistas e duas do sexo feminino em Margão e Mapuçá, e reformou a escola promíscua de Diu.

Não obstante a habilitação da escola normal, o provimento das cadeiras do ensino oficial se fazia com precedência do concurso de provas públicas, como era determinado pela lei desde 1835.

Ao conde de Torres-Novas se deve a instituição das escolas primárias do sexo feminino de Damão e Diu (1859 e 1861) e o regulamento da escola normal. Em 1869 foi reorganizado o ensino primário, que andava muito atrazado.

Pela sucessão do tempo vieram mais reformas e o estàbelecimento de novas escolas primárias em várias localidades, com que temos hoje 122 escolas oficiais do ensino português, sendo 21 nas Ilhas, 34 em Bardês, 32 em Salsete, 5 em Mormugão e as outras pelas Novas Conquistas; afóra as 8 escolas de marata nas mesmas Novas Conquistas e 11 de guzerate nos distritos do norte.

A escola normal foi reorganizada por decreto de 31 de Outubro de 1892 e, depois, por decreto de 23 de Maio de 1907. O seu curso acha-se hoje dividido em 3 anos e leccionado por 4 professores e uma professora e é obrigatório para o desempenho do magistério primário. Além de português, francês, pedagogia e outras disciplinas, ensina-se ali a ginástica, música e canto, e trabalhos de agulha e lavores para os alunos do sexo feminino.

Em 1887 a Santa Casa da Misericórdia instituiu, no antigo convento de Chimbel, um colégio de meninas, dirigido pelas irmãs hospitaleiras Franciscanas, que se denominava o *Colégio de N. Sra. da Piedade* e passou depois a funcionar em Pangim em edifício do Estado, ficando sujeito à superitendência do govêrno civil. Ensinava-se ali o português, francês, inglês e os trabalhos próprios do sexo. Cessou de existir o colégio com a queda da monarquia, e em sua substituição foi criada pelo governador Couceiro da Costa, em port. de 4 de Janeiro de 1911, a *Escola Nacional* do sexo feminino com o regime de internato voluntário.

Liceu Nacional, Geral e Liceus Municipais

Em 1841 o governador Lopes de Lima instituiu, como vimos, um grupo de cadeiras do ensino secundário : francês, inglês e história universal e pátria em curso bienal, ficando esta última, denominada *escola normal da história*, a cargo do bibliotecário da Biblioteca Pública. Esta instituição tinha por fim formar, incluindo a escola matemática militar, um liceu provisório. Seguiram-se pelo correr do tempo as escolas de marata, e de filosofia e retórica em curso bienal, criadas aquela em 1843 e esta em 1850, pelos governadores Joaquim Mourão Garcês Palha e José Ferreira Pestana, respectivamente.

Êste último governador estabeleceu também uma escola de francês em Margão.

Já havia, portanto, em Pangim 6 cadeiras do ensino secundário, incluindo a antiga de latim, elementos então suficientes para a organização de um liceu, faltando-lhe apenas uma direcção uniforme. Pois o visconde de Ourém agrupou essas cadeiras e instituiu por port. de 9 de Novembro de 1854 o *Liceu Nacional* de Nova-Goa, em harmonia com os decretos orgânicos de 17 de Novembro de 1836 e 20 de Setembro de 1844 (¹). Era indispensável êste melhoramento desde que, extintos os colégios das ordens religiosas, ainda o ensino ministrado pelo elemento eclesiástico estava limitado apenas a 2 seminários.

(¹). Os professores dessas cadeiras que passaram para o quadro do Liceu, foram: O pe. Floriano Mateus do Rozário Barreto, natural de Margão, para a lingua portuguesa e latina; António Filipe Rodrigues, natural de Salvador do Mundo, para a lingua inglesa; Francisco Gonçalves Ferreira, natural de Santa Inês, para a lingua francesa; Suriaji Ananda Rau, natural do concelho de Pondá, para a lingua marata; e pe. Sebastião Salvador Batista Canã, natural de Benaulim, para a cadeira de filosofia e retórica em curso bienal; e o pe. António Manoel Soares da Veiga, natural de Ribandar, egresso do extinto convento de Santo Agostinho e antigo lente de filosofia e teologia no Colégio do Populo, para o lugar de reitor do liceu e professor da cadeira de geografia e história universal e pátria em curso bienal; e depois de organizado o liceu, foi nomeado o pe. José António da Conceição e Souza, natural de Calangute, para substituto das cadeiras de latim, filosofia e historia.

Não se estabeleceu no liceu a cadeira de matemática por haver outra igual na vizinha escola matemática e militar, como era também a concepção contida na port. de 17 de Agosto de 1841 do governador interino Lopes de Lima.

Os princípios de física, química e história natural deviam ser leccionados na aula destas disciplinas, criada por decreto de 10 de Dezembro de 1853, que brevemente se havia de abrir.

O visconde de Ourém criou também, em 1854, uma cadeira de inglês em Mapuçá e mais uma escola de latim em cada um dos concelhos de Salsete e Bardês, sendo colocadas uma em Chinchinim e outra em Saligão em edifícios oferecidos pelas respectivas comunidades, e ao conde de Tôrres Novas se deve a criação de um logar de ajudante e substituto para a cadeira de latim do liceu nacional (decreto de 5 de Julho de 1865).

Em 1859 foi fechado o seminário de Chorão por insalubridade do logar, sendo criados em Bardês em 1863 duas cadeiras—de filosofia e retórica, como diremos.

Muitos anos antes (1844) havia sido estabelecida na ilha de Divar uma cadeira de latim, paga pelas respectivas comunidades sendo o professor nomeado pelo govêrno provincial com precedência de concurso.

Seguindo o exemplo, a comunidade de Neurá criou pouco mais tarde uma cadeira de ensino promíscuo (português e latim).

Destas cadeiras a ultima durou pouco tempo, mas a primeira só cessou de funcionar depois de se adoptar no liceu nacional o regime das classes.

Voltando ao liceu. Êste estabelecimento continuou quási informe e imobilizado por muitos anos à espera da reforma pedida, regendo-se pelos programas aprovados em 1857 e prestando contudo bom serviço à instrução pública; pois habilitou numerosos alunos, alguns dos quais *freqüentaram* depois *com distinção os cursos superiores do continente* ([1]). O estabelecimento foi dirigido, de 1868 a 1877, pelo erudito comissário dos estudos, Joaquim Heliodoro da Cunha Rivara, que, tomando parte activa nos trabalhos internos da casa, imprimiu ao ensino secundário a orientação clássica, melhorando-o e tornando-o mais metódico, e mais profícuo; e à sua iniciativa se deveu a fundação da biblioteca liceal para a consulta e estudo dos professores e alunos.

A nomeação dos professores era feita nessa época, e ainda algum tempo depois, por meio do concurso de rigorosas provas públicas, embora os candidatos apresentassem, como muitos o faziam, os melhores diplomas de habilitação nos estudos preparatórios e nos cursos superiores.

Havia portanto no liceu professores especialistas em uma disciplina e diletantes em outras, como recomenda o pedagogista Herbart; e alguns deles aliavam à sua competência profissional uma forte cultura humanista.

Decorridos alguns anos, o antigo deputado da nação e, ao tempo, inspector dos estudos neste Estado, Bernardo Francisco da Costa, tendo sido nomeado reitor do liceu em 1888, empregou seus particulares esforços perante o govêrno, em ordem a conseguir a projectada reforma do liceu ; e o decreto de 31 de Outubro de 1892 reorganizou-o radicalmente, incorporando nele algumas cadeiras do Instituto Profissional, que foi extinto, e equiparando-o aos liceus nacionais da metrópole, sendo nomeado reitor o que era

([1]) Parecer da comissão da instrução pública da Câmara dos Pares, em 6 de Julho de 1889.

o director do referido Instituto, o coronel João de Melo de Sampaio, e para professor da cadeira da língua e literatura portuguesa. criada nesta ocasião. um oficial europeu.

Esta organização, que melhorava e actualizava o ensino, abrangia três cursos: o curso geral em 4 anos, seguido do de letras em 1 ano e do de sciências em 2 anos. Estes cursos estavam distribuidos nas seguintes 9 cadeiras: 1.ª—língua e literatura portuguesa; 2.ª—língua francesa; 3.ª—língua inglesa; 4.ª—língua latina; 5.ª—matemática; 6.ª—física, química e história natural; 7.ª—geografia e história; 8.ª—filosofia; e 9.ª—dezenho.

Tinha mais duas cadeiras anexas: a de marata e a de economia política e direito administrativo, as quais, juntas às outras 9, formavam o curso completo dêsse liceu, que dava direito à matrícula nos institutos superiores, ao exercício do magistério secundário e dos cargos graduados da burocracia local, e ao exame para advogado de provisão.

O decreto, porém, de 22 de Dezembro de 1894 reformou sob novas bases a instrução secundária em Portugal, organizando liceus nacionais e centrais com as disciplinas, designadas nos respectivos programas, a estudar simultâneamente, pelo sistema de classes; e da conveniência de subordinar o ensino secundário dêste Estado ao regime estabelecido na metrópole proveio o decreto provincial do comissário régio, de 9 de Janeiro de 1897, que constituiu em Goa um liceu nacional, isto é, o curso geral em 5 anos, compreendendo as duas primeiras secções, as quais juntas às cadeiras anexas de filosofia, economia política e direito administrativo e marata, formavam o curso completo, que dava direito a obter a carta de advogado e à matricula na Escola médico-cirúrgica de Goa e nos institutos industriais e comerciais.

Com esta reforma ficou o liceu, como se vê, num plano de inferioridade relativamente à organisação de 1892; mas, como todos reconheciam que êste curso mutilado era preparatório insuficiente para a freqüência da Escola Médica, e os alunos habilitados [1] não podiam ter ingresso nos cursos superiores da metrópole, sem que ali completassem os seus estudos, o decreto de 31 de Maio de 1919 elevou o mesmo estabelecimento à categoria de Liceu Central, que com os cursos complementares completa a instrução secundária. Desde 1901 lecciona-se nas classes a língua alemã, que tendo sido logo suprimida, foi restabelecida pela reforma de 1919.

Estão anexas ao liceu as cadeiras de economia política e direito administrativo, de marata e a de sanscrito em 2 anos. Estão-lhe anexas também uma biblioteca, uma aula de ginástica, um gabinete de física, um laboratório químico e um museu de história natural.

No edifício do liceu funciona o Instituto Comercial criado por decreto de 25 de Novembro de 1916, dando lições nocturnas.

Pelo citado decreto de 31 de Outubro de 1892 era autorizado o govêrno local a criar escolas municipais de português, francês e inglês, aproveitando as 8 cadei as do ensino secundário que ao tempo existiam em Salsete e Bardês, e não havendo entidade, que pedisse essa criação, seriam extintas (como de facto o foram) à proporção que vagassem, visto não pode-

(1) Dêste sistema de estudar 8 ou 9 disciplinas simultâneamente, embora fragmentadas, e supostos todos os requisitos pedagógicos, resulta no fim uma percentagem de aproveitados bastante reduzida, ainda quando os estudos são menos desenvolvidos como acontece nos exames de *matrícula* da universidade de Bombaim.

rem ser encorporadas no liceu [1].

Da extinção destas 8 cadeiras germinou a idea da criação de 2 liceus municipais nos concelhos de Salcete e Bardês, os quais, depois de muitos anos, foram organizados por decreto de 29 de Maio de 1913 e se abriram em 1914, tendo a seu cargo o ensino das três primeiras classes liceais. Os professores são nomeados por concurso de provas públicas.

Escola Matemática e Militar de Goa

Os estudos matemáticos, que o govêrno central mandava estabelecer em Goa em 1699, não principiaram senão só no 3.º quartel do século XVIII por falta de pessoas idóneas para ensinar. O conde da Ega criou a aula de navegação em 1759 e o capitão-general D. José Pedro da Câmara a *aula da artelharia regimental* em 1776. A primeira foi depois reformada e denominada *aula de marinha*, e a segunda substituida por um *curso de fortificação*, regido por dois oficiais engenheiros, que para êsse fim vieram de Lisboa (1807). A aula de marinha ficava anexa a êste curso, a que servia de preparação.

Êstes dois cursos, que durante 3 anos não tinham freqüência nenhuma, motivaram a instituição da *Academia Militar*, que foi fundada pelo conde do Rio Pardo e se abriu em Janeiro de 1818, governando-se

(1) Destas cadeiras achavam-se colocadas 3 em Mapuçá: de latim, inglês e francês, criadas a 1.ª em 1808, a 2.ª em 28 de Setembro de 1854 e a 3.ª em 20 de Setembro de 1855; e uma de latim em Saligão estabelecida em 9 de Novembro de 1854. Assim como havia 3 cadeiras de iguais disciplinas em Margão: a de latim estabelecida em 1808, a de francês em 20 de Agosto de 1850 e a de inglês em 17 de Março de 1869; e uma cadeira de latim em Chinchinim, criada em 9 de Novembro de 1854.

pelos estatutos dados pelo fundador, por port. de 26 de Julho de 1817. Compreendia 3 cursos: o de artelharia e o de marinha, de 4 anos cada um, e o de engenharia de 5 anos. Tinha 7 lentes proprietários e 2 substitutos ([1]).

Em 1830 D. Manoel de Portugal e Castro fêz depender dêstes estudos a promoção a oficiais superiores e a alguns cargos da Fazenda.

O governador Lopes de Lima reformou a *Academia*, por port. de 18 de Agosto de 1841, e deu-lhe a denominação de *Escola Matemática e Militar*, melhorando os métodos do ensino; e, destribuindo os estudos por 6 cadeiras, incluindo a de desenho, formou os cursos da arma de engenharia, de artelharia e de infanteria. O desenho era comum a todos os cursos. Foi abolida a cadeira de marinha prometendo-se substituí-la pela de pilotagem.

Os lentes, que eram cinco, deviam ser oficiais do corpo de engenheiros. Havia dois substitutos e um ajudante da cadeira de desenho, que podiam ser pessoas idóneas. Por port. de 14 de Agôsto de 1843 foi restabelecida a aula de marinha constituindo a 7.ª cadeira ([2]).

A escola tinha anexas uma biblioteca matemática e militar e um gabinete de instrumentos de campo e modelos de material de guerra. Esta escola, depois de várias vezes reorganizada, foi, finalmente, com a extinção do exército da India, extinta também e substituída pelo *Instituto Profissional* de Nova Goa, pelos decretos de 11 de Novembro de 1871; e o Instituto, decorridos anos, foi ainda fundido no liceu

([1]) *Bosquejo das Posses. Port.* por Celestin Soares, tomo 1. pag. 208 e segs.; e *Annaes marit. e cols.*, vol. 2.º, pag. 207.
([2]) Cit. *Bosquejo das Poss. Port.*, vol. 1.º, pag. 208.

nacional de Nova Goa em 1892, como atrás ficou dito.

Suprimido o Instituto Profissional, o ministro Ferreira do Amaral criou uma *Escola de artes e ofícios* onde, alêm da instrução teórica, ministrada em 4 cadeiras, havia mestres, que vieram da metrópole, contratados para as oficinas de encadernação, serralharia e carpintaria. Esta escola instalou-se em 1893 e foi extinta por inútil em 1898.

Aula de fisica, quimica e historia natural

Ao tempo em que florescia a Escola matemática e militar, o govêrno central, para tornar mais profícuo e completo o ensino ministrado neste estabelecimento e na escola médico-cirúrgica de Goa, criou, por decreto de 10 de Dezembro de 1853 (em substituição da *Escola Principal* da instrução primária, instituída em 1845, que nunca se abrira) a *Aula de física, química e história natural*, com o programa muito mais desenvolvido que o da Escola Principal, sendo nomeado professor o capitão do exército de Portugal Luís José de Melo, natural de Salvador do Mundo (Bardês). Esta aula teve, desde a sua criação, uma vida bastante agitada, pois havendo sido, pelo citado decreto, *encorporada* na Escola matemática, foi vivamente impugnada ([1]) essa encorporação pela

([1]) O principal fundamento da impugnação era de ser onerosa aos alunos da escola matemática a obrigação de apresentarem a aprovação da aula de física para todos os cursos da referida escola, emquanto os estudos do quadro da escola não fôssem reduzidos. O professor Melo respondia a isto na sua reclamação que na metrópole os estudos matemáticos abrangiam 22 cadeiras, afóra a picaria, e em Goa apenas um têrço do número daquelas; e que, portanto, o acréscimo da nova aula não podia dificultar os estudos.

maioria do respectivo conselho escolar, cuja deliberação foi aprovada e louvada pelo conselho governativo. O professor Melo reclamou e o conselho escolar, insistindo no seu anterior voto, teve um grande debate com o governador do Estado que acabava de chegar à India, o conde de Torres Novas, o qual deu parte desta singular questão ao govêrno superior, mas emitindo, infelizmente, em épocas diferentes duas opiniões perfeitamente opostas ([1]). Entretanto faleceu o professor Melo e a nova cadeira permaneceu na referida escola até 1865. Neste ano o governador Ferreira Pestana agregou-a à Escola médico-cirúrgica por port. de 18 de Dezembro, e por outra port. (de 12 de Janeiro de 1866) obrigou os alunos da escola matemática e militar que se destinassem às armas de artelharia e engenharia, a apresentarem, antes de obterem a respectiva carta, a certidão de aprovação nas disciplinas da referida aula. O conselho da Escola matemática, que não queria a desanexação, surpreendido com a determinação do govêrno, reclamou contra a citada port. de 18 de Dezembro, abrindo nesta ocasião novo debate com o governador, o qual, insistindo na sua resolução, permitiu ao referido conselho recorrer ao govêrno central, e para instruir convenientemente a sua súplica enviou-lhe todos os do-

Os lentes, que votaram pela incorporação e constituiam a minoria, eram o tenente coronel José da Costa Campos, director da Escola matemática, José Soares da Veiga, José António Gomes, que passavam como as primeiras capacidades da Escola, e Manoel Godinho Fernandes, como muito proficiente. A testa da maioria porém (que se compunha de 5 lentes) estava o major (depois coronel) Cândido José Mourão, visconde de Buccelas, que tinha a reputação de sábio.

([1]) Cit. *Breve noticia da aula de principios de Phisica*, doc. n.º 32, pag. 68.

cumentos relativos ao assunto, ainda os que não tinham chegado ao seu conhecimento, mandando publicá-los também no *Boletim Oficial*.

Foi isto bastante para se fechar o debate, e a aula foi definitivamente anexada à Escola médica por decreto de 23 de Outubro de 1867, sendo dividido o seu curso em 2 anos, até que o mesmo govêrno central, em 31 de Outubro de 1892, reorganizando o liceu a encorporou nêste estabelecimento.

Durante o período de peripécias por que passou, a aula de física, quando contava 18 anos de creação (1872) já havia sido regida sucessivamente por 18 professores. Contudo o ensino não deixou de ser profícuo.

No primeiro ano do exercício desta aula, que foi o de 1855 a 1856 foram aprovados 7 alunos dos 16 matriculados, sendo premiado um dêles, Miguel António de Melo, e nos anos subseqüêntes não lhe faltou a freqüência nem alunos distintos.

Um dos referidos 18 professores foi o antigo deputado Bernardo Francisco da Costa, que melhorou o ensino com demonstrações práticas, organizando, para êste fim, um laboratório químico e habilitando muitos alunos, entre os quais foram laureados Demóstenes Mascarenhas, Claudino Carneiro de Souza e Faro e Joaquim José Fernandes Arez, ao depois, todos os três lentes de escolas superiores. Em 1861 o professor Costa pediu a sua exoneração por motivos políticos.

Escola Medico-Cirurgica de Nova-Goa

Houve quem fizesse remontar o estabelecimento do ensino médico em Goa ao tempo do célebre Dr. Garcia da Orta que, licenciado por D. João 3.º para *curar de fisica*, passou à India em 1542 ([1]).

Mas não ha documento que afirme que êste *fisico d'El-rei*, ou o licenciado Dimas Bosque, que foi físico-mor em 1562, ou qualquer outro físico ou cirurgião-mor da India até 1690 tenha dado lições de medicina ou cirurgia em Goa ([2]).

O ensino médico-cirúrgico regular devia principiar em 1691 no antigo Hospital Real conforme as ordens do govêrno superior de 23 de Março dêsse ano, mas consta sòmente que dos dois facultativos, Manoel Rodrigues de Souza e Feleciano Gonçalves, formados na universidade portuguesa e nomeados lentes dêste curso, o segundo não chegara à India até o Dezembro daquele ano, e o primeiro, que viera em físico-mor, não abrira a aula por doente e por estar à espera do outro que era lente de véspera. Presume-se que com a chegada dêste, que era aguardado na segunda nau, se tenha instalado o curso. O certo é que antes de 1723 o cirurgião-mor do Estado leccionou a cirurgia em Goa, porque consta que, por consulta do conselho ultramarino de 18 de Março de 1723, se mandou dar ao cirurgião-mor do Estado a gratificação de *dez mil reis mensais fazendo, como o seu antecessor, de Mestre ensinando cirurgia na India* ([3]). E' possível que êste curso não tenha sido regular. Entretanto houve em Goa médicos que ensinavam particularmente a sciência de curar, e alguns dos seus discípulos, depois de terem feito exame público e vago perante o físico-mor, obti-

([1]) Garcia da Orta era doutor pelas universidades de Alcalá e Salamanca e naturalista distintíssimo.

([2]) Ao tempo o físico-mor fazia parte do pessoal maior do serviço do vice-rei, como se verá no capítulo que trata do Pálacio Vice-real; e intervinha oficialmente nos serviços de sanidade. (*Garcia da Orta e o seu tempo*, por Conde de Ficalho).

([3]) *Bosquejo das Possessões Port.*, vol. 1.º, pag. 299.

nham diploma passado pelo govêrno provincial, que lhes dava o título de *médico por Sua Magestade* e autorização para exercer a clínica. Os outros eram licenciados. Mais tarde, e principalmente em 1839, abusou-se extrèmamente da concessão de tais diplomas, pelo que o conde das Antas mandou inutilizar muitos deles. Mas estas medidas não foram aprovadas pelo ministro por *terem efeito retroactivo com prejuizo de terceiro* (1).

Em 1774 vieram nóvamente ordens do govêrno da metrópole para abrir no hospital de Panelim aulas de medicina e cirurgia, de que deviam ser encarregados o físico-mor e o cirurgião-mor do Estado. O físico-mor, que então era o Dr. Luís da Costa Portugal, transferiu-se para Moçambique em 1779, sendo nomeado em seu lugar pelo govêrno provincial o distinto médico Inácio Caetano Afonso, natural da Piedade, por port. de 4 de Maio de 1782, o qual desempenhou o cargo por 16 anos até a sua morte ocorrida em 1798, mas não consta ter leccionado. Entretanto veio despachado para India como cirurgião-mor Francisco Manoel Barroso da Silva com a obrigação de abrir aula de cirurgia.

Alguns anos depois, em virtude de uma requisição do governador Veiga Cabral, que pedia um facultativo diplomado na metrópole para ensinar a medicina, veio para India o doutor António José de Miranda e Almeida, lente substituto da Faculdade de Medicina da Universidade de Coimbra, nomeado físico-mor dêste Estado por decreto de 29 de Novembro de 1799, o qual abriu o primeiro *curso médico* em 30 de Dezembro de 1800, e habilitou muitos filhos do país e entre êstes Bernardo Peres da Silva, que depois foi lente

(1) Cit. *Bosquejo das Possessões Port.*, vol. 1.º, pag. 299.

substituto da escola, nomeado por port. prov. de 15 de Junho de 1804, e mais tarde prefeito do Estado.

O govêrno superior mandou louvar o zêlo e préstimo com que o físico-mor desempenhara os seus deveres. Até o ano de 1805 muitos alunos haviam completado o curso, sendo vinte dêstes aprovados com louvor, segundo informa o próprio físico-mor.

Regressando o doutor Almeida à metrópole em 1816, ficou na regência do curso o cirurgião-mor Barroso da Silva, até que viesse nomeado físico-mor e lente de medicina, por decreto de 16 de Junho de 1819 o doutor pela universidade de Coimbra, António José de Lima Leitão, o qual propôs um plano de estudos para os facultativos do país, ao Conde do Rio Pardo, que lh'o aprovou e mandou adoptar por portaria de 23 de Junho de 1821. Era um *curso médico-cirurgico de 4 anos.*

Mas o doutor Lima Leitão envolvido nas alterações políticas do país não chegou a leccionar nem por um ano e regressou a Lisboa, em 5 de Março de 1822, como deputado pela India.

De 1827 a 1838 o curso médico cirúrgico foi regido pelo físico-mor Manoel José Ribeiro e pelo cirurgião-mor Tomaz da Silva Correia, e depois até 1840 pelo físico-mor Vitorino Pinheiro de Lacerda. O primeiro e o último eram bachareis em medicina pela Universidade de Coimbra.

Por ofício de 22 de Abril de 1833 o governador Portugal e Castro participou ao govêrno superior que os aludidos facultativos Ribeiro e Correia eram *medíocres* na sua profissão e *inábeis* para ensinar [1]; e que, porisso, iam estudar à metrópole, conforme deternava a carta régia de 2 de Maio de 1832, 4 mancebos

[1] *Goa sob a dominação port.*, pag. 227.

talentosos da India; e foram de facto Manoel José Felecíssimo de Abreu, Raimundo Venâncio Rodrigues, Aureliano Aleixo Leandro Mascarenhas e António José da Gama, todos subsidiados pelas câmaras agrárias. Dêstes o 1.° e o 3.° faleceram em estudantes havendo obtido os primeiros prémios, e o 2.° formou-se doutor em matemática e foi lente catedrático da Universidade de Coimbra (¹); e o 4.°, tendo-se formado médico-cirurgião pelo colegio de S. José, regressou a Goa em 1842 e no ano imediato foi nomeado lente da escola médico-cirúrgica.

O governador interino Lopes de Lima remodelou o curso e transferiu em 15 de Abril de 1841 o hospital militar de Panelim para Pangim onde foi criada uma *Junta da saúde pública*, bem como um *Instituto vacínico*.

O físico-mor do Estado, Dr. Mateus Cesário Rodrigues Moacho (²), apóstolo das ideas novas irradiadas

(¹) Os filhos da India que se tem formado doutores pela universidade de Coimbra são:

1.°—Raimundo Venâncio Rodrigues, natural de Badém (Salvador do Mundo), Doutor em Matemática, 1840 e lente da mesma Faculdade. Faleceu em 22-11-1873.

2.°—Fr. Constâncio Floriano de Faria, natural de Loutolim.; Doutor em Teologia, 1850, e lente da mesma Faculdade. Faleceu em Outubro de 1872.

3.°—Luis Caitano Lobo, natural de Saligão, Doutor em Direito, 1851.

4.°—Raimundo Francisco da Gama, natural de Bombaim, mas oriundo de uma família do mesmo apelido, de Saligão e gauncar da comunidade agrícola desta aldeia, Doutor em Medicina 1858. Faleceu em 31-1-1895.

5.°—Luís da Cunha Gonçalves, natural de Pangim, Doutor em Direito, 1909.

Vid. *Anuário da Universidade* de 1901-1902; e *Or. Port.*, vol. 6., pag. 176.

(²) Era médico-cirurgião pela Escola de Lisboa e Doutor em medicina pela Universidade de Lovaina.

pela revolução de Setembro, reconhecendo o atraso, em que a sciência de curar aqui se achava, propôs ao conde das Antas um plano do *curso médico-cirúrgico e farmacêutico* de 4 cadeiras em 4 anos, exigindo para a primeira matrícula a habilitação em latim, e filosofia e o conhecimento da língua francesa.

O plano foi aprovado por port. prov. de 5 de Novembro de 1842, sendo nomeados professores o físico-mor Moacho, os dois cirurgiões-mores do exército, José Frederico Teixeira de Pinho e António José da Gama, natural de Verná, médico diplomado na metrópole pelo colégio de S. José, e provisóriamente, emquanto não viesse o professor requisitado para Lisboa, o físico do hospital António Caetano do Rosário Afonso Dantas, natural de Serulá, médico muito popular ao tempo e autor de um livro sôbre o cólera-morbus (1).

Abriu-se o curso médico-cirúrgico regular em 1 de Dezembro de 1842 no edifício contíguo ao hospital militar, hoje *Hospital Central*, sendo no fim do ano lectivo aprovados os 8 alunos matriculados e dentre êstes, laureados com o 1.º prémio Agostinho Vicente Lourenço, de Margão, que depois foi lente substituto da escola médica em 1847, cargo que deixou seguindo para Europa, onde se formou Doutor pela Universidade de Paris e teve nesta cidade a reputação de *savant*, sendo posteriormente nomeado lente da Escola Politécnica de Lisboa; e com o 2.º prémio Pedro Gonzaga Augusto de Melo, da Raia, que chegou a ser cirurgião-mor do exército.

Este importante melhoramento do ensino não mereceu a sanção régia (pois o conde das Antas já

(1) *Oriente Port.*, vol. 4.º, pag. 479. (*Subsidios* etc. por I. Gracias).

saira da India); todavia continuou felizmente autorizado pelo governador Joaquim Mourão Garcêz Palha, até que sua magestade, por decreto de 11 de Janeiro de 1847, criou a *Escola Médico-Cirúrgica de Nova-Goa*, com 6 cadeiras em 4 anos, destinada a habilitar facultativos e farmacêuticos.

A reforma aprovada por decreto de 11 de Outubro de 1865 deu ao ensino maior desenvolvimento, passando o curso a ter 9 cadeiras distribuídas em 5 anos.

Hoje, com a evolução progressiva, o curso médico-cirúrgico é leccionado por 12 professores em 18 cadeiras distribuídas também por 5 anos. A Escola tem uma biblioteca médica, um gabinete anatómico e cirúrgico, casa de dissecção e laboratório químico-farmacêutico. O curso farmacêutico é dividido em 3 anos. E estão anexos à Escola mais dois cursos, o de enfermeiros e o de parteiras.

Ao Hospital Central estão anexos dois estabelecimentos, entre si independentes, o Instituto Bacteriológico e o Instituto de análises químicas e toxicoló-

CAPITULO XXVIII

O Padroado Português no Oriente

Antes da instituição do padroado do Oriente, Goa e todas as conquistas dos portugueses na Asia e na Africa estavam sujeitas, na parte espiritual, ao Vigário de Tomar, Prior-mor da Ordem de Cristo, e várias Bulas haviam concedido aos reis de Portugal o direito de levantar edifícios reliogiosos e enviar missionários para a evangelização destas conquistas.

Em 1514 foi criada a Sé do Funchal, tendo o seu bispo jurisdição em todo o Ultramar, e o papa Leão X concedeu o padroado desta Sé aos reis de Portugal e, dois anos depois (1516), concedeu-lhes também o direito de apresentar pessoas idóneas para todas as igrejas que fossem fundadas ou dotadas nas terras descobertas ou conquistadas, reservando à autoridade eclesiastica a confirmação. Aqui se vê já instituído o padroado do oriente.

Em 1534 o papa Paulo 3.º erigiu o bispado de Goa, compreendendo todos os estabelecimentos portugueses desde o Cabo de Bôa Esperança até a China; e, renovando o direito do padroado, impôs ao padroeiro a condição de sustentar e conservar todas as igrejas, capelas, conventos e outros lugares de devoção, e fundar e dotar novas igrejas conforme as exigências dos tempos.

A instâncias del-rei D. Sebastião, foi Goa elevada em 1558 à categoria de arcebispado metropolitano com dois bispados sufragâneos: o de Cochim e o de Malaca.

Em 1575 o papa Gregório 13.º, atendendo ao pedido del-rei, por Bula *Super specula militantis Ecclesiæ*, criou o bispado de Macau sufragâneo à metropole de Goa, concedendo também o padroado desta diocese aos reis de Portugal, com a condição de proverem de fundos necessários os bispos e missionários, e declarando que ninguem, nem mesmo a Sé Apostólica poderia anular o direito do padroado, tal qual era concedido aos reis de Portugal, sem o consentimento formal do soberano reinante.

Esta mesma cláusula de irrevogabilidade vem consignada posteriormente todas a vezes que um novo bispado se estabelece no oriente. Pode, por exêmplo, vêr-se a *Constituição* de Clemente XI, *Copiosus*, de 1719. Assim se erigiram as dioceses de Cranganor (da antiga Angamale), Japão, Meliapor, e a prelazia de Moçambique, todas sufragâneas ao arcebispado de Goa.

Deve-se notar, porém, que, quando a Igreja concede semelhantes direitos, exige sempre que os padroeiros sejam católicos e se hajam càtòlicamente.

Os reis de Portugal, no exercício da prerogativa obtida, conferiam os benefícios eclesiásticos em tão vasto território, cumprindo fielmente os seus compromissos com o aplauso dos Pontífices; e os numerosos missionários portugueses, (jesuitas e outros religiosos que saíam dos 39 conventos da India e alguns clérigos seculares indígenas) propagando o cristianiasmo, com o risco da vida e sacrifícios incríveis, prestaram, ao lado dos guerreiros, relevantes serviços à civilização cristã, que também foram elogiados pelos Pontifices em Letras Apostólicas.

O padroado do oriente, portanto, representava um monumento mixto levantado à gloria dos conquistadores e aos triunfos da religião, e era, ao mesmo tempo, um elemento de influência e ainda de riquezas temporais. A sua conservação viria a ser um grande interesse nacional (1).

" Mas, assim que, pela perda do domínio temporal em várias partes do império lusitano, se viu também dificultada a entrada dos missionários do Padroado em os territórios ocupados pelos inimigos, e, dêste modo, prejudicadas as cristandades, a Sagrada Congregação da *Propaganda Fide* começou a enviar Vigários Apostólicos ao oriente, aberto ao catolicismo pelos nossos evangelizadores. Deu-se êste passo

(1) *Um Brado pelas Colónias* por D. Isidoro de Noronha, pg. 58 e *Memória sobre a Alocução do Sant. Padre Pio 9.º* no consist. secr. de 17 de Fev. de 1851.

sem a audição do Padroeiro, audição que não se esperava fôsse dispensada atentas as boas relações entre a Santa Sé e a Côrte de Madrid.

Após a restauração, em 1640, veio a rotura das relações diplomáticas entre as Côrtes de Roma e de Lisboa.—Sob a pressão do govêrno hespanhol a S. Sé não quis reconhecer a independência de Portugal e os seus reis, D. João 4.° e sucessores; e, desta maneira, deixou de confirmar os prelados apresentados por êstes para as dioceses do Padroado. Durou muitos anos esta situação, cujo resultado—mas não pela culpa do Padroeiro—foi o de ficarem vagas todas as dioceses, que constituiam a Provincia Eclesiástica de Goa, e desprovidas do número necessário de missionários portugueses as cristandades. A Propaganda enviou-lhes, pois, directamente missionários estrangeiros, que tomaram posse de muitas igrejas do Padroado. Datam daqui as lutas escandalosas e desedificantes entre a Propaganda e o Padroado. Nos diplomas pontifícios, que erigiram Vicariatos Apostólicos em os territórios que constituiam parte integrante das nossas dioceses—como Tonkim, Cochinchina e Nankim—; no Breve *Christi fidelium*, que anexou ao Vicariato Apostólico de Bijapur, na India, os reinos do Pegú e Golconda; e noutros que, ainda depois de reatadas as relações emanaram da S. Sé, a Corôa de Portugal viu cerceado e, até, derrogado o privilégio do Padroado, e, porisso, continuou sempre a pugnar com energia e firmeza pela manutenção integral da sua prerogativa. A Coroa portuguesa, reinando D. Pedro 2.°, conseguiu a criação de dois novos bispados—Pekim e Nankim—cujo padroado lhe foi dado e aos sucessores.

E', porém, forçoso confessar que a manutenção do Padroado já se ia tornando pesada à Coroa. Era o número, cada vez decrescente, dos missionários; o arrefecimento do zêlo e fervor dos religiosos; era a falta da influência política de Portugal em alguns reinos do oriente. Cristandades havia privadas de padres do Padroado; outras, como em Bengala, onde a acção missionária era quasi nula. O Arcebispo S. Galdino exorta os cristãos de Siam a obedecer ao Vigário Apostólico, sem cuidarem em chamar os padres do Padroado. Devemos ter em vista o estado das missões para apreciar, com imparcialidade e sem paixão, o procedimento da Propaganda.

A extinção das Ordens Religiosas, cuja relaxação, devida em parte ao poder secular, exigia apenas uma reforma;—a confiscação dos bens conventuais; a oposição, sob ameaças feitas pelo Govêrno português, para a S. Sé não confirmar os bispos apresentados por D. Miguel;—em uma palavra, a perseguição religiosa decretada pelo Duque de Bragança, ocasionou um novo rompimento de relações entre as Côrtes de Roma e Lisboa. Foram graves as conseqüências para o Padroado...Os Oratorianos de Ceilão puseram-se sob a protecção da Propaganda ; a Propaganda erigiu os Vicariatos Apostólicos de Calcutá, Madrasta, Maduré e Ceilão; e, por último, veio o célebre Breve *Multa praeclare*, de Gregorio XVI, extinguindo as dioceses de Cochim, Malaca e Meliapur e circunscrevendo o Padroado ùnicamente ao território português. Êsse Breve, datado de 24 de Abril de 1838, foi o epitáfio do Padroado.

Renasceram, atingindo a máxima acuidade, as lutas e os ódios. Abusaram ambas as partes. Os propagandistas escreveram diatribes contra a nação e os soberanos de Portugal. Repontaram os padroadistas, escrevendo, também despejadamente, contra a Propaganda e a cúria romana, sendo para lamentar que, entre êstes tivesse havido um mitrado e outros apresentados para a mitra.

Na recusa da S. Sé em confirmar os bispos apresentados pelo Padroado, tem-se querido ver o seu propósito de deixar vagas as dioceses portuguesas do oriente e diminuido o número de sacerdotes, para desta maneira, coonestar a extinção do Padroado, decretada pelo Breve *Multa praeclare*; mas, antes de formular uma acusação tão grave contra a côrte pontifícia, ninguém tem querido estudar os arquivos da nunciatura e do ministério, para se avaliarem as razões que determinaram a S. Sé para não confirmar os Bispos propostos " ([1]).

Contra êste Breve, que não versava sôbre matéria dogmática nem moral, mas sòmente sôbre as regalias da coroa, e foi reputado em Portugal como ob—e subrepticiamente obtido pela Propaganda, sem anuência nem audiência do Padroeiro, protestou o govêrno português e o arcebispo eleito de Goa, e primaz do oriente D. António Feliciano de Sta Rita Carvalho, o qual ordenou também, na sua pastoral de 8 de Outubro de 1838, a todos os seus súbditos que não recebessem nem executassem êsse Breve, sem que viesse munido do beneplácito régio, que era a lei do país.

Desde então houve duas jurisdições em todo o padroado compreendido na India inglesa e contínuas lutas e conflitos entre os propagandistas e os missionários portugueses, com grave perturbação da paz e consciência das respectivas cristandades ([2]).

([1]) A parte dêste capítulo que vai entre aspas « » é da lavra do Sr. Cónego Francisco Xavier Vás, a quem agradecemos o particular favor da sua colaboração neste assunto intrincado e controvertido.

([2]) *Mitras Lusitanas no Oriente*, do Sr. Padre C. C. de Nazareth, 2.ª ed., pag. 462, ; *As Cólonias Portuguesas* por P. Chagas pag. 140; e *Anais Maril. e Col.*, vol. 5, pag. 363, e segs.—.

Estas lutas continuaram, até que pela concordata de 21 de Fevereiro de 1857, foi acordado o *statu quo* emquanto se não circunscrevessem as dioceses por dois comissários, o pontifício e o português; e que depois de circunscrita cada diocese, sairiam dela os vigários apostólicos, ficando as igrejas sob a jurisdição do padroado, e o arcebispo de Goa governaria as dioceses sufragâneas por vigários gerais, não como metropolita, mas como delegado da Santa Sé, com jurisdição provisória até ao provimento definitivo dessas dioceses.

Os comissários nomeados foram o arcebispo titular de Cartago, Fr. Salvatore Saba d'Orsiori e o conselheiro Joaquim Heliodoro da Cunha Rivara (1862).

Apenas começados os trabalhos da delimitação, faleceu repentinamente em Nilghiris, o arcebispo Saba, que nunca mais foi substituído, vendo-se Portugal na necessidade de assinar nova concordata em 23 de Junho de 1886, que, além de marcar limites mais estreitos ao nosso padroado, nos tirou as melhores missões, e entre estas a de Ceilão, fruto dos trabalhos apostólicos do nosso patrício, o venerável padre José Vás.

Em compensação dos limites cerceados, a concordata deu ao Arcebispo de Goa o título de *Patriarca ad honorem* das Indias Orientais, com o privilégio de presidir aos concílios provinciais destas Indias.

As relíquias do padroado, que nos ficaram, compreendem a província eclesiástica de Goa, organizada actualmente pela forma seguinte: a arquidiocese de Goa, abrangendo toda a India portuguesa, excepto Damão e Diu; na India ingleza o território pertencente ao Canará do norte, e o que foi do antigo varado de Savant-vari, e a igreja da Imaculada Conceição de Punem. São sufragâneas de Goa as dioceses de Cochim ([1]), Macau, Meliapor, e a de Damão, que compreende Diu, e cujo prelado tem o título de arcebispo de Cranganor, sendo também sufragânea ao arcebispado de Goa a prelazia de Moçambique, pela constituição *In eminenti de 1612* ([2]). Estas relíquias ainda merecem ser conservadas não só como uma gloriosa tradição histórica, mas também como um importante valor político.

CAPITULO XXIX

Série cronológica dos prelados da Arquidiocese de Goa

1) **D. Fr. João de Albuquerque**, 1.º bispo de Goa, chegou à India em 1538. Por seu falecimento em 1553 governou a diocese o cabido, segundo a disciplina da igreja universal, desempenhando as funções episcopais D. João Nunes Barreto, da companhia de Jesus,

([1]) Por Bula do papa Gregório 13.º, de 13 de Dezembro de 1572, foi concedido aos bispos de Cochim o direito de governar a diocese de Goa na *Sede vacancia* e por bula de Leão 12.º, de 12 de Dezembro de 1826, se extendeu êsse mesmo direito ao Arcebispo de Cranganor na falta do bispo de Cochim, e ao de Meliapur na falta do de Cranganor.

Por declaração posterior da Secretaria do Estado Pontifício, datada de 9 de Abril de 1919, durante a vacância da Sé de Goa, o bispo de Damão é o governador da arquidiocese em primeiro lugar, seguindo-se-lhe o bispo de Cochim e o de Meliapur.

Na vacância das dioceses sufragâneas governará o respectivo vigário geral.

([2]) Vid. *A Nova Concordata entre a Santa Sé e Portugal* 1886.

patriarca de Etiópia, que desde 1558 fixou a sua residência na ilha de Chorão, onde fundou uma casa da sua ordem, que depois veio a ser noviciado e, posteriormente, seminário diocesano, ora extinto. Faleceu em Goa no colégio de S. Paulo em 1562.

2) **D. Gaspar de Leão Pereira de Ornelas,** 1.º arcebispo de Goa, chegou à India pelos fins do ano 1560. Fêz a 1.ª ordenação episcopal em Goa na igreja de S. Paulo. No seu govêrno foi introduzido aqui o tribunal da Inquisição (1560) e celebrou-se o 1.º concílio provincial (1567), presidido pelo mesmo arcebispo. Depois de administrar a diocese por 7 anos obteve o breve da resignação e recolheu-se ao convento da Madre de Deus, que fundara em Daugim a suas expensas.

3) **D. Fr. Jorge Temudo,** bispo de Cochim, promovido à diocese de Goa, governou-a desde 1567 até 29 de Abril de 1571, em que faleceu no colégio de S. Paulo em Goa. Em 1568, imprimiram-se em Goa as *Constituições* dêste arcebispado.

4) **D. Gaspar de Leão Pereira,** obrigado pelo Papa Gregório 13.º, reassumiu as funções arquiepiscopais em 1574. Presidiu ao 2.º concílio provincial (1575) e faleceu a 15 de Agosto de 1576. Jaz na sé catedral.

5) **D. Fr. Henrique de Távora,** transferido de Cochim para Goa em 1578 na conformidade do breve *Pastoralis officii cura* do papa Gregório 13.º, que determinava que, vagando a igreja primacial de Goa, devia o bispo de Cochim transferir-se para ela e regê-la até ser provida de pastor pela Santa Sé. Governou por três anos.

6) **D. Fr. João Vicente da Fonseca,** arcebispo de Goa, tomou posse da diocese em 1580 e faleceu 6 anos depois, de regresso a Portugal. Celebrou sob sua presidência o 3.º concílio provincial (1585).

7) **D. Fr. Mateus de Medina**, bispo de Cochim, foi nomeado arcebispo de Goa em 1588. Celebrou o 4.º concílio provincial (1592) e no mesmo ano renunciou à mitra. Faleceu em Goa e jaz na capela-mor da sé.

8) **D. Fr. André de S. Maria**, também bispo de Cochim, governou a diocese de Goa desde 1593 até 1595. Resignou o logar e recolheu-se ao convento da Madre de Deus em Goa. Faleceu em 1618 e jaz na sé.

9) **D. Fr. Aleixo de Menezes**, arcebispo de Goa, governou desde 1595 até 1610, em que regressou a Portugal, deixando por governador da arquidiocese o seu coadjutor *D. Fr. Domingos Torrado* ou *Trindade*, bispo de Salé, que o substituiu até 30 de Dezembro de 1612. D. Fr. Aleixo de Menezes fundou o mosteiro de Santa Mónica, 116 igrejas paroquiais em Goa, e os recolhimentos de N. S. da Serra e de S. Maria Magdalena. Convocou o 5.º concílio provincial, onde tomou para si e para seus sucessores o título de Primaz do Oriente e celebrou o sínodo de Diamper, no Malabar, para a união da cristandade de S. Tomé, que vivia na heresia e no scisma.

10) **D. Fr. Cristóvão de Sá e Lisboa**, bispo de Malaca, transferido para Goa em 1616, governou até 31 de Março de 1622, em que faleceu. Foi êste arcebispo que compôs o *Oficium S. Catarinæ V. et M.*, que se resa nesta arquidiocese em 25 de Novembro, e obteve a aprovação do Papa; celebrou de pontifical pela primeira vez na catedral de Goa, que a êste tempo estava já perfeita. A êste arcebispo dedicou o jesuita Tomás Estevam, autor do catecismo em concani, o seu *Puranna* ou auto, em verso, dos mistérios da encarnação, paixão e morte de Jesus Cristo, que se lia e cantava em muitas igrejas da India. Jaz na sé catedral.

11) **D. Fr. Sebastião de S. Pedro**, governou como bispo

de Meliapor de 1623 a 1625, em que foi nomeado arcebispo de Goa. Era tão destemido, que, em bispo de Meliapor, defendeu esta cidade por 3 meses contra os holandeses, que a haviam sitiado e lhes tomou a fortaleza de Paleacate. Por sua morte foi governada a diocese pelo cabido (7 de Novembro de 1629) e depois pelo vigário capitular, o deão da sé *Gonçalo Veloso*, a quem seguiu o vigário capitular *D. Fr. João da Rocha*, bispo de Hierápolis, depois substituído por *Fr. Jerónimo da Paixão*, da congregação da India.

12) **D. Fr. Miguel Rangel,** transferido de Cochim, em conseqüência da morte do arcebispo *D. Fr. Manoel Teles de Brito*, ocorrida na sua viagem para a India, governou esta diocese por tempo de um ano e 7 meses a contar de 16 de Março de 1634, em que tomou posse.

13) **D. Fr. Francisco dos Mártires,** arcebispo de Goa, tomou posse a 21 de Outubro de 1636. Tendo falecido a 25 de Novembro de 1652, a sé de Goa esteve vaga por 22 anos, por não querer a S. Sé confirmar os prelados apresentados por D. João 4.° e seus sucessores, aos quais não reconhecia como reis de Portugal, em atenção à côrte de Madrid. Durante êste período houve escandalosas desordens no cabido, procurando cada um dos cónegos a primazia no govêrno da arquidiocese, excomungando uns aos outros; ora governava o cabido, ora um vigário capitular, que logo era destituído. Em 1652 chegou a Goa, vindo de Roma, D. Mateus de Castro, natural da ilha de Divar, bispo de Crisópolis, vigário apostólico do império do Preste João, dos reinos de Idalcão, Pegu e Golconda. Edificou as igrejas de Bicholim, Bandá e Vingurlá. Em 1671 regressou à India D. Custódio de Pinho, natural de Vernã, (Salsete), bispo de Hierápolis; residiu em Bicholim, onde erigiu uma ermida, de que

já não ha vestígios e outra em Cundaim, hoje em ruínas; conferiu ordens, *sede vacante*, a muitos candidatos.

D. Fr. Cristovão da Silveira, nomeado arcebispo de Goa em 1672 tomou posse por seu procurador *Fr. António de Carvalho* e faleceu na viagem para a India.

14) **D. Fr. António Brandão,** arcebispo de Goa, chegou a 24 de Setembro de 1675 e faleceu a 6 de Julho de 1678. Reformou uma casa de recreio, que os arcebispos possuiam em Panelim, legada à mitra por um hindu, convertido à fé católica. Com o tempo veio a ser esta casa um grande palácio, onde residiram os arcebispos até 1831.

Para coadjutor dêste arcebispo foi nomeado *D. Fr. Jacinto de Saldanha*, que parece não veio à India. Durante a vagança da Sé provàvelmente governou o cabido até 1681.

15) **D. Manoel de Souza e Menezes,** arcebispo de Goa, governou desde 20 de Setembro de 1681 até 31 de Janeiro de 1684.

16) **D. Alberto da Silva,** arcebispo de Goa, tomou posse a 24 de Setembro de 1687 e governou até 18 de Abril de 1688.

17) **D. Fr. Pedro da Silva,** bispo de Cochim, achando vaga a Sé de Goa, tomou posse desta diocese e governou até 15 de Março de 1691, em que faleceu.

18) **D. Fr. Agostinho de Anunciação,** arcebispo de Goa chegou em 1691 e faleceu em 6 de Julho de 1713.

19) **D. Sebastião de Andrade Pessanha,** arcebispo de Goa, governou desde 24 de Setembro de 1716 até 25 de Janeiro de 1721, em que resignou o logar, deixando por governador do arcebispado o seu vigário geral *Henrique Bravo Morais*.

20) **D. Inácio de S. Teresa,** arcebispo de Goa, governou desde 1721 a 1739, em que foi transferido para o bispado do Algarve em Portugal. Escreveu

algumas obras. Foi substituído por *D. Fr. Eugénio Trigueiros*, bispo de Macau, que faleceu na viagem para Goa.

21) **D. Clemente José**, bispo de Cochim, tomou posse da diocese de Goa depois da morte do bispo anterior, e governou-a até 1642.

22) **D. Francisco de Vasconcelos**, bispo de Cochim, governou desde 20 de Dezembro de 1742 até a sua morte em Março de 1743.

23) **D. Fr. Lourenço de Santa Maria e Melo**, arcebispo de Goa, governou de 1744 a 1750.

24) **D. António Taveira da Neiva Brum da Silveira**, arcebispo de Goa, chegou a 23 de Setembro de 1750 e governou a diocese até 4 de Março de 1775. Faleceu na viagem para o reino. Ordenou as novas *Constituições Goanas*, conforme a autorização do 5.º concílio provincial, as quais, depois de correctas e aumentadas por seu sucessor D. Fr. Manoel de S. Catarina em 1788, foram impressas em Lisboa em 1810.

25) **D. Francisco de Assunção e Brito**, arcebispo de Goa, tomou posse em Março de 1775 e governou até 5 de Fevereiro de 1780. Era protegido do marquês de Pombal, que lhe deu as *Instruções*, já atrás mencionadas.

26) **D. Fr. Manoel de S. Catarina**, bispo nomeado de Cochim, governou a diocese de Goa, desde Fevereiro de 1780 até o seu falecimento, ocorrido no palácio do deão em Quepém a 10 de Fevereiro de 1812, a princípio como governador apostólico do arcebispado e depois como arcebispo.

27) **D. Fr. Manoel de S. Galdino**, bispo de Macau e depois arcebispo de Goa, governou desde 18 de Fevereiro de 1812 até 15 de Julho de 1831, e faleceu no palácio de Panelim.

Depois da sua morte, foi governada a diocese pelos

seguintes vigários capitulares:

a) **José Paulo da Costa Pereira de Almeida**, natural de Braga, deão da sé primacial, governou até 11 de Janeiro de 1835. Foi êste deão que deu princípio ao estabelecimento da povoação de Quepém e fundou ali a igreja de Santa Cruz com uma casa apalaçada. Conseguiu que o bispo titular de Diocleia, fr. Maurélio Sabelini, coadjutor do vigário apostólico de Bombaim, conferisse, em 1834, ordens sacras a muitos clérigos do arcebispado de Goa. Estas ordenações foram feitas em Sunquerim por o nosso govêrno civil as não permitir no território português.

b) **Paulo Antonio Dias da Conceição**, natural de Cavelossim, de Salsete, tesoureiro-mor, depois deão da sé, governou desde 18 de Janeiro de 1835 até 19 de Novembro de 1837.

c) **D. Antonio Feliciano de S. Rita Carvalho**, arcebispo eleito desta diocese, governou-a como vigário capitular desde 29 de Novembro de 1837 até 1 de Fevereiro de 1839, em que faleceu.

d) **António João de Ataíde**, natural de Serulá de Bardês, chantre da sé primacial, governou até 7 de Março de 1844.

28) **D. José Maria da Silva Tôrres**, arcebispo de Goa, governou desde 7 de Março de 1844 até 26 de Março de 1849, em que regressou a Portugal em conseqüência das desinteligências havidas com a Santa Sé sôbre as questões relativas ao padroado, de que êle fôra zeloso propugnador. Encarregou o govêrno da diocese, com o título de governador do arcebispado, a *D. Fr. Joaquim de S. Rita Botelho*, natural de Pangim, que, estando em Lisboa, havia sido eleito bispo de Cochim, por decreto de 28 de Fevereiro de 1840, e o qual, depois da resignação do arcebispo Tôrres, governou como vigário capitular.

Em 1853 esteve em Goa o bispo de Macau, *D. Je-*

rónimo J. Mata, que exerceu as funções episcopais de crismar e conferir ordens.

Essa sua vinda a Goa, as festas com que foi recebido pelas cristandades da India, as ordenações que fêz com o consentimento e a pedido do prelado de Goa, suscitaram queixas de alguns vigários apostólicos e da congregação da propaganda perante a côrte de Roma, a ponto de o papa Pio IX fulminar o bispo de Macau com o breve epistolar *Probe nostis*, de 3 de Maio de 1853.

Nêste breve foi taxado de anticanónico e criminoso o procedimento do bispo Mata, em exercer funções episcopais nos territórios dos vicariatos apostólicos; reputados fomentadores de scisma os eclesiásticos do arcebispado de Goa e das dioceses sufragâneas que defendiam a integridade do padroado português no oriente, e denunciados quatro dêstes eclesiásticos, os padres António Mariano Soares, natural de Mapuçá, vigário geral do arcebispado de Goa em Bombaim, Gabriel da Silva, João Brás Fernandes e José de Melo (naturais de Bombaim) e ameaçados com excomunhão como principais autores, motores e impulsores para o bispo de Macau exercer em Bombaim as funções episcopais, se, em 2 meses, não mudassem de comportamento, e se não submetessem às disposições do breve *Multa præclare*, de 24 de Abril de 1838, no que diz respeito à jurisdição dos vigários apostólicos creados por aquele breve.

Por confissão do visconde de Bussières, autor da *História do scisma português*, cap. 12, vê-se que estas medidas foram sugeridas ao sumo pontífice pelo vigário apostólico de Bombaim A. Hartmann, a quem se dá comumente a paternidade daquela publicação.

Contra o breve *Probe nostis* reclamou o govêrno português, dirigindo ao interuúncio extraordinário e delegado apostólico em Lisboa, uma nota a 28 de

Junho de 1853. Na câmara dos deputados houve, também, interpelação e debates, falando sôbre êste facto atentatório das regalias da corôa o deputado indiano, cónego Estêvão Jeremias Mascarenhas, natural de Ucassaim.

Respondeu o ministro dos eclesiásticos Rodrigo da Fonseca Magalhães dizendo, que o govêrno não havia de abandonar os prelados portugueses, que na India tinham dado um nobre exemplo de patriotismo; que o bispo de Macau fizera o que o govêrno lhe insinuara, dando ordens aos clérigos que delas careciam, para maior esplendor e respeito da Santa Sé, acudindo assim às necessidades da igreja; e que os eclesiásticos, que têm permanecido fieis ao real padroado, se hão por isso tornado *beneméritos*.

Foi, também, impugnado aquele breve pontifício por outros deputados com largas considerações, defendendo os direitos do padroado, e sustentando que o govêrno devia defender o bispo de Macau e mais dignos eclesiásticos, do abuso da espada da igreja, quando tão extranhamente se desembainhava.

Em seguida o deputado António Rodrigues Sampaio apresentou a seguinte proposta assinada por mais 26 deputados:

" A câmara entende que o reverendo bispo de Macau, e os reverendos António Mariano Soares, vigário geral do arcebispado de Goa, no país de Bombaim e os presbíteros Gabriel da Silva, Brás Fernandes e José de Melo, defendendo o padroado português, bem mereceram da pátria.—Sampaio, J. M. de Andrade, Pinto de Almeida, Justino de Freitas, Paiva Barreto, J. Pimentel, Archer, Pestana, José Guedes, Santos Monteiro, Souza Pinto Basto, Pinto Basto (José), Bivar, Ferreira de Castro, Cesar de Vasconcelos, Nogueira Soares, Macedo Pinto, Souza Cabral, F. da Gama, C. M. Gomes, Calheiro, Soares de Azevedo.

Palmeirim, Plácido de Abreu, Roussado Gorjão, Adrião Acácio, Pegado."—

Esta proposta foi unànimemente aprovada.

Verdade seja que contra esta deliberação da câmara houve alguns protestos, mas tiveram êles por objecto, não o contrariar a votação da câmara a favor do bispo de Macau e eclesiásticos do arcebispado de Goa, mas censurar as frases acrimoniosas com que alguns deputados qualificaram o mencionado breve pontifício.

Por sua parte, também, o govêrno dêste Estado, protestou contra os fundamentos do referido breve, por sua circular de 18 de Julho de 1853, julgando-o, se não apócrifo, conseguido subrepticiamente do santo padre, e declarando-o atentatório dos direitos da coroa; bem assim reclamou o vigário capitular na sua pastoral de 21 de Julho de 1853.

Pelo falecimento de D. fr. Joaquim de S. Rita Botelho elegeu o cabido para vigário capitular, a 13 de Fevereiro de 1859, o cónego da sé de Lisboa *D. António da Trindade Vasconcelos Pereira de Melo* (depois apresentado arcebispo de Goa e não confirmado pela Santa Sé por faltarem umas formalidades na apresentação) o qual, emquanto não chegasse a Goa, nomeou governador desta diocese, o cónego *Caetano João Peres*, natural de Margão e presidente do cabido. Tendo falecido êste a 24 de Janeiro de 1860, logo depois da solene exposição do corpo de S. Francisco Xavier, sucedeu-lhe o cónego *António José Pereira*, natural de Utordá, que governou até 3 de Janeiro de 1861, em que cessou a jurisdição do vigário capitular D. António da Trindade por ter sido transferido para a Sé de Braga.

A 12 de Janeiro dêste ano foi eleito vigário capitular o cónego da Sé de Evora *António Ribeiro de Azevedo Bastos* e, como não se soube se êste aceitara o cargo, continuou o cabido a governar até 29 de Julho de 1862, em que chegou a provisão arquiepiscopal de D. João Crisóstomo de Amorim Pessoa, nomeando governador do arcebispado o cónego *Joaquim António do Rosário*, natural da ilha de Divar.

29) **D. João Crisóstomo de Amorim Pessoa**, arcebispo de Goa, transferido do bispado do Cabo Verde por decreto de 22 de Outubro de 1860. Nas bulas da sua confirmação foi restringida a jurisdição dêste arcebispo ao território de Goa, conferindo-se-lhe na conformidade do artigo 2 das notas reversais à concordata de 23 de Fevereiro de 1857, pelo breve *Ad reparanda damna*, jurisdição extraordinária sôbre as igrejas e missões sitas nos antigos bispados sufragâneos da mitra de Goa.

Antes de entrar no exercício do seu cargo, a cúria romana exigiu que fizesse efectivas as censuras fulminadas no breve *Probe nostis* contra os 4 missionários de Bombaim, o que o arcebispo executou chegando àquela cidade. Estas censuras foram poucos dias depois levantadas. Sôbre este facto dá o mesmo prelado interessantes pormenores e explicações nas suas obras ùltimamente publicadas.

Éste arcebispo chegou a Goa a 31 de Dezembro de 1862 e, regressando a Portugal a 5 de Fevereiro de 1869, resignou ali o seu logar em 1874.

Foi eleito vigário capitular o padre *António Correia dos Reis Coelho*, natural da Pedreira, Braga, que tinha sido presidente da junta governativa da diocese de Goa durante a ausência do arcebispo. Governou até 28 de Julho de 1875, em que chegou a provisão expedida pelo arcebispo D. A'ires de Ornelas, nomeando uma junta governativa.

30) **D. Aires de Ornelas e Vasconcelos**, arcebispo de Goa, chegou a 27 de Dezembro de 1875 e regressou doente a Lisboa a 6 de Abril de 1879.

D. Tomás Gomes de Almeida, bispo de Teja. (depois bispo da diocese da Guarda), veio a Goa como coadjutor do arcebispo Ornelas a 14 de Novembro de 1880, e, após o falecimento dêste, que ocorreu em 28 de Novembro dêste ano, governou, como vigário capitular, até 15 de Dezembro de 1881, em que partiu para Europa, encarregando o govêrno da arquidiocese ao vigário geral *Pe. António Caetano do Rosário e Melo*, natural de Moirá.

31) **D. António Sebastião Valente**, arcebispo de Goa, chegou a 5 de Maio de 1882. Foi o 1.º Patriarca das Indias Orientais, em virtude da Constituição apostólica *Humanæ Salutis Auctor*. Presidiu o 6.º concílio provincial, ao qual assistiram todos os prelados da Província Eclesiástica de Goa. Faleceu no extinto convento do Pilar a 25 de Janeiro de 1908 e foi sepultado na Sé Patriarcal no dia 29 do mesmo mês.

Durante a *Sede vacante*, e emquanto o bispo de Cochim esteve ausente na Europa, governou a arquidiocese, desde 1 de Fevereiro de 1908 a 30 de Junho de 1909, o bispo de Meliapor, *D. Teotónio Manoel Ribeiro Vieira de Castro*, por delegação do bispo ausente e com a aprovação do papa.

32) **D. Mateus de Oliveira Xavier**, transferido da diocese de Cochim, havendo sido apresentado para a Sé de Goa pelo rei de Portugal D. Manoel 2.º, e confirmado pelo papa Pio X, tomou posse na Sé Patriarcal a 1 de Julho de 1909. E' o 2.º Patriarca das Indias Orientais.

CAPITULO XXXV

Estado da India; sua divisão administrativa, judicial e eclesiástica.

O Estado da India é constituído por três distritos administrativos: Goa, Damão e Diu.

O chefe superior do Estado é o governador geral com atribuições civis e militares. Os distritos de Damão e Diu teem governadores subalternos, sujeitos à autoridade do governador geral.

Há no Estado da India um tribunal de 2.ª instância, a Relação de Nova Goa, e seis comarcas: Ilhas, Bardês, Salsete, Bicholim, Quepém e Damão; a Procuradoria da República; e quatro julgados municipais.

Goa, como metrópole da província eclesiástica, tem um arcebispo metropolita, com o título de Primás do Oriente e Patriarca *ad honorem* das Indias Orientais, sendo sufragâneos o bispo de Damão e Arcebispo titular de Cranganor, os bispos de Cochim, Meliapor, Macau e o prelado de Moçambique.

O distrito de Goa divide-se em *Velhas* e *Novas Conquistas*, contando 486,752 habitantes.

As primeiras, que tem a área de 712 quilómetros quadrados, formam três concelhos: Ilhas, Salsete e Bardês, com os respectivos administradores do concelho, das comunidades e das confrarias.

Modernamente foi constituído o concelho de Mormugão, que fazia parte do de Salsete, e subordinou-se directamente ao Governador Geral o concelho de Praganã Nagar-Aveli (1).

(1) A *Praganã Nagar-Aveli*, é constituída por 72 aldeias, terras de ricas florestas, situadas no interior, para E. da costa do

ILHAS

O concelho das Ilhas é um arquipélago, que compreende as ilhas seguintes: Tissuari ou a ilha de Goa, Chorão, Divar, Capão ou Vanxim, Acaró ou Motta, Jua, Combarjua, S. Venâncio, Dongrim, e Toltó.

A sua população está dividida em 27 paróquias ou freguesias, encontrando-se 21 destas na ilha de Goa: Sé patriarcal, Agaçaim, Azossim, Bambolim, Batim, Carambolim, Corlim, Curca, Gandaulim ou S. Brás, de que faz parte a ilha de Combarjua, Goa-Velha, Mandur, Mercês, Neurá, Pangim, Ribandar, Santa Cruz, Santa Inês, S. Pedro, Siridão, Taleigão e Telaulim. Três paróquias na ilha de Divar: Piedade, S. Matias e Naroá. Duas na ilha de Chorão: Graça e S. Bartolomeu, e uma na ilha de Jua ou S. Estêvão. É agrupada em 17 regedorias.

Das suas 34 comunidades agrícolas acham-se hoje 3 ou 4 desertas.

Além da paróquias que desapareceram da área da velha cidade, extinguiram-se nos arredores as paróquias de S. José, de Daugim, S. Tiago, de Banastarim, S. Simão, de Gancim, S. Bárbara, de Morombim o grande, e N. Sra. do Loreto, de Goalim-Moulá.

Na ilha de Goa, que é a maior do grupo das ilhas,

gôlfo arábico e a S. E. do primitivo território de Damão, que passaram ao domínio português em 1783 e 1785, cedidas pelo marata dominante da côrte de Punêm, Maduran Pandito Pradan, em substituição das que nos prometera junto de Damão, pelo tratado de 6 de Janeiro de 1780, por indenização de prêsas, que nos tinha feito no estado de paz, e deveriam render 12,000 rupias. Destas aldeias tomou posse o Alcaide-mór e Feitor, que então era Manoel António de Faria.

Êste concelho por muitos anos fêz parte do distrito de Damão, de que é separado pelo território inglês.

está situada a capital do Estadc, elevada à cidade por alvará de 22 de Março de 1843, com a designação de Nova Goa, compreendendo os bairros de Pangim, Ribandar e Velha-Goa.

SALSETE

Esta província, situada ao sul da ilha de Goa, divide-se em 31 paróquias : Margão, Areal, Assolná, Benaulim, Betalbatim, Carmoná, Chandor, Chicalim, Chinchinim, Colvá, Cortalim, Cuncolim, Curtorim, Loutolim, Macazana, Majordá, Mormugão, Navelim, Nuvém, Rachol, Raia, Orlim, Parodá, Sancoale, S. Jacinto, S. Tomé, Seraulim, Varcá, Velção, Velim e Verná, formando estas paróquias 30 regedorias, pois Nuvém, desmembrada de Margão, foi elevada a paróquia em 1903 (1).

Tem 54 comunidades agrícolas.

Margão é a capital da província, elevada, por alvará de 12 de Junho de 1799, à categoria de vila, para onde foram transferidos de Rachol os estabelecimentos e repartições públicas.

BARDÊS

A província de Bardês, que se extende ao nordeste da ilha de Goa, compreende 27 paróquias : Mapuçá, Aldoná, Anjuna, Assagão, Assonorá, Calangute, Can-

(1) A ilha de Angediva, que pertencia ao concelho de Salsete, está hoje anexa ao concelho de Canácona, e constitui uma das missões eclesiásticas do varado de Sadashivgod. Tem igreja própria e 49 habitantes. Os religiosos franciscanos, que vieram na armada de Pedro Alvares Cabral, em 1500, converteram ao cristianismo 28 habitantes de Angediva e os batizaram, tendo celebrado a primeira missa nesta ilha, segundo refere a *História Seráfica da Ord. de S. Francisco.*

dolim, Colvale, Guirim, Linhares, Moirá, Nachinolá, Nagoá, Nerul, Oxel, Parrá, Penha da França, Pilerne. Pomburpá, Reis-Magos, Revorá, Saligão, Salvador do Mundo, Siolim, Socorro, Tivim, e Ucassaim, as quais constituem 26 regedorias, tendo-se agregado Linhares a Candolim.

Tem 39 comunidades agrícolas.

A capital da província é Mapuçá, elevada à vila por alvará de 5 de Agosto de 1859, muito antes do qual era essa aldeia considerada vila e a capital de Bardês.

Por 1840 foi construído em Mapuçá, cujas ruas se mandaram desobstruir e alinhar, o quartel do batalhão de caçadores n.° 2, sendo abandonado o quartel de Colvale, do antigo 3.° batalhão da mesma arma, que guarnecia a fronteira; e, depois de montadas as repartições públicas, foi transferida, em 1841, para essa chamada vila a cadeia de Bardês, que se achava colocada em Verém, bairro Tuanto (sem segurança nem capacidade alguma) por ser talvez êste logar próximo da Ouvidoria, que ficava nas Ilhas e, segundo a lei, tinha um só Juiz Ouvidor para servir nas Ilhas e em Bardês. (1)

NOVAS CONQUISTAS

As *Novas Conquistas* com a área de 2,658 quilómetros quadrados, compreendem, as províncias de Pernem, Bicholim ou Batagrama, Satarí ou Sanquelim, Pondá ou Antruz, Canácona, Embarbacém, Astragar, Balli, Chondrovaddi e Cacorá, (tendo as cinco últimas

(1) Êste juiz, segundo o alvará de 25 de Janeiro de 1816, era nomeado trienalmente, *com predicamento de primeiro banco* e accesso imediato à Relação. Salsete tinha um juiz com exercício na Relação, como extravagante. *Annaes marit e col.* vol. 5.° pag. 450.

o nome colectivo de Zambaulim, ou Panchmahal) e as pequenas aldeias de Tiracol e Cabo de Rama, nos extremos norte e sul da costa. Todo êste território forma os concelhos de Perném, Sanquelim, Pondá, Quepém, Canácona, que tem a sua séde em Chauri, o concelho e comando militar de Sanguém e o concelho e comando militar de Satarí, com a séde em Valpoi. Dêstes concelhos os primeiros quatro e o 6.º teem a sua séde na respectiva Cassabé.

Adquiridas em épocas menos remotas, em que o monaquismo ia declinando e o govêrno adoptara o regímen de tolerância religiosa, as *Novas Conquistas* teem contudo alguma população católica, que está dividida em 17 paróquias: Quepém, Agonda, Cabo de Rama, Canácona, Galgibaga. Pondá, Sanguém, Sanvordém, Sirodá, Tilamola, Bicholim, Arambol, Marcela, Morgim, Perném, Sanquelim e Valpoi; e compreendem 96 rgedorias.

Há nas Novas Conquistas duas cascatas: a de *Dudsagor* (mar de leite) na aldeia de Sonaulim, da província de Embarbacém, e a de Arvalém, na província de Bicholim. Aquela despenha-se da altura de 165 metros e esta de 19 metros.

Tem-se tentado explorar a fôrça propulsora da cascata de Dudsagor para fins industriais, mas por ora sem resultado. Bernardo Francisco da Costa foi o primeiro que obteve, em 1890, da municipalidade de Sanguém, a concessão da cascata e dos terrenos adjacentes, mediante a taxa anual de 293 rupias; mas, pouco tempo depois morreu em Diu.

Seguiram-se-lhe na tentativa sucessivamente algumas entidades extrangeiras, que também não foram bem sucedidas

Notas finais

A

(Pag. 168-169)

Entrega da ilha de Bombaim aos ingleses.

A relação pormenorizada de tudo quanto ocorreu na ocasião da entrega da ilha de Bombaim, cedida a Carlos II, rei da Grã-Bretanha, em dote de sua espôsa, a infanta D. Catarina, de Portugal, só por si pode constituir uma volumosa monografia, fornecendo interessante contribuição para a história da India. Ainda não houve quem a escrevesse, nem fácil é a tarefa, tendo-se publicado apenas vários documentos avulsos, sendo maior o número dos que saíram a lume no tomo III da *Colecção de Tratados da India* por Julio Firmino Júdice Biker, Lisboa, 1883, conforme uma cópia—diz êle—da colecção mandada, em 10 de Fevereiro de 1742, ao secretario de Estado, António Guedes Pereira, pelo vice-rei Marquês de Louriçal, com o seguinte ofício:

«Em execução do que achei recommendado ao conde vice-rei, meu antecessor, por carta de v. ex.ª de 25 de abril de 1738, sobre a disputa com os inglezes de Bombaim a respeito dos direitos dos portos da ilha de Salcete, mandei trasladar na secretaria d'este Estado tudo que n'ella se acha a este respeito, de que remetto a copia inclusa, ainda que, com a perda d'aquella ilha, me parece inutil esta diligencia.»

Este ofício, que reproduzimos do livro das *monções*, do arquivo da secretaria do govêrno dêste Estado, n.º 111, fl. 822, onde se acha registado com a rubrica do vice-rei, transcreve o sr. Biker na introdução do citado tomo III, pags. XIV, com duas incorrecções tipográficas ou erros de cópia: dando a ordem superior como de 26 de Abril de 1738 e a data do ofício—10 de Fevereiro de 1743, sendo que o Marquês de Louriçal faleceu em Goa a 13 de Junho de 1742. Não se encontra, de ha muito, na secretaria o traslado, a que se refere o vice-rei, e aos que pretendam dedicar-se a êsse importante estudo será necessário penetrar no labirinto de cansativas buscas. Sem préstimo, nem tempo para o empreender, porque *o engenho se nos acanha na ocupação do necessário*, como de si já dizia João de Barros, interpretando muito fielmente o *virtutibus obstat res angusta domi*, oferecemos, contudo, da nossa parte aos investigadores o fio de Ariadne, na seguinte sinopse cronológica de todos os documentos que existem no arquivo da secretaria do govêrno dêste Estado, acompanhada de informações correlativas.

1

Carta régia de 21 de Maio de 1661, comunicando ao govêrno da India o ajuste do casamento da infanta D. Catarina com Carlos II, rei da Grã-Bretanha, e a cessão da ilha de Bombaim em dote. Este e os documentos seguintes até ao n.º 10 inclusivé, encontram-se no livro das *monções* n.º 28.

2

Dita de 27 de Outubro de 1661, sôbre o mesmo assunto. Tanto esta carta, como a anterior estão por cópia autenticada pelo secretário do Estado Domingos da Silva de Mendonça.

3

Dita de 9 de Abril de 1662, ordenando a António de Melo de Castro, nomeado governador da India, que, logo depois de chegar à India, faça entrega da Ilha de Bombaim à pessôa que por el-rei de Inglaterra fôr comissionada, conforme a estipulação original. Esta carta, que ainda é assinada pela Rainha Regente, D. Luiza de Gusmão, e cujas cópias se encontram em vários logares do mesmo livro, foi encorporada no *têrmo da entrega* (doc. n.º 14 da presente sinopse) e publicada, conforme o registo existente no livro *verde* da Relação de Goa, por Abranches Garcia, no *Archivo da Relação*, Parte II, pag. 531. Cumpre notar, para explicação da divergência dos tratamentos que nesta carta e em outras subseqüentes se dá a António de Melo de Castro, que êste veio nomeado, por alvará de 11 de Abril de 1662, governador e capitão general da India, cargo de que tomou posse a 14 de Dezembro de 1662 na igreja dos Reis-Magos. Usou durante um ano, do título de governador e depois do de vice-rei, que, logo a princípio, lhe não foi conferido, por ter de passar à India a bordo duma nau inglesa, pois não havia então no reino embarcações disponíveis.

4

Carta do governador à côrte, de 28 de Dezembro de 1662, informando-a dos sucessos da viagem e de não ter feito a entrega de Bombaim. Está publicada por Cunha Rivara num aditamento às *Memórias* do desembargador Magalhães Teixeira Pinto, impressas em Nova Goa no ano de 1859, pag 174, e por J. Biker, tanto na *Colecção dos tratados etc.*, tomo IX, I do Suplemento, pag. 229, como na *Colecção de tratados da India*, tomo III, pag. 18. Acompanha esta carta a

5

Relação (diária) da viagem do governador, desde que saiu de Lisbôa (19 de Abril de 1662) e do mais que lhe sucedeu com os ingleses, até que chegou a Goa. Publicada no citado tomo III da *Colecção de tratados da India*, pag. 3-17. Menciona-se neste diário frequentes vezes o nome do *conde de Maleburgo*, comandante duma nau, que é o *lord Marlborough* (vide o livro *A new account of the East Indies* by cap. A. Hamilton, vol. I, pag. 182).

6

Dita de 4 de Janeiro de 1663, declarando à corte as razões porque ainda não cumpriu a C. R. de 9 de Abril de 1662. Publicada no citado tomo III, pag. 28. Acompanhada dos seguintes documentos:

A—Carta do governador, dirigida de Bombaim, a 18 de Outubro de 1662, aos governadores interinos da India (Luis de Mendonça Furtado e Albuquerque e D. Pedro de Lencastre) pedindo-lhes o seu parecer sôbre a entrega de Bombaim. Com os seguintes documentos.

a) Carta, por cópia, em latim, de Carlos II, de 25 de Março de 1662, pedindo a António de Melo de Castro que entregue Bombaim a Abraham Shipman, cavalleiro da insígnia dourada e presidente, por turno, do conselho secreto do mesmo rei, nomeado governador da mesma ilha e pôrto.

b) Traducção da mesma carta, feita pelo padre Manoel Barreto, da companhia de Jesus.

c) Carta em inglês, de lord Marlborough (que se assina com todas as letras maiusculas) de 7 de Outubro de 1662, apresentando aos governadores interinos da India o portador da carta, Abraham Shipman, constituído procurador por Carlos II, para tomar posse de Bombaim e queixando-se do procedimento de António de Melo de Castro.

d) Tradução da mesma carta, pelo dito padre Manoel Barreto.

e) Traslado da patente de Carlos II, nomeando Abraham Shipman, governador e capitão general da ilha de Bombaim, de 14 de Março de 1662, traduzida de inglês pelo padre João Gregório, da companhia de Jesus. Publicado no citado *Archivo da Relação*, pag. 532, e no citado tomo III, da *Collecção de tratados da India*, pag.

23, onde todavia vem incorreto o ano, 1663 em vez de 1662. Encorporado no termo (doc. n.º 14).

B—Resposta dos sobreditos governadores interinos a Antonio de Melo de Castro, de 27 de Outubro de 1662. Dizem que ouviram os conselheiros do Estado, cujos pareceres mandam, não opinando porque não lhes toca votar nesta matéria, e aludem a outros assuntos. Acompanhada dos seguintes documentos.

a) Voto de Martim Velho Barreto, védor da fazenda—26 de outubro.

b) Do conselheiro Lopo Barriga, capitão da cidade de Goa —mesma data.

c) Do conselheiro D. Francisco Castelo Branco—mesma data.

d) Do conselheiro D. Francisco de Souza, inquisidor —mesma data.

e) Do conselheiro Paulo Castelino de Freitas, 1.º inquisidor —mesma data.

f) Do conselheiro D. Gil Eanes de Noronha—27 de Outubro.

g) Do conselheiro Antonio de Souza Coutinho—mesma data.

h) Do conselheiro Francisco de Melo de Castro 24 de Outubro.

7

Carta de Antonio de Melo de Castro, aos governadores interinos, de 16 d'Outubro de 1662, recomendando-lhes que não entreguem Bombaim a Abraham Shipman.

8

Outra carta de Antonio de Melo de Castro, aos ditos governadores, sôbre o mesmo assunto, datada de 17 de Outubro de 1662 com os seguintes documentos:

a) Protesto, em latim, de Abraham Shipman, feito em Bombaim a 7 de Outubro de 1662.

b) Resposta do governador ao protesto—mesma data.

c) Papel com reflexões feitas por Antonio de Melo de Castro aos governadores interinos.

d) Copia da carta que o governador escreveu a Abraham Shipman,—15 de Outubro de 1662.

9

Carta de Antonio de Melo de Castro aos governadores interinos, de 1 de Outubro de 1662, com os seguintes documentos:

a) C. R. de 9 de Abril de 16622 (doc. n.º 8).

b) Cópia dos art.os 11.º, 12.º e 14.º do tratado de paz e aliança entre el-rei D. Affonso VI de Portugal e Carlos II da Grã-Bretanha, e do casamento dêste monarca com a infanta de Portugal, D. Catarina, assinado em Londres a 23 de Junho de 1661, pelo embaixador portuguez Conde da Ponte, depois Marquez de Sande.

c) Artigo secreto do mesmo tratado. Este tratado foi escrito em latim na forma usual da época. Pela primeira vez foi publicado o original por J. Biker na citada *Colecção de tratados* IX, I do suplemento, Lisboa 1872. A versão portugueza está publicada por extrato na historia de Portugal, tom. XVII, pag. 211; e por inteiro nas *Provas da história genealogica da casa real portuguesa*, tom. IV, pag. 827, e na *Collecção de tratados*, de Borges de Castro, tom. I, pag. 234, com a versão inglesa de G. Chalmers. Cunha Rivara, que diz não conhecer o original latim, mostrou no cit. *Adilamento*, pag. 177, a diferença que ha entre o texto portuguès dos art.os 11.º, 12.º e 14.º e secreto, constantes das cópias supramencionadas, com o que dão as mencionadas *Provas da história genealogica*, *Collecção* de Borges de Castro e a versão ingleza de Chalmers. A ratificação portugueza tanto do tratado, como do artigo secreto, foi feita em Lisbôa a 28 d'Agosto de 1661, e está publicada no cit. tom IX (Biker) pag. 209 e 215, conforme as cópias obtidas do *Public Record Office Treaties*, de Londres.

10

Carta de António de Melo de Castro aos governadores interinos, informando-os do ocorrido com relação à entrega—18 de Outubro de 1662.

Seguem-se os pareceres que novamente deram sôbre o assunto os conselheiros do Estado, ouvidos pelo governador por circular de 25 de Janeiro de 1663:

a) De D. Francisco de Castelo Branco—28 de Janeiro de 1663,

b) De Lopo Barriga—27 de Janeiro,

c) De desembargador Luis Mendes de Vasconcelos —1 de Fevereiro,

d) De António de Souza Coutinho—29 de Janeiro,

e) De Francisco de Melo de Castro—idem,

f) De Gil Eannes de Noronha—sem data,

g) De António de Melo de Castro (conselheiro do Estado e parente do governador),—4 de Fevereiro,

h) De Paulo Castelino de Freitas—29 de Janeiro.

11

C. R. de 16 de Agosto de 1663, determinando que se faça a entrega sem dilação, nem impedimento. Encorporada no termo da entrega (doc. n.º 14). Publicada por Cunha Rivara, cit. *Memorias*, pag. 182, e por Abranches Garcia, conforme o registo da Relação, no cit. *Arquivo da Relação*, pag. 531.

Em conseqüência da determinação contida nesta carta, o vicerei ouviu o tribunal da Relação sôbre a dúvida que tinha em entregar Bombaim a Humphrey Cooque, a cujo favor Abraham Shipman, que era falecido nêsse meio tempo, tinha substabelecido a procuração, enviando em 3 de Novembro de 1664 as cópias da mesma carta, da de 9 de Abril de 1662 (doc. n.º 3) da patente de 14 de Março de 1662 (doc. n.º 6 *c*), da procuração de Carlos II a Abraham Shipman de 28 de Novembro de 1663 e do substabelecimento feito por êste em 5 de Abril de 1664 a favor de Humphrey Cook (doc. n.º 13 *f* e *g*). O tribunal requisitou, em 4 de Novembro, a tradução do substabelecimento ou testamento que era escrito em inglês, e quaesquer outros papéis que os ingleses estacionados na ilha de Angediva tivessem em seu poder. Satisfeita a requisição, opinou em 13 de Novembro que se podia fazer a entrega a Humphery Cook (cit. *Archivo da Relação*, pag. 530 a 536). Não se sabe, porém, em que data faleceu Abraham Shipman, que F. N. Xavier diz algures ser 5 de Abril de 1664, sendo esta como se viu a data do substabelecimento. O autor da obra *A new account of the East Indies* diz que, em Janeiro de 1664, lord Marlborough regressou à Inglaterra e os ingleses com suas naus foram meter-se na ilha do Angediva, onde desde Abril a Outubro de 1664 tiveram 200 mortos. Esta carta régia está no livro das *monções* n.º 31.

12

C. R. de 8 de Fevereiro de 1664, repetindo a ordem contida na anterior. Publicada por Cunha Rivara, cit. *Memórias*, pag. 183 e por J. Biker, *Collecção de tratados* etc. tom. IX, pag. 235 e *Collecção de tratados da India*, tom. III, pag. 29. Está no livro das *monções*, n.º 30.

13

Carta de António de Melo de Castro, de 5 de Janeiro de 1665, informando à côrte que vae fazer a entrega, e as providências que tem adoptado. Publicada por C. Lagrange em nota às *Instruções de El-Rei D. José 1.º*, Pangim, 1841 com notas. Parte 3.ª, pag. 76,—por Cunha Rivara, logar citado, pag. 185,—por Tomás Ribeiro, no seu opúsculo *Entre Palmeiras*, pag. 60 e por Biker, cit. tom. IX, pag. 237 e tom. III, pag. 32.

Acompanhada dos seguintes documentos:

a) C. R. de 9 de Abril de 1662, (doc. n.º 3).

b) Dita de 16 de Agosto de 1663, (doc. n.º 11).

c) Parecer do desembargador, vedor da fazenda Luís Mendes de Vasconcelos.

d) Regimento dado pelo vice-rei para se fazer a entrega—14 de Janeiro de 1664. Encorporada no *têrmo da entrega* (doc. n.º 14).

e) Cópia do traslado da patente de 14 de Maio de 1662, (doc. n.º 11). Encorporada no cit. têrmo.

f) Dita da procuração de 23 de Novembro de 1665 (doc. n.º 11). Encorporada no têrmo.

h) Parecer do tribunal da Relação, de 13 de Novembro de 1664 (doc. n.º 11). E' assinada pelos desembargadores Sebastião Alvares Migos, Manoel Martins Madeira (e não Medeiros como publicou o sr. Biker), António da Maia Barreira, Francisco de Figueiredo Cardoso e Luís Monteiro da Costa (que servia tambem de secretário do Estado).

i) Dito do conselheiro Manoel de Saldanha,—30 de Outubro de 1664.

j) Dito do conselheiro D. Alvaro de Ataíde—27 de Novembro.

k) Dito de D. Francisco de Lima—25 de Novembro.

l) Dito de Inácio Sarmento de Carvalho–18 de Novembro

m) Dito de António de Souza Coutinho—15 de Novembro.

n)Dito de D. Francisco de Melo de Castro–14 de Novembro.

o) Certidão passada pelo secretário do Estado dr. Luís Monteiro da Costa, de que o vice-rei resolveu em conselho fazer a entrega, ...de Novembro (o algarismo totalmente apagado).

Todos êstes documentos no livro das *monções* n.º 31 e o doc. *a* tambem no livro n.º 30.

14

Têrmo ou auto da entrega da ilha de Bombaim aos ingleses, que se lavrou nas casas de D. Inês de Miranda, viuva de D. Rodrigo de Monsanto, em Bambaim—18 de Fevereiro de 1665. Estão encorporados neste instrumento :

a) Alvará do vice-rei, ordenando a entrega e nomeando seus procuradores a Luís Mendes de Vasconcelos, vedor da fazenda geral e Sebastião Alvares Migos, chanceler do Estado, para a fazerem—10 de Janeiro de 1665.

b) C. R. de 9 de Abril de 1662, (doc. n.º 3)

c) Dita de 16 de Agosto de 1663, (doc. n.º 11).

d) Regimento dado pelo vice-rei para a entrega (doc. n.º 13 *d*)

e) Procuração de el-rei da Inglaterra, de 28 de Novembro de 1663 (doc. n.º 11).

f) Substabelecimento ou testamento de Abraham Shipman a favor de Humphrey Cook, de 5 de Abril de 1664, (doc. n.º 11).

g) Cartas do vice-rei a Humphrey Cook—26 de Dezembro de 1664—8 e 14 de Janeiro de 1665.

Publicado na íntegra pelo dezembargador Gomes Loureiro nas suas *Memórias* (Lisbôa, 1885) pag. 204, mas conforme o treslado que achou no livro dos visitadores da igreja matriz de N. Sra. de Esperança, de Bombaim, acusando, porisso, algumas incorrecções, como por exemplo a data da entrega, que, sendo 18 de Fevereiro, se escreve por extenso *dezesete de fevereiro*. Enganou-se também neste ponto C. Lagrange (*cit. Instrucções*,) dizendo que a entrega se fez no dia 26 de Fevereiro, que é a data em que o juiz das justificações Vicente Rebelo de Almeida certificou a assinatura do tabelião António Francisco da Fonseca, que lavrou o auto e subscreveu o seu traslado—certidão esta que vem no fim da cópia do mesmo auto.

Publicado também na íntegra e com a versão inglesa pelo sr. J. Biker, *Colecção de tratados da India*, tomo III, pag. 32.

L.º das *monções* n.º 30.

15

C. R. de 15 de Abril de 1665, declara ao vice-rei que S. Magestade, aceitando-lhe a indicação, quer trocar Bombaim a dinheiro; que el-rei de Inglaterra anuiu a essa troca, exigindo grandes quantias, e manda que se lance uma contribuição para satisfazer essa exigência (L.º das *monções* n.º 32). Publicada pelo sr. Teixeira de Aragão na *Descripção geral e historica das moedas*, tom. III, not. 4.ª, a pag. 246 e pelo sr. Biker, cit. tom. III, pag. 67. E' evidente que esta carta foi escrita, sem ainda S. M. ter conhecimento da entrega já realizada dois meses antes.

Referindo-se a esta carta, escreve o sr. Tomás Ribeiro no seu aludido opúsculo *Entre Palmeiras*: "Num documento indubitavelmente daquela época, em que está compendiado todo o processo da entrega de Bombaim, se lê êste período: "A resposta de S. M. "mandava suspender a entrega da ilha de Bombaim, no caso "que não tivesse executado a sua real ordem, porque, mandando "vêr as cartas do dito sr. A. de Melo de Castro no seu conselho "tinha resolvido seguir a sua insinuação. As ditas respostas che- "garam a tempo que já estavam de posse os ingleses e celebrada "a entrega." Acrescenta que encontrou êsse documento no arquivo da secretaria sem desiguar o livro (*Entre Palmeiras*, pag. 58 nota). Foram infrutíferas as nossas diligências em descobrir êsse ou qualquer outro documento no sentido indicado, mas parece-nos que não houve ordem régia *suspendendo a entrega*, pois, a ter havido, o sr. Biker, que diz possuir o traslado completo da colecção mandada pelo vice-rei Marquês de Louriçal, não deixaria de publicar tão importante peça.

16

Carta do vice-rei informando à côrte o que os ingleses tem feito depois que tomaram posse de Bombaim (L.º das *monções*, n.º 30). Refere-se à outra da *monção passada*, em que diz ter dado conta da entrega de Bombaim; não se encontra no arquivo senão a de 5 de Janeiro de 1665 (doc. n.º 12). Publicada no cit. tom. III da *Colecção de tratados da India*, pag. 94.

Além dos documentos acima resumidos, o sr. Biker publicou a carta dirigida pelo chanceler Sebastião Alvares Migos a el-rei, em 28 de Fevereiro de 1665, referindo o modo como foi mandado pelo vice-rei a Bombaim, para fazer entrega aos ingleses, carta cujo original achou no arquivo do conselho ultramarino.

No fim declara que também foi mandada igual carta, com a assinatura dêle chanceler e do vedor Luís Mendes de Vasconcelos, que não pôde assinar aquela por haver passado a Baçaim como mal de gôta que lhe deu nas mãos (cit. tom III, pag. 73).

Não terminaremos esta nota sem transcrever o que o sr. Biker escreve na mencionada introdução a respeito do tratado de 23 de Junho de 1661:

" Êste tratado foi, e tem sido muito censurado pelos portugueses, por conceder aos inglêses as vantagens que facilitaram o seu engrandecimento na India.

" O embaixador D. Luís da Cunha diz no §.º 11 do tom. 1.º das suas memórias manuscritas da Paz de Utrecht, que possuo: " Restituído Carlos a Inglaterra, ajustou também o seu matrimónio, " e o celebrou em Portsmouth aos 31 de Maio (1662) com a " serenissima senhora D. Catarina, infanta de Portugal, e com " ela levou em dote a Praça de Tanger, na costa de Africa, e a " ilha de Bombaim, da India oriental, com outras vantagens, que " facilitaram mais aos ingleses o grande comércio que hoje tem " em toda a Asia; porém a coroa portuguesa não deixou de sentir " os bons efeitos desta aliança, assim nos socorros para guerra, " como na mediação para a paz com Hespanha."

Ablancourt nas suas memórias diz a pag. 54 : " O tratado do " casamento da senhora D. Catarina com Carlos II, foi celebrado " com regosijos públicos pelo exército português, porque entre " outras condições estipulara que S. M. Britânica enviaria imediatamente a Portugal três mil homens de infanteria e mil cavalos, " e mandaria cruzar no verão sôbre as costas de Portugal oito fragatas com ordem de socorrer os portugueses. "

" Pelo tratado de 28 de Junho de 1661 cedemos pois a Inglaterra a cidade e a fortaleza de Tanger em Africa e o porto e ilha de Bombam nas Indias orientais ; e deram-se dois milhões de cruzadas portuguesas em dote da infanta ; e era considerado tão importatante êste negocio, que estava para dar-se Setubal !

" Deve reconhecer-se que a aliança da Inglaterra foi muito util para Portugal na Europa, porque nos livrou da sujeição à Hespanha, e consolidou no trono a dinastia da casa de Bragança. Na India, porém, não aconteceu o mesmo, pois, tendo-se obrigado os ingleses a defender e proteger os portugueses contra a força e invasão dos Estados das Províncias Unidas, etc., etc., faltaram a tudo quanto se estipulou no tratado, e as capitulações que se fizeram na ocasião da entrega da ilha de Bombaim, apossando-se de territórios que lhes não foram cedidos, etc. "

J. A. Ismael Gracias.

B

(Pag. 209)

Casa de Sunda

Era antiqüíssimo o reino de Sunda ou Sundém, constituído por uma extensa parte do antigo Bisnagar, tendo dois terços do seu território, a leste e a oeste da cordilheira dos Gates, no Canará do Sul, confinando com as províncias portuguesas de Goa, Pondá (*Antruz*), Zambaulim (*Panchmahal*) e Canácona (*Advota*), além das aldeias Parodá, Mulém e Talavardá, na província de Salsete e a jurisdição do Cabo de Rama, acrescentadas ao Sundém por concessões especiais dos imperantes mogóis do Hindostão. Viveram sempre os reis de Sundém na melhor harmonia e paz com os vizinhos estados de Goa, de que eram aliados no interesse comum, tendo-se entre ambos celebrado diferentes tratados e capitulações, que mais adiante vão mencionados.

O primeiro rei de Sundém que se acolhea a Goa, foi Savay Imodí Sadassiva, o qual, acossado pelo nababo Aidar-Ali-Khan, veio com sua família e tesouro, em virtude do seguro firmado pelo vice-rei Conde da Ega, aos 23 de Janeiro de 1764, indo habitar a quinta da Sta. Rosália, antiga propriedade dos jesuítas, situada na aldeia Goalim-Moulá. Tendo-se-lhe, a princípio, oferecido o subsídio de 8 mil xerafins por ano, não o aceitou, sendo, por isso, o mesmo subsídio elevado a 12 mil xerafins, que o govêrno de Sua Magestade aprovou em 9 de Abril de 1765, recomendando ao vice-rei que tratasse aquele príncipe com "atenção e agasalho, visto que, a-pesar-de injustiças e violências que lhe fizeram, sempre foi leal ao Estado". Ao rei foi dirigida uma carta régia em 1 de Abril de 1768, em análogos têrmos.

Em 1774, o rei Savay, precedendo licença do governador D. João José de Melo, passou com sua família para Bandorá, concelho de Pondá, sua antiga residência, onde, junto dum pagode, existe uma casa nobre, a que se tem dado o nome de palácio, e donde nem êle, nem seus descendentes, que nomearemos, tornaram em tempo algum, para a quinta de Sta. Rosália, pretextando motivos religiosos.

A Savay Imodi Sadassiva, que faleceu em 10 de Fevereiro de 1775, sucedeu seu filho Savay Bassava Linga Rajendra, que casou com Razamaji, princesa de Corga, cujo pai foi nomeado primeiro *Adikari* do palácio e tutor do novo rei. Em 2 de Abril de 1778 mandou Sua Magestade elevar o subsídio a 20 mil xerafins mensais, como el-rei D. José ou, antes, o marquês de Pombal já tinha determinado nas famosas *Instruções* de 1774, por ser « conveniente conservar o dito rei unido à coroa de Portugal e desviar todas as ocasiões de poder entrar em alguma negociação oculta com Aidar-Ali-Khan ou com o Marata », recomendando ao governador tomar todas as cautelas para que se evite a communicação do referido rei ou do seu brâmine (o sogro) com o nababo Aidar-Ali-Khan e os maratas.

O rei Savay Bassava, ou melhor, seu sogro e tutor, pediu sucessivamente ao governador D. João José de Melo e ao vice-rei D. Frederico Guilherme de Souza, licença para ir visitar seu reino, dizendo-se chamado por Aidar-Ali-Khan, e bem assim a restituição das terras de Pondá, Zambaulim, Canácona e Cabo de Rama, licença que em conselho do Estado lhe foi negada. Este procedimento foi aprovado pela Côrte em 23 de Fevereiro de 1782, recomendando-se ao vice-rei que persuadisse o rei e sua mãe a passarem para a quinta de Sta Rosália. Pouco depois, em 11 de Fevereiro de 1785, o govêrno, a pedido do rei, a quem havia assegurado, por carta régia de 23 de Fevereiro de 1782, toda a hospitalidade e segurança, elevou ainda o subsídio a 23 mil xerafins.

Em 1797 saíu o rei para fora do estado, deixando contudo a família em Bandorá ; cessou-se, pois, o subsídio àquele, e a esta se mandaram abonar 10,000 xerafins. Sua magestade aprovou a deliberação tomada, recomendando que, se o rei voltasse sem praticar alguma perfídia, fôsse abonado de todo o subsídio. Savai Bassava voltou em 1814, tornou a ir em 1817 e, ultimamente, regressou em 1824, falecendo em Bandorá a 15 de Fevereiro de 1834, deixando viuva, a rainha Razamaji e dois filhos, Sadassiva Ragendra e Vira Ragendra.

Sadassiva Ragendra, mais velho, obteve em 14 de Março de 1834 a sucessão na mercê do subsídio, honras e tratamento de seu pai, mas pouco lhe sobreviveu, vindo a falecer em 26 de Agosto do mesmo ano, deixando apenas uma filha legítima, Chinamogi, de sua mulher Deomagi.

Sucedeu-lhe seu irmão Vir Ragendra, a quem se repetiu a mercê em 27 de Outubro de 1834, a qual mandou que o subsídio se reduzisse a 18 :000 xerafins, distribuindo-se assim : 12 :000 ao rei e a sua mãe e 6 :000 à outra rainha viuva, Deomagi, e sua filha.

Vir Ragendra representou contra a redução e divisão do subsídio ; foi, porém, atendido apenas na primeira parte, concedendo-se-lhe em 22 de Agosto de 1836, além dos 12 mil mais 5 mil : completando-se assim os 23 mil xerafins. Não chegou, contudo a lograr êste aumento, pois faleceu a 8 de Setembro do mesmo ano. Era casado com Razamagi, princesa de Belgui, que pela homonímia com a sogra, passou a chamar-se Razamagi júnior. Não tendo sucessão masculina fizeram ambos, marido e mulher, a adopção, na forma dos usos e costumes hindus, de um filho de Contepá Goudda de Indur, chamado Cullaina Goudda, que, depois dessa cerimónia, tomou o nome de Savay Bassava Linga Ragendra.

A morte do rei Vir Ragendra foi o ponto de partida para graves dissensões entre as tres rainhas viuvas Razamagi sénior, Deomagi e Razamagi júnior, seja quanto á administração dos bens familiais e subsídio do Estado, seja quanto á legalidade e legitimidade da adopção, que após laboriosos esforços, foi confirmada por sentença de 3 de Abril de 1846, e acórdam da Relação, de 4 de Setmbro de 1857;—essas questões ocuparam por largos anos o govêrno e os tribunais, dando em resultado a decadência, quási ruina daquela casa, que se tornou opimo pasto de ambiciosos, ávidos de fazer fortuna. Logo depois do falecimento de Vir Ragendra, o govêrno mandara inventariar o espólio que se achou e que importou em 283,032 : 2 : 30 (56.606$100 reis, moeda do reino) mas a maior parte desapareceu.

A rainha Deomagi faleceu a 18 de Fevereiro de 1837, Razamagi sénior em Dezembro de 1848 e Razamagi júnior aos 24 de Fevereiro de 1857.

Savay Bassava Linga Ragendra, adoptado pelo último rei, casou com a princesa Nongém-Magi, filha de Raja Sungutur Smodi Xencor Rael Esvonta Bahadur, do principado de Panganur e da referida princesa Chinamogi, filha do rei Sadassiva Ragendra.

Faleceu em Janeiro de 1860, deixando um filho menor Savay Vir Sadassiva Ragendra Vodder Raja Bahadur, o qual, depois da morte de sua mãe, 27 de Novembro de 1862, foi reconhecido pelo govêrno local em 12 de Junho de 1869, como legítimo representante e sucessor dos direitos e bens da casa de Sundém; é o actual rei, casado com sua prima, filha do rei de Panganur, seu tio materno.

O subsídio anual que lhe foi concedido é de 5,661:11:00. Na calamitosa quadra de 1895, o rei de Sundém foi julgado, em 4 de Dezembro, rebelde, por não ter comparecido no praso marcado aos mercenários do Estado, mandando-se reverter à fazenda os bens que êle possuia e cessar-lhe o pagamento daquela pensão. Desanuviado o horizonte político, foi declarada sem efeito a nota de rebeldia e a reversão dos bens; mais tarde obteve o rei de Sundém os abonos a que tinha direito, e continúa a perceber o subsídio fixado.

Os tratados e capitulações celebrados entre o govêrno da India portuguesa e o rei de Sunda, desde o século XVII, são:

Capítulos com que se deferiu o Hari Panta, embaixador do rei de Sunda, nas propostas que fêz ao vice-rei Conde de Vila-Verde, 16 de Agosto de 1697 (*Boletim do govêrno* de 1873, n.º 102).

Capítulos pelos quais o embaixador do rei de Sunda, Apagi Panta, se obriga pelo dito seu rei a guardar e fazer dar inteiro cumprimento—1703-1707 (*Boletim do govêrno*, 1874 n.º 2).

Capítulos com que se deferiu a Ramaya Navara, Sarsubebar das terras de Pondá, na proposta que fêz ao vice-rei D. Rodrigo da Costa, 1707-1709 (cit. *Boletim*, n.º 5).

Capitulações com o rei de Sunda—1714-e documentos referentes (cit. *Boletim*, n.ºˢ 7, 8, 9, 10 e 11).

Tratado e condições com que o vice-rei Conde de Sandomil aceitou a satisfação que o rei de Sunda, Savai Bassava Linga, lhe mandou dar por seus embaixadores, para se restabelecer a antiga paz entre êste Estado e os seus domínios, alterada por alguns do seus capitães nas províncias de Carvar e Sinvançar—4 de Dezembro de 1735 (*Boletim*, n.ºˢ 28 e 29).

Tratado com o rei de Sunda—24 de Julho de 1742 (cit. *Boletim* n.º 33). Também está impresso no tomo X. parte 1.ª da Colecção dos Tratados, tomo III do suplemento, tirado do arquivo do Conselho ultramarino, segundo a cópia remetida pelo vice-rei Conde de Alva, em 9 de Janeiro de 1756 ; saiu com alguns erros de cópia

Tratado de trégoa entre o vice-rei marquês de Távora e o rei de Sunda, Savai Imodi Sadassiva -25 de Maio de 1754 (cit. *Boletim* n.º 41).

Tratado de paz—2 de Novembro de 1755 (cit. *Boletim* n.º 45).

Tratado de paz modificando o antecedente—20 de Fevereiro de 1756 (cit. *Boletim* n.º 48).

Tratado de paz—24 de Outubro de 1760 (cit. *Boletim* n.º 55).

Tratado de paz—12 de Setembro de 1762 (cit. *Boletim* n.ºˢ 83 e 84).

Tratado de perpétua amisade e aliança entre o governador Francisco da Cunha e Meneses e o rei de Sunda Savai Bassava Linga —17 de Janeiro de 1791 (*Boletim do Govêrno* de 1875, n.ºˢ 45 e 46, e os documentos referentes a êste tratado e a conquista de Piro seguem no cit. *Boletim*, n.ºˢ 48 a 79).

Com respeito à aquisição da praça do Cabo de Rama e da província de Canácona, é interessante a relação apresentada em 16 de Novembro de 1780 pelo sargento-mór de infanteria, encarregado do govêrno da mesma praça, João Marinho de Moura, (*Boletim do Govêrno* n.º 92).

As fórmulas seguidas primitivamente nas cartas dirigidas ao rei de Sunda são estas :

" Ao presado e generoso amigo Savay Bassava Linga, Rei de Sunda.

Eu F. governador ou vice-rei etc. ".

Depois de se lhe restituir o antigo título, foi e continua a ser esta :

" Magnífico e grandioso Savay Bassava Linga, Raja (ou Rei) de Sunda, cuja amisade seja perpétua "; e o tratamento de *Alteza*, terminando com as seguintes palavras :

" Deus ilumine a Vossa Alteza na sua divina graça".

Por sua parte o rei de Sunda, que na correspondência de sua Magestade, tem sido tratado de *Augusto Primo*, emprega nas cartas aos governadores as seguintes palavras :

" Eu F...............................

Envio cordeais saudações (antigamente *salamos*)

(Fecho) Deus Nosso Senhor ilumine etc. ".

J. A. Ismael Gracias.

C

(Pag. 2[illegible])

Os ingleses em Goa 1801.

....

Sem que precedesse requisição, ou pedido algum do governador da India portuguesa, o governador de Bombaim, Jonathas Duncan, tomou por seu arbítrio a resolução de mandar para Goa, onde chegaram no dia 6 de Setembro, 7 embarcações inglesas, que transportavam a seu bordo 1:000 homens europeus, sendo um batalhão do regimento n.º 84, um destacamento do regimento n.º 77, outro de artilheria e dois batalhões de tropa nativa, tudo comandado pelo coronel William Clark, *baronet*. No dia imediato desembarcou esta gente, que se acampou no Cabo, e no forte de Gaspar Dias, estando também por algum tempo no campo e quinta de Santa Rosália. A' vista de uma surpresa destas,, que serviu de exemplo à da Madeira, de que já acima tratamos, o governador só tratou de aquartelar os recem-chegados com as cautelas que pôde, para evitar os conflitos de má inteligência, que podiam dar-se entre as tropas inglesas e portuguesas, sendo a paga daquelas e os mais socorros, que lhes podiam ser necessários, fornecidos pela tesouraria inglesa, para cujo fim tinham já trazido consigo cinco milhões de patacas, ficando sòmente a cargo do governador português de Goa dar todas as providências que dependessem da sua jurisdição. Para Lisboa dizia o dito governador, que o barão comandante tinha chegado pouco tempo havia da Europa, havendo servido em todas as campanhas do duque de York, com quem se correspondia como seu particular amigo. Acrescentava êle que a tropa era escolhida, e que tinha sido acompanhada por um pequeno parque de três obuses de cinco polegadas e meia, duas peças de calibre 6, doze carros manchegos, trinta mil cartuchos, com o abarracamento competente, e duas mil armas com as suas munições, para êle governador se servir delas, armando a tropa que julgasse conveniente.

Veiga Cabral era já um velho, fraco e pusilánime. Temendo um conflito com os ingleses e conformando-se, ao mesmo tempo, com as ordens que recebêra de Lisboa, para conservar com êles a maior harmonia possível, entendeu que o melhor meio era constituir-se inteiramente seu escravo. Pela sua parte Clark buscava por toda a maneira adulá-lo, e por tal modo conseguiu agradar-lhe, que, nos ofícios dirigidos para a côrte, êle Clark se tornou o alvo dos mais esperdiçados elogios de Veiga Cabral, não só quanto á disciplina e arranjo, que mantinha nas tropas do seu comando, mas também quanto aos seus conhecimentos militares, ao seu nascimento, e á extrema civilidade com que o tratava a êle governador. Mas a política inglesa não se limitou só a isto, porque dispondo-se a fazer um partido seu em Goa, e a promover prosélitos, começou a seduzir com promessas de interesses, considerações, postos, etc., todos aqueles indivíduos que lhe pareceram de influência e podiam concorrer para os seus fins. Além do exposto, os ingleses empregaram também todos os meios de conhecerem o mais exactamente possível, não só a extensão do país, do qual tiraram algumas plantas, mas até mesmo as suas rendas, recursos e estabelecimentos militares, civis e económicos, para cujo fim se lhes proporcionaram todas as facilidades e o mais que muito bem quiseram. As tropas portuguesas de Goa consistiam por então em dois regimentos de infantaria, um comandado pelo coronel Manoel Godinho de Mira, e outro pelo coronel Manuel António Diniz de Aiala. Havia mais um regimento de artilharia, comandado pelo coronel José Alves de Souza. Uma legião de voluntários reais de Bardês, comandada pelo coronel Joaquim Vicente Godinho de Mira; outra de voluntários reais de Pondá, comandada pelo coronel José Inácio de Brito. Havia mais um corpo de cavalaria, composto de quatro companhias, cada uma das quais tinha o seu comandante especial, e um corpo de engenheiros, de que era tenente-coronel Filipe Catalane. Finalmente havia também um corpo de tropa volante de Sipais, de que era primeiro comandante o tenente-coronel Francisco Ricardo da Silva. No dia dos anos da rainha D. Maria I, 17 de Dezembro de 1799, as tropas portuguesas em número de 2.300 homens, fizeram na presença de Clark, e de todos os mais oficiais ingleses, manejo de arma e exercício de fogo no terreno fronteiro ao palácio de Goa por destacamentos dos regimentos de infantaria e legiões com oito peças de artilharia, servidas pelo regimento desta arma. Clark deu-se por satisfeito, fazendo os maiores elogios ao estado de perfeição em que dizia achar as referidas tropas.

Quanto á esquadra francesa, saida do porto de Brest, da qual se supunha destacasse uma divisão para a conquista de Goa, conforme o plano, que se dizia achado entre os papeis de Tipu-Sultão, nunca de tal divisão houve notícia alguma na costa do Malabar, na qual sómente apareceram nos primeiros dias de Novembro de 1799 defronte de Mangalor três navios, que observando a terra, se não avizinharam nunca a ela, nem puderam ser reconhecidos. Depois do dia 2 de Dezembro passaram defronte da barra de Goa para o norte, muito amarados, quatro navios, um dos quais parecia uma grande nau; mas também dêles não tornou a haver notícia. ......

....

Quanto a Goa, o negócio foi ainda mais sério, porque no dia 31 de Dezembro de 1801 ancoraram na barra da Agoada cinco navios de transporte com o regimento europeu n.º 77, um batalhão de granadeiros de tropa nativa, que se achava em Seringapatam, mais dois batalhões dos mesmos nativos, e 100 homens europeus da artilheria do departamento de Bengala. "Não podendo opor-me, dizia Veiga Cabral para o govêrno da metropole, ao desembarque destas tropas sem fazer guerra aos nossos únicos, poderosos e experimentados aliados, não hesitei na minha deliberação, que podia não sòmente destruir a aliança, mas até mesmo arriscar a perda do Estado, quando o govêrno, pela imprudência de desconhecer as circunstâncias e ignorar as consequências, fizesse qualquer resistência". O desembarque desta tropa foi feito em escaleres e lanchas portuguesas, sem o velho governador o saber, sendo êste acto manejado sòmente pelos seus ajudantes de ordens, que sôbre êle tinham decidido império, e que se achavam vendidos aos ingleses, tais eram o seu chamado ajudante general, Joaquim Vicente Godinho, e os mais ajudantes, Joaquim Manoel Correia da Silva e Gama e um fulano Biester, sendo êste da repartição dos ingleses, e aquele da repartição da marinha. Quando o governador soube disto, inflamou-se para a resistência; mas tranquilizado pelas rasões que êstes e outros que tais indivíduos lhe expuseram, cedeu finalmente, anuindo sem mais repugnância alguma ao referido desembarque.

O citado dia 31 de Dezembro foi aquele em que os ingleses mais se esmeraram em adular o governador Veiga Cabral, tratando-o como costumavam fazer a qualquer régulo da Asia, isto é, usurpando-lhe o poder, e prestando-lhe as honras e continências, como se na realidade o tivesse. No referido dia 31 de Dezembro o regimento n.º 84 fazia exercício de fogo, e como Veiga Cabral a êle comparecesse, Clarck o recebeu, mandando-lhe abater as bandeiras, quando o dito regimento lhe apresentou as armas ao toque da marcha, honras estas que os ingleses só fazem ao seu rei. Estas lisonjas acabaram de render Veiga Cabral ao partido inglês, pondo cúmulo ao seu louco desvanecimento o convite que o mesmo Clarck lhe fêz para um refrêsco, que desejava fôsse honrado com a sua presença, como efectivamente aconteceu, sendo êste refrêsco retribuído pelo mesmo Veiga Cabral, no dia 1 de Janeiro de 1802, com um esplêndido jantar de cento e vinte seis talheres, a que assistiram não sòmente Clarck com todos os oficiais do seu regimento, mas igualmente todos os mais, que êste julga a dignos de fazerem companhia ao governador português. Em tudo isto Clarck obrava com sinistras vistas. Foi êle quem apresentou uma carta do governador de Bengala ao governador Veiga Cabral, em que se lhe pedia a entrega do govêrno do país. Pôsto que êste último governador se achasse já disposto para uma tal proposição, todavia mostrou-se sobresaltado, do que resultou modificarem-na por differente maneira. Era chegado o dia de Reis, e o mesmo Clarck, alegando ser o dia de mercês entre os portugueses, pediu a Veiga Cabral que o honrasse com a nomeação de major general do exército português (general de divisão), mandando além disso unir as tropas portuguesas ás inglesas, afim de se distribuirem e alternadamente se empregarem na defesa dos postos e baterias mais importantes, como lhe recomendara o marquês de Wellesley. Veiga Cabral esteve por tudo quanto dele se exigiu, entregando assim as tropas e as fortalezas de Goa ao poder dos ingleses, não se lembrando que na sua qualidade de governador da India, nem coronéis podia nomear, mas só propô-los ao govêrno da metrópole, e portanto muito menos podia dar postos de oficiais generais, particularmente a estrangeiros, conferindo-lhe assim de salto uma tal patente, só para lhe pôr debaixo das suas ordens, não só as tropas de que dispunha, mas até as próprias fortalezas do Estado que governava, como efectivamente praticou. O certo é que por êste modo e sem o recurso de um rompimento formal, conseguiu o marquês de Wellesley fazer-se, como pretendia, inteiramente senhor dos domínios portugueses na India, porque Clarck, elevado a major general, pelo governador português Veiga Cabral, dispunha pela superioridade da sua patente de todas as tropas combinadas, indo diàriamente simular obediência ao dito governador como receber dele o santo, e a senha e todas as mais ordens, que êle mesmo lhe impunha indirectamente. Clarck fêz ler na frente das tropas a nomeação de marechal general, que lhe fôra concedida para ser como tal reconhecido, fazendo-se-lhe as honras militares devidas à sua patente, salvando as mesmas tropas, concluindo-se esta farça com os vivas dados ao soberano de Portugal, misturados com os dados ao rei de Inglaterra, que por êste modo foi aclamado de facto rei dos domínios portugueses na India.

Foi esta portanto a época mais critica por que passaram aqueles nossos domínios. A venda caiu inteiramente dos olhos aos que mais duvidavam da sorte, que lhes estava preparada. Os traidores que cercavam o governador, descaradamente lhe disseram que a sorte da India estava decidida passando dentro em poucos dias os estados de Goa a serem inteiramente britânicos, não havendo meio algum de se evitar esta fatalidade, sendo portanto forçoso ceder ao império das circunstâncias do tempo. De reforço com isso recorreram às mais insidiosas tramas. As gazetas inglesas foram infielmente traduzidas na presença do governador, e ao inteiro sabor de quem as lia. Figuraram-se e apareceram cartas, que anunciavam a inteira aniquilação de Portugal, estendendo a todo o reino aquilo que só tinha acontecido a uma parte da província do Alemtejo. Acrescentava-se que o príncipe regente tinha ido para Londres com a real família a bordo de uma fragata inglesa; que defronte da barra de Goa se achava uma poderosa esquadra francesa, tendo-se com efeito avistado ao longe alguns vasos, que depois se soube serem ingleses, os quais muitas vezes cruzavam na altura de Goa. Ao mesmo governador chegou-se até a propor, que se reduzisse ao carácter de um simples particular, entregando o govêrno político e militar do Estado, dando-lhe a companhia inglesa das Indias anualmente setenta mil rupias, proposição que êle honradamente regeitou. Houve depois nova proposta para que entregasse o govêrno militar e ficasse só com o político, como um simples funcionário britânico. Supôs-se que conveio nisto, bem como na desorganização dos corpos de tropas, devendo todos reunir-se em um só, comandado por oficiais escolhidos pelos ingleses; os nativos deviam ter baixa, e para remate de tudo, seriam expulsos do Estado todos os portugueses suspeitos aos ingleses, entre os quais se contava o chanceler e o secretário de Estado, José Caetano Pacheco Tavares. Já no dia 1 de Janeiro de 1802 tiveram alguns indivíduos o desaforo de se apresentarem no paácio com penachos brancos do uniforme que trazia Clark, e pôr êste distribuídos aos seus apaniguados como sinal da vitória política, alcançada já pelos ingleses. A urdidura dêste plano ainda passou mais àvante, designando-se os despachos que haviam de conferir-se aos que com tanto afinco trabalhavam na sua realização, atraiçoando infâmemente a sua pátria. Foram êstes os que chegaram até a fazer fardas do uniforme inglês do regimento n.º 84, sendo uma para o governador, outra para o seu ajudante general, Joaquim Vicente Godinho, duas para o seus dois ajudantes de ordens (o Biester e Joaquim Manuel Correia da Silva e Gama), destinando-se a quinta para o coronel Manuel Godinho de Mira, irmão do dito ajudante general. Felizmente os destinos da Providência Divina malograram esta projectada e pacificamente realizada ocupação britânica, porque ao cabo de nove dias, isto é, aos 15 de Janeiro de 1802, recebeu-se em Goa pelo paquete de Bassorá a notícia da paz da Inglaterra com a França, anunciada pelos preliminares de Londres, do dia 1 de Outubro de 1801, a que depois se seguiu o tratado geral de Amiens. Pelo 6.º artigo preliminar do sobredito tratado, ordenava-se que todos os domínios portugueses ficassem no mesmo estado em que estavam antes da guerra. Em conseqüência disto o mesmo Clark fêz partir para Bombaim o regimento europeu n.º 77 e retroceder para o sul alguma tropa nativa, expedindo-se a par disto as necessárias ordens para a evacuação do chamado socorro británico em Damão e Diu, donde aliás pouco havia que retirar, pelas enfermidades que naquelas duas praças mataram a maior parte dos ingleses que para lá foram, já em razão de se não quererem sujeitar às curas do país, e já em razão de não quererem também emendar-se das suas extravagâncias e dissolução, sendo reconhecido que o clima, particularmente o de Diu, é bastante danoso aos europeus. ....

(Simão José da Luz Soriano, *História da Guerra Civil*, T. 2.º pag. 443-703).

Obras consultadas

Andrade (Jacinto Freire de)—*Vida de D. João de Castro* —1 vol.

Annaes maritimos e coloniaes—10 vol.

Balsemão (E. de)—*Os Portuguezes no Oriente*, 3 vol.

Barnett (Lionel D.)—*Antiquities of India.*

Barros (J. de)—*Asia*—Décadas—9 vol.

Bernardes Branco (M.)—*Portugal e os Estrangeiros*, 2 vol.

Biker (J. F. Júdice)—*Collecção de Tratados.*

Bordalo (F. M.)—*Ensaios sôbre a Estatistica das Possessões portuguezas no Ultramar*, II. série, liv. V.

Bulhão Pato (R. A.)—*Documentos remettidos da India*, 4 vol. —*Portuguezes na India.*

Câmara Manuel (Jeronimo da)—*Missões dos Jesuitas no Oriente.*

Castro (D. João de)—*Roteiro de Lisboa a Goa* annotado, 1 vol.

Celestino Soares (J. P.)—*Bosquejo das Possessões portuguezas no Oriente*, 2 vols.

Commentarios de Affonso d' Albuquerque. 4 vols.

Conde de Ficalho—*Garcia da Orta e o seu tempo*, 1 vol.

Cottineau de Kloguen (D. L.)—*Bosquejo historico de Goa*, trad. de Miguel Vicente d'Abreu, 1 vol.

Couto (Diogo do)—*Decadas*, 15 vols.

Danvers (F. M.)—*The Portuguese in India*, 2 vols;—e o *Report* cit. a pag. 147.

David Lopes,—*Historia dos Portuguezes no Malabar por Zinadim*, 1 vol. *Chronica dos Reis de Bisnaga*, 1 vol.

D'Orsey (Rev. Alex.)—*Portuguese Discoveries, Dependencies and Missions*, 1 vol.

Fonseca, José Nicolau da, *An Historical and Archeological Sketch of the City of Goa.*

Gaspar Correa—*Lendas da India*, 4 vol.

Historia de Portugal—por António Ennes e outros homens de lettras, 6 vols.

Hubner (B. de)—*Through the British Empire*, 2 vols.

Hunter (Sir W. W.)—*Imperial Gazeteer*, vol. VI.

Indian Antiquary—21 vols.

Kincaid (E. A.)—*History of the Maratha People.*

Lopes Mendes (A.)—*A India Portugueza*, 2 vols.

Marsden (E.)—*History of India*, Part I.

Martins de Carvalho (J.)—*Apontamentos para a Historia Contemporanea*, 1 vol.

Meadows Tailor—*Manual of the History of India.*

Nairne (Rev. A. K.)—*History of the Konkan.*

Oliveira Martins (J. P.)—*Historia de Portugal*, 2 vols.

Pietro della Valle—*Travels in India*, 2 vols.

Pinheiro Chagas (M.)—*Historia de Portugal*, 4 vols.—*Diccionario Popular*,—*Migalhas da Historia portugueza*, —*A Descoberta da India*,—*A Joia do vice-rei*,—*As Colonias portuguezas* e várias outras memórias.

Pyrard (Francisco)—*Viagens*, trad. de Cunha Rivara, 2 vols.

Roteiro da Viagem de Vasco da Gama, ano. 2.ª ed., 1 vol.

Souza (P.e Caetano Francisco de) *Instituições portuguezas no Oriente*,—1.º vol.

Stephens (H. Morse)—*Albuquerque*, 1 vol,—*Portugal*, trad. de Silva Bastos, revista por Oliveira Martins, 1 vol.

Strachey (sir John)—*L'Inde*, trad. e prefácio de J. Hermand, 1 vol.

Tavernier (J. B.)—*Les Voyages em Perse et aux Indes*, 1 vol.

Teixeira de Aragão (A. C.)—*Descripção geral e historica das Moedas*, t. III,—*Vasco da Gama e a Vidigueira*, 1 vol.

The International Numismata Orientalia—3 vols.

Tomaz Ribeiro—*Entre Palmeiras.*

Vincent Smith (A.) *Oxford History of India e Early History of India.*

Além das obras, revistas e jornaes citados no corpo do livro.

Série Cronológica

Dos vice-reis e governadores

INDICE ALFABÉTICO

N. B.—O índice dos vice-reis e governadores encontra-se na respectiva *Ordem cronológica* pag. 401.

A

B

C

D

H

I

J

K

L

M

N

O

P

R

S

V

X

Y

Erratas notáveis

Pag.	*linha*	*onde se lê*	*deve ler-se*
2	15	450,551	486,752
29	26	estabeleceram-se	se estabeleceram
30	19	destruin ? todos	destruiu todos
32	7	império	empório
35	21	tomar a posse	tomar posse
41	15	Adil-Sha	Adil-xá
49	23	Jorje	Jorge
52	7	1552	1522
67	1	(Mullu)	(Abdullá)
,,	33	Mhlasa	Mahalsá
74	34	eu o prendi	eu prendi
75	8	venha	vinham
80	16	estave	estava
,,	21	de opera	deo pera
118	8	1654	1564
122	15	a tudo	tudo
133	20	e	se
,,	21	sendos	sendo
134	32	capitulo seguinte	vol. 2.º
141	19	com sangue	com sangue de vaca
146	2	603	605
173	6	de Bom Jesus	do Bom Jesus
176	2	como atraz está dito	como se vai ler no capítulo seguinte
180	21	o arquipelago de	as ilhas de
203	26	1748	1744
227	11	5 à pena	e 5 à pena
231	25	a mais	ha mais
235	23	Cudale	Kudal
260	1	1832	1837

268	13	conselheiros	conselheiros electivos
273	31	a defrontam	defrontam com ela
284	28	regimento	regimentos
286	5	1898	1897
,,	5	de exército	do exército
290	30	do governador	do govêrno
298	11	Sunda	Surla
300	30	encontrados em flagrante delito de roubo ou homicídio	encontrados com armas na mão ou em delito de atentado contra pessoas ou propriedade alheia
313	14	80 sipais	800 sipais
,,	26	elevado	reduzido
316	35	1823 : em	1823 ; setembro de 1824; em
318	1	1883	1833
322	18	1855	1856
326	30-31	Outubro imediato	referido Outubro
329	16	influente	influentes
339	4	da Santa Fé	de Santa Fé
,,	37	ordenaram	ordenarem
334	31	1808	1798
335	9	informou-lhe que	informou-o de que
339	29	Liceu Geral	Liceu Central
341	20	criados	criadas
356	23	*militantes*	*militantis*

HISTORIA DE GOA

(POLITICA E ARQUEOLOGICA)

HISTORIA DE GOA

(POLITICA E ARQUEOLOGICA)

PADRE M. J. GABRIEL DE SALDANHA

COM UMA CARTA-PREFACIO
FOR
J. A. ISMAEL GRACIAS

DIVIDIDA EM DOIS VOLUMES
SEGUNDA EDICAO

VOLUME-II

HISTORIA ARQUEOLOGICA

GYAN

Published by

GYAN

Gyan Publishing House
5, Ansari Road
Daryaganj, New Delhi-110002
Phone: 011-47034999, 9811692060
E-mail: books@gyanbooks.com

Distribution Network
gyanbooks.com
India, USA, Canada, UK, Australia, France

ISBN : 978-81-212-3488-7 (Set)
ISBN : 978-81-212-4992-8 (HB)
First Published, 1898

2nd Impression 2020

Printed at: Gyan Press, Delhi.

The book at your disposal is the edition of an old book originally published long back. The Text quality of this book may not be at par as compared to our other books but many readers approached us to reprint this important book so that it could satiate their hunger. We request all the readers of this book to help us to improve its quality by providing the necessary text of those pages which are not properly visible. Your valuable support in this case will be highly appreciated and acknowledged and our future readers will be benefitted immensely.

HISTÓRIA DE GOA

(Politica e arqueológica)

por

Padre M. J. Gabriel de Saldanha

Professor aposentado do Liceu Central de Nova-Goa.
Sócio do *Instituto de Coimbra*.
Antigo Vogal da Comissão Permanente de Arqueologia
da India Portuguesa

COM UMA CARTA-PREFÁCIO

por

J. A. Ismael Gracias

Da Academia das Sciências de Lisboa

Segunda Edição

Volume II—História Arqueológica

CASA EDITORA
Livraria Coelho
Nova Goa

Bastorá—Tipografia Rangel—112-24

Palavras preliminares

Na conformidade do plano dêste livro sái agora à luz o seu volume II, destinado, por mais de um motivo, sómente ao estudo dos monumentos arqueológicos do país que se relacionam com a história luso-indiana.

A quem pareça que tenho sido minucioso por demais na descrição, devo lembrar que muitos dêsses edifícios já desapareceram e dos que restam alguns estão ruinosos. Convinha porisso deixar consignadas em um só livro as várias informações colhidas, com não pequena dificuldade, em fontes quê vão cada dia rareando. De resto procurei amenizar possivelmente a aridez com a narração de certos factos correlativos mais interessantes.

Não posso concluir estas linhas sem manifestar os meus agradecimentos a tôdas as pessoas que, quer na imprensa quer por escrito, honraram o volume I com a sua crítica e apreciação; e a todos aqueles que me cativaram fornecendo valiosos elementos sôbre a matéria do presente volume e entre os quais merecem especial menção os sres. cónegos Francisco Xavier Vás. Franklin de Sá, administrador da Casa Professa do Bom Jesus e Vicente Xavier Lobo, administrador do Convento de S. Caetano, mto. Reverendo sr. pe. Casimiro Cristóvão de Nazaré, e o sr. Ricardo Micael Teles, secretário da Comissão de Arqueologia.

Pe. M. J. Gabriel de Saldanha

HISTÓRIA DE GOA

PARTE III

Monumentos arqueológicos

Antes de entrarmos na **História arqueológica** convém precisar bem o seu assunto, o que vamos fazer em poucas palavras.

Arvorada a bandeira das quinas em Goa, principiaram, desde logo, os portugueses a olhar pelas necessidades espirituais dos povos conquistados, segundo o seu tríplice plano, que compreendia não só o comércio e a conquista, mas, também, a propagação do cristianismo. E tão diligentes fôram neste último objectivo, que logo, em menos de quatro anos, se viam no recinto da cidade, então pequena, duas igrejas e quatro capelas, onde os primeiros missionários, exercendo o seu ministério, ensinaram a doutrina aos naturais da terra.

A partir de 1517 vieram sucessivamente estabelecer-se aqui várias Ordens religiosas, a cujo zêlo e ao dos clérigos seculares, enviados por el-rei D. João 3.º, se deveu a cristianização do país em larga escala.

Prosperando a cidade e alargando-se os seus limites, foram levantados nela numerosos edifícios nobres e muitos dêles grandiosos, quer de caracter religioso, alguns dos quais ainda subsistem, quer destinados à educação, beneficência e a diversos estabelecimentos públicos, que desapareceram.

Os mais notáveis dêstes monumentos da glória portuguesa, que existem ou existiram na cidade de Goa ou, fóra dela, na área do nosso distrito, e foram admirados pelos viajantes estrangeiros, serão o objecto do nosso estudo neste segundo volume.

Falaremos primeiro das instituições religiosas, passando depois para as civis.

CAPÍTULO I

A Catedral de Goa e os palácios arquiepiscopais

A meio caminho da *Rua Direita* ergue-se a Catedral ou Sé Primacial e Patriarcal, um dos mais antigos e célebres edifícios de Goa. Foi o próprio Albuquerque quem concebeu o projecto de levantar uma igreja na cidade, quando a tomou aos maometanos. Refere Gaspar Correia que, logo depois de tomada a fortaleza, o grande conquistador, entrando na cidade com a bandeira real, abraçara seus colegas e, ajoelhando para render graças a S. Catarina, a cuja intercessão atribuía o bom sucesso das suas armas, prometera erigir no próprio lugar, donde estava falando —o litoral do Mandovi—um templo em louvor da gloriosa mártir, que elegera para a padroeira da cidade (1). Êste voto foi imediàtamente cumprido, sendo ordenada, poucos dias depois, a construção de uma capela no mesmo sítio, junto ao Hospital real, na qual se fêz um só altar, com uma pintura de S. Catarina na parede. Mas, como a capela, além de ser construída de taipas, era de acanhadas dimensões e fácil de ser incendiada por ser coberta de palha, celebrava-se a missa numa espaçosa varanda do castelo da cidade; o que se fêz por muito tempo, até que se construisse a igreja, como cumpria.

O piedoso herói, desejando ver ampliada esta capelinha o mais depressa possível, deixou, ao partir para

(1) *Lendas*, tom. 2.º, pag. 158. *An Hist. and Arch. Sketch*. pag. 198 e segs.

Malaca, instruções neste sentido ao seu amigo Diogo Fernandes, fidalgo rico, que sem perda do tempo as executou em 1511, transformando o edifício numa rasoável igreja, (1) cujo reitor foi um sacerdote, freire da ordem militar de Cristo.

E' para esta primeira igreja, chamada por alguns cronistas, com antecipação, a *Catedral de Goa*, que foram trasladados os ossos de D. António de Noronha, sobrinho de Albuquerque e capitão valoroso, que, ferido na conquista do castelo de Pangim, falecera na armada portuguesa detida no Mandovi pela monção invernosa de 1510, e havia sido enterrado na ponta da vizinha ilha de Divar. Em 1532 a igreja de S. Catarina, mais uma vez reconstruída e ampliada à custa de valiosos donativos, passou a ser colegiada, com seis beneficiados ; e, quando em 1539 D. João de Albuquerque veiu sagrado bispo de Goa, sufragâneo ao arcebispo do Funchal, já estava elevada à catedral por bula *Equum reputamus* do pontífice Paulo III, de 3 de Novembro de 1534, que confirmou a erecção feita por Clemente VII, a 31 de Janeiro de 1533, acabando de vez a jurisdição da ordem de Cristo (2). A inauguração da nova catedral foi selenissima, celebrando o bispo a missa pontifical, a que assistiu o

(1) Cit. *Lend.*, pag. 199 e 200, vol. 2.º

(2) Antes da nomeiação do bispo Albuquerque, desde 1515 até 1535, apareceram aqui sucessivamente enviados pelo rei de Portugal, como grão-mestre da Ordem de Cristo, quatro ou cinco bispos titulares ou *impartibus infidelium*, chamados *bispos de anel*, por não terem jurisdição propria ou territorial ; o ultimo destes administradores apostolicos foi D. Fr. Fernando Vaqueiro, que tendo entrado neste Estado em 1532, trabalhou na conversão dos infieis e governou interinamente a diocese de Gôa até a sua morte ocorrida em Ormuz em 1535. Consta que o bispo Vagueiro ordenou *sacerdotes naturais* da India

Oriente Port., vol. 6.º, pg. 212..

vice-rei e a principal nobreza da cidade. Em seguida procedeu-se à instituição do cabido, passando os seis beneficiados a dignidades e cónegos e preenchendo-se os mais lugares com clérigos de fóra. Para deão parece que veio, pouco depois, nomeado directamente da côrte, o capelão e pregador régio Pero Fernandes. Cada cónego recebia então 30 mil reis de ordenado por ano e o bispo mil cruzados. (¹)

A princípio teve esta igreja apenas duas capelas colaterais, uma pelo lado do envagelho, dedicada a N. Senhora do Rosário, e outra pelo da epistola, ao apóstolo S. Pedro, com as respectivas confrarias. O governador Nuno da Cunha erigiu mais uma capela, consagrada a S. Sebastião, na qual jaziam os restos mortais de seus irmãos, Simão e Manoel e instituiu o legado perpétuo de uma festa ao Santo.

Muitos factos memoráveis que se realizaram neste templo, como a recepção triunfal de D. João de Castro e de seu filho D. A'lvaro, e a celebração das núpcias das filhas do governador Garcia de Sá, veem referidas nas *Lendas* do citado cronista.

Até 1542 a catedral era na cidade a única igreja paroquial. Em 1557 (²), por bula *Etsi sancta*, de Paulo IV, foi elevada à Sé arquiepiscopal *metropolitana*, e reconhecida *primacial* pelo breve *Pastoralis officii*, de Gregório XIII, de 13 de Março de 1572, intitulando-se modèrnamente *patriarcal*, em virtude da concordata de 1886.

Em quanto em todos os bairros da cidade se achavam já levantados nessa época (1557) magníficos edifícios religiosos e civis, não era de esperar que a prin-

---

(¹) *Mitras Lusit.* pag. 22 ; *Asia* por Faria e Souza, 2, 17 ; *Lend.* 4, 88, *Ach. Port. Or.* doc. 312.

(²) *Era da Encarnação* ou *1558* da era vulgar.

cipal igreja do oriente permanecesse na simplicidade primitiva da sua construção ; com efeito, no reinado de D. Sebastião, o vice-rei D. Francisco Coutinho, conde do Redondo, ordenou em nome del-rei, por sua provisão de 4 de Novembro de 1562, a construção de uma catedral mais vasta e esplêndida, à custa do produto da venda das propriedades confiscadas *aos gentios e outros infieis falecidos sem testamento e sem herdeiros* (1).

Uma carta régia mandou, também, aplicar a essa construção a importância das penas, condenações e descaminhos e o produto da renda da viagem para China. Escolhido o sítio, um tanto afastado da primitiva igreja, que, como vimos, ficava na margem do Mandovi, ligada ao Hospital real, parece que as obras da nova igreja foram principiadas imediàtamente, segundo se deduz do testemunho de Pyrard, que, dandolhes 50 anos de começadas, diz tê-las encontrado em 1608 ainda incompletas por causa da sua grande e soberba traça.

E' provavel, atentos os princípios da época, que se tenha levantado a construção, segundo dizem, sobre as ruínas de uma mesquita; mas não ha documento que o certifique.

O suntuoso templo, não obstante todo o auxílio dado pelo govêrno central para o andamento das suas obras, lutou por vezes com a escassês de fundos e várias dificuldades, levando a construir-se quási 70 anos, de maneira que, em 1619 se concluiu tão sòmente o corpo da igreja, sendo colocado o santíssimo no altar, no mês de Julho, em dia do Anjo Custódio, com grandes solenidades e festejos, que duraram por alguns dias e o arcebispo D. Fr. Cristóvão de Sá e

(1) *Arch. Port. Or.* Fasc. 3.º, doc. 23, e Fasc. 5.º, doc. 425,

Lisboa, que a êsse tempo governava a díocese, celebrou de pontifical pela primeira vez nesta igreja, em 25 de Novembro do mesmo ano de 1619, tendo obtido prèviamente a aprovação do ofício, por êle composto, da virgem martir S. Catarina, padroeira de Goa.

Doze anos depois, em 1631, é que se completou a restante parte do edifício, como se vê do alvará do vice-rei conde de Linhares, de 21 de Maio dêsse ano. Os seus arquitectos foram Ambrósio Argüeiros e Júlio Simão, engenheiro chefe do Estado da India, o qual jaz na Sé [1]. As casas contíguas foram construídas em anos subseqüentes, (1636-1652) no tempo do arcebispo D. Fr. Francisco dos Mártires.

Esta catedral, testemunha do engrandecimento e da decadência do poder português no oriente, e sempre admirada pelos nacionais e estrangeiros, está situada na grande praça denominada *o Terreiro do Sabaio*, olhando para o leste. Não é muito imponente a sua fachada; pelo contrário, houve até quem classificasse a sua extraordinária simplicidade de um *fracasso arquitectural.* A arquitectura exterior é de estilo meio toscano e meio dórico, e a interior de mosáico-coríntio. Tem três portas: no alto da porta principal existe uma lápide com uma inscrição dividida em duas colunas, com tiara e chaves no meio, e dizendo o ano e outras circunstâncias da fundação. Em 25 de Julho de 1775 foi abatida por um ráio a tôrre do lado do norte, cuja reconstrução, orçada em 60 mil xerafins, até hoje não se realizou. Na tôrre que subsiste estão suspensos cinco sinos, um dos quais é muito grande e o mais sonoro de todos os que se encontram em Goa; é o *sino de ouro*, cantado em primorosos versos por Tomaz Ribeiro. Foi fundido em 1652, e traz o

---

(1) *Arch. Port. Or.* Fasc. 3.º, doc. 25, 59, 78, 686.

nome de *sino de S. Pedro* e vários emblemas com inscrições, entre as quais se leem as palavras do envangelho : *Tu es Christus Filius Dei vivi* ; *Tu es Petrus et super hanc petram œdificabo ecclesiam meam* (1).

A igreja no interior é vasta e abobadada, dividida por duas ordens de pilares e arcadas em três naves, que recebem a luz dumas janelas muito elevadas. Terá de comprido 250 pés sôbre 180 de largo e 120 de alto.

Ao entrar, vê-se à direita o batistério, (que faz lembrar que esta igreja é, ao mesmo tempo, paroquial). Nêste compartimento avulta uma das maiores preciosidades arqueológicas: a pia de pedra preta, octogonal e de grandes dimensões, que pertenceu à antiga catedral e onde, é provável, que o apóstolo S. Francisco Xavier tenha batisado grande número de catecúmenos. A inscrição que existe sôbre a pia diz : *Esta pia mandou fazer Jorje Gomes e a deo a esta Sé em onra e louvor do Senhor Deus em 1532.*

A' esquerda vai a escadaria para a galeria do fundo ; e uma pintura na parede, representa em ponto maior S. Cristóvão com o Menino Jesus aos ombros.

A nave lateral da direita compreende quatro capelas, dedicadas, respectivamente, a S. António, S. Bernardo, Sepulcro do Senhor Morto, com a Cruz dos Milagres, e ao Espírito Santo. A Cruz dos Milagres —que da sua igreja própria, já em ruinas, foi transferida para esta capela, então, da invocação de Nossa Senhora das Virtudes, em 3 de Maio de 1843, com solenissima procissão—está revestida de tâboas delgadas, deixando em cima da base um pequeno lugar desco-

(1) Vid. *Os sinos da Catedral de Goa* pelo Cónego F. X. Vaz, no *Oriente Port.* vol. 6.º, pag. 148.

berto para o beijo.

Das quatro capelas da nave esquerda—que tem por oragos a N. Sra. das Necessidades, S. Sebastião, SS. Sacramento e a N. Sra. de Boa Vida—a do SS. Sacramento é a mais espaçosa e muito linda, com um magestoso retábulo todo doirado, excelente côro e sacristia própria. E' nesta capela que se soleniza com o maior esplendor o *Laus-perenne* na quinta feira santa e na festa do Corpo de Deus.

No cruzeiro há seis altares, três de cada lado; os da direita são dedicados respectivamente a S. José N. Sra. das Dôres e S. Pedro; os da esquerda a N. Sra. das Augústias (1), S. Jorge e N. Sra. da Esperança. Próximo do altar de S. José uma lápide, embebida na parede, cobre os ossos do primeiro arcebispo de Goa, D. Gaspar de Leão Pereira e os de D. Fr. André de Sta. Maria, bispo de Cochim, para aqui transladados da igreja da Madre de Deus, em 5 de Outubro de 1864, por ordem do arcebispo Amorim Pessoa.

A capela-mór, proporcional ao corpo da igreja, tem o aspecto imponente e o pavimento elevado 4 degraus sôbre o do cruzeiro. O altar é bem grande e ricamente adornado de pilares, pilastras e vários relevos e doirado de frêsco, com três nichos no centro, um acima do outro, que encerram as imagens de S. Catarina, N. Sra. de Assunção e Cristo Crucificado, ficando no alto o emblema do Espírito Santo. De ambos os lados do altar há gravuras representando o martírio de S. Catarina, e sôbre elevadas peanhas avultam as imagens de S. Pedro e de S. Paulo. O côro

(1) A N. Sra. das Augústias tem a sua confraria que, origináriamente insituída no convento de S. Agostinho, de Goa, passou, depois da extinção dos conventos, para a Sé.

onde funciona o cabido tem assentos encostados às paredes laterais da capela-mór sôbre estrados da altura de tres degraus. Da parte do evangelho existe um trono para o patriarca ; e no extremo da linha dos assentos canonicais se distingue dentro da grade, sem dossel, a cadeira do governador. Do lado oposto, e pegado ao gigantesco arco da capela-mór, ergue-se o púlpito e a seguir, com pequeno intervalo, uma tribuna, destinada ao órgão e aos cantores e músicos. Para o púlpito entra-se pela capela-mór e para a tribuna pela sacristia, que está situada pela banda septentrional. Encontra-se dentro da teia uma grande e rica estante de ébano, destinada ao canto-chão e que perteceu ao convento de S. Francisco.

O pavimento é coberto de numerosos epitáfios, como o-são os de todas as igrejas e conventos da Velha Goa. Cunha Rivara publicou todos os que no seu tempo encontrou.

Os cofres são ricos, e os vasos sagrados e os paramentos sacerdotais primorosos. Entre os vasos sagrados merecem especial menção dois cálices, um chamado *Pontifical*, que é de oiro massiço, obra puramente de estilo indiano, e o outro, chamado *Dignidade*, obrado em Veneza.

Os cónegos reúnem-se em côro duas vezes ao dia, às 8½ horas da manhã e às 3 da tarde, para rezar o ofício divino. De manhã recitam as Horas (prima, tércia, sexta e noa) e cantam a órgão na missa solene ; e de tarde as vésperas, completas, matinas e laudes. Em dias festivos cantam uma parte do ofício. O patriarca assiste aos actos da semana santa e às festas principais, que são sempre edificantes e concorridas [1].

[1] O cabido da Sé é constituído de: 5 dignidades—Deão, Chan-

Além do cabido, a catedral, como igreja paroquial, tem seu cura, que desempenha as funções de pároco. Em 1660 tinha esta paróquia 80 mil fregueses e, porisso, dois curas para a administração dos sacramentos; hoje, além do clero, não há ali 80 habitantes.

Era tradição que a igreja havia sido sagrada pelo arcebispo D. Fr. Sebastião de S. Pedro, mas, por falta de testemunho autêntico, foi solenemente sagrada em 1898 pelo Sr. Patriarca D. Mateus de Oliveira Xavier, então bispo de Cochim, por delegação do 1.º patriarca D. António Sebastião Valente, que ora jaz no presbitério.

As quatro igrejas, que existem na velha cidade (do Bom Jesus, S. Francisco de Assis, S. Caitano e S. Mónica) são independentes da paróquia da Sé. Das capelas da cidade falaremos adiante.

Palácios Arquiepiscopais

Contíguo à catedral, ao noroeste, fica o palácio dos arcebispos, que é um edifício sobradado, sendo o pavimento superior de razoável altura e porisso livremente ventilado e donde se gosa uma bela perspectiva. No estilo, a estrutura do edifício é simples e sem ornamentos. O d.r Gemelli Carreri, que o visitou em 1695, refere-se à sua magnificência e vastidão, como também à elegância dos seus compartimentos e à beleza das suas numerosas galerias (1). No seu

tre, Tesoureiro-mór, Arcediago e Mestre-escola; 10 cónegos, 4 cónegos de meia prebenda, 2 quartanários, 12 capelães cantores, 1 organista, 1 mestre de capela, 9 cantores, 3 altareiros, 6 meninos do côro, 2 porteiros da Maça, 1 sub-tesoureiro e escrivão dos cofres e 1 síndico.

(1) Fonceca 209.

todo, a casa não tem sofrido muito da acção destruidora do tempo e conserva ainda hoje a sua feição primitiva. Comunica interiormente com a catedral, por meio de uma larga escadaria de granito que desce à entrada da sacristia. Alguns dos seus aposentos superiores são espaçosos e alegres, ao passo que os do rez-do-chão oferecem um aspecto sombrio e melancólico. Era no pavimento superior que os arcebispos costumavam viver com a suntuosidade conveniente ao príncipe da igreja; e era também ali que o grande D. Fr. Aleixo de Menezes sentava todos os dias à sua mesa doze pobres e lhes mandava dar, sem distinção, do que êle comia. No largo fronteiro, que é calçado de pedra, abrindo-lhe a entrada um grande portão de alvenaria, havia sempre numerosos cavalos e palanquins dos fidalgos e outras pessoas que iam a tratar negocios ou a visitar, e muitos pobres que se ajuntavam para receber esmolas.

Quando o arcebispo saía, era acompanhado de dignidades eclesiásticas em machilas e de muitos fidalgos montados a cavalo com os respectivos pagens e lacáios a pé.

Em um dos corredores estavam suspensos os retratos, em ponto grande, de todos os arcebispos, que governaram esta arquidiocese; mas estragaram-se de vez por incúria, e um ou outro, que resistiu às termitas, encontra-se recolhido no museu sacro da igreja do Bom Jesus. Ligada ao edifício, ao nivel do andar nobre, existe a sua capela, ainda em bom estado, dedicada à Nossa Senhora do Carmo, com elegante retábulo dourado, alumiada por largas janelas, tendo uma escadaria de pedra preta, que desce para o terreiro. Atraz desta capela abre-se uma porta que põe em comunicação o palácio com o convento de S. Francisco e por onde o arcebispo D. Fr. Aleixo de Menezes ia quási todas as noites assistir às matinas no côro dêste convento, menos aos domingos e dias santos, em que assistia na Sé.

O palácio parece ser coevo da catedral, ou ainda mais velho; pois, segundo Pyrard, quando em 1608 esta ainda se achava em obras, aquele era já a residência arquiepiscopal. Os arcebispos habitaram esta casa até ao ano de 1695, em que, por causa da insalubridade da cidade, a abandonaram retirando-se para Panelim. Alguns dêles, contudo, mudaram-se ocasionalmente para ali para curtos períodos. Ainda hoje os prelados costumam passar poucos dias naquele edifício por ocasião de festas solenes na velha cidade. Nas suas dependências residem cónegos e capelães da Sé.

Além dêste, os arcebispos tinham mais dois palácios: em Panelim e S. Inês.

O *de Panelim*, bairro da freguesia de S. Pedro, à breve distância da velha cidade, estava melhor situado, à uma bela encosta de oiteiro, desfrutando a paizagem deliciosa do mar e da ilha fronteira do Chorão, onde lhe sorria à vista o formoso seminário diocesano, assentado sôbre uma colina com a fralda guarnecida de solares da fidalguia. Foi primitivamente uma pequena casa pertencente a um hindú, gãocar de Panelim, que, depois de se converter ao cristianismo, no tempo do arcebispo D. Francisco dos Mártires, (1636–1652) a deixou à mitra, com a quinta anexa, para servir de casa de recreio aos prelados diocesanos. O arcebispo D. Fr. António Brandão ampliou-a, pondo-a em melhor forma e acrescentando-lhe jardim e tanque para recolher a água da fonte vizinha, e num vale fresco mandou fazer uma capela. Com o andar do tempo tornou-se esta casa um grande palácio e desde 1695 residência habitual dos prelados (1).

(1) Vid. *Mitras Lusitanas no Or.* 2.ª ed., pag. 178

Decorrido um século, em 1795, o arcebispo S. Catarina, achando êste palácio bastante arruinado e inabitável, mudou-se para o palácio rural de Sta. Inês, a oeste de Pangim, concedendo o edifício de Panelim, com a respectiva quinta, em aforamento perpétuo por 100 xerafins ao chantre da Sé, António da Silveira de Menezes, com as clausulas de, não pagando os fóros por dois anos sucessivos, ficar o prédio devolvido à mitra, e de não poder ser vendido sem o consentimento desta.

O aforamento durou até 6 de Julho de 1805, em que, sendo preciso restaurar o palácio para ser destinado à residência do bispo coadjutor, D. Fr. Manoel de S. Galdino, obteve a mitra a cessão do prédio aforado, pagando pelas bemfeitorias 4 mil xerafins ao herdeiro do Chantre da Sé, D. José Maria de Castro. O aformoseamento do palácio, a construção da capela contígua, o aterramento do charco que ficava ao sudoeste e o aqueduto, que conduzia a água da fonte para o palácio, foram obras custeadas pelo arcebispo S. Galdino ajudado pela Fazenda pública (1).

Cottineau, que se hospedou nêste palácio por pouco mais de um mês (de 24 de Novembro a 29 de Dezembro de 1827) com o aludido arcebispo S. Galdino, diz que a fachada do prédio representava um edifício sobradado com excelente escadaria, mas no interior tinha um só pavimento formando um claustro quadrado. A grande sala, onde o arcebispo costumava receber as visitas, estava lindamente decorada, distinguindo-se entre os adornos as armas do prelado, o retrato do soberano ao tempo reinante em Portugal e uma estátua de Leão XII, feita em Paris; e as outras

(1) *Jornal da santa Igreja lusitana do Oriente*, n.º 2, pag. 25, apenso ao *Bol. do Gov.* de 1847.

salas ofereciam uma série de retratos a óleo de todos os arcebispos de Goa. O palácio tinha a sua capela com três altares, onde se viam primorosas imagens de prata, e uma livraria contendo cerca de 2 mil volumes. Os seus jardins eram muito vastos e pitorescos. Quando a epidemia, que lavrava na capital, invadiu ainda os arrabaldes, os arcebispos foram obrigados a transferir a sua residência para Sta. Inês, ao oeste de Pangim. O edifício desabitado foi-se deteriorando e desabou um dos corredores. Alguns compartimentos em bom estado foram ainda aproveitados desde 1866 para o funcionamento da câmara pontifícia e tribunal da Relação eclesiástica até 1870, em que foi de todo abandonado, e hoje não resta nada; ainda a fachada, que se conservava de pé, foi, ha poucos anos, demolida no govêrno do Sr. Freitas Ribeiro.

O *palácio-rural de Sta. Ignez* era situado muito próximo e ao leste da igreja dessa freguesia, à esquerda da estrada pública que se dirige para Caranzalém, e entre o actual cemitério de Pangim e o ângulo formado pela antiga *rua de Saudade* com essa estrada. Era uma casa térrea, que olhava para o norte, pertencente ao cónego Francisco da Cunha Souto-Maior, capelão fidalgo, o qual por testamento a deixou, com o respectivo palmar e mais anexos, ao seu primeiro testamenteiro, o arcebispo D. Inácio de S. Tereza, e seus sucessores. Tinha uma capelinha dedicada a N. S. da Conceição e um páteo na frente. fechado com grade de pedra, a que dava entrada um belo portão. Havia outrora, logo ao pé, um cais sôbre o esteiro do Mandovi, que banhava a estrada pelo sul e que mais tarde motivou o lançamento da ponte que liga a freguesia de S. Inês com o actual campo de D. Manoel. Êste esteiro acha-se hoje completamente aterrado e reduzido a arrozal.

Alteradas as condições sanitárias do sítio, o palácio

foi abandonado, e, tendo servido, por algum tempo, de hospital para os variolosos e doentes de outras moléstias contagiosas, tornou-se finalmente um pardieiro de feras e valhacouto de malfeitores, sendo porisso, demolido. Hoje nem ruinas existem e o terreno está convertido num palmar.

Nêste palácio faleceu, em 10 de Setembro de 1786, o arcebispo de Cranganor, D. José Cariatti, natural de Cranganor e sacerdote *catanar*, ou do rito siro-caldaico, do Malabar, que, tendo sido sagrado em Portugal, chegara a Goa com destino à sua diocese em maio do mesmo ano e se achava hospedado nesta casa com o arcebispo D. Fr. Manoel de Sta. Catarina. Foi enterrado com solenes exéquias no dia 11 de Setembro, no presbitério da Sé Patriarcal, onde se lhe colocou uma lápide com epitáfio em 6 de Agosto de 1910.

Ao presente o patriarca reside habitualmente no palacio construido em 1894 no planalto da Conceição em Pangim.

CAPÍTULO II

Os dois priorados e outras igrejas paroquiais na cidade

A primeira igreja paroquial foi, como está dito, a de S. Catarina, depois elevada a Sé. Pelo decorrer do tempo, aumentando-se a cristandade, foram eregidas na cidade as seguintes oito paróquias, duas das quais eram priorados ou colegiados.

A do *N. Sra. do Rozário*, situada na cumiada do monte, a que dá o seu nome, atraz do convento, já demolido de S. Roque. A idea da sua fundação, segundo Gaspar Correia, nasceu ao fechar-se o combate do memorável dia 25 de Novembro de 1510 ; pois, quando o fidalgo Antão Nogueira foi anunciar a Afonso de Albuquerque que a cidade era já entrada dos nossos, o conquistador, agradecido à Providência, prometeu levantar no mesmo sítio onde se achava, uma *casa de N. Sra. do Rosário* e outra do *bem-aventurado S. António.*

Êste voto cumpriu-se em 1543, sendo edificada à custa da Fazenda real, no govêrno de Martim Afonso de Souza ([1]) a igreja de N. Sra. do Rosário, contribuindo muito para à sua fundação os Dominicanos, que estavam em Goa antes do estabelecimento da sua comunidade. Esta igreja passou a ser paróquia cêrca do ano 1544, e depois colegiada, tendo um prior e quatro beneficiados ; cessando esta corporação por falta dos respectivos rendimentos em 1810, conservava-se ainda ao páraco o título de prior, o qual usava as vestes de meio cónego da catedral e precedia a outros párocos nos actos religiosos, recebendo a côngrua anual de cem rupias. Havendo sido esta paróquia uma das mais populosas da cidade, já em 1827 não contava senão seis freguezes. Em 1869, por carta da lei de 18 de Agosto, foi a igreja reduzida à categoria da capela filial à Sé, passando os fundos e os cofres para a fábrica e sacristia da Sé. Não é vasta nem abobadada ; tem todos os visos de antiguidade ; contém cinco altares, incluindo as duas capelas nos dois extremos do cruzeiro, cujos retábulos estão complètamente ruinosos.

Possuia um grande sacrário de prata e muita prataria de culto ([2]).

([1]) *Or. Port.*, vol. 8.º, pag. 244.
([2]) Vid. *Oriente Port.*, vol. 8.º, pag. 244.

O altar principal é consagrado a N. Sra. do Rosário e na capela-mór, entalhado na parede do lado do evangelho, existe um cenotáfio de alabastro, riquíssima obra de arte, persa ou hindú, com a seguinte inscrição.

" Aqui jaz Dona Caterina molher de Garcia Desá, a qual pede a quem isto ler que peça misericordia a Deos pera sua alma " (1).

Abaixo no pavimento está o jazigo de Garcia de Sá e de sua segunda filha D. Joana de Albuquerque, mulher de D. António de Noronha, pois a filha mais velha, que se chamava D. Leonor de Sá e Albuquerque, casada com o capitão Manoel de Souza e Sepúlveda, teve, como é sabido, um fim lastimoso na Africa, o que constitui o assunto do poema de Côrte Real, *O Naufrágio de Sepúlveda.*

Segundo Lucena, S. Francisco Xavier, aos domingos e dias santos, pregava o evangelho e ensinava a doutrina nesta igreja, que ao presente não se abre senão às terças feiras, para a missa que é ali celebrada pelo capelão da Sé.

A festa da padroeira, que ainda hoje se solenisa no primeiro domingo de Outubro e é muito pouco concorrida, realizava-se outrora com grande pompa e assistência de toda a cidade, fazendo os Dominicanos e a irmandade do Rosário, depois das vésperas, uma vistosa procissão com muitos andores e imagens vestidas à sua maneira e adornadas com ricas joias ; e outra procissão na manhã do dia da festa com o SS. Sacramento, ao redor da igreja (2). A fachada da igre-

---

(1) Era uma rapariga de Miragaia, muito bonita, de alcunha *a Piró* (a quem Camilo chama " a flor de Miragaia "), que na hora extrema foi legitimada esposa de seu amante Garcia de Sá. *Or. Port.* de 1911.

(2) *Mitras Lusitanas*, pag. 131.—Pietro dela Vale, 2.ª carta na *India de 1623 a 1624* por I. Gracias, pag. 50.

ja, voltada para o oeste, é protegida por um alpendre com terraço de boa construção, donde se descortinam, por todos os lados, vastos horisontes.

A igreja da *N. Sra. da Luz*, fundada antes de 1541 no oiteiro meridional, foi elevada à paróquia juntamente com a da N. Sra. do Rosário em 1543, quando o cólera morbus devastava a cidade. Depois passou a ser colegiada, tendo um prior e 4 beneficiados, até ao ano de 1810. Foi para esta igreja que se transladou a Cruz dos Milagres após os acontecimentos ocorridos em 23 de Fevereiro de 1619, até que fôsse edificada a igreja da sua invocação. Ali se achava também depositada a bandeira tomada por D. João de Castro ao rei de Cambaia. Em 1614 esta paróquia ainda florescente, tinha 30 mil almas, mas varrida pelo sôpro da epidemia, foi decaindo por forma que em 1827 se reduziu a 8 fregueses. Atraz dêste templo, que foi demolido por 1831, à breve distância e longe da povoação, negrejava a mais antiga fôrca da cidade, cujas ruínas ainda existem.

A igreja paroquial da *SS. Trindade*, construída pelo arcebispo D. Fr. Aleixo de Menezes, nos fins do século XVI e, segundo se crê, sôbre as ruínas dum pagode de Siva, tinha em 1614 doze mil almas, que em 1775 ficaram reduzidas a 32. Arruinou-se o edifício por falta de quem cuidasse dele e desapareceu. Na proximidade existe o *Tirtha* (um tanque sagrado) dos hindús onde os sectários de Siva vão fazer as suas abluções principalmente no mês de Agosto.

A igreja de *S. Tomé* erguia-se na rua grande do colégio de S. Paulo e próxima à igreja de S. Lázaro. Foi edificada no govêrno de D. Constantino de Bragança em 1560, por ordem da rainha D. Catarina, para ali serem depositados os ossos daquele apóstolo, que o govêrno mandara buscar a Meliapur, onde, havendo sido descobertos no lendário túmulo em 1522, se achavam guardados com acatamento debaixo do altar-mór da igreja; mas, pela oposição que fizeram à sua saída os cristãos da referida cidade, não se conseguiu trazer senão o fragmento de um osso e um outro da lança com que fôra morto. Foi paróquia, mas não chegou a ser colegiada. A 21 de Dezembro, dia de S. Tomé, o cabido e as deputações dos conventos iam processionalmente para ali, assistir à missa da festa, levando o relicário do santo, que na tarde antecedente costumava ser trazido para a catedral pela irmandade da mesma igreja. Um dos seus párocos foi o padre Leonardo Pais, autor de *O Prontuário das Definições Indicas.* Os seus cofres foram transferidos para a igreja de Ribandar.

O templo caiu em ruínas depois do 1.° quartel do século XIX e o vulgo chamou-lhe o *S. Tomé quebrado.*

A igreja de *S. Aleixo*, situada no centro da cidade e perto do convento dos carmelitas, à esquerda de quem vai para o S. Paulo dos Arcos, deveu a sua fundação ao arcebispo D. Fr. Aleixo de Menezes, nos fins do século XVI. Floresceu muito esta paróquia, e, dentro de um quarto de século, decaiu ràpidamente, de maneira que em 1775 não contava mais de 158 fregueses. Pouco depois arruinou-se o edifício, e ao presente resta apenas o cruzeiro no respectivo adro. A imagem do santo foi transferida para a catedral.

Nos subúrbios, depois bairros, da Cidade

A igreja paroquial de *Sta. Luzia*, no arrabalde de Daugim *de baixo*, ao nordeste do convento de S. Domingos, foi construída, cêrca do ano 1544, pelo arcebispo D. Fr. João de Albuquerque, e logo passou a ser paróquia, compreendendo uma parte da cidade. Cottineau, que celebrou a missa nesta igreja no dia natalício de sua mãe, diz que o templo era vasto e bem adornado, mas limitados os seus fundos. Um formoso alpendre protegia a sua fachada, que olhava para o norte. Em 1864, em vista da sua população extremamente reduzida, foi convertida em capela, sendo encorporada a freguesia na de S. Braz. Corridos anos, exigindo o edifício consideráveis reparações, foi demolido em 1873, vendo-se hoje alguns vestígios e no adro o cruzeiro.

A freguezia de Sta. Luzia não era muito importante; pois teria apenas 50 casas nobres por ambos os lados da rua, que corria à direita da igreja. Mas a padroeira era muito recorrida, como advogada milagrosa contra as moléstias dos olhos, particularmente no dia da sua festa, que se realizava em 13 de Dezembro.

A igreja de *S. José*, no arrabalde de Daugim *de cima*, era pequena, com fachada para o oeste. Foram daqui trasladadas para a capela de S. Sebastião, das Fontainhas, de Pangim, as imagens de S. José ladeado do Menino Jesus, travando-lhe a mão direita, e a da N. Sra. do Livramento, com o respectivo cofre.

A igreja de *S. Pedro*, no arrabalde do mesmo nome em Panelim, parece ter sido construída em 1542 a 1543, à custa do tesouro público, conforme os documentos oficiais relativos a essa igreja, uns de 1565 e outros ainda anteriores ; não tem portanto fundamento a opinião dos que atribuem a sua construção ao arcebispo D. Fr. Aleixo de Menezes, que começou a governar a diocese em 1595. O templo é pequeno e nada tem de notável a não ser alguns epitáfios. A população da freguezia, que em 1720 era de 2 mil almas, está hoje reduzida a 100 católicos e outros tantos pagãos. Tinha 5 confrarias.

Além destas igrejas paroquiais, havia na cidade uma capela ou igreja extra-paroquial, que era a das *Cinco Chagas*, no arsenal, e cujo capelão desempenhava todas as funções paroquiais com a gente do estabelecimento e tinha um coadjutor.

As capelas da cidade

A de *S. Francisco Xavier* fica situada na antiga cêrca do colégio de S. Paulo o Velho, numa pequena eminência. Atribuem uns a sua fundação ao próprio santo; dizem outros que foi construída depois da sua morte, para comemorar a exclamação do apóstolo = *Satis est, Domine, satis est* = proferida mais duma vez naquele sítio em um momento, em que se sentia com o coração transbordado de extraordinário fervor e consolações celestiais; o autor do *Oriente Conquistado*, porém, conjectura que esta capela seja uma das duas que existiam na horta do colégio, dedicadas respectivamente a S. Antão e S. Jerónimo, e que a segunda tenha mudado mais tarde a invocação, mesmo para perpetuar a memória da aludida exclamação do grande Xavier. O certo é que, todos os anos, em uma sexta feira da quaresma se oferecia em louvor do santo nesta capelinha, que era toda pintada em quadros da vida do apóstolo, uma missa solene com sermão, assistindo à festa a principal nobreza da cidade. Em 1859 fizeram-se-lhe reparações, mas, como ainda assim fôsse arruinando, em 1884 foi reedificada. A-pesar do sítio ser afastado do Bom Jesus, é muito visitada pelos peregrinos e devotos.

Corria uma tradição em Goa, que ao pé desta capela havia o santo plantado uma jaqueira, cujas raspas curavam várias enfermidades. Ora, se o santo plantou uma só ou mais árvores, não está averiguado; mas o certo é que a jaqueira próxima da capela foi muito apreciada pelos católicos de Goa, e as imagens feitas do seu lenho recebiam um particular respeito. Na capela de Sta. Rita, de Maira, de Curtorim, é venerado um crucifixo, cuja cruz traz no verso a seguinte legenda: " He formada esta cruz do lenho da jaqueira, que plantou o Glorioso S. Francisco Xavier Apóstolo da India, junto da sua capela no Colégio velho de S. Paulo de Goa. Ano 1805 ". Èste crucifixo, que pertencia ao convento de S. Francisco, foi, depois da sua extinção em 1835, cedido pelas autoridades competentes à referida capela de Maina. A tradicional jaqueira já desaparecera, havia muitos anos; mas, por ocasião da exposição do corpo de S. Francisco Xavier em 1859, descobriu-se, na proximidade da capela do santo, outra árvore semelhante, e o povo, imaginando ser a mesma que fôra por êle plantada, porfiava por obter aparas ou cavacos dessa árvore, que julgava ser de infalível resultado na cura de toda a espécie de enfermidades, de maneira que finalmente, de muito cortada, ainda essa árvore desapareceu.

Perto dêste templo há dois poços, a cujas águas o povo atribue também efeitos milagrosos.

A capela está hoje ao cargo do cabido, que solemniza a festa em 2 de Dezembro, precedida de novenas.

A capela da *N. Sra. de Conçeição* ficava situada junto ao *Hospital real*, e figurou até 1595 no tombo geral entre as propriedades da Fazenda. Parece que é esta a capela, a que se referia S. Francisco Xavier na sua carta de 18 de Setembro de 1542 para Roma, dizendo que *ensinava aos meninos as orações na Ermida da Santíssima Virgem, que estava muito perto do Hospital.*

A capela de *Sta. Catarina de Alexandria* demora entre a cêrca do Arsenal e a do convento de S. Francisco, na rua que, descendo por êste sítio, ia outrora desembocar no Hospital Real. Fundada por Afonso de Albuquerque em 1510, em memória do bom sucesso da tomada de Goa ([1]) e reedificada pelo governador Jorge Cabral em 1550, foi, mais tarde, ainda reconstruída, sendo nesta ocasião colocada à direita da porta lateral a lápide, que na anterior reconstrução se via sôbre a porta principal, como observou Pyrard, conservando a mesma inscrição—" Aqui n'este logar estava a porta por que entrou o Governador Affonso de Albuquerque e tomou esta cidade aos mouros em dia da Sta. Catharina anno 1510, em cujo louvor e memoria o Governador Jorge Cabral mandou fazer esta casa anno 1550 á custa de S. A. "—

Afonso de Albuquerque, depois de levantar êste pequeno templo, determinou que os oficiais do Senado da Câmara trouxessem nas suas varas as armas reais e uma roda de navalhas, que representavam o instrumento do martírio da gloriosa Sta. Catarina, que êle escolhera para padroeira da cidade. Confirmada superiormente a determinação, foi ordenado por el-rei D. João 3.º que todos os anos no dia 25 de Novembro, dedicado à festa de Sta. Catarina, fôsse o Senado da Câmara com o reverendo Cabido e mais Comunidades religiosas em procissão a essa capela em acção de graças e que *assistissem a concluir a festividade na Sé.*

Esta solenidade, que já estava em uso aqui muito antes da ordem régia, continuou depois com maior luzimento, e o Senado, a cujo cargo estava a capela, querendo conservá-la com o devido culto, criou o logar de capelão com a côngrua de 150 xerafins anuais e obrigação de nela celebrar a missa, de tenção livre, todos os dias, excepto os domingos e dias santos, em que as missas seriam aplicadas pela conservação da

---

([1]) *Lendas da India*, tomo 4.º, pag. 716.

cidade e pelas almas dos seus conquistadores e dos bemfeitores da capela. O Senado passava a carta de nomeação ao capelão em nome del-rei.

Infelizmente, depois que afrouxou a piedade e o fervor religioso, tanto o Senado, como os capelães por êle nomeados, descuidaram por tal forma, que, desde os princípios do século XVII, a capela ficou fechada durante algum tempo, como atesta Pyrard, abrindo-se apenas uma vez por ano para entrar e sair a procissão de 25 de Novembro ; até que, um belo dia, o Senado, despertado do seu incrível desleixo, substituiu o capelão e, instituindo a confraria da Santa Padroeira, criou para o dia 24 de Novembro uma festa anual de desagravo, precedida de novena, que devia principiar em 15 dêsse mês, com a assistência dos confrades, revestidos de opas vermelhas. O vice-rei fazia parte desta corporação; e quando assistisse à festa, o Senado oferecia-lhe de joelhos uma coroa de rosas, que levava em uma salva de prata, como se dava em Lisboa a el-rei no dia de S. Vicente.

Em Janeiro de 1804 a capelania foi confiada aos franciscanos, de quem voltou para os padres seculares, com o acréscimo do encargo de o capelão celebrar a missa na capela do Senado nos dias das sessões. Contudo as irregularidades no exercício da capelania continuaram. Pouco depois, a festividade da capela passou para o dia 25 de Novembro, terminando antes da hora da solenidade do dia na Sé (1).

Em 25 de Novembro de 1840 foi dispensada a câmara municipal das Ilhas de solenizar as festas do Corpo de Deus e de Sta. Catarina, passando êste

(1) Vid. os documentos que acompanham *O Senado de Goa* por Viriato de Albuquerque.

encargo à Fazenda e a administração das festas ao cabido da Sé.

A procissão, que era primitivamente aparatosa e muito concorrida, indo nela, segundo o estilo da época, figuras, mistérios e outras coisas, está hoje muito simplificada.

O edifício é pequeno e não tem outra importância, que a de um monumento histórico da época das conquistas e do fervor religioso dos portugueses.

Actualmente celebra-se ali missa no dia 25 de Novembro.

Capela de S. Martinho. Próxima à capelinha de Sta. Catarina e contígua ao Hospital Real existia uma outra capela, dedicada a S. Martinho, que era ampla como uma igreja e igualmente importante pelo seguinte facto: pois, quando D. João de Castro voltou vitorioso de Diu em 1547, a cidade de Goa, desejando celebrar o seu triunfo (vol. 1.º, pag. 89) com o maior esplendor, rasgou de alto a baixo a porta da muralha, que era estreita para a ocasião, cobrindo as paredes, de uma parte e doutra, de peças de brocados e de veludo de côres e, rematando-a por um arco e bandeira de cobre, que trazia a imagem de S. Martinho, em cujo dia fôra alcançada a vitória de Diu. Concluída a solenidade do triunfo, o governador mandou construir na rotura do muro um nicho ou altar, que pouco depois foi convertido em capela, sendo colocada na parede uma lápide comemorativa, que pertencera ao primitivo nicho e trazia em relevo a figura de S. Martinho a cavalo, dividindo a capa com um pobre, e por baixo o letreiro: " Por esta porta entrou D. João de Castro, defensor da India, quando triunfou de Cambaia, e todo este muro lhe foi derrubado. Era de 1547 ".

A festa solene, que se fazia todos os anos em dia de S. Martinho, saindo a procissão da Sé, conforme havia sido ordenado pelo próprio D. João de Castro, continuou até ao ano de 1730, mas cessou por falta da régia aprovação nas despezas dela feitas pelo Senado. Esta capela provàvelmente caiu juntamente com o Hospital Real, e a lápide está conservada na actual capela de Sta. Catarina junto a porta da sacristia.

A real capela de S. António, edificada no monte ao sul da igreja da N. Senhora do Rosário e na mesma época da construção desta, abre a sua porta principal para o leste. O seu capelão recebia, além do ordenado, um soldo de capitão do exército, patente que tinha S. António ; e o Estado fornecia todos os artigos precisos para a conservação e asseio da capela, incluindo o azeite para a lâmpada. Era muito concorrida, principalmente nas terças-feiras, em que nela se celebrava uma missa cantada ao acompanhamento de orgão. Foi a princípio administrada pelo Cabido da Sé, e, mais tarde, desde 1606 pelos agostinianos, em virtude da deliberação do arcebispo D. Fr. Aleixo de Menezes. Extintas as ordens religiosas, ficou fechada e abandonada. Havendo sido, em 1894 por ocasião do centenário antonino, asseada e aberta ao culto, está hoje ao cuidado da comissão administradora do mosteiro de S. Mónica. E' pequena, mas tem três altares, sendo os colaterais consagrados respectivamente a N. Sra. das Febres e aos Stos. Médicos (Cosme e Damião). Uma das suas paredes ostenta um quadro pintado a oleo com a inscrição— " Nossa Senhora das Febres "—e a SS. Virgem está rodeada de enfermos, dois dos quais lhe apresentam as suas súplicas por escrito bem legível (1). Há ali

(1) Esta inscrição foi trasladada pelo cónego F. X. Vás para o *Oriente Port.* vol. 8.°, pag. 48.

missa em todas as quartas feiras, além do dia da festa.

Capela da N. Sra. do Monte. E' situada no planalto duma pitoresca colina, para além do *passo secco* e próxima ao convento de S. Domingos. Neste oiteiro, que é freqùentemente mencionado pelos cronistas, os mouros haviam colocado alguns canhões de artelharia e bombardinhas, que produziram terrível efeito nas forças portuguesas por ocasião da tomada de Goa e ainda depois durante o inverno de 1511, quando tentaram reaver a cidade. Construída em 1557, a capela foi no decorrer do tempo provàvelmente mais duma vez reconstruida. E' abobadada e tem dimensões de uma razoável igreja, com tres altares, sendo o do meio consagrado à N. Senhora do Monte. Está-lhe ligada uma casa de dois pavimentos, com algumas celas e dependências para a morada do capelão. Residiram ali um inquisidor e os primeiros religiosos de S. João de Deus, como diremos no capítulo que trata desta ordem. No tempo do arcebispo Ornelas deu-se nela o retiro espiritual aos ordinandos. Posteriormente o sacerdote encarregado da capela residia ali obrigatóriamente e celebrava missa, além do período da novena e festa anual de N. Sra. do Monte, 15 dias em cada mês de verão e 10 nos da estação invernosa. Hoje cessando essa prática, o cabido faz celebrar duas missas no decurso de cada mês, além da novena e festa.

Capela da N. Sra. da Piedade. Próxima à ponte de Panelim existe esta capela construída antes de 1776, com agradável frontispício contra o rio. E' filial à igreja de S. Pedro, e tem duas confrarias ; uma das quais é a da N. Sra. dos Milagres, cuja imagem é tida em grande veneração.

Desapareceram as outras capelas, que havia nesta freguesia, como a da gloriosa S. Ana, da casa do conselheiro António de Melo Souto-Maior Teles; a da Assunção da N. Senhora, da casa de D. Bernardo Lopes; e a da N. Sra. do Rosário, situada no palmar Jambo ([1]).

Cristianização e construção das igrejas fóra da cidade

Por 1530 veio para a India, como vigário geral, enviado por D. João 3.°, o missionário Miguel Vás, que, pelo seu ardente zêlo, conseguiu converter ao cristianismo *muitos moradores das Ilhas de Gôa*, ficando os outros *firmes na crença da sua gentilidade por se consentir que fizessem seus ritos e cerimonias nos pagodes que adoravam.*

El-rei, informado dêste facto, ordenou que os pagodes fôssem derrubados e que, nas terras do seu senhorio, *se não consentisse aos gentios fazer nenhuma cerimonia gentilica*, afim de que *este rigor da misericordia os obrigasse a se converterem.* ([2])

O vigário geral, cumprindo as ordens régias e arrostando o ódio dos hindus, mandou destruir os seus templos situados nas ilhas, que, de facto, foram desfeitos em 1540.

Assim facilitada a expansão do cristianismo, levantaram-se pouco mais ou menos no mesmo ano seis ermidas em diversos pontos, como em Banastarim, Divar, Pangim, Batim, Carambolim e Cabo; e estava em construção a de S. Lourenço, de Agaçaim, e em projecto várias outras.

Nestas alturas, como as ermidas feitas e por fazer, precisassem de dotação para se manterem, o vedor da

([1]) *Jornal da Santa Igreja Lusitana do Oriente*, Bol. 1847.
([2]) *Bosquejo Hist. das Com.* P. 2.ª, pag. 10 e 11.

Fazenda, Fernão Rodrigues Castelo Branco, governador interino na ausência de D. Estevão da Gama, convocando, em 30 de Junho de 1541, os principais gauncares das comunidades das ilhas, quási todos ainda hindus, propôs-lhes que cedessem as rendas das terras (1) que haviam pertencido aos pagodes demolidos, a favor dessas ermidas e de um colégio de instrução projectado pela confraria de Santa Fé; e os gauncares, que não tinham a esperança de vêr reedificados os seus pagodes, e, lembrando-se de *que o dedicado ao divino não se devia despender no humano*, de bôa vontade fizeram a doação, já prèviamente *rogada.*

Dai em diante foi de facto aplicada uma parte dessas rendas para subsidiar as ermidas e os respectivos capelães, recebendo cada um dêstes 12 mil reis anuais, com a obrigação de celebrar missa aos domingos e dias santos, ensinar a doutrina cristã à gente da terra e cumprir os outros deveres do seu cargo (2); sendo destinada a outra parte ao seminário da Santa Fé, cuja construção principiou no mesmo ano de 1541.

Decorrido pouco tempo, em 1544 ou 48 as ordens religiosas estabelecidas em Goa concertaram entre si o inventário das missões, para que cada colectividade exercesse a sua acção dentro da área designada; e coube na partilha a província de Bardês aos franciscanos, que principiaram a sua conquista espiritual sob a direcção de Custódio Fr. João Noé. Êste religioso celebrou em 1550 a 1.ª missa em Verém, onde foi

(1) Os bens dos pagodes eram duas mil tangas brancas, que rendiam annualmente 768 pardaus. *Bosquejo Hist. das Com.*, P. 2.ª pag. 13 e 14.

(2) O ermitão do Cabo era obrigado a residir na casa ligada à ermida e vencia por isso, além do ordenado, 15 pardaus anuais. cit. *Bosquejo*, ibid.

fundada a igreja dedicada aos Reis-magos ([1]), erigindo-se sucessivamente outras, que foram administradas espiritualmente por êsses frades até 1766, em que passaram para a jurisdição do prelado diocesano, como veremos no capítulo—O Colégio dos Reis-magos—.

A península de Salsete pertenceu aos jesuítas, que em 1553 entraram em Cortalim, onde o Pe. Pêro Mascarenhas celebrou pela primeira vez, a 1 de maio dêsse ano, o santo sacrafício da missa, dedicand-o à conversão de Salsete, ([2]) sendo o primeiro convertido Pedro Francisco Mascarenhas, escrivão da Câmara geral; êsses padres foram implantando o cristianismo e construindo as igrejas, que, só depois da extinção da companhia, passaram para a jurisdição do arcebispo primaz, como se pode ver no fim do capítulo—O seminário de Rachol.—A primeira igreja que se levantou em Salsete, foi a de Rachol ([3]), e não a de Sancoale, como se diz. Da reacção que houve em Salsete mais tarde (1583) e dos mártires de Cuncolim temos falado à pag. 141 do vol. I.

Nas ilhas couberam 15 aldeias aos dominicanos, que na sua circunscrição levantaram logo 4 igrejas : a de S. Bárbara, em Morombim, a de S. Cruz, em Calapor, a de S. Miguel, em Taleigão e a de Sta. Magdalena, em Siridão; e foram sucessivamente erigindo outras. Os jesuítas tomaram também a seu cargo um grupo das aldeias das ilhas e fizeram as igrejas de

([1]) *Bosq. Hist. Com.*, Part. 2.ª, pag. 151.

([2]) *Oriente Conq.* D. 1, § 18, v. 2; Na peanha da Cruz junto à igreja de Cortalim existe uma inscrição que se refere a êste facto. Vid. *Annaes Marit e Col.*, vol. 5.º, pag. 208.

([3]) *Or. Conquist.* 1.ª parte. Conquist. 1.ª, div. II, § 59 ; e 2.ª Conqt. div. 2, § 8.

Agaçaim, S. Braz, Daugim, Divar ([1]), S. Tiago, Chorão e algumas outras.

Os agostinianos, que vieram mais tarde, construiram as igrejas de Neurá, onde paroquiaram até ao ano de 1775 ; e aceitaram a doação, que lhes fêz D. Francisco de Eça, da ermida de S. Inês, por êle construída em 1584, depois reedificada à custa do mesmo e elevada à categoria de igreja pelo arcebispo D. Fr. Aleixo de Menezes em 1606 ([2]).

As igrejas foram pela maior parte construídas à custa das comunidades. Algumas, mais de 116, deveram a sua fundação ao arcebispo D. Fr. Aleixo de Menezes ([3]).

A igreja da N. Sra. de Ajuda, de Ribandar, diz a tradição, ter sido construída por um comerciante português, em cumprimento de um voto feito em lance muito apertado no mar, antes de 1623. Foi reconstruída em 1711. E' espaçosa, tem 4 altares, sendo o principal dedicado à N. Sra. da Ajuda, cujo retábulo pertenceu ao colégio do Populo, e a casa paroquial é guarnecida de larga varanda para o lado do mar. Nesta igreja esteve depositado o corpo de S. Francisco Xavier, quando foi trazido de Malaca, por pouco tempo até que se concluissem os preparativos para

([1]) A primitiva igreja da Piedade (Divar) foi uma ermida construída à custa de Luis Dias, natural de E'vora, hoje reduzida a cemitério. A que actualmente existe, muito espaçosa e abobadada, foi construída em 1700. *Bosq. Hist. das Comunidades.* P. 2.ª, pag. 180, 185 e seguintes.

([2]) A igreja de Sta. Inês tem 3 altares, sendo um dos colaterais consagrado a N. Sra. do *Pôrto Seguro*, de particular devoção dos antigos marítimos e viajantes. Uma parte dos paroquianos de Pangim e de Taleigão foi modernamente adjudicada a essa igreja.

([3]) *Mitras Lusitanas*, pag. 34, 98.

a sua recepção na velha cidade.

A igreja de Pangim foi uma das 6 ermidas, a que se refere a convenção de 30 de Junho de 1541, havida entre os gauncares das Ilhas e Fernão Rodrigues Castelo Branco ; foi, portanto, construída antes dêsse ano (1541) ([1]) à ilharga do antigo bairro dos pilotos. E' pequena para a capital; tem 4 altares, sendo o principal dedicado à N. Sra. da Conceição, além da capela do Santíssimo, que é moderna, primorosamente aceada devido aos esforços do páraco, que foi, o pe. João Batista de Souza.

CAPITULO III

Ordens religiosas, seus conventos, igrejas e estabelecimentos de educação e ensino.

A)—Convento e igreja de S. Francisco de Assis

A primeira comunidade monástica, que se estabeleceu na India, foi a dos franciscanos, da congregação dos *observantes*; os quais se distinguiam dos *claustrais*, por professarem *observar* mais rigorósamente a sua regra e sôbretudo o voto da pobreza ([2]). A oeste da catedral e contíguo ao palácio arquiepiscopal existe ainda o seu convento, com a igreja dedicada a S. Francisco-dos-pobres. Em 1517 chegou a Goa Fr.

([1]) Cit. *Bosquejo Hist. das Communidades*, parte 2., pag. 187.

([2]) Estes religiosos foram os capelães das primeiras armadas portuguêsas, que vieram à India e converteram ao cristianismo muitos índios em diversas partes, mas a sua congregação fixou-se em Goa alguns anos depois da sua conquista.

António de Louro com mais oito franciscanos, trazendo ordens reais ao governador Lopo Soares de Albergaria para lhes facilitar a fundação de um mosteiro na cidade à custa do Estado. O governador cedeu-lhes umas casas e horta pertencentes ao tanadar João Machado, morto em Pondá, casas, que demoravam no sítio, onde ao presente está a cruz grande (cruzeiro) e o terreiro do convento. Os frades acomodaram-se nelas provisòriamente, formando uma capela com três altares, um côro com orgão dentro das grades e suspendendo o seu sino de dois postes. Formaram também algumas celas e a sacristia para o lado da horta ([1]). Mas, achando insuficiente e apertado o lugar para o vasto edifício que haviam traçado, obtiveram do govêrno superior a cessão do terreno adicional. Chegando a construção a certa altura, os proprietários das casas vizinhas entraram em litígio com os frades, queixando-se de ficarem privados de luz e ar, visto que as novas paredes lhes tapavam as janelas. O desgôsto, causado por êste conflito, que levava seus visos de malograr o plano, e pela avultada quantia despendida pelo govêrno, abreviou a vida de Fr. António, que faleceu antes de liquidar a questão. Os seus companheiros foram mais felizes ; continuaram as obras com a mesma solicitude e conseguiram vingar a idea, tendo-se despendido 60 mil pardaus de ouro na construção do elegante edifício. Os franciscanos mudaram-se imediàtamente para a nova casa, demolindo ([2]) a que lhes servira de residência temporária. (1521 ou 22). Tendo passado logo por umas reformas ligeiras, o *grande convento*, como lhe

([1]) *Lend.*, vol. 2.º, pag. 588.—*An hist. and arch. Sketch* etc. pag. 220.
([2]) Cit. *Lend.*, vol. 2.º, pag. 538.

chama S. Francisco Xavier, já abrigava em 1548 quarenta frades, que, poucos anos depois, eram subsidiados pelo govêrno com artigos de consumo diário, no valor de 2 mil pardaus anuais, sendo-lhes ainda cedidas e incluídas na horta algumas casas pequenas.

Em 1583 foi elevada esta comunidade à categoria de *Província de S. Tomé da India Oriental*; mas dêste título usou sómente desde 1622.

Após um século e meio, o edifício denunciou iminente ruína; conseguintemente, em 1762, foram-lhe reedificadas as celas do dormitório do *Ruto*, a portaria e as celas contíguas à *aula da Assumpta*. O provincial Fr. António de Pádua, em 1765, acrescentou o dormitório do *Guardião* com a *portaria do carro*, mandando lagear os claustros e a casa dos Lava-pés [1].

Contudo, ainda hoje o convento é digno de atenção. No corredor contíguo à portaria principal, que se abre para o sul, principia a subir para o andar superior uma longa escadaria de granito, de 32 degraus e daí se dirige, por outros 22 degraus, ao dos *Gates*, que é o segundo andar ou 3.° pavimento contíguo à igreja. O primeiro andar nobre comporta 30 celas e, em diversos pontos, 6 câmaras espaçosas, que provàvelmente eram destinadas à habitação dos que exerciam os 6 cargos superiores da comunidade, a saber: o *Guardião*, 2 *Definidores*, *dois Visitadores* e o *Mestre dos noviços*. O andar dos Gates contém apenas duas salas, que constituiam a residência do prelado ou provincial, que em certas festas solenes aparecia à testa de toda a Comunidade em lugar superior ao do Guardião e então funcionava em todo o ofício da igreja [2].

[1] F. N. Xavier, *Resumo hist.* da vida de S. Francisco Xavier, pag. 23.

[2] Cottineau 114; *Resumo hist.* 25.

Os seus vastos corredores são contornados por uma larga varanda assente no pátio central sôbre lindas e sólidas arcadas. O rez-do-chão compreende, além de algumas celas, a casa do noviciado, as aulas, o espaçoso refeitório, a enfermaria e outras dependências. O dormitório principal, que olha para o adro da igreja, incluindo no seu pavimento inferior o referido noviciado, é construído, em parte, sôbre a terra e, em parte, sôbre uma abóbada sólida, feita na ocasião para elevar o nivel baixo do terreno adjacente e servir de base firme ao edifício ([1]).

([1]) Esta abóbada rodeou-se por muito tempo da seguinte lenda errónea, que passava por fidedigna: Nas crónicas franciscanas encontrava-se escrita a tradição de que os religiosos de S. Francisco, tendo acompanhado o conquistador de Goa em 1510, fundaram logo o seu convento *sôbre a mesquita grande dos mouros*, e a converteram em igreja provisória, tendo sido ali celebrada a primeira missa depois da conquista; e que essa mesquita ou igreja provisória era o compartimento térreo (que ainda existe), compreendido pela referida abóbada.

Na fé dessas crónicas muitos escritores, desde o abade Cottineau até Filipe Nery Xavier, e o conselheiro Cunha Rivara, e ainda os relatórios oficiais, seguiram essa tradição.

Posteriormente, porém, as *Lendas da India*, de Gaspar Correa publicadas em 1860, por ordem da Academia Real das Sciências, de Lisboa, vieram relatar por menor os primórdios do convento franciscano, resultando daí ficarem desmentidas completamente as crónicas dos frades, por forma que o conselheiro Cunha Rivara se apressou a rectificar no *Bol. do Governo do Estado da India*, n.º 62, de 1872, pag. 365, o que havia escrito no seu *Ensaio Historico da Lingua Concani*, em 1858.

Pois, como está dito, as primeiras missas depois da conquista de Goa foram celebradas pelos religiosos, que acompanharam Albuquerque, numa das varandas do castelo de Adil-khan, onde residia o conquistador; e a primitiva igreja dos franciscanos, que vieram estabelecer-se em Goa em comunidade monástica no ano de 1517, foi a antiga casa de João Machado. *Lendas*, vol. 2.º pag. 538. Vid. *Notícia hist. e Leg. da Instrução Pública* por pe. Filipe Nery de Souza, pag. 16 e 17, nota.

A pintura mural do claustro, que representa o martírio dos religiosos da ordem por todo o oriente, é em geral de execução medíocre; mas é um documento importante do seu zêlo e fervor pela propagação da fé; e principia desde os primeiros religiosos, que no ano de 1500 vieram de Portugal para a conquista espiritual da India na armada comandada por Pedro Alvares Cabral, sendo alguns dêles martirizados pelos mouros em Calicut

Êste convento, antes de 1600, era a casa capitular ou provincial de vários outros dessa Religião, que sucessivamente haviam sido fundados quer em Goa, quer em outros pontos orientais. Mas, nos princípios do século XVII, em conseqüência das desinteligências que houve entre os frades do convento principal e os da Madre de Deus, na freguesia de Daugim *de cima*, separou-se esta última casa com autorização superior e anexou-se à congregação reformada dos franciscanos, chamados na Itália *recolectos* e em Portugal franciscanos reformados.

Divididas por esta ocasião as casas monásticas entre as duas congregações, o convento da Madre de Deus tornou-se a casa provincial dos franciscanos reformados, que se chamaram Capuchos e tiveram a seu cargo em Goa o convento da N. Sra. do Cabo, na extremidade ocidental da Ilha de Goa, hoje residência do governador geral, e o colégio da Nossa Senhora do Pilar, ao sul da cidade; e, fóra de Goa, um convento de S. António, em Taná, outro, da Madre de Deus, em Chaúl, construídos por êles, e os conventos de Macau, Damão e Diu, que eram 12 ao todo; e as missões de Surrate, Travancor, Raichur, Aquém, Pegu e muitas outras; e no morro de Chaúl uma igreja da Sra. do Monte.

Os franciscanos observantes ficaram possuindo, em Goa, o colégio de S. Boaventura na cidade, e em Bardês um grande colégio ligado à igreja dos Reis-Magos, o hospício de Valverde na mesma freguesia, e o colégio ou hospício da Sra. de Saúde, no monte de Guirim. Fóra de Goa tiveram em Bassaim o convento de S. António e 14 igrejas ; na ilha de Caranjá um convento e a ermida da Sra. da Penha, e nos logares vizinhos 18 igrejas ; em Chaúl o convento de Santa Bárbara e 6 igrejas ; no sul da India 7 conventos, 4 colégios com seus seminários e 112 igrejas ; um hospício e a igreja de N. Sra. da Luz, em S. Tomé de Meliapur ; no reino de Pegú 3 igrejas e no de Ava 9 igrejas e 7 capelas.

O hábito dos franciscanos consistia em uma longa túnica preta de algodão, com grande capêlo e um cordão branco com nós na cintura, mas sem escapulário ; não usavam barba. Como eram pobres, pediam esmola em épocas determinadas do ano, a qual, segundo a regra da sua Ordem, não aceitavam em dinheiro. O seu provincial e o guardião eram eleitos trienalmente em capítulo. As eleições eram muito disputadas, resultando daí às vezes sérias desordens. Ao tempo de Cottineau (1827) o número dos franciscanos observantes, que assistiam no convento, era trinta, entre professos, noviços e leigos.

A igreja, que é contígua ao convento, e olha para o oeste, completou-se em 1521, e foi sagrada com o título de Espirito Santo pelo arcebispo D. Fr. Aleixo de Menezes, em 1603. Decorridos muitos anos, e ameaçando ruína, foi reedificada à custa de contribuições voluntárias dos católicos, sendo-lhe lançada de novo a primeira pedra em 1661. " O arquitecto, escreve Cunha Rivara, teve a discreção de conservar na igreja restaurada o primitivo portal, o qual é prov elmente hoje o único fragmento, que em toda a Asia resta, da nossa arquitectura portuguesa dos prir cípios do século XVI. Assim mesclada, representa e ,ta igreja as duas memoráveis épocas da história dos portugueses na India; a época gloriosa da conquista, sob os auspícios do felicíssimo rei D. Manoel, e a época lastimosa de D. Afonso 6.º, em que os membros do grande império português se laceraram e disconjuntaram" (¹).

Os ornatos e molduras dêsse portal são de pedra preta custosa e curiosamente lavrada. As portas colaterais são relativamente estreitas. A cada uma destas aberturas correspondem, por cima, duas amplas janelas, uma acima da outra, que alumiam profusamente a galeria do fundo.

Esta imensa igreja, bem construída e abobadada, recorda os numerosos triunfos da fé, ali realizados com grande aparato, as festas em que milhares de catecúmenos foram ali solenemente batizados, e os *autos da fé* celebrados pela Inquisição na presença do vice-rei e da sua côrte e nos quais os penitenciados abjuravam os seus erros, etc. Tem de comprimento 190 pés sôbre 60 de largura. A sua arquitectura externa pertence à ordem toscana e a interior à mosaico-coríntia.

O pavimento é coberto de numerosas campas com curiosas inscrições e brazões de armas, sob as quais repousam ilustres cavaleiros e ricas donas portuguesas. Havia seis altares no corpo da igreja e dois no cruzeiro, que com o altar-mór completavam o número de nove: mas, quatro dos primeiros estão hoje despojados de seus ricos retábulos, que foram distribuídos por várias igrejas, depois da extinção das ordens religiosas (²). O magestoso retábulo do altar principal, que é um pri-

(¹) *Ensaio hist. da Lingua Concani*, pag. 415.

(²) Dois dêstes retábulos, o da Porciúncula e o das Chagas do Santo Patriarca passaram para a igreja de Seraulim; um dos outros dois, o do altar de S. Isabel, rainha de Portugal, para a de Corta-

moroso espécimen da arte e todo dourado, tem um colossal crucifixo, figurando ter o braço direito despregado da cruz e abraçando a imagem de S. Francisco, patriarca da ordem, de joelhos sôbre um estrado, em cuja face visível se leem em letras maiúsculas=*Pobreza*, *Humildade*, *Obediência*=.

Mais em baixo, mas à altura de quási 3 metros acima do solo, e em um soberbo nicho, que é aberto pela parte detraz, se vê um grande tabernáculo octogonal de fino lavor, ricamente dourado e sustentado pelas figuras dos quatro evangelistas. Êste tabernáculo, que, alem de preencher o fim de guardar o santo cibório, servia também para a exposição do Santíssimo Sacramento, tem portas de vidro cobertas com as de madeira delicadamente entalhada e dourada. Removidas as portas de madeira por ocasião daquela solenidade, a vidraça apresentava em toda a luz o Divinissmo à adoração dos fieis.

Entre o altar e o retábulo abre-se uma passagem que atravessando a base do mesmo retábulo chega a uma divisão bem alumiada, donde sobe uma escadaria de pedra preta para os compartimentos superiores, que dão acesso ao tabernáculo e o protegem pela retaguarda, abrigando ao mesmo tempo os vigias do Santíssimo exposto.

Ao presente a douradura do retábulo acha-se muito amortecida.

As paredes da capela-mór são revestidas de interessantes quadros representando a vida do fundador da ordem. Mas é de impreterível necessidade que a sua

lim; e o outro, dedicado à Sra. dos Milagres, para a de Margão, para onde foi levado também um dos órgãos. Conf. *Bosq. hist. das Com.* part. 2.ª, pag. 139 e 148; o *Inventário* feito por ocasião da posse do administrador pe. Manoel do Carmo, sucessor do cónego Estêvão Jeremias Mascarenhas, em 3 de Abril de 1843.

abóbada seja varrida dos bandos de morcegos pequenos, que tem assentado nela seus arraiais e invadem a capela-mór criando um ambiente pouco respirável. Os dois altares colaterais são dedicados a S. António e a Sto. Cristo ; e os que existem no corpo da igreja à Sra. da Conceição e à Sra. das Dores. No cruzeiro, entalhado na parede do lado da epístola, vê-se o sarcófago de pedra preta lavrada, de Manoel de Moura Rolim, *fidalgo da casa de S. Alteza e do seu conselho e cavaleiro da ordem de Cristo.* Tanto a capela-mór como o cruzeiro se vêm desguarnecidos das respectivas grades, uma das quais passou para a igreja de Margão (1).

Esta igreja nunca teve o côro na capela-mór, mas sim na galeria do fundo, o qual ainda se acha bem conservado com as suas 90 cadeiras de espaldar, em fileiras duplicadas. A galeria não é espaçosa ; em compensação, porém, tem abundante luz e ar; e as paredes estão recamadas de 60 quadros de vários santos da ordem.

A igreja não está profanada, como muitos escrevem ; soleniza-se ali, com precedência de novena e vésperas, a festa de S. Francisco, em 4 de Outubro, embora com pouca concorrência. A sacristia, que fica ao norte, é suntuosa e abobadada. Era riquíssima principalmente em cálices e outros vasos sagrados; mas hoje está completamente desvestida dos seus arranjos.

Nos corredores térreos dêste convento, que carecem de reparações encontra-se o museu lapidar arqueológico, dividido em 4 secções: arte hindú, monumen-

---

(1) Cit. *Inventario* de 1848. Devemos estes esclarecimentos, tirados do Inventário do Convento, ao sr. cónego Franklin de Sá, bem como ao sr. Ricardo Teles, que nos prestou algumas informações, aos quais ambos agradecemos a benevolência.

tos sepulcrais cristãos, exemplares de arquitectura civil e fragmentos de cerámica ([1]).

Fronteira à porta da igreja e no extremo oposto do terreiro, que é todo calçado de pedra, eleva-se uma grande cruz de granito sôbre peanha de alvenaria.

Ao presente reside no convento um dos cónegos da Sé, que é o seu administrador, nomeado pelo govêrno, percebendo da Fazenda 204 rupias anuais.

Colégio de S. Boaventura

Fundado em 1602 nas margens do Mandovi, à pequena distância do arsenal ao oeste, o colégio de S. Boaventura, pertencente aos franciscanos observantes, era um edifício de dois pavimentos só, mas vasto e notável, sôbretudo, pela elegância das suas arcarias e pilares, que sustentavam as duas ordens de compridos e largos corredores do seu claustro todo assoalhado. A sua fachada principal deitava para o sul confinando com a estrada pública, que partindo de Banguinim para Goa atrevessava então o terreiro do colégio. Os dormitórios eram comuns e sem distinção, segundo afirma Gemelli Carreri, que o visitou em 1695. O colégio tinha uma biblioteca, uma enfermaria e duas capelas, sendo a interior dedicada à N. S. da Assunção, e a outra, chamada *capela da portaria*, a S. Francisco de Assis, cuja imagem era semelhante a que se encontra no convento principal. Ambas as capelas possuiam lindos retábulos ([2]).

A construção foi principiada pelo custódio Fr.

([1]) *Or. Port.*, vol. IV, pag. 42.
([2]) *Bosquejo hist.* por Cottineau pag. 114, cit. *An hist. and arch. Sketch.*, pag. 242.

Miguel de S. Boaventura à custa de 200 mil xerafins, fundo que, havendo sido coalhado pelas fidalgas portuguesas de Bassaim para a erecção de um mosteiro de clarissas em Goa, aguardava, por não ter vingado o projecto, algum destino similar, correspondente à intenção das doadoras.

Leccionava-se ali a filosofia e a teologia para os religiosos que viessem do convento principal habilitados em latim e outras disciplinas preparatórias. Houve também por algum tempo uma escola da lingua concani.

A sua igreja, ao lado oriental, era pequena e encerrava apenas três altares, sendo o altar-mór consagrado a S. Boaventura.

Pelo alvará régio de 16 de Abril de 1617 foi concedida ao estabelecimento a ordinária de mil xerafins; mas vinham juntar-se a esta receita as esmolas eventuais das missas, dos acompanhamentos e de sufrágios pelos soldados brancos do primeiro regimento e da legião dos voluntários reais de Pondá, que eram enterrados no capítulo e no claustro dêste convento.

Em 1765 o edifício, bastante decaído, foi reparado e melhorado pelo provincial Fr. António de Pádua, sendo nesta ocasião reformada a igreja, a sacristia e os retábulos do altar.

Decorridos tempos, os franciscanos, provàvelmente por insalubridade do sítio, transferiram as cadeiras de instrução para o convento principal; e o colégio de S. Boaventura ficou complètamente abandonado, de maneira que, na época da visita de Cottineau, estava confiado à guarda de dois frades e um irmão leigo.

Suprimidas as ordens religiosas em 1835, o colégio foi entregue à administração de um egresso da mesma ordem, apropriando-se a Fazenda de seus bens na importância de 64.817 xerafins e 4 tangas. A excelente imagem de S. Francisco de Assis, já mencionada, com o seu rico retábulo, foi trasladada em 1818, logo depois do abandono do colégio, para a igreja de Nagoá, de Bardês, e, depois da extinção, passaram, em 1838, 2 retábulos para a igreja de Guirim e o púlpito para a de Calangute [1].

Em 1840 projectou-se organizar no edifício dêste colégio uma casa experimental de trabalho, recolhendo nele os órfãos menores e desamparados, para receberem o ensino moral, religioso e fabril das manufacturas que mais consumo tinham no país; mas não se chegou a executar.

Por ocasião da exposição do venerando corpo de S. Francisco Xavier, realizada em 1859, foi destinado o colégio vago para o aquartelamento da fôrça militar, para ali destacada.

Sob proposta da comissão nomeada pelo govêrno em 1870, para inspeccionar os edifícios públicos da velha cidade, foi demolida esta casa sem deixar sequer os vestígios. O terreno vendido é hoje um grande palmar.

Foi neste colégio que alguns religiosos díscolos se atreveram a praticar, em 14 de Novembro de 1694, um inaudito desacato ao Santíssimo, que vem referido na seguinte carta do vice-rei, conde de Villa-Verde: "Hontem, que se contaram 14 do corrente, estando no colegio de S. Boaventura o visitador e provincial dos observantes da provincia de S. Tomé deste Estado com alguns vogaes, que se iam congregando para o capitulo que intentavam fazer a 17 n'aquella casa, succedeu que sahiram do convento 17 frades, os mais d'elles moços, armados com bacamartes, pistolas e catanas, e ás quatro horas de tarde entraram no dito collegio com escandalo e estrondo, e obrigaram ao seu visitador

(1) *Bosq. hist. das Com.*, 2.ª p., pag. 149, 15[illegible].

lançasse fora o religioso, que tinha posto por presidente n'aquelle collegio mettendo de posse de força o guardião d'elle, que estava suspenso, e, usando de todos estes meios tão abominaveis para que se lhe não elegesse por provincial um Fr. João de S. Tiago, que determinava eleger a outra parcialidade. Vieram dar-me parte d'este successo alguns religiosos velhos, e mandei logo participal-o ao arcebispo, que na forma da ordem que n'esta monção teve de V. M., me deu os seus poderes para os prender, implorando o auxílio do braço secular contra elles. Mandei o Ouvidor Geral do crime ao dito collegio, onde o não quizeram receber os frades amotinados, tendo fechadas as portas, reclusos o visitador, provincial e os mais vogaes que alli se achavam. Mandei cercar-lhe o collegio de noite, e de manhã, porque crescia cada vez mais a resistencia, lhe mandei chegar uma galiota ás paredes do collegio, e assestar-lhe a artilharia, a ver se este terror os intimidava ; porém não foi bastante, por que persistiram no seu intento, e com pouca decencia e respeito expuzeram o Santíssimo Sacramento em uma janella do dormitorio que cae para o rio. Ultimamente lhe mandei chegar uma peça por terra á portaria, e vendo que com resolução lhe davam fogo para lhe levar a porta, a abriram e se entregaram. Trouxe o Ouvidor Geral a todos presos, e com consentimento do visitador e provincial, os mandei uns para a Aguada e para o pharol d'ella os cabeças, outros para Mormugão, onde ficam presos para os castigarem os seus prelados, e eu terei attenção a que o castigo faça exemplo».

Triste exemplo de indisciplina ; mas felizmente os desordeiros foram punidos e eram só 17, o que prova que a maior parte da comunidade era observante da sua regra. Com a extinção desta Ordem a Fazenda arrecadou 320,417 xerafins e 2 tangas.

CAPÍTULO IV

Continuação das Ordens religiosas

B)—Companhia de Jesus, Seminário de Santa Fé, Colégio e Igreja de S. Paulo dos Arcos

Em 1541 dois clérigos seculares, Diogo de Borba e Miguel Vás, instituiram uma confraria, denominada de *Santa Fé*, com o encargo de perseguir a idolatria e favorecer a propagação da religião católica. Agregaram-se a esta associação numerosos fidalgos juntando os seus avultados donativos às rendas dos estintos pagodes das Ilhas, já cedidas pelo govêrno local a êsses eclesiásticos para fundarem um colégio, que pudesse instruir os novos convertidos de todas as nacionalidades orientais e habilitá-los à prègar o evangelho nas suas próprias linguas a diferentes partes da Asia.

Começando a construção do colégio em 10 de Novembro do mesmo ano, na rua de *Carreira dos Cavalos*, sôbre as ruínas duma grande mesquita, concluiram-se as obras em pouco tempo, sendo dedicada a igreja à *Conversão de S. Paulo* e aberta ao culto divino com aparatosa solenidade em 25 de Janeiro de 1543, em que se cantou ali pela primeira vez a missa, que foi acolitada por dois discípulos indígenas do padre Borba, desempenhando os outros a parte coral. (1)

De aqui veiu ao estabelecimento o nome de *Colégio*

(1) *Lendas*, vol. 4.°; pag 28.°9, *Oriente Conquistado* vol. 1.°, pag 81 e

de S. Paulo, o qual se chamou também o *Seminário de Santa Fé*, pelo título da confraria, embora êstes dois nomes chegassem posteriormente a designar dois institutos diferentes.

Emquanto o colégio estava em construção, entrou em Goa, a pedido de elrei D. João 3.°, a companhia de Jesus, na pessoa de um dos seus mais ilustres e mais venerandos representantes, o padre mestre Francisco Xavier, que chegou aqui em 6 de Maio de 1542, nomeado pelo papa Paulo 3.° *Núncio Apostólico.* (1)

O grande apóstolo do oriente, depois de se ter apresentado de joelhos ao bispo da India, dando neste acto um belo exemplo de disciplina aos capitães insubordinados, escolheu para a sua residência o Hospital Real e, tendo trabalhado incansàvelmente em servir os enfermos, ainda os do hospital dos leprosos e conseguido reformar os costumes da cidade pelo exemplo da sua vida santa, pela pregação e ensino da doutrina, e sôbretudo pela sua intrépida caridade, partiu, no meado de outubro do mesmo ano, em missão para a Costa da Pescaria.

Durante o primeiro período da sua existência, o seminário da Santa Fé ou de S. Paulo educou cêrca de 80 alunos, naturais de diversos pontos da Asia, alguns dos quais pregaram mais tarde fructuosamente o evangelho aos seus patrícios em idiomas vernáculos. Enriquecido como estava, com as rendas dos pagodes demolidos, que em 1543 já atingiam a elevada cifra de 4 mil cruzados por ano, e à sombra da protecção da nobreza da cidade, o estabelecimento seguiu sem dificuldade o seu caminho de progresso, sendo sucessivamente ampliado o primitivo edifício. Cres-

(1) *Hist. da vida do p.^e Francisco Xavier* por Lucena, vol 1.°, pag. 144.

ceu porém a sua importância quando o padre mestre Francisco Xavier, regressando da missão da Pescaria em 1544, veio, a pedido do pe. Borba, residir neste seminário, trazendo consigo das Molucas alguns meninos para a educação. Até essa data a administração temporal do estabelecimento estava a cargo dos mordomos da confraria de Santa Fé.

Depois da morte do padre Borba (1548) o seminário foi entregue com formalidades legais ao grande Xavier, que o recebeu em nome da companhia de Jesus, e mandou vir da Europa alguns missionários para os empregar na direcção do estebelecimento, ós quais chegaram a Goa no mesmo ano.

A reitoria do seminário foi confiada ao padre Paulo Camerte, jesuíta notável pela sua virtude e saber, e pelos seus estudos e prática de medicina e o qual, vindo de Moçambique ao tempo do padre Borba, estava incumbido do ensino da gramática.

O soberano português, aprovando a instituição, que tinha por objectivo a propagação do cristianismo, concedeu-lhe, por carta régia de 8 de Março de 1546, uma dotação especial de 800$000 réis anuais, confirmando ainda, pouco mais tarde, a concessão de todas as propriedades dos templos hindus, feita pelo governador Jorge Cabral em 1550 (1).

Favorecida assim de todos os lados, a instituição adquiriu um grande e rápido desenvolvimento material e moral. Apeado o antigo edifício, foi no mesmo lugar construído um outro mais vasto, ou conforme o *Oriente Conquistado*, foram levantadas duas casas distintas (mas ligadas entre si por um compartimento de passagem, como parece dizer Pyrard) (2); uma

(1) Arch. Port. Or. Fas. 5.º, doc. 100 e 115

(2) *Viagem de* F. Pyrard, tomo 2.º, pag. 83.

com o nome de *Seminário de Santa Fé*, para a acomodação e educação dos estudantes, e a outra, com o de *Colégio de S. Paulo*, destinada sómente para a residência dos padres da companhia, que de S. Paulo se chamaram Paulistas e não, como disse o viajante Baldaeus, do papa Paulo 3.°, que os mandara para aqui, nome que, pelo tempo, se tornou o símbolo de prodigiosa actividade, sendo rodeado pelo povo de lendas fantásticas. Nesta ocasião o seminário foi reorganizado pelo santo Xavier, e dividido em duas estâncias ou secções, devendo ministrar-se na primeira a instrução elementar a 100 rapazes entre filhos de procedência oriental e órfãos de pais portugueses, e na segunda o ensino de latim, música, retórica, filosofia e teologia, aos que tivessem dado provas de aptidão para as letras e boa índole para o sacerdócio.

Os que se mostrassem ineptos para os estudos superiores eram despedidos ou empregados em diferentes misteres. O hábito que usavam os estudantes era a loba branca com uma cruz vermelha ao peito.

Mas, como o seminário instruia, conforme a intenção de seus fundadores, sómente os alunos pensionados que se dedicavam ao serviço das missões, e não era acessível aos que aspirassem a outras carreiras, foi preciso, pelo tempo, abrir estudos no colégio de S. Paulo, o que se fêz em 1556 por determinação de D. João 3.° Êstes estudos consistiam em três classes de latinidade e um curso de filosofia numa cadeira de moral e, mais tarde em um curso de teologia especulativa, e eram públicos e gratuitos para todos, ficando o seminário de Santa Fé anexo ao colégio sob o regímen superior do seu reitor.

A êste tempo o santo Xavier, havendo de partir para Japão, nomeou para reitor do colégio o pe. António Gomes, o qual, na sua ausência, provocou reclamações por ter expulsado do seminário, contra o fim que presidiu à sua instituição, todos os meninos indígenas, substituindo-os por filhos dos europeus, alémde receber na companhia, como noviços, 25 mancebos também europeus, sem terem a instrução precisa. Voltando o apóstolo para Goa, em Fevereiro de 1559, reparou estas irregularidades, reduzindo o seminário aos princípios da sua fundação, exonerou o pe. Gomes do cargo de reitor e o expulsou da companhia de Jesus. No logar vago de reitor foi provido o pe. Gaspar Barzeu, que, havendo obtido na sua missão de Ormuz sucesso prodigioso, viera desta cidade anunciar o primeiro jubileu concedido à India.

Progredindo ràpidamente, sob a direcção dêste reitor e de seus sucessores, o instituto de S. Paulo, que havia sido dotado pelo pe. Barzeu de nova organização de estudos e de vários melhoramentos de ordem moral, tornou-se, em pouco tempo, a casa principal e o centro das operações dos jesuítas no oriente e contando mais de 300 colégios com suas igrejas em diferentes partes de Asia, sujeitos à sua jurisdição. Em 1568 o colégio era habitado por 88 padres da companhia e frequentado por 3 mil alunos, que, pela maior parte, vinham das nações orientais, convertidos e enviados pelos jesuítas missionários.

Estava anexo ao colégio um grupo de institutos: um noviciado, a casa professa, um hospital aberto pelo pe. Paulo Camerte em 1551 para os indígenas pobres, cristãos e hindús, suficientemente provido e subsidiado pela Fazenda; uma casa de catecúmenos, que havia sido fundada em 1553 e dirigida pelo zêlo apostólico do pe. Gaspar Barzeu (1) e o mencionado seminário de Santa Fé.

(1) Conforme as *Intituições Port.* pag. 44, havia nesta casa 300 catecúmenos.

Além disto existia no colégio uma vasta biblioteca e, desde 1556, uma tipografia bem montada; pois foi neste ano que os jesuítas introduziram a imprensa na India, saindo dos seus prélos « *As Teses* ou *Conclusões públicas* » defendidas no colégio (o primeiro livro impresso por João Bustamante) e depois, em 1557, o *Catecismo de Doutrina cristã* por S. Francisco Xavier. (1) Após estas produções vieram à luz várias outras, entre as quais se contam os *Colloquios dos simples e drogas medicinais*, do doutor Garcia da Orta (2), uma poesia de Camões, dedicada ao vice-rei D. Francisco Coutinho, conde do Redondo—que aparece nesses *Colloquios*, logo depois da dedicatória do autor e é reputada como a primeira poesia impressa de Camões, que a êste tempo se achava em Goa—e o *Compendio espiritual da Vida christã*, escrito pelo primeiro arcebispo D. Gaspar de Leão Pereira.

O edifício de S. Paulo, a-pesar-de muito vasto, dificilmente podia acomodar tantas instituições. Neste apêrto a epidemia que lavrava na cidade, invadiu o colégio, vitimando sucessivamente, segundo se refere, 58 padres. Por êstes motivos e principalmente pelo da insalubridade, a companhia comprou no monte da Sra. do Rosário um edifício para a residência dos seus doentes, do qual falaremos adiante a pag. 56. Contudo, o colégio de S. Paulo não foi abandonado; mas continuou a ser por muito tempo o instituto central dos jesuítas na India, cursando ali os

(1) Vid. J. and P. of A. S. B. vol. 9 (1913), pag. 155. *Imprentas* etc. por Gomes Rodeles; e a carta do Patriarca de Etiopia, D. João Nunes Barreto, de 6 de Novembro de 1556, dirigida ao padre Aloísio Gonsalves—Art. do sr. Leão Fernandes em *O Heraldo* de 17-3-1922; e *A Evolução do Jornalismo* pelo Dr. António Maria da Cunha, pag. 1-2.

(2) *Impresso em Goa a 10 de Abril de 1563*, como se lê no frontespício.

estudos ainda em 1608, segundo o testemunho de Pyrard, milhares de alunos como dantes, e recebendo, como sempre, a instrução gratuita sob a direcção de mestres muito hábeis e insignes poliglotas. Os padres da companhia tinham por autoridade apostólica a faculdade de conferir na India o grau de *mestre em artes* e ainda o de *doutor*. Os estudantes estavam distribuídos em diferentes classes, e para se estimularem ao trabalho eram entretidos ocasionalmente com récitas teatrais, bem assim com umas diversões, em que figurando companhias de infantaria e cavalaria, formadas em linha de batalha, simulavam renhidos combates. Antes de começar a aula ouviam missa na igreja de S. Paulo e, findos os trabalhos escolares, voltavam em grupos para suas casas, compondo-se cada grupo de meninos moradores do mesmo bairro e, sendo menores de 15 anos, cantando nas ruas o catecismo e orações em voz alta. Esta louvável prática, que tinha então por fim atrair os infiéis ao cristianismo, passou depois para as escolas paroquiais de Goa, abertas desde 1545 por ordem do govêrno superior, com a diferença de que o catecismo era rezado em voz alta nas ruas. Ainda hoje subsiste êste piedoso costume em algumas freguezias.

Nas horas vagas os colegiais visitavam e serviam os enfermos, assistiam aos funerais dos pobres e explicavam a doutrina cristã ao povo. Todos os domingos à tarde iam em forma de procissão com os seus mestres e outros jesuítas, levando cruzes e bandeiras e cantando hinos durante o trânsito, para a igreja do Bom Jesus, onde um clérigo lhes ensinava o catecismo e pregava o sermão. Numeroso povo tomava parte nesta solenidade, que assim se tornava verdadeiramente imponente (1).

---

(1) Vid. *Viagem de Indias Orientais* por F. Pyrard

Em 1610 as escolas foram transferidas para o novo edifício, construído no monte do Rosário, ficando no anterior apenas as aulas das primeiras letras e o noviciado, que, mais tarde, foi mudado para a ilha de Juari e daí para a de Chorão, para as casas, que o patriarca da Etiópia, D João Nunes Barreto, havia construído para a sua residência. O colégio foi declinando.

A primitiva igreja dêste colégio, embora não fôsse suntuosa nem opulenta, logrou todavia a maior celebridade, realizando-se nela um certo número de factos mais notáveis nos anais da religião católica na India. Pois, foi neste templo pregado pelo padre Gaspar Barzeu o primeiro jubileu plenissimo, concedido à India a pedido de S. Inácio e de S. Francisco Xavier, e nesse ano se introduziram ali pela primeira vez as representações dos Santos Passos da Paixão de Cristo, precedidas de sermão, e as procissões penitenciais da quaresma, que se faziam nas sextas-feiras, com assistência de toda a nobreza da cidade, cantando a ladaínha em coros distintos os colegiais de S. Paulo e os seminaristas de Santa Fé, que lhes levavam a precedência. Eram estas as procissões que se chamavam de *disciplinantes*, porque nelas iam encorporados alguns devotos que se flagelavam com rigor e aspereza, escorrendo-lhes às vezes as carnes em sangue. Os feridos e desmaiados recebiam em um logar apropriado, pronto tratamento e melhor confôrto. Êste costume de penitências públicas, importado de Portugal pelo padre Barzeu, durou aqui mais de dois séculos, até que foi proibido pelo arcebispo D. Fr. Francisco de Assunção e Brito em 1775 ([1]).

Foi na igrega de S. Paulo que se viram pela primei-

([1]) *Oriente conquistado*, conq. 1 div. 1858 ; *Mitras Lus*. pag. 306.

ra vez várias instituições, que passaram para as paróquias, como os mestres de capela, as missas cantadas ao acompanhamento de órgão, as procissões de meninos, coroados de flores artificiais, cantando hinos em latim e concani, e espalhando flores levadas em salvas ou pequenas bandejas, durante a novena da Sra. do Monte e aos sábados, e diversas outras cerimónias edificantes. Foi naquele templo que S. Francisco Xavier pregou o evangelho a milhares de povos e ficou depositado o seu venerando corpo, quando veio de China. Foram ali solènemente batizados os embaixadores dos reis de Ceilão e de Cambaia, os três primeiros japoneses que abraçaram o cristianismo, uma princesa de Bijapur e um imenso número de pagãos.

Em 1560, achando-se esta igreja em estado ruinoso, os jesuítas tiveram de a demolir e principiaram a reedificá-la em três naves de amplas dimensões, lançando-se a primeira pedra a 25 de Janeiro do mesmo ano com solenidade nunca dantes vista na India. Vinte anos depois, o novo edifício, tão grandioso e de ordem dórica, a despeito da solidês da sua construção, apresentou algumas fendas numa das paredes, o que obrigou a levantar, como suporte, três soberbos arcos, que passavam por cima duma larga rua, ficando a igreja, desde esta época, conhecida vulgarmente por *S. Paulo dos Arcos.*

A festa da conversão de S. Paulo, a 25 de Janeiro, era neste templo solenizada anualmente com ruidosa pompa, à qual ia assistir o vice-rei, acompanhado de 200 ou 300 fidalgos, montados em cavalos ricamente ajaezados, sendo recebido na proximidade da igreja por todos os estudantes do colégio, que vestidos de sêdas, e formados em duas linhas, uns a cavalo, outros a pè e todos armados, marchavam na dianteira do vice-rei. Nesta ocasião realizava-se ali a cerimónia de batismo solene, precedendo um sermão apropriado. Depois da festa, e sómente neste dia, o vice-rei jantava com os padres da Companhia, sendo em seguida entretido pelos colegiais com jogos e diversões. ([1])

Transferidos os estudos definitivamente em 1614 para o monte do Rosário, foram decaindo, até cessarem de vez, todas as solenidades que na igreja de S. Paulo se celebravam. Em 1623 já não havia ali nenhuma festividade segundo o testemunho de Pietro dela Valle, que nesse ano esteve em Goa. Gemelli Careri encontrou em 1695 apenas dois padres no colégio, que em parte se via arruinado, tendo sido a sua vasta igreja convertida em escola de instrução para os catecúmenos subsidiados pelo govêrno. Ao tempo da visita de Cotineau (1827) já era triste e lastimoso o espectáculo. Ao desmoronamento geral resistira apenas uma parte do edifício do colégio, a fachada da igreja com paredes laterais, o côro, a escada e os arcos, encontrando-se tudo afogado no arvorêdo silvestre e bravio, entremeado de palmeiras, que tornava o logar difícil de acesso.

No adro da igreja erguia-se, sôbre uma peanha de alvenaria de avultadas dimensões, uma grande cruz de granito, onde se distinguiam em alto relêvo no verso e reverso os instrumentos da paixão de Cristo, ([2])

Em 1829 mandou o govêrno derrubar tudo o que restava do edifício para se destinar o material a novas construções da cidade de Pangim, menos a frontaria da igreja, que ainda se conserva de pé quási derruída,

([1]) Pyrard. *Viag.*, part. 2.ª, pag. 84. 48.

([2]) Esta cruz talvês seja a mesma que ao presente se encontra em um nicho aberto na parede exterior dumas casas próximas da igreja matris de Pangim, transladada de Panelim para aqui pelo Sr. Carmo Vás.

olhando para o oeste. Mas o derrubamento foi tão brutal, que se reduziram as pedras a fragmentos.

Na espaçosa horta do colégio, enriquecida de grande variedade de plantas curiosas e árvores frutíferas da India, existiam, segundo se refere, duas ermidas dedicadas respectivamente a S. Antão e S. Jerónimo; uma das quais, depois restaurada, se supõe ser a capelinha que tem hoje a invocação de S. Francisco Xavier.

Colégio de S. Paulo o Novo ou de S. Roque.

A insalubridade do primitivo colégio de S. Paulo e o intuito de acomodar melhor os vários estabelecimentos acumulados no edificio dêste colégio obrigaram os jesuítas a comprar em 1578 umas casas, que foram de Pedro de Faria, ex-capitão de Malaca, situadas no extremo ocidental do monte da Sra. do Rosário, para servir de residência aos convalescentes, com a denominação de *Colégio de S. Roque*. (1580). (1)

Êste edifício foi, em pouco tempo, maravilhosamente ampliado, e transformado em casa professa da ordem em 1585. Concluída a construção do *Bom Jesus* e mudada para ali a casa professa, o colégio de S. Roque converteu-se em noviciado, tomando por orago a *Sra. da Conceição*, e, havendo sido, em 1610, destinado ao colégio de estudos, que veio para aqui transferido de *S. Paulo dos Arcos*, recebeu o nome de *S. Paulo o Novo*, sendo contudo vulgarmente conhecido pela primitiva invocação de *S. Roque*.

Construído em forma da cruz, como diz o Dr. Fryer, era admirado não so pelas soberbas e gran-

(1) *Oriente Conquistado*, vol. 2., pag. 15'. *Resumo hist. da Vida* de S. F. Xer., pag. 132.

diosas dimensões dos seus quatro andares, mas também pelo seu magnífico estilo e beleza arquitectónica.

Tão vastos e numerosos eram os seus dormitórios e tão complicados os seus corredores, escadárias, arcadas e pilares, que o visitante, perdido nesse labirinto, dificilmente podia sair sem o auxílio de guia. (1)

A transferência das aulas dos jesuítas para o novo colégio ocasionou uma renhida contenda entre êstes padres dum lado, e o Senado da Câmara de Goa e os frades agostinhos doutro, levando os primeiros sempre a melhor, como se vai ver. Logo que os jesuítas, em 1610, mudaram os estudos, o senado reclamou para o govêrno da metrópole, alegando a incomodidade que daí adviria para os estudantes daquele estabelecimento pela dificuldade do acesso e por várias outras razões.

Mandou el-rei, em 8 de Fevereiro de 1611, que o vice-rei *sobreestivesse nesta mudança e empregasse algum meio suave e bom* na execução desta ordem. Entretanto já era um ano que os estudos estavam instalados no oiteiro, e os jesuítas, julgando que o decreto não podia ter força retroactiva, não o obedeceram, continuando a alargar o seu edifício. Mas o partido adverso ia crescendo. Juntaram-se ao senado os augustinianos e as paróquias vizinhas, pretendendo aqueles que a nova construção os ia privar de ar fresco, da paisagem da cidade e da vista do mar ; e estas que ficavam prejudicadas nos seus interesses por causa da futura igreja muito próxima.

Nesta emergência os jesuítas, entrando em composição amigável com os adversários, comprometeram-se a não levantar muito alto a sua construção nem edificar igreja espaçosa nem pública para confissões,

(1) *Resumo hist. da Vida da S. F. Xer.*, pag. 132.

pregações e sacramentos, conservando para êstes exercícios a antiga igreja de S. Paulo dos Arcos e para a instrução o primitivo colégio, por assim reclamar a comodidade dos estudantes; e com êstes prometimentos conseguiram uma carta do senado informando o govêrno superior de que sob as referidas condições já estipuladas, lhes podia ser concedida a licença para terem no oiteiro a residência desejada. Em sua conseqüência, o vice-rei D. Jerónimo de Azevedo, comissionado por S. M., autorizou, por sua provisão de 1614, a transferência do colégio.

Apenas obtida a provisão, os jesuítas sofismaram todas as cláusulas nela impostas, e construíram uma igreja suntuosa (pois o compromisso não definia as dimensões) e contíguo a ela êsse edifício de que acima falamos, bem alto e talvez mais vasto do que todas as casas religiosas da India, e para onde se acabaram de mudar, ficando no antigo instituto sómente o noviciado e as escolas primárias.

Protestaram imediàtamente os contrários: os agostinhos, as freiras de Sta. Mónica, a paróquia da Sra. do Rosário, a ermida de S. António, em fim todos ou quási todos os que tinham as suas casas de morada no monte entregaram ao senado as suas queixas contra a mudança dos padres, pedindo-lhe a êle *remédio para o mal por estar longe*, diziam, *o recurso para S. M.*, como se a câmara fizesse na India as vezes do soberano ou o ofício do vice-rei. O senado, que neste momento vergava sob o pêso de igual influência de ambos os partidos litigantes, convocando o povo para a câmara, reuniu-se em sessão extraordinária propositàdamente em um dia em que o vice-rei andava ausente da cidade. Começando-se a discutir as petições, tão forte e ruidoso foi o embate dos pareceres, que rebentou tumulto bravo, e alguns cidadãos, com espadas em punho, arremeteram às portas do edifício da câmara, exigindo no mesmo instante a expulsão dos jesuítas da sua nova residência, e de certo a luta teria sido ensanguentada ou pelo menos indecorosamente violenta, se não interviessem pessoas respeitáveis e imparciais, persuadindo os contendores a cometerem ao vice-rei a decisão da pendência ; e assim se fêz.

No dia seguinte o vice-rei recebeu as representações, que os oficiais da câmara lhe levaram pessoalmente, e as submeteu ao juizo dos desembargadores, expressamente convocados, os quais assentaram "que, vista a ordem e comissão de S. M., estava a provisão passada jurìdicamente, e havendo de requerer contra a mudança que em virtude dela estava feita, podiam fazer via ordinária a onde pertencesse". Em seguida o vice-rei mandou, pelo ouvidor geral do crime, notificar aos da câmara que não convocassem outra vez o povo sôbre esta matéria para se não renovarem as desordens ([1]).

Lutando, pois, com toda essa oposição do poderoso senado, com os intricados processos do enorme partido dos agostinhos e resistindo até aos decretos proibitivos do próprio soberano, os jesuítas conservaram-se na posse do seu esplêndido edifício do monte, que foram ainda sucessivamente ampliando e melhorando. Tão poderosa era a Companhia de Jesus já nesta época! É verdade que em 1618, obedecendo às ordens régias, mudaram os estudos para S. Paulo o Velho, mas, em pouco tempo, voltaram para o seu novo estabelecimento. Os partidários dos agostinhos, porém, não largaram a mão do letígio por muitos anos, até que o vice-rei conde de Linhares, conseguiu

([1]) *Arch. Port. Or.* fasc. 1.°, part. 2; doc. 5, e fasc. 6.°, doc. 576. *Boll. Of.* n.ºs 178-180 de 1888.

em 1632 que os dois grupos pleiteantes entrassem em composição, e que debaixo de escrituras, derrubando-se umas paredes, levantando-se outras e removidas umas oficinas, acabassem a rija demanda, que durou 22 anos. (1)

Além desta longa hostilidade, que lhes moveram os homens, os jesuítas, desde que se estabeleceram nas antigas casas de Pedro de Faria, foram perseguidos por um outro inimigo mais formidável ; pois, desde 1591 até 1675, êste edifício foi quatro vezes pasto de chamas, que em uma destas ocasiões o destruíram todo, morrendo abrazado o reitor do colégio, D. Jerónimo Xavier, sacerdote de grande virtude e parente do apóstolo das Indias; e, finalmente, em 1698 uma faísca eléctrica lhe abateu a rouparia. Contudo os intrépidos filhos de S. Inácio, reparando os estragos com admirável tranquilidade, nunca abandonaram a sua nova residência. Na igreja dêste colégio, guardava-se com muita veneração uma sobrepeliz de S. Francisco Xavier, encerrada em um cofre de prata, que hoje se encontra no Bom Jesus.

Possuia o colégio uma vasta e rica biblioteca e um hospital, que vieram do primitivo instituto, com a sua farmácia bem provida, ao cargo do irmão leigo Gaspar António, insigne químico, natural de Florença, inventor da famosa *pedra de Goa* ou *pedra cordial*, com que o sábio italiano assegurou a favor da casa o lucro anual de mais de 250 mil pardaus. Esta invenção era monopólio dos jesuítas e não sómente se vendia na India, mas ainda se exportava para Portugal em grande quantidade. Ao tempo em que o dr. Fryer visitou Goa Gaspar António estava velho e cego ; contudo

(1) *Carta do vice-rei Conde de Linhares*, Cit. *Ach. Port. Or.* doc. 576.

era muito respeitado pela sua grande perícia na medicina e muito recorrido por toda a aristocracia da cidade. (1) Havia sido transferida, também, do antigo colégio para êste a preciosa tipografia, imprimindo-se aqui muitas obras importantes e, entre estas, a 3.ª edição do *Purana* do padre Tomás Estêvão, em 1654. (2)

Era enorme a concorrência que afluia para as escolas dêste estabelecimento, onde se leccionavam as disciplinas preparatórias, a música e a teologia, sob a direcção de sábios mestres jesuítas, sendo estimulados os alunos com vários festejos escolares e diversões, a que se referem o padre Souza, Pietro della Valle e outros.

Êste colégio, que ainda no fim do século XVII era habitado por 70 religiosos, parece que não havia perdido muito do seu primitivo esplendor ; mas a mão da fatalidade, que pesava horrivelmente sôbre êle, o esmagou finalmente com o decreto da expulsão dos jesuítas, que se executou em Goa em 26 de Setembro de 1759, sendo presos nesta ocasião 127 jesuítas e encarcerados incomunicáveis neste colégio e em Rachol.

O magestoso edifício, depois da extinção do colégio, foi logo ocupado, desde 1760 a 1764, pelo Hospital real, que daqui foi transferido para o palácio de Panelim. Abandonado depois por 13 anos, aquartelou em 1777 no seu andar térreo, o regimento do brigadeiro Henrique Carlos Henriques, que estava encarregado de inspeccionar as obras da reedificação da cidade.

No fim do século XVIII deu signais de ruína ; e em 1791 o govêrno ainda projectou estabelecer ali um

(1) *An hist. and arch. Sketch*, pag. 317.
(2) Veja-se a nota sobre os *Puranas* no cap. *Seminário de Rachol*.

colégio de educação para 100 meninos ; mas, não podendo acudir ao seu concerto, que o engenheiro Philippe Catalani (italiano) orçava em 113.600 xerafins, deixou-o arruinar-se complètamente, sendo-lhe *roubado*, segundo a informação do C. de Sarzedas, *tudo quanto tinha de bom* ! No meio das enormes ruínas amassadas admiravam os curiosos e os viajantes, por 40 anos, um espantoso arco, que isolado na maior altura das paredes resistia às injúrias das estações; o qual, em 1830 foi mandado demolir juntamete com os restos do edifício para, com os seus materiais, se construir o quartel da artelharia de Pangim. Hoje nem se divisam os alicerces. O colégio confinava com a ladeira empedrada que conduz a quem vai de Banguinim para o sítio.

Casa Professa e Igreja do Bom Jesus

Junto à praça do Pelourinho Velho existia uma outra, denominada o *Terreiro dos galos*, porque era o logar, onde o povo costumava entreter-se com os combates dos galos, espectáculo mais tarde proibido (1594) sob graves penalidades ([1]). Neste sítio ergue-se a magestosa casa professa do Bom Jesus, ligada à igreja em linha paralela à estrada pública, que se dirige de S. Pedro a Banastarim.

Os jesuítas estavam já quási para construir essa casa em 1585, quando, inesperàdamentẽ, encontraram tão vigorosa e tenaz oposição da parte do senado da câmara, da S. C. da Misericórdia e dos franciscanos, que, se não fôra o expediente, a que recorreram, teriam sido obrigados a abandonar o seu projecto; pois, refere o *Oriente Conquistado* que os padres da com-

([1]) *Arch. Port. Or.*, Fasc. 3.°, doc. 157.

panhia, prevendo a impossibilidade de conseguir a licença para começar as obras, comunicaram o seu ardiloso intento em muito segredo ao vice-rei e ao arcebispo, e tendo metido a sua petição na câmara por forma a ser despachada em 4 de Setembro, na noite precedente ao dia em que o senado havia de autenticar-lo indeferimento, tomaram posse do sítio, transformando em igreja provisória uma casa de acanhadas dimensões, que compraram a dois padeiros, e inscrevendo sôbre a porta a palavra = Jesus =, futura invocação da casa professa. Ao despontar do dia, aberto êste pequeno templo e tocada a companhia, acudiram os vizinhos à novidade e, vendo o altar aparamentado e o padre Christovam de Castro, que nela se instalara durante a noite com dois companheiros, já revestido para celebrar a primeira missa, ficaram muito satisfeitos por terem uma igreja à porta.

Os missionários, empregando a sua caraterística actividade, ampliaram o edifício e construiram ràpidamente as acomodações necessárias para a sua residência, que fixaram ali em 12 de Janeiro de 1586.

Os seus adversários, como não podessem conseguir do vice-rei nem do arcebispo providências para suspender as obras, recorreram ao govêrno da metrópole, mas nem ali foram atendidos, e o edifício em 1589 estava quási completo, tendo atingido a despeza a 20.000 pardaus.

Alguns escritores, pelo fundamento de encontrarem sôbre a porta da entrada do segundo pavimento desta casa um retrato com a legenda = D. Fr. Sebastião Pinto Pimenta, cavaleiro professo, fundador dêste colégio = atribuiram a êste fidalgo português a sua criação; mas, do alvará de 10 de Março de 1648, que posteriormente se descobriu nos arquivos da secretaria geral, se vê que o padre Pimenta foi o fundador do colégio dos jesuítas em Chaúl; e êste retrato, que adornava a sala daquele estabelecimento, foi transferido para a casa de Bom Jesus por ocasião da cessão dessa cidade aos maratas (1). De facto a casa professa não foi fundada por iniciativa particular, mas sim pelos esforços conjugados dos jesuítas de Goa sob a direcção do insigne arquitecto da companhia de Jesus, Domingos Fernandes, e do mestre Simão, *natural da India* (2).

Êste edifício era vasto e esplêndido ; compunha-se de três extensos corpos ligados em ângulos rectos, comportando numerosas celas, espaçoso refeitório e outras dependências, e abraçando um amplo recinto, que encerrava o jardim ; mas, uma grande parte da casa foi destruída pelo incêndio em 1663 e, havendo sido reconstruída à custa de 60 mil escudos, segundo afirma Tavernier, foi novamente presa das chamas depois de 1781 (3). Contudo a parte que resta apresenta aspecto magestoso e imponente. O seu pavimento térreo tem 10 celas; sobe-se aos dois andares superiores, que ao presente subsistem, por uma ampla escadaria, cujos primeiros 20 degraus são de granito e os restantes de madeira. Destes andares o primeiro contém 18 celas, que eram anos atraz pela maior parte ocupadas por alguns cónegos e capelães da Sé, e desde 1922, asseadas e mobiladas são dadas de aluguer; uma casa de parla e duas salas, onde se acha instalado o *museu sacro*, constituído de várias preciosidades artísticas, sendo dignas de especial menção uma imagem de prata de S. Francisco Xavier, cálices, patenas e ostensórios de ouro massiço, alguns

(1) *Oriente Conq.*, vol. 2.°, pag. 280. *Arch. Port. Or.*, fasc. 3.°, doc. 79.

(2) *Archivo Port. Or.*, fasc. 3.°, n.° 79; 4.°, pag. 303.

(3) *Hist. and Arch. Sketch.* pag. 281.

paramentos de tissu de ouro e de pano de Arrás ; e o segundo andar, de ordinário residência do administrador da casa, compõe-se de 10 celas, duas salas e uma parla. O terceiro andar, que, por se achar escalavrado, foi abatido (1886 ou 87), consistia apenas num espaçoso salão, onde esteve por algum tempo o corpo de S. Francisco Xavier antes da canonização.

Além destas acomodações existem outras, dispersas e irregulares na parte meridional do edifício. A casa, professa está ligada a um claustro pequeno, de largos corredores e de um só andar superior, que a comunica de um lado com a igreja e doutro com a capela do santo Xavier e com a sacristia, descendo uma escadaria de granito larga e suave, de 51 degraus, para o corredor contíguo a êstes edifícios.

Depois da expulsão dos padres da Companhia foi confiada, por uma carta régia de 1761, a administração da casa professa e igreja do Bom Jesus a uma junta constituída do vice-rei, arcebispo primaz e outras autoridades superiores.

Em 1781 foi estabelecido nesta casa um seminário diocesano, sendo entregue a sua direcção aos padres italianos da congregação de S. Vicente de Paula. Dez anos depois, extinto êste seminário, por terem regressado os italianos, e repartidos os estudantes pelos seminários de Rachol e Chorão, a casa professa passou a ser administrada por um eclesiástico nomeado pelo govêrno, como até hoje continua, percebendo o administrador as rendas da horta da casa, avaliadas pròximamente em 50 rupias, além do vencimento que recebe da Fazenda. O edifício está bem conservado e muito melhorado. No páteo central do claustro pequeno a que nos referimos via-se, ainda há poucos anos, um excelente jardim, ao meio do qual cantava um repuxo de água canalizada de Banguinim. Alguns melhoramentos foram devidos ao zêlo do administrador desta casa, o cónego João Vicente Lopes, de saudosas recordações. Posteriormente ainda o actual administrador tem feito muitas bemfeitorias, necessárias à conservação e asseio dessa casa e da igreja.

Igreja do Bom Jesus (*)

Esta igreja, que é de uma só nave, mas vasta e formosa, foi construída à custa dos legados de D. Jerónimo Mascarenhas, capitão de Cochim e Ormuz, como reza a inscrição esculpida sôbre o elegante mausoléu de bronze dourado, entalhado na parede do templo, junto à porta lateral do norte. Começada a construir-se em 24 de Novembro de 1594 com o principal fim de transferir para ali o venerando corpo de S. Francisco Xavier, foi sagrada pelo arcebispo D. Fr. Aleixo de Menezes em 15 de Maio de 1605. O seu comprimento é de 250 palmos craveiros, largura 77 e altura 85.

A fachada do sumtuoso edifício, que olha para o oeste, é toda de granito. Abre três grandes pórticos sôbre um largo terreiro calçado de pedra, aos quais correspondem, por cima, três amplas janelas e a estas mais três circulares, sendo os pórticos coroados com frontões ornados de esculturas. Êste magnífico frontispício, formado pela combinação das ordens dórica, coríntia e compósita, vai rematar, depois do rectângulo ornado de arabescos, que ostenta no centro a divisa da companhia de Jesus, em um grande artesão embelezado com acrotérios e bocetes (1). Três sólidos contrafortes em arco sustentam a parede lateral do lado do norte.

O interior da igreja é de estilo mosaico-coríntio e

(1) *India Port.* por Lopes Mendes, e *Casa professa* por V. Albuquerque.

notável pela sua encantadora simplicidade. De cada lado há três fileiras de janelas, umas sôbre outras, formando as da segunda fila, à meia parede, cinco espaçosas tribunas entalhadas com grande perfeição, onde, em ocasiões solenes, se acomodam muitas pessoas distintas. A capela-mór é abobadada e a nave da igreja tem o tecto forrado sôbre uns elegantes arcos ogivais de madeira. O pavimento da capela-mór é elevado alguns degraus sôbre o do cruzeiro e está hoje revestido de mármore, como o de toda a parte transversal da igreja.

O altar-mór é dedicado ao Menino Jesus, (orago titular do templo) cuja imagem, naturalmente pequena, contrasta com a que se ergue no centro do primoroso retábulo e que é a colossal estátua de S. Inácio de Loiola, o fundador da sociedade de Jesus, que, pela conspícua posição, atrai a atenção de todo o visitante ; pois tem o rosto e os olhos voltados para o céu e a dextra extendida, como quando, num êxtase, exclamou: " Quão vil me parece a terra, quando olho para o céu !" *Quam sordet mihi tellus, quum cœlum aspicio !*

O côro, de que se serve o cabido quando assiste à festa de S. Francisco Xavier, veio transferido do extinto convento de S. Agostinho, ao tempo em que era administrador da casa professa, o cónego Caetano João Peres. A igreja do Bom Jesus não tinha côro próprio, porque os jesuítas não costumavam rezar em comum. A parede meridional da capela-mór tem uma tribuna reservada para o patriarca ou outra dignidade pontifícia. E' obra moderna, construída depois de 1920.

No cruzeiro, além dos dois altares colaterais dedicados, o do lado do evangelho a S. Francisco de Borja e o da parte da epístola a S. Vicente de Paula, existem duas capelas nos dois extremos, sendo a do norte consagrada ao Santíssimo e a fronteira, ocupada pelo esplêndido sarcófago de S. Francisco Xavier. No corpo da igreja há também dois altares dedicados, um a S. António de Lisboa e o outro a S. Paulina, virgem mártir, cujas relíquias se acham encerradas em uma urna de cristal figurando corpo humano.

Ao sul da capela-mór fica a sacristia, que em dimensões excede as de muitas igrejas. E' abobadada com diferentes relevos de estuque e guarnecida de magníficos arcazes e armários para os paramentos e utensílios do culto. No fundo existe uma capela, onde jaz, sob uma inscrição lapidar, um devoto por nome Baltazar da Veiga, a cujas expensas foi construída a sacristia.

Entre os quadros que decoram os corredores ou a *via sacra*, o mais interessante é o que se atribui ao pincel de Murilo, hoje retocado, representando Madalena em êxtase, com o dístico dos Cânticos : *Fulcite me floribus, stipate me malis, quia amore langueo.* O pavimento da sacristia e dos corredores contíguos foi, há poucos anos, lageado de pedra preta.

O túmulo de S. Francisco Xavier

Voltando para o templo, o que mais prende a atenção do visitante é o formoso túmulo de S. Francisco Xavier em estilo florentino, que se ergue na capela do lado da epístola ; é uma das maravilhas artísticas da Ásia e oferta, segundo reza a tradição, do grão-duque de Toscana, Fernando 2.º. Dizem que o artista encarregado de o colocar se vira obrigado a reduzir a sua altura, por não poder acomodá-lo na capela que lhe foi destinada. E' um quadrilongo formado de peças de alabastro de Carrara e fino jaspe de várias côres, em três socalcos, gradualmente menores em dimensões ; tem as suas quatro faces ornamentadas com tarjas, cornucópias, flôres, festões e querobins.

O *primeiro socalco* ou degrau em forma de urna, que constitui a base do sarcófago, é de mármore vermelho arroxado, raiado de branco, com belíssimos ressaltos. Tem 26½ palmos de comprimento, 6 de altura e 13 de largura. Oito querobins grandes guardam os quatro ângulos e quatro pequenos as tarjas laterais emblemáticas. O segundo degrau, que é um quadrângulo regular de 16 palmos de comprido, 7¼ de largo e 7½ de alto, apresenta no centro de cada uma das quatro faces uma lámina de bronze, que representa, em alto relêvo, um trecho da vida do santo, e, por cima, diversos emblemas ladeados de dois anjos, segurando uma faixa com inscrição alusiva aos mesmos emblemas. O terceiro degrau é constituído de uma balaustrada de mármore roxo com manchas brancas, da altura de 4½ palmos. Sôbre esta assenta o caixão, guarnecido exteriormente de prata rendilhada sôbre o fundo de veludo carmezim e cravejado de várias pedras, sendo adornada a parte superior com 16 anjos de prata, que sustentam diferentes insígnias. Êste caixão, fechado com tampa abaulada e coroada por uma cruz, encerra um outro de vidraça e êste um esquife coberto de tissu de ouro com ramos de matiz, onde se acha deitado o corpo do maior conquistador espiritual do oriente, revestido de casula ricamente bordada, tendo as armas da doadora, a rainha de Portugal, D. Maria Sofia, orladas com o seu nome ; ao lado encontra-se um bastão encastoado de ouro e esmeraldas e aos pés um medalhão oferecido por D. Pedro 2.°.

O mausoléu todo tem aproximàdamente 6 metros de altura, incluindo a cruz que remata o caixão, 3 metros de comprimento e 2,5 de largura. Cada uma das quatro faces da sua base forma um altar ; no principal [1] dêstes altares é venerada uma imagem do san-

[1] Este altar principal, que desde a sua origem se achava um

to de cujos mãos recebia o novo governador o bastão no acto da posse, quando esta se realizava neste santuário, e no outro altar, que olha para o leste, costuma-se colocar ocasionalmente uma outra estátua igual, de prata fundida, da altura de pouco mais de um metro, coroada com diadema de ouro e pedras finas, preciosidades oferecidas por devotos de Génova e dos Rios da Sena.

A capela é ornamentada com obras de talha dourada e com quadros pintados a óleo representando a vida de S. Francisco Xavier. Ainda se conservam ali quatro grandes alâmpadas de prata, do pêso de 305 marcos. A porta que dá entrada para o santuário pelo sul é encimada por um quadro, que representa o apóstolo em busto com roupeta preta, dizendo o letreiro: *Dimidium cernis, quem magnum suspicit orbis: Xavier est: totum nulla tabella capit.* "Vês a metade daquele que o mundo admira grande: E' Xavier: inteiro, nenhum quadro o pode conter".

E' pena que a beleza artística dêste santuário e do monumento, esteja empanada pelas suas acanhadas dimensões, como bem o notou o dr. Canoz, que, dando conta dêste magnífico túmulo ao Geral da Companhia de Jesus, pe. Becke, escreveu: "E' para sentir que (o famoso monumento) esteja encerrado em um espaço estreito e escuro, que o não permite apreciar como êle merece".

O corpo do grande Xavier, apenas vindo de Malaca, foi exposto pelos jesuítas à veneração pública, por três dias na igreja de S. Paulo dos Arcos, em Março de 1554, permitindo-se beijar os sagrados pés, o que

tanto afastado do monumento, foi-lhe encostado em 1920 para assim se tornarem mais visíveis os relevos do monumento, removendo-se, também para o mesmo fim, alguns adornos que os escondiam.

deu ocasião a que uma dama portuguesa, indiscrètamente piedosa, furtasse uma falange do pé do santo. Tendo sido, depois de algum tempo, transferido para a casa professa, esteve o corpo guardado numa sala do terceiro andar correspondente à portaria, até que se realizasse a canonização, que teve logar em 12 de Março de 1622.

Chegada à Goa esta fausta notícia, a cidade resplandeceu de festejos aparatosos, promovidos pelos padres da Companhia, por 10 dias sucessivos, de 10 a 19 de Fevereiro de 1624. Solenizadas as vésperas e a festa em louvor do santo Xavier na igreja do Bom Jesus com grande pompa, foram dadas no terreiro da igreja, durante três tardes, representações da sua vida em 5 actos, a que assistia o vice-rei ; em seguida percorreram a cidade vistosas mascaradas—em que tomou parte o italiano Pietro della Valle—músicas, danças, torneios, carros alegóricos, esplêndidas cavalgadas de noite, ao clarão de fachos acêsos e várias outras diversões cortezãs e populares, concluindo-se as festas com uma solenissima procissão, que, saindo da igreja de S. Paulo o Velho, se recolheu à do Bom Jesus. Neste préstito, o venerando corpo de Xavier, que havia sido trasladado para S. Paulo, voltou encerrado num rico caixão de prata, conduzido debaixo de um magnífico pálio por sacerdotes revestidos de pluviais, e foi colocado na capela dedicada ao Santíssimo, passando dali, em 1655, para o santuário onde actualmente se acha.

Segundo escreve o dr. Fryer, que esteve em Goa em 1675, parece que a princípio o corpo do santo, em quanto conservava a sua frescura original, era exposto mas sómente à vista e veneração pública, uma vez ao ano, geralmente no dia da respectiva festa (3 de Dezembro), que se solenizava com grande esplendor, iluminando-se toda a cidade na noite das vésperas.

Decorridos poucos anos, já não era tão freqüente a abertura do caixão, a qual, depois de 1685, se suspendeu por muitos anos, pois Gemelli Carreri, que visitou Goa em 1695, chegou a apurar, em vista das informações obtidas, que havia nove anos que o povo não lograva o benefício da exposição anual dessa relíquia. Entretanto permitia-se a pessoas de distinção vê-la particularmente. Mas ainda êste privilégio foi caçado pela C. R. de 2 de Abril de 1755, que formalmente proibiu abrir o túmulo sem prévia licença do govêrno da metrópole.

Desde então para aqui, que já decorreu mais de um século e meio, tem-se exposto o santo relativamente poucas vezes: em 1782, 1859, 1878, 1890, 1910 e 1922. Exceptuando a primeira exposição, que se abriu em 10 de Fevereiro, *dominica quinquagesima*, e se encerrou logo depois de três dias e na qual parece que os devotos apenas viram e veneraram o santo, em todas as outras ocasiões tem sido conservado aberto o caixão por tempo de pouco mais de um mês, concorrendo para beijar os pés do apóstolo e prestar-lhe sua homenagem quási toda a população da India portuguesa e milhares de romeiros extrangeiros, ainda de outras religiões, recebendo, por essa ocasião, alguns enfermos desesperados a graça de curas miraculosas. Além disto foi exposto o corpo do santo em 1900 por 6 dias, por ocasião do Congresso Eucarístico, para o beijo particular dos congressistas; e foi também aberto o caixão particularmente em 15 de Março de 1887, por ocasião da vinda do delegado apóstolico Mons. Agliardi, com a assistência do patriarca Valente, dos Monsenhores Adjuti e Zaleski e do cabido da Sé.

A festa anual de S. Francisco Xavier, que se realiza com esplendor em 3 de Dezembro, com a precedência de novena e vésperas, é muito concorrida. O cabido vai, na manhã dêsse dia, em solene procissão para a igreja do Bom Jesus, funcionar durante a missa da festa, que é celebrada geralmente pelo patriarca e terminada pela benção papal prèviamente anunciada.

Desde o princípio da novena até a festa é grande a afluência das romarias não só das povoações próximas, mas também do interior do país e que dão à cidade animação e vida.

Por essa ocasião costuma haver feira e restaurantes.

Numa das tôrres da igreja do Bom Jesus estão suspensos três sinos, o maior dos quais traz a seguinte inscrição :

S. FRANCISCO XAVIERI
HUJUS URBIS PATRONE
ORA PRO NOBIS
(Efígie de S. Francisco Xavier)
IN NOME JESU ONES GENUFLECTATUR
CŒLESTIUM, TERRESTRIUM ET INFERNORUM
PEDRO ROIZ PALAVRA
ME FEZ ANNO 1736 (1)

Quinta de Santa Rosália

Além dos três edifícios (S. Paulo o Velho, S. Paulo o Novo e o Bom Jesus) tinham os jesuítas na ilha de Tisvadi, em Goalim Moulá, meia légoa distante da cidade, uma agradável casa de campo, chamada Quinta de Santa Rosália, com a respectiva igreja, fontes e passeios, para os convalescentes da sua ordem.

(1) Vid. o art. do sr. cónego F. X. Vás, *Oriente Port.*

Em 1764 o rei de Sundém, Savay Imody Sadassiva, que se acolhera a Goa com sua família e tesouro, para fugir ao nababo Ayder Ali-Khan, hab itou esta Quinta, donde, em 1774, passou com licença do govêrno para Bandorá (Pondá).

Além da igreja de S. Rosália, a aldeia de Moulá ou Goalim-Moulá tinha a sua igreja paroquial, construída, segundo a tradição, por um italiano, pouco mais ou menos em 1577, e dedicada à N. Sra. do Loreto. Sôbre as ruínas desta igreja existe hoje uma capelinha ([1]).

Fóra de Goa, os jesuítas, depois do seu estabelecimento neste Estado, construiram em Bassaim um seminário, um colégio e 3 igrejas; tiveram mais de 300 colégios com suas igrejas em vários pontos da Asia como Taná, Chaúl, Bandorá, Cochim, Tanor, Coulão, Pescaria, S. Tomé, Bengala, Maduré, Nemam, Agra, Delhi, Macau, etc. e cêrca de 150 igrejas espalhadas pela India, encontrando-se destas 52 em Tanor e Coulão, 19 na Pescaria, 14 em Nemam e 13 em Maduré, além das missões em todo o oriente. Como a sua missão era universal, a administração dela, por muito extensa, foi dividida em 4 províncias:—do Norte, Sul, Japão e China.

CAPÍTULO V

Continuação das Ordens religiosas

C—Convento e igreja de S. Domingos

Dos religiosos Dominicanos, que pertenciam à ordem dos *prègadores*, **vieram alguns em companhia de**

([1]) *Bosq. hist. das Com.*, parte 2.ª, pag. 185 e a nota final C= Casa de Sunda=por I. Gracias, e Cottineau, pag. 199.

Afonso de Albuquerque como capelães das naus sob a direcção de Fr. Domingos de Souza, seu vigário geral, e, depois da conquista de Goa, cantaram o *Te Deum* no recinto da fortaleza; contudo esta comunidade não se estabeleceu definitivamente em Goa senão em 1548.

Fr. Diogo Bermudes e seus cinco companheiros chegaram à cidade de Goa nesse ano, munidos do plano e alçado do seu convento e igreja e das ordens expressas de D. João 3.º para que o governador os favorecesse com os terrenos e meios para a construção. Expropriadas algumas casas e terras ao fidalgo Pedro Godinho e outros proprietários a leste da cidade, na base da colina da Senhora do Monte, edificaram para sua residência temporária uma casa e igreja de taipas, recolhendo para a sua Ordem 15 ou 20 mancebos de famílias nobres e ricas, que os subsidiavam, além da quantia de 1500 pardaus anuais, com que o Estado contribuia para a sua manutenção. O edifício pretendido foi principiado em 30 de Abril de 1550 e completado em 1564, excedendo as dimensões do plano, por conta da Fazenda, que despendeu na sua construção 40 mil cruzados, a fóra o custo da expropriação! [1]

Apenas concluído o convento, os dominicanos abriram nele o seu colégio de estudos, onde se leccionavam o latim, a filosofia e a teologia.

Em seguida, no caridoso intuito de proteger os escravos cruelmente maltratados, instituiram na igreja a confraria de Nossa Sra. do Rosário, composta exclusivamente dêsse elemento, exortando os seus senhores a que os tratassem com humanidade e permitissem aos descontentes ir servir nesta associação; e de facto o convento abrigou e sustentou, não obstante os

---

[1] Lendas tomo 2.º, parte 1.ª, pag. 154.

limitados fundos de que dispunha, um grande número de escravos, que recorriam à sua protecção e se empregavam em diversos ofícios.

Esta pia instituição chegou a ter um cofre bastante rico. Provavelmente a capela da N. Sra. do Rosário recebia donativos e oblatas.

Assentado sôbre um môrro com a fachada principal para o oeste, o convento oferecia à vista linda perspectiva pelas suas compridas fileiras de janelas; e era suntuosíssimo e sòlidamente construído, comportando dormitórios magníficos com algumas capelas, muitas câmaras espaçosas e mais de 200 celas, incluindo as do noviciado e de hospedaria e cárcere. As câmaras eram habitadas pelos que exerciam os cargos superiores. O pátio central, que era muito largo, achava-se dividido em quatro jardins bem regados e floridos.

O refeitório era soberbo e abobadado, onde, segundo a regra da casa, antes e depois do jantar se cantavam as preces e as graças, terminando estas na igreja, e era cantada também pelo *leitor*, ao principiar da refeição, a homilia sôbre o evangelho do dia, a qual o superior mandava cessar, quando houvesse de permitir falar. Cottineau, que se hospedou um dia nesta casa com o vigário geral em 1827, refere-se com admiração ao esplendor do convento e à magnificência dos seus claustros (¹).

Fazia parte integrante do convento o respectivo noviciado, já mencionado, que tinha capela própria, consagrada à N. Sra. das Mercês.

As paredes do claustro estavam decoradas com o martirológio dessa Ordem em primorosos quadros de pincel italiano. Havia alguns que se referiam à vida de Cristo, sendo o melhor dêstes o que representava o

(¹) *Instituto Vasco da Gama*, vol. 3.º, pag. 155 e 257.

passo do seu julgamento. Uma nota singular, porém, que êste quadro oferecia, era o achar-se ali um dos lictores com um par de óculos na mão ; "o que, diz o dr. John Wilson, não poderia resistir ao exame da crítica histórica" [1] e tem razão ; porque não é facil provar que na Palestina se usassem no tempo de Cristo óculos ou lunetas, que na Europa só apareceram três seculos depois. Um outro quadro muito semilhante e com igual anacronismo se encontra na igreja de S. Caitano, no qual um dos membros do tribunal tem cravado no santíssimo rosto de Cristo um olhar terrivelmente ameaçador e faiscante através da luneta posta. E' também um devaneio artístico, como aquele.

Vinte anos depois da instalação desta casa, os frades, queixando-se da insalubridade do sítio perante o govêrno da metrópole, por intervenção do arcebispo D. Fr. Vicente da Fonseca, que era da mesma ordem, conseguiram transferir para Pangim os estudos para um vasto edifício, que foi construído em 1584, no oiteiro hoje chamado da *Conceição*, à breve distância e à esquerda de quem entra na actual igreja da capital, sendo inaugurado com o nome de *colégio de S. Tomás de Aquino*. Perseguidos aqui por cobras de capelo, que lhes mataram alguns companheiros, e pelas furiosas invernadas, demoliram o edifício e com os seus materiais construiram um novo em Panelim em 1596, de que logo falaremos.

Além dêste colégio, tinham os dominicanos em Goa, na aldeia de Morombim o grande, entre Ribandar e Pangim, uma casa conventual, cuja igreja, construída em 1617 pelo bispo Rangel à sua custa [2] e

(1) Fonseca 254.

(2) Bosq. Hist. das Com., p. 2.ª, pag. 136.

dedicada à S. Bárbara, era ao mesmo tempo paroquial, onde residiam ordinàriamente três frades, sendo um dêles o prior da sua ordem, [1] indo os outros para ali para convalescença ou recreio.

Nesta casa, chamada *recolecta*, observava-se a reforma que incluia o preceito de perpétua abstinência da carne.

Os dominicanos tinham, também, em Siridão, à beiramar, no sopé de uma colina, uma casa de campo, hoje em ruínas, onde os frades, segundo reza a tradição, iam recrear-se ou convalescer. No tôpo da referida colina existe uma ermida, de forma circular e abobadada, da invocação de N. Sra. de Nazaré, construída por êsses religiosos provàvelmente antes de 1604. Uma festa que se celebra ali no domingo da Pascoela, atrai numerosa concorrência do povo, que conhece o santuário pelo nome de capela de Jesus Nazareno.

Perto da capela, em um sítio fresco, ha uma fonte, cuja fachada apresentava numa lápida em alto relêvo, dois negros armados de machado, em acção de derrubar cada um uma árvore e em baixo relêvo esta quadra :

PARA ESTA FONTE BEM SE CONSERVAR,
SEMPRE CALVO O SEU MONTE DEVE ESTAR,
POIS QUANDO DE TODO TINHA SECADO,
O REMEDIO ESTEVE NO MACHADO. 1750. [2]

Esta lápida, que, ainda ha poucos anos, muitos curiosos iam ver, já desapareceu. Dizem que se deslocara e se partira, encontrando-se os fragmentos

[1] O superior local de cada casa tomava o nome de *prior*.

[2] *Bosq. hist. das Com. II*, pag. 27. *Oriente Port.*, vol. 1.º, pag. 89.

espalhados no caminho. Parece que algum selvagem foi buscar ali tesouro, e esmigalhou um padrão tão interessante. A barbaridade foi praticada depois de ter sido trasladada a inscrição por F. N. Xavier e publicada em mais duma das suas obras depois de 1841

Possuiam os dominicanos uma formosa igreja e algumas casas em S. Tomé de Meliapur e muitos conventos, colégios e igrejas em Bassaim, Chaúl, Ormuz, Ceilão Malaca, Cochim, Damão, Diu, Macau e Moçambique, o hospício dos Reis Magos em Quelimane, e as missões de Africa. além das de Solor e Timor, que eram exclusivamente suas e cultivadas com tanto zêlo, que em 1640, Solor ([1]) tinha 8 igrejas e Timor 22. Contudo o convento primordial foi sempre a séde dos dominicanos e o centro, donde saíam os seus missionários para as diversas partes do oriente. Em 1636 contava ao todo 250 religiosos ([2]) ; o seu superior, que tinha direito a chamar-se *provincial*, usava o título de *vigário geral*, que continuou ainda quando os dominicanos formaram, mais tarde, uma Província separada da de Portugal.

O seu hábito era de lã branca, em forma de longo roupão, com capêlo e escapulário da mesma côr, cinto de coiro e prêso a êle um rosário; mas em ocasiões solenes, ou visitando pessoas de dignidade, traziam sôbre o hábito uma capa preta. Tinham o calendário eclesiástico e o rito especiais, e as suas cerimónias da missa afastavam-se muito do cerimoniário romano ([3]).

([1]) Solor, ilha que pertenceu a Corôa portugueza foi cedida aos holandeses pelo comissário régio Lopes de Lima, cedência confirmada mais tarde pelo tratado de 1859. *Annais Marit.*, vol. 5.º pag. 386.

([2]) *Resumo histórico da vida de S. Fr. Xav.*, por F. N. Xavier, pag. 177.

([3]) Na festa do Natal cantava-se a genealogia de Cristo segundo S. Mateus depois das matinas e antes do *Te Deum*, como se

A ordem de S. Domingos foi uma das mais célebres da cristandade, produziu homens de profundo saber, grande número de bispos e cardeais, quatro papas e seis arcebispos de Goa. Era, também, muito rica, e contudo D. João 3.º dotou êste convento com 15 mil xerafins por ano.

A igreja, pegada ao lado meridional do convento, era espaçosa, mas, comparativamente ao seu comprimento, muito estreita. Tinha a nave com o tecto sem ser abobadado, dividida em três partes por duas fileiras de colunas de granito, seis de cada lado, douradas de alto a baixo, em cujos grandes arcos *resplandecia o ouro em abundância*, como diz Gemelli Carreri. Os dez arcos sustentados pelas doze colunas correspondiam a dez capelas ou altares laterais, os quais com os do cruzeiro e da capela-mór parece que completavam o número de quinze. (1)

Havia, como diz a tradição, no corpo da igreja, aos lados, dois púlpitos vis-avis, onde parece que se cantavam a epístola e o evangelho em certas festas solenes, e o *Passio* na semana santa; e mais um púlpito, colocado sob o arco da capela-mór, destinado à prègação.

Sôbre a porta principal viam-se suspensos os retratos dos infelizes reus queimados quando relaxados em carne pelo santo ofício, constando sómente de suas cabeças postas sôbre tições acesos e dizendo o letreiro em baixo os seus nomes, a filiação e a naturali-

fazia também nas matinas da Epifania, mas segundo S. Lucas. A epístola e o evangelho destas festas, como também da Páscoa da Ressurreição eram cantados no púlpito. Depois da comunhão entoavam-se as Laudes sem hino, nem capítulo nem versículo; incensava-se ao *Benedictus*, concluindo-se com oração, que era o *postcommunio* da missa. No ofício divino nunca se duplicava a antífona. Vid. Cit. *Instit. V. da Gama*, vol. 3.º, pag. 155 e 257.

(1) Não encontramos elementos seguros para determinar o número dos altares nem os respectivos oragos.

dade, a especificação do crime e a data da execução, como outros tantos trofeus brilhantes, segundo Dellon, consagrados à glória do tribunal da Inquisição, de que os dominicanos eram membros *ex-ofício*, mas, conforme êstes frades, como aviso aos cristãos para não descambarem da fé.

O côro, onde se cantava ou rezava diàriamente o ofício divino, ficava na capela-mór, o que divergia do costume dos outros conventos, que, geralmente, tinham os seus coros colocados na galeria do fundo da igreja.

Além da festa de S. Domingos, que se solenizava nesta igreja em 4 de Agosto, os inquisidores celebravam em 29 de Abril a festa de S. Pedro o mártir, fundador da confraria da Inquisição, com ruidosa pompa e com sua assistência *in pontificalibus*, percorrendo a cidade, à tarde, uma cavalgada de fidalgos europeus e não faltando às vezes uma tourada à hespanhola. O cofre desta confraria, estabelecida no convento de S. Domingos, era administrado pelos inquisidores e recolhia, entre outras contribuições para esta festa, 100 xerafins do condado de Cuncolim. Extinta a Inquisição e confiscado o cofre, a festividade continuou, pagando a Fazenda para a sua despesa 100 xerafins ao prior de S. Domingos.

A fachada da igreja, que olhava para o oeste, era a mais formosa de todas as de Goa e caía sôbre uma escadaria de belíssima aparência (1). Na sacristia encontravam-se candelabros e serpentinas de prata massiça, vasos sagrados e paramentos muito ricos e um cofre de prata primoròsamente lavrado.

Em 1834 o dr. J. Wilson viu ainda 25 frades no convento, que no ano seguinte foi fechado, somando o inventário de seus bens 403,511 xerafins e 4 tangas.

(1) Cottineau, 119.

Poucos anos depois, em Maio de 1841, abateu uma parte do convento e a sacristia ; e o que restava foi logo demolido por ordem do governador Lopes de Lima. Os materiais, pela maior parte, foram empregados na construção dos quartéis de Quepém ([1]). Das suas grandes colunas de pedra preta foram aproveitadas oito, com alguma cantaria e cintas de ferro, para o monumento erigido, em 1848, à estátua de Afonso de Albuquerque, em Pangim. Os retábulos foram abandonados ; a magestosa imagem de S. Domingos de 7½ pés de altura, que ocupava o altar principal, foi removida para o arsenal, o púlpito foi levado para a igreja de Tivim, 1 retábulo para o cemitério de Anjuna ; o órgão para Jua, e o seu grande sino para a igreja de Moirá, comprado por pouco mais de 3 mil xerafins, ([2]) e para cuja colocação lhe foi indispensável levantar uma tôrre especial atrás da capela-mór. A confraria da Senhora do Rosário, perdidos pelo desabamento da sacristia quási todos os efeitos que lhe pertenciam, foi transferida em 1846 pelo arcebispo primaz para a igreja de S. Matias, da ilha de Divar, com os seus fundos no valor de pouco mais de 2 mil xerafins, além de um sino pequeno ; sendo colocada a imagem da padroeira no altar de S. Antònio.

A frontaria do templo, que, derruída de um lado e cercada de ruínas, subsistiu ainda por alguns anos, foi finalmente demolida. Hoje resta apenas no adro da igreja o cruzeiro, para atestar a glória passada dos dominicanos na cidade de Goa.

Fronteiro ao convento existe o extenso campo aberto, onde se adestravam os cavalos e atrás dêle uma

([1]) *Bol. do Gov.* de 1859, pag. 642.

([2]) *Bosq. hist. das Com.* por F. N. Xer., part 2.ª, 1.ª ed., pag. 149, 150 e 153.

bela fonte, cujas águas eram conduzidas em pipas para uma pequena capela de graciosa estrutura, curiòsamente adornada de conchas no interior e dedicada a S. João Batista. Esta fonte, que era muito cómoda, tinha reservatórios para a lavagem de roupa; mas a sua água, por ser inferior à de Banguinim, vendia-se mais barata, diz Pyrard.

Colégio de S. Tomás de Aquino

O mais notável edifício que se via em Banguinim [1] era o *Colégio académico de S. Tomás de Aquino*, situado na margem do Mandovi, logo atrás da igreja de S. Pedro e contíguo à ponte que ligava êste arrabalde com a cidade. Começado a ser construído em 1596 pelo vigário geral dos dominicanos, Fr. Francisco Faria, em substituição do que, por alguns anos, coroou o cimo do oiteiro da *Conceição*, êste colégio foi concluído em 1623, na segunda governação do vice-rei D. Francisco da Gama, conde da Vidigueira.

O colégio era vasto, de bela arquitectura e de aspecto grandioso, ostentando longas fileiras de janelas, que debruçavam sôbre o rio ; e recebia da Fazenda, em virtude do alvará de 3 de Novembro de 1599, um subsídio anual em géneros alimentícios, reduzido, mais tarde, a 1050 xerafins e duas tangas.

Leccionavam-se ali, além das artes, a filosofia e a teologia pelo sistema do doutor angélico, sendo admitidos para as lições indistintamente religiosos e seculares, que afluíam em grande número. Êste instituto, que se denominava, também, *Universidade*, tinha a faculdade de conferir os graus de *presentado*, *doutor* e *mestre* em teologia.

[1] Banguinim era uma aldeia da freguezia de S. Pedro, hoje reduzida a palmares, onde existe uma fonte de grande nomeada.

Depois que, com a expulsão dos jesuítas, se fechou o colégio de S. Paulo, não houve em Goa outro estabelecimento de educação e ensino que pudesse competir com o colégio de S. Tomás de Aquino, que prestou importantes serviços ao país por espaço de quási três séculos.

Em 18 de Outubro de 1626 foi êste edifício devorado por um terrível incêndio; pois, continuando ainda com grande fôrça o rigor do inverno, uma faísca elétrica veio buscar o depósito dêste estabelecimento, onde se achavam arrecadados, segundo o costume, alguns barris de pólvora do govêrno, por falta doutro lugar seguro. A explosão incendiou, à excepção da igreja, todo o edifício e até as casas vizinhas. Dizem que morreram nesta ocasião alguns religiosos; é provável; mas a carta do vice-rei, de 3 de Fevereiro de 1627, que refere o lamentável acontecimento por extenso, não menciona esta circunstância. Reparada a ruína em pouco tempo, para o que o vice-rei fizera logo mercê de 1000 xerafins, o colégio foi prosperando como dantes, e ainda em 1695, quando Gemelli Carreri o visitou, encontrava-se em magnífico estado de conservação, sendo habitado por 25 frades. O colégio tinha uma capela interna, uma biblioteca e uma farmácia bem provida.

A sua igreja, consagrada a S. Tomás, não apresentava fachada distinta da do colégio, mas fazia parte do lanço oriental do claustro, tendo as costas voltadas para o sul e contava sete altares com retábulos de estimável valor. A porta principal do colégio e a da igreja, ao que parece, eram abertas na parede lateral para o leste, defrontando com uma travessa adjacente, que ia entroncar com a estrada pública.

A 4 de Março de 1825 o arcebispo S. Galdino sagrou nesta igreja o arcebispo de Cranganor, D. Paulo de S. Tomás de Aquino e o bispo de Cochim D. Tomás de Noronha.

Ao tempo da visita de Cottineau, a situação dêste estabelecimento era muito mais sadia que a do convento principal, e, porisso, alguns dos membros velhos da ordem, retirados e dispensados da obrigação de assistir ao côro diário, preferiam a residência no colégio.

Depois da sua extinção em 1835, o inventário, que lhe foi feito, produziu 125.780 xerafins e 3 tangas. Volvidos poucos anos, o edifício, abandonado, ficou eslavrado, abatendo-lhe o tecto da igreja em Novembro de 1844. Manifestando-se a ruína em diversos outros pontos, foi mandado demolir no govêrno do conselheiro Pestana em 1846. A imagem de S. Tomás encontra-se guardada na sacristia da igreja de Corlim, das Ilhas.

Dois sinos dêste colégio foram levados para a igreja de Ucassaim, comprados pelas comunidades desta freguezia, em arrematação realizada em 1839, pelo prêço de 1.600 xerafins (1) ; um dêles traz gravada em alto relêvo a efígie de S. Jacinto com a inscrição = *Ora pro nobis beate Hiacinte* =.

CAPÍTULO VI

Ordens religiosas (continuação)

D—Convento e igreja de S. Agostinho e as suas instituições

No planalto do Monte Santo, avultava rodeado de várias construções o magnífico convento de S. A-

(1) *Esq. hist. das Com.*, 1.ª ed., parte 2.ª, pag. 153.

gostinho, fundado por doze frades desta ordem, que, sob a direcção de Fr. António da Paixão, vieram a Goa em 1572 e, no mesmo ano, conseguiram lançar com a maior solenidade a pedra fundamental do seu mosteiro, depois reconstruído, ampliado e dedicado, em 1597, a N. Sra. da Graça, padroeira da Ordem, que se denominava dos *eremitas calçados de S. Agostinho* (1).

Era o mais alto dos edifícios da cidade e olhava para o leste, defrontando com um espaçoso terreiro. Subia-se aos seus dois pavimentos superiores por uma larga escadaria de granito, que principiava no compartimento contíguo à portaria.

Logo ao entrar se via à esquerda uma elegante capelinha, consagrada à Santa Clara do Monte Falco, e chamada vulgarmente a *Capela da portaria.*

Os claustros e pilares, as galerias, salas e celas numerosas, era tudo belíssimo, diz Cottineau, como eram também dignos de atenção o seu vasto refeitório, a hospedaria e a enfermaria. Havia nos andares superiores quatro capelas denominadas respectivamente, dos Provinciais, dos Priores, da N. Sra. do Rosário, e da N. Sra. da Assunção.

O dr. Wilson, comparando o edifício do convento com o da universidade de Edinburgo, fala com admiração da pintura mural, que representava vários santos e a história dos religiosos de S. Agostinho que padeceram pela fé (2).

Além do seu jardim, sempre verde e flórido, contendo espécimes de plantas exóticas, o convento possuia uma grande horta, onde medravam as melhores árvo-

(1) Os sucessores dos primeiros discípulos de S. Agostinho fizeram vida eremítica até ao século XIII.

(2) Fonseca, 311.

res frutíferas da India. A sua preciosa livraria, provida das obras mais selectas e raras do século XVI, foi tão estimada pelo doutor Buchanan, quando se hospedou por alguns dias neste convento com o erudito provincial Fr. José das Dôres, que, segundo êle próprio refere, entretendo-se com a leitura se julgava, na sua imaginação, transportado a uma das bibliotecas de Cambridge ([1]).

Assistiam neste convento regularmente cincoenta religiosos, afora os noviços, contando-se entre êles alguns filhos de famílias mais distintas de Goa, que preferiam entrar nesta ordem, depois de ter sido revogada, em 1619, a lei que proibia admitir à profissão religiosa os naturais da India, *mestiços e castiços, porque podiam ter vivos parentes chegados gentios.*

Os agostinianos, depois da defecção do seu confrade Martim Lutero, mudaram a côr do seu hábito ordinário de preto a branco, com o cinto de coiro preto, reassumindo, nas ocasiões solenes, o seu antigo hábito de capuz ponteagudo e mangas largas, que se estreitavam bruscamente nos punhos. Nunca usavam capa e nisto principalmente se distinguiam dos dominicanos, que sôbre o hábito branco levavam muitas vezes uma capa preta.

Ligada ao convento pelo norte dilatava-se a sua suntuosa igreja, mais ampla do que todas as outras dos conventos da cidade. Da porta principal até ao cruzeiro tinha 17½ braças de comprido e 7½ de largura. O cruzeiro tinha de largo 3½ braças e 13½ de comprido ([2]). A sua fachada, aluminada pelo sol nascente, era decorada com formosas colunas e diversos ornatos de granito e flanqueada por duas gigantescas

([1]) *Inquisição de Goa*, por Dellon, tr. de Abreu, pag. 247.

([2]) *An. Marit. e Col.*, vol. 5.º, pag. 216.

tôrres, onde se viam suspensos enormes sinos, o maior dos quais (1), havendo sido transferido, depois da supressão das ordens religiosas, para o farol da Aguada e utilizado para o seu relógio, foi cedido pelo Estado à igreja de Pangim, onde se acha actualmente colocado no campanário central, *ad hoc* construído em 1875.

Tinha única nave, primoròsamente abobadada, e o côro em estilo gótico. Esta abóbada, como fosse, na parte central, muito elevada e quási horisontal, diz uma curiosa tradição, abatera duas vezes, e o arquitecto, que era um italiano, vexado com os desastres, a erguera finalmente à sua custa e para dar prova da solidez da construção, ou, em caso contrário, morrer sepultado sob as suas ruínas, porque não tinha com que solver a dívida para êsse fim adquirida, se colocara, com seu único filho debaixo do fecho daquela grandiosa obra, dando fogo a um canhão de grosso calibre, que trazia preparado ; e, como a explosão não tivesse causado nenhum estrago à abóbada, os religiosos, satisfeitos, lhe retribuiram liberalmente o serviço e os sustos. Esta tradição faz lembrar a frase "a abóbada não caiu, a abóbada não cairá" do mestre Afonso Domingues, da Batalha, a que se refere A. Herculano nas *Lendas e Narrativas*.

O templo comportava onze altares, conforme viu Cottineau, todos admirados pela elegância dos retábu-

(1) Foi êste grande sino exprèssamente fundido em 1749 para êste convento na oficina régia de Lisboa pelo fundidor real João Nicolau Levachi, como reza a inscrição em latim existente no mesmo sino. Antes da sua fundição, segundo nos informa o sr. Cónego Vás, em vista de documentos, o convento possuia no século XVII um sino ainda maior, chamado *Sino Balão*, que, por ordem do capítulo Provincial, se tocava sòmente em determinadas ocasiões, como à chegada das naus do reino, o nascimento das pessoas reais, a festa da Padroeira da Sé, e as festas principais do convento.

los; oito dêstes demoravam, segundo fixa Louzada de Araújo, na grandiosa nave, sendo o altar principal um primor da arte e magestosa a tribuna do Santíssimo Sacramento, a qual tinha um pavilhão de filigrana de ouro, composto de 10 peças ([1]).

Os altares eram dedicados à N. Sra. da Graça, N. Sra. do Bom Sucesso, S. João de Sahagun, S. Tomás de Vila-Nova, S. José, N. Sra. dos Passos, S. Agostinho, Senhor Jesus e N. Sra. das Angústias. Faltam ainda duas invocações, que não foi possível apurar ([2]).

A abóbada da capela-mór ostentava as galas de laçaria gentilmente dourada. Do côro desta capela, que fôra fabricado mais tarde e que ao presente se encontra no Bom Jesus, sómente se usava nos dias festivos, servindo-se em outro tempo do côro da galeria do fundo, segundo o costume de todos os conventos da cidade.

Além de várias festividades que se celebravam nesta igreja, os agostinianos costumavam fazer, no primeiro domingo da quaresma, uma procissão soleníssima, chamada dos *Passos do Senhor*, conduzindo uma imagem de Cristo com a cruz às costas, e na qual tomavam parte muitos *penitentes*, que, vestidos de sacos brancos, se flagelavam em público. Nesta ocasião levantavam-se altares em diversos pontos do trânsito para o descanso da procissão, nos quais se cantavam *motetes*, e, representando a passagem *Conversus ad filias Jerusalem dixit illis* : *Nolite flere super me*, se fazia voltar o Cristo para o povo, que respondia com grandes sinais

([1]) Inventário do convento de S. Agostinho, arquivado na Fazenda. A tribuna teria um pouco mais de 2 metros.

([2]) Devemos êste esclarecimento à benevolência do sr. Cónego F. X. Vás. Conforme Louzada de Araujo, os altares eram treze, ficando 4 dêstes no cruzeiro. Vid. *An. Maril.* e *Col.*, vol. 5.º, pag. 216.

de compunção. A procissão costumava sair de S. Paulo o velho—por ser um santuário antigo, além de que êste trânsito era pelas ruas principais da cidade—e terminava na igreja dos agostinhos, sendo apresentado no fim o Santo Rosto à imensa multidão de gente, que se apinhava no espaçoso terreiro desta igreja. Os referidos altares eram, em todas as sextas-feiras da quaresma, adornados da mesma forma e visitados pelo povo de dia e até à certa hora de noite. Esta visita, que se chamava *correr os Passos*, servia ao povo, diz Pietro della Valle, durante a quaresma tanto para a devoção como para o passa-tempo (¹).

A casa do noviciado dos agostinhos era contígua ao seu convento pelo sul e podia ser considerada como parte integrante dêle. Tinha claustros sobradados com jardim no páteo interior e capela especial, embora muito pequena, dedicada à N. Sra. das Neves, onde os noviços costumavam tomar o hábito.

Fronteiro a êste edifício a oeste erguia-se o colégio consagrado à N. Sra. do *Pópulo*, fundado, ao que parece, na primeira metade do século XVII (²) pelo provincial Fr. Pedro da Cruz, para a instrução dos religiosos mais moços da sua ordem. Era uma casa de dois pavimentos só, mas de elegante aspecto e coroada de esbelta cúpula, que realçava a perspectiva do edifício. Além das cadeiras de latim, filosofia e teologia, leccionavam-se neste estabelecimento vários ramos de conhecimentos humanos para os que quizessem dedicar-se aos estudos úteis em tempo livre. Assistiam nele 30 religiosos, às vezes mais, com o seu reitor, vice-reitor e seis mestres; um dos mestres de filosofia e teologia, desde 1830, foi o padre António Manoel Soa-

(¹) Valle, 8.ª carta, na *India em 1623 e 1624*, por I. Gracias.
(²) Filipe Néri Xavier coloca a fundação em 1633.

res da Veiga, natural de Ribandar, depois bibliotecário da Biblioteca nacional e professor da Escola normal de história e, finalmente, reitor do liceu nacional, em 1854. O colégio tinha igreja própria, suficientemente espaçosa, com cinco altares e a fachada para o norte e percebia da Fazenda 1000 xerafins anuais. Possuia duas capelas, a de S. António e a outra chamada de *Livraria* (1).

Depois da extinção do colégio o retábulo principal da sua igreja passou em 1841 para a de Ribandar.

Êste colégio, donde saiam os missionários para diversas cristandades, era ligado ao noviciado por meio de um imenso arco sôbre a larga rua denominada *dos judeus*. Esta rua conduzia à fôrca chamada do preto *Tipete*, fôrca, segundo refere Lopes Mendes, construída de pedra, de propósito para nela ser enforcado um célebre preto dêste nome, que era o terror do povo de Goa.

Os agostinianos construiram em 1622 um seminário em Neurá o grande, sob a invocação de S. João Evangelista, donde, por insalubridade do sítio e grande distância da cidade, transferiram o ensino, segundo uns, para o colégio do *Populo*, e, conforme outros, para o *seminário de S. Guilherme*, fundado pelo provincial Fr. João da Rocha, pouco depois do ano de 1623, atrás do mencionado colégio do Populo, leccionando-se também aqui o latim, a filosofia, a teologia e o canto, mas só para os clérigos indígenas que se destinavam para párocos (2). O edifício de Neurá foi então reduzido à igreja paroquial. Receberam em doação a igreja, hoje capela, de S. António, de Goa, e a casa e ermida

(1) Vid. o cit. inventário do convento.

(2) *India Port.* por Lopes Mendes; *Descrição geral e hist.* por T. de Aragão, vol 3.°, pag. 58; *Noticia e Leges.* por pe. Filipe Neri de Souza, e *Inst.* por F. de Souza ; e *Oriente Port.*, vol. 4.°, pag. 350.

de Sta. Inês, na freguesia de Taleigão, construída por D. Francisco d'Eça em 1584, a qual foi reedificada e elevada à igreja paroquial em 26 de Outubro de 1600.

Fora de Goa tinham conventos em Bassaim, Taná, Chaúl, Pérsia, Congo, Bombaim, Macau, Madrasta, Damão e Diu; um hospício em Madrasta e um pequeno hospício em Bombaim, no Colaba ([1]), para a acomodação dos religiosos que ali iam embarcar para a missão, e um outro em S. Tomé de Meliapur, além das ricas missões de Bengala, onde fundaram um convento e 24 igrejas, e da costa de Coromandel, onde construiram inúmeras igrejas, havendo batizado centenas de adultos.

Esta ordem, a-pesar de ser a mais opulenta e numerosa de todas as de Goa, nunca formou Província à parte; era apenas uma congregação filial à Província de Portugal, tendo sido, contudo, o seu prelado na India sempre honrado com o título de *Provincial*. A eleição dêste *Provincial* e dos Dignitários, Visitadores, Prior de Goa, Reitor do Colégio e outros cargos principais, se fazia de 3 em 3 anos aqui em Goa; mas por causa de dissensões que houve, adoptou-se o processo de mandar para o Provincial da metrópole os votos em cartas fechadas para êste designar os eleitos.

Extintas as ordens religiosas, sairam dêste convento 59 frades, e a Fazenda recolheu 834,139:3:49 xerafins.

Para o convento vago a Santa Casa da Misericórdia transferiu os recolhimentos da Serra e de Madalena.

([1]) Uma casa que compraram a um parse em 1823. Depois da extinção das ordens religiosas, mobilada à custa da Fazenda e confiada a um administrador, serviu de acomodação aos funcionários portugueses que passassem por Bombaim. Actualmente esta casa, em virtude da Concordata de 28 de Junho de 1886, pertence à diocese de Damão, cujo prelado costuma ter ali a sua residência. Tem uma capela aberta ao culto público.

Removidos êstes, mais tarde, para Chimbel, o edifício abandonado arruinou-se; e em 8 de Setembro de 1842 desabou a abóbada da igreja, cobrindo com o montão das suas ruínas a colossal imagem de S. Agostinho e a da N. Sra. da Graça (1).

O colégio do Populo ainda resistiu às injúrias do tempo até 1846, em que o govêrno o mandou demolir e vender os materiais.

Hoje do gigantesco e maravilhoso edifício restam apenas a frontaria da igreja conventual, encostada à tôrre—que lhe ficou da banda do norte, desafiando o poder do tempo—uma parede da capela-mór com fragmentos da abóbada e algumas paredes desmanteladas do noviciado e da igreja de Populo, com um pedaço da sua fachada.

Do seminário de *S. Guilherme* não aparecem nem vestígios.

CAPÍTULO VII

Ordens religiosas (continuação)

I Convento e igreja da Madre de Deus e as suas instituições

Ao mesmo tempo em que floresciam no recinto da cidade de Goa as quatro mais célebres ordens religiosas já referidas, medrava no pitoresco arrabalde de Daugim de cima, à beira-mar, um ramo dos franciscanos, mais rigoroso e abnegado, prestando relevantes serviços ao cristianismo. Vejamos a sua evolução:

(1) O arsenal da marinha, a cujo cargo ficaram os conventos extintos, descuidou-se em fazer antes do inverno os concertos ordinários. *Bol. do Gov.* de 1858, pag. 142.

D. Gaspar de Leão Pereira, o primeiro arcebispo de Goa, fundou à sua custa, em 1567, um convento ligado à antiga ermida da Madre de Deus, na paróquia de S. José, de Daugim de cima, destinando-o à profissão e vida religiosa dos capuchos, que deviam seguir os estatutos modelados pelos da província de Arrábida. Chamou-se *o convento da Madre de Deus* pela invocação da ermida.

A cerimónia da sua inauguração realizou-se em 31 de Outubro de 1569. Seis frades franciscanos e dois noviços, que se haviam oferecido a dar princípio ao novo instituto e já se tinham preparado com grande fervor do espírito, sob a direcção do custódio fr. João de Ceita, passaram para Madre de Deus, saindo de S. Francisco acompanhados por toda a comunidade religiosa em solenissima procissão presidida pelo arcebispo, e tomaram a entrega do convento, que o seu fundador lhes havia doado com autorização régia. Entraram, também, nesta congregação alguns religiosos reformados de Arrábida, mandados para a India por D. João 3.°, em 1566.

Êste instituto, que foi filial ao convento de S. Francisco durante os primeiros 30 anos, separou-se desta última casa, com as devidas licenças, nos princípios do século XVII, como está dito no capítulo III ficando anexado à congregação dos *franciscanos reformados*.

Agregando-se-lhe, na partilha efectuada na ocasião, várias casas já referidas e entre elas as da Senhora do Cabo e do Pilar, em Goa, foi elevado, em 1612, à *Custódia da Madre de Deus dos religiosos capuchos da India*, e, em 1622, por breve do papa Gregório 15.°, à categoria da *Província* do mesmo título (1).

(1) *Os Capuchos da India* costumavam ter a cabeça coberta com o capêlo, mas não traziam a barba.

O edifício não era muito vasto nem ostentava galas nem primores arquitectónicos. Os seus claustros e dormitórios, modestos, acomodavam 40 frades, que eram de assistência ordinária, com a capacidade para alojar mais uns poucos ; mas a pobreza da arte, que se via no convento, era compensada pelos ricos dons da natureza, que o cercavam. A quinta do convento, solo fertil, produzia com pouco trabalho saborosas frutas [1] e variedade de hortaliças e legumes, e primava pelo seu magnífico jardim, sempre cheio de mimosas flôres e plantas de ornato para os altares.

O espaçoso tanque, que, recebendo as águas do Mandovi pelas comportas vizinhas, banhava o claustro oriental com agradável perspectiva, era o recinto, onde se criava abundante peixe de melhor qualidade, não só para o proveito, porque o refeitório da casa, em regra, não admitia carne, mas, também, para o recreio, pois o peixe, como se fôra domesticado, acudia em cardumes, todos os dias, às migalhas de pão e ao arroz cozido, que das sobras das refeições os religiosos lhes mandavam deitar, à hora certa, entretendo-se em ver as suas contendas sôbre o pasto.

Em 1719 D. Inês de Melo Pereira acrescentou ao convento uma enfermaria, gastando 19,700 xerafins, como se pode ler na inscrição existente numa pedra sôlta, que pertenceu ao mesmo convento e se encon-

[1] Diogo do Couto, na déc. 8.ª, cap. 37, refere que o arcebispo D. Gaspar mandara de presente um açafate de figos temporãos desta horta ao vice-rei D. Luis de Ataíde, quando êste estava em guerra com o mouro em Banastarim e que o vice-rei, em retribuição e agradecimento lhe enviara um pelouro despedido pela arma inimiga e caido aos seus pés sem o molestar, dizendo não haver outra fruta em Banastarim. A tradição fala também da existência de ananazes e laranjas doces nessa horta, admirada pelos estrangeiros.

tra na galeria lapidar do *Museu Real* de S. Caitano, descrita por Carmo Nazaré [1].

Com respeito ao espírito religioso, pode-se afirmar sem exagêro, que se vivia neste convento com o primitivo rigor e a austeridade de família seráfica, amando a santa pobreza e todos os pobres, como S. Francisco de Assis os amava, e rescendendo a casa uma expressão de misticismo e de grandeza da alma, tal como do convento de Benfica escrevia um erudito = *En domus undique rédolens sanctitatem* =. Na sua acção missionária e apostólica, o povo admirava nestes religiosos sôbre tudo o carinho e a abnegação, com que tratavam os leprosos e os infelizes empestados dentro e

[1] Eis a inscrição :

(ARMAS)

Esta enfermr.ª fabri
Cou a pied.ᵉ de D. Ignes de Mello
Per.ª N. Syndica na era de 1719
Gastou 19 mil e 700 xs. A. Prov.ª
Obrig.ª por tanto dispendio
Lhe mandou faser este padrão
E poz p. lei em difinição q to
Do o Sacerdote q na d.ª emfer
M.ª se curar seja obrig.º depois
De são dizer hua missa pela alma
Da dita D. Ignes de M.º ou p. q.ᵐ ella
Aplicar debx.º do prec.º de obed.ª
Os Ir.ˢ coristas debx.º do mes
Mo hu off.º de defuntos du
Plex e os irm.ºˢ leigos cem P.ᵉ
Nr.ˢ e cem Aves M.ªˢ Anno
1725

Oriente Port., vol. 1.º, pag. 212.

fora dos hospitais, de maneira que, vendo nesses benfeitores alguma cousa de sôbrenatural. se convertia fàcilmente ao cristianismo.

Foi esta casa o querido retiro do seu fundador, que resignando duas vezes a mitra. passou ali a vida humilde em uma estreita cela, entregue à contemplação das cousas divinas, aos seus estudos e à composição de livros, que deixou; e, afinal, depois de ter espalhado muito bem pelo mundo, ali expirou, canonizado pelo povo como santo. sendo os seus restos mortais depositados na capela-mór da igreja dêste convento, e transladados mais tarde, em 5 de Outubro de 1864, com grande solenidade para a Sé primacial por ordem do arcebispo Amorim Pessôa.

Havia nesta casa um colégio de estudos, onde se leccionavam o latim, a filosofia e a teologia para os religiosos, tendo sido um dos lentes das sciências teológicas fr. Joaquim de Santa Rita Botelho, natural de Pangim. mais tarde bispo eleito de Cochim e vigário capitular e governador do arcebispado de Goa, em 1851.

Êstes religiosos *reformados ou capuchos* sustentavam-se com a esmola, que pediam em épocas regulares, como os franciscanos *observantes*; mas, posteriormente, tanto à êstes como àqueles foi permitido ter rendas *em comum* ou receber esmolas estipuladas. Assim se permitiu a todas as *Ordens mendicantes*, por lutarem com graves dificuldades na manutenção da disciplina, excepto a seus certos ramos, que se conservaram na pobreza primitiva. A' sombra desta permissão acumulou-se nos cofres destas ordens algum dinheiro que era administrado por um síndico, e que depois lhes foi confiscado pelo govêrno.

Pela extinção do convento em 1835, sairam dali 31 religiosos, e o inventário dos seus bens somou em 230.184 xerafins.

A igreja, que em contiguidade ficava ao sul e olhava para o oeste, era muito pequena, mas tinha 5 altares e, sôbre o vestíbulo ligado à frontaria, um belo terraço com a sua platibanda, onde os religiosos, depois de findar o côro, gozavam o fresco de tarde e do panorama da cidade e do rio.

O pavimento da igreja, como também o do claustro, estava juncado de sepulturas ; pois muitas famílias portuguesas preferiam haver ali o seu jazigo. A imagem da Mãe de Deus, a quem era dedicado o altar principal, tinha a reputação de milagrosa e culto especial; quási todos os dias de semana afluiam ao templo peregrinos e devotos em verdadeiras romarias, cuja fé operava milagres, recuperando muitos enfermos a saúde pronta e admiravelmente. Os que fôssem considerados possessos eram transportados ordinàriamente à essa igreja para serem exorcismados. Aos sábados de manhã havia grande concorrência do povo à missa e à salve cantadas com o acompanhamento do órgão, e de tarde, por costume inalterável, iam para ali os vicereis fazer oração ([1]). O conde do Rio Pardo, ao voltar da Madre de Deus, orava também muitas vezes perante o túmulo de S. Francisco Xavier.

A festa principal era solenizada no dia da Anunciação da N. Senhora, precedida de novenas e salves, assistindo aos actos a respectiva confraria revestida de opas brancas. Ainda depois de suprimidas as ordens monásticas, ouvia-se durante muitos anos, naquela apartada solidão, ao longo das naves, o sussurro das orações de vários romeiros vindos de pontos distantes do país, que se desobrigavam de seus votos e promessas. Nesta época o padre administrador do con-

([1]) *Instr. do M. de Alorna*, parte 3.ª, pag. 67 ; o *Oriente Port.* vol. 7, pag. 162.

vento, Fr. João da Rainha dos Anjos (agostiniano) era reputado um dos melhores exorcistas, sendo procurado até pelas comunidades agrícolas do país para esconjurar a praga de bichos que infestassem as searas.

Em 1853 o govêrno, não podendo acudir às dispendiosas reparações, mandou apear o tecto da igreja, depois de removida a imagem para uma capela interior, procedendo-se, dois anos depois, à demolição de alguns compartimentos do convento mais ou menos ruinosos.

Em 1870, quando se pensou em demolir a restante parte do edifício, subiram ao govêrno alguns requerimentos pedindo a sua conservação pelo fundamento de ser universal a fé dos povos na virtude curativa e milagrosa da Mãe de Deus ; mas, como a crença não ligava essa virtude à casa de Daugim, o govêrno anuindo à súplica dos moradores da freguesia de Saligão, (Bardês), permitiu que fôsse trasladada a imagem para a formosa igreja que estava a concluir-se naquela importante povoação e destinou o convento a ser demolido. De facto, em 26 de Novembro de 1873 foi a devota imagem transferida processionalmente—com a assistência de todas as confrarias de Bardês e das primeiras autoridades do Estado—para essa igreja paroquial, tendo partido o luzido préstito dum belo pavilhão erigido no cume do oiteiro dessa aldeia, onde já se achava prèviamente colocada a veneranda estátua. Depois da transladação chegou uma portaria do govêrno superior mandando conservar essa imagem em alguma capela do convento que mais conviesse. Era tarde. (1)

(1) Em 26 de Novembro de 1923 celebrou-se o cinquentenário desta transladação com brilhantes festas.

No retábulo da capela-mór avultava uma outra imagem alegòricamente notável: era a de S. Pedro em acção de dar uma chave ao arcebispo D. Gaspar, que de joelhos a estava recebendo. A tradição, interpretando o trecho, referia que, na ocasião em que o papa Gregório 13.°, a pedido do soberano português, obrigava D. Gaspar a deixar o convento e reassumir as funções arquiepiscopais, lhe aparecera o apóstolo persuadindo-o a que aceitasse a dignidade pastoral.

O púlpito e 3 retábulos desta igreja foram levados para a de Mapuçá para substituir os incendiados na noite de 27 de Abril de 1838; um dos sinos e a banqueta de prata e o órgão para a de Moirá, e o outro sino para a de Jua ou S. Estêvão; e 2 retábulos para a igreja de Assolná ([1]).

Do convento e da igreja não resta hoje senão uma cruz (cruzeiro) que ficava no adro, única testemunha da fé dos nossos antepassados. ([2])

Mas o sítio, cheio de aprazível vegetação, é encantador, e a ponte que o liga à Velha Cidade, os bancos de pedra, umas colunas e uns pequenos restos das paredes despertam na alma saüdades poéticas do passado esplendor.

Convento e igreja da N. Sra. do Cabo

No extremo ocidental da ilha de Goa (Tisvari) coroava o cimo da colina, desde 1541, uma pequena ermida dedicada à N. Senhora do Cabo, do domínio e

([1]) *Bosq. hist. das com.*, parte 2.ª, pag. 150.

([2]) Vid. *Vergel de plantas e flores*, 24, 33, 57 e seguinte, 354 e seguinte; *Agiol. lus.* 2.°, 107; *Mitras Lusitanas do Or.*, pag. 51 e seg.; Santuário Mar. 8, l. 1.°, t. 37.

posse da igreja metropolitana do Oriente (¹).

O vice-rei Mateus de Albuquerque, que, por muito afeiçoado aos religiosos capuchos, desejava a multiplicação de suas casas, atraído pela beleza do sítio, obteve a licença do arcebispo D. Mateus de Medina e construiu às suas expensas ao lado da ermida, que por esta ocasião ampliou para servir de sacristia, uma igreja e convento para êles, aceitando a cláusula imposta pelo prelado de que o novo edifício, quando fôsse deixado por êsses religiosos, passaria a ser propriedade do cabido, como fôra a primitiva ermida.

A construção, principiada em 5 de Fevereiro de 1594, acabou em 14 de Julho do mesmo ano, mas, contra a intenção e liberalidade do fundador, saiu bastante modesta; pois as celas eram tão estreitas, que, na opinião de Fr. Jacinto de Deus, *bem mostravam ser sepulturas para os que sendo mortos para as grandezas do mundo, viviam somente para a pobreza evangélica.* Na sua igreja solenizava-se a festa da N. Sra. do Cabo a 28 de Dezembro, dia dos Inocentes Mártires (²).

Depois da extinção das ordens religiosas, êste convento, por muito tempo administrado por um egresso, serviu de residência de campo ao arcebispo Tôrres (³) e depois, por ordem da côrte, aos governadores gerais, tendo-lhes sido, para êsse fim, expressamente cedido com a horta anexa por carta de lei de 10 de Junho de 1866. Hoje é a melhor residência do governador pela sua situação aprazível e pitoresca dominando todo o horisonte para o lado do mar.

(¹) Foi uma das ermidas compreendidas na convenção de 1541 e de que falamos a pags. 29 e 30.

(²) *Vergel de plantas e flores* 86 e seg. e *Instr. do marq. de Alorna*, 3.ª ed., p. 1.ª, 64.

(³) Cottineau 187.

Convento e igreja da N. Sra. do Pilar

Fundado pelo zêlo do franciscano Fr. Luís da Conceição, Comissário Geral da India, êste convento está situado na cumiada de uma colina, a mais meridional da ilha de Tisvari, na freguezia de Goa Velha. A primeira pedra do seu alicerce foi lançada em 1613 pelo arcebispo D. Fr. Cristóvão de Lisboa, a 17 de Julho, dia da festa da N. Sra. do Pilar, obedecendo a construção à planta delineada pelo arquitecto Fr. Manuel Batista, natural de Damão. Em 1633 os religiosos capuchos da Madre de Deus estabeleceram ali a sua séde e um colégio com o pomposo título de *Universidade das sciências, artes e teologia* (1).

Existiam neste instituto, entre professores e estudantes, de ordinário 26 religiosos sustentados pela piedade dos habitantes da cidade de Goa, que nesta ilha mantinham com as suas esmolas três conventos desta *província* (2). O inventário feito no convento depois da sua extinção produziu 54,045:2:42 xerafins.

O convento não é vasto; tem celas e dormitórios em geral estreitos, uma razoável sala e no rez-do-chão um espaçoso refeitório. Alguns aposentos foram modernamente ampliados e melhorados, com o acrescentamento de uma capela e varanda no andar superior, para servirem de residência ao Patriarca e aos que ali tomam o retiro espiritual. As paredes são profusamente ornadas de vários frescos de bom gôsto. Está em óptimas condições higiénicas.

A igreja, que olha para o norte, é pequena, abobadada, com o altar principal consagrado à N.ª Sra. do

(1) *Vergel das plantas e flores*, 87; Cottineau 186.

(2) Vid. *Estabelecimentos da educação* etc. por pe. C. C. Nazaré n'*O Ultramarino*, no. 60 até 76 de 1901-1902.

Pilar e tem, além dos dois altares colaterais, uma capela especial, dedicada ao SS. Sacramento e à N. Sra. do Carmo, à esquerda do cruzeiro, e mais um altar logo à porta da entrada, do lado da epístola, da invocação de S. Pascoal Bailon, conservando ainda o antigo côro na galeria do fundo. A sua frontaria é protegida por um alpendre encimado pelo terraço, que descortina um largo horisonte.

Depois da extinção das religiões viviam em comunidade neste convento alguns religiosos carmelitas egressos de Chimbel, seguindo os seus estatutos, como lhes fôra permitido por port. de 10 de Março de 1855. O último dêstes carmelitas, Fr. Cirilo da Anunciação, natural de Ribandar, faleceu ali muito velho, a 22 de Outubro de 1887. O convento, com a horta contígua, foi cedido aos arcebispos para a sua residência na estação calmosa por portaria ministerial de 30 de Abril de 1878. E' actualmente a séde dos missionários seculares de S. Francisco Xavier, recentemente estabelecida com autorização do patriarca D. Antonio Sebastião Valente em 1888. E' ao zêlo do actual superior dêsses missionarios que se devem os melhoramentos atrás referidos.

Convém referirmos aqui em duas palavras a origem de uma solenidade anual, que se realiza em Goa Velha, por ser històricamente interessante ao convento.

Na igreja do Pilar e, precisamente, no altar colateral do lado da epístola, existe uma imagem da Imaculada Conceição, que tem confraria própria, fundada pelos franciscanos. Esta confraria, desde a extinção das ordens religiosas, funciona na igreja matriz de Goa Velha e soleniza, além de vários actos religiosos, uma procissão da instituição da Ordem Terceira ao estilo antigo, na quaresma, 2.ª feira da Paixão, conduzindo a imagem do *Ecce homo* e um grande número de outras (hoje 26, antigamente 65) de santos, santas, arcanjos e ainda do papa Inocêncio 3.º em acção de entregar a S. Francisco de Assis o decreto da criação da Ordem. Essas imagens são em geral do tamanho natural e transportadas em pé no respectivo andor, menos a do papa, que vai sentado, e as de S. Francisco de Assis e Madalena, que se vêm de joelhos vestidas de sêda. A procissão atrái numerosa concorrência das freguezias vizinhas para a antiga capital do império dos Kadambas, onde ainda se encontram, diz F. N. Xavier, raros vestígios da primitiva cidade. [1]

CAPÍTULO VIII

Ainda as ordens religiosas

I

Convento e igreja dos Carmelitas descalços

Os carmelitas descalços, que, tendo vindo em princípios do seculo 16 directamente da respectiva congregação da Italia, haviam estabelecido a sua missão em Bagdad e na Pérsia, passaram para Ormuz (então portuguesa) e daí para Goa em 1607; e, não obstante as ordens em contrário da côrte de Lisboa, conseguiram, por diligência do seu vigário geral fr. Leandro da Anunciação, a autorização do vice-rei e do bispo para

---

(1) *Bosq. hist.* 1.ª ed., p. 2.ª, pag. 26, n.'

fundarem o seu convento, como fundaram, conforme o *Oriente Conquistado*, em 1612, e, ligado a êste edifício, o seu colégio de instrução e o noviciado. Em poucos anos erigiram mosteiros filiais em Diu, Moçambique, Bassorá e Tatá nas margens do Indo; e tomaram a seu cárgo as missões de Surrate, Bombaim e algumas na parte ocidental do império do Grão Mogol.

Assentado numa eminência contígua ao oiteiro da N. Senhora do Monte, sítio muito fresco, ameno e saüdavel, êste convento dominava o extenso e variado panorama da cidade e, embora inferior em dimensões a outros conventos, era todavia de elegante arquitectura ; tinha claustros formosos e duas galerias, uma sôbre outra, correspondentes a dois andares nobres; e no alto das portas liam-se, em grandes letras de ouro, dísticos relativos a diversas virtudes, como *humildade*, *paciência*, *fortaleza* e outros. A sua horta singularizava-se pela colecção de várias plantas exóticas e de rara excelência, entre as quais se encontravam duas árvores da canela de Ceilão, e algumas palmeiras chinesas, que, com as suas folhas baixas e espessas, faziam agradavel sombra. (1)

Êstes frades pertenciam às *Ordens mendicantes;* mas não à congregação dos chamados *marianos*, instalada em Lisboa no século XVI; eram muito piedosos, austeros e rigorosos observantes da sua regra; não comiam carne senão quando enfermos; sôbre a mesa do refeitório colocavam um cráneo humano para, com a sua vista, reprimirem o regalo do paladar. O seu hábito ordinário era de feitio dominicano, mas roxo, e cingido com um cordão branco, sendo branca também a capa que traziam em ocasiões solenes; mas, para celebrar a missa, usavam sandálias em vez de sapatos,

(1) Fonseca, 258.

distinguindo-se nisto dos carmelitas calçados ou não reformados. Assistiam aos enfermos do hospital da Senhora da Piedade e procuravam espalhar o culto da Santa Virgem e a devoção do escapulário do Monte Carmelo.

Muito estimados e venerados pela sua virtude, foram felizes em ganhar a proteção de muitas pessoas ricas e influentes, que contribuiram materialmente para tornar êste mosteiro o mais rico e próspero de Goa. A sua igreja, que se encontrava ao lado esquerdo do convento, tinha o frontispício voltado para o oeste. Era pequena, mas no interior muito bonita, um mimo de estilo arquitectónico.

Seis arcos elegantes formavam na sua nave, dividida em três partes, seis lindas capelas laterais e sustentavam a abóbada de relêvos finos e engraçados. A talha dourada de todos os seus retábulos e a belesa dos frescos, que decoravam as paredes, mereceram particular admiração aos viajantes.

Esta igreja foi construída à custa de D. Pedro Mascarenhas—cavaleiro da Ordem de Cristo, capitão de Moçambique e depois capitão e governador de Diu—segundo reza a carta do vice-rei conde de Linhares, dirigida a Sua Magestade em 13 de Dezembro de 1634 = *Dom Pedro Mascarenhas, que tendo vindo de Diu não tinha filhos nem herdeiros forçados, deu 20 mil xerafins para se fazer a igreja* (dos Carmelitas) *com obrigação de que tivesse na capella-mór o seu enterro, com armas e sumptuoso sepulchro........* =.

De facto, cumprindo a cláusula, os carmelitas encravaram na parede da capela-mór do lado do evangelho um belo sarcófago de granito, muito ornamentado com várias figuras humanas e antigas peças de armaduras em alto relêvo, sobreerguendo-se o busto de um cavaleiro e lendo-se no centro do sarcófago a seguinte inscrição em letras de oiro:

AQUI JAZ D. PEDRO MASCARENHAS CAVALLEIRO PROFESSO DA ORDEM DE CHRISTO IRMÃO DO CONDE DE CASTELLO NOVO DO CONSELHO DESTE ESTADO CAPITÃO QUE FOI DE MOCAMBIQUE GOVERNADOR E CAPITÃO DE DIU COM TITULO DE FUNDADOR. MORREU NO ANNO 1632 AOS 15 DO MEZ DE FEVEREIRO

A curiosa lápide, salva da destruição mas com as letras sem a douradura, encontra-se hoje na citada galeria lapidar do *Museu Real* (1) que de S. Caetano foi posteriormente transferida para o convento de S. Francisco de Assis.

Solenizava-se nesta igreja anualmente a festa da N. Senhora do Carmo, com grande pompa, em 16 de Julho; mas com o maior esplendor e regosijo foi festejada a 20 de Maio de 1623 a canonização de S. Teresa de Jesus, fundadora da ordem das Carmelitas descalças. (2) Na véspera da solenidade dois jovens fidalgos, ricamente trajados de viajantes, saindo do convento a cavalo, foram, como correios, anunciar em verso ao vice-rei a notícia da canonização e em seguida percorreram as ruas da cidade cantando ao acompanhamento de trombetas e espalhando pelo povo novos versos sôbre o mesmo assunto. Durante êsse tempo repica-

(1) *Oriente Port.*, vol. 1.º, pag. 637.

(2) O papa Gregório 15.º decretou simultâneamente num só dia, 12 de Março de 1622, a canonização de 5 santos; S. Inácio de Loiola, S. Francisco Xavier, S. Filipe Néri, S. Isidoro de Espanha, e S. Tereza de Jesus, virgem espanhola, falecida a 4 de Outubro de 1582, ano em que se fêz a mudança no calendário, contando o dia seguinte, como 15 do mesmo mês. *Resumo hist.*, pag. 255.

vam alegre e ruidosamente os sinos de todas as igrejas por ordem do arcebispo. A' noute foi iluminada a cidade a pedido dos carmelitas e fêz-se mascarada, em que apareceu, com trajo de um beduíno do deserto, Pietro de la Valle, que havendo conhecido a santa pessoalmente lhe consagrava particular veneração. Pietro de la Valle fêz, também, um quadro de sua invenção, adornando o retrato da santa com doze figuras, que representavam as 12 principais virtudes exercidas por S. Teresa em vida, acrescentando a cada figura um emblema apropriado a cada virtude e várias legendas em 12 línguas diferentes. Na manhã seguinte foi celebrada a missa solene nesta igreja em acção de graças pela canonização, pregando um eloquente panegírico um frade agostiniano com assistência do vice-rei, fidalgos e povo ([1]).

Decorrido um século depois do estabelecimento desta ordem em Goa, os carmelitas—que eram pela maior parte estrangeiros (italianos, alemães e flamengos)—por não quererem prestar o juramento de obediência e fidelidade, que o govêrno português lhes exigia, como providência para obstar à invasão de missionários enviados pela propaganda, foram expulsos da Índia portuguesa em 1702 e entregue judicialmente o seu convento com os respectivos haveres aos padres da congregação de S. Filipe Néri, então recentemente estabelecidos em Goa, que o converteram em colégio. Dizem que, quando o prepósito ou superior da congregação tomou posse desta casa, o que teve lugar dois anos depois da expulsão dos carmelitas, não encontrou o dinheiro e várias preciosidades de ouro e prata que lhe pertenciam, e conseguintemente o car-

(1) *Terceira Carta de Pietro de la Valle n'A India em 1623 e 1624* por I. Gracias.

melita fr. Leandro de S. Francisco Xavier, único que até essa época vivia no convento por ser português, fizera a entrega sómente do edifício e de seus bens imóveis, cujos rendimentos atingiam a 1224 pardaus, sendo 864 dêstes onerados com vários encargos pios.

Os carmelitas de Roma empregaram o melhor dos seus esforços para reaver o mosteiro e as suas propriedades, mas não o conseguiram, continuando na sua posse os congregados de S. Filipe Néri, até à supressão das ordens religiosas em Goa. Nesta ocasião o inventário dos seus bens montou a 119.785 xerafins e 2 tangas.

O convento com a igreja conservou-se em bom estado ainda uns 14 anos e prometia uma longa duração sem grande despeza ; mas, apeados os tectos (1849–50) por ordem do govêrno ([1]), foram abandonadas à mercê das estações as abóbadas e as paredes, que, em pouco tempo, se reduziram a um montão de ruínas, ficando em pé sómente, como ainda hoje se vê, a frontaria da igreja, a qual sôb o ponto de vista estético tem pouco valor.

Dois retábulos, um tabernáculo, um altar pequeno, 3 crucifixos e mais alguns efeitos desta igreja foram levados para a de Penha da França. Nas ruínas desta igreja foi celebrada, no dia 29 de Novembro de 1915, uma missa campal com grande concorrência pelo Patriarca das Indias, Sr. D. Mateus de Oliveira Xavier, em louvor dos mártires carmelitas, fr. Dionisio e fr. Redento, religiosos, que no século XVII viveram neste mosteiro e morreram pela fé em Sumatra.

([1]) *Bol do Gov.* de 1859., pag. 642.

II

Convento e igreja dos carmelitas da Ordem Terceira, em Chimbel

Em 1750 o arcebispo D. fr. Lourenço de S. Maria (que renunciara esta diocese no mesmo ano) ([1]) usando da faculdade que lhe fôra cometida pelo Geral da Ordem dos carmelitas, e de acôrdo com o seu sucessor Neiva Brum e com o govêrno secular, instituiu a *Ordem Terceira claustral carmelitana* no hospício que havia sido fundado em Chimbel por Salvador Xavier de Moura, em 1747, com a respectiva igreja dedicada à Soledade da N. Sra. do Carmo. ([2])

Três padres seculares, João Batista Falcão, José da Apresentação e Francisco Xavier dos Anjos, dispensados do noviciado pelo seu comportamento exemplar, receberam o hábito em 11 e 12 de Dezembro do mesmo ano de 1750 e se estabeleceram ali em clausura. Cresceu logo o número dos recolhidos chegando a 30.

Os seus estatutos foram aprovados pelo arcebispo Neiva Brum. Ampliado o edifício, o arcebispo D. fr. Manoel de Sta. Catarina reformou os estatutos pela sua provisão de 11 de Julho de 1785, que o papa Pio 5.º confirmou pela bula *Pontificia Solicitudo*, de 27 de Setembro de 1790; a qual Sua Magestade concedeu o seu régio beneplácito em 6 de Maio de 1791, destinando também a esta casa, por outro diploma, uma parte dos bens confiscados aos jesuítas que ren-

([1]) Mitras Lusit., pag. 258.

([2]) *Bosq. hist.* Cottineau 185, Jornal da Santa egreja Lus.; *Res. hist.*, pag. 399. *Quadros hist. de Goa*, 3.º 19.

desse três mil xerafins. A comunidade era composta exclusivamente de padres indígenas de casta charadó, que tinham o voto simples de observar a regra dos carmelitas descalços de quem traziam o hábito. Depois da extinção dos jesuítas, foram encarregados em 1764 das missões de Canapur, Quentur, Azrém, e outras. Foi compreendida na extinção geral das ordens religiosas, saindo nesta ocasião 23 religiosos e recolhendo a Fazenda 188.573 xerafins e uma tanga.

Em 1853 havendo 11 dêstes egressos, que existiam em Goa, requerido ao govêrno da metrópole a permissão de viverem em comunidade segundo os seus estatutos, foi-lhes permitido por port. de 10 de Março de 1855; e de facto se estabeleceram no convento do Pilár, onde o seu último representante, fr. Cirilo da Anunciação, natural de Ribandar, dirigiu por vezes o retiro espiritual dos ordinandos com grande espírito religioso e faleceu a 22 de Outubro de 1887.

O convento de Chimbel compõe-se de cláustros estreitos e numerosas celas, onde ao presente se encontra o recolhimento de Madalena.

A igreja, hoje capela, é de modestas porporções; tem 3 altares e o frontispício é voltado para o sul.

III

Convento e igreja de S. Caetano

Em 1639 três teatinos, religiosos da ordem instituída por S. Caetano e João Carafa, arcebispo de Teato ou Chieti, na Itália, (1) donde tiraram o nome, não podendo ir prègar a fé ao reino de Golconda, como

(1) João Carafa foi mais tarde papa e chamou-se Paulo 4.º.

lhes mandara o papa Urbano 8.°, vieram para Goa sôb a direcção de D. Pedro de Avitabili e fixaram a sua residência numa casa particular, atrás do colégio de S. Paulo o Velho, por benevolência do seu proprietário Rui Gomes Baracho, deão da sé primacial. Depois de terem mudado, por motivo de saúde, para diferentes pontos da cidade, tomaram em aforamento à Misericórdia umas casas situadas no *beco do Bacharel*; ([1]) e tendo começado a adaptá-las a um hospício, que pretendiam fundar, foram intimados por ordem do vice-rei conde de Aveiras, em 27 de Agosto de 1643, para suspenderem as obras, por lhes não ser permitido por nossas leis o estabelecimento no território português na qualidade de estrangeiros.

Em seguida tendo o vice-rei participado à côrte as pretensões dos teatinos em Goa, ordenou Sua Magestade em 13 de Março de 1645, que saíssem imediàtamente dêste Estado pelos inconvenientes que podiam resultar da sua assistência nele, tão proibida pelas leis vigentes.

Envolvido nestas dificuldades, D. Pedro de Avitabili partiu para Lisboa e oferecendo a cooperação dos seus religiosos ao clero português na cultura espiritual das missões e explanando as vantagens que daí manifestamente adviriam para a expanção da fé e para a glória de Portugal, conseguiu não só a revogação dessa ordem, mas ainda o beneplácito régio, primeiramente só para fundar em Goa o pretendido hospício no *beco do Bacharel* e continuar os seus exercícios espirituais, e cinco anos depois, a carta régia de 22 de Março de 1655 permitindo-lhes a constru-

[1]) O *beco do Bacharel* era uma travessa muito estreita, mais le alargada, que tinha um embarcadouro à léste do colégio de S. Boaventura e subia para o oiteiro entre o convento de S. Mónica e a igreja do Priorado do Rosário.

ção da igreja e convento e a partilha das missões orientais, com a cláusula, porém, de prestarem o juramento de fidelidade a el-rei de Portugal, de defenderem os direitos e as regalias do Padroado e de se submeterem à jurisdição dos bispos portugueses nas missões que cultivassem.

Jurada a obediência pela forma como se lhes exigia, construiram os teatinos o seu convento no *Terreiro do Paço* a leste, tendo-lhes sido cedidas nesta ocasião duas casas, que cobriam o local, uma particular e outra do Estado, onde funcionara até 1630 a primordial fábrica de pólvora ([1]).

O convento, primitivamente pequeno, foi, mais tarde, ampliado acrescentando-se ao seu dormitório do norte 8 celas e uma capela no fundo do corredor, que ainda está bem conservada com o seu altar e retábulo, sendo destinada esta nova construção ao noviciado, que principiara nos compartimentos situados na base do zimbório da igreja, e donde passara para o pavimento térreo do convento.

Extintas as ordens monacais, o edifício foi transformado em palácio para a residência temporária dos governadores gerais pelo conde de Tôrres Novas acrescentando-se lhe, como dizem, as duas salas que olham para o *Terreiro do Paço* e reformando alguns compartimentos. Contudo, conserva a sua forma claustral com celas e corredores estreitos, compreendendo os quatro dormitórios do andar térreo, 12 celas, 2 salas e o antigo refeitório, e os quatro do único andar superior, incluindo o noviciado, hoje residência do administrador, 18 celas e o refeitório modernamente feito com a eliminação dumas paredes divisórias. No dormitório superior ao nordeste ha uma vasta sala,

([1]) *Resumo histór.* por F. N. Xavier, pag. 376.

que dizem ter sido a biblioteca dos teatinos ou talvês a enfermaria. Resta ainda ao lado um corredor, parte dumas casas já demolidas.

Na sua vasta portaria, que deita para o sul, erguem-se renques de colunas cilíndricas, suportando o pavimento superior correspondente; e no seu recinto e em alguns compartimentos contíguos encontrava-se a *Galeria lapidar do Museu Real*, que, ha pouco, foi transferida para o convento de S. Francisco de Assis, galeria constituída de várias campas sepulcrais com epitáfios, pedras lavradas com símbolos, siglas, datas e diversos relêvos, capiteis de preciosa fantasia, colunas de antigos monumentos portugueses e algumas ainda do período hindu, salvas dos escombros das ruínas dos conventos, igrejas e outros edifícios públicos.

Os religiosos desta Ordem, chamados clérigos regulares da *Divina Providência*, não podiam possuir, segundo a sua regra, rendas de qualidade alguma nem pedí-las, mas para a sua subsistência deviam confiar na bondade da Providência e na caridade espontânea dos fieis. Ocupavam-se na prègação do Evangelho e na administração dos sacramentos, sendo muito procurados para confessores. Por cima do seu hábito, que era quási similhante ao dos clérigos seculares, traziam um longo rosário ao pescôço e obedeciam na India a um *prefeito*, que elegiam trienalmente.

Esta comunidade, que se compunha toda de religiosos europeus, desde 1750 para diante passou a constituir-se sòmente de indígenas.

Vejamos como foi essa transformação.

Desde o estabelecimento dos teatinos em Goa até êsse ano de 1750, sairam da Europa para a India 56 professos e 3 noviços; mas nem todos foram italianos, como muitos escreveram; houve um inglês, por nome D. João Batista Milton e um português D. Sebastião da Costa. Dêstes 56, tendo falecido uns na viagem, e regressado outros, sómente 34 chegaram ao convento. Êsse resultado já ia definhando a comunidade, quando ocorreram factos doutra ordem, que travaram para sempre a vinda dos missionários europeus para Goa; pois nas lutas entre a Propaganda e o nosso Padroado, alguns teatinos, julgando-se desligados do seu juramento de defender as regalias da coroa portuguesa, aderiram à jurisdição da Propaganda, salientando-se em Goa o prefeito dêste convento, D. Hipólito Visconti, que chegou a ser pôsto pelo vice-rei em custódia na fortaleza de Corjuém.

Êstes factos moveram o govêrno de S. M. a fazer mais imperiosa a cláusula da homenagem; mas a congregação da Propaganda definiu que a Santa Sé em caso algum podia consentir nessa exigência.

Daqui procedeu o embaraço, que estorvou em Roma a expedição e em Portugal a passagem dos religiosos teatinos para Goa.

Em 1750 existiam no convento apenas dois: D. António Alberto de Saldanha e D. Carlos José Fideli, que era prefeito desde 1730; ambos velhos e valetudinários. D. Carlos, que era um homem superior e muito respeitado na India pelas suas virtudes, vendo o abandôno a que estava reduzida a sua comunidade, e perdidas as esperanças de haver religiosos europeus da casa central, obteve permissão do seu superior com beneplácito régio para admitir nesta ordem os naturais do país, que desde 1750 foram de facto admitidos, e cujo número, sendo a princípio limitado a 4, se elevou depois a 20.

Os primeiros quatro teatinos indígenas foram: D. Agostinho Barreto, natural de Rachol, D. Francisco Furtado, de Margão, D. Jacinto Manuel do Rêgo, de Verna, e D. Sebastião do Rêgo, de Neurá, que da Congregação do Oratório passou para a vida conventual. (1). E quando, pelo falecimento dos italianos, D. Agostinho Barreto chegou a ser o prefeito, foi preenchido o quarto lugar pela admissão de D. Caetano Hastião (*sic*) de Faria, de Verñã. Estes teatinos D. Agostinho e D. Caitano instalaram missões em Gugulém, Codelur, Negapatão, Aracan, Ceilão, Camboja etc.

" Lê-se, diz Ismael Gracias, em muitas publicações que os naturais admitidos na ordem teatina foram todos de casta brámane. O facto é, porém, que houve um da casta charadó, D. José Avelino do Rosário Dias, de Camorlim, freguezia da Raia, concelho de Salsete, onde nasceu a 13 de Agosto de 1806 e faleceu em 17 de Fevereiro de 1875. Diz-se que foi o último professo, admitido por 1831 " (2).

Pobres como eram, os teatinos não possuiam conventos filiais; tinham, porém, na freguezia de S. Matias (Malar) um hospício com a sua capela, dedicada à N. Sra. da Divina Providência, o qual foi, depois da extinção dos conventos, comprado à Fazenda e reduzido à casa de morada por Daniel Mariano Picardo, oficial maior da S. C. da Misericórdia, e hoje, completamente transformado, pertence aos herdeiros de Tomás Vital. A porta principal do hospício olhava para o convento, descendo a sua escadaria até ao estuário do Mandovi, cuja importante área se acha actualmente absorvida por uma várzea de arroz (3). A imagem do orago da capela foi transferida para a igreja de S. Matias (4).

Os teatinos tiveram a seu cargo as missões do reino de Golconda, de Masulipatam, Baunagar, ilhas de

(1) D. Sebastião do Rêgo foi o mais brilhante orador da tribuna sagrada, chamado por isso o *Vieira indiano*.

(2) Vid. *O Oriente Port*, vol. 2.º, pag. 483.

(3) *Resumo hist.*, pag. 377 ; e a *Planta* da cid. de Goa por Linschot.

Borneu e Sumatra e o estabelecimento francês em Yanaon, e em cada uma destas terras construiram algumas igrejas e hospícios. Os missionários eram subsidiados pela Fazenda, recebendo cada um 150 xerafins. Na falta de religiosos eram empregados padres seculares, como foi o padre Pais, de Sangoldá.

A-pesar da sua divisa = Aurum et argentum non est mihi =, esta ordem possuiu mais tarde, quando lhe foi permitido, bens de raiz ; e ao tempo da supressão dos conventos em 1835, os bens inventariados montaram a 202,028 xerafins. Os frades, que nesta ocasião deixaram o mosteiro, foram 16.

O palácio-convento, ainda bem conservado, está a cargo de um clérigo nomeado pelo govêrno com o título de administrador, que ali reside e recebe da Fazenda 340 rupias anuais. Por port. do vice-rei D. Afonso Henriques, de 22 de Maio de 1896, foi convertido em *Museu Real da India Portuguesa.*

A igreja, que tem a invocação da N. S. da Divina Providência, não é espaçosa, mas pode-se-lhe chamar uma joia de arquitectura, pois na sua beleza, incluindo a linda fachada, que olha para oeste, excede a própria catedral. Dizem ter sido construída pelo risco em miniatura, da basílica de S. Pedro, em Roma. Gemelli Careri, porém, pensa ser imitação da suntuosa igreja de S. André della Valle, que se ergueu sôbre as ruínas do teatro de Pompeu e atrai a atenção já pela sua magestosa fachada da pedra de *travertin*, já pela sua cúpula, uma das mais elevadas e largas que existem na cidade de Roma. A sua arquitectura externa é coríntia e a interna mosaico-coríntia. Tem 121 pés de comprimento e 81 de largura. A sua abóbada, de arabescos em relêvo, forma no centro um elegante zimbório, sustentado sôbre quatro arcos graciòsamente lavrados, em volta do qual se leem em letra muito grande as palavras do Evangelho: *Quaerite primum regnum Dei et justitiam ejus, et haec omnia adjicientur vobis*=*Math.* 5. O corpo da igreja está dividido por duas ordens de pilares em três naves, comportando cada uma das duas laterais três capelas dedicadas respectivamente, as do lado da epístola, a Sta Catarina, S. Caetano e S. Carlos Borromeu, e as da parte do evangelho a S. Gregório Magno, N. S.[ra] das Dores e Trindade Humana (Sacra-Família). O altar principal é consagrado à N. Senhora da Divina Providência. No seu retábulo, que é considerado um primor de arte pelo seu fino valor e douradura, quatro arcanjos de azas abertas, dois de cada lado, seguram escudos com dísticos, dizendo o 1.º=*Se nascens dedit socium*=, o 2.º=*Convescens in edulium*=, o 3.º=*Se moriens in pretium*=, o 4.º=*Se regnans dat in prœmium*=. Quer dizer que Jesus Cristo se deu na incarnação como sócio, no Sacramento da Eucaristia como refeição, na cruz como resgate e na glória eterna se dá em prémio. E' a quarta estrofe do hino das laudes do Santíssimo Sacramento, composto por S. Tomás de Aquino, que, nesses quatro versos resume admiravelmente a vida de Cristo.

Debaixo da capela-mór encobre-se o antigo depósito do convento, hoje carneiro, lugar subterrâneo e abobadado, para onde o conde das Antas, por port. de 4 de Novembro de 1842, mandou trasladar da igreja de Pangim, com lúzido acompanhamento e solenidade, os restos mortais dos barões do Sabroso e do Candal, governadores gerais dêste Estado, falecidos em Goa,—pelo fundamento de ser "a igreja de S. Caetano a mais monumental de todas por sua arquitectura e a que promete sobreviver mais tempo à destruição completa de todos os edifícios da cidade". Modernamente foram ainda depositados nêste carneiro os despojos mortais dos governadores João Tavares de Almeida e visconde de Sérgio, também falecidos em

Goa, sendo depois transferidos daí para Lisboa.

No centro da igreja existe uma notável singularidade: um tanque ou pôço abobadado com pequena abertura, tapada por uma pedra quadrada. A's suas emanações atribui o povo as grandes manchas esverdeadas que se vêm no fêcho da cúpula, por esta corresponder verticalmente ao pôço. Êste pôço dentro do templo, foi aberto, segundo a tradição, recolhida por Filipe Néri Xavier, pelo seu arquitecto o pe. D. Francisco Manco, depois de ter visto duas vezes abaterem-se as paredes da igreja já construídas [1].

A' míngua de melhores documentos, pode-se inferir facilmente desta tradição que o arquitecto, reconhecendo que a presença de água no subsolo dessa superfície, relativamente baixa, lhe abalava a consistência da camada inferior, e derribava por vezes a obra construída, procurou enxugar e endurecêr o terreno pela drenagem, mandando abrir a aludida excavação justamente ao centro do edifício, conseguindo assim o escoamento igual de todos os lados, excavação que naturalmente foi necessário conservar para prevenir o reaparecimento da hũmidade na base das paredes com as suas nocivas consequências.

Não nos parece, portanto, que êste tanque seja, como a muitos se afigurou, um antigo tanque sagrado dos hindús ou *tirtha* ; nem assim o podia ser, porque os frades, que, perseguindo a idolatria, destruiam até os vestígios do paganismo, jámais conservariam dentro duma igreja um purificatório pagão abobadando-o com dispêndio de trabalho e dinheiro sem utilidade nenhuma ; nem a Inquisição, que era vizinha, lhes tolerava tão criminosa indiscrição.

(1) Cit. *Resumo histórico*, pag. 378.

Guarnecem as paredes laterais da igreja 4 tribunas de linda balaustrada de madeira lavrada, sendo duas de cada lado. Estas tribunas estão ligadas respectivamente a quatro compartimentos espaçosos quadrangulares de quási 7 metros, de pavimento argamassado, assente sôbre a abóbada das capelas, e tendo o tecto também de abóbada, que constitui a base do zimbório da igreja. Cada compartimento, com uma pequenina divisão ao lado, recebe abundante luz e ar por uma janela rasgada na parede exterior. A galeria do fundo dá passagem para essas casas, que se levantam até à beira do telhado de ambos os lados da igreja, sem todavia interceptarem a luz que esclarece as suas naves. E' nestes compartimentos que principiou o noviciado dos teatinos [1].

Acima das tribunas, em altura conveniente, uma esbelta balaustrada rôxa e de pequenas dimensões decora elegantemente a cimalha e o zimbório sôbre o fundo das paredes absolutamente brancas.

Completam o adôrno do templo alguns quadros de fino pincel, pendentes das colunas da nave, sendo o mais interessante o que representa o julgamento de Cristo, salvo o anacronismo, já notado a pag 77. de aparecer um esbirro dardejando através da luneta posta, um olhar rancoroso a Jesus prêso.

A festa de S. Caetano, que se soleniza em 7 de Agosto, é ainda hoje concorrida. E' precedida de novenas, salves e vésperas. A igreja tem de ambos os capela-mór duas sacristias, possuindo a que ireita, um altar consagrado aos desposória Santíssima.

[1] cit. *Resumo histórico*, pag. 378.

IV

Convento e igreja de S. João de Deus

Defronte das ruínas da igreja de S. Agostinho subsiste ainda uma parte do convento de S. João de Deus. Era um edifício pequeno com a sua igreja dedicada à N. Sra. do Bom Sucesso, construída à custa das esmolas pelos religiosos dessa ordem, que vieram a India, enviados por el-rei D. Pedro 2.º, em 1685, sob a direcção do comissário João do Nascimento. Êstes religiosos se recolheram a princípio, à capela da N. Sra. do Monte, da cidade de Goa, sendo-lhes dada a casa contígua, de 2 andares, por hospício, onde residiram, por 3 anos, subsidiados pelo inquisidor Manoel Gonçalves Guião—que morava no referido edifício—passando depois para umas casas vizinhas à capela de S. Catarina, que compraram por 600 xerafins colhidos de esmolas. Em 1691 mudaram-se para umas casas sobradadas, fronteiras ao convento de Sto. Agostinho, as quais lhes foram doadas com os seus anexos pelo proprietário D. Fernando Martins Mascarenhas, que governou a India por via de sucessão ; e ali se estabeleceram definitivamente, acrescentando a êste edifício a igreja, cuja primeira pedra foi lançada pelo arcebispo D. Agostinho da Anunciação (1). Foi êste o convento dos religiosos de S. João de Deus.

O claustro tinha apenas 2 pavimentos e a referida igreja, encostada ao lado esquerdo, possuia 3 altares sem outra particularidade notável a não ser a beleza da frontaria. Celebrava-se aqui a festa de S. João de Deus em 8 de Março.

(1) *Mitras Lusitanas*, pag. 191.

A ordem de S. João de Deus, chamada de *Hospitaleiros*, era composta de leigos, encarregados de cuidar dos doentes nos hospitais ; ficavam porisso a seu cargo os hospitais de Moçambique, Macau, Damão, Diu e diversas outras partes da India, incluindo o hospital de Bassaim, por êles construído em 1685. Havia entre êles poucos sacerdotes. que faziam de capelães. O convento tinha de instituição 8 religiosos sustentados pela fazenda pública a um xerafim diário, com a obrigação de irem nas armadas do estreito de Ormuz, mantendo-se os outros à custa das esmolas que recebiam. Foi, mais tarde, elevado êste convento à categoria da *Província* sob a denominação de *S. João de Deus.*

Ao tempo da visita de Cottineau o número dos religiosos não excedia a doze. Alguns dêstes serviam de enfermeiros no hospital real de Panelim depois da expulsão dos jesuítas, funções que continuaram a exercer até a extinção das ordens em 1835.

No convento vago acomodou-se, por algum tempo, o hospital dos pobres, quando a S. Casa da Misericórdia transferiu os seus recolhimentos para o ex-mosteiro de S. Agostinho.

Em 1844 o edifício foi comprado pelas freiras de S. Mónica para alojar os capelães, confessores e outros empregados do seu mosteiro. Posteriormente a Câmara municipal das Ilhas estabeleceu ali as suas sessões até que se concluisse a construção da nova casa em Pangim.

Em 1850, por demandar grandes reparações, foi apeado o tecto da igreja [1], cujas paredes ainda estão em pé. Uma terça parte do claustro, que se conserva

[1] *Bol. do Gov.* de 1859, pag. 643.

em sofrível estado, tem sido apropriada para a acomodação dos peregrinos.

A Igreja da Cruz dos Milagres; o Convento e a Congregação do Oratório

Na cumiada do monte denominado de *Boa Vista*, que limita ao sul a velha cidade de Goa, ainda hoje se lastimam as ruínas do convento e igreja da Cruz dos Milagres ([1]).

([1]) Esta invocação deve-se a um facto notável, qual o do aparecimento miraculoso de Jesus Cristo pendente duma cruz de teca, que em certa rocha do monte da Boa Vista havia eregido o pe. Manoel Rodrigues. Refere-se que no dia 23 de Fevereiro de 1619 o povo da cidade ficou pasmado de ver pregado naquela cruz o nosso Redentor, circundado duma brilhante auréola, ao mesmo tempo que flutuavam ao redor muitas bandeirolas roxas. Indo para ali, nada se viu mais que a cruz. Tornando ao local donde tinham avistado o prodigio, repetiu-se êste. Uma atmosfera de luz vívida envolvia a imagem do crucificado. Toda a cidade se alvoroçou a êste surpreendente espectáculo. Em consequência, o arcebispo D. Fr. Cristóvão de Lisboa mandou conduzir a cruz em solene préstito para a igreja da N. Sra. da Luz, e depois da resolução dos teólogos, canonistas e juristas, a cujo juizo se submetera êsse facto, de que era aquela cruz digna de culto, se fêz uma solene procissão em ação de graças e foi colocada a miraculosa cruz no altar-mór dêsse templo, edificando-se logo a igreja de sua invocação no lugar em que se dera o acontecimento.

O arcebispo escreveu um *Tratado do Aparecimento de Cristo crucificado na Cruz de Boa Vista de Goa*, em que descreve o milagre e os factos correlativos. Essa Cruz foi em 3 de Maio de 1845, no govêrno do conselheiro José Ferreira Pestana, transferida para a catedral, onde ao presente se acha. O seu comprimento é de 28½ palmos, e o dos braços 14 palmos e 6 polegadas; a largura um pouco mais de 1 palmo. Fonseca, pag. 275; pag. 121.

Edificada em 1619 à custa das contribuições do povo, a primordial igreja da Cruz dos Milagres não correspondia nas suas acanhadas dimensões à celebridade que lhe vinha do seu titular. Como, além de ser pequena, era de estrutura bastante fraca, não poude resistir à fúria do inverno e dos vendavais, a que estava exposta, e abateu em 8 de Agosto de 1659. Imediàtamente foi removida a Cruz para a próxima igreja paroquial da N. S. da Luz, onde ficou por tempo de quási doze anos, até que se reconstruisse o templo arruinado, cujas obras principiaram sómente em 1669 a expensas do provincial dos agostinianos Fr. Agostinho dos Reis e das esmolas dos fiéis. Em 23 de Fevereiro de 1671, reconduzida a Cruz com aparatosa solenidade para o novo edifício, foi colocada no altar principal, sendo para ali trasladada, também processionalmente, uma imagem da N. S. do *Bom Sucesso*, que esteve na cela do mencionado religioso no convento de S. Agostinho e passava por milagrosa, instituindo-se logo uma confraria dessa invocação, que zelasse pelo seu culto.

A nova igreja era ampla, bem construída e abobadada com a frontaria voltada para o oeste. Além do altar principal, tinha no cruzeiro quatro altares, sendo dois em frente e dois encostados às paredes laterais.

Em capela especial se venerava o primitivo pedestal da milagrosa Cruz, onde uma inscrição lapidar em letras de ouro dizia = Neste logar estava a Santa Cruz quando nela apareceu Jesus = (1).

Poucos anos depois, a convite da irmandade da N. Senhora do Bom Sucesso e por provisão do cabido, *sede vacante*, de 14 de Março de 1684, foi entregue a igreja à Congregação do Oratório de S. Filipe Néri.

(1) Fonseca, 276.

Esta congregação foi fundada pelos padres Pascoal da Costa Jeremias, José Cabral, Simão Vás e José da Silva, naturais de Margão ; os quais, tendo-se recolhido em 1682, (com licença e *norma da vida* dada pelo arcebispo) à ermida de S. João do Deserto, na paróquia de Guadalupe, em Batim ([1]), se dedicaram à vida ascética no intuito de se empregarem na missão do Canará, que carecia de operários envangélicos. Decorridos alguns meses, tendo-se arruinado a ermida pela violência do inverno tempestuoso, e não havendo esperanças de a restaurar pelas dificuldades procedentes da invasão dos maratas, passaram êstes clérigos, como dissemos, para a igreja da Cruz dos Milagres, até que o venerável pe. José Vás, nomeado prefeito desta congregação, lhes deu em 1685 os estatutos do Oratório de Lisboa com a aprovação da Santa Sé.

O padre José Vás é uma glória do clero indígena e a sua santa memória é invocada cada dia com maior fervor no culto doméstico, não só pelos habitantes de Ceilão, que foi o teatro dos seus beneméritos trabalhos e onde faleceu em 1711, mas também por muitos católicos da India. Era natural de Sancoale (Salsete), onde os seus devotos erigiram, há pouco—comemorando as graças por sua intercessão obtidas e em comprimento dos votos—uma capela dedicada a S. Filipe Néri, fundador da Ordem dos Oratorianos.

Tomada a posse da igreja, os congregados levantaram, contíguo a ela e à direita, o seu convento principal, contribuindo para a sua construção as câmaras das

([1]) O pároco de Batim, Jácome Lourenço, dotou a Congregação com o património de 15 mil xerafins em bens de raiz. Batim era um logar de recreio na ilha de Goa, povoado de muitas casas e jardins de fidalgos que iam todos os anos passar lá uma temporada. O orago da sua igreja é nossa senhora de Guadalupe, que na língua arábica significa *rio de amor*. *Mitras*, pag. 189.

Ilhas, Salsete e Bardês com 50 mil xerafins. Êsse convento, depois da morte do padre José Vás, foi ampliado com várias celas e dormitórios, tornando-se então muito espaçoso e de mais bela aparência. A sua fachada principal, que tinha 22 janelas, bordava o terreiro da igreja, formando ângulo recto com a frontaria.

Os oratorianos eram padres seculares, que faziam ùnicamente votos simples e viviam em comunidade, ocupando-se na prègação e principalmente na instrução da mocidade. Embora em Goa fôsse esta a última das ordens religiosas, era contudo muito numerosa e rica, sendo os seus membros exclusivamente bramanes, os quais vestiam o mesmo hábito que o dos teatinos. Não tinham côro na igreja, porque resavam o ofício divino privadamente, fazendo em comum os exercícios espirituais de manhã e de tarde e outras orações.

Abriram o seu colégio no convento vago dos carmelitas, onde se instruíam os seus membros mais novos e tiveram, também, a seu cargo os dois seminários de Chorão e Rachol e a vastíssima missão de Ceilão, Solapur e Canará, onde contavam mui elevado número de igrejas, ermidas e hospícios, e em 1794 a missão de Puném ou Poona, onde erigiram uma capela com o consentimento do Marata.

O convento dos oratorianos era notàvelmente sadio e desfrutava a mais larga vista panorámica não só da cidade, mas de toda a ilha e até da barra de Goa.

Pela sua extinção sairam 36 congregados e a Fazenda arrecadou, em propriedades, alfaias e vários bens móveis, a quantia de 346.185 xerafins. Dez anos depois, 3 de Maio de 1845, foi trasladada processionalmente a Santa Cruz para a Sé Primacial no govêrno do conselheiro José Ferreira Pestana e colocada na capela do sepulcro do Senhor Morto, fronteira à do Santissimo Sacramento, onde actualmente se venera.

O edifício, abandonado às injúrias do tempo, começou a arruinar-se gradualmente, sendo mandado demolir em 1846. A abóbada da igreja, desabrigada do tecto, sustenta-se ainda; o púlpito e o trono do altar-mór foram levados para a igreja do Socorro; o órgão para a de Tivim e o sino foi cedido pelo govêrno à igreja de Nerul ([1]).

VI

O Real Convento de Sta. Mónica

Fundado com a autorização del-rei Filipe 3.º pelo arcebispo D. Fr. Aleixo de Menezes, êste magestoso convento, que ainda está em pé ao norte do largo de S. Agostinho, pendurado pela encosta do *Monte Santo*, começou a construir-se a 2 de Julho de 1606 e concluido em 1627, recebeu o título de *Mosteiro de Santa Mónica*, tendo-se despendido nas suas obras 200 mil cruzados.

A aquisição dêste local, que além de ser vizinho de S. Agostinho, era reputado o mais sadio, custou muito caro ao arcebispo, que foi obrigado a tomar três ruas ou travessas públicas e comprar 42 casas de morada, sendo algumas nobres, do valor de quasi 6 mil xerafins cada uma. Nesta ocasião foi removida das fraldas uma multidão de mulheres perdidas, cuja residência ali havia grangeado ao monte a denominação de *Ilha de fogo*, denominação que foi logo substituída pela de *Monte de Sta. Mónica* e mais tarde ainda trocada pela de *Monte Santo* ou *Sacro* ou *Monte*

([1]) *Bosq. hist. das Com.*, 1.ª ed., pag. 152 e158.

de Sião, quando se viu coroado o seu cume de um grupo de templos, conservando cada um no respectivo tabernáculo o Diviníssimo Sacramento da Eucaristia.

Antes de completar o edificio deram ali entrada processionalmente vinte e uma mulheres do Recolhimento de N. Senhora da Serra, sendo a sua primeira prioresa soror Filipa da Trindade, viúva, natural de Ormuz. O mosteiro tinha acomodação para cem religiosas, as quais deviam seguir a regra dos agostinianos. A instituição foi aprovada pelos breves dos pontífices Paulo 5.° e Gregório 15.°, aceitando el-rei Filipe 3.° o seu padroado por alvará de 26 de Março de 1636, pelo que o mosteiro foi denominado o Real Convento de Sta. Mónica.

Êste grandioso edifício de três andares nobres, que formam imenso claustro, era provido de tudo quanto podia interessar ao conforto e à conveniência das suas habitantes. Cada compartimento, bem proporcionado ao fim a que era destinado, tinha seu nome especial.

No rez-do-chão ùma porta, que, olhando para o sul, abre entrada para a casa, fóra da clausura, chamava-se *portaria de fóra* ou *portaria reglar*, donde se subia à direita para os *aposentos da Porteira* e o *locutório de fóra* (1), ficando à esquerda um estreito corredor térreo que conduz para a *sacristia de fóra* e daí para a igreja. Seguia-se a *portaria da clausura* (segunda porta defronte da primeira) e ao lado a *casa da roda* (2), cujas chaves guardava a *madre Rodeira*, que re-

(1) Uma abertura de 2 palmos na parede com dupla grade de ferro, espêssa e cheia de bicos de ferro agudo, através da qual as religiosas falavam a quem as procurasse.

(2) Espécie de armário girante onde se colocavam os objectos

sidia com sua *companheira* na cela contígua. Entrando na portaria da clausura, a porta que se encontra na mesma linha das primeiras duas era denominada a *porta da proibição*; porque nenhum extranho podia transpor o seu limiar, sem o privilégio ou especial licença do prelado por escrito. No vasto páteo central dilatava-se um lindo jardim com a denominação de *vale dos lírios*, dividido em 128 canteiros cheios de flôres e plantas aromáticas com que se adornavam os altares, ocupando o centro um grande poço circular de abundante água, que levava o nome de *fonte do Salvador*.

O lanço oriental dêste *andar de baixo* (*crasta da enfermaria*) comportava a *sacristia de dentro*—onde se arrecadavam os paramentos ricos e os vasos sagrados, por ser muito pequena a *sacristia de fóra*—e três enfermarias, cada uma com sua capela, construída por forma que as enfêrmas pudessem do seu leito ouvir a missa que o confessor do convento celebrava todos os dias, havendo enfêrmas, pela saúde delas. Destas capelas a mais formosa era a da *Assunção da Madre de Deus*, que fazia parte integrante da enfermaria principal das religiosas. Compreendia, também, a *casa de saúde* com o seu refeitório para as convalescentes, e um pequeno *seminário*, com a sua aula, onde mestras especiais educavam as futuras religiosas, ministrando-lhes lições de português, latim, música e trabalhos de agulha. No pavimento térreo (*baixos*) encontrava-se mais uma enfermaria com sua capela, a *casa de penitência* ou prisão do pessoal inferior, e algumas outras dependências, que estão hoje muito arruinadas. Todas as enfermarias

que se deviam passar para o interior do convento, ou de dentro para fóra.

eram abobadadas para impedir a invasão de incêndio e demoravam muito perto da *portaria reglar*, para que os médicos e os cirurgiões, embora acompanhados por três freiras, não atravessassem a parte interior da clausura. As suas janelas abriam-se para as flôres dos jardins circunjacentes, que se viam na cêrca exalando aroma.

O lanço da parte do norte, que principia pela capela de S. Agostinho, denominado, porisso, *crasta do nosso padre*, embora esteja no mesmo nível do primeiro andar, é todavia o terceiro pavimento dêste corpo em consequência do declive do terreno e tem 16 celas. Dos dois pavimentos inferiores o andar térreo, para onde se desce por uma escadaria e corredor um tanto escuro, inclui nas suas subdivisões uma linda capela de *N. Senhora da Candelária*, que ficava ali meio escondida, fazendo parte da vastíssima enfermaria das leigas e servidoras e recebendo abundante luz pelas numerosas janelas que deitam para o norte. Sob a sua suntuosa abóbada celebrava-se com grande solenidade e pompa a novena e festa anual da padroeira, em dois de Fevereiro, cantando-se, ao anoitecer, ladainhas e salves, com luminárias, tambores e trombetas e outro aparato externo. As irmãs leigas tinham neste andar o seu dormitório à parte, chamado o dormitório de *S. Guilherme*, ficando-lhe próxima a casa em que moravam as servidoras de raça negra ou o *dormitório das africanas*.

O pavimento intermédio, formado pela convexidade da referida abóbada era inabitavel, deixando accessível apenas um longo corredor ao lado, cuja capela é dedicada à N. Senhora do Monte.

Ao sul ergue-se a igreja e, no corredor contíguo ou *crasta da igreja*, uma pequena casa abobadada encerra dois confessionários abertos na parede, a que, pela parte oposta, corresponde o presbitério.

A oeste encontra-se a capela do Divino Salvador, cujo nome recebia o dormitório, que tem 11 célas, além de algumas dependências, sendo destinados os *baixos* à acomodação das servidoras indianas (*dormitório de S. Tomé*).

No segundo andar ou *de cima* a parte meridional, que é ligada à igreja, chamava-se a *crasta do monte Calvário*, porque aí se representavam os passos da paixão e morte de Cristo na primeira sexta-feira da quaresma, terminando a procissão, que percorria toda a crasta, na capela do Santo Sepulcro. Esta casa subdividia-se em capítulo, côro, tribuna do órgão e quatro sacristias, a *de cima*, *de S. Salvador*, *da Madre de Deus* e *do nosso padre*.

O corredor oriental com as suas celas, refeitório e outros aposentos, era denominado *crasta de Belém*, nome que lhe vinha da sua *capela de Belém*, onde se armava o presépio pelo Natal. Desta capela saía, no dia do Santissimo Nome de Jesus, ao anoitecer, e nela terminava, a procissão do Menino Jesus, que percorria, com grande entusiasmo das servidoras, todas as crastas do convento profusamente iluminado, sendo permitido por esta ocasião às negras executar umas danças decentes.

O dormitório do norte, em cujo extremo ocidental se ostenta a formosa capela do arcanjo S. Miguel, de elegante retábulo e pavimento lageado de excelente mosaico de loiça de China, tem 16 celas e tomava a designação de *crasta de S. Ana* ; e o de oeste, dividido em 11 celas, a *de Madre de Deus*, por começar pela capela desta invocação. Um corredor desta banda conduzia para o *depósito* (arquivo) do mosteiro, casa que tinha uma janela com grade, por onde as freiras recebiam o dinheiro das rendas das propriedades do convento e, às vezes, conversavam com as visitas, o que, não obstante ser proibido pelo regimento, estava em uso e, porisso, não extranhava ninguém. Subia-se para a ante-câmara dêsse compartimento, chamado vulgarmente *grade*, pela *portaria do carro*, que se abre também ao sul, como a porta principal do convento. Esta portaria, por onde entravam as provisões tanto para os celeiros, como para a cozinha e despensa, era guardada pelas *porteiras de carro*, que tinham ao lado suas *casas de resguardo*.

O terceiro andar ou *do alto*, de cujas janelas se desfruta um largo e requíssimo panorama, tem subdivisões iguais às do segundo, menos as capelas, que nos primeiros dois andares se encontram em número maior e chegam a dezasseis, situadas em cada ângulo e no centro dos corredores. O seu dormitório recebia o nome de *Sta. Clara do Monte Falco*; as celas da parte ocidental o de *Ostia Tiberina* e as do lado oriental o de *vale dos lírios*. Existem ali, ao sul, quatro pequenas *casas de penitência*, onde eram reclusas as freiras refractárias; uma sala ou casa de lavor (*aula de Sta. Clara*), uma capela chamada *santuário*, que demora sôbre a capela-mór da igreja, na qual se guardava o Santíssimo Sacramento desde a sexta-feira santa até à Ressurreição; e ao oeste o noviciado com 12 celas para 12 noviças, que se doutrinavam sob a direcção de mestra especial.

Os pavimentos superiores são servidos por uma longa galeria, que avança em toda a volta do edifício, assente no páteo central sôbre arcadas de cantaria.

Segundo afirma o vice-rei conde de Linhares na sua carta de 4 de Janeiro de 1630, êste convento era o maior de todos os que então existiam em Portugal, com excepção do de Odivelas.

Em 1636, na noite do Natal, 24 de Dezembro, antes de principiar as matinas, manifestou-se no mosteiro um pavoroso incêndio, produzido talvez pelo morrão duma torcida de vela caído no presépio. As freiras aflitas abrigaram-se, com licença do arcebispo, debaixo da abóbada da igreja, passando em seguida processionalmente para o colégio de S. Agostinho, que a toda à pressa se despejou. Reedificados em pouco mais de um ano os compartimentos incendiados, regressaram as recolhidas, que, mais tarde, em 1739, foram nòvamente obrigadas, por causa da invasão dos maratas, a mudar-se, e desta vez para o palácio de Mormugão, voltando daí em menos de dois meses para o mosteiro.

Dentro da grande cêrca desta casa, o terreno ostentava canteiros de árvores frutíferas, entremeados de passeios e de uma dúzia de poços de abundante água com nomes bíblicos, como o de *poço da Samaritana*, *de Jacob*, *do Valparaiso*, *do Rosal de Jerusalém*, *do campo Damasceno* etc, aproveitados com engenhos de noras e roldanas. No páteo exterior do convento ficavam as casas do capelão, confessor, sacristão, médico, sangrador e solicitador.

Êste mosteiro era o único em Goa aberto às pessoas do sexo feminino sem distinção de procedências.

As freiras, professando, como os frades, os três votos de castidade, pobrêsa e obediência, acrescentavam o de *clausura perpétua* e, por conseguinte, nunca podiam sair do convento senão com especial licença da autoridade eclesiástica. As professas, a quem se dava o tratamento de *madres*, antepunham ao seu nome o título de *soror*, e traziam o hábito de um tecido grosso de algodão (conequim ou khanki) em forma de túnica, com o cinto de coiro e escapulário, e, sôbre a touca de pano branco que lhes fechava a cabeça e o pescôço, o véu preto ([1]); as irmãs leigas usa-

([1]) Depois de algum tempo *o véu preto* foi considerado privilégio de filhos de pai ou mãe europeia; as naturais do país só po-

vam o véu branco, sendo branco o hábito ordinário de todas, salvos os casos em que as professas se deviam vestir de prêto. A prioresa era eleita de três em três anos dentre as professas, presidindo à eleição o próprio arcebispo. Resavam diàriamente, sob a presidência da hebdomadária, o ofício divino pelo breviário romano, em côro, de manhã e de tarde; cantavam, sendo regulado o canto-chão pela *Vigária* do côro, as vésperas e matinas de certas festas solenes e a parte coral da missa conventual com o acompanhamento do órgão; mas nas festividades juntavam ao órgão muitos instrumentos de cordas, como violinos, harpas, dulces, rabecões, violas e violões, que algumas delas tocavam, sob a direcção da *mestra de capela*; cantavam, também, logo depois da comunhão geral, o *Te Deum*, que, principiando no côro de baixo onde comungavam, prosseguiam em forma de procissão ao subir a escadaria e terminavam no côro de cima; jejuavam e tomavam disciplina duas vezes por semana, serviam as escravas quando enfêrmas; e se ocupavam em fazer rendas e bordados para altares, escapulários, contas, rosários e dôces, que vendiam em benefício da casa. Tinham a sua hora de recreio na varanda de *Ostia Tiberina*, ou passeio na vasta cêrca, sendo-lhes proibido andarem de braço dado. Não lhes era permitido falar a pessoas estranhas ao convento, salvos os pais, irmãos e tios paternos, com quem só podiam falar no *locutório*, uma vez por mez e fóra do advento e quaresma. Não costumavam falar também aos domingos, dias santos e dias de comunhão. Quando uma freira conversava no *locutório* ou na *grade*,

diam usar o véu branco. A Côrte recomendava em 1779 ao arcebispo tirar êste abuso, visto que umas e outras entravam no convento com iguaes dotes.

uma outra sempre estava de escuta.

Era proibido o acesso à clausura sob pena de excomunhão *ipso facto*, excepto ao médico no caso de doença, ao padre para administrar a extrema-unção e ao arcebispo, que, acompanhado de dois ou três padres, visitava o convento, como superior, uma vez por ano.

Desde a sua fundação esta casa gozou da estima geral pelo aroma da mais austera virtude, que nela medrava. Muitas damas, ricamente dotadas, renunciando às alegrias da humanidade, procuraram aí admissão com grande interesse e empenho. Mas o que atraiu maior respeito e celebridade para o mosteiro, depois da *visão* que será logo referida, foi o aparecimento de uns sinais de chagas, semelhantes às de Cristo, nas mãos e nos pés de uma freira falecida em Janeiro de 1683, por nome soror Maria de Jesus, fidalga alemã, facto que foi oficialmente apurado e reconhecido pelos competentes como miraculoso (¹), celebrando o povo, desde então, com o maior entusiasmo a santidade da vida das recolhidas e o seu heroismo penitente, e abençoando a instituição e o seu fundador. Desde a primeira profissão, havida neste mosteiro em Setembro de 1607, até ao Dezembro de 1834, em que cessaram as profissões, contou êste convento 494 religiosas de classe superior e 167 leigas ou de véu branco (²).

O convento começou a decair progressivamente da sua importância só depois de abandonada a cidade por insalubre. Em 1804 encerrava ainda 61 freiras professas e 4 noviças; mas, em 1827, já não contava mais que 30, e, oito anos depois (1835), quando foram fechadas as casas conventuais, excepto esta, negando admissão às noviças, o número das freiras diminuiu

(¹) *Hist. da fund. do conv. de S. Món.* por fr. Ag. de S. Maria.
(²) *O real most. de S. Monica*, por M. V. de Abreu.

ràpidamente, de maneira que em 1855 estava reduzido a 7 e pouco tempo depois a 4.

Nesta época (1859 a 1873) era ainda prioresa, pela 5.ª vez, a soror Josefa do Coração de Jesus, tia do visconde de Bucelas e do 1.º barão de Cumbarjua, a qual se finou em 1873 com quási 90 anos de idade. Em 20 de Março de 1885 faleceu no mosteiro a última religiosa. Chamava-se soror Maria do Espírito Santo e era filha de Aires José Gomes, de Cavelossim, concelho de Salsete.

Ainda então viviam ali algumas servidoras velhas, que continuavam o seu mister de fabricar rosários, escapulários, xaropes, tinta de escrever e doces de diferentes espécies muito apreciados no país.

Além dos valiosos dotes [1] com que entravam as freiras, o convento possuia avultadas rendas até à perda da nossa província do norte, onde estava situada a maior parte dos seus bens doados pelos fidalgos desta província; actualmente está reduzido o fundo às propriedades existentes em Goa e Damão, que produzem um pouco mais de 9 mil rupias. Êste convento, com todas as suas propriedades, foi pôsto pela portaria régia de 29 de Dezembro de 1873 à disposição do prelado diocesano, que regula superiormente a sua administração.

O edifício padece hoje considerável ruína, que se procura amparar possivelmente, e a parte habitável é ocupada por alguns cónegos e capelães da Sé.

A igreja de Sta. Mónica é ligada ao convento pelo sul e não é ampla. A sua arquitectura externa é uma combinação das ordens toscana, coríntia e compósita e a interior pertence à compósita e dórica. A abóba-

[1] O dote fixado nas constituições do Mosteiro era de 2 mil xerafins, que o arcebispo S. Catarina elevou a 4 mil.

da da sua nave caíu em Novembro de 1849, felizmente sem vitimar nem molestar ninguém; resta hoje apenas a da capela-mór. Abre duas formosas portas na parede lateral, que é a sua fachada principal, por não poderem ser fronteiras por causa dos coros, que são dois, um alto e outro baixo, ambos espaçosos. O coro superior é constituido de 100 cadeiras de espaldar encostadas às paredes; tem o tecto apainelado em primorosos quadros representando a vida de Jesus e de N. Senhora e, debaixo do grande arco, uma grade de ferro bem alta, outrora revestida de uma rêde, através da qual as freiras podiam ouvir a missa vendo o celebrante sem serem vistas pelo povo. O côro de baixo é separado da igreja por dupla grade de ferro cruzada e espêssa, a qual, subindo do pavimento, cobre toda a circunferência do arco, achando-se no centro o *comungatório*—um postigo que se abria por ocasião de administrar o sacramento da Eucaristia. Êste côro era destinado à solenidade da profissão das freiras, a que assistia toda a comunidade, aos exercícios espirituais matutinos e vespertinos das moças e servidoras, e à comunhão particular e geral das recolhidas. Servia, também, de cemitério e, porisso, terminava neste côro a procissão que se celebrava em comemoração dos fiéis defuntos em dois de Novembro, e as que se faziam nos aniversários das falecidas. As suas cadeiras estão hoje complètamente arruinadas. Existem aqui dois confessionários abertos na parede da igreja e um retrato, em tamanho natural, da referida soror Maria de Jesus.

A frontaria da igreja, que é complètamente singela, olha para uma espécie de saguão muito estreito e abre apenas quatro janelas, duas no côro de baixo e duas no de cima. O templo possui quatro altares, dos quais o principal é dedicado a Sta. Mónica, contendo os dois nichos laterais as imagens de Sta. Rita e de Sta. Melánia ; os três inferiores correspondentes as de S. Agostinho, S. Tomás de Vila Nova e S. Ambrósio, e os três superiores Jesus crucificado, Sta. Isabel e Sta. Maria Madalena. Os altares colaterais teem, o da direita a invocação do Menino Jesus e o da esquerda a de N. Senhora da Conceição. O quarto altar situado no corpo da igreja é consagrado a um crucifixo com reputação de milagroso ([1]), tendo a sua imagem de Cristo o comprimento de 9 palmos; o qual primitivamente estava no côro superior e hoje se acha colocado em uma tribuna embebida na parede do lado do evangelho em cima dêsse altar, ficando-lhe à direita o epitáfio de Fr. Diogo de S. Ana, da ordem de S. Agostinho, e arquitecto administrador, confessor geral e prelado especial, por quási 40 anos, do convento de Sta. Mónica, o qual faleceu em 26 de Outubro de 1644.

No compartimento, que dá acesso a esta tribuna, encontra-se guardado com religioso acatamento um

([1]) Relativamente aos milagres, que se atribuem a êsse crucifixo, refere o respectivo processo, organizado pelo bispo D. fr. Miguel Rangel, que em 8 de Fevereiro de 1636 várias pessôas juntas *viram* a imagem de Cristo, pregada na cruz, *abrir os olhos por muitas vezes* e *a boca como quem queria falar* ; viram também *correr-lhe o sangue dos sinais da coroa de espinhos e acrescentado nas suas costas um novo açoute, e estremecer a cruz* ;.........e que esta *visão* ou *aparição sobrenatural* se repetira a 12 de Fevereiro na presença do mesmo bispo, vice-rei D. Pedro da Silva, fialgos e numeroso povo. Alguns cronistas ávidos de acumular milagres, escreveram que a imagem *falara* e *deitara lágrimas*, o que do referido processo não consta.

Expurgados de todas as exagerações e apurados com o rigor preciso os *prodigios e milagres com que resplandecera* o crucifixo de S. Mónica em 1636, o sábio pontífice Bento 14 concedeu em seu louvor uma festa especial, que se celebra nesta diocese desde 1750 e a Fazenda contribuia 200 xerafins anuais para a sua alámpada.

grande estandarte de damasco vermelho, que em 1643 fora bordado pelas freiras do convento e oferecido como insígnia marcial à tropa portuguesa em combate com as náus holandesas, que, havendo bloqueado a nossa barra, bombardeavam a fortaleza de Mormugão. A bandeira apresenta de um lado a imagem de Cristo crucificado e do outro a de N. Senhora da Conceição. Benta pelo prelado e hasteada na praça, avivou a fé e estimulou os brios dos aguerridos defensores por forma que êstes, a-pesar de poucos, pelejando com bravura obrigaram o numeroso inimigo a virar o rosto e salvar-se ao largo.

E', também, digna de especial menção a custódia em que neste templo se expõe o S S., a qual consiste em uma figura de pelicano de prata lávrada com azas abertas e bico recurvado, apresentando no centro do peito um caixilho circular para aí ser colocada a sagrada Hóstia.

O sacerdote que superintendia na igreja desempenhando o encargo de cantar todos os dias a missa conventual, tinha o título de capelão. Nesta igreja celebravam-se com esplendor alguns actos da semana santa e várias festividades, sendo ministros do altar os sacerdotes mais respeitáveis do convento de S. Agostinho. As solenidades deviam ser promovidas pelo administrador do mosteiro de Sta. Mónica, que foi sempre um dos Agostinhos. As festas mais esplendorosas eram as do Santo Nome de Jesus e do Santíssimo Sacramento, cujas vésperas se cantavam a dois coros, alternando-se o canto coral dos clérigos com o das freiras e sendo a música dos psalmos e cânticos acompanhada do órgão e dos numerosos instrumentos de cordas de que atrás falamos. Ao evangelho das festas, que se celebravam diante do Santíssimo exposto, prègava o bispo; e as procissões se faziam dentro da igreja assistindo-lhes as religiosas do côro de baixo em duas alas e empunhando velas acêsas [1].

Três arcos sólidos sustentam por fóra a parede lateral da igreja da parte do sul, passando por baixo dêles uma larga estrada, que conduz para a igreja da N. Senhora do Rosário.

Na quaresma, parando no terreiro de Santa Mónica, como era do costume, a procissão do *Senhor dos Passos*, celebrada pelos Agostinhos ou qualquer outra' feita pelas freguezias vizinhas, as freiras cantavam no côro de cima, sem serem vistas, o *motete=Supra dorsum meum fabricaverunt peccatores=*.

Influência das ordens religiosas

A influência das ordens religiosas na primeira metade do século XVI foi incontestàvelmente benéfica. S. Francisco Xavier e outros missionários, apóstolos da fé, prègando por todo o oriente com a palavra e com o exêmplo de sua vida austera e santa, conquistaram inúmeras populações para o catolicismo e sob a sua acção cresceu e floresceu o padroado português. Posteriormente ainda os religiosos, embora manifestassem o seu zêlo de um modo diverso perseguindo os idólatras em conformidade com as ideas da época, prestavam contudo serviços relevantes ao país; pois, como párocos, prègadores, confessores de grandes e pequenos, mestres e directores da instrução pública e representantes da cultura intelectual do país, impunham às classes a sua influência salutar, e davam lições de mo-

[1] Vid. *Hist. da fund. do conv. de S. Mónica* por pr. Ag. de S. Maria; e *O real mosteiro de S. Mónica* por M. V. de Abreu; *Chronista de Tissuary*, nos. 8 e 9 de 1866.

ralidade aos fidalgos desregrados. Muitas vezes serviam de enfermeiros nas aldeas atacadas de epidemia contagiosa e mortífera, e auxiliavam os governadores na guerra, morrendo gloriòsamente alguns dêles ao lado dos soldados.

Mais tarde, porém, vindo de Europa frades sem estudos nem costumes, as religiões, não ha dúvida, que se relaxaram e decairam ; mas se fôssem reformadas, teriam prosperado como na Inglaterra e seriam muito úteis, principalmente ao padroado.

Quando foram extintas as ordens religiosas na India (1835), existiam em Goa 248 frades, repartidos pelas seguintes ordens :—

Franciscanos	27
Ditos reformados... ...	31
Dominicanos	41
Agostinianos	59
Teatinos	16
Hospitalários	15
Congregados	36
Carmelitas	23
Total	248

CAPÍTULO IX

Santa Casa da Misericórdia

Ao sul da catedral, à pequena distância e ao norte do Bom Jesus, existia um elegante grupo de edifícios dedicados a instituições de caridade. Era a Santa Casa da Misericórdia com os recolhimentos de N. S. da Serra e Santa Maria Madalena, e tendo cada um dêstes três estabelecimentos sua igreja própria.

A Santa Casa da Misericórdia, fundada em Goa pouco tempo depois da conquista, era uma simples associação de seculares para obras de beneficência. Governava-se pelo compromisso da Misericórdia de Lisboa, que mais tarde foi remodelado, e tinha edifício especial com a sala das sessões, secretaria e outras repartições anexas, e uma capela, depois transformada em suntuosa igreja (1520).

Os meios de que dispunha para o seu nobre fim, eram a princípio o valor das fintas, uma cotisação anual ajustada segundo as posses de cada um dos instituidores, as esmolas eventuais e o subsídio, que el-rei D. Manoel lhe mandou dar, de mil pardáus anuais e mais onze pardáus em todas as sextas-feiras para serem repartidos à porta pelos pobres. Vieram sucessivamente engrossar êsse cabedal várias doações feitas pelos europeus e seus descendentes no valor de 145 mil rupias, que lhe constituiram um avultado rendimento. Entre os bemfeitores desta instituição contam-se dez indígenas, sendo mais importantes os donativos de dois brámanes, moradores em Rachol, Agostinho Diniz e Salvador Antão, que por seus testamentos, feitos em 1634 e em 1647 respetivamente, lhe deixaram incondicionalmente o primeiro 21.264 rupias, com o encargo de dar uma missa cotidiana perpétua, e o segundo 37.412 rupias com a obrigação de mandar rezar duas missas semanais, e dar 50 rupias para ser solenizada anualmente a festa da padroeira do convento de N. S. do Pilar. Êstes dois donativos, somados com os dos outros oito indígenas, atingiam a 66 mil rupias.

A Misericórdia, logo que se julgou habilitada, fundou os hospitais de *S. Lázaro* e de *Todos os Santos* e administrou o de *N S. da Piedade*, criado pelo conde de Linhares, exercendo a beneficência e caridade na mais larga escala não só dentro dêstes estabelecimentos, mas ainda fóra dêles; acudindo com esmolas aos enfêrmos e aos pobres envergonhados pelos bairros da cidade, sustentando creanças expostas, casando donzelas pobres e órfãs, visitando e subsidiando os encarcerados, resgatando cativos, enterrando os mortos desamparados, pondo em arrecadação os bens dos europeus que falecessem na India sem testamento e mandando o seu valor, sem nenhum prémio, para a Misericórdia de Lisboa, para ser entregue aos respectivos herdeiros; acompanhando processionalmente e com as preces rituais, cantadas desde a porta da cadeia até ao patíbulo, os que padeciam por justiça, sufragando as almas dêstes em dois de Novembro com solenes exéquias na igreja da Misericórdia, e em determinados casos tirando os presos da fôrca; para o que lhe valiam os inumeráveis privilégios de que gozava.

Desde os princípios do século XVII encarregou-se, também, de administrar *os recolhimentos da Serra e da Madalena*, de que breve falaremos.

Arruinando-se o edifício de Goa, mudou-se a *Santa Casa* em 1841, para Pangim, onde, depois de ter funcionado em diversas casas, construiu, há pouco, um prédio próprio no largo de Bocage. e tem ao presente, não tomando em conta o produto das lotarias, concedidas por C. R. de 27 de Setembro de 1827 e port. ministerial de 14 de Junho de 1875, o rendimento de 46 mil rupias, além do subsídio anual de pouco mais de 1000 rupias que lhe dá a Fazenda para sustentar 40 órfãs nos dois recolhimentos e distribuir esmolas às sextas feiras em virtude de um legado.

A Santa Casa governa-se ainda hoje pelo compromisso aprovado por alvará de 23 de Fevereiro de

1633, o qual, para a admissão, exige quanto a procedência, a condição do candidato ser *limpo de sangue sem raça de mouro ou judeu, não somente na sua pessoa, mas também na sua mulher, se fôr casado.*

Em 1720 foi admitido irmão da Santa Casa um indígena, o padre António de Albuquerque, natural da freguesia do Socorro, de Bardês, por ter prestado serviços relevantes à Santa Casa como administrador do hospital da Misericórdia.

Em 1839 uma comissão, nomeada pelo governador interino José António Vieira da Fonseca, provedor da Misericórdia, remodelou essa cláusula do compromisso pela fórma seguinte: *que seja limpo de sangue, de ascendência europeia, sem raça de mouro ou judeu.*

Êste compromisso, onde havia também mais alterações, não foi aprovado pelo govêrno da metrópole, e em sua consequência o visconde de Ourém, por port. de 5 Março de 1851, suspendeu a sua execução e mandou vigorar o imediàtamente anterior, o de 1633.

Mais tarde, a port. provincial de 26 de Julho de de 1892 determinou que fôsse formulado novo compromisso, o qual, também, não foi aprovado pelo govêrno provincial, por insistir na referida cláusula de que só os europeus e seus descendentes podiam ter ingresso na mesma confraria, cláusula "que não se conformava com os princípios consignados na Carta Constitucional da monarquia e com as disposições da port. ministerial de 3 de Setembro de 1881" (1).

Contra esta consulta a Irmandade da Misericórdia dirigiu ao govêrno central uma representação, que o governador Rafael de Andrade informou desfavoràvelmente.

(1) Acta das sessões do Conselho da Provincia, de 6 de Setembro de 1893.

Em face da lei, portanto, o compromisso vigente o de 1633.

Igrejas da Misericórdia, da Serra e de Santa Maria Madalena

A igreja da N. Sra. da Misericórdia, construída em 1520, era grandiosa e olhava para o norte, tendo à direita a igreja da Serra, na *rua do Crucifixo* e, à esquerda, a de Santa Maria Madalena, na *rua das Convertidas*, defrontando as três igrejas com um largo terreiro.

Na igreja da Misericórdia, além das festividades da Padroeira e da semana santa, que anualmente se realizavam com esplendor, celebrava-se em 2 de Novembro a *comemoração dos fiéis defuntos*, sufragando especialmente com solenes exéquias, a que já nos referimos, as almas dos que haviam sido justiçados durante o ano precedente. As suas ossadas, exumadas do local da fôrca, que ficava próximo à igreja da N. Sra. da Luz, eram processionalmente transportadas em duas tumbas pela Irmandade nas vésperas e depositadas nesta igreja, sendo, depois dos sufrágios, inumadas em sagrado.

Igreja da Serra. Afonso de Albuquerque, em cumprimento de um voto que fizera para se salvar com a sua náu *Nossa Senhora da Serra* de uns baixos, em que encalhara no estreito vizinho à ilha do Camarão, mandou levantar esta igreja em 1513 muito próxima da porta da cidade, chamada dos *Bacaís* [1], por onde

[1] Afonso de Albuquerque mandou tapar de pedra e cal esta porta (dos Bacaes), em que sómente ficou aberto um pequeno postigo. *Lendas* 2, pag. 94.

numerosos mouros haviam fugido durante a batalha travada por ocasião da tomada de Goa.

O edifício olhava para o noroeste e tinha seteiras em volta da abóbada e tôrres ameadas para a defesa da porta.

O fundador fêz construir 48 lojas na sua vizinhança perto da praça depois denominada de *Pelourinho*, para que uma parte das sua rendas pudesse ser empregada em sustentar a igreja e o sacerdote encarregado de celebrar missa diária em sufrágio da alma do fundador; sendo destinado o restante para a bôlsa de filhos órfãos dos portugueses desamparados e para remunerar os juízes da cidade, que trienalmente deviam tomar conta das despesas da igreja.

Nesta igreja, que era elegante, a mais rica da cidade, sólidamente abobadada e dourada no interior, foram sepultados os restos mortais de Afonso de Albuquerque, em conformidade com a sua disposição testamentária. Foi neste templo que se fizeram as exéquias pela sua alma. Era ali que, por vezes, os indígenas se reuniam junto do seu túmulo para implorar o favor e protecção do heroi, quando fôssem oprimidos injustamente pelos seus sucessores até ao ano de 1565, em que essas relíquias foram trasladadas para Portugal. No seu frontispício estava colocada uma estátua do fundador em pedra com uma inscrição aos pés, e aos lados uma esfera armilar e o seu escudo de armas. Demolida em 1811 a igreja, que se achava bastante arruinada, esteve em pé apenas o seu frontispício até 1842, em que, querendo proceder-se também à sua demolição, foi apeada, por ordem do governador conde das Antas, a estátua de Albuquerque, juntamente com as decorações laterais e as quatro colunas de granito do pórtico da igreja, sendo transferidos todos êstes objectos, em 1842, para o pavilhão erigido em Pangim na praça fronteira ao quartel da infantaria ([1]). Da lápide comemorativa, que deve ter sido também apeada, não se sabe o destino. Uma parte do terreno, que a igreja ocupava, acha-se incluída no cemitério da Sé, que é construção moderna.

Igreja de Santa Maria Madalena. Esta igreja ou capela era pequena e olhava para o leste. Foi construída especialmente para fazer parte integrante do Recolhimento das convertidas.

Recolhimento de Nossa Senhora da Serra e de Santa Maria Madalena

O arcebispo D. fr. Aleixo de Menezes, querendo atalhar a imoralidade que corria desenfreada pela cidade ([2]), fundou um recolhimento para a instrução e educação das órfãs nobres, e um outro para as mulheres arrependidas e mandou erigir edifícios convenientes, ligando um à igreja da N. Sra. da Serra e completando o outro com a capela ou igreja dedicada a Sta. Maria Madalena. O primeiro, denominado *Recolhi-*

([1]) Os alicerces dêste monumento, construído, sob a direcção do major de engenheiros José da Costa Campos, em forma do templo da Glória, foram abertos com grande solenidade em 17 de Fevereiro de 1843, por ser êste o dia em que se completaram 333 anos, que o consquistador de Goa a tomara aos mouros pela primeira vez. A cúpula do monumento é sustentada sôbre 12 colunas de órdem compósita, das quaes 4 pertenceram ao pórtico da antiga Misericórdia e 8 à magestosa igreja do convento de S. Domingos. Vid *Bol. do Gov.* n.º 54 de 1 de Dezembro de 1842; e *O Oriente Port.* vol. 1.º, pag. 607.

([2]) Fr. Agost. de S. Maria *Vida do Arceb.*; e *Mitras*, pag., 98.

mento da Serra, instalou-se em 2 de Julho de 1605 e o segundo, chamado *de Madalena* ou das *convertidas*, em 15 de Setembro de 1610.

Ao regressar para a metrópole, o arcebispo, por concordatas de 13 de Setembro de 1610 e 23 de Fevereiro de 1611, que foram, mais tarde, confirmadas por Carta Reg. de 15 de Março de 1634, entregou a administração dos seus dois estabelecimentos à irmandade da Misericórdia, dotando-os com o património necessário para a sua sustentação.

Depois da supressão das ordens religiosas, os recolhimentos foram transferidos, em 1836, dos seus edifícios, que ameaçavam ruína, para o convento vago e saudável de S. Agostinho que, porém, era muito vasto; e como a Santa Casa da Misericórdia não tinha a precisa suficiência para lhe segurar a conservação sem faltar aos seus especiais encargos de caridade, julgou conveniente uma segunda transferência ; e em 1841 passaram os recolhimentos para o antigo convento dos carmelitas em Chimbel, onde funcionaram cada um sob a direcção imediata de uma regente (1). Desde certo tempo o local tornou-se um fóco de paludismo, donde, em Julho de 1924, o recolhimento da Serra se mudou para Pangim, ficando o outro provisòriamente em Chimbel.

No recolhimento da Serra as meninas, além da instrução e educação, recebem ao tempo do seu casamento o dote de 200 rupias. Antigamente dava-se às vezes, em logar de dinheiro, algum emprêgo ao marido. Alguns irmãos da Misericórdia guardam, tabém, nesta casa suas espôsas, quando sejam obrigados a ausentar-se de Goa.

(1) Vid. *Bol. do Gov.* de 1859, pag 641-642; e *Resumo histórico*, pag. 223.

No da Madalena recolhem-se as mulheres que, sinceramente arrependidas, procuram regressar à moral e à vida cristã. Nesta comunidade encorporam-se, também, algumas viúvas pobres e velhas. Cada recolhimento tem capela própria onde se celebram várias solenidades.

CAPÍTULO X

Palácio da Inquisição

Ao pé da catedral, e ao sul da sua grande praça, estava situado o célebre pálacio da *Inquisição*, fronteiro à casa do Senado.

Foi o antigo palácio do Sabaio e, depois da conquista, residência dos vice-reis até 1554. Em 1560, tendo chegado à cidade de Goa os primeiros inquisidores Aleixo Dias Falcão e Francisco Marques Botelho, ambos padres seculares, letrados e canonistas, instalou-se ali o tribunal do Santo Ofício ou da Inquisição, que gradualmente amplîou o edifício e o transformou a seu modo à custa do tesouro público.

Vejamos em primeiro lugar qual foi o motivo de se estabelecer na India êsse tribunal.

Tendo-se publicado neste Estado, em 1547, uma provisão eclesiástica proibindo aos infiéis, sob graves penas, o exercício dos seus ritos e cerimónias e o de cargos públicos, apareceram nas *caxainhas* das igrejas (caixas de esmolas) papéis insultuosos à religião cristã. Aberta a devassa, foram, a-pesar da oposição do capitão da cidade, presos, como agentes do crime e remetidos para Portugal, com os autos das suas culpas, por não haver aqui quem os sentenciasse, vários *cristãos novos*, acusados de que judaizavam e tinham sinagogas, sendo alguns dêles ricos e bem estabelecidos ; e em retôrno veio para Goa o terrível tribunal da Inquisição [1]. Êste tribunal, que tinha por objectivo inquirir e punir a heresia, degenerado como estava, *aterrou as gentes da India pelos rigores praticados no exercício de suas funções, tão contrárias ao verdadeiro espirito da sua instituição, como opostos às pias intenções* .... diz a C. R. de 16 de Agosto de 1812.

Mas voltemos ao palácio. Êste soberbo e magestoso edifício de três pavimentos e de bela fachada de pedra preta, que olhava para o norte, abria na frente três portas, sendo a do centro maior que a dos lados. Por uma das portas laterais se entrava para a residência do primeiro inquisidor e por outra para a dos oficiais da casa, que ocupavam o andar térreo. A porta central conduzia, por uma comprida escadaria de granito, à *sala de espera*, que se ligava por meio de uma *saleta* à outra sala muito espaçosa, chamada *mêsa do Santo Ofício* ou *casa do despacho*. Esta sala, que era ornada de cortinas de tafetá verde, tinha, a um dos lados, encostado à tapeçaria da parede e elevado quási até ao fôrro do tecto, um grande crucifixo de olhos de vidro e aspecto respeitável, que hoje se venera na capela de S. Sebastião, das Fontainhas, em Pangim; e no centro sôbre um estrado da altura de um pé se via uma mesa de quási 15 pés de comprimento e 4 de largura, coberta com pano de damasco carmesim e por cima coiro negro, e ao redor algumas cadeiras, sendo duas grandes com espaldar e braços para os dois inquisidores, e outras razas para o promotor, deputados, notários e outros oficiais que deviam

[1] Couto, *Dec.* 7.ª, livro 9, cap. 6 ; *Instr. do M. de Alorna*, parte 1.ª, pag. 88. n., e *Oriente Conquistado* C. I. D. II, pag. 185.

assistir ao interrogatório e julgamento dos acusados. Encontravam-se nesta mesa um missal para dar o juramento, o regimento do Santo Ofício, o colectório das bulas apostólicas e privilégios da inquisição, uma campainha e escrevaninhas de prata. Em frente do crucifixo um banco para os réus.

A casa, em forma de claustro, compreendia no 3.° pavimento, além das referidas salas, vastos aposentos do 1.° inquisidor ([1]), duas *salas de audiência*, uma capela, onde um dos notários celebrava missa todos os dias com assistência dos inquisidores e oficiais, capela cujo altar apresentava um crucifixo, que era levado na procissão do auto da fé, e a *casa do secreto* (arquivo), onde se guardavam os processos e os cofres, servindo, também, de gabinete ao promotor e aos notários. O segundo pavimento abrangia um grande número de cárceres, mais de 200, conforme Dellon, incluindo o *cárcere de penitência*, que tinha um oratório ou capela, onde o respectivo capelão dizia missa todos os dias para os penitenciados ouvirem e comungarem, emquanto os houvesse; a *casa da doutrina*, os *cárceres de segrêdo e de encerramento perpétuo* ([2]); e, talvez, a escada que descia para a casa *de tormentos*, tudo dentro de um edifício, cuja parede exterior media 7 palmos de espessura. Os andares superiores eram contornados de galerias.

As prisões eram abobadadas, caiadas de branco e asseadas, mas umas escuras e outras apenas alumia-

([1]) O 2.° inquisidor era ordinàriamente um dos religiosos de S. Domingos e raras vezes de S. Agostinho; e portanto residia no respectivo convento.

([2]) Os presos que confessassem o crime de heresia ou apostasia depois de acusados pela justiça, eram *recebidos ao grémio da igreja com cárcere e hábito perpétuo, que podia durar de* 3 a 5 anos.— *Reg. do S. Of. da Inq., livro 3.°, título 3.°*.

das por uma fresta engradada na altura de três metros; a entrada de cada prisão fechava-se com duas portas de madeira, uma por dentro e outra por fora da parede; a de dentro tinha a metade inferior em forma de grade com um postigo na parte superior que se abria para os presos receberem a sua comida, roupa e outros objectos, que por aí pudessem passar. A porta de fóra, que era toda inteiriça, ficava aberta ordinàriamente das 6 às 11 horas da manhã para a ventilação da câmara.

Os presos, diz Dellon, referindo-se ao regime alimentício, eram *muito bem tratados:* comiam três vezes ao dia; às 6 horas da manhã o almoço, que consistia em canja (arroz cozido com água e sal) para os naturais de Goa e três onças de pão fresco, peixe frito, frutas e algumas vezes carne ou chouriços e vegetais, para os europeus; o jantar, às 10 horas da manhã, e a ceia às 4 da tarde, eram de arroz, caril de peixe, ôvo e peixe frito. Tinha cada um na sua cela uma bilha de água para lavar, outra com o púcaro para beber, uma vassoura para varrer o quarto, uma esteira e, sendo o prêso europeu, uma côlcha sôbre o estrado, para dormir, e uma grande bacia, que se mudava de quatro em quatro dias, com uma vasilha que a cobria e servia também para receber o lixo.

A inquisição dava aos presos para vestir um fato uniforme, que se mudava de oito em oito dias e consistia em calças, camisa e cotão de linha branca e grossa de Balagate para os homens; e calção e hábito de pano grosso e azul de Amedabad e toucado branco para as mulheres. Logo depois de encarcerados, era-lhes cortado a todos o cabelo à escovinha.

Dentro do cárcere eram obrigados a conservar-se em silêncio sob pena de serem castigados com chibata pelos guardas, que das galerias os vigiavam; mas, se fôssem maltratados indevidament , podiam queixar-se ao inquisidor, que, acompanhado de um notário e de um intérprete, os visitava todos os meses, podendo também informá-lo nesta ocasião de quaisquer necessidades ou privações que sofressem. Não podiam ter na prisão luz, além da do dia, nem livro para ler ([1]). Dava-se-lhes se pedissem, o papel, tinteiro e pena, sendo o papel rubricado pelo notário, onde sómente podiam escrever os fundamentos da sua defesa e as contraditas (sem nunca saberem os nomes das testemunhas, que tivessem deposto contra), devendo os presos, depois de alguns dias, tornar o mesmo papel ou escrito ou em branco.

Os doentes eram com grande cuidado servidos de tudo quanto precisassem; tinham médicos e cirurgiões que os visitavam; e no perigo de vida não lhes faltavam confessores, mas o santo viático se dava sómente aos *confitentes* que tivessem satisfeito à informação da justiça. Fora dêstes casos era permitido aos presos, cujas culpas provadas não concluíssem heresia, confessarem-se e comungarem todos os anos na quaresma, administrando-se êstes sacramentos aos sãos na capela da inquisição e aos doentes na sua cela. Os relapsos que tivessem abjurado a heresia e os sodomitas, também, se confessavam e comungavam nas vésperas de serem relaxados ([2]). Aos moribundos não se dava o sacramento da Extrema Unção. diz Dellon.

Os falecidos nos cárceres eram enterrados dentro do edifício sem nenhuma cerimónia religiosa; mas, ao depois, se fôssem julgados réus de pena capital, exumavam-se-lhes os ossos para serem queimados no próximo auto da fé.

([1]) *Nar. da Inq. de Goa* por Dellon, trad. de M. V. de Abreu.
([2]) Reg. do S. Of. da Inq. l. 1.°, titulo 3.°, § 28 e 30.

O pessoal da inquisição de Goa variou; mas em 1682 era composto de dois inquisidores, (denominados o 1.º inquisidor ou inquisidor da 1.ª cadeira e o 2.º ou da segunda cadeira) (¹) que tinham seus comissários em Salsete, Bardês, e em todas as terras portuguesas do oriente, um promotor, quatro deputados, devendo êstes e o promotor ser clérigos de ordens sacras e licenciados em uma das faculdades de teologia, cánones ou leis; 4 notários, também clérigos de ordens sacras, 2 procuradores ou advogados dos presos, que deviam ser graduados nos cánones ou leis e, podendo ser, clérigos; um capelão, um meirinho com quatro naiques, um alcaide, um despenseiro, um porteiro, um solicitador, dois guardas, dois médicos, um cirurgião, um barbeiro, três pretas para o serviço dos cárceres, 10 homens de armas, sendo 4 do 1.º inquisidor, 4 do 2.º e 2 do promotor. A' excepção dos 2 procuradores, todos eram pagos pela Fazenda, recebendo cada um dos inquisidores 1740 xerafins, 2 tangas e 20 reis ao ano (522$140 reis).

Além dêstes, havia outros funcionários com o nome de *qualificadores* ou *revedores* do Santo Oficio, incumbidos de examinar todo o livro que saisse à luz e dar sciência aos inquisidores de qualquer proposição contrária à fé—e os oficiais da justiça do tribunal, chamados *familiares do Santo Oficio*, quer pagos, quer honorários, escolhidos de todas as classes, principalmente da nobreza, que traziam ao peito uma medalha de oiro com as armas do Santo Ofício sómente quando iam prender os acusados (²).

(¹) Em 1778 havia 3 inquisidores.

(²) As armas do Santo Ofício consistiam em uma cruz tendo ao lado direito um ramo de oliveira e por cima desta a letra *Misericórdia*, e ao esquerdo, uma espada com outra letra *justitia* e no

Os crimes principais, de que tomava conhecimento a inquisição, eram, em geral, os de heresia, apostasia, scisma, do favor dispensado aos hereges, da defesa ou receptação dêles, da leitura dos livros heterodoxos, de comunicação com os *vitandos*, de disputa em matéria da fé nos casos proibidos por direito, de blasfémia, de proposições heréticas, temerárias ou escandalosas proferidas ou escritas, de irreverências ao Santíssimo Sacramento ou às imagens sagradas, de feitiçaria, sortilégio, advinhação, invocação ao demónio ou pacto com êle, ou do uso da astrologia judiciária, de bigamia, do impedimento ou perturbação causada ao ministério do Santo Ofício, de testemunho falso, da solicitação no sacramento da confissão e do nefando crime da sodomia ([2]). No Estado da India a inquisição tomava, também, o conhecimento do exercício dos ritos e cerimónias dos infiéis, quando feito com o escândalo dos cristãos.

Todo o cristão, que soubesse de qualquer dêsses crimes era obrigado a denunciá-lo sob pena de excomunhão. A denúncia era secreta e, sendo comprovada por duas testemunhas juramentadas para guardar o sigilo, era bastante para motivar a prisão, que ordinàriamente caía de surprêsa para o infeliz denunciado. Aquele que antes da delação se apresentasse à *Mesa* espontâneamente e, confessando a sua culpa, a abjurasse, embora fôsse ela de judaismo ou outra heresia ou apostasia, não era sujeito à prisão ; se abjurasse o êrro depois de delatado e encarcerado, salvava a

círculo de tarja as palavras do psalmo=*Exurge Domine, judica causam tuam.*

([2]) El-rei D. Sebastião, pela lei de 9 de Março de 1571, fulminava penas severssimas contra o crime da sodomia. Vid. *Narração da Inq.* por Dellon, trad. de M. V. de Abreu, pag. 164, nota.

vida, mas, como reu *confitente* ou *convicto*, incorria na pena de confiscação de seus bens ([1]) à custa dos quais eram sustentados os presos.

Se negasse a culpa, real ou suposta, mas provada por testemunhas, era condenado como *convicto negativo*. Os *convictos negativos*, os *relapsos* (embora arrependidos e perdoados no fôro interno) e os *contumazes* eram *relaxados em carne* ao braço secular, que, segundo a Ordenação do reino, os condenava ao fogo, com a diferença de que, se declarassem à última hora querer morrer no cristianismo, eram pròviamente garrotados ; donde sucedia ser raríssimo o que fôsse queimado vivo.

Além dessa terrível severidade das penas e implacável rigor do regimento, algumas formas do processo tinham carácter especial ; pois, guardava-se absoluto segrêdo da instrução judiciária ; o encarcerado não podia falar ao seu advogado ou procurador legal, senão na presença do notário ou algum oficial do *Santo Ofício* ; e, embora provasse não ter a culpa de que fôra acusado, e, porisso, estivesse absolvido por despacho *provisório*, não saía, em regra, da Inquisição senão

([1]) Convém recordar neste logar as penalidades com que a lei civil da época punia os criminosos. Em Portugal, como em alguns países de Europa, os réus de crimes graves eram punidos com penas cruéis, mutilantes, e com a de morte, agravada pelos suplícios possivelmente atrozes, sendo-lhes confiscados todos os bens, embora tivessem filhos ou herdeiros. Os tormentos, que se infligiam aos acusados para os obrigar a fazer revelações, eram também revestidos de formas legais. Ainda em 1630 por causa do desacato de Santa Engrácia, foi, *amputadas primeiro as mãos, queimado vivo Simão Peres Solix.* Assim mandavam as *Ordenações do Reino* que vigoraram até 1852, ano em que foi decretado o nosso Código Penal ([1]). Sob esse espírito da extrema severidade das penas medrou a *Inquisição.*

([1]) *O Instituto de Coimbra*, n.º 3, de Março de 1924, pag. 110.

no próximo auto da fé, que podia ter lugar daí a dois ou três anos, devendo, entretanto, estar no *cárcere penitencial* ou *escolas gerais*, para se instruir nos mistérios da fé e fazer penitência. Sendo precisas pelo menos 7 testemunhas para um réu ser relaxado, estas nunca se acareavam, podendo ser 6 delas os próprios cúmplices e a sétima o suposto réu, acusando uns aos outros sob a pressão de tormentos; nenhum condenado tinha o direito de apelar da sentença *definitiva* para o conselho geral, etc.

Estas formas viciosas de administrar a justiça davam azo a frequêntes abusos, procedendo por vezes a denúncia do espiríto de vingança, ciúme ou de rixas particulares, como observa o rev. Cottineau de Kloguen (1).

Em Goa as acusações de feitiçaria e heresia eram mais vulgares do que em qualquer outra parte; porque as cerimónias e costumes dos hindús e a ignorância dos novos convertidos andavam de envolta com superstições absurdas, principalmente nas aldeias de Assonorá, Aldoná, Bastorá, Revorá, Cunco-

(1) " Comquanto estejamos longe de justificar os seus procedimentos (da Inquisição), todavia somos obrigados a declarar que se tem dito a respeito daquele tribunal muitas falsidades e exagerações; pois que, se por um lado pede a verdade que se diga: 1.°—que êste tribunal, quer na Hespanha, quer em Portugal, ficou grandemente degenerado da sua primitiva instituição; 2.°—que muitas das suas formas foram extremamente viciosas e cruéis, comquanto possa notar-se ao mesmo tempo, especialmente quanto à torturas que se infligiam, que os mesmos castigos existiam também nos tribunais civis daquela época; 3.°—que os governadores, homens poderosos e a parte corrompida do cléro se aproveitavam muitas vezes das formas viciosas, com que se administrava a justiça daquele tribunal para satisfazer vinganças e rixas particulares,...... por outro lado devemos confessar que as crueldades da Inquisição foram grandemente exageradas." *Bosquejo hist. de Goa*, trad. pag. 77-78.

lim, Assolná, Bambolim, Curca e outras, onde o cristianismo não estava bem arraigado [1].

A inquisição era no Estado da India o poder supremo, a sua jurisdição se estendia a toda a sorte de pessoas, seculares ou eclesiásticas, excepto o arcebispo, o seu vigário geral e o vice-rei ou governador, os quais ainda podiam ser presos, mas com a prévia licença da côrte e do Conselho Geral de Lisboa. Conseguintemente nenhum tribunal nem autoridade alguma podia intervir nas suas deliberações; pelo contrário todos eram obrigados a prestar-lhe o auxílio pedido.

Êste tribunal reunia-se em sessão duas vezes ao dia; de manhã das 8 às 11 horas, e de tarde das 2 às 4 e algumas vezes ainda mais tarde, principalmente nas proximidades dos autos da fé, em que trabalhava até as 10 horas de noite.

No julgamento ou despacho final votavam, além dos inquisidores, os deputados e o Ordinario do logar, ou quem suas vezes fizesse, o qual devia ser chamado nesta ocasião.

O *auto da fé* era uma solenidade, em que apareciam os presos e penitenciados do Santo Ofício para ouvir ler as suas culpas e sentenças e abjurar os seus erros. Esta cerimónia começava às 6 horas de manhã por uma imponente procissão, que, saindo do palácio da inquisição, terminava na igreja de S. Francisco de Assis ou na catedral, e se realizava geralmente cada dois ou três anos em algum domingo, preferindo-se o 1.º do advento; mas os primeiros dois *autos* se fizeram dentro de um ano (de 1612) des-

---

(1) Em 1731 os gãocares de Bastorá se achavam *todos uns presos e outros apresentados* pela acusação de terem recebido na aldeia *bottos* e servidores dos pagodes ocultamente, dando-lhes esmolas, e ofertas aos pagodes, como diz o inquisidor Amaral Coutinho.

pendendo-se mil xerafins. Damos em nota final a descrição minuciosa de um auto de fé, feita por Dellon.

Os presos que não fossem *relaxados em carne* nem absolvidos eram diversamente sentenciados conforme a gravidade da culpa, uns a degrêdo, outros a galés, ou à casa da pólvora, e outros à reclusão no convento da Cruz dos Milagres—para serem instruídos nos mistérios da fé [1]—ou no cárcere penitencial da inquisição, chamado *escolas gerais*, donde em certos casos lhes era permitido sair sob *fiança* e cumprir a penitência fora. Raríssimo era o crime que não fôsse punido com a confiscação dos bens.

O local onde se executava a pena capital, precedendo o respectivo acordão do tribunal da Relação, e se acendiam as fogueiras, era o campo de S. Lázaro, ao nordeste da cidade.

Tal era o terror que a inquisição havia espalhado no país, que o povo à só lembrança daquele nome tremia e ao passar pelo palácio dêste terrivel tribunal segredava misteriosamente = *vhoddlem ghór* = (casa grande), nunca ousando apontá-lo com dedo; assim como ninguém, grande ou pequeno, ousaria prantear em público um prêso da Inquisição, o qual, pelo contrário, era logo detestado. Êste terror foi uma das causas que concorreram para despovoar a cidade da parte mais rica e industriosa dos seus habitantes. Os comerciantes mouros, arménios, parses, árabes e hindus desapareceram.

Em 1769 o marquês de Pombal arrancou à Inquisição uma parte do seu poder, transformando-a em um

(1) Da reclusão dêste convento fugiram em 1768 Bartolomeu da Silva e Manoel Ribeiro, aliás Bragança, e em 1769 Bartolomeu Rodrigues, casos, de que a *Mesa* tomou conhecimento. *Chronis. de Tissuary*, vol. 2.º, pag. 161.

tribunal régio e dando-lhe um regimento, que regulava o processo dos réus pelas leis gerais do reino. Então, por carta da lei de 22 de Maio dêsse ano, mandou dar ao *Santo Ofício* o tratamento de *Majestade*; que as sentenças fôssem passadas em nome do soberano; e os deputados do tribunal tivessem o título de *conselheiros de Sua Majestade.*

Contudo o Santo Ofício, combatido pela opinião pública, caíu em descrédito. Foi portanto extinto em 1774.

Extinta a Inquisição de Goa pela 1.ª vez, o que se executou no dia 26 de Outubro do mesmo ano 1774, em que—na conformidade da carta do marquês de Pombal, de 10 de Fevereiro dêsse ano—foram apresentadas pelo desembargador ouvidor geral, Feliciano Ramos Nobre Mourão, à *Meza do Santo Ofício* as provisões do cardeal inquisidor geral; os inquisidores mandaram imediàtamente pôr em liberdade não só os presos que se achavam nos cárceres— António Rodrigues Estremoz, português, natural de Estremoz, e Francisco de Melo, casado e morador em Bastorá, de Bardês,—mas também todos os que estavam na prisão da casa de pólvora, sendo 6 *depositados* e 26 *degredados*; tendo sido ainda averbados os termos a 6 *afiançados*: um padre de Curtorim, de Salsete e 3 seculares e 2 mulheres de Assonorá, de Bardês; e feito o inventário, foram entregues todos os livros, autos e processos com os mais papéis ao reverendo João Nogueira da Cruz, *comissário*, que para êste fim viera de Lisboa, nomeado pelo inquisidor geral; e o dinheiro, (22 mil xerafins) que se encontrou no cofre do *secreto* e mais as joias de oiro, prata e pedraria no cofre do fisco, do valor de 2479 xerafins, passaram para a Fazenda.

O palácio ficou com os móveis e alfaias, armado em forma do tribunal como dantes, aguardando talvez a breve ressurreição do Santo Ofício. Os dois inquisidores Manoel António Ribeiro e José António Ribeiro Mota, o 1.º dos quais tinha residência na casa, regressaram a Portugal, na monção do ano seguinte, na náu *Mariana Vitória*; e o marquês de Pombal, que abolira a inquisição, ordenou ao governador D. José Pedro da Câmara que transferisse de Panelim para o *magnífico* palácio dêste tribunal a residência dos governadores e capitães generais da India, o que se não cumpriu por se calcular em 70,600 xerafins a despesa para se transformarem os cárceres em habitação decente e apropriada à residência dos governadores; mas lembrou-se por esta ocasião ser preferível acomodar ali distinta e separàdamente, mediante a despesa de 25 mil pardáus, 11 repartições principais do Estado, o que também se não levou a efeito. Daqui se vê que êste pálacio, ampliado sucessivamente à proporção das necessidades e exigências do instituto, se tinha tornado, sem dúvida, o mais vasto de todos os palácios de Goa e *magnífico*, na frase do marquês de Pombal.

Restabelecida a Inquisição em 1779, por ordem superior foram-lhe restituídos todos os objectos recolhidos; mas, como o processo dos réus se regulava pelo regimento reformado e já pôsto em vigor no tempo do próprio M. de Pombal com certas restrições e mitigando o rigor das penas, os inquisidores em virtude da lei não podiam agora quási nunca relaxar os presos ao braço secular, estabelecendo-se o estilo de se fazerem os autos da fé particularmente dentro da casa da Inquisição, donde nasceu a versão de que êsses autos haviam sido cassados.

Mais tarde, por C. R. de 29 de Maio de 1809 êste tribunal passou a ter presidente secular, recaindo a nomeação no chanceler da Relação, António Gomes Pereira da Silva, e foi finalmente pela segunda e última vez extinto por C. R. do príncipe regente D. João, datada do Rio de Janeiro, de 16 de Junho de 1812; o que tudo se executou com aplauso geral a 8 de Outubro do mesmo ano, no govêrno do conde de Sarzedas, dando-se imediato destino aos seus móveis e alfaias, que pela maior parte foram depositados no arsenal real da marinha. Desta vez não foi preciso soltar presos, porque não havia nem um nos cárceres da inquisição nem na casa de pólvora. Em 1912 passou o centenário da extinção, comemorado pelo *Oriente Português* e pelo diário *O Heraldo*.

Aos dois inquisidores Fr. Luis de Ribamar e Fr. José das Dores, ambos mais ou menos decrépitos, e ao promotor Fr. Tomás de Noronha foram mantidos os seus ordenados, 1.000 xerafins a cada um dos dois primeiros e 600 ao terceiro; nesta ocasião a Fazenda recolheu pouco mais de 32 mil xerafins em moeda e 1.300 xerafins em joias. Das 6 escrevaninhas de prata, cada uma com 4 tinteiros, e 2 campainhas também de prata, que se encontraram nas *salas de despacho* e de *audiências*, existiam duas na secretaria do govêrno geral, onde ficaram também conservados o regimento e alguns livros, dos quais o missal, encadernado em veludo com broche e ornatos de prata, foi, ha poucos anos, transferido para o museu sacro do Bom Jesus.

O palácio, ao princípio acudido com as reparações indispensáveis, foi depois complètamente abandonado; pelo tempo arruinou-se e a junta da Fazenda o mandou demolir em 1820; ainda por alguns anos estavam em pé as paredes do pavimento inferior, segundo refere Cottineau, que as viu em 1827.

Removidas as ruínas e nivelado o solo, levantaram-se ali os pavilhões da exposição agrícola e industrial de Goa, realizada em Dezembro de 1890, durante a exposição do venerando corpo de S. Francisco Xavier.

Aljube

Ao norte do Hospital real e junto ao *cais do Arcebispo* demorava o *Aljube* ou prisão do Ordinário, onde eram recolhidos os eclesiásticos, que transgredissem os cânones disciplinares da Igreja. Fôra construído em 1600 pelo arcebispo D. Fr. Aleixo de Menezes, com o fim de fazer um lugar apropriado aos clérigos, que, até então sendo reclusos em diversas partes, não eram ali tratados com a decência devida ao seu carácter. Além de uma sala livre e prisões regulares no andar superior, o aljube tinha no rés-do-chão uma enxovia apenas alumiada por umas frestas; a qual se encontrava quási sempre desocupada e onde, às vezes, o tribunal do Santo Ofício guardava provisòriamente os seus presos vindos de fora de Goa. Corridos anos, parece que houve grande descuido na limpeza e aceio dêste compartimento do cárcere ; pois Dellon, que em 1674 esteve ali preso dois dias antes de ser conduzido para a Inquisição, pintou-o horrivelmente: «Esta prisão» diz êle, «é a mais imunda, a mais escura e a mais horrível de quantas tenho visto, e duvido que possa haver outra no mundo, mais repugnante e mais asquerosa. É uma espécie de abóbada, onde mal se vê o dia por uma pequena fresta, por onde nunca penetram os raios mais subtis do sol, nem jamais entrou verdadeira claridade; é insuportável o mau cheiro, porque, não havendo uma cloaca, é ela suprida por um pôço sêco ao nível da terra no meio do subterrâneo......»

Em 1778 o edifício já ruinoso, não podendo ser reconstruído, foi reduzido nas suas dimensões, reparado e aceado, de maneira que Cottineau escreveu em 1827 : «O Aljube, de que Dellon dá uma horrível descrição, está hoje melhorado, e poucas vezes contém alguns presos. É' um edifício muito aceado, que tem seu adro pelo sul. O Provisor o superintende, e vìsita regularmente uma vez por mês, ou mais se preciso fôr». Com a extinção do privilégio do fôro eclesiástico em Portugal e seus domínios extinguiu-se também o Aljube.

Depois do seu abandôno, instalou-se ali por algum tempo a Câmara Agrária das Ilhas. Hoje nem alicerces existem e o terreno é um palmar particular.

Casa da Bula

Bordando o lado oriental da *rua direita*, com frente para o oeste, alveja um pequeno edifício sobradado, que tem o nome de Casa da Bula. Era vizinho do palácio da Inquisição. Qual teria sido a serventia desta casa ? A' míngua de notícia positiva limitar-nos-hemos a conjecturas.

A Bula da Santa Cruzada foi mandada publicar neste Estado por C. R. de 24 de Março de 1593. Além da ordem, regimentos e instruções que o bispo de Elvas, Comissário Geral da Bula, deu ao Comissário da India para a expedição dêste diploma e arrecadação da respectiva esmola, recomendou S. M. ao vice-rei que desse todas as providências necessárias com a maior brevidade para êsse efeito e não despendesse o dinheiro produzido em cousa nenhuma, recomendando, também, ao Comissário que aceitasse a subdelegação feita pelo bispo de Elvas e cumprisse o regimento.

Em execução destas ordens foi estabelecido em Goa o *tribunal da Bula*, composto de sete empregados, a saber: comissário geral, que devia ser o arcebispo, de Goa e na sua ausência o vigário geral da ordem de S. Domingos, promotor, tesoureiro geral, escrivão, contador geral, solicitador e naique; os seus vencimentos importavam em 1274 xerafins, 3 tangas e 20 reis por ano. Mais tarde ordenou-se ainda que o comissário da Bula, no dia da sua publicação, precedesse ao

Senado, levando a Bula na procissão, paramentado com pluvial e tivesse cadeira de espaldar na Sé. O tesoureiro e outros oficiais gozavam também de vários privilégios, que as ordens reais mandavam guardar inviolàvelmente, e os capitais pertencentes à Bula deviam passar livres em todas as alfândegas. O tribunal foi abolido por decreto de 19 de Agosto de 1835, sendo regulado o destino que se devia dar aos processos da Executória, em que fôsse interessada a Fazenda.

Em 1844, suprimida a Bula neste Estado, foi concedida superiormente ao arcebispo a faculdade de conceder as indulgências e as dispensas próprias dêsse diploma, o qual, todavia, foi restabelecido por dec. de 20 de Setembro de 1851.

E' possivel que a Casa da Bula não seja coeva da instituição do seu tribunal ; mas parece provável que tenha sido construída ou adquirida pelo tempo para o funcionamento da sua tesouraria ; pois, sendo sempre conhecida por aquele nome, ainda hoje está a cargo do tesoureiro da Bula, embora êste não exerça ali nenhum ofício.

Esta casa possui um pequeno palmar adjacente, cujas insignificantes rendas são aplicadas às reparações do edifício, hoje habitado por alguns capelães da Sé Patriarcal.

CAPITULO XI

Edifícios civis

Palácios dos Vice-reis, da Relação e do Senado da Camara; o Estanco real dos Tabacos e o Tronco ou a Cadeia da Cidade.

Entrando pelo arco dos Vice-reis, ainda se encontram à esquerda vestígios do *palácio da fortaleza*. Êste grandioso edifício de três andares era tão próximo do cais, que dominava largamente a paisagem do rio, aonde afluiam, durante o ano, mais de mil navios comerciantes, e a da praça contígua, que fervia na mais ruidosa actividade. Fôra primitivamente um castelo ou fortaleza de Adil-Shah, que, depois da conquista de Goa pelos portugueses, totalmente remodelado e ampliado por Afonso de Albuquerque, serviu de aposento aos capitães das náus. Em 1554 o vice-rei D. Pedro Mascarenhas, não podendo, por estar muito velho, subir as escadarias do palácio do Sabaio (depois palácio da Inquisição) onde residiram os governadores e vice-reis, seus antecessores, incluindo o conquistador, mudou-se para esta fortaleza, que se denominou o *Pálacio da fortaleza* ou a *Fortaleza dos Vice-reis*. Os seus sucessores habitaram êste edifício, ainda melhorado com importantes obras de acomodação, até ao ano de 1695, em que o conde de Vila-Verde, por motivo de epidemia, transferiu a sua residência para Panelim ; mas a recepção das embaixadas, o cortejo dos dias de grande gala e os outros actos de etiqueta continuaram a fazer-se naquele suntuoso palácio da Fortaleza, que em 1812 foi complètamente abandonado, porque seria preciso despender-se muito dinheiro nas suas reparações.

A sua fachada principal olhava para o sul defrontando com a praça chamada o *Terreiro do Paço*, rodeada de formosos e elegantes edifícios. Dêste terreiro uma larga escadaria de pedra preta conduzia a uma sala do palácio muito espaçosa, onde estavam pintadas todas as armadas que tinham saído de Portugal para o oriente, com os nomes das respectivas náus e os de seus capitães, e cujo número até 1612 devia exceder a oitocentos (1). Mais a dentro, outra sala, ainda

(1) *Lendas*, vol. 4.º, pag. 716 ; Pyrard, part. 2.ª, pag. 28, 20, e 45—e *Bol* e *An. do Cons. Ultram.* n.º 155 pag. 41.

mais espaçosa e ricamente mobilada, ostentava uma série de retratos a óleo de todos os vice-reis e governadores com os seus nomes e feitos. E' nesta magnífica divisão, chamada a *sala régia*, que o vice-rei, sentado de baixo de um docel de veludo vermelho, recebia os embaixadores dos príncipes do oriente e presidia ao Conselho do Estado. Além destas salas, havia outras para os diversos conselhos, e tribunais, que funcionavam sob a presidência do vice-rei, (¹) como se lê

(¹) Os conselhos e tribunais, que primitivamente funcionavam no palácio sob a presidência do vice-rei ou governante, eram os seguintes :—

O *Conselho dos capitães* das nãus, para tratar das emprêsas militares;—O *Conselho do Estado*, que se compunha do prelado da diocese, do chanceler do Estado, do vedor da Fazenda, do capitão da cidade e do secretário do Estado; e, posteriormente, também do general da armada, do inquisidor da 1.ª cadeira e dos conselheiros ou fidalgos de provisão régia. Tratava das altas questões do Estado;—*O Conselho dos três Estados*, que tinha por vogais o arcebispo, os deputados dos 3 estados, civil, militar e eclesiástico (incluindo os membros do conselho do Estado), o inquisidor da 1.ª cadeira, os prelados das ordens religiosas, os representantes das câmaras gerais, e os fidalgos e capitães que fôssem convidados pelo governante. Tratava de regular o bom govêrno do país, criar recursos para o apresto das armadas, lançar ou reduzir os impostos;—*Tribunal dos contos*, (*sic*) depois *conselho da Fazenda*; compunha-se primitivamente do vedor da Fazenda, do chanceler, do procurador da corôa e do escrivão da Fazenda. Era ùltimamente a *Junta da Fazenda pública*;—*Tribunal de ministros letrados*, creado em 1683, que julgava em 2.ª instância as causas do descaminho de tabaco (monopólio) e compunha-se de 3 juises togados;—*Mesa do Desembargo do Paço*, tinha por vogais 2 desembargadores de agravos, mais antigos; e despachava em última instância sôbre o levantamento de embargos ou arestos. Tinha também algumas atribuições do supremo tribunal;—*Mesas de 2.ª e 3.ª instâncias*, tratavam das causas crimes dos cavaleiros das 3 ordens militares : de Cristo, Aviz e S. Tiago;—*Junta das missões* (1681–1774), tinha como vogais o arcebispo, 1.º inquisidor, chanceler, vedor da Fazenda, o secretário do Estado, e um religioso de cada uma das ordens monásticas.

num documento antigo publicado por P. Chagas ([1]); e entre elas, logo no tôpo da escadaria de honra, abria a porta uma sala destinada à repartição pública, com o respectivo balcão de *grades, onde se pagavam os sôldos* ([2]) (pagadoria), repartição vantajosamente instalada no palácio, porque aqui se guardava uma parte do tesouro real, ficando a outra parte no convento dos franciscanos.

O palácio tinha, segundo refere Pyrard, bons e cómodos aposentos, e era ladeado de duas sólidas tôrres quadradas: uma de menagem de três pavimentos, pela banda oriental, e a outra de dois andares, a oeste, assente sôbre a abóbada da porta do cais (depois arco dos vice-reis), tôrre que tinha uma sala, segundo diz Lopes Mendes, adornada com uma galeria de pinturas representando as guerras dos portugueses na India.

Ao lado ocidental desta tôrre, que comunicava interiormente com o palácio, um edifício térreo, parte integrante do mesmo palácio, encerrava *os armazens reais*, e abria uma porta sôbre a *ribeira das galés*, reservada para o vice-rei embarcar ou desembarcar privadamente. A capela do palácio, construída em 1512–13, onde o vice-rei ouvia da sua tribuna missa todos os dias, era ligada à sala régia e tinha dois capelães, pagos pelo Estado a 24 mil reis por ano, devendo um dêstes acompanhar o vice-rei, quando saisse para fora do território português.

Êste palácio *magnífico*, como lhe chamou o marquês de Pombal, estava provido de tudo quanto era necessário para melhor comodidade de seus habitantes, incluindo os reservatórios das águas pluviais e um excelente jardim, sendo a água potável conduzida por 6

([1]) *Historia de Portugal*, vol 4.°, pg. 248.
([2]) *Lendas*, vol. 4.°, 1.ª pag. 297.

carregadores pagos pelo Estado [1]. O vice-rei vivia nesta casa com luxo deslumbrante, mantendo a sua côrte num estilo que rivalizava quási com os dos maiores potentados do oriente. Nomeado para três anos com poderes absolutos, vencia 30 mil crusados ao ano. [2] A sua primeira entrada na cidade assumia proporções duma ovação, e todas as classes do povo, em competência umas com as outras, se esforçavam por celebrar essa festa com o mais expressivo regosijo. Majestosos arcos de ramos e bandeiras se levantavam desde o cais até à catedral, onde se realizava a cerimónia litúrgica da recepção solene e os dois juramentos: o de homenagem, nas mãos do Chanceler, e o de guardar os privilégios da *cidade*, perante esta corporação [3], dirigindo-se em seguida o vice-rei para o palácio, acompanhado de todo o clero, nobreza, povo, mercadores e artífices, entre as aclamações e folias populares, entre o trovejar da artelharia e a brilhante chuva de pequenas estrelas de oiro e prata, que os ourives deitavam aos punhados sôbre o representante do soberano português. No palácio recebia os cumprimentos dos embaixadores dos príncipes da India ,que lhe ofereciam valiosos presentes, enviados pelos respectivos soberanos [4]. Numerosos fidal-

(1) Aragão, *Descripção Geral*, vol. 3.°, pag. 73.

(2) Os vencimentos dos vice-reis e governadores variaram muito, mas a ostentação continuou quási a mesma. Cit. *Descripção Geral*.

(3) A posse realizou-se muitas vezes nas fortalezas ou igrejas de Cochim, Cananor, Ormuz, Reis-Magos, Pangim e no Bom Jesus. D. Antão de Noronha tomou posse no cais dos vice-reis ; António Teles de Menezes na capela do palácio de Pangim ; Bernardo Peres nos paços do Senado da cidade etc. *Instrucção do M. de Alorna*, part. 3.ª, pag. 65.

(4) Êstes presentes chamados *sagoates*, que indispensàvelmente

gos, que freqüentavam as salas dêste grandioso edifício, presenteavam, também, o vice-rei para obterem dele cargos rendosos; e êste da sua parte não se esquecia de socorrer a pobreza, mandando distribuir, duas vezes por semana, esmolas aos europeus e índios cristãos destituídos de meios de subsistência, que se apinhavam no largo do palácio. (1)

Raras eram as ocasiões em que o vice-rei saía de casa, e quando saisse, o seu percurso se revestia de aparato real. Na véspera do seu passeio andava-se tocando tambor e trombetas pela cidade, avisando assim toda a fidalguia e nobreza para o acompanhar no dia seguinte. Em consequência, pela manhã cêdo, cêrca de 300 ou 400 fidalgos e cortezãos compareciam no terreiro do paço, ricamente paramentados e na melhor ordem, montados nos seus cavalos ajaezados de oiro, prata, brocados, pérolas e pedras preciosas, e seguidos de pagens europeus trajados de libré de sêda. O vice-rei ia sentado em uma cadeirinha ou palanquim dourado, com um piquete de cavalaria na retaguarda e dois soldados da mesma arma com espadas na mão, adiante de toda a comitiva. E' com esta magnificiência e esplêndida cavalgada que o vice-rei

deviam acompanhar os embaixadores, pertenciam às rainhas de Portugal. C. R. 7 de Março de 1684.

(1) Em 1595 foi instituida neste palácio uma repartição denominada=Torre de Tombo=sendo nomeado seu Guarda-mór Diogo do Couto, natural de Lisboa, e encarregado de escrever a história da India com 300 pardaos de ordenado por ano, a qual de facto escreveu, dividida em *Décadas* e faleceu em Goa em 1616.

Um dos seus sucessores foi António Bocarro, português, que também escreveu as suas *Décadas* e o último Inácio Sebastião da Silva, oficial maior da secretoria geral, que faleceu em 1840 ficando com êle extinta a Torre de Tombo, que já pesava inutilmente sôbre o orçamento. Cit. *Instr.* part., 3.ª. pag. 60.

se apresentava em público [1].

A sua guarda ordinária no palácio era uma companhia de cem europeus com alabardas douradas, todos vestidos de uniforme azul, os quais estavam sempre junto da sua pessoa e o acompanhavam quando saísse. O pessoal maior do seu serviço compunha-se de 1 capitão das guardas, 1 secretário, 1 merinho, 1 alféres da bandeira real, 1 condestável-mór 1 físico-mór, 1 cirurgião e 1 boticário-mór [2].

E' fácil, imaginar o ruído que nessas ocasiões reinava na praça fronteira ao palácio, assim como a magnificência e o luxo que se desenvolvia nas suas salas nos dias de gala. Essa primitiva grandeza decaiu e desapareceu com o abandôno da velha cidade. Actualmente está muito simplificado o ritual da recepção e a posse se realiza no palácio de Pangim. O último vice-rei que entrou na cidade com todas as praxes, antigas foi o conde do Rio Pardo (1816).

Em 1774, quando se começou a reconstruir a cidade, tratou-se também de reparar o palácio, mas, como o plano todo caducasse por impraticável, a junta da Fazenda não olhou mais para êle senão em 1820 para o mandar demolir por estar já muito arruinado. Ainda em 1827 estava em pé uma parte do edifício, que caíu gradualmente; e hoje não aparecem senão uns entulhos e fragmentos do pórtico.

Ja dissemos que, em 1695 o conde de Vila Verde fixára a sua residência em Panelim.

(1) Pyrard. part. 2.ª, pag. 28 e seguintes ; e *an Hist. and Arch. Sketch etc.*, by Fonseca. pag. 194., *Instr.* part. 3.ª, pag. 66.

(2) *Discrição Geral* por T. de Aragão vol. 3.º, pag. 73, referida aos *Subsidios para a história da India Portuguesa*; e Tombo do *Estado da India*, pag. 37.—O pessoal menor variou no século XVIII ; o vice-rei tinha 94 creados para diferentes misteres.

O palácio de Panelim era um vasto e suntuoso edifício ligado à *Casa da Pólvora* a oeste e olhando para o rio. Denominava-se porisso *Palácio da Casa da Pólvora*. Os vice-reis e governadores da India, à excepção de Caetano de Melo e Castro, que, para obedecer às ordens da côrte, passou alguns meses na projectada cidade de Mormugão, continuaram a habitar êste palácio até 1759, em que o conde da Ega, Manoel de Saldanha da Gama, transferiu a sua residência para o actual palácio dos governadores gerais em Pangim, antiga fortaleza de Adil-khan, restaurada por conta do senado da câmara. Para o palácio vago mudou-se em 1725 o antigo *Hospital real*, que depois de 1759 era hospital militar, e funcionou ali até 1842 sendo neste ano transferido para Pangim.

Em 1843 a Santa Casa da Misericórdia projectou passar para o palácio de Panelim os dois Recolhimentos, da Serra e Madalena, chegando a fazer para êste fim alguma despesa nesse edifício; mas o projecto não adiantou e o palácio ficou entregue ao abandôno.

A junta da Fazenda mandou-lhe apear e vender os tectos interiores em 1850, e cinco anos depois procedeu também à demolição do grande arco, que atravessava a estrada, e de algumas casas que demoravam na sua proximidade, conservando-se apenas dois extensos compartimentos sobradados—que, durante o funcionamento do hospital, haviam servido de enfermarias dos oficiais,—para serem unidos à *Casa da Pólvora*.

Em 1856, o visconde de Tôrres Novas, para tirar toda a aparência da ruína e embelezar a estrada naquele sítio, mandou reduzir as paredes desmoronadas, que ainda existiam, a um murado bem composto, simetrizando-o com o que se prolongava à esquerda da mesma Casa da Pólvora e destinando o espaço interior para a serventia dêste estabelecimento ; o qual já desapareceu complètamente, restando hoje apenas uma parte do muro, que fecha uma palmar.

O palácio de recreio dos vice-reis, situado em Daugim de cima, arrabalde da cidade onde êles costumavam passar algum tempo em folga, era um edifício alto e de três pavimentos com algumas dependências térreas, belo jardim e larga vista para o Mandovi. A' pequena distância alvejava a igreja de S. José, o convento da Madre de Deus, um palácio do Senado e muitos solares da fidalguia. Todos êstes edifícios se arruinaram, conservando-se só a estrada e a ponte, que dão acesso a êste afastado mas aprasível sítio, sombreado de palmeiras e opulenta vegetação e atravessado pelas antigas e estreitas ruas.

O *palácio de Pangim*, situado à beira do rio, foi primitivamente forteleza de Adil-Khan, conquistada aos mouros por D. António de Noronha em 15 de Fevereiro de 1510 e uns quatro meses depois reconquistada por Afonso de Albuquerque numa madrugada, destruindo a maior parte da sua numerosa guarnição, porque da sua artelharia recebia contínuo dano a frota portuguesa, a êsse tempo fundeada no Mandovi. Referindo-se a êste palácio escreveu Pyrard :

"Há nesta fortaleza bons aposentos, que formam um palácio belo e cómodo, onde os vice-reis, quando chegam de Portugal vão sempre desembarcar e esperar até fazerem a sua entrada solene e tomar posse ; e o vice-rei que sai vai ali morar até partir (1) ".

E' hoje um belo edifício, desafrontado por todos os

(1) *Viagem*, t. 2.º pag. 28, A provisão régia de 18 de Janeiro de 1702 cometeu o encargo da hospedagem do novo vice-rei aos franciscanos, no colégio dos Reis-Magos.

lados, suficientemente vasto com boas salas, aposentos e varandas. Tem tido muitas reformas, sendo mais notáveis as que se fizeram em 1887 no govêrno do contra-almirante Cardoso de Carvalho, que, apenas chegou a Goa, vendo que a residência do governador tinha sido provisòriamente transferida para o palácio do conde de Maém, arrendado pela Fazenda pública, mandou proceder por ordem do govêrno central, aos melhoramentos reclamados no palácio, onde se instalou no dia 1 de Janeiro do dito ano. A galeria dos retratos dos vice-reis e governadores é a cousa mais digna de atenção que ali existe ([1]).

No rés-do-chão tem funcionado sucessivamente várias repartições públicas.

O conde da Ega foi, como está dito, o primeiro vice-rei que se mudou, em 1 de Dezembro de 1759, para esta casa, que continuou a ser residência habitual dos seus sucessores até 1918, em que foi destinada ao funcionamento do Conselho do govêrno, depois Conselho Legislativo ([2]), à Secretaria Geral e à Procuradoria da República.

Sôbre a porta do Palácio que deita para o rio lê-se a seguinte inscrição :

Rege Fidelissimo Josepho Primo
Pro Rege Comite Ab Ega
Senatus Ex Informi Formavit 1760.

([1]) T. de Aragão, *Descripção das moedas*, t. III, pag. 75.

([2]) Antigamente houve na India um *conselho legislativo*, creado por C. R. de 9 de Abril de 1778, e autorizado a alterar provisòriamente a legislação vigente, devendo propor ao govêrno superior as alterações. Contava apenas, além do governador presidente, 4 vogais todos funcionários publicos, 3 desembargadores e o secretário do Estado. F. M. Bordalo, *Ensaios* pag. 99. Livro 5.°, 2.ª série,

e por cima da entrada principal se acha a seguinte :

Dom Jose Primeiro
Reinando
Vice-Reinando
O Conde da Ega
O Senado
Reedificou e aumentou este palacio
1760.

O palácio tinha no rés-do-chão uma linda capela, sem frontispício, com a porta para o oeste, fundada em 1760, e dedicada à N. Sra. da Conceição, com o respectivo capelão pago pelo Estado. Na sua sacristia ficava o grande crucifixo do Santo Ofício, que ao presente se acha na capela de S. Sebastião das Fontainhas. O logar que ocupou a capela do palácio é hoje a entrada para a Secretaria Geral.

O palácio do Cabo, antigo convento dos franciscanos reformados, é situado no promontório ao extremo ocidental da ilha de Tissuadi e foi cedido para a residência dos vice-reis e governadores por ordem da côrte; o conde de Tôrres Novas transformou-o numa excelente casa de campo, substituindo as celas por vastas salas e aposentos, acrescentando-lhe casas para hóspedes e concertando as 3 largas cisternas que já existiam. Esta pitoresca vivenda, hoje residência dos governadores, com o seu jardim e pomar, era circunscrita a leste por um alto muro de alvenaria, que, há poucos anos, foi demolido. Na sua extensa cêrca, povoada de várias árvores frutíferas, construiram os ingleses, em 1799 a 1808, os seus quartéis, quando, a pretexto de nos auxiliarem contra os franceses, vieram sem serem pedidos ocupar os pontos militares de Goa. Desta época de forçada protecção resta apenas, fora do recinto da antiga cidadela, o cemitério, que fica ao sul do outeiro no sítio denominado Cava. Ao sopé do despenhadeiro existe uma nascente de água potável, para a qual se desce por uma escadaria aberta em parte na rocha e em parte construída de alvenaria. Do lado oposto a esta fonte, na praia do cabo, demora a Calheta, onde se desembarca indo pelo Mandovi. A fortaleza do Cabo, com a sua couraça, muralhas e baterias, arruinou-se complètamente. A' pequena distância ao sul e na margem direita do Zuari fica o cais de D. Paula, obra do conde de Tôrres Novas, onde estava estabelecido um *pôsto fiscal da Alfândega.*

O *palácio-convento* de S. Caetano, na velha Cidade, que foi a casa principal dos teatinos, foi pelo conde de Tôrres Novas também adaptado à habitação temporária dos governadores, que ali residiam, quando fôssem assistir a quaisquer festividades religiosas. Exceptuando algumas salas, que lhe foram acrescentadas, o edifício conserva ainda a sua forma claustral e as suas celas estreitas. A portaria de 22 de Maio de 1896 transformou-o em *Museu Real da India Portugueza*, onde está a maior parte da galeria dos retratos dos vice-reis e governadores, transferida do palácio de Pangim.

Além dêstes palácios existe em Quepém, das Novas Conquistas, uma *casa apalaçada para o recreio dos governadores* do Estado, situada na margem esquerda do rio Parodá e é vulgarmente conhecida pelo nome do *palácio do Deão*, porque o padre José Paulo da Costa Pereira de Almeida, natural de Braga—que viera para a India em companhia do arcebispo Sta. Catarina, nomeado cónego e depois deão da Sé Primacial de Goa—deu princípio em 1787 ao estabelecimento da povoação de Quepém, que dantes era mato cerrado, e tendo fundado à sua custa a igreja de Sta. Cruz, como consta das inscrições lapidares, colocadas nas pirámides do adro dessa igreja, construiu esse palácio, que, por sua morte, deixou para o recreio dos vice-reis e governadores da India, para que tivessem sob a sua protecção as instituições por êle creadas nessa província; *o qual recreio, segundo reza o testamento, não se estende a mais do que às folgas que aí quiserem tomar, sem poderem dispor destas casas segundo as suas vontades*; e nomeou pelo mesmo testamento administrador perpétuo de todos as suas fazendas de Quepém o cabido da Sé Primacial de Goa, que, por êste encargo; percebe 400 xerafins pagos inalteradamente pelos rendimentos dessas propriedades, devendo ser aplicado o restante ao sufrágio da sua alma, que é instituída herdeira universal, e a vários outros encargos. Êste oferecimento, feito pelo deão por meio de uma declaração, foi aceito pelo govêrno da metrópole com a cláusula de que o tesouro público nunca ficaria obrigado por forma alguma a quaisquer despesas de conservação ou reparo dêsse palácio ([1]).

O edifício tem suficiente altura, mas não é sobradado; possui capela própria e, dentro do muro, o amfiteatro do antigo jardim. Vários governadores tem-se utilizado desta casa para a mudança de ares.

Palácio da Relação

Defronte da porta do palácio vicereal e bordando o *Terreiro do Paço* ao sul avultava um grande e belíssimo edifício, destinado ao tribunal da Relação.

Antes de ser creado êste tribunal as causas crimes eram julgadas sumária e militarmente pelo *auditor das Indias*, que acompanhava o governador; depois estabeleceram-se os *ouvidores gerais* e, em 3 de Abril

([1]) vid. *Bol. do Gov.*, n.º 100 de 1861.

de 1544, foi criada a *Relação das Indias* [1], sendo-lhe dado o primeiro regimento e nomeado seu chanceler e provedor-mór dos defuntos e ausentes o doutor Francisco Toscano, e ouvidor geral e juiz dos feitos o doutor Simão de Menezes. O vice-rei presidia às sessões como *regedor das justiças*. Em 1587 o número dos desembargadores foi elevado a dez, e em 1628 foi reduzido a um chanceler e quatro desembargadores, sendo depois elevado o número dêstes a seis. marquês de Pombal, por carta de lei de 15 de Janeiro de 1774, extinguiu o tribunal, reduzindo a administração da justiça civil a um *ouvidor geral* e três juizes de fora :—das Ilhas, Bardês e Salsete ; mas foi de novo restabelecida, como era de necessidade, a *relação* por D. Maria 1.ª, em 1778, com quatro ministros e um chanceler.

O edifício da Relação tinha capela própria, onde se solenizava anualmente, entre outras, a festa do Espírito Santo, chamada a *festa da justiça*, na qual o chanceler era obrigado por antigo costume a oferecer uma vela e ramalhete ao vice-rei. O capelão era pago pelo Estado em 144 xerafins. E' tradição que a imagem de Nossa Senhora do *Bom Despacho*, que ao presente se venera com muito fervor na capela de S. Sebastião das Fontainhas, em Pangim, era primitivamente venerada nessa capela, assistindo à missa em dias de despacho os desembargadores e o vice-rei, regedor das justiças. Transferida a Relação para Pangim em 1818, a capela e o edifício foram abandonados e desapareceram.

Em Pangim o tribunal sofreu alteração na sua forma. Na época anormal de 1822 havendo sido depor-

(1) *Arch. Por. Or.*, fasc. 6.º, doc. 79 ; e *Or. Por.* vol. 6, pag. 72 e segs.

tados os ministros, nomeou-se uma *Junta da Justiça*, que cessou quando chegaram os novos desembargadores. Em 1835 a Relação foi substituída pelo chamado *Tribunal da 2.ª Instância* ([1]), que durou até 1837, ano em que se instalou a *Relação de Nova Goa* com três juizes e com as antigas regalias de preceder ao Senado nas funções públicas.

Hoje a Relação é constituída de 5 juizes, sendo um dêles presidente, e junto ao tribunal há um Procurador da República.

Palácio do Senado da Câmara de Goa

Defronte do palácio da Inquisição pelo norte e ao extremo do *Terreiro do Sabaio* existiam dois edifícios notáveis: o Palácio do Senado da Câmara e o Estanco real dos tabacos.

O Senado, denominado também a *cidade*, foi estabelecido em Outubro de 1511 por Afonso de Albuquerque, escolhendo os primeiros vereadores dentre os portugueses casados com indígenas, que, por entrarem na governação da cidade, se chamavam *cidadãos*. Compunha-se de um presidente, procurador, ouvidor da cidade, dois juizes ordinários, almotacéis e alcaide, além de 26 *misteres*; e gozava de vários previlégios, que em 1633 foram equiparados aos do Senado de Lisboa; recebia avultadas rendas, provenientes principalmente do arrendamento das lojas do mercado e de vários prédios, para as despesas a seu cargo, em que entravam obras civis e militares; comprometeu-se em 1629 a contribuir com 100 mil xerafins anuais, por 6 anos, para cobrir o *deficit* da Fazenda; correspondia directamente com el-rei de Portugal e ex-

([1]) Assim se rectifica o que está dito no vol. 1.º, pag. 255.

punha perante Sua Magestade não só as próprias necessidades, mas também as das outras possessões portuguesas no oriente, além de enviar à côrte de Lisboa um representante do povo para advogar os seus interesses, o qual tinha ali direito à melhor aposentadoria à custa do Estado ([1]). Os vereadores percebiam uma gratificação sob a denominação de *sôldo* e, mais tarde, de *propinas*; as suas causas deviam ser julgadas em segunda instância pelo próprio rei; não podiam ser presos em ferros nem haver penas públicas, como açoutes, baraço e pregão e outras dêste género; prendiam e julgavam os empregados do seu provimento em determinadas circunstâncias ([2]).

A influência e o poder do Senado chegou a tanto que os vice-reis tiveram de ceder em muitos casos perante as suas prerogativas. Para evitar conflitos com a sua soberania, que se impunha aos governantes às vezes abusivamente, foram-lhe caçados os privilégios em 1635.

A Câmara Municipal das Ilhas, que substituiu o Senado em virtude da Carta Constitucional da monarquia, abandonou esta casa nos fins do ano de 1835, transferindo as suas sessões para Pangim, mas voltou para ela em Abril de 1845 e tornou a abandoná-la em Julho do ano seguinte. O intervalo de dez anos, em que a Câmara trabalhou fora, deu lugar a indícios de ruína dêste edifício, aliás muito bém construído, e a mudança definitiva em 1846 completou a sua destruição.

A casa tinha sua capela em que os vereadores ouviam missa em dias das sessões. As suas salas eram

([1]) Cunha Rivara, *Procuradores da cidade de Goa na Côrte; Instit. Vasco da Gama*, vol. 1.º.

([2]) Vid. *Senado de Goa* por Viriato d'Albuquerque, e *Instrucção do M. de Alorna*, part. 3.ª, pag. 78.

adornadas com uma colecção de bustos dos nossos reis. Hoje nem vestígios do edifício aparecem.

No govêrno do conde de Tôrres Novâs o município das Ilhas construiu para seu uso um razoável edifício em Pangim, acrescentando-lhe pouco depois no centro da fachada uma tôrre com relógio à custa de subscrição pública, quando governava pela segunda vez o conselheiro Pestana. Em Salsete e Bardês foram também estabelecidos Senados da Câmara em 1774 e quatro anos depois foram extintos por inúteis.

Casa do Estanco dos Tabacos

O *Estanco real dos Tabacos*, ou o monopólio da venda dêste artigo, apenas instituído em 1624, foi dado de arrematação, aplicando-se a renda respectiva ao fabrico da artelharia. Tendo sido transferido do terreiro do Sabaio para Pangim, para as casas onde se acha hoje o correio central, o edifício de Goa, que era vasto, serviu de hospital da Misericórdia por algum tempo, e também já desapareceu. O Estanco real esteve em Pangim até 1840, ano em que foi extinto, conservando a praça fronteira por muitos anos a denominação de *Largo do Estanco*.

A vendagem do tabaco, que a princípio era importado pelos rendeiros à sua custa dos portos estrangeiros e, depois de 1775, vinha remetido da Baía pelos navios das monsões, chegou a render ao Estado, em 1820, 190 mil xerafins; mas os povos eram oprimidos com buscas vexatórias, apreensões ilegais e prisões, procedentes às vezes do espírito de interêsse ou vingança, pois, além das penalidades já estabelecidas, o bando de 29 de Janeiro de 1819 preceituava que em todo o Estado da India se fumasse *sòmente* o tabaco comprado ao estanco real, sob pena de confiscação dos bens do contrabandista, degrêdo de 5 anos para Moçambique e açoutes no pelourinho! Era insuportável. Foi necessário abolir o estanco.

Em substituição do monopólio extinto foram creados os direitos aduaneiros sôbre a importação do tabaco e licenças para a sua vendagem etc. ([1]).

O Tronco ou a Cadeia da Cidade

O Tronco ou a cadeia da cidade demorava à direita do palácio dos vice-reis, fazendo corpo com o mesmo palácio ([2]). Separou-se mais tarde, ao que parece, na tentativa da reedificação da cidade, passando para umas casas ao lado do tribunal da Relação, no ângulo da entrada da *Rua Direita* e quási fronteiro ao Arco dos vice-reis, onde se encontrava ainda em 1816 ([3]). O vice-rei visitava o tronco um dia em cada mês e, informando-se das necessidades dos presos, na conformidade da Carta Régia de 18 de Março de 1626, lhes dava providências.

A cadeia mudou-se depois para o recinto da *casa da Pólvora*, em um lugar imundo, húmido e abafado, donde, em 1833, foi transferida para Pangim para o antigo quartel dos granadeiros, edifício alto e sobradado, que, depois da remoção da cadeia para Santa

([1]) *Oriente Port.*, vol. 3.º, pag. 93.

([2]) A entrada do *Tronco* era fechada com cinco portas, o que tornava difícil a evasão; contudo um prêso, por nome José de Meneses, natural de S. Matias, que estava ali encarcerado pelo crime do sacrílego roubo do santo cibório da mesma freguesia, matou, alta noute e a uma só paulada, o carcereiro, que estava dormindo, e abrindo as cinco portas evadiu-se da prisão. Agarrado nas Novas Conquistas com o consentimento do marata, foi o audacioso scelerado supliciado na fôrca da cidade, sendo-lhe em vida cortadas as mãos. *Bol. do Gov.* de 1855, n.º 16.

([3]) *Resumo hist.*, pag. 35.

Inês, foi transformado e é destinado hoje ao tribunal da primeira instância.

A capela primitiva do tronco tinha sido construída em 1511-1513.

CAPÍTULO XI

Hospital Real e os outros Hospitais da Cidade.

Contíguo ao *Arsenal* ao leste e próximo da capela de Sta. Catarina ficava situado o Hospital Real, olhando para o norte e para o cais do mesmo nome. Êste célebre instituto foi, como poucos outros, fundado pelo grande Albuquerque imediàtamente depois da tomada de Goa ; pois o conquistador, firmado o seu domínio na cidade, mandou construir uma comprida fileira de casas térreas, onde recolheu os seus soldados doentes provendo-os, à custa do Estado, com um enfermeiro e drogas, mezinhas e outros artigos indispensáveis.

Nascido assim pequeno e modesto, como nasce tudo no mundo, o hospital mereceu sempre ao seu fundador a mais séria e decidida atenção, ainda mesmo quando andava absorvido em longínquas emprêsas militares.

O próprio rei de Portugal, que se interessava vivamente pelas cousas da India, não tardou a enviar para aqui positivas instruções em ordem a melhorar a instalação dos doentes. Na conformidade destas instruções foi elaborado em 1520 um regimento fixando o sistema da administração e economia interna do incipiente hospital ; e parece que o edifício foi reformado e consideràvelmente ampliado. Era destinado ao tratamento gratuito de soldados brancos e paisanos de classe elevada. Não eram admitidas as mulheres. Foi uma instituição pia com os privilégios iguais aos do hospital de *Todos os Santos de Lisboa* (1).

Em 1524 o hospital tornou-se uma casa de atracção para os portugueses, procurando muitos dêstes por favor das autoridades ser admitidos em plena saúde ou a pretexto de ligeiros ferimentos, provenientes das brigas, em que se envolviam uns com os outros por causa das mulheres, de maneira que Vasco da Gama, quando vice-rei, foi obrigado a reprimir êstes abusos com enérgicas providências.

Nesta época a administração do hospital estava enentregue à Santa Casa da Misericórdia, que o dirigia com o mais particular zêlo, recebendo do tesouro público para a sua manutenção a importância anual de 3.950 pardáus, que, em 1565, se elevou a 6.666 pardáus e 200 reis (2 contos de reis). Em 1542 S. Francisco Xavier hospedou-se neste estabelecimento, prestando socorros espirituais aos enfermos, que já ali havia em grande número.

Mais tarde (1591) a administração passou para os jesuítas, que em 1585, haviam dado ao hospital um regulamento bem organizado e confirmado pelo vice-rei D. Francisco Mascarenhas; mas como não se lhes pagasse com regularidade a dotação fixada, após um período de cinco anos desligaram-se do instituto, que foi novamente entregue à Misericórdia.

O edifício, porém, além de ser apertado para 400 a 500 enfermos que nele se recolhiam, ja se ia arruinando; vieram porisso ordens de Portugal (1593) para construir no mesmo sítio uma casa mais cómoda e vasta; a qual em poucos anos se completou à custa

(1) Vid. *Bosq. das poss. port.* por C. Soares, vol. 1.º, pag. 284.

do Estado sob a direcção dos mesmos jesuítas, que mais uma vez entraram na sua administração em 1797, tendo-lhes sido prometida a pontualidade no pagamento da dotação.

Foi principalmente quando esteve sob os desvelados cuidados dêstes padres por mais de um século e meio, que o hospital adquiriu uma celebridade universalmente admirada; pois, todos os viajantes extrangeiros, que o visitaram nos séculos XVI e XVII, unànimemente afirmam que não havia outro melhor no mundo, quer pela sua elegância e riqueza, quer pelo aceio e liberalidade das dietas, quer pelo cordeal tratamento que encontravam os doentes.

Era o novo hospital um vasto e magestoso palácio de dois andares. A fachada trazia encaixada na parede uma lápide representando em alto relêvo a descida do Espírito Santo sôbre os apóstolos, com a legenda: *Hospital Real do Espirito Santo da cidade de Goa, emparo de toda a India e remedio de toda a soldadesca*, com as armas reais e uma esfera (1). Compreendia algumas salas, uma dúzia de vastas enfermarias,—que tiravam o seu nome da moléstia, a que cada uma era destinada, como a enfermaria das febres, dos feridos, dos purgados, etc,—quartos espaçosos, corredores e galerias bem pintadas com factos de história sagrada, pórticos e jardins de boas ruas, onde os convalescentes iam tomar ar. No meio do edificio havia um largo e belo pátio calçado de pedra e nêle um grande pôço que abastecia de água o estabelecimento. Além de uma farmácia, que era propriedade dos jesuítas e fornecida de Lisboa, o hospital possuía depósitos de cada espécie de artigos precisos em compar-

(1) Esta lápida encontra-se hoje partida no museu lapidar da Velha Cidade. O relêvo é grosseiro.

timentos separados, como um de vestuário, outro de sapatos e chinelas, outro de roupas de cama, outro de colchões e travesseiros, outro de utensílios de cozinha, tudo em grande cópia e metòdicamente arrumado. Cada depósito estava confiado a um guarda, que prestava contas ao escrivão principal. O maior número de doentes que se tratavam nêste instituto, segundo Pyrard, era de 3 mil, especialmente quando chegavam as náus de Portugal e o mínimo era raras vezes inferior a 300, mas registavam-se anualmente 1.500 óbitos. A arte de curar estava quási na sua infância até 1723, diz Celestino Soares.

Muitos fidalgos opulentos preferiam o tratamento hospitalar ao das suas próprias casas por causa de seus melhores cómodos. Alguns oficiais sãos se recolhiam também nele com o fim de poupar o seu miserável sôldo e empregá-lo na reforma do uniforme.

O director do hospital, que se chamava *Mordomo*, era um padre dos mais distintos da companhia, mas a fazenda estava a cargo do tesoureiro, sendo os empregados superiores todos europeus e os inferiores naturais de Goa, além de muitos escravos para serviços baixos e pesados. O estabelecimento tinha uma capela, onde todos os dias às 5 horas de madrugada ouviam missa os empregados que não estivessem de serviço. Duas vezes ao dia, às oito horas da manhã e às quatro da tarde, o médico e o cirurgião, acompanhados de ajudantes, visitavam os enfermos, administrando pessoalmente o médico assistente os remédios.

A's 7 horas da manhã cada doente tomava uma refeição ligeira; às 10 horas servia-se, em loiça de China e algumas vezes em baixela de prata, o jantar, que, salva a dieta especial, consistia em carne de carneiro ou galinha assada ou guisada com hortaliça, pão e arroz bem adubado, e doces para a sobremesa; bebia-se vinho sómente quando prescrito. Permitia-se aos doentes hospedar gratuitamente todos os amigos que os fôssem visitar. A ceia vinha às 5 horas da tarde e às 8 todos se deitavam. Os leitos eram torneados, pintados de diversas côres e alguns dourados: nunca excediam o número dos doentes, sendo retirado para o depósito o que se achasse desocupado. Usavam-se cobertas e colchas, de seda ou algodão, e lençois de pano branco muito fino. Os doentes eram freqüentemente visitados pelos padres, que lhes proporcionavam socorros espirituais; os que saíam curados, sendo pobres, tinham direito a um fato completo e a um *pardáu* em dinheiro. Os moribundos recebiam os últimos sacramentos depois de removidos para uma câmara apartada, denominada *enfermaria dos moribundos*, para não afligirem com as suas agonias os outros doentes. A limpeza e o aceio do hospital chegavam a ser irrepreensíveis. Cada aposento era varrido, fumegado e aromatizado com incenso e alfazema duas vezes ao dia e caiado três vezes ao ano. A roupa dos doentes, que era branca de algodão fino, mudava-se de três em três dias, e empregava-se a máxima vigilância e esmero na limpeza da cozinha e seus utensilios; os criados que serviam os doentes, deviam apresentar-se muito limpos e aceados e tratá-los com o maior cuidado, atenção e carinho.

Decorridos os tempos, o estabelecimento, começando a ser mal administrado, foi decrescendo gradualmente a par da decadência da cidade. Pelo meado do século XVII os doentes ja não saíam senão para a cova. O tratamento médico que se adoptou nesta época contribuiu muito para êsse tristíssimo resultado. O enfermo, principalmente em caso de febre, era sangrado 30 ou 40, vezes com o fim de eliminar o sangue nocivo que se supunha circular nas veias, e durante os dozo dias subseqüentes a esta operação, obrigavam-

-no a beber uma repugnante poção de urina de vaca ([1]). A liberalidade das dietas passara para o extremo oposto. Os convalescentes deviam contentar-se com caldos e canja de arroz ; porque a carne e a manteiga eram considerados tóxicos. Tal desmazêlo havia invadido a administração interna, que os criados, sem que fôssem especialmente gratificados, não davam sequer um copo de água pretextando proibição do facultativo.

Em 1688 a direcção do hospital foi confiada, pela carta régia de 20 de Fevereiro, à Ordem de S. João de Deus, mas poucos anos depois voltou para os jesuítas, que a conservaram até a sua expulsão de Goa em 1759.

Expulsos os jesuítas, o hospital, que era comum para soldados e paisanos, ficou limitado só para os soldados e denominado *Hospital Militar* sob a direcção do govêrno e a administração da Junta da Fazenda, por alvará do vice-rei Conde da Ega, de 28 de Novembro de 1760. Para a regência e polícia do hospital o govêrno nomeava um administrador, que era um oficial superior, com residência efectiva no estabelecimento, vencendo 540 xerafins ([2]).

Nesta época a epidemia, rebelde a todos os esforços, despovoou a cidade; e o hospital, cada dia pior fiscalizado, não se recomendando nem pelo aceio nem pelo cuidado dos doentes e complètamente decaído, foi transferido, temporàriamente em 1760, para o colégio de S. Roque, e daí, em 1765, para Panelim, para o palácio dos vice-reis (junto à casa de

([1]) Fonseca, 285; Tavernier, part. 2.ª, pag. 123.
([2]) *Bosquejo das Poss. Port.* por C. Soares, vol. 1.º, pag. 285. e *Annaes Marit e Col*, vol. 2, pag. 211.

Pólvora) que ao tempo tinham mudado a sua residência para Pangim.

Hospital militar de Panelim

No hospital militar de Panelim os doentes foram melhor tratados enquanto serviam no estabelecimento a princípio 12, depois 6, religiosos de S. João de Deus ; mas após a extinção das ordens, houve enfermeiros criminòsamente desleixados, que deixaram morrer doentes sem socorros da arte e da religião, pelo que foram castigados pelo barão do Candal em 1839.

Êste estabelecimento era também imenso, comportando 12 enfermarias, mas mal construídas, e mal arejadas, e acomodações em geral péssimas ([1]). O número dos enfermos em tratamento excedia às vezes a 60. Os seus empregados eram: 1 administrador, 1 físico-mór, residente no hospital sem ingerência na sua economia, 2 médicos, 2 cirurgiões, e um cirurgião com a qualificação de cirurgião-mór do Estado. Dêstes médicos e cirurgiões se compunha a junta médico-cirúrgica sob a presidência do físico-mór. A sua capela foi outrora de um particular, José da Silva Goveia, construída em 1715 e dedicada a N. Senhora *Protectora dos Agonizantes*, como se via da inscrição no pedestal duma cruz à entrada ([2]). Tinha 2 capelães e 2 sacristas.

([1]) *Anais Marítimos e Coloniais*, vol. 2.º, pag. 211, 321, 214.

([2]) A inscrição referida é do teor seguinte:—

" Puriss: sin: labe: aprim: ins-
" tant: concept: sub titulo Pros-
" cet: agonisant: hoc sacel exde-
" bit: solvit ex devot: dicavit:
" Joseph de Silva Govea.

A farmácia, que, como dissemos, fôra propriedade dos jesuítas, e pelo confisco passara para a Fazenda nacional sob a inspecção do físico-mór, era fornecida de Lisboa ou da feitoria de Surrate, fazendo-se as compras por arrematação. Vendia também medicamentos ao público. Tinha 1 primeiro farmacêutico e 2 segundos e alguns praticantes.

No recinto do hospital havia um terreno destinado para horto botânico e instrução dos estudantes de medicina, que infelizmente só serviu para horta dos administradores.

Reorganizado pelo vice-rei D. Manuel de Portugal e Castro, em 1830, na conformidade das ordens superiores, o hospital de Panelim recebeu ainda um novo regulamento no govêrno do Barão do Candal em 1840. Foi estabelecido o conselho de saúde militar, suprimido o lugar de administrador do hospital e em sua substituição se deu ao físico-mór o cargo de director. Em 15 de Abril de 1841, a instâncias do físico-mór Moacho, foi transferido pelo governador Lopes da Lima o hospital de Panelim para Pangim, onde foi criada a Junta de saúde pública e o *Instituto vacínico*, e depois a *Escola médico-cirúrgica de Nova-Goa* da qual se tratou no cap. da *Instrução Pública* (¹) do vol. I.

" A' puríssima desde o primeiro
" instante concebida sem mácula
" com o título de protectora dos a-
" gonizantes em obséquio, e grati-
" ficação devida consagrou esta
" Capela ano 1715. "

Anais Marit. e Col., vol. 2.º, pag. 213.

(¹) O edifício escolar principiou a ser ampliado e modificado em 1852 no govêrno do visconde de Ourém. Cottineau, *Bosquejo Hist. de Goa*, pag. 70; *Oriente Português*, vol. 4., pag. 185.

As casas que foram escolhidas para a instalação do hospital e da escola médico-cirúrgica são as mesmas em que ainda hoje funcionam êstes estabelecimentos, sucessivamente ampliadas e modificadas ([1]), pertencentes ao chefe da esquadra, Diogo da Costa Ataíde e Teive e seu irmão, vulgarmente conhecidos por *Maquineses*, oficiais da marinha de Goa, e expropriadas por 14 mil xerafins ao seu herdeiro D. Joaquim Cristóvão de Noronha, pai do sr. conde de Maém.

O hospital militar, chamado desde 1851 *Hospital regimental* e hoje *Hospital central*, anexo à escola médico-cirúrgica, é dirigido pelo chefe (hoje director) dos serviços de saúde, denominação que, em virtude do decreto de 2 de Dezembro de 1869, veiu substituir a antiga de físico-mór.

O edifício do hospital da velha cidade foi demolido em 1770 e com os seus materiais se fizeram no palácio de Panelim acomodações apropriadas aos enfermos, que entretanto estiveram aposentados no extinto colégio de S. Roque, como está dito; e o terreno, que aquele hospital ocupava, foi abrangido em 1773 no recinto da muralha exterior do arsenal. Do hospital de Panelim ainda aparecem vestígios.

Além dêste hospital, que se destinava à classe elevada incluindo o soldado branco, havia outros também gratuitos, que admitiam as outras classes e as mulheres.

No limite oriental da cidade estava situado o *Hospital de S. Lázaro*, onde se recolhiam os leprosos. Foi fundado em 1530 a 1531 e administrado pela Santa Casa da Misericórdia ([2]).

([1]) Segundo se lê no *Bosquejo das Possessões port*, vol. 1.º, pag. 305, estas casas foram na sua origem colégio dos jesuítas, mas não se apura a verdade desta informação.

([2]) Aragão, vol 3.º, pag. 56 e *Resumo hist.*, 223.

Era um edifício muito belo, cómodo e bem ordenanado, e tinha sua igreja paroquial com uma linda capela dedicada a S. Luís, rei de França. Foi êste o hospital a que mais se afeiçoou o apóstolo S. Francisco Xavier e onde passou geralmente as noites para ajudar e servir os doentes. O grande largo, com que defrontava êste edifício, chamava-se o *Campo de S. Lázaro* ou *de S. Tiago*, porque fazia caminho para a aldeia e fortaleza de S. Tiago. Era neste campo que todos os cavaleiros e fidalgos faziam suas cavalhadas com canas e laranjas em dias de S. João e S. Tiago, padroeiros de Portugal e Espanha. Foi também o logar onde eram queimados os relaxados pela Inquisição à justiça secular. Êste hospital, ao tempo em que o visitou Cottineau, já recebia, além de leprosos, todos os doentes pobres indistintamente. Um sacerdote secular superintendia na casa e fazia de capelão. Desde 1840, em que o estabelecimento foi fechado, o edifício começou a decair ràpidamente, e em poucos anos se reduziu a ruínas. A imagem de S. Lázaro está conservada na igreja paroquial de Corlim.

Existia um outro hospital denominado de *Todos os Santos* ao sul da igreja de S. Aleixo e a sudoeste da igreja da Santíssima Trindade, na rua que se dirigia para a Cruz dos Milagres, fundado pela Santa Casa da Misericórdia em 1547 para o tratamento dos pobres.

Depois da fundação dêstes dois estabelecimentos, o Conde de Linhares erigiu à sua custa e dotou com 12 mil xerafins um hospital, contíguo ao de Todos os Santos, sob a invocação de N. S. da Piedade, cuja administração, confiada ao Senado, foi depois adjudicada, em 17 de Setembro de 1681, à daquele instituto de Todos os Santos, que por êste motivo se denominou *Hospital de Todos os Santos e de N. S. da Piedade*, comprometendo-se o mesmo senado a subsidiá-lo com 120 xerafins mensais, que posteriormente foram reduzidos a 240 por ano. Começando o edifício a arruinar-se, foi, em 1822, transferido o hospital para as casas do antigo Estanco Real dos Tabacos; daí para o convento de S. João de Deus e finalmente para o de Sta. Bárbara, em Morombim.

Todos êstes hospitais da administração da Santa Casa se fundiram em um só com a denominação de *Hospital dos Pobres* ou da Santa Casa da Misericórdia, que, desde 1851, tem tido a sua séde em Ribandar, a princípio na casa do chefe da esquadra, Cândido Mourão, e actualmente no novo edifício que a substituiu. O hospital tem sala de operações, algumas enfermarias, capela própria, uma farmácia, asilo para os alienados, cemitério privativo e um sanatório.

Havia também na velha cidade um *Hospital dos Pobres*, fundado em 1551 pelo padre Paulo Camerte, anexo ao colégio de S. Paulo; o qual foi transferido para o colégio de Margão e depois para o de Rachol. As suas ruínas se viam ainda nos princípios do século XIX na horta dêste colégio, pela banda da rua direita.

CAPÍTULO XIII

Arsenal da Marinha, Ribeira das Galés e Ribeira pequena, Casa da Moeda e Casa de Pólvora

Ao oeste do Aljube e do Hospital Real, e à direita de quem desembarca no cais de Sta. Catarina, demorava, guarnecendo elegantemente a margem do rio, um magnífico estabelecimento, que se denominou a princípio *Ribeira grande* ou *das náus* e, mais tarde, *Arsenal da Marinha*.

Remontando à sua origem, referem os cronistas que antes da dominação portuguesa já os mouros tinham no mesmo sítio um vasto estabelecimento similar, onde os portugueses, depois da conquista da cidade, encontraram entre os despojos 40 navios, 26 brigues e um grande número de fustas, e nos armazens 40 peças de artelharia, 55 espingardas, 200 mosquetes e enorme quantidade de pólvora, balas, aço, ferro, óleo, resina e vários outros artigos (1).

Albuquerque, apenas senhor da terra, fêz os melhoramentos precisos na ribeira e, estabelecendo ali a casa de arrecadação da Fazenda, nomeou o florentino Francisco Corvinel para seu superintendente, com o título de *feitor*, que depois se mudou em *Vedor* ou *Veador da Fazenda*. Em 1526 o vedor Afonso Mexia deu-lhe um regimento para a sua devida administração e em 1565 o vice-rei D. Antão de Noronha, por ordem da côrte, regulou por outro regimento a escolha dos empregados superiores, fixando também o salário dos numerosos artífices e operários, que trabalhavam em toda a sorte de obras. Por êste regimento o vedor era coadjuvado pelo feitor e almoxarife das armas.

Nos princípios do último quartel do século XVI, o instituto, obedecendo a êsse regimento e acompanhando a civilização da metrópole oriental, já estava no seu maior esplendor. Do lado do rio abrangia um pouco mais de 200 braças da margem, de leste a oeste, sendo guarnecido com forte muralha e terraplenos providos de artelharia para a defesa marítima, e era cercado do lado da terra com um muro alto, que incluia quási 150 braças do litoral. Abria primitivamente duas portas para a cidade: *a pôrta*

(1) Barros, *Dec.* 2.ª, livro 5.º, cap. 4; *Comentario*, pag. 99. vol. 2.º e *Lendas*, vol. 2.º, pag. 176.

principal ou *nobre*, chamada mais tarde *porta velha*, (quando foi aberta uma *nova* para a banda do oeste) (¹) era adornada de emblemas marciais, e olhava para o sul defrontando com a estrada pública que vai de Banguinim para o *Terreiro dos Galos*; a outra, que deitava para leste, denominava-se *porta de Sta. Catarina*, em homenagem à vizinha capela dessa invocação (²). Todas as portas eram vigiadas por porteiros e guardas. O cais tinha seu guindaste sôbre um terrapleno, com o qual comunicavam os navios por meio de pranchas. A oeste estava levantada a bateria.

No interior compreendia diversas casas, umas térreas, outras sobradadas, formando todas juntas um vistoso quadrado semelhante ao claustro de um convento, mas um tanto irregular. Nestes edifícios estàvam montadas numerosas oficinas, o trem do exército e a administração da Fazenda.

Descendo a umas ligeiras particularidades sôbre cada um dos principais serviços, não podemos deixar de nos referir antes de tudo ao de *construção e reparação dos navios*; pois, embora as nossas grandes construções navais se fizessem no antigo estaleiro de Cochim, pátria de ricas madeiras, e mais tarde em Damão, onde existiam os maiores estaleiros da India portuguesa, melhor madeira de teca e artífices mais hábeis, todavia as fortes armadas de numerosas velas, que os vice-reis, de 1567 a 1580, expediram ao mesmo tempo para diferentes pontos da Asia, foram preparadas

(¹) A porta *nova* foi aberta pelo Intendente Jerónimo António Pussich, que reduziu o *beco de Bacharel* à larga travessa para dar passagem ao seu carro para o Arsenal. *Resumo hist*, pag. 376.

(²) *Bosquejo das Poss. Port.* por C. Soares, vol. 1.º, pag. 143.

e equipadas no arsenal de Goa ([1]). Além de se armarem os navios e refazerem os que vinham avariados, fabricavam-se neste arsenal não só excelentes embarcações de pequeno lote, mas também muitos vasos de guerra, que saiam a cruzar nos mares da India e bater os piratas. De 1650 em diante foi minguando a construção naval em Goa, por custar aqui mais caro do que em Damão, tendo-se construído todavia neste arsenal um iate e duas manchuas.

Convém registar aqui o nome do mais insigne mestre construtor da Ribeira, João Batista Houdain, que em 1741 vencia 1200 réis diários e assistia ora em Goa, ora em Damão, conforme fôsse preciso ([2]). Ainda nos tempos da decadência foi construída em Goa, sob a direcção do engenheiro Gil José da Conceição, no estaleiro improvizado em Malim (Bardês), uma corveta denominada *Goa*, de grande lote, lançada ao mar em 9 de Janeiro de 1851, assistindo à inauguração solene o governador Pestana.

Para atender às exigências dêsse serviço o Arsenal tinha a leste do cais da *ribeira* a praia aberta para o encalhe das embarcações e seus estaleiros, bordada de cinco grandes armazêns providos de toda a casta de materiais precisos e mais outros tantos barracões para os trabalhos de *carpintaria, serralharia e a oficina do machado etc.*, encontrando-se à direita a casa do construtor e à esquerda as casas da guarda que defendia o outro terrapleno, onde se levantava o segundo guindaste. A maior parte das outras oficinas estendiam-se ao longo da muralha do Arsenal.

([1]) *Apontamentos de uma Viagem*, por C. J. Caldeira.

([2]) *Anaes Marit. e Col.*, vol. 2.º, pag. 219.

Entrando pela porta de Santa Catarina, encontrava-se logo à esquerda a *tanoaria*, que ficava em linha, de norte a sul, paralela ao *depósito do carvão* com a casa de troço no extremo sul. Perto dêstes edifícios ao sudoeste se admirava a grandiosa *fundição* com o respectivo pátio, pôço, caldeiras, forjas e fornos, donde saíam valentes morteiros, obuzes, peças de artelharia de diversos calibres, pratos de engenho, bombas, almofarizes, balas, rodas e até sinos grandes e pequenos, com efígies, legendas e emblemas; sendo a fundição dirigida no século XVI pelo célebre mestre Pedro Dias Bocarro e seu filho.

Mais adiante, à esquerda de quem descesse pela porta principal, corria um edifício térreo ao lado do muro meridional, onde trabalhava a *cordoaria* fabricando amarras, cabos e viradores de linho e cairo, sendo ao lado o *velame*, *jardim de balas* e a estufa.

A oeste jazia o *trem de artelharia*, o *concêrto das armas*, onde serviam dois armeiros hábeis e a *pirotécnica*, que fabricava o cartuchame embalado e desembalado para a infantaria, o cartuchame para a artelharia, espoletas, velas mixtas, munições e tacos para bocas de fogo; ficando-lhe na proximidade a *oficina de corrieiros*, que faziam preciosos cinturões e palas de anta, bainhas e fiadores de terçados, bornaes, bandoleiras, patronas etc. Ao norte de quem desembarcasse no cais, funcionavam a *calafetagem*, defrontando com a *casa de coser breu*, e ladeada ao oeste pela *casa de balança* e a leste pela *oficina de obra branca*, onde se fabricava a mobília para as repartições públicas; e era contígua à *casa de moer tintas* e de *pintura a oleo*, demorando ao sul o armazem da infantaria (1).

---

(1) *Bol. Of.* de 1887, *Supl.* ao n.º 126; e *Bosquejo das Poss. Port.*, vol. 1.º, pag. 145.

Por algum tempo funcionou também aqui a *fábrica de moeda*, como refere Pirard, que a viu em 1607 a 1610; e mais tarde ainda, voltando esta fábrica de Pangim, esteve colocada por baixo das salas da antiga contadoria da fazenda, junto à capela das *Cinco Chagas*.

Além disto, havia na Ribeira uns barracões, onde se sustentavam os elefantes de guerra e de transporte, a quem Afonso de Albuquerque mandara dar para o mantimento, cada dia, 6 mãos e meia de arroz à custa das rendas de Catualia ([1]).

O espaçoso pátio central compreendia o almoxarifado, a apontadoria e outras repartições. Em cada uma das oficinas se executavam os respectivos trabalhos com a maior perfeição, sob a direcção de insignes artistas europeus, aos quais sôbre o nome do ofício se acrescentava a designação de *mór*, ocupando-se em todas elas perto de 800 operários, afora os condenados às galés. Os artefactos em geral, e particularmente os explosivos, eram arrecadados em aposentos abobadados para os defender do incêndio.

Êste instituto, donde saíam não só os petrechos de guerra e marinha, mas ainda tudo o que interessava ao exército, às repartições do Estado e outras obras públicas, servia de escola de artes e ofícios

([1]) A instituição de *Catualia*, espécie de postagem, onde se cobravam os direitos de certos géneros, que entravam na cidade pelos passos ou barreiras, já existia quando Goa foi conquistada pelos portugueses. Conservada por êstes, tinha como empregados o catual e o seu escrivão, que passavam as licenças (*chitos*) e repartiam entre si os emolumentos, sendo o tributo pròpriamente dito arrecadado pelo rendeiro que devia estar presente. Foi reformada em 1628 pelo vice-rei D. Francisco da Gama como se lia numa inscrição lapidar existente na Ribeira.

Arquivo Português Oriental, fasc. 5.º, pag 857, e Aragão *Descrição das moedas*, vol. 3.º, pag. 207.

produzindo ótimos artífices, muito apreciados nas colónias britânicas ([1]).

Os operários recebiam o seu salário na manhã de cada domingo, e na tarde já recomeçavam o trabalho para a semana na mais firme persuasão de que o serviço del-rei os dispensava de guardar festas e domingos. Havia na Ribeira uma vasta prisão, denominada *sala dos bragas*, destinada aos condenados às galés ou a trabalhos públicos, que traziam no pé uma argola de ferro chamada *braga* ou *calceta*, e onde eram retidos também os criminosos, que fôssem imediatos subordinados do *Vedor*, o qual para êste serviço tinha às suas ordens dois meirinhos ou carcereiros e um escrivão.

Ao sul, à direita de quem entrasse pela porta principal, ostentava-se um grandioso edifício de janelas em sacadas, destinado à administração da Fazenda, que se denominava *feitoria* e, mais tarde, *casa dos tribunais*.

A administração de Fazenda teve, pela carta régia de 11 de Janeiro de 1599, novo regime, criando-se a *Mesa* e *Tribunal dos contos*, de que era presidente o vice-rei e um dos vogais o vedor, que se chamou então *Vedor dos contos* e depois *Vedor geral da Fazenda*. Corridos 15 anos, uma nova organização substituiu o tribunal dos contos pelo *Conselho de Fazenda*, até que, por carta régia de 10 de Abril de 1769, foi criada a *Junta da Fazenda Pública*, presidida pelo vice-rei, e composta do vedor (mais tarde substituído em parte pelo tesoureiro geral do Estado) do chanceler da Relação, do procurador da corôa e fazenda e do escrivão da mesma junta; sendo nêsse ano criada também a *Contadoria geral*, repartição imediàtamente sujeita à

([1]) Teixeira de Aragão, *Descripção das moedas*, vol. 3.º, pag. 18.

referida junta. Em 1818 o vice-rei conde do Rio Pardo transferiu a Junta da Fazenda e a Contadoria geral para Pangim, para as casas do chefe da divisão, Vitorino Freire da Cunha Gusmão, que as vendeu ao Estado por 19.300 xerafins (5:79$000 réis) onde, depois de extinta a Junta em 1888, foi organizada a Repartição de Fazenda provincial, dirigida por um Inspector, hoje Director.

Voltando à ribeira, o vedor da Fazenda, que era a autoridade imediata ao vice-rei, presidia *à Mesa de Matrícula geral*, composta de 21 oficiais e superintendia não só no tesouro público, mas também nas forças da terra e do mar, nos navios e embarcações mercantes, embarques e desembarques e em todos outros negócios, e residia ali no mesmo edifício da feitoria, de cuja varanda podia ver tudo o que passava na praça e no rio (¹).

De noite as sentinelas da companhia do Pé-de-Castelo mantinham rigorosa vigia pelo receio de que se lançasse fogo aos navios, que eram muitos. Contudo, em 1555 a chama de um foguete, lançado em honra de S. João Batista, na véspera do seu dia, causou incêndio, ardendo 6 galeões, 4 caravelas e duas grandes galés (²). Defronte da residencia do vedor ficava a capela ou igreja extra-paroquial da invocação das *Cinco Chagas*, olhando para o oeste, a qual era ricamente ornada e tinha dois capelães.

(¹) Pirard, tomo 2.°, cap. 3.°.

(²) Bosq. das Poss. Port., vol. 1.°, pag. 184.

A propósito da festividade de S. João Batista em Goa, diremos duas palavras. Celebrava-se esta solenidade com o maior aparato externo provàvelmente na formosa capela desta invocação, de que falamos na pag. 83 e que Pietro Della Valle chama *a igreja de S. João*, capela, onde o vice-rei e muitos fidalgos ouviam missa no dia da festa do orago, a 24 de Junho e, percorrendo toda a cidade *a*

No adro desta capela, diz Pirard, havia um espaço bem fechado com grades, comportando uma repartição do Estado mais accessível, onde o vedor, ajudado por alguns oficiais militares, que também residiam nos edifícios públicos da ribeira, despachava todos os dias os negócios ocorrentes.

Em 9 de Junho de 1753, todo o estabelecimento com alguns navios foi devorado por um grande incêndio; era pela segunda vez que o fogo o invadia. Mas, poucos anos depois, foi reconstruído, e reformado pelo marquês de Pombal, que lhe deu, por alvará de 28 de Abril de 1773, a denominação de *Arsenal da marinha*, sendo extintos os cargos de vedor e feitor e distribuidas as suas funções, pelo de *Intendente da marinha e armazêns reais* e pelo Tesoureiro geral do Estado.

Nesta ocasião fizeram-se ligeiras alterações no primitivo risco do estabalecimento. Foi ampliado o seu perímetro, incluindo dentro da muralha exterior o terreno outrora ocupado pelo Hospital Real e destinou-se à *Intendência* o edifício que se erguia logo à direita do cais (1). As doze peças de artelharia, calibre 18, da sua primitiva defesa, que se conservavam guarnecendo a muralha pelo lado do rio, serviram daí por

cavalo em trajes de mascarada, mas sem máscaras, dois a dois ou três a três iam à rua de S. Paulo ou da *carreira dos cavalos*, a onde afluiam muitas folias com suas bandeiras e tambores, saltando, dançando e correndo pela rua com espadas desembainhadas nas mãos e dali marchavam finalmente todos juntos e em boa ordem para o *Terreiro do Paço e terminavam a solenidade*.

Os foguetes que se queimavam nas vésperas desta festividade foram mais tarde proibidos em 1806 *pelo dano que se podia seguir às naus e mais embarcações etc. Bol. of* no. 51 de 1879, pag. 404. —A *India em 1623 e 1624*, pag. 88-89, e 167.—

(1) Vid. *Bosq. das Poss. Port.* no Oriente por C. Soares, tomo 1.º, pag. 145 e o mapa do Arsenal junto.

diante para as salvas dos dias de gala.

A reforma de 1773 dividiu *o Arsenal da marinha* em 5 grandes secções, subordinadas todas ao Intendente Geral da Marinha, a saber :

1.ª—*Intendência geral da marinha*, para a administração superior, expediente e correspondência. O seu pessoal, incluindo o intendente, chegava a 7. Estava-lhe anexa a *apontadoria* com 2 amanuenses.

2.ª—*O almoxarifado*, para a administração dos armazêns e a respeectiva contabilidade. Tinha 22 empregados.

3.ª—*O arsenal* pròpriamente dito, para os trabalhos mecánicos das oficinas, e polícia interna do estabelecimento. Subdividia-se em 11 oficinas :

Oficina de carpinteiros, compreendendo três sub-secções: *Machado*, com 96 oficiais ; *obra branca*, com 42 ; *Polieiros e Coronheiros* com 20.

Oficina de Calafates. Pessoal 66.

Oficina de Tanoaria. Pessoal 34.

Oficina de Serralharia. Pessoal 81.

Oficina de Correeiros. Pessoal 12.

Oficina de Funileiros. Pessoal 11.

Oficina de velas. Pessoal 27.

Oficina de cordoaria. Pessoal 36.

Oficina de pintores. Pessoal 6.

Fundição. Pessoal 13.

Oficina de pedreiros e oleiros. Pessoal 7.

4.ª—*Ribeira* para o serviço do mar. O seu pessoal era 1 Patrão-mór, 1 Sota Patrão-mór, 16 *pangelinos* (1) e 10 aprendizes.

(1) E' palavra antiquíssima da India, que corresponde à portuguesa=gente do troço; no caso presente eram os remadores de bote. Mais tarde o número dos pangelinos da Ribeira foi elevado a 41 para o serviço de vários botes, como o de Calafates, do apontador, da lancha da agua.

5.ª—*Secção adicional da artelharia* e petrechos, para o serviço do exército e fortalezas do Estado. Além de dois ou três oficiais desta arma, serviam ali os soldados inválidos, que o govêrno julgasse necessários para a limpeza e bom arranjo dos armamentos e munições.

As oficinas em geral tinham, cada uma seu mestre, contra-mestre, mandador e oficiais.

Pelo regulamento aprovado pelo govêrno central da metrópole em 1773, êste estabelecimento em todas as suas repartições apresentava 569 pessoas, cujos vencimentos importavam na soma total de 67,826 xfs. 1 t. 40 rs, ou 10:852$510 rs. (1)

A êste tempo, extintos os Pés-de-Castelo, o arsenal era vigiado pela companhia de bombeiros e mais tarde por um destacamento de tropa, que ia de Pangim. Com o andar do tempo o número do pessoal empregado cresceu muito, como veremos.

Relativamente ao serviço do mar: A marinha de Goa, ao tempo em que o marquês de Pombal a remodelou, consistia em 29 barcos de guerra, que eram: uma náu de 64 peças e outra de 48; três fragatas, uma de 44, outra de 38 e outra de 30 peças; uma pala de 24 peças; duas corvetas de 14 peças cada uma; 16 manchuas de 7 a 15 peças; e 5 manguerins ou embarcações pequenas para a navegação fluvial. O efectivo dos barcos compreendia 10 capitães de mar e guerra, 19 capitães-tenentes, 7 pilotos, 5 praticantes, 7 mestres, 10 contra-mestres, 35 condestáveis, 12 guardiões, 4 mandadores, 212 homens e 3 companhias de marinheiros europeus a 100 homens cada uma.

«Para sustentar essas fôrças, dizia o marquês, des-

(1) Vid. *Annaes marit. e col.*, vol 2.º, pag. 260; *Bosquejo das Poss. port.*, e *Instrucções d'El-rei D. José*, pag. 21.

pende a Real Fazenda por ano 181.036 xerafins. Todas as referidas fôrças são nominais e não reais, com grande ruído de vozes e insignificante serviço."

O marquês reduziu a marinha a 6 fragatas, 4 palas e 10 manchuas. O corpo de oficiais passou a ser de 6 capitães de fragata; 12 capitães-tenentes; 14 tenentes do mar; e 14 guarda-marinhas [1].

Mas a necessidade do arsenal justificava-se até ao 3.° quartel do século XVIII; pois ainda servia para armar e reparar os navios que vinham de Portugal, além de fornecer o armamento, correiame e fardamento para a tropa da terra.

Em 1850, porém, já não havia comércio nem marinha, e o exército era diversamente melhor suprido [2]. O arsenal da marinha, portanto, era um estabelecimento de luxo, além de que o pessoal do instituto, que chegava a 861, parece que nem sempre correspondia com o trabalho ao grande dispêndio que sobrecarregava a fazenda com a sua conservação. Depois de ter passado por várias alterações e reformas, o governador visconde de Tôrres Novas, reduzindo consideràvelmente o seu material e pessoal, por port. de 4 de Julho de 1856, o converteu em *Arsenal do exército*, substituindo o Intendente pelo Inspector. Assim continuou por alguns anos e foi decaindo cada dia mais, não se encontrando nele uma amarra ou um virador capaz, nem uma peça de lona nem madeiras, que tudo se comprava por arrematação. Dez anos depois as suas oficinas estavam já desertas e o edifício em grande ruína, até que, por Dec. de 25 de Novembro de 1869, foi extinto, o que se executou aqui em 25 de

(1) *Instruções d'El-rei D. José*, pag. 21 e seguintes.

(2) *Annais marit. e col.*, vol. 2.°, pag. 219; *Educação e Ensino*, por Menezes Bragança, pag. 127.

Maio de 1871; sendo, na conformidade dos decretos de 3 de Dezembro de 1869 e de 26 de Fevereiro de 1870, instituída em Pangim a *Direcção das Obras Públicas*, que desde 1894 está a funcionar em casa própria, nóvamente construída no logar em que outrora se levantava a chamada *casa de Godal* (João Batista Goethalis), casa de dois pavimentos, que serviu de palácio ao arcebispo Tôrres e depois à Relação de Nova Goa.

Ao presente, do Arsenal resta apenas uma pequena parte do muro e ainda há pouco se via a aludida *casa de coser breu*, edifício hexagonal, coroado de zimbório. Assim desapareceu êste monumento do nosso poder e importância política e social do século XVI.

Suprimido o Arsenal, removeu-se para o edificio da fábrica de pólvora, transformado em *depósito geral*, todo o material que ali existia, pertencente ao extinto exército, exceptuando 36 bocas de fogo, e o material da marinha para Betim ficando a cargo do almoxarife do depósito geral.

Saindo do Arsenal e caminhando para o este, encontrava-se o *cais de Sta. Catarina* ou *do Arcebispo*, contíguo a uma larga praça, destinada ao *bazar de peixe*.

Ao este do cais da *Ribeira das galés* desdobrava-se uma outra ribeira, denominada a *ribeira pequena* ou *das galés*, porque era o lugar onde ficavam as galés de Goa.

Esta ribeira banhava a porta ocidental do palácio do vice-rei, de maneira que êste, descendo por uma pequena porta, podia embarcar ou desembarcar ali sem ser visto.

Era bem construída, fortificada com tranqueiras e provida de tudo quanto era necessário para os mestres, oficiais e armamento das galés, e dependia do vedor da

Fazenda, que tinha ali uma pequena casa à borda da água, para inspeccionar as mercadorias que se embarcavam para Portugal. A porta desta ribeira era próxima da grande porta da cidade ou *arco dos Vice-reis*. Hoje o local, complètamente aterrado, não apresenta vestígio nenhum, vendo-se a *ribeira* e as galés no mapa da cidade por Linschoten.

Houve tambem em Ribandar um estabelecimento chamado *ribeira pequena*, dependente do Arsenal e compreendendo diferentes oficinas, armazêns e depósitos dos efeitos pertencentes à marinha, com uma companhia de marujos, quási todos europeus, que serviam nos vasos de guerra ([1]).

Casa da Moeda

Tomada a cidade de Goa pela primeira vez, Afonso de Albuquerque, querendo substituir a moeda do Sabaio, que circulava na terra, pela moeda colonial portuguesa, com o voto do conselho de seus capitães e fidalgos a mandou lavrar pelos ourives que entendiam da liga de metais. Logo que se aprontou uma porção de cada espécie com o nome de *cruzados*, *barganins*, *esferas*, *meias esferas*, *bazarucos*, e *cepaiquas*, organizou um solene préstito, em que se levavam as moedas—postas em grandes salvas de prata, acompanhadas da bandeira real com a guarda da honra, toque de trombetas, folias e músicas orientais—e as fêz espalhar com pregão em português e em língua vernácula pelas principais ruas da cidade, despendendo nisto a soma de mil cruzados, do que o povo ficou muito contente e Pero de Alpoim escreveu o auto,

([1]) Abreu, *Relação das alterações politicas*, pag. 101 n.

que todos os presentes assinaram ([1]). Contudo, apenas recuperada a cidade, Albuquerque sentiu a urgência de uma nova emissão monetária; porque as obras de fortificação, que iniciara, exigiam a cada passo dinheiro miúdo, que já não havia na praça. Criou porisso, no mesmo ano de 1510, a *Casa da moeda*, com mestres e oficiais e arrendou a um brámane chatim, mercador, o fabrico do numerário por 2 mil pardáus ([2]). Esta *casa*, onde se cunhava a moeda de ouro, prata e cobre, demorava na cidade numa rua atrás do palácio do bispo. Em 1589 foi transferida para o edifício da fábrica de pólvora em Panelim, e parece ter saído dali por algum tempo; porque Pirard, que residiu em Goa desde 1607 a 1610, a encontrou na *ribeira grande*.

E' certo que voltou para Panelim, porque D. Manoel de Portugal e Castro a mudou dali para Pangim, para as casas que ao presente, bastante melhoradas, são habitadas pelo seu actual proprietário sr. dr. Miguel Caetano Dias. Êste prédio, que primitivamente pertencera a João Batista Goethalis e depois, sucessivamente, à Fazenda pública e a António Inácio da Silva, de Sta. Cruz, havia sido por êste arrendado para a repartição de telegrafia inglesa, desde 1865 a 1902; mas, não obstante a sua transformação conservava ainda, sôbre a antiga porta principal, que olhava para o sul, hoje tapada, uma lápide com a inscrição = Casa da Moeda, 1834 =.

Lopes de Lima, por port. de 27 de Setembro de 1841, mudou a casa da moeda para o Arsenal, onde, depois de estar suspensa a cunhagem por algum tempo,

([1]) *Lendas*, tomo 2.°, pag. 75—77.
([2]) *Lendas*, vol. 2.°, pag. 153 e 176.

se via funcionar, desde 1845 a 1869, no rés-do-chão, por baixo das salas da antiga contadoria da Fazenda, junto à capela das *Cinco Chagas*, um grosseiro engenho de pancada, lavrando moeda disforme no feitio, bastante imperfeita no cunho e irregular no toque e pêso.

Cunharam-se em Goa as moedas de ouro, *S. Tomé novo*=3$600 réis e *S. Tomé velho* ou ½ *S. Tomé*=1$815 réis de Goa; de prata, a rupia=600 réis, e ½ rupia=300 réis; de cobre, a tanga=60 réis, meia tanga=30 réis, e moedas de 15 réis (*rubo*), 12 réis (*vis-duddú*) e 7½ réis (*panch dombddiô*), 6 réis (*dhá duddú*), 4½ reis (*ordém vintém*); 3 reis (*panch duddú*);—e as de *calaim* ou estanho oriental e de *tutenága*, cobre de China ou cobre branco, chamadas *rodas* e *bazarucos*. A *roda* (*dombddi*) tinha numa face a roda de Santa Catarina e valia um real e meio; e o bazaruco ou *real* valia ao princípio dois réis.

A cunhagem do numerário de prata continuou até ao ano de 1869, a de cobre ja havia cessado antes de 1850, a de ouro em 1841 e a de calaim ainda antes (1).

A mínima moeda primitiva de Goa, mas imaginária, era o *duddú* (dinheiro), constituindo 10 *duddús* uma tanga (*tanka*=moeda com cunho) e 10 tangas uma rupia (*rupiyá*=prata).

A rupia portuguesa foi cunhada em 1726, de boa prata e sem liga, mas era tôsca; e, como a rupia da India inglesa tinha melhor feitio e algum ágio sôbre aquela, chamou-se à inglesa a rupia *chirina*, em concani, *surti rupiú*=rupia de Surrate.

A palavra *chirina* é corrução da hindustane *cha-*

(1) Vid. *Descripção geral e historica das moedas cunhadas* .... por Teixeira de Aragão, tomo 3.º.

lani=corrente [1].

O xerafim português ou pardáu de oiro, *orá*, ou de prata, valia a princípio 5 tangas ou 300 réis; posteriormente, desaparecendo o pardáu de oiro, o de prata equivalia a 6 tangas ou 360 réis e o de cobre, em concani=*assurpi* ou *ussurpi*, 5 tangas.

O étimo de *xerafim* é o persa—árabe *Ashrafi* ou *sharafi*=nobre.

A convenção monetária com o govêrno inglês, de 12 de Abril de 1880, igualou a nossa moeda à da India británica na forma, no pêso e no valor, com a única diferença do cunho.

Casa de Pólvora

A fábrica de pólvora trabalhava nos tempos primitivos em um edifício situado no local onde fica o convento de S. Caetano. Mudou-se provisòriamente para a freguezia de S. Matias, na Ilha de Divar [2]; e, voltando para Goa, foi em 1630 transferida para Panelim, sendo mais tarde cedido o edifício vago aos teatinos. Dependia do vedor da Fazenda.

A casa de Panelim—construída pela cidade à breve distância do palácio arquiepiscopal e separada do palácio dos vice-reis pela capela de S. Marçal e casa do capitão-mestre da fábrica de pólvora—no govêrno de D. Francisco da Gama, conde-almirante, era um grandioso edifício, que defrontava com o rio e tinha no alto da porta principal armas reais de coroa fechada com diademas; mais abaixo um nicho de dimenções quási iguais às das janelas do pavimento supe-

[1] Mons. Dalgado. *Glossário Lus. Asiat.*

[2] *Resumo histórico*, pag. 376.

rior, com a imagem de Sta. Catarina em acção de esmagar o rei mouro; de cada lado do nicho armasr eais de coroa aberta ou sem diademas e sôbre a cimalha da porta a inscrição—*Reinando em Portugal o Catholico Rei D. Filippe 3 mandou a cidade fazer toda a fabrica d'esta casa da polvora do dinheiro de hum por cento, sendo Vice-rei d'este Estado Francisco da Gama Conde Almirante, o qual a principiou e acabou; e poz na perfeição em que ora está o Vice-Rei D. Miguel de Noronha Conde de Linhares ano de 1630*—. Na invasão dos maratas em 1739 esteve esta fábrica transferida em Mormugão.

Montada por forma a facturar todas as qualidades de pólvora, desde a *pólvora de príncipe* ou de caça, até a de pirotécnica, esta casa desenvolveu-se ràpidamente, atingindo na sua produção anual a enorme quantidade de 21.600 quintais daquele artefacto, vencendo por dia 700 arráteis, conforme explica a carta régia de 9 de Março de 1631; o que dava bons lucros ao tesouro público, porque o estabelecimento, fornecendo a pólvora necessária a todas as armadas e fortalezas reais—incluindo as de Malaca, Mascate e Diu, que só por si consumiam 3 mil barris ao ano e a de Moçambique, que se abastecia de uma grande provisão—não obstante os descaminhos que se praticavam em algumas fortalezas, fazia face à sua despesa com a receita proveniente da venda particular.

O edifício, que formava um quadrilongo fechado pela retaguarda com altos muros, compreendia na parte principal o gabinete do Director, a secretaria da fábrica da pólvora, casas do almoxarife, porteiros e guardas; e, na parte posterior, as construções de engenho, que continham:—o depósito de carvão; o de salitre e enxôfre bruto em grandes tanques de madeira; o laboratório para a refinação dêsse salitre e enxôfre, para o que havia dez caldeiras; o depósito onde se recolhiam essas substâncias, ja refinadas, em tonéis para a escoação da água; mais um depósito para *conservar o carvão em canelo*; um pátio estreito e murado para o joeirar; três edificações, duas destas denominadas *conglutinadores* e uma chamada *empastador*; uma casa, com dois compartimentos, em um dos quais se manipulava e lustrava a pólvora de caça e noutro se procedia à pesagem das confecções; casa-máquina de tonéis, para a mistura binária e ternária de mistos e lustração da pólvora ordinária; o depósito para a composição ternária; uma casa denominada *granizador*, onde funcionavam duas máquinas de granizar a pólvora, compostas de diversos crivos graduados de couro e de séda; dois corredores, um dos quais recebia os taboleiros de secagem, e o outro, denominado *classificador*, por estar ali montada a máquina de classificação, intermediando nestes o pátio onde se secava a pólvora e o salitre refinado, denominado por isso *secador*; o corredor, onde se recebia a pólvora embarrilada com destino a diversos paiois; a cadeia para os galés; dois armazêns para o depósito da pólvora embarrilada, onde se procedia à sua venda pública e se acondicionavam os utensílios, ferramentas e objectos miúdos; um corredor para a serventia dos empregados; o depósito de madeira e um armazêm para acondicionar o alimento destinado aos búfalos que se empregavam em dar o movimento rotatório às máquinas.

O regimento de 18 de Agosto de 1814, dado pelo conde de Sarzedas, dividia a *fábrica* da pólvora em 4 oficinas: a das caldeiras; a de moer e subtilizar os mixtos; a dos engenhos ou moinhos e a de granizar a pólvora. Cada uma delas estava a cargo de um oficial-companheiro. A oficina dos engenhos tinha 8 moinhos em edifícios diferentes, denominados de S. António, S. João, S. Sebastião, Santa Cruz, S. Francisco, S. Tomé, S. Domingos e S. Miguel, mas todos dentro do mesmo pátio. A oficina de granizar estava estabelecida no edifício denominado *Baluarte*. A partir de 1828 houve novas alterações.

Por decreto de 27 de Abril de 1842 desanexou-se ésta fábrica do arsenal da marinha, ficando sujeita directamente ao governador geral. O conde das Antas, por portaria de 23 de Fevereiro de 1843, reduziu o número dos empregados. A fábrica tinha, depois da reforma, um capitão-mestre e director, 5 oficiais companheiros, 2 praticantes, 1 almoxarife e seu fiel, um escrivão, um escriturário, 2 porteiros e 1 patrão dos búfalos.

Alguns escravos pretos trabalhavam na manipulação da pólvora, além dos galés condenados a êstes trabalhos. Afluindo maior serviço, procuravam-se operários pagos.

Existia na casa da pólvora um reservatório de água, derivada de Banguinim, sendo mais tarde conduzido, para mitigar a sêde dos viandantes, um veio até à rua atravessando a parede do muro.

Distraída a água para outros pontos, êste filete, ainda há poucos anos, se encontrava mas bastante escasso. De resto, a água precisa para a refinação do salitre e enxôfre se extraía do pôço do pátio dos engenhos, conduzida em barris às costas dos cafres.

Embora o local, onde se achava situado êste estabelecimento, tivesse as piores condições para a factura da pólvora, porque estava à borda do rio, num terreno pantanoso e coberto de árvores condutoras de humidade, todavia, após alguns esforços em ordem a melhorar o sítio, se trabalhou ali por longo período na fabricação da pólvora, que, ainda no século XIX produzia a considerável soma de mil arrobas ao ano, quanto bastava para o Estado e para a venda particular. A pólvora, fabricada e enxuta, se transferia logo para os depósitos ou paiois na fortaleza da Agoada e dos Reis-Magos.

Mas o govêrno da metrópole, achando a sua conservação onerosa ao tesouro, porque os valores produzidos não compensavam a avultada quantia de dinheiro que se despendia, por dec. de 25 de Novembro de 1869 a extinguiu, fazendo-se depois o fornecimento por arrematação. O seu último director foi o tenente coronel da artelharia Joaquim Manoel de Melo Mendonça, que havia introduzido alguns melhoramentos no estabelecimento.

Em 27 de Junho de 1876 foi criado no edifício da casa da pólvora o *depósito geral*, subordinado a um *Director* (oficial militar), que tinha debaixo de si um almoxarife, fiel e outros empregados. Neste depósito uma explosão de duas arrobas de pólvora, havida pelas 8 horas da noite de 3 de Dezembro de 1882, no laboratório pirotécnico do trem militar, vitimou um filho e dois sobrinhos do sargento encarregado dessa oficina, por nome Camilo Rosario da Costa, de Taleigão, os quais ali se achavam de passagem para a velha cidade, para assistir à festa de S. Francisco Xavier, que nesse âno recaíu em 4 de Dezembro. Depois dêste lamentável sinistro o depósito durou poucos anos; e o edifício finalmente, abandonado e arruinado, foi vendido em 1887.

A casa da pólvora tinha sua capela, dedicada a S. Marçal e situada, como dissemos, entre essa casa e o palácio dos vicereis, depois hospital, para cuja festividade contribuia a Fazenda, pela folha de obras pias 100 xerafins. O capelão recebia 196 xerafins anuais.

Ligado a esta casa a leste guarnecia a borda da estrada pública, olhando para o rio, o quartel do 1.° regimento de infantaria, de Panelim, que comunicava interiormente com a *fábrica*, de maneira que a pólvora costumava sair pela porta do quartel. Ambos os edifícios desapareceram (1).

CAPITULO XIV

Arco dos Vice-Reis
Alfândega, Bangaçal e Pêso ; as fortificações da cidade, o Arco da Conceição, praças e ruas

Fronteiro ao cáis dos vice-reis e olhando para as águas do Mandovi ergue-se o magestoso e sólido portal denominado o *Arco dos Vice-Reis*, mantido por portaria de 20 de Agosto de 1830, como monumento histórico.

Ocupa o mesmo lugar da antiga porta principal da cidade, chamada pelos cronistas a *porta do cais* e oficialmente a *porta dos armazêns*, por ser contígua aos *armazêns reais*.

Sôbre a abóbada desta porta Afonso de Albuquerque, ao restaurar a fortaleza em Dezembro de 1510, tinha mandado levantar para a defesa da cidade, uma tôrre quadrada de dois andares (2), cuja sala principal, segundo refere Lopes Mendes, foi depois adornada com galeria de pinturas representando as guerras dos portugueses na India (3).

(1) Bol. Of. de 1887, Suplemento ao n.º 126, pag. 1—2; e *Anaes Marit. e Col.*, vol. 2.º, pag. 214.

(2) *Lendas da India*, tomo 2.º, parte 1.ª, pag. 158.

(3) *A India Portugueza*, de Lopes Mendes, vol. 1.º, pag. 67.

Esta tôrre, encostada ao palácio vice-real, a oeste, comunicava com o andar nobre dêste grandioso edifício e, protegendo o cais, concorria—com a outra, a do menagem, que ladeava o palácio pela banda oriental, também construída pelo conquistador—para lhe realçar a beleza e magestade do frontispício ([1]).

A porta era o lugar, onde o Senado da Câmara ia receber os vice-reis no dia da sua primeira entrada e lhes entregava as chaves da cidade, que levava em uma salva de prata, recitando o seu presidente um breve discurso em latim. Era, por isso, nessa ocasião artisticamente ornamentado este portal à custa da cidade.

Em 1597, querendo o senado evitar as freqüentes despesas da decoração e perpetuar ao mesmo tempo com um monumento a memória do famoso argonauta português e descobridor do caminho marítimo da India, no vice-reinado de seu bisneto, D. Francisco da Gama ([2]), mandou demolir a tôrre e substituir êsse antigo edifício pelo *Arco dos Vice-Reis;* o qual mais tarde foi ainda reformado, como veremos.

O soberbo pórtico consta de um gracioso arco de cantaria lavrada com o friso da cimalha decorado, alternadamente, de esferas armilares, divisas de el-rei D. Manuel, e de corças, esculpidas em quadrados, emblemas provavelmente de guia dos infiéis para a conversão ([3]).

Sôbre o arco está assente outro corpo mais estreito, ladeado por dois globos sôbre peanhas, e no centro fica um nicho, que encerra a estátua de Vasco

([1]) Veja-se o *Plano figurativo da Cidade* por Linschoten

([2]) *Bol. do Gov.* de 1851, pag. 822.

([3]) Dic. Larousse verb. *Biche symbolisme.*

da Gama, lendo-se na arquitrave a seguinte inscrição.

REINANDO ELREI D. PHELIPE 1.º POS A CIDADE AQUI DOM VASCO DA GAMA 1.º CONDE ALMIRANTE DESCOBRIDOR E CONQVISTADOR DA INDIA SENDO VIZO-REI O CONDE DOM FRANCISCO DA GAMA SEV BISNETO O ANO D 97
JULIUS SIMON ING. MAG. INV.

Sôbre o frontão dêste segundo corpo, cortado no centro, levanta-se outro nicho, onde avulta a imagem de Sta. Catarina, de bronze, ao tempo dourada, terminando êste terceiro corpo também em frontão, cujo vértice ostenta o escudo das armas portuguesas (1). É apoiado aos lados por grossas muralhas. Mas a estátua de Vasco da Gama, que ao presente nêle se encontra, não é a primitiva. Vejamos como chegou a ser substituída.

Dum documento da época se vê que a Câmara tinha prestado êste duradouro tributo ao ínclito almirante *em memória e reconhecimento dos muitos feitos do insigne capitão, pera que assi como elle foi o primeiro que deu noticia d'este Estado á Nação Portugueza, assi fosse elle o primeiro que fosse visto dos que nesta cidade entrassem* ; mas parece que houve também, por parte dos vereadores da Câmara, intenção de obsequiar o vicerei e quiçá insinuação dêste. A estátua era de mármore, segundo Faria e Souza, e o engenheiro-mór Júlio Simão, francês, foi o autor do debuxo do arco e talvez quem dirigiu as obras. Era natural que a imagem de tão benemérito herói afrontasse tranqüilamente os séculos. Mas não sucedeu

(1) *Descripção das moedas* etc. por Teixeira de Aragão, vol. 3. —pag. 44; e *Telas e Esculpturas* por Luis Gonçalves.

assim. Em a noite de 26 para 27 de Dezembro de 1600, véspera da partida de D. Francisco da Gama para o reino, depois de entregar a governança ao vice-rei seu sucessor, Aires de Saldanha, houve tão máus portugueses que " a tiraram de seu lugar, quebrando-lhe a cabeça e mãos, que levaram ao pelourinho, e puzeram pelas portas da cidade, onde amanheceu com tanta lastima e magua dos que bem entendiam a graveza do feito, que não houve pessoa que o não reprovasse, e esperasse um rigoroso e exemplar castigo para reformação de semelhantes delictos." Faria e Souza atribui a execução da injúria ao engenheiro francês(?) Sebastião Tibáo. Houve queixas a el-rei que mandou devassar do caso, mas ou a devassa não se tirou, ou não produziu resultado algum.

Ao tempo de Pirard (1607 a 1610) encontrava-se sôbre o arco dos vice-reis a estátua de Sta. Catarina no logar donde havia sido tirada a de Vasco da Gama.

Em 1609 o Senado da Câmara resolveu, em sessão de 9 de Dezembro, que se mandasse fazer um nicho mais alto para a imagem da Sta. Catarina, e fôsse colocada uma nova estátua do primeiro conde da Vidigueira (V. da Gama) no logar onde estivera a primitiva. A inauguração parece que se realizou alguns anos mais tarde, no segundo govêrno de D. Francisco da Gama (1622 a 1627). É a estátua que ainda hoje existe solitária entre tristes ruínas e sombrios palmares. A' direita de quem entra na cidade por esta porta extendia-se outrora a *Ribeira das galés*, de que já falamos ficando perto o *cais de Sta. Catarina* ou *do arcebispo*, contíguo a uma pequena praça, destinada ao *Bazar de peixe*; e à esquerda outra praça, mais vasta, medindo, mais ou menos, 700 passos de comprido e 200 de largo, chamada *o Terreiro*, que servia geralmente para o acesso de todos os navios de mercadores indianos. No seu extrêmo oriental se admirava o formoso edifício da alfândega (*Mandvi*), que tinha, segundo Pirard, o feitio da *Praça Real* de Paris, banhado ao éste por um pequeno esteiro, que na enchente da maré lhe trazia mais perto as embarcações de carga. Na alfândega, além de se pagarem os direitos, se depositavam e vendiam a grosso todas as espécies de grão ([1]). A alfândega foi transferida para Pangim em 1811 no govêrno do conde de Sarzedas, sendo construído um edifício apropriado.

Doutra banda do esteiro, que chegava até a cêrca de S. Caetano e era cortado por algumas pontes, se dilatava o *Bazar grande*, onde todos os dias havia mercado bem provido e concorrido; e ao sul, pouco distantes do Bazar e da Alfândega, se encontravam os armazêns denominados *Bangçal*, divididos em duas vastas casas térreas, que corriam paralelas de norte a sul e para onde se descarregavam as madeiras e mercadorias que não fôssem comestíveis, ficando ao lado a casa do *Pêso*, onde eram pesadas as que o deviam ser. Na proximidade demoravam os aposentos dos oficiais e rendeiros ([2]). Hoje nem as ruínas dêsses edifícios se encontram e o terreno é um denso palmar.

A Fortificação da Cidade de Goa

Depois da conquista de Goa, Albuquerque deu-se ao cuidado de reparar e aumentar as fortificações da cidade: mas, como logo daí a 50 anos a população se estendesse para fora do recinto, vieram ordens do go-

([1]) Viagem de F. Pyrard, tomo 2.°, cap III.

([2]) Vide Cunha Rivara, *Fragmentos historicos* publicados no jornal *A Imprensa* n.os 13, 18 e 19 transcritos no *Boletim oficial* n.os 99, 100, 101 e 102 de 1897.

vêrno central ao vice-rei D. Antão de Noronha para ampliar a fortaleza.

Em 1566 o vice-rei começou a construir, na margem oriental da ilha, essa fortaleza, que foi continuada e concluída pelos seus sucessores. A muralha partia do passo de Daugim ao nordeste da cidade, onde existia um baluarte com uma couraça provida de quatro peças de artelharia, e prolongando-se com baluartes, revelins, e nos sítios mais acessíveis à incursão marítima, couraças artilhadas, até ao passo sêco de S. Brás, se ligava à uma velha fortaleza maometana, que havia sido reconstruída pelos portugueses em 1697; dali corria flanqueada do mesmo modo até à fortaleza de S. Tiago de Banastarim. onde o comandante da tropa, que guardava a porta, tinha uma bela habitação sòlidamente construída sôbre a própria muralha, que neste logar era muito alta, formando uma espécie de basteño ou antes um cavaleiro onde se encontrava uma bateria mais desenvolvida; prosseguindo, tomava a direcção meridional até ao forte do Mangueiral, na aldeia de Corlim (fronteiro à passagem de Cundaim) que tinha uma grande couraça com tercena para assistir uma companhia durante o inverno; desta couraça proseguia a cortina até ao passo de S. João Batista de Carambolim; e dêste ponto tomava volta pelo oiteiro ao oeste da cidade, até às portas de Moulá [1], ao sul do convento de S. Agostinho, protegidas por um baluarte guarnecido de peças; e terminava ou ficava por terminar na proximidade da casa da pólvora, em Panelim, onde à pouca distância existia um gran-

[1] Moulá é o nome comum de uma aldeia, e do seu oiteiro, hoje deserto. A sua igreja era dedicada a N. Sra. do Loreto. As portas eram notáveis por terem uma alta cruz de pedra preta.

de arco sôbre a estrada pública, e se levantava uma bateria para a defesa marítima e terrestre.

A fortificação portanto incluia, além da área da cidade e seus arrabaldes, algumas paróquias rurais e aldeias, como a de S. José, de Daugim, S. Brás, S. Tiago, Carambolim, S. Simão, Azossim e Corlim, que nunca fizeram parte da cidade. O muro tinha de largura 7 palmos de marca e de comprido mais ou menos 3 léguas (¹). As portas, que esta fortaleza tinha em diversos pontos eram guardadas por sentinelas dia e noite e se denominavam *passos*, porque se passava por aí ao território maometano na terra firme. Destas portas as três principais correspondiam às três primeiras fortalezas açima mencionadas; o *passo* de Daugim ao nordeste da ilha; o *passo sêco* ou váu de S. Brás pelo oriente; e o *passo* de Banastarim ao sueste, que era o mais freqüentado pelo povo e por onde se transportavam os artigos de consumo diário da terra firme para a cidade. Todo o indivíduo que passasse por essas portas pagava um tributo de dois *bazarucos* e recebia uma marca (*sopó*) no braço como sinal de pagamento. Desta maneira além de se certificar o exacto número dos que entravam e saíam, evitava-se a fuga dos escravos, ladrões e outros criminosos.

Como suplemento desta fortificação existiam destacados, à distância de milha e meia da muralha, ao sueste, o forte de N. Senhora do Amparo, de Mandur, construído pelo conde da Ega, e o forte de S. Lourenço de Agaçaim, que era um dos mais antigos; os quais protegiam a ilha, na sua parte mais vulnerável, da campanha fronteira das terras de Pondá e serviam de piquete avançado para obstar a tentativa do des-

(¹) *Instr. do Marquez de Alorna*, 1.ª parte, pag. 65.

embarque do inimigo ([1]).

Hoje vêm-se ruínas em diversos pontos.

O Arco de Nossa Senhora da Conceição ([2]) e as Fôrcas.

A' ilharga da igreja de S. Caetano, ao sul, ergue-se um grande portão de alvenaria, denominado *Arco de Nossa Sra. da Conceição*, sôbre a rua que vai descendo do Terreiro do Paço com suave declive para a antiga praça do Mandovi. E' bem proporcionado o portal, mas menos elevado e mais singelo que o arco dos vice-reis, e olha para o este. O seu frontão tem um grande nicho, que encerra a imagem de N. Sra. da Conceição. Era também conhecido com o nome de *porta da despedida dos justiçados*, porque ali o criminoso que ia subir ao patíbulo, segundo dizem, se encomendava pela última vez à N. Senhora, diante dessa imagem.

O certo é que à pequena distância do arco se achava construída de pedra uma das fôrcas da cidade na aludida praça do Mandovi, que era um largo, compreendido entre a alfândega ao norte, a rua pública que corria para Santa Lusia a este, vários edifícios ao sul e as casas do *Terreiro dos mantimentos* ou posteriormente a cêrca do convento de S. Caetano ao oeste ([3]).

([1]) Vid. *Intrução do Marquês de Alorna*, pag. 66.
Annais Marit. e Col., vol. 2.°, pag. 105.
Promp. das definições Ind. por pe. L. Pais, pag. 131, *Bosq. das Posses. Port.*, por Celestino Soares, vol. 1.°, pag. 32.
Bosq. hist. de Goa, por Cottineau, trad. pag. 18.—*A India em 1623 e 1624*, por I. Gracías, pag. 41.

([2]) *Bol. do Gov.* de 1859, pag. 654.

([3]) *Conjuração de 1787* por C. Rivara, pag. 33.

E' nêste patíbulo, chamado *fôrca do bazar*, que, em 12 de Outubro de 1635, amanheceu enforcada uma estátua, tendo o rótulo do conde de Linhares, com epitáfios infames ; e é também neste sítio que, em 13 de Dezembro de 1788, se efectuou a execução dos que foram julgados réus da tentativa da conjuração de 1787; armando-se nesta ocasião mais duas fôrcas provavelmente de madeira a par da antiga de pedra.

A praça é hoje um palmar particular com o nome de *Govachém bhatta* (palmar da fôrca), onde ainda em 1875 se encontravam, diz Cunha Rivara, alguns vestígios dos pilares da fôrca já demolida.

Além desta fôrca havia na cidade outra, provavelmente mais antiga, também construída de pedra, chamada da *Nossa Senhora da Luz*, atrás da igreja desta invocação, e cujas ruínas existem. O compromisso da Misericórdia refere-se sómente a esta fôrca. Voltando ao arco de N. S. da Conceição, ocorre preguntar qual teria sido a sua origem. Não se encontram documentos que nos respondam; mas muito provávelmente o arco é uma das portas interiores, que o governador António Pais de Sande mandou construir nas ruas em 1679, cercando o coração da cidade com um muro, como último ponto de defesa, caso o inimigo escalasse as muralhas.

Parece que é a esta porta que alude Filipe Neri Xavier com as palavras—*Destas* (portas interiores) *existe apenas uma* = ; pois ao tempo em que êste laborioso investigador escrevia (1856), não existia outra no interior da cidade (¹).

Não é *esta porta uma das quatro* da *primitiva cidade de Goa*, como alguém afirmou, certamente por en-

(¹) *Instr. do Marquês de Alorna*, 1.ª parte, pag. 66 nota. *Bosq. das Poss. Portug.* por Celestino Soares, vol. I.º, pag. 82.

gano de informação ; pois as quatro portas que tinha a fortaleza de Adil-Khan, eram a do Cais, hoje o *Arco dos Vice-Reis*; a da *Ribeira*, por onde entrou Afonso de Albuquerque, hoje capela de Santa Catarina; a dos *Bacais*, de que temos falado no vol. 1.°, pag. 23 e neste a pag. 145; e a do *Mandvi* ou Alfândega, que além de demorar muito afastada do sítio do aludido Arco, era, como diz Gaspar Correia, *pequena como postigo donde sendo enxotados os mouros os nossos a atupiram com muita pedra* (1).

Praças do Pelourinho velho e do Pelourinho novo

No centro da cidade, atrás da igreja do Bom Jesus, dilatava-se a praça do *Pelourinho Velho*, onde cruzavam 6 ou 7 ruas e estava construído o bazar em forma claustral, em que de dia se vendiam as frutas e toda a sorte de comestíveis, e de noite objectos furtados, que sendo vendidos por pouco prêço davam a êste negócio o nome de *baratilha*. Aqui se encontravam sentados todos os sangradores e barbeiros à espera dos fregueses.

Ao nordeste da praça existiam dois edifícios notáveis: o do tribunal da 1.ª instância e o da estação da polícia; e à pequena distância estava também o açougue (2).

Todos êstes edifícios desapareceram; e a praça, que ainda hoje conserva o nome de *Pelourinho*—porque antigamente estava ali levantado um pelourinho ou coluna para o castigo dos criminosos—acha-se com-

(1) *Lendas*, tomo 2.°, pag. 152 e 153.

(2) Pyrard, tomo 2.°, pag. 32 e 40.

plètamente mudada no seu aspecto, não tendo mais que duas ou três boticas bordando as ruas.

O *Pelourinho Novo* ainda se vê na base setentrional do monte da Cruz dos Milagres, no centro de uma pequena praça, donde partiam três amplas ruas todas calçadas de pedra. E' de granito pardo com uma argola de ferro. O povo chama-lhe *hat-katró* = lugar onde se cortam as mãos.

Ruas da Cidade

Muitas das ruas da cidade de Goa tiveram os nomes dos conventos e igrejas que lhes ficavam na proximidade. Além destas, os documentos do antigo arquivo da Câmara municipal citam as dos *Baneanes*, *Bazarinho*, *Carregados*, *Chapeleiros*, *Crucifixo*, *Galés*, *Guzerates*, *Ilhas de fogo*, *Judeus*, *Mão cortada*, *Ourives*, *Panos*, *Pelourinho*, *Ribeira dEl-rei*, *Surradores e Tres Boticas;* assim como os *becos do Bacharel* e de *Nuno da Cunha;* e os *terreiros dos Galos* e dos *Mantimentos*; o *Bazar Grande*, a *Praça de Pelourinho Velho*, o *campo de S. Lázaro*, etc. (1)

Mas a rua mais formosa e freqüentada da cidade era a *Rua Direita*, que, partindo do *Arco dos Vice-Reis* e deixando à direita os palácios da Inquisição e do Senado, terminava na *Misericórdia*, sendo bordada das tendas de lojistas ricos. Chamava-se também a *Rua dos leilões*, porque era ali que se faziam os leilões de vários objectos, incluindo os escravos, todos os dias, menos os domingos e dias santos, desde às 6 horas de manhã até ao meio dia. O prêço de cada escravo, que em 1592 andava por 75 pardáus ou xerafins, variava em 1610 entre 20 a 30 xerafins.

(1) Aragão, *Descripção geral*, vol. 3.º pag. 47.

CAPITULO XIV

Edifícios fora da ilha de Goa ou Tisvari

O Colégio dos Reis Magos

Incorporadas no Estado da India as províncias de Bardês e Salsete, foi confiada, em 1544 ou 1548, a sua conquista espiritual aos frades franciscanos da observância e aos jesuítas respectivamente.

Em 1550 o custódio fr. João Noé, entrando em Bardês com o mais ardente fervor apostólico, levantou o primeiro altar em Verém, na margem direita do Mandovi, e celebrou o santo sacrifício da missa, três anos antes que o jesuíta Pero Mascarenhas oferecesse outro igual em Cortalim pela conversão dos povos de Salsete. Fr. João erigiu no mesmo ano, sôbre as ruínas de um pagode, a primeira igreja da província, que foi dedicada aos Reis Magos. É ligado a esta igreja, ainda hoje bem conservada, que os franciscanos construíram, em 1555, um colégio de instrução aos catecúmenos e órfãos, que foi o seu primeiro estabelecimento do ensino de letras em Goa Mais tarde (1595-1597) o custódio fr. Jerónimo do Espírito Santo ampliou o edifício, acrescentando-lhe uma construção espaçosa, por forma que o colégio dos catecúmenos e estudantes ficasse separado do colégio dos frades, como se conhece dos documentos abaixo transcritos [1].

(1) = E asy me diz que o Commissario geral da Ordem de S. Francisco dá de cada vez novas mostras de sua virtude, religião e letras, e que tem montado muito no serviço de Deus com seu exemplo e vida, e que separou nas terras de Bardez o collegio dos catecumenos

Êste edifício, que tinha capacidade para acomodar 60 meninos educandos, foi denominado o *Seminário de S. Jerónimo*, em homenagem à sua capela desta invocação, passando provàvelmente os catecúmenos, antes de 1599, para o hospício de Guirim.

Havia neste colégio uma escola da língua concani para os que se preparavam a paroquiar em Bardês; mas esta escola funcionou com grandes intermitências, e o ensino, que ministrou, foi cada vez menos aproveitado ([1]). Professavam-se também ali um curso ([2]) da *sagrada Teologia* e outro de *filosofia* ([3]), freqüentados com aproveitamento por muitos filhos de Bardês, que depois coadjuvaram os seus mestres na propagação do cristianismo e enobreceram várias famílias cristãs dêste concelho.

Os colegiais, entre as suas várias diversões, desempenhavam, anualmente, com o maior entusiasmo o entremês da noute do Natal. Um dêstes entretenimen-

e dos orfãos do collegio dos frades, em que fizera grande obra .....e ao Arcebispo de Goa escrevo se informe se he conuiniente fazersse a tal separação, e achando que he necessaria, se ponha logo em ordem, separemsse os ditos colegios como o visorey aponta=C. R. de 8 de Janeiro de 1598.

=A separação que Fr. Jerónimo do Espirito Santo sendo custodio...fez em Bardez do collegio dos meninos, é dentro do collegio dos frades, não havendo n'ellas outra differença mais que as casas, que se acrescentaram para gasalhado e estudo d'estes meninos, ficando porem separadas e fechadas em aposento particular=Carta do Vice-rei de 28 de Dezembro de 1599—ms. Bibl. Nac. Lisb. Vid. *O Ultramarino*, n.º 66, de 21 de Novembro de 1901, onde se encontram êstes documentos publicados pelo Sr. pe. Casimiro C. da Nazareth sob a epígrafe=Estabelecimentos de educação e ensino fundados em Goa pelo clero regular e secular=.

([1]) *Ensaio Hist. da Lingua Concani* por Cunha Rivara.

([2]) *Vergel de Plantas e Flores* por fr. João de Deus.

([3]) O ofício do arcebispo D. Lourenço de S. Maria de 1748, ao vice-rei, transcrito em *O Ultramarino* de 18 de Abril de 1902.

tos, realizado em 1928, sendo reitor fr. Simão de Nazaré deu lugar, segundo refere um documento autêntico, a que o bispo de Cochim se queixasse à côrte de terem os actores falado na pessoa dêle bispo, dizendo que *crescera com os rubis que mandara ao reino*. Vieram ordens para averiguar o caso e castigar pelo Comissário Geral os culpados; mas o vice-rei, feito o inquérito, respondeu que S. M. *estava mal informado*, porque *no entremês não se falara em rubis nem diamantes* (1). O certo é que as alusões e remoques eram as delícias do tempo e raro faltavam nas scenas burlescas.

O estabelecimento recebia, a princípio, ùnicamente o subsídio de 80 xerafins da Câmara Geral da província de Bardês e o rendimento dumas várzeas que o cardeal-rei doara à capela do S. Sacramento. Mais tarde, por C. R. de 23 de Novembro de 1627 foi-lhe consignada a ordinária de 250 xerafins anuais, para cêra e azeite da alâmpada do Santíssimo, e uma vaca por semana, pelo prêço, que então era, de 8 tangas, e, a título de sustentação dos meninos órfãos, a verba de 1.000 xerafins por ano.

Nêste colégio costumavam tomar posse os vice-reis e governadores da India desde 1597 até ao ano de 1793, e todos, salvas as excepções, ali se hospedavam por poucos dias, antes de assumirem o timão do govêrno e, depois de o terem largado, até embarcarem para Portugal; e por cada hospedagem a Provisão Reg. de 18 de Janeiro de 1702 mandava pagar aos franciscanos 500 xerafins. Dentre os vice-reis o primeiro que se alojou nos Reis Magos foi o conde da Vidigueira, D. Francisco da Gama, em 22 de Maio de

(1) *O Ultramarino* n.º 69, de 1902.

1597 ([1]), e o último o conde do Rio Pardo, D. Diogo de Souza, em 1816. O vice-rei conde de O'bidos foi ali guardado prêso pelos sediciosos e remetido para o convento do Cabo.

Em 1873 a junta da Fazenda, não podendo acudir às reparações, como até então fazia, por serem agora muito despendiosas, mandou demolir o edifício, deixando uma parte, que actualmente serve de casa paroquial e de recordação de passada grandeza.

A sua igreja, hoje simplesmente paróquia, tem quatro altares e tinha primitivamente mais quatro capelas sendo duas no cruzeiro e duas na nave. No altar principal, que é dedicado aos Reis Magos e cujo retábulo é muito precioso, ergue-se um magestoso tabernáculo segurado pelos quatro evangelistas. Entre os epitáfios mais notáveis, que cobrem o seu pavimento, lê-se o de D. Luís de Ataíde; mas consta que, além dêste, foram sepultados nesta igreja os vice-reis D. Duarte de Menezes e o conde de Redondo. Debaixo da capela-mór existe um subterrâneo, que abre entrada pela cêrca da sacristia.

O frontispício da igreja, que é encimado por uma corôa com o brazão real em baixo, defronta com o formoso adro, para onde se sobe por uma larga e vistosa escadaria de 27 degráus. A festa dos Reis Magos em 6 de Janeiro, outrora tão ruidosa e quási oficial, ainda é concorrida principalmente por causa da feira, que se reúne na proximidade durante três dias.

Os zelosos missionários dêste colégio, penetrando,

([1]) Antes da provisão régia aposentavam-se os vice-reis, como afirma Pyrard, na fortaleza ou palácio de Pangim, que tinha bons cómodos. Só o conde da Vidigueira e o vicerei Câmara Coutinho se hospedaram nos Reis Magos antes de 1702. Desde 1889 o barão do Candal e os seus sucessores tornaram a aposentar-se no palácio de Pangim.

como soldados de Deus e da pátria, pelas aldeias de Bardês com grande abnegação e catequizando os povos com admirável paciência e prudência, os reduziram ao cristianismo, baptisando-os solènemente no seu convento de S. Francisco, em Goa; e fundaram sucessivamente, em várias aldeias da província, à custa das esmolas e subsídio das comunidades, 24 igrejas ou reitorias, que são outros tantos monumentos do assinalado serviço que prestaram à religião e ao Estado. A província de Bardês nunca pode esquecer-se do benefício que recebeu dêsses nobilíssimos evangelizadores da civilização, os benditos missionários.

Corridos 50 anos, porém, quando o zêlo dos seus confrades sucessores se esfriou, teve origem uma longa controvérsia entre êstes e os arcebispos de Goa, a qual acabou finalmente por obrigar os franciscanos a sair das igrejas de Bardês. Diremo-la em duas palavras.

O concílio de Trento, realizado em 1563, havia proibido aos clérigos regulares serem párocos; mas, poucos anos depois, o papa Pio 5.°, atendendo à falta de sacerdotes seculares, dispensara, por seu breve de 23 de Março de 1567, o impedimento canónico, permitindo aos religiosos de qualquer ordem na India exercer as funções paroquiais, contanto que soubessem a língua do país.

Como em 1607 já não subsistisse a causa desta dispensa por haver suficiente número de clérigos seculares, naturais de Goa, o arcebispo D. Fr. Aleixo de Menezes, invocando os cánones Tridentinos, começou a impugnar as nomeações feitas em regulares, pretendendo, nos termos da carta régia de 28 de Fevereiro de 1605, prover as igrejas em sacerdotes de sua nomeação e obediência; mas el-rei mandou que se não falasse mais nesta matéria.

Entretanto o descuido dos franciscanos pelo estudo

da língua da terra, absolutamente preciso para se comunicarem com os fregueses, tornava-se cada vez mais sensível; e os arcebispos, renovando mais tarde (1627 para diante) a sua pretenção, alegavam, além dos cánones de Trento, como um novo argumento contra os religiosos, a sua pouca ou nenhuma perícia na língua vernácula—condição indispensável para bem pastorear o rebanho, ainda exprèssamente exigida pelo próprio breve do papa.

Os franciscanos respondiam que tinham em Bardês três religiosos, mestres na língua, mais três prègadores e alguns confessores, os quais prestavam muito bons serviços à religião, como se provava pelos baptismos gerais feitos por sua via, cuja conta (um tanto exagerada) davam à côrte, acrescentando que os clérigos naturais não infundiam respeito, porque muitos dêles, sendo novos convertidos, tinham as orelhas furadas e procuravam adquirir fazenda para si e seus parentes.

Paralelamente às representações dos arcebispos, subiam as queixas da câmara geral ou agrária de Bardês, de que os frades não se importavam de estudar a língua vernácula, resultando daí grave prejuiso à administração das igrejas; e o govêrno da metrópole, sacundindo de tempo a tempo, o pêso da influência franciscana, ordenava (1628 a 1656) ora que se leccionasse sem interrupção no colégio dos Reis Magos essa língua a 20 religiosos que houvessem de assistir nas cristandades de Bardês, ora que fôssem êstes candidatos examinados e aprovados pelo arcebispo ou vice-rei ou pelos inquisidores; e o tal exame nunca se realizava, porque o prelado franciscano não consentia que os seus súbditos se sujeitassem às provas perante autoridades extranhas à sua Ordem. Veio ainda em 1731 uma nova resolução da côrte, mandando ao arcebispo que desse jurisdição ao religiosos, que o prelado regular lhe propuzesse com certidão jurada de terem sido examinados e aprovados na sciência e na língua pelos examinadores que da mesma religião o arcebispo nomeasse; contudo a situação das igrejas não melhorou.

Assim durou esta contenda por um poûco mais de um século, não faltando vice-reis que apoiassem os frades, e entre êles o conde de Alvor, que para lhes agradar e evitar o incómodo de estudar, decretou, por alvará de 27 de Junho de 1684, o extermínio da língua da terra, ordenando que todos os naturais falassem o português, afim de se instruirem melhor nos mistérios da fé! Êste cerebrino alvará morreu logo por insustentável.

Finalmente a Câmara Geral de Bardês representou na moção de 1765, a S. M. contra o procedimento dos frades, como párocos, fazendo-lhes entre as acusações de *insoléncias, desaforos e injúrias*, com que ofendiam os fregueses, a de serem incapazes de paroquiar por *ignorarem totalmente a língua vernácula, que não aprendiam e por isso não confessavam nem prègavam*, administrando as igrējas pelos curas, que eram clérigos seculares nativos ([1]).

Sôbre esta queixa o govêrno da metrópole, em carta de 23 de Abril de 1766, recomendou ao arcebispo que desse todas as providências mais eficazes e oportunas para pôr em concurso as igrejas, umas após outras, preferindo para párocos os naturais da terra ou de fora que soubessem a língua, e que respondesse aos prelados religiosos com repulsas de facto e de direito, se assim fôsse preciso. Era então ministro del-rei o conde de Oeiras, depois marquês de Pombal.

([1]) *Ensaio hist. da ling. conc.*, pag. 450 e seg.

Executando imediàtamente estas ordens, o arcebispo D. António Taveira da Neiva Brum da Silveira conseguiu prover 19 paróquias de Bardês em clérigos seculares, conservando-se ainda os franciscanos em cinco igrejas a título de serem casas conventuais, que por doações ou legados pertenciam à Ordem e não ao Estado; as quais foram a dos Reis Magos, Penha de França, Pomburpá, Oxel e S. Lourenço de Linhares.

Estas cinco igrejas, que os frades não haviam conseguido elevar à categoria de conventos, como pretendiam em 1650, não tardaram a passar para a jurisdição dos arcebispos. Assim terminou a controvérsia (1).

Convém dizer uma palavra sôbre estas cinco igrejas. A igreja de Penha de França foi primitivamente fundada por D. Ana de Azevedo, viúva de Cristóvão de Sousa, freira professa da *Terceira Ordem franciscana*, que, por seu testamento de 14 de Dezembro de 1629, a doou aos franciscanos, juntamente com um grande palmar, sito em Virlassa, e vários outros prédios para sustentar a igreja e outros encargos. Mas, depois de uns 26 anos, a igreja se arruinou e foi reconstruída desde os alicerces em 1655 pelo franciscano fr. Manoel de Sado, que, por êste serviço, foi nomeado pároco dela por 15 anos. A cópia do testamento está publicada no *Oriente Português*, vol. 5.° pag. 25 e seguintes.

A igreja de Pomburpá foi construída por D. Luísa da Madre de Deus— também freira professa da *Terceira Ordem franciscana*—e doada aos franciscanos por testamento de 21 de Dezembro de 1628, para instituir um colégio de catecúmenos, a quem se devia ministrar a instrução de *ler*, *escrever*, *contar e cantar e ou-*

(1) C. Rivara, *Ensaio hist. da Ling. Conc.*, pag. 410 e *seg.*

tros bons costumes. (1) Sôbre a igreja de Oxel não encontramos nada de importante, mas parece que havia sido doada aos frades.

A ermida de S. Lourenço, de Linhares, foi construida pelo vice-rei conde de Linhares à sua custa em 1633, e, três anos depois, doada aos franciscanos por escritura; passou a ser paróquia em 1688, « e o seu pároco era também capelão da fortaleza, e tinha de côngrua 108 xerafins por ano, concedidos por despacho da Junta da Faz. de 9 de Setembro de 1777, a 9 xerafins por mês, como soldo de uma praça de pret. » (2) Antes da 1688 o capelão da fortaleza exercia as funções de pároco.

Colégio ou hospício do Monte de Guirim

No planalto do monte de Guirim (Bardês) sítio central desta província, saudável e pitoresco, construíram os franciscanos em 1596, uma ermida dedicada à N. Sra. de Saúde, com aposentos para a sua residência, sob o título de *Colégio Real de S. Jerónimo*, como consta de uma inscrição lapidar, que encimava, segun-

(1) A igreja de Pomburpá (escrevia o vice-rei marquês de Távora a S. M. em 18 de Janeiro de 1750) foi fundada no ano 1628, nas mesmas casas de Luiza de Madre de Deus, terceira da ordem franciscana, a qual fêz doação assim das casas em que vivia como de alguns bens, para instituir um colégio de catecúmenos, administrado pelos religiosos franciscanos; adjudicou ao dito colégio, para a sua sustentação um palmar, um arecal e algumas várzeas, o que tudo anda actualmente arrendado em 1400 pardáus que se dividem em quatro porções, uma para os catecúmenos colegiais, outra para a fábrica da capela, a terceira para o benefício dos palmares e arecais e outra para o sustento do reitor...... Vid. *Estabelecimentos de educação* por pe. Casimiro C. de Nazaré, em *O Ultramarino* de 21 de Janeiro de 1902.

(2) *Bosquejo hist. das com.*, parte 2.ª, pag. 149.

do nos informaram, o portal da ermida, quando em 1863 foi demolido para ser ampliado o templo (1).

Êste edifício foi logo destinado à casa de catecúmenos sôb a nova denominação de *hospício*, recebendo o Pai dos cristãos um subsídio anual, que a Fazenda pagava directamente ao convento de S. Francisco de Assis, da Velha Cidade, nos termos da verba consignada desde 1598 no capítulo eclesiástico do cadastro das despesas; a qual dizia literalmente = Ao convento de S. Francisco desta cidade para assistir com a côngrua anual ao Pai dos cristãos da província de Bardês, assistente no hospício do monte de Guirim, 666 xerafins, 3 tangas e 20 reis =.

A casa primitiva, sòlidamente construída, que existia em 1868, limitava-se à referida ermida rectangular, abobadada e com frontispício para o oeste, tendo de ambos os lados duas estreitas celas também ababedadas, e pela retaguarda um corredor, que comunicava com as celas. E' possivel que tivesse desaparecido algum compartimento, agasalho dos catecúmenos.

Com a extinção das ordens religiosas o antigo hospício do monte passou para o domínio e posse da comunidade agrícola de Guirim, que procurou da forma possivel a sua conservação. Fora do edifício existia no planalto, ao sul, uma cisterna arruinada e ao norte existe ainda um profundo pôço circular, ao sopé da colina, provàvelmente aberto pelos frades.

Corridos anos, o benemérito e abnegado sacerdote Francisco Luís Gonzaga de Ataíde, natural da freguesia do Salvador do Mundo, consagrando à educação da mocidade o seu pequeno património e ajudado por importantes subscrições particulares e das comunida-

(1) Em 1868 via-se a pedra apeada na esquina exterior da capela.

des agrícolas, acrescentou em 1868 à capela, que ampliou demolindo o frontispício, dois compartimentos laterais para aulas, e ao este levantou um edifício sobradado em forma de um ângulo saliente, compreendendo dois dormitórios com uma dúzia de celas e um refeitório no rés-do-chão; e abriu ali um colégio de estudos secundários, que chegou a ser freqùentado por 700 a 800 alunos, principalmente em 1871, em que, por portaria de 12 de Agosto, foram, por falta de edifício, transferidas de Mapuçá para êsse estabelecimento duas das escolas oficiais (de francês e inglês) e as duas eclesiásticas. Antes disto leccionavam-se nêste colégio todas as disciplinas que constituiam o curso do antigo liceu nacional, menos o francês e o marata; e fóra dêsse curso havia ainda a cadeira de matemática, regida pelo distinto matemático padre Eustáquio Brás Gomes, de saudosas recordações.

Voltando as escolas oficiais e eclesiásticas para a vila em 1872 em obediência à nova portaria e concorrendo várias outras causas, decresceu o colégio ; e o padre Ataíde passou a servir de missionário em Mazagão, onde faleceu em 1881. O novo edifício, que se não recomendava pela solidês, abateu quási todo. Na sacristia da capela se encontrava a pedra preta, hoje embútida na parede, onde se lê a seguinte inscrição à que nos referimos :

Colegio Real

De S. Jeronimo

Fto. No ano 1596'

O decreto de 11 de Agosto de 1881, que criava dois seminários-liceus em Goa, mandava estabelecer um dêles no edifício do seminário de Rachol, que extinguia, e o outro em Guirim, quando fôsse concluído o edifício mandado levantar pelo pe. Francisco de Ataíde. A idea desta reforma partira do saudoso arcebispo Ornelas ; mas o decreto não se executou.

Para perpetuar a memória de quem prestou relevantes serviços à instrução pública foi fundada em 1883, na vila de Mapuçá a *Bibliotéca Ataíde*, pela gratidão dos povos de Bardês e pelos generosos esforços do presidente da Relação de Nova Goa, Joaquim José Borges de Azevedo Enes, ao tempo juiz de Bardês.

Hospício de Valverde

Em Betim, da freguezia dos Reis-magos (Bardês) ao oeste de um vale ameno, pitoresco e de agradável sombra, denominado *Valverde*, lugar célebre pela produção dos melhores ananazes de Goa, Baltazar de Sá [1] fundou, pelo 3.° quartel do século XVI, um hospício, que doou com alguns bens aos franciscanos, com o encargo de celebrarem certo número de missas. Os bens crescidos com as doações posteriores rendiam em 1779 trezentos xerafins anuais.

Desde que foi aceita a doação, assistiam no hospício os religiosos de S. Francisco em número indispensável para acudir às necessidades do estabelecimento. Consta que em 1765 residia ali fr. Alexandre do Bom Sucesso, como capelão, e mais tarde (1779) dois franciscanos serviam nesta casa; mas não administravam os seus bens, porque a lei orgânica da Ordem o proibia, reservando a administração ao síndico, que tinha o direito de receber por êste serviço o remanescente das rendas e uma escassa esmola. Pou-

(1) Vid. *Estabelecimentos de caridade fundados em Goa pelo clero Regular e Seçular* por pe. C. C. da Nazaré, no *Ultramarino* de 21 de Novembro de 1902.

cos anos antes parece que se não observou êsse preceito, pelo que o arcebispo D. António da Neiva Brum, nomeado reformador da ordem franciscana, chamou a atenção do governador D. João José de Melo, por sua carta de 20 de Janeiro de 1772, para a incompatibilidade dessa adminstração com a regra dos frades.

Entre os que se hospedaram neste estabelecimento conta-se um refugiado de importância, cuja história desperta particular interesse. O capitão de mar e guerra, Caetano de Souza Pereira, natural de Val das Perdizes, comarca de Chaves, que, em general da província do Norte, prestara relevantes serviços na guerra, voltando para Goa, pobre e achacoso de muitas feridas recebidas no combate, promoveu uma sublevação militar em 1740. Preso, por isso, em ferros na fortaleza de Aguada, esperava ser condenado à pena capital. Os franciscanos, porém, que estavam de guarnição em Sinquerim, entenderam que o seu amigo Caetano Pereira ja havia resgatado a culpa pelos actos de bravura praticados em defêsa de Bassaim e, um belo dia como obra de caridade, lhe facilitaram, alta noite, a evasão e a travessia do rio a nado e com o auxílio de um cinto de côcos vãos (*vanzám*) o esconderam no hospício de Val-verde, donde o refugiado, depois de alguns dias, embarcou na esquadra inglesa com destino a Bombaim. O vice-rei conde de Sandomil averiguou o caso e, indignado, queixou-se dos frades a el-rei. Mas em Portugal parece que seguiram o mesmo critério franciscano ! pois, Caetano Pereira, depois de algum tempo, regressou à India e não consta ter sofrido qualquer penalidade [1].

Decorridos anos, quando ja não funcionava o hos-

[1] *Oriente Português* vol. 4.º, pag. 385.

pício, o arcebispo D. fr. Manoel de S. Catarina, nomeado também reformador da mesma Ordem, destinou, por decreto de 23 de Maio de 1874, o edifício de Valverde à casa de recreio dos religiosos de S. Francisco, determinando que no tempo de folgas se repartisse a comunidade em dois turnos, um dos quais acompanhasse o padre provincial e o outro o padre guardião; e que do hospício nunca saíssem sem companheiros nem os religiosos nem os estudantes. (¹)

O edifício, segundo reza a tradição, era vasto e sobradado; e assim devia ser para acomodar um turno da numerosa comunidade franciscana, incluindo os estudantes, como mandava o citado decreto.

A sua capela era abobadada e dedicada à N. Sra. da Saúde, cuja festa se solenizava no mês de maio com grande concorrência dos habitantes dos Reis-Magos e das freguesias circunvizinhas, não faltando durante as novenas, umas ruidosas folias, chamadas *Ollis*, que eram feitas pelos negros serviçais de alguns fidalgos residentes em Betim.

No fundo do Valverde existe uma nascente de abundante água, que outrora abastecia o hospício e a povoação vizinha, e ainda em 1892 contribuiu para atenuar a escassês da água potável em Pangim; hoje, porém, vai por entre a opulenta vegetação precipitar o seu veio no Mandovi.

Do hospício nem ruinas aparecem.

(¹) *O Heraldo* de 17 de Junho de 1914. Devemos o obséquio destas informações ao Sr. Ricardo Micael Teles.

CAPITULO XVI

Casa dos Catecúmenos e o subsídio aos neófitos

No logar denominado *Betim o grande*, ao sul de Bardês e sôbre a margem direita do Mandovi, existia um vistoso edifício de dois pavimentos, formando um cláustro de pequenas dimensões e com uma fileira de janelas debruçadas sôbre o rio. Era a antiga casa da *Procuratura dos Missões do Malabar*, pertencente aos jesuítas, onde mais tarde se instalaram os catecúmenos, pelo que teve o nome de *Casa dos Catecúmenos*. Vejamos a sua evolução.

O instituto dos catecúmenos, fundado por padre Gaspar Barzeu em 1553, como está dito à pag. 50, havendo sido anexado ao colégio de S. Paulo o velho, por decretos de 23 de Março de 1559 e de 3 de Abril de 1583, apareceu com vida mais animada, tendo, sob a regência do *Pai dos cristãos*, em regra 100 catecúmenos, que eram ali instruídos, sustentados e vestidos, até que recebessem o batismo. Todos os dias se ministrava êste sacramento em particular; mas a solenidade anual, em que eram batizados milhares dèles com a assistência do vice-rei e da nobreza da cidade, era a festa da conversão de S. Paulo, em 25 de Janeiro.

Vários privilégios, isenções e fóros concedidos pelos decretos e alvarás régios aos novos convertidos, conjugados com os relevantes serviços prestados pelos jesuítas e os alunos do seminário de Santa Fé e do colégio de S. Paulo, contribuíram para o mais rápido desenvolvimento dêste instituto.

Os bens que constituiam o património e dotação dos catecúmenos, eram o produto das esmolas e doações feitas a favor dêstes, tanto pelos neófitos ricos e poderosos, como pelos fidalgos portugueses, que os levavam à pia batismal; pois, os padres da companhia tinham o cuidado de procurar para padrinhos pessoas abastadas que beneficiassem os afilhados. Acresce a isto, que sendo a instituição, pelas referidas disposições régias, isenta do pagamento dos dízimos, direitos de alfândega e outros impostos, avultavam estas economias para se poderem adquirir novos prédios.

Os jesuítas administravam com tanto desvêlo esses bens, que, feitas as despêsas da casa pelos seus rendimentos, aumentavam consideràvelmente o fundo.

Por alvará de 25 de Janeiro de 1571 se mandaram dar aos catecúmenos, à custa da Fazenda, vestidos para o dia do seu batismo; os quais o vice-rei conde da Vidigueira, autorizado por C. R. de 1 de Março de 1597, taxou na quantia anual de 2 mil xerafins; dos quais êste instituto recebia 1333, 1 tanga e 40 réis, sendo aplicados os restantes 666 xerafins, 3 tangas e 20 réis ao hospício do monte de Guirim, que era a casa de catecúmenos a cargo dos franciscanos. Esta verba foi mais tarde reduzida a 1200 xerafins, abonando-se ao Pai dos cristãos fora dela o vencimento de 1140 xerafins.

Parece que nos fins do século XVI o estabelecimento, ameaçado pela epidemia que lavrava na cidade, ou por qualquer outra dificuldade, se tinha mudado para um edifício junto à igreja de Bom Jesus, onde ficou por alguns anos; pois Pyrard o viu (1608-1611) neste logar e ainda assistiu a um numeroso e solenissimo cortêjo em forma de procissão de quási 1500 catecúmenos, que, saindo do Bom Jesus, onde residia o Pai dos cristãos, se dirigiram em duas alas, todos vestidos de branco e cada um com um ramo na mão, à igreja de S. Paulo, o Velho num dia da festa da conversão dêsse apóstolo, para serem batizados. Voltando para o colegio de S. Paulo provàvelmente em

1614 depois da transferência dos estudos para o monte do Rosário, o instituto passou em 1722, por causa da insalubridade do sítio, para umas casas pouco afastadas, que o padre João Batista, Pai dos cristãos, comprou com autorização do govêrno superior, por 1850 xerafins, importância tirada ao fundo da própria instituição. Nestas casas houve em 1753 um pavoroso incêndio, que consumiu, entre outras cousas, muitos documentos importantes.

Volvidos anos, invadindo a epidemia ainda êste sítio, fêz-se a catequese por algum tempo numa *acomodação particular*, em Ribandar, até que em 25 de Agosto de 1762, dois anos depois da expulsão dos jesuítas, foi transferido o instituto para Betim o grande, povoação então florescente na margem direita do Mandovi, sendo comprado para a sua instalação, por 40 mil xerafins, por ordem do conde da Ega ([1]), a antiga casa da *Procuratura* com o seu vasto palmar contíguo, os quais, sendo confiscados, haviam sido já vendidos pelo Estado.

A administração do estabelecimento, expulsos os jesuítas, ficou confiada à Junta da Fazenda, nomeando o govêrno provincial um eclesiástico regular ou secular para o cargo de Pai dos cristãos, que, além de vigiar o ensino doutrinal, devia cobrar as rendas da casa, despender o preciso e prestar contas. Os bens próprios desta casa, que estavam situados em diversos pontos da Velha Cidade, e nas aldeias de Gancim, (Ilhas), Oxel, Betim e Camorlim, de Bardês, produziam, incluindo as tangas brancas e barganis da aldeia Pale de Salsete, 1721 xerafins por ano ([2]). Os empregados do estabelecimento, conservados pela C. R. de

([1]) *Annais marit e col.*, vol 5.º, pag. 300 e seguintes.

([2]) Cit. *Annaes maritimos.*

9 de Abril de 1784, eram o Pai dos cristãos, o capelão, o sacristão, um escriturário e alguns serventes.

Pelo tempo, tornando-se inútil êste instituto, porque já não vinham para êle os convertidos, o conde das Antas o deu por extinto por port. de 30 de Novembro de 1842, encorporando todos os seus bens nos da corôa e suprimindo os seus empregos, menos o de sacristão da capela, que teve o encargo de velar pela conservação e asseio do templo.

A sua capela, que ficava ao norte do edifício e olhava para o este, fôra instituída por um francês, que vivia além dos Gates, e era suficientemente espaçosa, abobadada e dedicada à N. S. da Vitória, com dois altares colaterais da invocação de S. Inácio de Loiola e S. Francisco Xavier. Possuia bens próprios, doados especialmente à capela e situados em Pangim, Aldoná, Nachinolá, Tivim e Marna, que rendiam 1499 xerafins anuais. Êstes bens, considerados como do confisco feito aos jesuítas, foram, também, relacionados nos da Fazenda, a qual, desde então, contribuía 50 xerafins para a festa do orago.

Extinto o instituto, esteve o edifício por muitos anos em pé, continuando a residir ali o que fôra o último Pai dos cristãos, Fr. Joaquim de S. Rita Botelho, capuchinho, depois bispo eleito de Cochim; o qual, desde 9 de Maio de 1851 até 8 de Fevereiro de 1859, em que faleceu nesta residência, foi governador e vigário capitular da arquidiocese de Goa.

Abandonado por malsão, começou êste edifício a arruinar-se e tendo ainda servido em 1878 de estanco de sal e de depósito de carvão para as lanchas da navegação fluvial, foi finalmente vendido em 1900, havendo sido prèviamente transladados para a capela do Hospital Militar a imagem da Nossa Sra. da Vitória e um retábulo, e para a igreja de Pangim algumas imagens e duas pias de água benta, feitas de mármore, em concha. Ainda há pouco restava um muro, com grade de pedra, semi-derruído, fechando uma estância particular de madeiras de construção. Hoje não há vestígios.

Neófitos

Os novos convertidos, que depois de doutrinados e baptizados saíam da casa dos catecúmenos e não tinham meios de subsistência, recebiam uma pensão vitalícia ; e a êsse fim havia sido destinado pelos jesuítas o rendimento de certos bens. Depois da proscrição dêstes padres, a Fazenda continuou, por algum tempo, a pagar estas pensões pela folha dos novos convertidos ; mas, desde 3 de Março de 1778, determinou abonar 6 xerafins por mês a cada neófito, tendo-se atenção às qualidades dos que fôssem dignos de maior vencimento. Além disto, o Pai dos cristãos tinha por dever procurar casas de famílias honestas, onde vivessem as novas convertidas até casarem. Alguns neófitos melhoravam a sua condição, empregando-se em vários misteres. Por decreto de 30 de Abril de 1874 foi proibido dar subsídio aos novos convertidos (1).

Seminário de Chorão

Em 1558 D. João Nunes Barreto, patriarca de Etiópia e 1.º bispo da ordem dos Jesuítas, não podendo entrar na sua diocese, veiu a Goa, exerceu aqui as funções episcopais *sede vacante* e, tendo fixado a sua residência na ilha de Chorão com imenso proveito para o cristianismo que semeou, fundou

(1) *Annaes maritimos e col.*, vol. 5.º, pag. 305.

sôbre a encosta ocidental da colina uma casa da sua ordem, modesta e térrea, que por vezes lhe serviu de retiro. Parece que é neste edifício que se achava instalada uma escola, criada em 1559 por iniciativa do bispo, onde se ensinava a ler, escrever e a doutrina cristã a 400 meninos e de que falam documentos da época [1].

Volvido pouco mais de meio século, os jesuítas ampliaram soberbamente a construção, transferindo para ela o noviciado, que, depois de ter passado de S. Paulo o velho para o novo e vice-versa, se encontrava finalmente na ilha de Zuari (em Goa Velha). Em Chorão permaneceu o noviciado, enchendo de benefícios civilizadores a ilha, até a extinção da companhia, que teve lugar em Goa em 1759. Neste noviciado professara Fernão Mendes Pinto depois das suas *Peregrinações*.

Aproveitando o edifício vago, o govêrno o destinou em 1671 a um dos três seminários, que então foram criados.

O seminário de Chorão era, pois, uma casa formosa e suficientemente espaçosa, coroada por uma série de tectos acuminados, que cobriam cada pavilhão separadamente, como se usava no século XVII. O abade Cottineau, que o visitou em 1827, achou nele, visto de longe, uma verdadeira aparência de um cenário de Grécia. Uma elegante escadaria de cinco lanços de diverso feitio, e de curvas graciosas com o respectivo corrimão bem proporcionado, dava entrada para a portaria do seminário, que olhava para o sul e ostentava nas paredes interiores três grandes quadros: o céu, o purgatório e o inferno. Subindo ao andar superior encontrava-se à esquerda um longo corredor,

[1] vid. *O Ultramarino*, n.º 60-76 de 1901-1902.

que terminava por uma sala estreita, chamada *parla dos professores*, onde se via um primoroso frêsco, representando a agonia de S. Francisco Xavier. Cruzava com êste corredor um outro, cujo prolongamento à esquerda formava a capela da invocação de Santo Cristo—que tinha o altar com o retábulo pregado à parede do fundo—capela levantada sôbre a sacristia da igreja, e onde estava colocado um grande crucifixo, ficando à direita o dormitório com salas e aposentos do reitor e dos professores. Os outros dormitórios eram ocupados pelos alunos internos, sendo as janelas do andar superior guarnecidas de sacadas cobertas, que davam ao edifício um gracioso aspecto.

O andar térreo compreendia, entre outros compartimentos, um vasto refeitório, três aulas e a linda capela consagrada à N. Sra. do Patrocínio; e era destinado aos excercícios espirituais dos alunos internos ([1]). A capela era precedida de um largo alpendre abobadado sôbre três grandes arcos paralelos, suportados cada um por uma coluna e possuía um altar notável pelo rico retábulo primorosamente trabalhado com relêvos e rendilhados de fino gôsto artístico ([2]).

Debaixo dêste altar ficaram por algum tempo as relíquias dos mártires de Cuncolim, trasladadas da capela do seminário de Santa Fé, demolida em 1762, as quais foram depois recolhidas à Sé e remetidas para Roma à requisição da sagrada Congregação dos Ritos, quando se tratou de beatificar os que haviam padecido pela propagação da fé em Cuncolim,

O claustro todo, que teria pouco mais de 65 celas,

([1]) *Gabinete lit.*, vol. 2.º, pag. 86.
([2]) Vid. *O Indispensavel*, serie 5.ª, pag. 211 e 253.

era decorado com vários quadros religiosos, representando uma série dêles a Virgem Maria sob os títulos que lhe dá a ladainha lauretana.

A sua igreja, que ficava ao oeste do seminário e olhava para o sul, era pequena com relevos doirados no fôrro do tecto e possuía sómente três altares, sendo o principal dedicado à Assunção da N. Senhora; e dos colaterais, o da direita a S. Luís de Gonzaga e o da esquerda à N. Sra. da Boa Morte. Foi, conforme o *Oriente Conquistado*, a primitiva igreja da freguezia da Graça, a qual mudou a sua invocação, ao que parece, por ocasião do estabelecimento do noviciado, sendo então construída outra do mesmo título na proximidade, que se conservou até 1859, em que foi edificada a actual em sítio um tanto apartado.

Solenizava-se na igreja do seminário um tríduo com grande esplendor, por ocasião das festas da Boa Morte, no dia 14 de Agosto, da Assunção de Nossa Senhora, em 15 e de S. Luís de Gonzaga, em 16 dêsse mês.

A fachada da igreja, que tinha apenas uma porta e duas janelas laterais, correspondendo a estas aberturas três janelas na parte superior, defrontava com o adro e escadaria própria com o cruzeiro no primeiro patamar.

No alto da sua única tôrre, apertada entre o frontispício e o colégio, funcionava um grande relógio, que tinha mostrador e cujas horas, batidas num sino grande e bastante sonoro, se ouviam ainda pelas aldeias circunvizinhas.

A direcção dos estudos do seminário, apenas estabelecido, foi confiada aos congregados de S. Filipe Neri, havendo sido nomeados reitor e vice-reitor os frades dominicanos, Fr. Belchior António Cabeças e Fr. Francisco Xavier, até 1779, em que passou para os congregados de S. Vicente de Paula, que vieram à India por ordem de D. Maria 1.ª; mas, expulsos êstes por causa de um conflito com o govêrno, voltou para os de S. Filipe Neri, sendo o primeiro reitor congregado o padre Nicolau Francisco de Abreu, natural de Anjuna (Bardês).

Extintas as ordens religiosas, foi o estabelecimento sujeito no seu regime e direcção ao arcebispo primaz e no administrativo à Junta da Fazenda. As disciplinas, que ali se leccionavam, eram a língua latina sem determinação de tempo, a filosofia racional e moral em um ano e a teologia dogmática e moral em três anos, ministrando-se também em dias feriados lições da Bíblia, teoria e prática do canto gregoriano e cerimónias da igreja. A êste programa foi acrescentado, pelo regulamento dado pelo arcebispo S. Galdino, o estudo da gramática portuguesa e dos elementos de retórica, geometria e física. Depois da morte dêste arcebispo, o governador conde das Antas procurou, com o auxílio duma comissão, reorganizar os seminários de Goa, mas o plano que mandara pôr em execução por port. de 17 de Março, de 1843, não foi aprovado pelo govêrno superior. O arcebispo Silva Tôrres empregou o melhor dos seus esforços para levantar o nível da instrução clerical e não podendo conseguir os meios para ampliar o quadro dos professores, que eram só três, além do reitor, determinou que provisòriamente o professor de latim, fora das horas desta disciplina, explicasse aos alunos em anos revezados os elementos de retórica e os de história geral e pátria; o de filosofia leccionase num ano esta disciplina e noutro os elementos de geografia e matemática, e o de teologia, além das matérias do programa em vigor, desse no primeiro ano história eclesiástica, no segundo o direito canónico e no terceiro a hermenêutica sagrada; e organizou uma biblioteca com as melhores obras de sciências teológicas e outras disciplinas, a qual devia ficar a cargo do professor substituto das aulas.

Êste seminário contava numerosa concorrência de alunos, principalmente das Ilhas e Bardês, dos quais 19 eram sustentados por conta do Estado e se destinavam ao serviço das missões ; os outros internos, em número indeterminado, pagavam a mensalidade e os externos freqüentavam as aulas gratuitamente. Além do pessoal dirigente havia ali 4 empregados : um médico, um porteiro, um sacristão e um dispenseiro.

A consignação fixada pela Junta da Fazenda em 1781 era um pouco mais de 10 mil xerafins, inclusivamente as despesas das reparações, devendo o reitor conservar em cofre as sobras para as aplicar aos concertos extraordinários e prestar contas.

Pelo decurso do tempo a epidemia devastou a ilha de Chorão, e acrescendo à insalubridade do sítio o receio do desabamento do edifício do seminário, cujas reparações demandavam despesas enormes, como se disse, o conde de Torres Novas, por port. de 28 de Maio de 1859, confirmada pelo govêrno superior, transferiu todo o pessoal do estabelecimento para o colégio de Rachol (Salsete), que, não obstante estar situado numa praça despovoada pela epidemia, era considerado relativamente sadio, mandando por novo despacho, e mesmo antes de ser confirmado o primeiro, estabelecer na vila de Mapuçá, a pedido dos habitantes de Bardês, duas aulas de estudos eclesiásticos, onde se leccionassem a filosofia, com os elementos de matemática, e a teologia dogmática com a moral, das quais foram encarregados dois professores do seminário encerrado, o padre Rodrigo Inácio de Maria Mascarenhas e o padre Domingos José de Rafael Pinto, mais tarde pároco de Pangim e promotor do arcebispado, sendo incumbido o primeiro da superintendência dêsses estudos com o título de regente. Estas aulas, como tinham ao lado as escolas oficiais de latim, francês e inglês, supriam de algum modo a falta do estabelecimento de Chorão. O último reitor dêste seminário foi o doutor António Filipe Lourenço, vigário geral desta arquidiocese, o qual passou depois a servir de professor em Rachol, fixando a sua residência em Margão, donde era natural.

Em 1863 o arcebispo Amorim Pessoa, sentindo necessidade urgente de reformar os estudos eclesiásticos, porque a organização decretada pelo antecessor não dera o resultado desejado, propôs ao govêrno provincial restabelecer no convento de S. Francisco de Assiz, da Velha Cidade, o seminário suprimido, mas a Junta de Saúde, que foi ouvida, declarou, após uma rigorosa inspecção sanitária que o local de S. Francisco era tanto ou mais epidémico que o de Chorão. Conseqüintemente o prelado centralizou os estudos reorganizados no seminário de Rachol, para onde transferiu também os professores das aulas eclesiásticas de Mapuçá e proibiu o ensino das sciências teológicas fora dêste instituto, sendo contudo, depois de reclamações e insistente pedido dos povos de Bardês, criadas apenas duas escolas em Mapuçá, sob a direcção dos professores escolhidos em concurso documental o padre António Caetano do Rosário e Melo, depois cónego e vigário geral do patriarcado, e o padre Rafael Plácido Romão da Silva, que deviam leccionar, o primeiro a filosofia e matemática elementar, e o segundo a retórica e história geral em anos revezados, ficando estas aulas filiais ao seminário de Rachol.

O seminário *fechado com o pretêxto da insalubridade do sítio*, diz o arcebispo Ornelas, foi demolido, e vendidos os materiais, e *o produto líquido da venda não cobriu as despesas da demolição*. O sino grande da igreja, que é um dos maiores sinos de Goa, foi comprado em hasta pública em Janeiro de 1879 por

11 mil xerafins pela confraria de S. Lourenço de Agaçaim, das Ilhas, e o outro, pequeno, por três mil xerafins pela confraria de Mandur do mesmo concelho; o órgão e algumas imagens foram levadas para o seminário de Rachol, o trono para à exposição do SS. Sacramento e o púlpito passaram para a igreja do Socorro, a imagem de N. Sra. da Assunta e o retábulo da capela de N. Sra. do Patrocínio para a igreja de Saligão; e o arcaz, onde se arrecadavam os paramentos sagrados, para a capela do palácio do govêrno e dali para a de S. Sebastião, de Pangim. O arcaz é incrustado de ébano.

Na grande horta murada do seminário de Chorão, hoje propriedade particular, está ainda em pé a capela de S. Jerónimo, notável pela sua configuração de charola e elegante zimbório sustentado sôbre pilares de estilo grego com um alpendre e assentos de pedra por todo o circuito interior, a qual foi restaurada em 1901 à custa duma subscrição promovida pelo pároco da freguesia da Graça o padre José Filipe de Andrade, solenizando-se nesse ano com pompa a festa do patrono.

Seminário de Rachol

Dentro da antiga praça de Rachol (Salsete) e sôbre uma pequena eminência ergue-se um magestoso edifício outrora denominado o *colégio* dos padres da companhia de Jesus, depois o *Real Seminário* de Rachol e hoje o *Seminário patriarcal.*

Êste colégio foi em Salsete o centro das operações dos jesuítas, que propagaram ali o cristianismo e fundaram as igrejas, sendo removidas, com o auxílio do govêrno civil, as sérias dificuldades, que na sua missão apostólica encontravam da parte dos hindus da província obstinados e *firmes na sua crença.* Segundo se lê no *Oriente conquistado* [1], o padre jesuíta Francisco Rodrigues, *o Manquinho*, obteve em 1566 um decreto do vice-rei proibindo a construção de novos pagodes e os concertos e reparações dos velhos. Os hindus, não podendo conseguir a revogação do decreto, foram transferindo para a terra firme (Novas Conquistas) os seus deuses dos templos que demandavam reparações. Em 1567 o capitão da fortaleza de Rachol, Diogo Rodrigues, *o do forte*, desobedecido pela comunidade de Loutulim na execução da lei, mandou lançar fogo ao pagode principal daquela aldeia; a comunidade recorreu aos tribunais da justiça e obteve sentença obrigando o capitão a reedificar o pagode incendiado. O capitão representou ao vice-rei, D. Antão de Noronha, que não só aprovou o procedimento do seu representante, mas ainda o autorizou a *queimar quantos pagodes pudesse, correndo o mais por conta dêle vice-rei*. Diogo Rodrigues destruiu 280 pagodes, principiando a destruição pelo de Mardol de Verná, que era o mais respeitado na província; e foi agraciado por el-rei D. Sebastião com uma parte dos bens dos mesmos pagodes [2].

Assim se facilitou a propagação do cristianismo em Salsete, mas faltava ainda a luz da instrução. Poucos anos depois (1574) os jesuítas, tendo obtido do

(1) *Oriente conq.* C. 1, D. 1, § 16 e 17; *Bosq. hist.*, pag. 138.

(2) « Estes bens finalmente passaram a Salvador Antão e dêle a S. Casa da Misericórdia que os possui » *Bosq. hist. das Com.*, *pag.* 138. Na sepultura do referido capitão se lia até ao ano de 1697 o seguinte epitáfio:

Aqui Jaz Diogo Rodrigues o do Forte, Capitão desta Fortaleza, o qual derrubou os Pagodes destas terras: falleceu em 21 de Abril de 1577 annos.

mesmo monarca a doação dos bens dos pagodes demolidos [1], fundaram, na sua residência em Margão, à custa do seu rendimento, que importava em mil cruzados por ano, um estabelecimento de instrução com o nome do Colégio do *Espírito Santo*, pegado à igreja desta invocação [2]. Os mouros, invadindo a província em 1579, incendiaram o colégio e as casas anexas, o que obrigou a transferência do instituto para a Residência da N. Sra. das Neves, situada na praça de Rachol, lugar melhor fortificado. De Rachol voltou o colégio para Margão, em obediência à ordem do visitador Nicolau Pimenta, por assim ser mais conveniente ao ministério eclesiástico ; mas não poude continuar a funcionar nesta aldeia ainda inquietada pelas freqùentes incursões do mouro e do marata. Conseguintemente os jesuítas principiaram, em 1 de Novembro de 1606, a construir em Rachol, segundo o risco traçado pelo reitor pe. Gaspar Soares, uma casa para o seu colégio, para onde se mudaram definitivamente em 1610.

Neste edifício, vastíssimo e sòlidamente construído em forma de claustro, instalaram um hospital, um seminário de meninos pobres, uma casa de catecúmenos, uma escola de instrução primária e doutrina cristã, uma outra de lingua concani e a classe de teologia moral. O colégio tinha também sua tipografia, donde

(1) *Gabinete lit.* vol. 2.º, pag. 141.

(2) A primeira igreja de Margão foi fundada em 1565 e, sendo incendiada no govêrno do vice-rei D. Luis de Ataíde, foi reedificada, *alguns passos afastada da primeira*, em 1589; e mais tarde ainda em 1645, derrubada a construção velha, se fêz a actual igreja, « toda de abóbada, muito clara e aprazível que é a maior e mais formosa de Salcete e pode competir no material com as boas de Europa e no formal com as melhores. » *Or. Conq.*, 2.ª parte, Conq. 1 div. 1.

saíram à luz o *Purana Cristão* e a *Arte da língua Canarim* do pe. Tomás Estêvão ([1]).

Expulsos os padres da companhia, foi estabelecido nêste edifício um dos três seminários criados pelo govêrno em 1761, sendo confiada a sua direcção aos padres da congregação do Oratório.

As disciplinas que então se leccionavam em todos os seminários de Goa e conseguintemente no de Rachol eram a língua latina sem tempo determinado, curso de filosofia um ano e o de teologia dogmática e moral três anos, dando-se nos dias feriados lições da Bíblia, canto eclesiástico e teoria e prática de ritos e cerimónias da igreja.

Êste seminário, destinado principalmente aos povos de Salsete e muito freqüentado, foi em 1774, por um assento da real junta de Fazenda, inesperadamente suprimido pelo princípio de economia; mas, sete anos depois, restabelecido por ordem da côrte de 19 de Março de 1781, foi entregue aos padres Vicentinhos e depois novamente aos congregados de S. Filipe Neri. O ensino continuou a ser ministrado pelos antigos programas, os quais foram, depois da extinção das ordens religiosas, reformados pelo arcebispo Silva Tôrres, havendo-lhes, no decorrer dos anos, sido acrescentadas as cadeiras de inglês e marata.

([1]) O padre Tomás Estêvão, jesuíta e reitor dêste colégio, imprimiu aqui o seu *Purana* em 1640, sendo impressa 14 anos depois a 3.ª edição no colégio de S. Paulo o novo.

Esse *Purana* é um auto em verso, escrito em língua marata com carateres romanos e tem por assunto *O antigo e o novo Testamento*. Foi acolhido êste poema com tanta popularidade e aplauso, que se lia ou cantava em muitas igrejas da India, e ainda hoje se canta, copiado em carateres maratas, nas igrejas do norte, em dias de quaresma, a parte relativa à paixão e morte do N. S. Jesus Cristo.

O arcebispo Amorim Pessoa, chegando à Índia em 1862, encontrou pois neste estabelecimento, além do ensino dessas duas línguas, os estudos organizados pela forma seguinte: língua latina sem determinação do tempo, filosofia racional e moral com a matemática elementar em curso revezado; principios de retórica com os de história também revezadamente bienal; e a teologia dogmática e moral leccionada por um só professor em três anos. Para a matrícula em teologia era obrigatória apenas a habilitação em latim e filosofia, sendo livres a freqüência e o exame das outras disciplinas.

Esta organização, executada sem o número suficiente de professores, sem método nem regularidade no leccionamento, não tinha sido muito profícua, nem o podia ser; pelo que o sábio prelado, procurando em 1863 levantar o nível da instrução eclesiástica em harmonia com as exigências do progresso social, reformou os estudos e os centralizou neste seminário, à cuja testa colocou, como reitor, o bacharel Joaquim Maria Leite, chantre da Sé e, ampliando o quadro dos professores, ordenou que todos os anos se lecionassem com o desenvolvimento preciso todas as disciplinas preparatórias acima mencionadas, exigindo para a matrícula no 1.° ano de teologia o curso secundário completo.

Criou, também, as cadeiras de história eclesiástica e de direito canónico, encorporando-as a primeira no 1.° ano e a segunda no 3.° e último de teologia, que três professores muito idóneos foram encarregados de reger.

A nova reforma bastante radical e várias outras medidas correlativas, decretadas pelo enérgico arcebispo, não sem padecer oposições e dissabores, como êle próprio o disse, e executadas com a maior solicitude, produziram resultados correspondentes às aspirações do espírito social da época, o que honra imenso a administração de Amorim Pessoa. Alguns anos depois, o arcebispo Ornelas já sentia a necessidade de melhorar a instrução clerical mas, quem o poude fazer foi o patriarca Valente.

Êste patriarca criou as cadeiras de francês e de princípios de física e química cujo adicionamento fôra lembrado pela port. ministerial de 16 de Maio de 1865 ; remodelou os programas de teologia, ampliando o seu curso em quatro anos, e acrescentou uma cadeira especial de liturgia e canto gregoriano, com o fim de manter a uniformidade nas cerimónias da igreja e na música coral.

O patriarca Valente obteve, também, as letras apostólicas de 27 de Maio de 1887, por virtude das quais se confere neste seminário o grau de bacharel em teologia ; às quais a portaria do ministério da Marinha e Ultramar de 15 de Janeiro de 1894 concedeu o beneplácito régio, declarando expressamente que *o aludido grau académico seria única e exclusivamente considerado como distinção honorífica para os efeitos espirituais, não dando direito algum a quaisquer vantagens de ordem temporal, cuja concessão é regulada pelas leis do Estado ou pelas prèrogativas do Padroeiro*. (1)

O edifício conserva ainda hoje na sua porta principal uma lápide, onde aparecem esculpidas as armas do nosso monarca D. Sebastião, dizendo o letreiro em baixo = Armas del-rei D. Sebastião, fundador dêste colégio =. A sua espaçosa portaria tem as paredes pintadas em quadros religiosos e no centro uma coluna cilíndrica, que sustenta o fêcho da abóbada. A' esquerda uma escadaria de pedra preta conduz para o

(1) Vid *Oriente Port.*, vol 2.º, pag. 102; e *A India em 1623-1624* pag. 166.—

andar superior, onde o dormitório meridional principia por uma sala denominada de D. Sebastião, em cuja parede do fundo se vê uma magnífica moldura contendo o retrato em tamanho natural dêste soberano, montado a cavalo, perpetuando assim o reconhecimento em tempo protestado pelos jesuítas ao real fundador do colégio. E' verdade que o retrato, que hoje se vê, foi feito em 1892 pelo general José Frederico de Assa Castel-Branco, mas é perfeitíssima cópia daquele que, desde há muitos anos, decorava a parede e era a reprodução fiel do que fôra primordialmente posto pelos padres da companhia. Os aposentos contíguos à sala costumam ser habitados pelo reitor, e os que restam neste lanço são comuns e sem distinção.

O corredor do lado ocidental, que por estar ligado à igreja não tem celas, denomina-se *corredor dos patriarcas*, porque está decorado com uma série de molduras com retratos dos patriarcas e fundadores das ordens religiosas, desde S. Paulo o eremita, até ao padre José Vás, fundador da congregação do Oratório de Goa, e termina por uma galeria com aposentos destinados a hóspedes ilustres.

O dormitório do lado do norte, residência dos professores, compreende na sua extremidade oriental uma espaçosa capela, construída sôbre a abóbada do refeitório e dedicada ao Bom Pastor, onde os alunos internos fazem os exercícios espirituais, cantam edificantemente ao acompanhamento de um harmónio e solenizam com piedoso entusiasmo as festas de S. Ana e de N. Sra. da Conceição.

Esta capela e o vasto refeitório que lhe corresponde no rês-do-chão, foram construídos entre 1648 a 1650, sendo reitor do colégio o jesuíta Bento Ferreira.

Nos dois ângulos formados pelo encôntro dêste dormitório com os dois corredores ocidental e oriental se encontram duas escadarias de pedra preta que põem em comunicação interiormente um pavimento com o outro.

A' esquerda de quem entra na capela foi rasgada modernamente a parede exterior sendo-lhe acrescentado um corredor tão alto como os outros, que se prolonga, de sul a norte, proporcionando numerosas celas de ambos os lados, embora estreitas; assim, como à sua direita, um dos compartimentos do dormitório oriental dá acesso a uma enfermaria contígua, também obra moderna.

O cláustro todo, incluindo a nova construção, contém, além das casas de parla e outras acomodações, 85 celas, cujas portas são encimadas de pinturas, que representam diversos factos do antigo e novo Testamento.

Descendo ao andar térreo:

No suntuoso refeitório, que se liga ao corredor setentrional, prende a atenção um soberbo quadro da *Ceia do Senhor*, pintada em ponto grande na parede do fundo e em baixo um trêcho da vida de S. Francisco Xavier, em dimensões menores. Via-se também no espaldar da tribuna do leitor um retrato do pe. José Vás em acção de prègar, provàvelmente pôsto pelos congregados do Oratório na época em que dirigiam êste estabelecimento.

O dormitório meridional, no seu extremo leste, abre passagem para a biblioteca e para um longo corredor, que conduz ao edifício escolar. A biblioteca, fundada pelo arcebispo Amorim Pessoa, juntando alguns livros pertencentes aos conventos e à mitra e doando-lhe a livraria própria, possuia perto de 8 mil volumes, pelo que o arcebispo foi louvado por port. ministerial de 13 de Janeiro de 1868. Enriquecida posteriormente com doações feitas por prelados e incluindo os 2750 volumes oferecidos últimamente pelo sr. padre Casimiro Cristóvão de Nazaré, já conta hoje um pouco mais de onze mil volumes.

Está colocada numa sala alta construída em 1885 sôbre as ruínas da antiga, que, não obstante a reforma por que passara, era térrea.

O edifício escolar, que compreendia apenas quatro salas, tinha no fundo do respectivo corredor uma pequena capela, onde, segundo dizem, se celebrava antigamente a missa de *Sapientia* no dia da abertura do ano lectivo e, mais tarde, a festa da Nossa Sra. das Dores; mas fechada, por muitos anos, para o culto, passou agora a servir de aula e conserva ainda na sua porta, curiosamente lavrada em alto relêvo, o dístico colhido no Livro de Sabedoria = *Sapientia ædificavit sibi domum* =.

Além dos melhoramentos materiais já mencionados, efectuaram-se no seminário vários outros, desde 1883, devido ao zêlo dos seus reitores, como as excelentes casas de banho, construídas na horta pela iniciativa do reitor monsenhor Abel de Almeida e Souza, onde uma nora, que trabalha sôbre o pôço, oferece água por algumas torneiras.

A igreja, pegada ao lado ocidental do colégio, olha para o sul e tem uma só nave, mas espaçosa, com três altares, sendo o principal dedicado a S. Inácio de Loiola. Todos os três retábulos são magníficos e ricamente dourados. A capela-mór é abobadada com variados relevos de estuque, e as paredes, revestidas de madeira primoròsamente lavrada, representam trechos mais notáveis da vida do fundador da companhia. O altar colateral da direita é consagrado à Nossa Sra. do Rosário, cuja imagem é notável pela perfeição artística (1), e o da esquerda ao Menino

(1) Esta imagem era outrora venerada no altar colateral do la-

Jesus, que, segundo a tradição, trazido das costas da Africa pelo jesuíta Bento Ferreira, foi venerado na igreja de Colvá, onde o jesuíta paroquiava antes de ser reitor dêste colégio.

Além dos três referidos altares existe debaixo da galeria do fundo uma capela dedicada às relíquias do mártir B. Constâncio, encerradas numa urna de cristal, as quais, transportadas de Roma pelo arcebispo Santa Catarina, foram expostas à veneração pública em 1783. Figuram o corpo humano trajado de uniforme militar ao uso antigo.

A sacristia, que é pequena, tem uma capela, onde sôbre arcazes encostados às paredes laterais há esplêndidos oratórios com numerosas imagens de santos.

A sua abóbada está assente sôbre um grande arco suportado por uma coluna cilíndrica, que se ergue no centro. Entre as telas de bom gôsto, que ornam as suas paredes, merece especial menção uma que representa S. Francisco Xavier a administrar a sagrada eucaristia andando no espaço alguns palmos acima do nível da terra, e a outra que se refere a S. Inácio de Loiola dormindo no alpêndre de S. Marcos em Veneza, a quem vem procurar um dos principais senadores dessa cidade acompanhado de seus fámulos.

O frontispício da igreja abre as suas três portas sôbre o terreiro lageado de pedra e encerra numa das tôrres um grande relógio, que bate horas num sino pequeno sem apresentar o mostrador.

Êste colégio, que, emquanto esteve em Margão, se

do do evangelho na igreja do convento de S. Francisco de Assis, em Goa, como consta do inventário dêste convento feito em 1848, ano em que o cónego Estêvão Jeremias Mascarenhas deixou a administração dêste convento para ir como deputado à Lisboa.

denominava o colégio do Espírito Santo, transferido para Rachol tomou o título de *Colégio de Todos os Santos* por ser esta a invocação da primeira igreja principiada a edificar-se aqui em 1 de Novembro de 1606 sob a direcção do reitor pe. Gaspar Soares; a qual, provàvelmente depois da canonização de S. Inácio de Loiola, que se realizou em 1622, foi reconstruída mais grandiosa para lhe ser dedicada como é.

Na primitiva igreja, entre outras solenidades, celebrava-se uma esplêndida festa do corpo de Deus e por esta ocasião os meninos colegiais e os neófitos recitavam um diálogo sôbre o S. Sacramento, que atraía grandes aplausos dos presentes. Em 1621 o arcebispo D. Fr. Cristóvão de Sá e Lisboa, muito satisfeito com o espantoso aumento da nova cristandade —pois, em 5 anos se tinham realizado 28 mil conversões e baptismos—permitiu que a festa e a procissão do S. S. se repetissem todos os meses; e assim se praticava com grande esplendor e numerosa assistência.

Na actual igreja solenizam-se as festas de S. Inácio de Loiola em 31 de Julho e de N. S. do Rosário no primeiro domingo de outubro e várias outras.

O pátio central, que é vasto e calçado de pedra, possui formosos canteiros para jardim e uma larga e profunda cisterna abobadada.

Além da munificência régia, que protegeu no princípio êste estabelecimento, as comunidades agrícolas de Raia, Margão, Loutulim, Vanxim e Seraulim deram-lhe em aforamento várias terras por um fôro muito limitado, e alguns fidalgos lhe deixaram prédios rendosos: assim a ilha de Junvó com o seu oiteiro, o bairro do Arlim, vastos palmares em Carmona, algumas várzeas de arroz e marinhas de sal, sitas em diversas aldeias; casas e hortas na praça de Rachol, deixadas por António de Gois e o prédio de *Tontém* por Maria de Aguiar, e finalmente as aldeias de Assolnã, Velim e Ambelim, antigamente aforadas a D. Pedro de Castro, e hoje um praso nacional, constituiam a propriedade do colégio de Rachol.

Confiscados os bens dos jesuítas, a Fazenda contribuía ao seminário 10 mil xerafins pagos pelo cofre do confisco, com que eram mantidos 8 professores, 5 empregados, médico, porteiro, dispenseiro, escrivão e sacrista e sustentados 19 alunos, dando o reitor contas perante a junta da Fazenda.

Hoje há 14 professores incluindo o reitor e 6 empregados entrando o enfermeiro. Além dêstes professores, há mais dois em Mapuçá, que regem as aulas filiais do seminário, leccionando disciplinas preparatórias.

Sôbre a jurisdição eclesiástica na província de Salsete

A controvérsia havida sôbre as igrejas de Salsete pode resumir-se em poucas palavras.

Essas igrejas, como sabemos, pertenciam à jurisdição da Companhia de Jesus, cujo provincial de Goa lhes nomeava livremente os párocos sem intervir nisso o arcebispo primaz. A esta situação quis pôr termo o arcebispo D. fr. António Brandão, (1675–78) como de seu direito, e abriu visita pastoral àquelas igrejas para impedir a que, ao tempo, estava fazendo o provincial padre Fernão de Queirós, patriarca eleito de Etiópia. Êste facto deu logar a graves diferenças entre o arcebispo e o provincial e seus párocos—que alegavam entre outras razões, a de serem as igrejas principalmente as de Rachol, Assolnã e Majordá, propriedades da Companhia,—até que o arcebispo conseguiu que lhe fôssem entregues todas as igrejas, saindo delas os párocos jesuítas, que em 8 de

Dezembro de 1677 se recolheram ao colégio de Rachol, cujo reitor era então o padre Torcato Parizioni. D. fr. António proveu-as em clérigos naturais de Goa; mas durou pouco esta nova jurisdição ; pois, passados uns quatro anos, a poderosa companhia alcançou da côrte uma ordem para lhe serem restituídas as igrejas, ordem que chegou depois da morte do arcebispo Brandão e foi executada no tempo do seu sucessor, D. Manoel de Menezes. Só depois da extinção dos jesuítas é que passaram de vez as igrejas para a jurisdição arquiepiscopal (1).

CAPITULO XVII

Fortificações em diversos pontos do Districto de Goa

Fortaleza de Aguada

Esta grandiosa fortaleza que inclui toda a península dêste nome no extremo sudoeste da província de Bardês, começou a construir-se em 1604 no govêrno do vice-rei Aires de Saldanha, porque se reconhecera, por experiência, o diminuto poder ofensivo das fortalezas dos Reis Magos e Gaspar Dias contra a incursão dos sete navios holandeses, que, em setembro dêsse ano, lançaram ferro no surgidouro defronte da Aguada, deixando-se ficar ali perto de um mês com o fim de aprisionarem as embarcações que demandassem o nosso pôrto. Na previsão, pois, das futuras incursões,

(1) *A India em 1623 e 1624 ; Mitras Lus.*, pag. 176 e *Liv. das monções*, n.° 182, fl. 279 e 514.

que agora eram mais prováveis, foi feita, com a brevidade possível, a couraça ao lume da água, em 1606, o que foi bastante para repelir uma nova tentativa dos holandeses neste ano.

A construção continuou-se vagarosamente, conforme os recursos o permitiam, e foi concluída em 1612, como declara a seguinte inscrição que encima uma das portas da fortaleza real, de que logo falaremos :

Reinando o mui Catholico Rei
D. Filipe 2.° de Portugal : mandou a
Cidade fazer esta Fortaleza do
dinheiro de um por cento para guarda
e defensão das Naos que a este
Porto vem, a qual foi acabada pelos
Vereadores do ano de 1612
Sendo Vice rei Ruy de Tavora.

A sua arquitectura militar consiste principalmente numa série de baterias destinadas umas à defesa marítima, e outras à defesa terrestre ; podendo toda essa série comportar até duzentas bôcas de fogo.

As baterias que protegem o mar são apoiadas nos seus flancos por dois baluartes importantes : o de Galvão a oeste, que é o primeiro ponto fortificado que se encontra ao entrar a barra e era guarnecido por 7 canhões ; e o de S. Lourenço ou fortim de Linhares a éste, defendido por 10 peças.

A mais notável destas baterias era a que constitui uma obra denominada *fortaleza real*, porque a sua configuração lhe permitia efectuar o tiro em seis direções diferentes com cruzamento de algumas, podendo ser considerado o seu traçado como um verdadeiro centro ofensivo-defensivo dêste recinto. Desta bateria partem duas cortinas pela encosta do morro flanqueadas de bastiões com seus terraplenos para morteiros e vão ligar-se à cidadela, que tem também seus baluartes, fossos e revelins; e encerra o antigo palácio—onde residia o general da província de Bardês e depois o governador da praça—uma capela com a invocação da N. Senhora de Boa Viagem—que em outro tempo serviu de paróquia—quartéis, prisões, uma das quais chamada hoje cadeia civil, paiois para a arrecadação da pólvora fabricada em Panelim, e vários edifícios para a moradia do capelão, cirurgião e outros oficiais e duas grandes cisternas.

A leste da fortaleza real vê-se uma outra bateria importante pelo seu desenvolvimento, que é ao presente a bateria de salva, encontrando-se porisso guarnecida por 22 peças de calibre 24.

No extremo oriental desta bateria reside hoje o comandante da praça, que tem às suas ordens um pequeno destacamento composto de 1 cabo e 6 soldados de infantaria.

Na proximidade ergue-se o baluarte da *Porta do mar*, que podia ser guarnecido por 10 peças. Junto dêle existe, aberta em rocha, a famosa fonte, chamada *Mãe da água*, que, dizem, não se corrompe facilmente nas viagens de longo curso e onde outrora faziam aguada todas as náus dêste pôrto. Tem uma inscrição dizendo ter sido feita essa fonte pelos vereadores do ano de 1624 do dinheiro de um por cento, sendo segunda vez vice-rei dêste Estado o conde-almirante D. Francisco da Gama. A água era conduzida por calhas de madeira até ao cais, donde còmodamente a recebiam as embarcações.

Há ainda mais algumas nascentes de primorosa água dentro da praça; e junto aos quartéis uma nascente de água férrea.

A linha de defesa terrestre, mais tarde organizada, tinha por apoios a êste o baluarte *Mamam*, hoje arruinado, que se ligava com o baluarte de Emígdio, interrompendo-se a cortina na *Porta de Sinquerim*, onde estava estabelecida a comunicação fluvial com a outra margem por meio duma barca de passagem puxada a duas sirgas; e ao oeste o baluarte de D. Maria, obra muito importante, de traçado semi-circular, destinada especialmente a obstar por meio de fogos de flanco à qualquer tentativa de desembarque na praia de Bardês.

Além da Porta de Sinquerim, dava entrada para a fortaleza por terra a *Porta de Cava*, onde vinha desembocar uma ponte de alvenaria, que neste sítio ligava a praça ao exterior, e que era protegida pelo baluarte da *Cava*.

Próximo ao ângulo reentrante do baluarte do sudoeste, da parte exterior, mas dentro duma cortina, ergue-se a tôrre circular do farol, bem construída e espaçosa, da altura de 42 pés ou 5, 5. O farol era antigamente entretido por fachos ensopados em azeite, que forneciam as Câmaras agrárias de Bardês e acendia-se sòmente durante as noutes de verão, visto cessar no inverno o movimento marítimo no pôrto. Em 1841, no govêrno de Lopes de Lima, foi melhorado com uma boa lanterna de eclipses regulados pela máquina de um grande relógio, que batia as horas num sino de 150 arrobas de pêso ; o qual sino, que pertenceu à igreja do Convento de S. Agostinho, foi transferido, ha poucos anos, para o frontispício da igreja de Pangim. Mas, como a rotação dessa lanterna era muito vagorosa e o eclipse durava pouco mais de 15 minutos, o conde de Tôrres Novas substituiu em 1864 as laternas e o maquinismo por um aparelho iluminatório de Argand, da classe catóptrica, que fazia ver a luz no intervalo de 30 segundos por sucessivos gráus de aumento na intensidade, até à posição em que adquiria o maior brilho, passando daí a diminuir em igual intervalo até à sua ocultação, e durava o eclipse um minuto—trinta revoluções por hora. Modernamente, em 1906, foi substituído êste aparelho pelo de rotação em grupos de três clarões em cada 10 segundos.

Acende-se desde 1866 ainda durante as noutes do inverno e é visível com bom tempo à distância de 26 milhas geográficas.

Numa das lombadas da colina e olhando para a barra, levanta-se a antiga ermida de S. Lourenço, de Linhares, depois convertida em igreja paroquial, construída pelo conde daquele título em 1630. A festa do seu orago, que se soleniza em 10 de Agosto com alguma concorrência, marca a época da abertura da barra do Mandovi ou o fim da monção do S. O., começando então o tempo ordinário de entrada e saída das embarcações. Excepcionalmente, porém, o brigue de guerra *O Africano*, tendo por comandante Joaquim Viegas d'O', passou o canal em 22 de Junho de 1841 aproveitando o mar bonançoso.

Esta praça foi, como dissemos, a residência do general da província e possuiu sempre uma guarnição numerosa e, depois que se extinguiu êsse logar de general, teve por governador um coronel. Em 1832 a fortaleza tinha 90 bôcas de fogo assestadas só nas baterias compreendidas entre as cortinas que descem da Fortaleza real e defendem o ancoradouro, sendo desguarnecidas todas as mais.

Além da obra descrita existe um baluarte destacado a oeste da linha da defesa terrestre, cujo fim seria o cruzar os seus fogos com os do baluarte do Galvão, no caso de uma tentativa de desembarque entre estas fortificações. Podia ser guarnecido por 5 peças. Reconstruído no govêrno do 1.° visconde de Ourém, encontra-se ainda em bom estado e chama-se baluarte do oeste. (1)

Praça de Mormugão

Construída em 1624 à custa da Câmara geral de Salsete no govêrno do vice-rei D. Francisco da Gama, esta praça abrangia toda a península, em que termina pelo norte aquela província, e tinha mais de duas léguas de circuito.

Do lado do istmo era defendida por uma grossa muralha com 5 baluartes denominados: da Porta do campo, do Destêrro, de S. Domingos, de S. Jerónimo e de S. Boaventura. O fôsso contíguo a essa muralha, tendo sido cortado o istmo, enchia-se de água na preamar, convertendo a praça numa ilha de difícil acesso. Pelo norte erguiam-se os baluartes de N. S. da Guia, de S. Francisco e a Bateria do palácio; e para oeste os baluartes do Cabo, das Pedrinhas e do Saldanha, unidos uns e outros por suas cortinas. Êstes e outros baluartes de diversos nomes, ao todo vinte, que fortificavam a praça, lhe deram por muito tempo a fama de inexpugnável, servindo por isso de guarida aos cofres do Estado, aos estabelecimentos públicos e à famílias principais durante a invasão marata repelida no govêrno do conde de Sandomil.

Pelo meado do século XIX já êstes baluartes estavam, pela maior parte, desguarnecidos de artelharia, conservando-se montadas 48 bôcas de fogo nas baterias que olhavam para o ancoradouro e na fortaleza real, onde se arvorava a bandeira nacional.

Existem ainda hoje nesta praça algumas nascentes

(1) Vid. *Praça da Aguada* por Neves e Castro no *Oriente Port.*, vol. 1.º pag. 680.

de excelente água, sendo as principais : a do *baluarte do Malabar* ; a do *largo do palácio*, donde se abasteciam os navios, dizendo-se que ela atravessava uma mina de ouro ; e a de *S. Inácio*, lageada e enobrecida em 1703, da qual também se dizia passar por uma mina de enxôfre.

No cume sobranceiro à fortaleza real se via o farol. que com ela comunicava a sua base por uma larga escadaria de 152 degráus de pedra, e no ponto culminante de toda a península o telégrafo de bandeiras, que se correspondia com os de Aguada e do Cabo. estabelecido pelo conde das Antas em 1842 para servir de repetidor de sinais nestas duas fortalezas e transmiti-los para o telégrafo do outeiro da Conceição, em Pangim. Na rètaguarda da fortaleza real ficavam as casas do capitão-mór da praça e o quartel da sua guarnição. O palácio dos vice-reis com a sua capela da invocação da N. S. da Conceição, construído em 1624, defrontava com o terreiro quadrangular de 55 braças, e entre êste edifício e a Porta do mar estendiam-se os quartéis da tropa, ocupando o espaço de 88 braças de comprido. Entre os baluartes de S. Francisco e da Guia ficavam os armazéns dos mantimentos. Ao pé do baluarte de S. Domingos avultava o grande hospital militar e outros quartéis ; e finalmente vários edifícios bordando as ruas, construídos em 1703 no intuito de transferir a cidade para esta península ; tais como, a casa da pólvora e moeda, uma cordoaria, o convento de freiras, o hospital, o palácio da Relação, a contadoria, uma casa para o Vedor da Fazenda, a alfândega e alguns prédios pequenos para residência de empregados.

Suspensas as obras da projectada cidade de Mormugão pela carta régia de 18 de Março de 1712 e abandonada a praça, já invadida em 1785 pela epidemia, arruinaram-se os edifícios, que nos haviam custado 30 anos de trabalho e 600 mil xerafins em dinheiro (96.000$000 reis)!

De tantas construções resta hoje sómente uma parte da muralha pelo sul, a alfândega e o palácio dos vice-reis sem a capela, reformado e destinado às repartições da companhia do caminho de ferro. A primitiva igreja da praça, dedicada à N. Sra. do Destêrro, que mais tarde havia sido reduzida à capela, foi removida para um sítio muito próximo, sendo absorvido o terreno pela linha ferrea, e continua a ser filial à igreja de S. André, de Vasco da Gama. O fôsso, de que falamos, foi completamente aterrado.

Mormugão é sem dúvida o único pôrto de Goa e mesmo de tôda a costa do Malabar, onde no inverno se podem abrigar com segurança os navios de alto bordo; mas a embocadura do Zuari, que banha a península pelo norte, se torna às vezes intransitável para as embarcações pequenas pelo escarcéu que rebenta nas restingas e pelo vento noroeste que fustiga o ancoradouro. Desde 1878 a criação do pôrto artificial nessa baía e a construção do caminho de ferro, que nos pôs em comunicação acelerada com o território britânico, melhoraram muito as condições físicas e políticas de Mormugão, que promete ser uma cidade comercial.

Fortaleza de N. S. do Cabo

Era uma grande fortificação no extremo ocidental da ilha de Tissuari, do sistema da fortaleza da Aguada, cruzando o seu fogo com o desta e com o da praça de Mormugão. Tinha a sua cidadela no cume do outeiro, comunicando com a couraça e as baterias rasantes.

O projecto de erigir uma fortaleza neste sítio nasceu em 1540 no govêrno de D. Estêvão da Gama, mas não se realizou senão alguns anos depois. Antes disto foi ali construída uma capela sob a invocação de N. S. do Cabo, que mais tarde fêz parte integrante do convento dos franciscanos reformados, fundado em 1594.

A fortaleza desapareceu por completo, conservando-se apenas as três cisternas e a casa conventual, que se acha transformada em residência dos governadores.

Quando as tropas inglesas ocuparam esta fortaleza, levantaram ali um hospital, quartéis e mais alguns edifícios, que em 1848 foram demolidos pelo nosso govêrno sem deixar vestígios. Resta sómente o cemitério, cuja conservação e asseio está a cargo de um guarda pago pelo govêrno de Bombaim. Encontram-se no cemitério algumas sepulturas, de que só seis trazem epitáfios.

Forte dos Reis Magos

Situado no extremo sul da província de Bardês e no cume de um môrro fronteiro à praia de Gaspar Dias, foi êste forte construído, sôbre as ruínas de um pequeno reduto do tempo de Adil-Khan, pelo vice-rei D. Afonso de Noronha (1551-1554). O governador Manoel de Souza Coutinho mandou acrescentar-lhe a couraça ao lume da água, que é uma bateria de sete peças casamatadas e três faces, unida à cidadela por duas cortinas, cada uma das quais tem 124 degraus no interior do parapeito.

Em 1598 foram construídos o quartel do comandante e os paiois ; e no govêrno de Caetano de Melo e Castro foi-lhe feita a tenalha, que bate a campanha pelo norte do rio a todo o alcance do canhão, e postas no entablamento da porta as armas reais com a seguinte inscrição :

NO ANNO DE 1707 : FOI REEDIFICADA ESTA FORTALEZA GOVERNANDO O VICE-REI CAETANO DE MELLO E CASTRO, E SE PUZERAM ESTAS ARMAS SENDO CAPITÃO D'ELLA D. ALEIXO DE ALMEIDA.

Em 1832 possuia 33 peças de artelharia e ainda 20 anos mais tarde tinha por comandante um major sendo a sua guarnição um destacamento de veteranos. Havia ali um posto semafórico que repetia os sinais do da Aguada para Malim, e o qual o conde das Antas transferiu para o Cabo.

A' pequena distância a leste corre uma nascente de abundante água. A fortaleza está hoje transformada em lazareto e guarnecida por 6 praças reformadas sob o comando de um tenente, também reformado.

Forte de Gaspar Dias

Assentado na margem esquerda do Mandovi, na extremidade saliente de um palmar pertencente a Gaspar Dias, êste forte, obra do conde da Vidigueira, D. Francisco da Gama, (1598) era uma tenalha de 10 peças, oposta ao forte dos Reis Magos, cujos tiros cruzavam com os dêste defendendo o rio, que entre os dois fortes é bastante estreito, chegando a ter um pouco menos de 2/3 de milha. Por 1774 foram aí construídos amplos quartéis militares, que por muito tempo foram ocupados pelo regimento de artelharia.

Incendiado e arruinado por ordem do governador militar Fortunato de Melo, em 4 de Maio de 1835, tendo sido ali morta muita gente do 1.° regimento, que defendia a causa de Bernardo Peres, foi restaurado em 1842 por Lopes de Lima, que lhe deu a artelharia precisa e uma guarnição de veteranos comandada por um alféres. Hoje nem pedras aparecem.

Fortaleza de Rachol

A leste da província de Salsete. na margem esquerda do Zuari e em frente da província de Pondá, encontram-se ainda as ruínas desta antiga fortaleza dos mouros, cedida aos portugueses no govêrno de Diogo Lopes de Sequeira, em 1521, por Krisna Ray, rajá de Bisnagar, que a tinha tomado pouco antes ao sultão de Bijapur.

Como fôsse o principal baluarte de defesa de Salsete, era freqüentemente atacado pelos mouros e maratas durante as suas temíveis incursões em Goa ; pelo que lhe foi preciso acudir por vezes com reparações que foram executadas sucessivamente em 1604 pelo governador Aires de Saldanha, em 1684 pelo conde de Alvôr e depois por outros vice-reis. Na porta do seu castelo, que já desaparèceu, se lia a seguinte inscrição :

SENDO O CONDE DE ALVOR, VICE-REI DA INDIA, MANDOU REFORMAR ESTA FORTALEZA, DEPOIS DE SE DEFENDER DO CERCO DE SAMBAJI, 22 ABRIL 1684.

Em 1745 o marquês de Alorna mandou fazer-lhe algumas obras adicionais, incluindo um açude e o fôsso aquático, que mais tarde se tornou o foco do paludismo que invadiu a praça.

Dentro dos seus muros residiam o general da província de Salsete com uma companhia de infantaria e duas de cavalaria ([1]), as principais autoridades e muitos fidalgos. Havia ali uma numerosa povoação florescente e casas nobres e ricas; e era ali que se acolhiam vários habitantes da província para se acobertarem das incursões e rapinas dos inimigos. Enfim Rachol era a capital de Salsete, tão notável, que Krisna Ray, rei de Bisnagar, lhe chamou a cidade de Rachol ([2]).

A fortaleza, ainda que irregular, era defendida, pela banda do rio, por uma bateria desenvolvida, excedendo a 100 as peças de ferro de vários calibres, que guarneciam a muralha e cujo número foi mais tarde (1832) reduzido a 65.

Tinha duas portas: uma denominada porta *principal*, com sua ponte dormente sôbre o fôsso, olhando para o noroeste e a outra chamada de Curtorim, que deitava para a freguezia dêste nome. A primeira ainda existe um pouco derruída ([3]).

Na bateria encontrava-se uma colubrina de bronze, feita no reinado de D. Sebastião, assestada no vértice do baluarte que olhava para a província de Pondá.

Devastada pela epidemia em 1787, a praça tornou-se inabitável; e, emigrando sucessivamente os habitantes para Margão, hoje uma vila formosa, e para ou-

([1]) A Câmara de Salsete comprometeu-se, em 1684, a sustentar, pagando 10,600 xerafins, duas tropas de 100 cavalos em subrogação de não serem obrigados os seus habitantes à vigia. Mais tarde a tropa foi reduzida a 60 cavalos e 200 sipais e finalmente extinta em 1776. A Câmara tinha a seu cargo a gratificação do general da província, que era de 2 mil xerafins, e várias outras despezas. *Bosq. hist. das Com.*, part. 2, pag 42.

([2]) Vol. 1.°, pag. 51.

([3]) *Annais marit. e col.*, vol. 2.°, pag. 190; e *Bosq. das Poss. Port.*, vol. 1.°, pag. 48.

tros pontos, foi em 1842 complètamente abandonada, passando o seu presídio para o forte dos Reis-Magos.

De todos os edifícios elegantes que a embelezavam, escaparam à destruição a igreja paroquial e o seminário diocesano com a sua igreja.

A igreja paroquial, a mais antiga de todas de Salsete, edificada em 1526 sob a invocação da N. S. das Neves e reconstruída em 1596, tem bela aparência, cofres ricos e o pavimento ornado de notáveis epitáfios. Do seminário e da sua igreja falamos em capítulo especial.

Além destas duas igrejas, havia dentro da fortaleza 3 templos pequenos: *a*) a ermida do castelo, que se erguia muito próximo e à esquerda de quem entra na paroquial, compreendendo as casas do capitão da fortaleza; *b*) a capela, chamada *dos quartéis*, que fôra provàvelmente fundada em 1580 e dedicada a Sto. António [1]; esta capela tinha seus bens, que, por port. prov. de 21 de Setembro de 1854, foram encorporados nos próprios da Fazenda, sendo trasladadas as suas imagens para a capela da ilha de Rachol; o edifício, abandonado e arruinado, via-se em pé até 1867, à direita da antiga estrada, que ia da igreja paroquial ao seminário; *c*) e a capela da cadeia pública, que demorava à ilharga da igreja paroquial pelo lado do sul, e esteve conservada ainda depois de 1834, até que se construisse uma casa com igual destino na vila de Margão. Ao presente nem ruínas existem dêstes edifícios.

Felizmente a praça vai-se saneando e repovoando,

[1] A erecção desta capela foi facultada pelo arcebispo D. fr. Henrique de Távora e Brito, por provisão datada de 1580, anuindo à vontade e devoção de D. Jerónima de Castro, mulher de Damião de Sousa, capitão da fortaleza do Rachol. *Mit. Lus.*, pg. 67.

embora de habitantes modestos, desde que se aterrou o fôsso e foi construído um cais em 1880, para dar acesso às lanchas da navegação fluvial, ligado à uma larga estrada que atravessa a mesma praça e se dirige para Margão, atraindo para o embarcadouro alguma concorrência e hospedarias.

Da fortaleza restam uns pedaços.

Forte de Naroá

Era o antigo forte dos mouros situado na aldeia de Naroá, da ilha de Divar, fronteiro à velha cidade de Goa, e na margem dum tributário do Mandovi. Abandonado em 1834, só se veem ruínas. Foi o sítio do *tirtha* e de um templo hindu, que subsistiu até à conquista portuguesa e do qual já temos falado no vol. 1.°, pag. 16. A ilha de Divar, antiga Dvipavati, célebre pelas tradições hindus, é dividida em três freguezias: a da Piedade, de S. Matias e de Naroá. A igreja da Piedade, que está situada no cume de um monte central, é vasta e toda abobadada, obra sólida e admirável e possui cinco altares. Ao sopé da colina, ao sul, uma capelinha, construída em 1865 é dedicada a uma imagem do Senhor Morto, muito venerada sob a invocação de Redentor, que atrai concorrência e oblatas.

A ilha foi bêrço de muitas famílias nobres de Goa e de personagens notáveis, entre os quais se contam dois bispos propagandistas, D. Mateus de Castro e D. Tomás de Castro. A sua população, que, atacada por epidemia, decrescera, vai, há muito tempo, prosperando. As três comunidades da ilha sustentaram desde 1844 uma escola da língua portuguesa e latina, de que temos falado no 1.° vol., pag. 341.— Hoje existem ali duas escolas de ensino primário e um asilo para os pobres.

Forte de S. Bartolomeu (Chorão)

Construído em 1720, ao nordeste da ilha de Chorão, êste forte tinha o seu castelo e recinto mais consideráveis do que muitos, e servia para defender o váu que circunda esta ilha e as de Calvim e Ponolem. Era guarnecido com 11 peças.

Esta ilha, que é a maior do grupo das Ilhas depois da de *Tisuvari* e era muito povoada, divide-se em duas freguezias: a de S. Bartolomeu e a da Graça. Muitos fidalgos tiveram suas quintas de recreio nesta última, que hoje está quasi deserta, mas possui a capelinha de S. Jerónimo pertencente ao extinto seminário, de que já falamos; e reanima-se pela festa de S. Roque, que se faz na igreja, sendo concorrida das freguezias vizinhas.

Praça de Alorna

Jaz no extremo nordeste de Perném, sôbre a margem direita do rio de Chaporá ou Colvale, cêrca de três milhas distante da fronteira inglesa. É o pior dos pontos militares—por ser dominado pelas alturas vizinhas—mas com excelentes muralhas. Foi tomada ao Bounsuló, que tenazmente a defendia, em 4 de Maio de 1746, pelo marquês de Castelo Novo, que assim ganhou o título de marquês de Alorna; era indispensável a sua conquista para nos assegurar a das províncias de Bicholim e Sanquelim, protegidas pelas fôrças que nela se apoiavam. Tendo sido restituída por ordem da Côrte em 1761, o Bounsuló insurgiu-se e, libertando estas províncias, ameaçou a de Bardês, até que D. Frederico Guilherme de Souza a reconquistou em 21 de Agosto de 1781. Tinha doze peças. Ao presente se encontra em estado ruinoso e é guarnecida por um cabo e 6 soldados de infantaria. A sua capela, que se arruinara, foi reedificada, há pouco, pelo zêlo do actual capelão.

Forte de Chaporá

Começado a construir em 1717 pelo conde de Ericeira, primeiro marquês de Louriçal, foi concluído no govêrno do seu sucessor. Situado numa boa posição militar, no extremo ocidental de Bardês e à margem esquerda do rio de Colvale, domina-lhe a foz que terá uma milha de largura. Havendo sido tomado em 1683 por Sambagi e em 1739 por Bounsuló, foi reconquistado pelos portugueses em 13 de Junho de 1741. Era dedicado a S. António e tinha nove peças e uma pequena guarnição, que hoje consiste em 4 praças e um alferes, todos reformados. Chaporá possui uma capela, uma alfândega e algumas fontes, a melhor das quais é a que está situada na encosta do oiteiro ao sul.

Forte de Colvale

Construído na margem esquerda do *Colvale*, fronteira ao norte de Bardês, pelo conde de Alvor em 1635 como barreira contra as incursões do marata e do Bounsuló, foi tomado por êste em 1739 e reconquistado pelo marquês de Louriçal em 13 de Junho de 1741. A sua guarnição era feita pelo 2.° batalhão de caçadores, que se chamava também batalhão de Colvale por ser êste forte o seu quartel. Em 1841 foi transferido o regimento para os quartéis de Mapuçá e a fortaleza, que já poucos anos antes se achava descuidada, caíu em ruínas.

Forte novo de Tivim

Foi construído em 1635 pelo conde de Linhares à

custa da câmara geral de Bardês. Depois da construção dêste foram levantados (1681) pelo conde de Alvor em Tivim mais dois fortes para flanquear o *forte novo*, denominados respectivamente o *forte de Assunção* e o *forte do meio*, ligados entre si e com o de Colvale por uma grossa muralha protegida por um fôsso profundo, primitivamente cavado com o fim de unir o rio Mandovi com o de Chaporá. Ambos êstes fortes foram tomados por Sambagi em 1683, que os conservou em seu poder por pouco tempo. Em 1834 foram abandonados sendo recolhidas ao arsenal as 19 peças que ali se encontraram. Por despacho de 11 de Maio de 1815 foi permitido à câmara geral demolir as suas tercenas. As aldeias que ficavam fóra do forte se chamavam *Aldeias extra-muros*, e são as de Sirçaim, Assonorá, Nadorá, Revorá, Pirna, e a ilha denominada *dos Ranes*, pátria de Zoitobá, progenitor dos Ranes de Satari, a quem o Estado havia feito em 1609 mercê em 3 vidas, das últimas 3 aldeias (carta de 11 de Setembro).

Forte de Quítula e outras fortificações em Aldoná

Construído na fronteira nordeste de Bardês, na freguesia de Aldoná, durante o govêrno de Vasco Fernandes Cesar de Menezes (1712–1717), o forte de Quítula foi abandonado em 1834 e hoje não há nem vestígios. Tinha 3 peças de ferro de calibre 6.

Na proximidade da igreja de Aldoná existia também uma fortificação com uma tercena—para a residência do corpo de tropas, que se denominava *terço*, hoje regimento—e casas suntuosas para o general da provincia de Bardês, construídas pela Câmara Geral em 1740, para obstar às invasões do Bounsuló pelo rio. Além disto, a câmara de Bardês sustentava uma companhia de sipais, pagando 21,960 xerafins, e tinha vários outros encargos. Por despacho de 11 de Maio de 1815 foi permitido à câmara geral demolir estas casas (1). O sítio onde estava o quartel do terço, ainda é conhecido pelo nome de *Tercena*. *O terço* de tropas completo tinha 10 capitães, 10 alferes, 10 sargentos e 40 cabos de esquadra.

Forte de Corjuém

Ergue-se na ilha de Corjuém, em Bardês, a éste da freguesia de Aldoná. Foi tomado aos Bounsulós por Caetano de Melo e Castro em 1705 e reformado. E' um quadrado de 25 braças.

No princípio do século XIX foi reconstruído e destinado aos exercícios dos alunos da Escola Militar, por ser a fortificação mais regular do Estado, embora acanhada em dimensões.

Desguarnecido em 1834, foram recolhidas as suas quatro peças ao arsenal. No recinto da fortaleza existe um poço quadrangular e na porta a seguinte incrição :

ESTA ILHA SE ANEIXOU
AO ESTADO SENDO VISEREI DELE
O EX.MO SENHOR CAETANO DE MELO
DE CASTRO E NO MESMO TEMPO
DE SEU GOVERNO SE FES ESTA FO
RTALEZA NO ANO DE 1706.

(1) *Bosquejo Hist. das Com.*, 1.ª Ed., P. 2.ª, pag. 42 e 72.

Fortaleza de Bicholim

Situada no centro da província dêste nome à margem de um ribeiro tributário do Mandovi, foi tomada e arrasada por Caetano de Melo e Castro em 1705. Os inimigos apoderando-se, poucos anos depois, das ruínas, lhe restauraram as muralhas, mas em 1746 já era portuguesa. Por ordem da Côrte foi restituída, como muitas outras, em 1761, e 20 anos depois reconquistada por D. Frederico Guilherme de Souza. Foi desguarnecida em 1834 sendo conservadas as casas para o uso do 3.º batalhão de infantaria, que ali esteve estacionado até 1871. A tradição diz ter existido uma cidade hindu no sítio da fortaleza, que era uma espécie de castelo de cinco baluartes com muralhas altas e grossas, fôsso largo e portas bem defendidas.

Forte de Sanquelim

Situado à margem esquerda do rio do mesmo nome foi conquistado pelo marquês de Alorna em Maio de 1746 e considerado como o ponto militar mais importante das Novas Conquistas. Ao presente está em estado ruinoso. Dentro do forte havia uma alfândega para os mercadores que desciam dos Gates.

Forte de Nanuz

Ocupava o centro da província de Satari na margem esquerda do *Madei*, ou Mandovi, e fôra provàvelmente obra dos portugueses. Para não servir de abrigo e defesa aos revoltosos da província foi destruído em 1895.

Forte de Arabó

Foi tomada ao Bounsuló em 1746 pelo marquês de Alorna e reconquistado em 1781 por D. Frederico Guilherme de Souza. Era uma fortificação pequena na margem direita do Chaporá e tinha seis peças. Hoje está arruinado.

Fortaleza de Tiracol

Construída pelo Bounsuló na margem direita do *Araundém*, a seis milhas de Chaporá, foi conquistada em 23 de Novembro de 1746 pelo marquês de Castelo Novo, depois marquês de Alorna. Além do recinto sobranceiro ao rio, é composta de duas couraças, que descem da rocha para a praia, unidas por uma muralha. A sua posição militar era importante e defendida por 22 bôcas de fogo. Tornou-se tristemente célebre pela carnificina que ali houve na manhã de 27 de Maio de 1835 durante a revolta militar (1). Ainda está em pé e tem uma capela, sendo a sua guarnição limitada a 4 praças reformadas sob o comando de um capitão, também reformado.

Fortaleza do cabo de Rama

É uma fortificação à beira-mar sôbre o cabo dêste nome, ao noroeste do concelho de Canácona, na aldeia Cola. Foi tomada ao rei de Sunda em 1 de Junho de 1763 no govêrno do primeiro conde da Ega. Conserva os quartéis, não excedendo hoje a sua guarnição a 6 praças e 1 tenente reformados.

(1) Vol. 1.º, pag. 258.

No seu recinto existe um poço quadrangular e na visinhança correm duas fontes, uma das quais, a que demora ao nordeste à pequena distância da fortaleza, tem, conforme um relatório oficial, duas bicas de pedra, que oferecem água de temperatura desigual, uma fria e outra tépida, dizendo-se ser esta sulfúrea. Desde 1889, há ali uma igreja paroquial e uma escola de primeiras letras.

Fortaleza de S. Estevão

Construída na parte mais elevada da ilha de Jua ou S. Estêvão e denominada *Forte de S. Francisco Xavier*, foi esta fortaleza tomada de surprêsa por Sambagi em Novembro de 1683, passando à espada a sua guarnição (1). Existem ruínas e no alto da porta a seguinte inscrição lapidar em alto relêvo:

=REINANDO D. AFONSO O 6.º SENDO VIZO-REI O CONDE DE S. VISENTE SE OBROU ESTE FORTE, DEDICADO A PROTECÇÃO, DO APOSTOLO DO ORIENTE S. FRANCISCO XAVIER EM 8 DE SETEMBRO 1668.=

Fortaleza de Angediva (2)

Na ilha de Angediva, situada a dez léguas ao sul de Mormugão, ilha outrora habitada por piratas mouros, onde repousou por alguns dias Vasco da Gama em 1498 de volta de Calicut, e onde, em 22 de A-

(1) Vol. 1.º, pag. 174.

(2) Angediva ou *Anchediva* é um grupo de 5 pequenas ilhas, sendo mais importante esta, de que se trata.

gosto de 1500, oito religiosos franciscanos, que acompanharam Pedro Alvares Cabral, tendo por guardião fr. Henrique de Coimbra, disseram missa numa capela e iniciaram a prègação do evangelho na India ([1]), foi levantada em 1506, uma fortificação pelo primeiro vice-rei da India, D. Francisco de Almeida, que a dedicou à N. Senhora das Brotas. Esta fortificação consistia numa cortina grossa e sólida, que bordava a praia pelo norte entre os dois morros mais salientes da ilha, com dois cubelos nas extremidades e uma tôrre de menagem de dois andares no centro, que tinha uma só porta de entrada e um eirado argamassado, onde podiam ser montados berços e bombardas no caso de ataque. A guarnição, que então era composta de 80 homens sob o comando de Manuel Pessanha, capitão da ilha, residia pela maior parte em casas feitas de madeira, cobertas com olas. Foi êste o primeiro padrão implantado na India pelos portugueses.

Esta fortaleza, não obstante ter resistido a um cêrco dos mussulmanos de Dabul, foi demolida logo em 1507 pelo próprio vice-rei, que, aproveitando alguns materiais desta para a construção da fortaleza de Cananor, preferiu abandonar a ilha a ter de despender grandes somas em a fortificar devidamente, como então era preciso.

Depois de um largo período, em que a ilha não passou de uma estação de *aguada* para algumas das nossas frotas, o general inglês Sir Abraham Shipman, que vinha com um corpo de 500 homens tomar posse da ilha de Bombaim, cedida ao rei de Inglaterra Carlos 2.°, não encontrando durante o período das negocia-

([1]) *Origin of Bombay*, J. G. da Cunha, pag. 121; Barros *Dec.* II 5., cap. 1.

ções (1662–1665) outro ponto onde pudesse fundear a esquadra e abrigar-se das monções, estabeleceu-se com a sua tropa na abandonada ilha de Angediva, onde tendo sofrido todas as inclemências do alojamento e do clima, faleceu em 5 de Abril de 1664, morrendo também muitos dos oficiais e soldados que constituiam o corpo expedicionário, de maneira que só 2 oficiais e 191 praças chegaram a Bombaim por ocasião da entrega desta ilha a 18 de Fevereiro de 1665 (1).

Com a retirada das tropas inglesas, Angediva ficou mais uma vez sem autoridade por alguns anos, servindo de refúgio aos piratas que infestavam as costas do Canará e Malabar.

Em 1682, porém, o conde de Alvor, que já experimentara uma terrível invasão do marata Sambagi na ilha de S. Estêvão, vizinha da capital do Estado, querendo adoptar medidas radicais de segurança, levantou fortificações em vários pontos e, entre estas, uma fortaleza na ilha de Angediva, que mais tarde (1731) foi reformada, como se vê de duas inscrições existentes na sua porta principal. Desdobrando-se de noroeste para sueste, as obras desta fortificação, que bordavam a parte acessível da ilha, banhada pelas águas do canal de Carvar e torneavam as fraldas dos dois morros salientes seguindo mais ou menos as inflexões da praia, compreendiam : a *couraça*, que incluia no seu recinto a igreja da N. Senhora das Brotas, construída em 1683, segundo dizem, sôbre as ruínas de um antigo pagode e abrigava os paiois e os armazéns de víveres, munições, palamenta, etc ; o *reduto* da cortina do canal; os baluartes de *S. Francisco*, de *S. António*, da *Conceição*, do *Diamante* e da *Lumbreira* ; as baterias de *Meia Laranja* e de Sine ;

(1) Vol. 1.°, pag. 169.

a bateria da *Ponta de Dentro* e o reduto *Ponta de Fora*. Para impedir o acesso à praia na costa ocidental foram levantadas as baterias da *Peça* e das *Fontainhas*, como complemento do circuito fortificado, o qual todo teria pouco mais ou menos duas milhas de comprimento. Além das duas baterias esta costa é protegida pela natureza com grandes massas de rochas escarpadas e inteiramente inacessíveis.

Esta fortaleza, a princípio defendida apenas com 16 canhões, foi dotada mais tarde (depois de 1731) com 77 bôcas de fogo, variando êste número com o tempo. A guarnição de 100 homens, *companhia de ordenança*, que o conde de Alvor lhe destinara, também passou por várias mudanças conforme as circunstâncias.

Em 1768 Angediva chegara ao maior desenvolvimento. Tinha um governador da praça, com seu estado maior e 251 soldados, número que pouco depois foi elevado a 350. Mas em 1817, como ja não havia receio das incursões dos mogois, maratas ou bounsulós, o condo do Rio Pardo reduziu esta guarnição a uma companhia de *pé de castelo* (122 homens incluindo o estado maior e menor da praça), que em 1840 foi ainda mais reduzida, até que três anos depois foi desclassificada a fortaleza por inútil e eliminada a sua guarnição.

Em 1863 algumas das cortinas estavam complètamente arruinadas.

A população da ilha, que ainda em 1812 chegava ao número de 782 e se compunha pela maior parte da gente da guarnição, descendentes de europeus e de degredados de Goa, Damão e Diu, desapareceu com o abandôno a que foi votada a ilha e pela insalubridade do clima, tendo uma parte emigrado para Paugim, onde constituiu o *bairro dos Angedivanos*, na proximidade da fonte da *Cabeça da Vaca*. Hoje está reduzida a 49 habitantes.

Havia ali cultura de arroz e côco, industria de pesca e fabrico de meias de algodão à agulha, que se exportavam para várias partes. Nos ilheus do arquipélago, segundo diz Lopes Mendes, colhiam-se ninhos de andorinhas do mar, que eram exportados para China, onde passavam por manjar muito delicioso.

Ao presente existem ruínas da fortaleza e a igreja da N. Senhora das Brotas, que é muito pequena, no largo da Couraça, tendo seu páraco, que reside fóra da ilha, em Binguém ([1]).

Há em Angediva um destacamento de 4 soldados reformados sob um segundo sargento.

Conserva-se ainda um tanque de alvenaria construído no colo dos dois morros, cuja origem remonta ao domínio hindu ou árabe, donde outróra por um perfeito aqueduto descia a água cristalina à praia para a *aguada* das embarcações. A ilha tem duas fontes de água potável.

Na ilha foi colocada em 1916 pelo govêrno da presidência de Bombaim, com autorização do nosso govêrno, uma grande cruz de teca, com uma inscrição em inglês para perpetuar a memória de Sir Abraham Shipman e seus companheiros, que foram ali sepultados.

Esta ilha de costa brava e quási inacessível, com uma área limitada a 1,5 quilómetros quadrados e distante do continente pouco mais de três quilómetros, ficou hoje, por estas e outras condições, reduzida sómente ao seu valor histórico.

([1]) A capela de Binguém é filial à igreja de Angediva, constituindo hoje Angediva—Binguém uma das missões do varado de Sadashivgod, com a população católica de 298 almas.

Pôsto de Baga

E um pequeno reduto à beira do mar, na provincia de Bardês, na aba de um oiteiro de Calangute, próximo à calhéta onde desagua a ribeira, que desce da aldeia de Nagoá. Servia para vigiar a costa e auxiliar os guardas de fiscalização da alfândega.

Tinha 2 peças e 6 praças de guarnição sob o comando de 1 alferes.

Notas finaes

A

(Pag. 159)

Descripção do auto da fé que teve logar em Goa em 12 de Janeiro de 1676, feita por Dellon nos cap. 24-28 da sua *Narração da Inquisição de Goa*, traduzida por M. V. de Abreu.

« Na noite antecedente ao dia designado para o *auto da fé* recebi eu (diz M. Dellon) das mãos dos guardas do Santo Officio um habito, que era uma especie de vestia, cujas mangas chegavão até o punho da mão, e um calção, que cobria até o calcanhar, ambos da côr preta com pintas brancas.

Pelas duas horas da madrugada desse dia vierão os taes guardas ao meo aposento, e me levarão a uma galeria, onde achei um bom numero dos meos companheiros de infortunio, todos já infileirados; eu fui pôr-me no lugar que me tocava, e o mesmo fiserão muitos outros, que vierão depois de mim.

Erão perto de 200 pessoas, que se achavão agglomeradas nesta galeria, e entre estas quasi doze brancos, vestidos tambem do mesmo habito preto, que todos pelo profundo silencio que guardavão, poderião ser tomados como outras tantas estatuas, encostadas á parede, se o movimento dos seus olhos, unica liberdade que lhes era permittida, não fizesse conhecer que ellas erão animadas. O limitado numero de alampadas, que alumiava o lugar da nossa reunião, dava um aspecto tam lugubre, que junto a tantos outros objectos negros, e tristes, não parecia senão um prestito funebre.

Na galeria visinha estavão as mulheres destinadas para o mesmo *auto da fé*, que erão vestidas de panno semelhante ao nosso. Observei tambem no dormitorio proximo alguns presos, e outras pessoas de sotaina, passeando de quando em quando, e soube depois que estes presos estavão sentenceados á morte de fogo, e os que passeavão erão seus confessores.

Depois de estarmos collocados de fronte da parede da galeria deu-se a cada um de nós uma vela de cêra amarella. Logo em seguida trouxerão um embrulho de habitos, como dalmaticas, ou grandes escapularios, de baieta amarella, com a cruz de S. André, pintados de roxo pela frente, e pelo reverso. Era costume dar-se esta sorte de insignia aos que commetterão ou se suppõe terem commettido crimes contra a fé de Jesus Christo, quer sejão judeos, ou mahometanos, quer sejão feiticeiros, ou herejes, mas que forão antes catholicos. Estes grandes escapulários são chamados *sambenitos*. Ha outra especie de escapulários chamados *samarras*, de fundo cinzento, representando ao natural o retrato do paciente pela frente, e pelo reverso posto sobre brasas com labaredas levantadas e figuras de diabos em roda, que são destinados aos *convictos*, e *negativos* sobre os factos, de que são arguidos, ou que são *relapsos*. Seus nomes e seus crimes são escritos abaixo do retrato; porém os que se accusão depois de pronunciar a sentença, e os que não são *relapsos*, levão nas suas *samarras* labaredas viradas, a que chamão *fogo revollo*.

Distribuirão-se os *sambenitos* a uma vintena de negros e a um portuguez *christão novo*, todos accusados de magia. Vierão depois mitras de papelão ponteagudas com a forma d'um pão de assucar, também cobertas todas com pinturas de diabos, chammas e uma inscripção em roda dizendo—*feiticeiro*—. Taes mitras são chamadas *carochas*, e estas se puserão nas cabeças dos mais culpados d'entre os accusados de magia.

Nesta posição ficamos esperando novas ordens sentados no chão. As quatro horas de manhã vierão os servidores da casa a repartir pão e figos áquelles que o quizessem, o que eu aceitei por advertencia d'um guarda para me servir delles da volta. Quando amanheceo, póde-se notar nos semblantes de cada um dos presos os diversos movimentos de vergonha, dôr, e receio, que soffrião interiormente os seus agitados espiritos, que se por um lado estavão satisfeitos de terem chegado ao cabo de tam duro captiveiro, assustavão-se por outro pela incertesa do seu futuro.

Tocou-se o grande sino da cathedral pouco antes do raiar do dia, e foi este o rebate dado ao povo para concorrer á augusta ceremonia do *auto da fé*; pois que logo depois nos fizerão sair a um e um. Observei, quando da galeria passava á sala grande, estar o Inquisidor sentado á porta com o seu secretario ao lado, e a grande sala atulhada de muitos habitantes de Goa, cujos nomes trazia o secretario relacionados na mão. A' proporção que sahia cada um dos presos era chamado um destes relacionados, e designado para o acompanhar, e servir-lhe de padrinho no *auto da fé*.

O mister d'estes padrinhos he acompanhar o preso, responder

por elle, e fazer delle a entrega, finda que seja a ceremonia do *auto*, e uma tal escolha importa grande honra para a pessoa escolhida.

O meu padrinho foi o general dos navios portuguezes na India, em companhia do qual, antes de estar na rua, observei que a communidade dos Dominicanos tomara a dianteira da procissão, pelo privilegio de ter sido o seu Patriarcha S. Domingos o fundador da Inquisição, cuja effigie ricamente bordada, tendo n'uma mão a espada e na outra ramo de oliveira com a inscripção—*justitia et misericordia*—era figurada no estandarte do Santo Officio, que ia adiante (¹). Aos religiosos desta Ordem seguião os presos um atraz do outro com o padrinho ao lado, e vela na mão. Os menos culpados caminhavão adiante, e a mim me precedião uns cem por não ser tido como dos mais innocentes. Iamos todos descarapuçados, e descalços, e os pés ficaram ensanguentados, já pela longa marcha de quasi uma hora, já das topadas de seixinhos, que abundão e de que são cobertas as ruas de Goa. Fizerão-nos percorrer as maiores ruas, e attrahimos a attenção de innumeravel multidão do povo de todas as partes da India, concorrido de proposito para este acto; que pejava todas as ruas da nossa procissão. Este concurso he por effeito da publicação, que se faz em todas as parochias, com anticipação necessaria, de que em tal dia hade ter lugar o *auto da fé*.

Em fim cobertos de vergonha, e confusão, e fatigados da longa jornada, chegamos à igreja de S. Francisco por esta vez destinada, e preparada para a ceremonia. Era forrado de dó o altar-mór; nelle lusião 6 castiçaes de prata com vellas, e por ambos os lados se erguião duas especies de thronos; o da direita, destinado para o Inquisidor, e seus conselheiros, e o da esquerda ao Vice-rei, e sua côrte.

Distante, mas fronteiro ao mesmo altar-mór na direcção da porta era levantado outro altar com dez missaes abertos, desde o qual até a porta da igreja corria uma galeria com mais ou menos tres pés de largo, e balaustrada pelos lados. Os presos, e seus padrinhos tomarão assento nos bancos de madeira, que ladeavão a mesma galeria. Observei tambem, que os que me seguião e trazião as horriveis *carochas*, vinhão em ultimo lugar; logo apóz era levado um grande crucifixo com a face virada aos que o precedião, e acompanhado de dois individuos, e quatro estatuas do tamanho natural do homem, atadas todas na ponta d'uma cumprida vara, e quatro cofres condusidos sobre a cabeça d'um individuo contendo os ossos

(¹) O painel representava S. Pedro Martyr, Dominicano, fundador da Confraria da Inquisição, e não S. Domingos fundador daquella instituição

daquelles, que as estatuas representavão.

A face do crucifixo, voltada aos que o precedem, he signal de misericordia, que para com elles se usa, livrando-os da morte, que justamente havião merecido, e os que ficão pela parte traseira do dito crucifixo são desgraçados, que não tem favor a esperar : assim tudo he misterioso no Santo Officio. A vestimenta destes miseráveis não infunde menos horror ou piedade. Tanto os vivos como as estatuas trasião uma *samarra* de baieta grossa com pintura de diabos, chammas, e tições, em que era tambem representada ao natural a cabeça do paciente pela frente, e pela parte traseira com a sua sentença escrita em baixo, resumindo em letras garrafaes seu nome, sua pátria, e o crime, porque era condemnado. Além desta tunica horrivel tinhão estes infelises sobre a cabeça as funestas *carochas*, forradas e pintadas das mesmas figuras de diabos e chammas, e igual pintura tinhão também os cofres referidos dos ossos dos fallecidos, cujo processo havia sido feito depois ou proximo á morte, durante ou antes da sua prisão, a fim de se lhes confiscar os bens.

He para notar que a Inquisição não limita a sua jurisdicção aos vivos e fallecidos nas prisões ; procede do mesmo modo ainda contra os que deixarão de existir muitos annos antes de terem sido accusados : em tal caso, quando a denuncia he de algum crime grave, os manda desenterrar, e queimar-lhe os ossos no auto da fé, confiscando os bens dos seus herdeiros. O que eu digo he tudo testimunhado por mim, por quanto entre as estatuas, que apparecerão, quando eu sahi da Inquisição, havia uma de um fallecido de muitos annos, cujo processo se acabava de fazer, confiscados os seus bens, e queimados os ossos delle, ou talvez de algum outro exhumado do mesmo lugar.

Havendo os infelizes entrado no prestito funebre, que acabei de descrever, e tomados os assentos, que lhes erão destinados junto á porta da igreja, entrou o Inquisidor seguido dos seus officiaes, e foi occupar o throno, que lhe estava preparado á direita do altar, em quanto que o Vice-Rei e sua côrte tomarão o da esquerda e o crucifixo foi collocado no altar entre os seis candelabros.

O templo estava cheio de innumeravel povo, perante o qual o provincial dos Augustinianos, subindo ao pulpito pregou por tempo de meia hora. Era natural a turbação do espirito, em que me devia achar nessa hora solemne, apesar da qual porém observei, que aquelle pregador comparára a Inquisição á arca de Noé : nesta, dizia o pregador, os animaes que entrarão, sairão da maneira, como havião entrado, mas a nossa Inquisição tem admirável propriedade de mudar de tal sorte a natureza das cousas, que os que nella são encerrados, quaes lobos vorazes, e leões carniceiros, sahem com a mansidão de cordeiros.

Acabada esta ceremonia subirão ao mesmo pulpito dous leitores, para lerem publicamente os processos dos culpados, e as penas da sua condemnação. A victima do processo era neste intervallo conduzida pelo alcaide ao meio da galeria, onde ficava de pé com vela accesa na mão até que fosse pronunciada a sua sentença, e como de necessidade todos os accusados se suppõe estarem incursos na pena de excommunhão maior, terminada a leitura, forão elles levados junto do altar dos missaes, e ahi postos de joelhos com as mãos sobre elles permanecerão até que se reunissem tantos, quantos erão os missaes. Então o leitor, interrompendo a leitura do processo, pronunciou em voz alta uma confissão de fé, precedendo-a d'uma curta exhortação, para que os culpados a repetissem de coração e de bocca, á medida que elle o fazia. Depois do que voltarão todos a seus lugares, e recomeçou a leitura dos processos.

A meo turno, sendo eu chamado soube que no meo processo era accusado de tres crimes 1.º o de ter sustentado a invalidade do baptismo *flaminis* ; 2.º o de ter dito que não devião ser adoradas as imagens, blasfemando contra uma de crucifixo, e dizendo que ella não passava d'um *pedaço* de *marfim* ; 3.º finalmente de ter fallado com desdem da Inquisição e seus ministros, e sobre tudo da má intenção, com que havia praticado todos estes actos, por cuja causa foi declarado excommungado, accrescentando-se-me a pena da confiscação dos meos bens a favor do fisco, expulsão da India, sendo obrigado a servir nas gallés de Portugal por tempo de cinco annos, e fazer quaesquer outras penitencias, que me fossem impostas em particular pelos Inquisidores.

Finda a leitura dos processos de todos aquelles, a quem se fazia a graça de salvar a vida, o Inquisidor deixou seo assento para se revestir da alva, e estola, e acompanhado de quasi vinte sacerdotes, cada um dos quaes tinha uma varinha na mão, veio ao centro da igreja, onde depois de repetir varias orações, fomos absoltos da excommunhão, em que pertendia havermos incorrido, dando-nos a todos os ditos sacerdotes leves pancadas das varinhas, de que estavão munidos.

Concluida esta ceremonia o Inquisidor foi pôr-se no seo assento, e fez vir para ali as desgraçadas victimas, uma apoz outra, que devião ser immoladas pela Santa Inquisição. Estas victimas erão um homem, e uma mulher, além das quatro estatuas dos mortos com os cofres que encerravão seus ossos. O homem, e a mulher erão indios christãos, accusados de magia, e condemnados como *relapsos*. Duas das estatuas erão de homens *convictos* do mesmo crime, e as outras duas de dous *christãos novos*, que dizião terem judaizado, dos quaes um fallecêra na prisão, e outro em sua casa, e enterrado na sua parochia; mas que tendo sido accusado de judaismo, depois da sua morte, como tinha deixado bens assaz consideraveis, tomou-se o cuidado de abrir seu tumulo, e desinterrar os ossos, para serem queimados no *auto da fé* depois de se lhe fazer o competente processo.

Lerão-se os processos destes infelizes, que terminavão com estas notaveis palavras: que a Inquisição não podendo fazer-lhes a graça de perdoar por causa da sua reincidencia e impenitencias e vendo-se indispensavelmente obrigada a puni-los com o rigor das leis, ella os entregava ao braço e justiça secular, a quem supplicava instantemente, para usar com elles de clemencia e misericordia, e quando lhes impuzesse a pena da morte, fosse pelo menos sem effusão de sangue. Proferidas estas ultimas palavras approximou-se um official da justiça secular, e tomou conta destas duas victimas, depois de ellas receberem no peito uma pancada por mão do alcaide do Santo Officio, indicativa de estarem já abandonadas.

Estes miseraveis forão ao depois conduzidos a borda do rio, onde estava o Vice-Rei e sua corte no local, em que desde o dia antecedente erão preparadas as fogueiras, que os devião abrasar [1]; em quanto que nós fomos levados para a casa da Inquisição pelos nossos padrinhos sem se observar ordem alguma. Eu não vi por tanto esta execução, mas referirei em poucas palavras as formalidades que ahi se observarão, do modo como as ouvi a testemunhas oculares. Antes de os condemnados chegarem ao local, onde se reunem os juizes seculares, se lhes pergunta, em que religião querem morrer; sem se informar de modo nenhum dos seus processos, que se suppõe terem sido perfeitamente bem instruidos, e as suas victimas justamente condemnadas, por quanto não se duvida que a *inquisição he infallivel.* Logo que ellas respondem a esta unica pergunta, o executor se apossa dellas, ata-as a postes sobre as fogueiras, onde são estranguladas previamente, se morrem no christianismo, e queimadas vivas, se persistem no judaismo, ou heresia, o que acontece tão raras vezes que apenas se vio unico exemplo em quatro *autos da fé*, com quanto não haja poucos, em que não seja queimado um bom numero dellas [2].

(1) O local onde se fazia esta execução era o *Campo de S. Lazaro.*

(2) Segundo a *Historia dos principaes actos e procedimentos da Inquisição em Portugal*, publicada em Lisboa em 1845, fizerão-se em Goa desde 1600 até 1773, setenta e um *autos da fé* e da maior parte d'elles não constando o numero dos *penitenciados e relaxados*, só dos poucos, de que ha noticia, sobe o numero dos primeiros a 4,046, sendo 3,034 homens, e 1012 mulheres; e 121 dos segundos, sendo 57 *relaxados em carne*, 101 homens e 16 mulheres, e 64 *relaxados em estatua*, 56 homens e 8 mulheres.

No dia seguinte ao da execução são levados para as igrejas dos Dominicanos os retratos dos mortos, representando sua cabeça do tamanho natural, posta sobre tições, e escrevendo-se por baixo seu nome, o dos seus paes, sua patria, a qualidade do crime, porque forão condemnados, o anno, o mez, e o dia da execução. Quando tenha reincidido diz-se —*Morreo queimado por hereje relapso*—. Se sendo accusadó por uma só vez persevera no erro —*Hereje contumaz*—. Se insiste em negar o crime, de que he accusado até a morte, declarando que he innocente, e que professa o christianismo, põe-se por abaixo —*Morreo queimado por hereje convicto negativo* —quer dizer que foi queimado como hereje convencido, mas que não confessou o seu crime. Desta espécie há grande numero de retratos, e daquella poucos. Estas horrendas representações são collocadas sobre a nave e a cima da porta principal da Igreja, como outros tantos tropheos consagrados á gloria do Santo Officio.

B

(Pag. 350 do 1.º vol.)

Os primeiros médicos e cirurgiões de Goa

Antes do estabelecimento da Escola médico-cirúrgica de Goa (1842) e depois que se interrompeu, por várias dificuldades e por muito tempo, o curso médico,—que se presume instalado em 1692 no antigo Hospital Real sendo nomeado *lente da cadeira de prima* [1] o fisico-mór Manuel Rodrigues de Souza, e *lente de véspera* o facultativo Feliciano Gonçalves,—houve em Goa pessoas hábeis para o ensino de medicina e cirurgia, provavelmente antigos alunos dessa escola, que ministrando lições particulares das referidas disciplinas habilitaram discípulos para fazerem exame vago perante o físico-mór, obtendo o diploma e o título de *médico por Sua Magestade*, como está dito no vol. 1.º, pag. 350.

Os diplomas eram expedidos pela secretaria geral, onde ficavam registados.

Dêstes médicos e cirurgiões, não encontrando uma relação completa, transcrevemos a que se acha publicada no *Oriente Português*, vol. 11, pag. 214, convindo notar-se que os posteriores ao ano de 1800 fizeram, pela maior parte, o seu curso regular no Hospital militar de Panelim, curso que em 1800 era de 3 anos, e foi depois (1821) distribuído em 4 anos; mas também teve soluções de continuidade como se vê no vol. 1.º.

1797

Paulo Caetano Alvares, de Majordá—15 novembro.
Vicente José Baptista—cirurgião—30 dezembro.

1799

Jerónimo Emiliano de Andrade (europeu ?)-c.-8 fevereiro.

---

[1] Esta nomenclatura, por que são designados nos documentos oficiais os professores dêsse curso, era usada na Universidade de Coimbra, onde o decano de cada faculdade se chamava o *Lente de prima*, devendo o outro *ler* ou prelecionar *de véspera*.

1800

Deodato Francisco Fernandes-c.-18 outubro, renovada em 29 janeiro 1806, declarando-se na respectiva carta que o concessionário era ao tempo cirurgião-ajudante do Regimento de artelharia.

Joaquim António de Melo, de Rachol-21 novembro.

Nicolau Camilo de Melo, da Raia-2 dezembro.

Bernardo Peres da Silva, morador na Piedade-9 dezembro-com salva em 24 novembro 1805.

José Torquato Alvares, de Margão-30 dezembro.

1801

Lino Francisco Xavier Colaço, de Rachol-26 março.

1802

Francisco António Pinto—c—20 janeiro.

1804

Simão Salvador de Souza—10 de janeiro

Felix Carlos da Costa, de Parrá—17 janeiro.

Francisco António de Lima, de Chorão—21 janeiro.

Eugenio Dias, de Taleigão— março.

Salvador Rodrigues, de Serulá—9 março.

Francisco José Fernandes, de Neurá o grande—c—17 abril.

Antonio Xavier Gonçalves, da Piedade—28 abril.

Diogo Miguel Mascarenhas, de Calangute—25 maio.

António José de Carvalho, de Chandor—20 julho.

1805

Francisco Xavier Fernandes, ajudante do cirurgião da Legião dos voluntários reais de Bardês—c—3 outubro.

António Caetano de Alcántara Rodrigues—18 novembro.

José Deodato de Carvalho, boticário do Hospital Militar de Damão,—19 novembro.

1806

Francisco António Pinto—c—20 janeiro.

José Afonso, de Candolim—19 março.

António José Pereira, de Santa Cruz—17 maio.

Lopo José Xavier, de Loutulim—4 junho.
António Filipe Pinto, de Ucassaim.
Francisco António de Menezes, de Macazana—7 junho.
Paulo Vicente Afonso, da Piedade,—21 junho.
Gonzaga Vicente da Fonseca, de Aldoná—20 julho
António Francisco Moniz, de Benaulim —1.º agosto.
José Tomás de Mesquita, idem—19 agosto.
Nicolau Peres, de S. Matias—25 agosto.
Remédio Necessidade Valeriano, da Raia—29 agosto.
João Manoel Pereira, ajudante de cirurgia do Regimento de artelharia—c.—11 setembro.
Joaquim Tomás Mascarenhas, de Taleigão—14 outubro.
José Gabriel Vás de Pangim—6 novembro.

1807.

José Maria de Souza, de Aldoná—4 maio.

1808.

Marcos de Araujo, de Calapór—22 junho.
Jerónimo Caetano Deodato do Rozário e Coutinho, de Nachinolá—21 julho.
Caetano Lourenço Osório Osclopeo (sic), de Arossim—c.—27 julho.
João Baptista Gonsalves, da Piedade—18 agosto.
Patricio Francisco Pereira, de Nagoá de Salsete—30 agosto.

1809

José Caetano Machado, de Taleigão—c.—19 agosto.

1810

Pedro Francisco de Almeida, de Nerul—28 fevereiro.
Manoel António Nery Pontes da Conceição, de Sirulá—6 junho.
Aleixo Caetano Lourenço Mascarenhas dos Milagres, de Loutolim—28 julho.

1813

Antonio Anes, de Calapór—c.—11 fevereiro.
Nicolau Lúcio Loureuço, de Margão—18 setembro.
Gregório Caetano Francisco Alvares da Gesta, idem—idem.

Francisco Salvador Gomes, de Navelim de Salsete—idem.
João Salvador Vás, de Benaulim—idem.

1814

Francisco de Paulo Fernandes, de Siolim—5 maio.

1815

Urbano Miguel da Conceição Lobo—13 fevereiro.
João Manoel Valente, de Panelim—c.—22 abril. Na sua patente de cirurgião da praça do Cabo de Rama se diz que era também fisico.
Nazário Francisco Colaço, da Piedade—24 julho.
Celestino da Fonseca, de Sangoldá—10 outubro.
Domingos António José Ribeiro, de Pilerne—21 novembro.

1816

João Narciso Coutinho, de Margão—13 setembro.
Joaquim Xavier de Barros, mestre boticário do Hospital Real Militar—15 outubro.

1819

Domingos Benjamim Fernandes—26 fevereiro.

1822

António Caetano Afonso do Rosário Dantas, de Serulá—c.—18 junho.
Rafael Constâncio de Sequeira—20 agosto.
Lourenço Mariano Parras —4 novembro.
João Vito Coelho—8 novembro.
José Mariano de Bragança, de Bardez—10 novembro.
Joaquim Filipe Constâncio Alvares, de Margão—14 novembro.

1823

Baltazar Diogo de Souza—c.—8 janeiro.
João Filipe de Piedade Figueiredo, da Raia—26 setembro.
Nicolau Tolentino da Gama—idem.
Pedro António de Oliveira, das Mercês—idem.
Brás Caetano Salvador Lobo—idem
Caetano Simão Colaço—idem.

Manoel Joquim Gracias—7 outubro.
José Manoel de Melo, das Mercês—idem.
Cipriano de Andrade, de Bardês—idem.
Miguel Arcanjo Paes, idem—8 outubro.
Henrique Caetano Victor de Figueiredo, de Loutulim—idem.
Alexandre da Rocha—idem.

1824

Justiniano Salvador da Costa, de Curtorim—10 abril.

1827.

João Bartolomeu de Souza, de Bardês—24 abril

1830.

Joaquim Sebastião Batista, de Loutulim—c—14 maio.
Luis Mariano Rodrigues, de Orlim—idem—19 maio.
José Francisco Monteiro, de Bardês—idem —27 agosto.

1831

Joaquim Sebastião da Costa, de Margão—9 março.
Camilo Dionisio Alvares, idem—14 março.
Pedro António Alvares, idem—16 março.
Bento Manuel Fernandes, de Siolim—18 março.
Francisco Antónie de Sousa, idem—idem.
Francisco Caetano Afonso, da Piedade—24 dezembro.

1832.

Caetano Batista de Rosário—19 janeiro.
Francisco de Paula Ribeiro, da Raia—idem.
António Xavier Baltazar Ribeiro, de Pangim—25 junho.
Manoel Francisco Fernandes, de Chimbel—3 agosto.
Pedro Paulo da Costa, de Loutulim—25 outubro.

1834

J oaquim Marinónio da Silva, de Margão—18 julho.
Vicente Luis da Fonseca, de Bardês—7 outubro.
Sebastião José da Costa, de Parrá—idem.
Cristovam José Victorino Lobo—19 novembro.
José Avelino de Souza—20 novembre.

Jeremias Paulo Maria Lôbo, de Nachinolá—6 dezembro.
Custódio Vicente Pereira, da Piedade—9 dezembro.
Vicente Xavier Cabral —idem —idem.

1838.

Cristovam Filipe da Conceição, de Margão—27 janeiro.

1829.

Vicente de Paulo Pitter, de Macau—23 abril.
Vicente Agostinho Brandão, idem—24 abril.
Manoel António de Quadros, de Loutulim—29 abril.
Francisco Xavier de Souza, de Saligão—18 maio.
Filipe Neri Caetano Pinto, de Saligão—idem.
Domingos Xavier Pereira, de Loutulim—10 junho.
João Agostinho Brás Afonso oficial-piloto, da Piedade—idem.
Emidio Paixão da Costa, ajudante de cirurgia do Batalhão n.° 2 de caçadores—c—12 junho.
Caetano Xavier Micael Dias, de Serulá—idem.
Pedro Zeferino dos Remédios e Cunha, de Coelim—19 junho.
José Inácio Leão Pereira,de Salsete—22 junho.
Vitorino Caetano Vito de Melo, do Salvador do Mundo—1 julho e 9 outubro.
José Manoel Gracias, de Colvá—11 julho.
Joaquim Mariano do Rosário e Rebelo, de Margão—20 junho.
Luis António Peres da Silva, de Margão—idem.
Francisco Xavier do Rosário, da Raia—26 julho.
António Filipe Moniz, de Damão—idem.
Joaquim Gregório Militão de Albuquerque, da Raia—idem.
Filipe da Piedade Rebelo, de Margão—idem.
Pascoal José da Cunha —idem—idem.
Ambrósio Cipriano da Miranda—idem—idem.
Francisco Manoel de Barros, de S. Tomé—idem.
José Mariano de Sant'Ana Mascarenhas, da Raia—1 agosto.
José Nicolau de Lima, de Bombaim—5 agosto.
Caetano José de Magalhães, de Loutulim—14 agosto.
Marcelo José Fernandes, de Siolim—idem.
António Xavier Raposo, idem—idem.
Alexandre Jacob Barbosa, de Guirdolim—idem.
Joaquim Sant'Ana Coelho, de Curtorim—16 agosto.
Aleixo do Rosário da Costa, idem—17 agosto.
Feliciano Vicente Baracho de Santa Rita, de Nagoá de Salsete —21 agosto.

Sebastião José Abranches—idem.
João Inácio Benicio de Assunção—idem.
Boaventura de Andrade, de Margão—22 agosto.
Bernardo Salvador Teixeira—idem.
Agostinho d'Annunciação Barreto Xavier, de Margão—idem.
Manoel Xavier da Piedade, de Chinchinim—idem.
Caetano Maria Pacheco, de Margão—idem.
Caetano Matias do Rosário Colaço—idem.
Brás António Gonsalves, da Piedade—idem.
Hilário Cristovam Felicio de Souza—6 setembro.
Pedro d'Alcántara Pinto, de Assolná—7 setembro.
Sebastião José de Souza, de Velção—18 setembro.
Pio Bernardo Fernandes, de Salsete—idem.
João Manoel Deodato de S. Tiago—23 setembro.
Leocádio Justino da Costa, de Macau—idem.
Necástrio Francisco do Rosário e Souza, de Calangute—idem.
Albino Francisco de Mendonça, de Taleigão—24 setembro.
Marcos Inácio António Angelo de Mesquita, de Sangoldá—idem.
Bento Manoel Arcanjo de Souza, de Calangute—idem.
Galdino Faustino de Souza, de Anjuna—25 setembro.
Joaquim Romualdo Cristovam Viegas—26 setembro.
Mariano Caetano Sebastião Lobo, de Saligão—idem.
José Libano da Fonseca, de Jua—idem.
Zeferino Caetano de Souza, de Saligão—27 setembro.
Agostinho de Moraes, de Cuncolim—28 setembro.
José Inácio Gonsalves, da Penha de França—3 outubro.
Remédio Baltasar Rodrigues, enfermeiro ordinário do Hospital Militar e aluno da aula de cirurgia—c—8 outubro.
Paulo Maria Gomes, de Bardês—idem, idem.
Joaquim Manoel Viegas, de Carmoná—9 outubro.
Aniceto Aleixo do Rosário, de Colvá—11 outubro.
Luis Miguel de Carvalho, de Chandor—12 outubro.
Manoel Querobino da Fonseca—idem.
Domingos Lourenço Cardoso, de Candolim—idem.
Francisco de Paula Viegas—14 outubro.
João Francisco Vás, de Bombaim—15 outubro.
Camilo Anselmo Rodrigues—idem.
Rosário Emiliano Ferrão, de Aldoná—idem.
Constâncio José Barreto, de Rachol—16 outubro.
Mariano Filipe Colaço, de Rachol—17 outubro.
Pedro Simão Mendes—idem.
Querobino Arcanjo de Souza—18 outubro.
Aleixo Xavier Godinho, de Majordá—22 outubro.

José Inácio da Costa—idem.
Joaquim Vicente Pass—23 outubro.
Joaquim José Botelho, da Penha de França—25 outubro.
Gabriel Hilário Dias, das Ilhas—idem.
João Vicente Barreto, de Margão—26 outubro.
Adeodato Francisco António Barreto, de Loutulim—30 outubro.
Gabriel de Santana de Almeida, de Mapuçá—31 outubro.
Tiago Dias, de Parrá—4 novembro.
Caetano Maria Marques, de Verlá—idem.
Paulo António Brás Dias, de Arporá—5 novembro.
Caetano Xavier de Santana Pereira—6 novembro.

o
o o

No rol dos médicos e cirurgiões matriculados em 1843 existem ainda os seguintes nomes :

Ilhas—Salvador Caetano Fernandes—António Fulgêncio da Conceição.

Bardês—Joaquim Rafael Cardoso—Francisco António de Souza—Vitorino Lobo—Agostinho de Souza (*c*),—e Isidoro José da Conceição Rodrigues (*c*).

Salsete—Manoel José Simeão de Silva Pereira—Manoel Salvador da Silva—Pedro António de Noronha e Anastásio Constâncio de Sequeira.

Entre os cirurgiões militares, uns mantidos em atenção aos seus longos serviços e outros dispensados por falta de habilitação, encontram-se em 1843 mais os seguintes :

Caetano Maria Conceição Pinto—Verissimo Caetano da Costa—Joaquim Dámaso de Oliveira—Herculano de Noronha—Joaquim Manuel Luis Mendes—Francisco Peregrino da Costa—Pedro António Fernandes—Constantino Xavier Rafael de Mendonça—João Manuel Dias—Paulo Francisco de Brito—José António de Miranda—e Miguel Caetano Fernandes (1).

---

(1) Além dêstes consta que tiveram diplomas Caetano Camilo Barreto, (1792) físico da praça de Rachol por 36 anos ; António Filipe Pereira, de S. Matias, (1811) cirurgião da fortaleza de Bicholim ; e Manoel Salvador Flores, (1824) cirurgião da praça de Mormugão.

I'NDICE ALFABÉTICO

F

G

H

I

J

L

M

N

O

P

Q

R

V

X

Z

Erratas

Pag.	*linha*	*onde se lê*	*Deve ler-se*
4	19	*Equum*	*Æquum*
,,	29	*impartibus*	*in partibus*
5	16	umas	uma
17	26	Só	mesma Sé
32	4	as igrejas	a igreja
57	22	o obedeceram	lhe obedeceram
,,	25	pretendendo	pretextando
74	30	Nota final *C*	Nota final *B* do vol. 1.
96	10	*redolens*	*rédolens*
99	17	geverno	governo
112	25	expanção	expansão
118	11	valor	lavor
125	11	o restaurar	a restaurar
145	28	Misericordia	Serra
198	26	postagem	portagem
211	20	para as galés	para os galés
228	9	*enzolados*	*enzorados*
224	15	Ilhas	Ilha
237	23	*vanzam*	*vanzam*, e o esconderam
245	17	destinado	destinada
253	38	copiada	copiado
254	7	revezamente bienal	revezadamente
257	36	volumos	volumes
274	6	a mais antiga	mais antiga